HISTOIRE
DE
FLORENCE

OUVRAGES DU MÊME AUTEUR

Jérôme Savonarole, sa vie, ses prédications, ses écrits. Ouvrage couronné par l'Académie française. 3ᵉ édition. 1 vol. in-12 (Hachette).

Deux ans de révolution en Italie. 1848-1849. 1 vol. in-12 (Hachette).

Étienne Marcel, prévôt des marchands. 2ᵉ édition, dans la collection municipale de l'Histoire de Paris. 1 vol. in-4º.

Histoire de la littérature italienne, depuis ses origines jusqu'à nos jours. 2ᵉ édition. 1 vol. in-12 (Delagrave).

Les Mariages espagnols sous le règne d'Henri IV et la régence de Marie de Médicis. Ouvrage couronné par l'Académie française. 1 vol. in-8º (Didier).

L'Église et l'État en France sous le règne d'Henri IV et la régence de Marie de Médicis. Ouvrage couronné par l'Académie française. 2 vol. in-8º (Pedone-Lauriel).

La démocratie en France au moyen âge. Ouvrage couronné par l'Académie des sciences morales et politiques. 2ᵉ édition. 2 vol. in-12 (Didier).

Étude historique sur Sully, couronnée par l'Académie française.

MÉMOIRES LUS A L'ACADÉMIE DES SCIENCES MORALES ET POLITIQUES
ET INSÉRÉS DANS SES COMPTES RENDUS

La comtesse Mathilde de Toscane et le Saint-Siége (1865).

Un procès criminel sous le règne d'Henri IV (1867).

Le duc de Lerme et la cour d'Espagne sous le règne de Philippe III (1870).

Mémoire critique sur l'auteur et la composition des Œconomies royales (1871).

HISTOIRE

DE

FLORENCE

PAR

F.-T. PERRENS

TOME QUATRIÈME

LIBRAIRIE HACHETTE ET CIE
79, BOULEVARD SAINT-GERMAIN, 79

1879

Droits de propriété et de traduction réservés.

HISTOIRE DE FLORENCE

LIVRE VIII

CHAPITRE PREMIER

GUERRES CONTRE UGUCCIONE ET CASTRUCCIO
L'IMBORSAZIONE

— 1313-1325 —

Situation de l'Italie et de la Toscane à la mort d'Henri VII et de Clément V. — Les partis en Toscane. — Uguccione de la Faggiuola, chef des Pisans (23 septembre 1313). — Soumission de Lucques aux Pisans (février 1314). — Paix entre Pise et Robert (27 février 1314). — Troubles causés à Pise par la paix (22-24 mars 1314). — Castruccio Castracani. — Il livre Lucques à Uguccione (14 juin 1314). — Préparatifs de défense des Florentins. — Le comte de Gravina à Florence (18 août 1314). — Uguccione devant Montecatini. — Le prince de Tarente à Florence. — L'armée guelfe à Monsummano (19 août 1315). — Bataille de Montecatini (29 août 1315). — Défaite des Florentins. — Le comte Novello, vicaire royal à Florence. — Opposition au roi Robert. — Rupture entre Uguccione et Castruccio. — Uguccione chassé de Pise et de Lucques (10 avril 1316). — Tyrannie de Lando d'Agobbio et des ennemis de Robert à Florence (1er mai). — Guido de Battifolle vicaire royal (13 juillet). — Le nombre des prieurs doublé (15 octobre). — Paix entre Pise et Florence sous les auspices de Robert (12 mai 1317). — Prospérité à Florence et réformes intérieures : les fèves (1318). — Les Florentins alliés de Robert devant Gênes. — Matteo Visconti suscite Castruccio contre les guelfes toscans. — Castruccio seigneur à vie (27 avril 1320). — Campagnes contre les Florentins (1320-1321). — Création des douze *buonuomini* (juin 1321). — Campagne en Lombardie (août-novembre). — Mort de Dante (14 septembre). — Fin de la seigneurie de

Robert (31 décembre). — Abaissement des gibelins. — Campagne de Castruccio sur le territoire de Pistoia (1322). — Trêve avec l'abbé de Pacciana, seigneur de Pistoia. — Les hostilités reprises par les Florentins. — Défection de Jacopo de Fontanabuona (7 juin 1323). — Castruccio devant Prato contraint à la retraite (3 juillet). — Dissentiments au camp florentin et à Florence sur la poursuite de l'ennemi (7 juillet). — Tentative avortée des bannis contre Florence (14 juillet). — Leur complot pour y rentrer. — Leur défaite et leur châtiment. — Mesures prises pour fortifier l'état populaire : subdivisions des compagnies (27 août). — Rigueurs nouvelles contre les magnats (30 septembre). — Révision des bourses (septembre 1324). — Condamnation des Bordoni (janvier 1325). — Réforme des officiers étrangers (mai 1325). — Jugement sur l'*imborsazione*.

La mort d'Henri VII, empereur sans puissance et conquérant presque sans armée, n'était au fond qu'un incident de médiocre importance; mais elle en prenait une extrême par les sentiments qu'elle inspirait : aux guelfes l'espoir, aux gibelins le découragement. L'équilibre était déplacé. Pour le rétablir il fallut que Clément V disparût à son tour de la scène (20 avril 1314), livrant de nouveau l'Italie aux disputes et aux guerres. Un moment, les guelfes se flattèrent que son successeur, échappant à la captivité de Babylone, serait bientôt à la tête de ses partisans naturels : mais au conclave de Carpentras, pour avoir voulu imposer à leurs collègues italiens un pape gascon, les cardinaux français les mirent en fuite, et, durant deux années, nul ne devait s'asseoir sur le siége de Pierre[1].

Sans boussole pour longtemps, les guelfes perdaient ainsi l'avantage que regagnaient les gibelins. Ceux-ci dominaient, au nord de la péninsule, par des seigneurs ou tyrans hostiles à la papauté. Dans le sud, au contraire, régnait sur Naples et la Sicile un maître unique, guelfe déterminé, qui devait tout à la faveur pontificale,

---

[1] *Clementis V vita ex Bernardo Guidonis*, R. I. S., t. III, part. II, p. 464. — Alb. Mussato, *De gestis Italicorum*, l. III, r. 11, R. I. S. X, 606.

mais à qui manquait l'humeur belliqueuse. Clément V avait cassé la sentence portée contre le roi Robert par Henri de Luxembourg. En vertu du droit que prétendait l'Église de succéder à l'empereur dans la vacance de l'Empire[1], ce pontife avait désigné le prince angevin pour être sénateur de Rome, pour commander, en qualité de vicaire impérial, à Ferrare, à l'Émilie, à la plus grande partie des domaines ecclésiastiques, jusqu'à ce que la cour d'Avignon eût proclamé un nouveau roi des Romains[2].

Entre le royaume et les principautés lombardes, la Toscane semblait comme le champ clos de la lutte, qui n'était nulle part plus égale et plus acharnée. Florence et Sienne y tenaient pour les guelfes, Arezzo et Pise pour les gibelins. Lucques, moins puissante, l'était assez pour faire pencher la balance, ou plutôt pour la rétablir, quand les Florentins, par leur supériorité croissante, l'inclinaient à leur profit[3].

Pise se croyait pour lors à la veille de sa ruine. Elle

---

[1] « Nos tam ex superioritate quam ad imperium non est dubium nos habere quam ex potestate in qua, vacante imperio, imperatori succedimus. » (*Clementinarum* lib. II, tit. XI, Décrétale *Pastoralis cura*, dans le *Corpus juris canonici* de Pithou, t. II, p. 359.)

[2] Bulle de Carpentras, 13 mars 1314. Ann. Eccl., 1314, § 2, t. XXIV, p. 19, 20.

[3] M. Trollope (I, 379) prétend que si l'on eût supprimé Florence, les gibelins eussent dominé des Alpes au talon de la botte. C'est au moins douteux, puisque Robert était guelfe et s'appuyait à la papauté. Il dit ailleurs (I, 547), sans s'inquiéter de concilier les deux assertions, que si, à la mort d'Henri VII, on avait rappelé et amnistié les gibelins, il n'y en aurait plus eu, tant il y avait peu de différence entre leurs vues et celles de leurs adversaires, et en outre que Florence unie n'aurait eu rien à craindre des gibelins du dehors. Autant d'assertions téméraires que démentent les faits. Toute l'Italie du nord était gibeline, et ce ne sont pas les gibelins de Florence qui rendirent dangereux Uguccione de la Faggiuola et Castruccio.

avait dépensé pour Henri VII deux millions de florins, et elle se voyait exposée, presque sans défense, aux coups de ses ennemis. Les Allemands, pressés de retourner chez eux, vendaient aux guelfes les forteresses où ils tenaient garnison au nom de l'empereur. Frédéric de Sicile, qui arrivait par mer pour se mettre sous les ordres du César vivant, n'acceptait point de remplacer le César mort, même au prix de la seigneurie de Pise qu'on lui offrait. Le comte de Savoie, Henri de Flandres, la refusaient après lui et reprenaient la route du Nord. A peine retenait-on, par l'appât d'une forte solde, quelques-uns des hommes d'armes dont ils étaient suivis[1].

Il manquait donc aux Pisans tout ensemble une armée et un chef; mais le chef était plus facile à trouver que l'armée : en Italie abondaient les aventuriers. Il y en avait un déjà célèbre, plus d'une fois mentionné dans cette histoire, Uguccione de la Faggiuola[2]. Gibelin de naissance, tour à tour capitaine général d'Imola, de Cesena, de Forlì, de Faenza, podestat d'Agobbio et d'Arezzo, Henri VII l'avait institué à Gênes vicaire impérial. Disponible par la mort de l'empereur, il ne cherchait qu'aventure, pour exercer à la guerre ses talents très-réels. Rude, mais de bon conseil, « de grand cœur et

---

[1] Ranieri Sardo, *Cronaca pisana*, c. 55, ap. *Arch. stor.*, 1ª ser., t. VI, part. II, p. 96. *Diario di ser Giovanni di Lemmo*, p. 186. — Marchionne de Coppo Stefani, l. V, rub. 304. Nous avons jusqu'à présent, suivant l'usage, donné à ce dernier auteur le nom de Stefani, qui est celui de son aïeul. Au moment où nous approchons des temps dont il parle en contemporain, et où il devient une autorité importante, il nous paraît convenable de lui restituer son véritable nom.

[2] Voy. à ce nom l'index de notre second et de notre troisième volume, pour l'indication des passages, notamment t. II, p. 75. La Faggiuola était un fort château des montagnes de Borgo San Sepolcro aux confins ou peu s'en faut du pays d'Arezzo.

vaillant au métier des armes[1] », il imposait aux hommes par sa haute taille et sa force physique, qui lui permettait de porter une armure dont tout autre eût paru écrasé. Il avait sa légende, qui lui prêtait des exploits surhumains[2]. Trente ans après sa mort, la rancune des guelfes l'appelait encore tyran, homme inique, rebelle à notre sainte mère l'Église[3], quoique l'Église, plus d'une fois, pour les convenances de sa politique, l'eût relevé de l'excommunication[4]. Ce *veltro* ou lévrier allégorique dont parle Dante, comme du sauveur futur de « l'humble Italie[5] », et que plusieurs ont cru reconnaître dans Henri VII ou Can grande de la Scala, c'est plus probablement Uguccione de la Faggiuola[6].

Son nom valait une armée. Quand on sut qu'il acceptait les offres pisanes, mille cinq cents cavaliers allemands, flamands, brabançons, sûrs de la victoire et du butin, restèrent à la solde de Pise[7]. C'est avec eux qu'il fit ces prouesses guerrières qui rallumèrent l'espoir au cœur des gibelins, qui compromirent les destinées de

---

[1] Roncioni, *Istorie pisane*, l. XII, ap. *Arch. stor.*, 1ª ser., t. VI, part. I, p. 686.

[2] Ammirato, V, 260-261. — Marangone, R. I. S. Suppl. I, 621. — *Vita d'Uguccione*, par l'abbé Silvano Razzi, à la suite de l'ouvrage de Troya, *Del veltro allegorico dei ghibellini*, éd. de Naples, 1856. — Voy. aussi ce que dit d'Uguccione ce dernier auteur.

[3] « Iniquissimi viri, rebellis S. Matris Ecclesie. »(1340, *Signori, Carteggio, missive*, V, f° 26 v° aux archives de Florence.) Pour cette période de 1313 à 1318, les documents inédits sont rares et peu intéressants. Ils ne traitent, en général, que des affaires courantes, auxquelles l'histoire ne peut s'arrêter.

[4] Voy. Troya, *Del veltro*, etc., passim.

[5] *Inferno*, I, 101, 106. Pour Troya, c'est bien Uguccione qui est le *veltro*.

[6] Voy. Troya et le commentaire de Fraticelli à la *Div. Com. Inf.*, I, 101.

[7] *Cronica di Pisa*, R. I. S. XV, 986, 987. Roncioni, l. XII, ap. *Arch. stor.*, 1ª ser., t. VI, part. I, p. 686.

Florence, et la poussèrent, vaincue sans honneur, à faire litière de ses libertés aux sauveurs du dehors. Pise, avec moins de regret de son indépendance, recevait Uguccione en seigneur[1], et bientôt lui devait livrer la seigneurie.

Son arrivée (2 septembre 1313) suffit à porter le trouble dans les rangs des guelfes, à y provoquer des défections. Volterre en donna l'exemple : elle négociait sa paix avec Pise sous couleur d'une trêve que le danger rendait nécessaire. Auprès de la ligue guelfe, dont les délégués, réunis à Sienne, lui faisaient d'énergiques représentations (23 octobre), elle protestait d'ailleurs du ferme dessein de ne manquer à aucune de ses obligations[2]. A tout prendre, ce double jeu paraît excusable : Uguccione était proche et le roi Robert bien éloigné. Quoique investi pour cinq ans de la seigneurie par les Florentins, « qui n'étaient unis, dit un auteur, qu'autant qu'ils avaient un maître[3] », Robert se bornait à se faire représenter par un noble provençal nommé Cantelme, issu de la souche royale par les femmes[4], sans pouvoirs pour agir. Ce roi théologien et fainéant ne tenait à être protecteur qu'à la condition de n'avoir rien à protéger.

---

[1] « Quasi era come lor signore. » (March. de Coppo, V, 304.) Cf. Marangone, I, 621; Ammirato, V, 260; Tronci, 293.

[2] Cecina, *Notizie di Volterra*, 92, 93.

[3] « Mentre ch'ebbero signore furono uniti. » (Marchionne de Coppo, V, 303.) La seigneurie avait été donnée à Robert dès les premiers mois de 1313.

[4] La généalogie des Cantelme commence à ce Jacques auquel Charles d'Anjou donnait la terre de Popoli. Ils ont formé deux branches, l'une éteinte en 1556; l'autre, celle des princes de Petterano, ducs de Popoli, qui s'est maintenue à Naples et en France. (Voy. *Dict. de la noblesse*, par Lachenaye-Desbois et Badier, t. IV, col. 666-681. Paris, 1864, 3ᵉ éd.) On trouve encore des Cantelme en 1704; mais Charles II d'Angleterre, en 1683, les reconnaissait issus des rois d'Écosse. (Voy. Anselme, etc., V, 96.)

Le capitaine pisan avait donc la partie belle; mais prudent non moins que hardi, il restait derrière les murailles de Pise, tant qu'il sentait les Florentins dans le voisinage. A peine s'étaient-ils éloignés, qu'il chevauchait jusqu'aux portes de San Miniato ou de Lucques, ravageant tout sur son passage, pillant les bourgades, enlevant leurs bannières et les suspendant renversées dans la cathédrale de Pise. Ses irruptions étaient toujours imprévues; dans le temps que brûlait une petite chandelle, tout son monde devait être prêt[1]. Lucques le voyait déboucher de la montagne avant d'être avertie de son approche. Les Obizi, chefs des nobles et partisans de Robert, y étaient tenus en échec par les Bernarducci et le parti populaire, qui voulaient la paix avec Pise. Mal défendue par Gherardo de San Lepidio de la Marche, vicaire royal, n'ayant jamais subi de si dures épreuves[2], Lucques, en février 1314, sentit les armes lui tomber des mains. Elle rendit tous les châteaux pisans qu'elle détenait, et rouvrit ses portes à ses exilés[3].

Florence protesta en vain contre cette soumission consentie sans l'agrément de la ligue, et propre à rompre l'équilibre si péniblement maintenu entre les deux factions[4]. Une ville soutenait seule, désormais, et souvent mal le lourd fardeau de cette guerre. Les trois cents ca-

---

[1] Ranieri Sardo, c. 57, 58, ap. *Arch. stor.*, 1ª ser., t. VI, part. II, p. 97, 98; *Cron. Pis.*, R. I. S. XV, 988; Roncioni, l. XII, p. 686, 689; Villani, IX, 67; Marangone, I, 624; Alb. Mussato, l. III, rub. 8-10, l. V, r. 4-7, R. I. S. X, 599-606, 627-633; *Ist. Pist.*, R. I. S. XI, 405; Tronci, 294-296.

[2] « Dette loro tanta molestia che le cose che aveano patito per il passato a comparazione di queste che soffrivano adesso a tutti parevano piccolissime. » (Roncioni, l. XII, p. 686.)

[3] Marchionne de Coppo, V, 304; Ammirato, V, 260-261.

[4] Villani, IX, 57; *Ist. Pis.*, R. I. S. XI, 405; Ammirato, V, 262.

valiers de Robert chargés de combattre pour elle n'aspiraient qu'à toucher leur solde dans un parfait repos. Les renforts demandés n'arrivaient point. Tout ce qu'il avait de forces, Robert le tournait contre la Sicile et Frédéric d'Aragon. Il craignait pour ses transports les agressions de la marine pisane. Peut-être même rêvait-il de la transformer en auxiliaire. Aux guelfes découragés par ses lenteurs, il ne tarda pas à conseiller la paix, qui était le secret désir de tous. L'autorité de sa parole enhardit les plus timides[1], et des ambassadeurs de la ligue lui furent envoyés pour qu'il se portât négociateur.

L'aventurier gibelin souhaitait la guerre; mais à Pise même un grand parti de la paix se dressait menaçant devant lui[2]. Les Pisans avaient tout à craindre d'un prince puissant sur terre et sur mer, qui commandait à Naples et en Provence, qui trouvait un point d'appui à Rome, qui possédait plusieurs fiefs en Piémont, que la Romagne, Florence, Pavie, Ferrare, Bergame, Alexandrie reconnaissaient pour seigneur. A l'insu d'Uguccione[3], les *anziani* et les consuls de la mer envoyèrent aussi des ambassadeurs. La paix fut conclue à Naples le 27 février 1314. Robert n'y cherchait guère que son avantage : il exigea des Pisans que, loin de prêter secours aux rebelles de Sicile, ils lui fournissent contre eux cinq galères ou quatre mille florins d'or pour trois mois. Afin d'intéresser Florentins et Lucquois au traité, toutes représailles

---

[1] « E per l'autorità del Re, e perchè era desiderata da tutti. » (Ammirato, V, 261.)

[2] Roncioni, l. XII, p. 691, 692.

[3] « Senza saputa d'Uguccione. » (Ranieri Sardo, c. 57, 59, p. 97, 99; *Cronica di Pisa*, R. I. S. XV, 989). Roncioni (l. XII, p. 694, 692) dit même que les négociateurs royaux avaient expresse mission de ne pas traiter avec Uguccione.

furent interdites contre eux. Les uns obtinrent d'être francs de gabelles dans le port et la ville de Pise ; les autres rentrèrent en possession de leurs châteaux perdus. Pise enfin s'engageait à rappeler ses exilés guelfes ; le parti de la paix devait ainsi, d'une manière stable, assurer sa prépondérance dans les conseils[1].

Le 22 mars, quand les négociateurs pisans revinrent, rapportant le traité conclu, Uguccione, qui s'en trouvait lésé, leur fit honte de conditions si désavantageuses, les accusa de vouloir livrer au roi leur patrie. Ses invectives rencontraient un écho dans le cœur des gibelins résolus[2] ; mais les principaux instigateurs de la paix, Banduccio Buonconte et son fils Piero, grand porte-étendard, prieur des *anziani*, soutenant leur œuvre, criaient partout qu'Uguccione voulait se faire tyran. Dès le lendemain, celui-ci, tenant dans la main une lance et sur le poing un aigle vivant, emblème des gibelins, parcourait les rues à la tête de ses Allemands : — Meurent, disait-il, les guelfes traîtres et perturbateurs du pacifique état de Pise ! — C'est au nom de la paix qu'il poussait à la guerre. Un moment réduit à l'impuissance par l'énergie des Buonconti, il les appelle au palais sous prétexte d'affaires, et les fait mettre à mort (24 mars)[3]. Au mé-

---

[1] *Cron. di Pisa*, ibid.; Ranieri Sardo, c. 60, p. 99; Marangone, R. I. S, Suppl. I, 627. — Ser Giovanni de Lemmo (*Diario*, p. 190) dit le 28, et Reumont (*Della diplomazia italiana*, p. 334) le 26. Il publie une lettre tirée des archives de Florence, et relative à cette affaire, en date du 8 mars. Sismondi (III, 245) dit qu'une des clauses de ce traité était le renvoi d'Uguccione ; mais il ne cite pas son autorité et je ne trouve le fait nulle part. Rien, d'ailleurs, n'est moins probable : Uguccione était à la tête d'une armée et Pise s'enorgueillissait de lui.

[2] « Dolentes pace sic facta eo quod sperabant rehabere terras suas quas tenebant Lucenses. » (*Diario di ser Giovanni di Lemmo*, p. 190.)

[3] Ranieri Sardo, c. 60, p. 99 ; Villani, IX, 73 ; Marangone, R. I. S.

contentement « secret[1] » qu'excite sa perfidie, il répond, dans les conseils, en attaquant ses adversaires, pour n'en pas être attaqué[2]. Faisant toutefois la part du feu, il abandonna quelques-unes des prérogatives qu'il avait usurpées, le droit notamment de nommer lui-même les *anziani* et autres magistrats ; mais, non sans adresse, il transférait ce droit à ses seuls partisans : il rétablissait l'ancien mode d'élection, qui ne permettait à aucun citoyen d'être élu, si plusieurs n'attestaient ses sentiments gibelins[3]. Vaincu par la conclusion de la paix, il restait vainqueur des adversaires qui l'avaient conclue, présage assuré de nouveaux, d'éclatants succès.

Parmi les exilés qui venaient de faire leur rentrée à Lucques[4], se trouvait un jeune homme de trente-trois ans, Castruccio Castracani des Interminelli[5]. Il n'était

Suppl. I, 627 ; Tronci, 301, qui déclare les Buonconti innocents. — Flaminio dal Borgo, dans ses notes à Cecina (p. 100), paraît croire à leur participation dans une conjuration guelfe et y voit la justification d'Uguccione ordonnant leur supplice. Villani (IX, 60) admet aussi ces complots, qui pouvaient alors ne pas passer pour une trahison ; mais ser Giovanni de Lemmo (p. 189) accuse les deux Buonconti d'avoir été payés pour pousser à la paix : « Miserunt ambaxatoribus quamdam litteram sigillatam de sigillo comunis ut facere deberent pacem quocumque modo possent, et de hoc facto ipse Banduccius et filius debuerunt habere denarios a guelfis de Tuscia. Et plura alia fuit confessus actenus fecisse et tractasse cum ipsis guelfis.... pro denariis quos ab eis recepisse confessus est. »

[1] Ranieri Sardo, c. 60, p. 99.

[2] « Disse molto male di tutti i cittadini più per iscusarsi che per altro. » (Marangone, R. I. S. Suppl. I, 627.)

[3] Ranieri Sardo, c. 60, p. 100 ; Flaminio dal Borgo, notes à Cecina, p. 100 ; Marangone, *loc. cit.* En outre, pour être nommé *anziano*, il fallait appartenir à un des sept arts : caciaioli, tavernieri, vinaioli, fabri, calzolai, pellicciai, fornai (Tronci, p. 301). On voit que les boulangers, formant un art, n'étaient pas, à Pise, l'objet de la même défaveur qu'à Florence.

[4] Voy. plus haut, même chap., p. 7.

[5] Ou Antelminelli. Il était né en 1281. (*Vita di Castruccio Castracani*,

point un des chefs de cette famille; mais d'heureux dons de la nature et une grande hardiesse de caractère attiraient à lui beaucoup de partisans. Durant dix années d'exil il avait couru le monde. D'Ancône, où il vivait pauvre avec son père, il s'était rendu dans les villes lombardes, pour y apprendre le métier des armes sous les meilleurs capitaines. On l'avait vu à Lyon facteur au service d'un marchand de sa ville natale, puis en Flandre et jusqu'en Angleterre. Favori du roi Édouard, pour son habileté au jeu de paume, il s'était aliéné ce prince en tuant sous ses yeux un de ses barons qui, dans l'ardeur de cet exercice, avait par mégarde frappé au visage le jeune Lucquois. Entre le châtiment et lui il mettait aussitôt la mer, et courait se ranger sous les ordres d'Alberto Scoto, noble placentin, qui, dans la guerre de Flandre, commandait avec Musciatto Franzese un corps de quatre cents chevaux et de quinze mille *pedoni* italiens au service de Philippe le Bel. Comme son rival, Philippe goûtait fort ce jeune homme de belle prestance et de figure agréable, maigre et agile, au teint d'un brun mat, au long nez, aux yeux noirs, aux cheveux blonds hérissés[1]. De retour à Lucques, Castruccio obtenait le même succès auprès de ses compatriotes. Dès le 4 avril 1314, il était élu vicomte de l'évêché de Luni;

---

par Niccola Tegrimi, Lucquois, archiprêtre de la cathédrale au quinzième siècle. It. I. S. XI, 1310 sq.)

[1] Tegrimi, *Vita di Castruccio*, R. I. S. XI, 1317, 1318, 1342; Villani, X, 85; Ammirato, V, 294; Marangone, I, 636, 640. Machiavel a écrit une vie de Castruccio, mais M. Trientafillis a montré que cette vie n'est que la biographie altérée d'Agathoclès, tyran de Sicile, qui réalisait le type du prince pour Machiavel. (Voy. *Recherches sur la vie de Castruccio Castracani par Machiavel*, ap. *Archivio Veneto*, t. X, p. 1, juillet-septembre 1875.)

le 5 décembre suivant, les habitants de Sarzane le mettaient à leur tête en qualité de vicaire général[1]. Avec l'appui d'Uguccione et au nom des gibelins rentrés, il réclamait la restitution de leurs biens. Mais ceux qui les détenaient opposant une vive résistance, comment le trésor épuisé de Lucques aurait-il pu fournir une indemnité aux réclamants?

Irrité, stimulé encore par l'habile aventurier qui spéculait sur sa fougue, Castruccio réunissait dans une conjuration vingt-deux familles pour assurer au seigneur de Pise le titre de capitaine général à Lucques[2]. Celui-ci avait promis de marcher sur Lucques le vendredi suivant, 14 juin, avec toutes ses troupes. Il y dut entrer de vive force, par escalade, tandis que les deux factions ennemies étaient aux prises à l'intérieur. Pendant huit jours, les maisons des guelfes furent dévastées et brûlées. Le trésor pontifical ne trouva pas même grâce devant les pillards : ils s'approprièrent un million de florins d'or, déposés dans l'église de San Frediano par le cardinal Gentile de Montefiore, en attendant que la sécurité des routes lui permît de les transporter au palais d'Avignon. La soldatesque pisane était, du coup, enrichie. Par prudence, ou pour fuir une condamnation qui frappa, dit-on, trois cents familles, les guelfes lucquois, presque tous, selon Dante, usuriers, prévaricateurs[3], rejoignirent à Fucecchio Gherardo de San Lepidio, le vicaire de Robert, répandant au dehors l'art

---

[1] *Atti di Castruccio*, I, 9, 10. Archives de Lucques, *Inventario*, t. I, p. 84.
[2] 11 juin 1314. *Atti di Castruccio*, I, 4; Arch. Lucq., *Inventario*, I, 84; Mazzarosa, I, 130.
[3] *Inferno*, XXI, 38.

de tisser la soie, qu'ils possédaient seuls avec les Florentins. Ce fut pour la richesse de Lucques un mal incalculable, dont jamais l'infortunée cité ne devait se relever.

La puissance d'Uguccione n'en était pas moins presque doublée. Il avait désormais deux bases d'opération, deux refuges en cas de défaite, et de l'or en abondance pour solder mille trois cents étrangers et six cents exilés italiens, pour armer vingt mille sujets. Le 13 juillet, était conclue par ses soins entre Pise et Lucques une ligue dont il devenait le capitaine[1]. La proie qu'il convoitait maintenant, c'était Florence[2].

Mais les guelfes s'y trouvaient en situation de lui tenir tête. Ils possédaient Fucecchio, et la haine du joug brutal de Pise leur donnait dans le Val d'Arno Santa Maria a Monte, Monte Calvoli, Montopoli, Santa-Croce, Castelfranco; dans le Val de Nievole Montecatini et Monsummano[3]. Toutes les communes où dominait Florence reçurent ordre, sous peine des biens et de la vie, de mettre sur pied tous les fantassins dont elles pouvaient disposer[4]. Déjà une ambassade s'acheminait

---

[1] Societas, unio et liga inter Pisanos et Lucenses. Electio Uguccionis in capitaneum ligæ et guerræ. (*Atti di Castruccio*, I, 11; Arch. Lucq., *Inventario*, I, 74). — Leo (II, 70 note) a publié quelques phrases de ce document qu'on trouve tout entier dans Cianelli, *Mem. per servire alla storia lucch.*, I, 243.

[2] *Cron. Pis.*, R. I. S. XV, 991; Ranieri Sardo, c. 60, p. 101; Roncioni, l. XII, p. 695; *Chron. Pis.* ap. *Baluzii Miscell.*, I, 454, éd. Mansi; *Ist. Pist.*, R. I. S. XI, 406; *Diario di ser Giov. di Lemmo*, p. 191; Villani, IX, 59; March. de Coppo, V, 305; Marangone, I, 629; Mazzarosa, I, 131; Ricotti, II, 11. Roncioni cite les documents et monuments contemporains.

[3] Villani, IX, 60; March. de Coppo, V, 307; Ammirato, V, 262; Marangone, I, 630.

[4] « Sub pena bonorum et personarum quod in continenti presenti intel-

vers la Pouille, avec mission de demander au roi Robert des renforts de cavalerie et un de ses frères pour commander la ligue guelfe.

Aux yeux de Robert, la prise de Lucques c'était la rupture de la paix. Sans scrupule il envoya donc trois cents chevaux et Pierre, comte de Gravina, le dernier de ses frères. Ce prince « jeune et gracieux, sage et beau [1] », entrait à Florence le 18 août. Il plut à tous par sa bienveillance et sa discrétion, comme par ses avantages extérieurs. « S'il avait vécu, écrit Ammirato, on l'aurait créé seigneur à vie [2]. » Exempt de l'orgueil de race, il prenait feu pour les intérêts florentins, et justifiait bien son surnom de Tempête [3]. Vicaire du roi en Toscane, en Romagne, en Lombardie, à Ferrare et à Rome, capitaine général de tout le parti guelfe en Italie, il pouvait au dehors étendre son action [4]. Il n'en avait aucune sur l'administration intérieure de Florence; mais au chef militaire qui débutait par une négociation heureuse, qui réunissait sous la même bannière avec cette ville Sienne et Arezzo [5], les Florentins reconnaissants conférèrent le droit de nommer lui-même les prieurs des arts, les capitaines de la *parte* et autres officiers. De ce droit, il n'usa qu'avec sagesse, pour ramener les prieurs

---

lectu omnes et singulos guelfos pedites de locis vestris paretis. » (Lettre du 2 août 1314, ap. *Delizie degli eruditi toscani*, XI, 207.)

[1] Villani, IX, 60.
[2] Ammirato, V, 263.
[3] Anselme, I, 400; Roncioni, l. XII, p. 699, et autres.
[4] Lettre de septembre 1314, ap. Desjardins, *Nég. dipl.*, etc.; I, 16; Ammirato, V, 263.
[5] Villani (IX, 63) dit le 24 septembre; March. de Coppo (V, 508) le 28; Ammirato (V, 263) le 29. On peut voir dans Ammirato le détail des conditions avantageuses que Florence fit aux Arétins pour les engager dans la ligue guelfe.

à leur ancien nombre. Il maintint le principe de l'élection, dont on lui faisait le sacrifice, ne se réservant que le droit de désignation et de *veto*. Grâce à lui, on ne vit quelque temps dans les charges publiques que des hommes de grande expérience et issus de familles que le peuple honorait[1].

Comment, avec un chef de tant d'espérances, les guelfes ne se fussent-ils pas flattés de triompher d'Uguccione? Ce capitaine, pourtant, devenait chaque jour plus redoutable. Maître des châteaux pisans que Lucques avait détenus depuis le temps d'Ugolino[2], détruisant au loin ceux dont il s'emparait, mais qui lui pouvaient être repris[3], il s'avançait d'un côté vers Volterre, de l'autre vers San Miniato, et marquait son dessein de conquérir Pistoia, poste avancé contre Florence. Il fondait son droit à cette conquête, sur celle des Lucquois en 1281[4], sur le partage de cette malheureuse cité entre eux et les Florentins, après le siége mémorable de 1306[5]. Si ce partage n'avait point été effectué, c'est que les loisirs et la force avaient manqué à Lucques. Uguccione en pouvait donc ressusciter les préten-

---

[1] Parmi les prieurs élus sous les auspices de Pierre on trouve Giotto Peruzzi déjà prieur trois fois et gonfalonier deux fois, jadis ambassadeur et très-riche; Vanni Benvenuti six fois prieur, Nello Rinucci cinq fois, Bartolo Bischeri quatre fois. Le gonfalonier fut Averardo des Medici, bisaïeul de Giovanni des Medici qui fut père du fameux Cosimo l'ancien, surnommé père de la patrie (Ammirato, V; 263). Cf. Villani, IX, 60; Alb. Muss., V, 3. R. I. S. X, 625.

[2] Villani, IX, 67.

[3] Fioravanti, c. 18, p. 264. Sur les menus détails des campagnes d'Uguccione à la fin de 1314 et au commencement de 1315, on peut voir le *Diario* de ser Giovanni de Lemmo, p. 193, 195, 196, et Alb. Mussato, V, 7, 11. R. I. S. X, 632, 636.

[4] Villani, VII, 76.

[5] Voy. plus haut, l. VI, ch. II, t. III, p. 112 sq.

tions oubliées. Il n'y a jamais de prescription contre les puissants.

Ainsi s'explique la campagne d'hiver qu'aux premiers mois de 1315 poursuivit Uguccione. Poussant jusqu'à Carmignano, dans les contrées qu'il fallait soumettre pour s'approcher de Pistoia, il s'emparait sur son chemin de Montecalvi et de Cigoli[1], puis, prompt comme la foudre, venait camper devant Montecatini, principal obstacle, avec Monsummano, à sa marche en avant[2]. Avec les renforts qu'il recevait de l'évêque d'Arezzo, de Matteo Visconti, des comtes de Santa Fiore, des exilés florentins, de tous les gibelins toscans, il commandait à près de vingt-trois mille hommes de toutes armes[3], dont il avait formé quatre corps et partagé le commandement entre lui, Francesco et Neri, ses deux fils, et Castruccio Castracani[4].

Situé à l'endroit où expirent les derniers contreforts de l'Apennin, sur la plus haute colline de ce délicieux Val de Nievole qui est, avec la vallée de Lucques, comme le jardin de la Toscane; entouré de bois de chênes, de hêtres, d'oliviers, au milieu de terres fertiles qui produisent les meilleures huiles, les meilleurs vins, les

---

[1] Villani, IX, 67; March. de Coppo, V, 309 (celui-ci se trompe sur la date); Ammirato, V, 264. — On voit aux arch. flor. une lettre en date du 26 avril 1315, fixant à divers seigneurs le contingent qu'ils doivent envoyer pour la défense de Cigoli ou Cioli (*Carteggio dei signori*, Reg. VIII; Riformagioni, dist. I, cl. 10.)

[2] « Per la via di Lucca a venire in fino a Pistoia l'annoiava Montecatini et Montesemano. » (March. de Coppo, V, 311.) Cf. Alb. Mussato, V, 7, 11. R. I. S. X, 632, 636.

[3] 22 700 selon Marangone, I, 632. Mazzarosa (I, 135) dit 30 000 pedoni et 3000 cavaliers. Ce chiffre ne fut atteint qu'un peu plus tard. Voy. plus bas, p. 19 et note 6.

[4] Ammirato, V, 264; Mazzarosa, I, 134.

meilleurs blés de la province, le château de Montecatini était en bon état de défense¹. Le prendre d'assaut, nul n'eût osé l'espérer ; mais par la famine, en campant sous ses murs, en empêchant qu'il ne fût ravitaillé, on pouvait le réduire à merci². L'assiégeant trouvait pour s'y établir une sorte de camp retranché, couvert par deux filets d'eau intarissables, la Pescia et la Nievole, la Nievole surtout qui arrose entre deux rives escarpées³ la plaine de Monsummano, tourne de l'est vers le sud au pied de Montecatini, trouve à Buggiano un sol plus en pente, rencontre la Borra dont les eaux accélèrent son cours, puis des étangs qui le ralentissent jusqu'à l'arrêter, jusqu'à en former les marais de Fucecchio⁴. En outre un important défilé que protége le château de Seravalle monte en pente douce vers la ligne du partage des eaux : vingt hommes suffisent à l'occuper⁵.

Avec une rapidité foudroyante Uguccione s'était emparé de ces positions, et les Florentins, tout d'abord, en avaient conçu un effroi excessif. « Les hommes, dit Ammirato, ne savent jamais tenir le milieu entre mépriser ou craindre trop les périls⁶. » Mais ils se remirent

---

¹ On peut voir une liste des *milites cavallatarum* envoyés à Pistoia dès 1315 pour munir Montecatini, dans les *Delizie degli eruditi toscani*, XI, 200. Cf. Villani, IX, 69.

² Ammirato, V, 264 ; Mazzarosa, I, 134. Montecatini moderne est au pied de la montagne, mais au sommet on voit encore les murs et les tours du vieux château. Cette forte position est à 6 milles est de Pistoia, 14 sud de S. Miniato, 15 ouest de Lucques.

³ « Riparum crepidinibus abdita profunditate impermeabilis. » (Alb. Mussato, V, 12. R. I. S. X, 636.)

⁴ Repetti, III, 361. *Delizie degli erud. tosc.*, XI, 151 sq., d'après un ms. du sénateur Nelli.

⁵ Machiavel, *Vita di Castruccio*, p. 171 B, œuvres complètes, éd. de Flor., 1835.

⁶ Ammirato, V, 264.

promptement : l'opération d'un siége ou plutôt d'un blocus, leur permettait d'attendre les secours demandés par eux à Robert, d'accord avec Pierre Tempête[1]. Ils demandaient aussi, peut-être à son insu, un chef plus expert aux armes ; ils désignèrent même l'aîné de ses frères, Philippe, prince de Tarente[2]. Le roi n'envoya ce dernier qu'à regret : il le savait féroce, plus obstiné que sage, et, par surcroît, malheureux dans ses entreprises[3]. Défiant des résultats, il annonça même le dessein de venir bientôt en personne défendre les guelfes et rétablir la concorde à Florence[4]. Le 11 juillet y arrivait Philippe avec son fils Charles et cinq cents chevaux[5]. La fièvre quarte le prit[6], fâcheux présage pour la campagne qu'il allait ouvrir.

On ne l'avait point attendu pour s'y préparer. Le 13 juin était le jour fixé pour se mettre en marche : on

---

[1] Alb. Mussato, V, 8. R. I. S. X, 633.

[2] Villani, IX, 69 ; March. de Coppo, V, 312. Sismondi prétend (III, 248) que les Florentins, s'étant soumis à Robert, ne pouvaient rien faire sans prendre ses ordres. Quoi! pas même se défendre? N'avaient-ils pas, d'ailleurs, pour vicaire un frère du roi dépositaire de ses pouvoirs?

[3] Villani, IX, 69.

[4] Lettre de Robert, 28 mars 1315 ; *Carteggio, Riformagioni*, cl. X, Dist. I, Reg. 8. Cette lettre se trouve mentionnée dans Desjardins, I, 16.

[5] Villani, IX, 69. March. de Coppo (V, 312) dit le 10 juillet, et ser Giovanni de Lemmo (p. 196) le 6 août ; Alb. Mussato (V, 8, R. I. S. X, 633) dit même qu'il ne partit pour la Toscane qu'aux premiers jours d'août, mais c'est une inadvertance, car plus bas (V, 10, X, 635) il le fait partir le 13 août de Florence pour Fucecchio. — Un document nous montre Philippe déjà en route au mois de juin, et passant, le 21, ses troupes en revue à Aquila (Lettre du 26 juin 1315 ; *Carteggio. Riform.*, cl. X, Dist. 1, Reg. 8). — M. G. Capponi (I, 142) croit qu'il ne venait que conduire les renforts, ce qui n'était pas nécessaire, et que s'il prit le commandement, ce fut par le privilége de l'âge ; mais Villani et March. de Coppo disent formellement qu'il avait été demandé, et même que Robert ne l'envoya qu'à regret.

[6] Alb. Mussato, V, 9. R. I. S. X, 634.

aurait voulu que deux jours plus tard l'armée campât sur le territoire ennemi[1]. Le mal était moins dans le retard que dans l'insuffisance des renforts[2] qui coûtaient pourtant 13,250 florins[3]. Avec ceux de la ligue, avec les cinquantaines formées dans Florence de citoyens entre quinze ans et soixante-dix, les absents payant de leur bourse, l'armée guelfe comptait vingt mille hommes, cinquante même, selon les auteurs pisans[4]. Mais les *pedoni* y dominaient, multitude toujours méprisée. La force respectable se bornait à quatre mille cavaliers[5].

Uguccione en avait moins. Quand il eut réuni tous les renforts qu'il faisait venir à grands frais de Lombardie, il se trouvait à la tête de trois mille chevaux et trente mille *pedoni*[6]. Jugeant avec son coup d'œil militaire que de la possession de Montecatini dépendait la victoire, il n'avait garde de s'éloigner. Campé devant cette place avec un seul de ses quatre corps d'armée, il rappela à lui les trois autres et tous les alliés gibelins[7].

---

[1] Voy. le document ap. *Delizie*, etc., XI, 199, 200. Pierre Tempête avait aussi fixé cette date au roi son frère (voy. Alb. Mussato, V, 8. R. I. S. X, 633). Mais Robert n'en avait pas tenu compte, puisque Philippe ne partit de Naples que dans la seconde moitié de juin.

[2] « Fosse d'arme e di senno meglio avventurato e fornito che non era. » (March. de Coppo, V, 312.)

[3] Alb. Mussato, V, 8, R. I. S. X, 633.

[4] 54 000 hab. selon *Cron. Pis.* R. I, S. XV, 994, et Roncioni, l. XII, p. 701.

[5] *Cron. Pis.*, R. I. S. XV, 991-994; *Cortusiorum Hist.*, l. II, c. 2. R. I. S. XII, 794-796; Alb. Mussato, V, 10. R. I. S. X, 635; March. de Coppo, V, 313; Marangone, I, 632.

[6] Inscription pisane à Cagliari. Elle donne aux guelfes 4000 chevaux et 50 000 *pedoni*. Voy. le texte ap. Roncioni, t. XII, p. 705, 706. Cf. Alb. Mussato, V, 9, R. I. S. X, 634, et Marangone, I, 634.

[7] March. de Coppo, V, 313; Bonazzi, *Stor. di Perugia* I, 393; Sismondi, III, 249.

C'est le 6 août seulement que l'armée guelfe se mit en marche. Le 14, Philippe de Tarente, encore malade, arrivait à Fucecchio, et, le 19, il établissait son camp au pied de Monsummano, en face de Montecatini[1]. La Nievole, qui séparait les deux armées, n'était pas un obstacle infranchissable à l'infanterie ; mais l'infanterie ne savait marcher en avant que couverte par les cavaliers, et l'escarpement des rives arrêtant les chevaux, tout se bornait, en amont et en aval, à des escarmouches sans effet[2].

Avec leur jactance ordinaire, les Florentins n'en parlaient pas moins d'infliger à l'ennemi une défaite éclatante. En ce moment, à vrai dire, tout semblait tourner pour eux. Sur les derrières d'Uguccione, les guelfes du Val de Nievole se soulevaient ou en attendaient l'occasion. Le prince de Tarente poussait vers Lucques ces utiles auxiliaires, pour l'enlever d'un coup de main, ou au moins en infester les abords, et intercepter les convois de vivres qui s'acheminaient vers le camp d'Uguccione. Peu s'en fallait que ce camp ne fût affamé comme l'était déjà Montecatini, où l'on mangeait les ânes, les chiens et les chats. Pour assurer les arrivages, force était au capitaine gibelin de se dégarnir[3], le blocus en dût-il être rompu.

Le lundi 25 août, une partie des Pisans occupaient la forêt de Trinciavelle, au débouché de la plaine, du côté de Buggiano[4]. Philippe sentit alors quelle faute il avait

---

[1] *Diario* de ser Giov. de Lemmo, p. 197.
[2] Villani, IX, 70 ; *Cron. Pis.*, R. I. S. XV, 994.
[3] Villani, IX, 70 ; March. de Coppo, V, 313 ; *Ist. Pist.*, R. I. S. XI, 409 ; *Cron. Pis.*, R. I. S. XV, 944 ; *Diario* de ser Giov. de Lemmo, p. 197.
[4] *Diario* de ser Giov. de Lemmo, p. 197 ; *Ist. Pist.*, R. I. S. XI, 409.

commise en n'occupant pas le premier ce point stratégique, car, dès le lendemain, il y suivait son adversaire dans le dessein de l'en déloger. Ses soldats croyaient poursuivre des fuyards et poussaient des cris de joie. La Nievole séparait toujours les deux armées en marche; mais elles n'étaient plus distantes l'une de l'autre que d'une portée de trait. Du haut des montagnes, on eût dit qu'elles ne formaient qu'un camp [1], si ce n'est que les Pisans marchaient en bon ordre, avec circonspection, tandis que les Florentins allaient à la débandade, comme par mépris.

Leur chef, toutefois, semblait exécuter un plan arrêté par avance. Devant lui, il occupait Vivinaja, interceptait la route par de profondes tranchées et des barricades d'arbres coupés, ôtait ainsi à Uguccione tout moyen de revenir vers Lucques ou vers Pise, et profitait de la diversion opérée pour ravitailler Montecatini. Mais il s'affaiblissait lui-même, par la nécessité de laisser des garnisons sur sa route et par sa tolérance pour l'indiscipline. Ses soldats avaient déposé leurs armes sur

---

[1] Les mêmes et Alb. Mussato, V, 12. R. I. S. X, 636. — On ne saurait comprendre ce mouvement en le suivant sur la plupart des cartes; même sur celles de Zuccagni-Orlandini et de Vallardi, à plus forte raison sur celle de Mayr, qui, quoique assez bonne, se trompe gravement au sujet de la Nievole, qu'elle fait couler du nord-ouest au sud-est. La difficulté vient de ce que ce cours d'eau se perd en diverses branches, en divers canaux et dans les marécages, et en outre de ce que les cartes donnent l'aspect moderne des lieux. C'est seulement sur la carte de l'état-major autrichien qu'on trouve un de ces bras partant de Monsummano, coulant de l'est à l'ouest, puis faisant un brusque coude vers le nord un peu au sud-est de Pieve a Nievole. Ce bras porte le nom de *Nievole vecchia*. On comprend très-bien que les guelfes marchant au sud, les gibelins au nord, ceux-ci purent facilement le franchir dans sa partie septentrionale, où il n'est à peu près rien et où il cesse d'être marqué sur la carte; c'est ce qui fait que tous les auteurs ont négligé d'en parler.

les bêtes de somme, comme faisaient de leur bagage les marchands allant aux foires[1]. Le capitaine pisan sut profiter de cette négligence comme de cette dispersion. Jusqu'alors, il avait refusé la bataille; le moment lui parut venu de l'offrir. En toute hâte, il rappelle ce qu'il avait encore de monde devant la place assiégée; ses fortifications volantes, ses baraquements sont livrés aux flammes, et ses dispositions prises pour combattre. Sous les ordres de son fils Francesco et d'un rebelle florentin, Giacotto Malespini, porteur du pennon impérial qu'il baisait de joie en s'écriant : *Ben venga la morte mia*[2] ! il met en première ligne tous les Italiens non Toscans. Les Allemands avec les autres mercenaires étrangers forment la seconde : un Français, cousin d'Henri VII, les commandait. A lui-même, il s'était réservé le commandement de la troisième, qui se composait des Toscans, Pisans ou Lucquois, plus intéressés que personne au succès, et plus disposés à tout pour l'assurer. En avant il avait placé les gens de sa suite, pour provoquer la première ligne du prince, en qualité de *feditori*[3].

Il s'agissait tout d'abord d'amener les guelfes à franchir la Borra, petit cours d'eau bondissant du rocher qui sépare Montecatini de Buggiano. On y parvint en feignant une fuite précipitée. Trompé, le maréchal de Philippe ordonne à sa première ligne, composée de huit

---

[1] Alb. Mussato, V, 15, R. I. S. X, 641 ; *Cortusiorum Hist.*, l. II, c. 2. R. I. S. XII, 794; Graziani, *Cron. di Perugia*, ap. *Arch. stor.*, 1re série, XVI, 85. — M. Bonazzi (*Stor. di Perugia*, I, 394), dit à tort que ce fait des armes déposées sur les bêtes de somme ne se trouve que dans ce dernier auteur.

[2] *Cron. Pis.*, R. I. S, XV, 995.

[3] *Cortusiorum Hist.*, l. II, c. 2. R. I. S. XII, 795-796.

cents cavaliers bolonais et siennois, de passer le gué[1]. Sur l'autre rive s'attardait la seconde, embarrassée des bagages et trop lente au gré de l'impétueux Pierre Tempête, son chef. Là se trouvaient les Florentins et les Napolitains, mille deux cents hommes environ. A deux mille pas plus loin était le prince de Tarente, toujours malade, avec le reste de l'armée.

A ce moment (on était au milieu du jour), sur l'ordre d'Uguccione, Francesco son fils envahit l'esplanade des ennemis[2] et attaque leur première ligne séparée des deux autres. Surpris d'une résistance qu'il n'attendait pas, il appelle les Lombards à la rescousse, et périt dans ce combat qu'il voulait rétablir, avec Giacotto Malespini qu'on trouva mort debout sur son cheval[3]. Mais là devait se borner l'avantage des guelfes. Leurs *gialdonieri* ou lances à pied[4] voulant fondre sur le gros de l'armée gibeline, sont reçus de loin par les arbalétriers pisans, dont le tir alternatif était sans interruption. Mis en désordre, assaillis à leur tour, les assaillants ont à soutenir le choc des cavaliers d'Allemagne, vieux troupiers rompus à la guerre et enflammés de leur haine

---

[1] On peut voir dans les *Delizie*, etc., XI, 208, la liste par *sestiere* des *feditori* florentins qui marchaient en tête de l'armée. Ce sont tous les plus grands noms de Florence.

[2] L'usage était alors que devant elle chaque armée déblayât le terrain et se fît *uno spianato*, une esplanade, où la cavalerie pût manœuvrer. Uguccione traverse rapidement sa propre esplanade pour engager le combat sur celle de l'ennemi. C'était prendre l'offensive.

[3] *Cron. Pis.* R. I. S. XV, 995 ; Ranieri Sardo, c. 61, *Arch. stor.*, VI, part. II, p. 102. — Voy. en note à cette page l'inscription sépulcrale de Giacotto, *mortui in bello Montiscatini*, est-il dit. C'est le neveu du prétendu chroniqueur Ricordano Malespini et son continuateur, selon l'opinion commune. Marangone (I, 653) met la mort de ces deux chefs un peu plus tard dans la bataille.

[4] Voy. Ricotti, II, 11.

contre Florence, la seule ville qui les eût bravés. En
s'écartant, les arbalétriers les démasquent et leur livrent
passage. Leurs bannières en avant, le nom du
Christ et le cri de mort à la bouche, ils s'élancent,
frais et dispos, sur un ennemi déjà fatigué, et le mettent
en déroute. Pierre Tempête arrivait bien au secours,
car il avait passé le gué; mais ses gens étaient en désordre
et ne retrouvaient pas leurs armes sur les bêtes
de somme. Quant à la troisième ligne, elle était rendue
impuissante par les lenteurs de ce même passage qui
avaient si longtemps tenu la seconde loin du combat.

Furieux de la mort de son fils, mais d'une fureur
froide qui ne nuisait point à la précision de ses ordres
et à la discipline de son corps d'armée, Uguccione s'ébranlait
à son tour et complétait une défaite que rendait
facile la séparation des lignes guelfes, la confusion des
deux premières, où les ânes et les mulets couraient
éperdus parmi les combattants. Ceux-ci, non secourus
par Philippe, qui n'avait pas encore franchi la Borra,
prennent la fuite, poursuivis et pillés jusque sur les
premières pentes de Monsummano. Pour mieux courir,
les *pedoni* jettent leurs armes, se poussent les uns les
autres, précipitent ceux qui tiennent la tête dans les
eaux de la Gusciana[1], dans les marais, dans les fossés
fangeux de cette plaine submergée[2]. La cavalerie suivait,
point de mire pour les flèches pisanes : cavaliers

[1] La Gusciana, rivière marécageuse qui sépare les plaines du val de Nievole, ainsi que l'État de Lucques, du val d'Arno florentin.

[2] Ammirato (V, 267) et Roncioni (p. 704) nous parlent de la Nievole rouge de sang et roulant des cadavres. C'est un souvenir poétique de Dante et de l'Arbia ; mais un si maigre cours d'eau roulant des cadavres au mois d'août, dans une province où les plus abondants montrent les trois quarts de l'année leur lit à sec !

démontés, chevaux blessés ou ne sentant plus le frein tombent à leur tour, écrasent de leur poids les *pedoni* entassés. Ceux qui échappent à cette mort misérable portent le désordre dans la ligne du prince, dont l'immobile fermeté n'empêche pas la contagion de la peur et de la fuite. Beaucoup, qui cherchaient dans les marais une retraite, y trouvèrent la mort. D'autres se dispersèrent dans les bois impénétrables. Ceux que leur course affolée porta vers Montevettorino, y furent tués par les habitants ou retenus prisonniers jusqu'à ce qu'ils eussent payé une rançon, car ces petites villes, amies de Florence victorieuse, se tournaient lâchement contre Florence vaincue. Le lendemain, dans tout le pays, on ne rencontrait que cadavres dépouillés et nus[1]. Les alliés, qui apportaient des vivres, les remportèrent en apprenant le désastre, ou les vendirent, et revinrent en Lombardie avec plus de richesses que le triomphe des guelfes ne leur en eût donné[2]. Un peu plus de hâte de leur part, et les événements, peut-être, eussent pris un autre cours.

Les guelfes avaient perdu, s'il en faut croire les auteurs, de quinze à vingt mille *pedoni*, et près de trois mille cavaliers : chiffres exagérés sans doute, puisque

---

[1] Alb. Mussato, V, 15. R. I. S. X, 639-643; *Diario* de ser Giov. de Lemmo, p. 197; *Ist. Pist.* R. I. S. XI, 409; *Cortusiorum Hist.*, l. II, c. 2. R. I. S. XII, 794-796; Villani, IX, 70; March. de Coppo, V, 313; *Cron. Pis.* R. I. S. XV, 992, 994 (cette chronique contient deux récits de la bataille); Ranieri Sardo, c. 61, p. 102; Roncioni, p. 703, 704; Marangone, I, 653; Ammirato, V, 267; *Victoria contra guelfos omnes de Tuscia* (*Atti di Castruccio*, I, 4. Arch. Lucq. *Invent.*, I, 84). Granchi (*De Præliis Tusciæ*, R. I. S. XI, 295) contient une description en vers de la bataille.

[2] Villani, IX, 70. Selon March. de Coppo (V, 313) 1900 morts, 1400 prisonniers.

la part de Florence ne fut que de deux mille morts, dont cent quatorze cavaliers des *cavallate*, et cent cinquante prisonniers [1] « des meilleurs citoyens ». Un document réduirait encore ces pertes [2]. Les chefs avaient vaillamment payé de leur personne. Pierre Tempête se noya sans doute dans les marais de la Gusciana, car son corps ne fut jamais retrouvé. Le prince Charles, jeune fils de Philippe de Tarente, avait reçu la mort dans le premier combat. Sur son cadavre qu'il foulait aux pieds, le comte Ranieri de Donoratico fut armé chevalier, tardive vengeance du supplice de son père, décapité à Naples avec Conradin [3]. Quant à Philippe lui-même, toujours malade et chef de la troisième ligne, il n'avait pris part à la bataille que par une fuite obligée. Honteux de sa défaite, affligé de la perte de son fils, il ne tarda pas à repartir pour Naples, tandis que les restes de son armée se réfugiaient à la Cerbaia, à Pistoia, à Fucecchio [4].

Uguccione n'avait pas perdu un instant pour tirer

---

[1] *Ist. Pist.* R. I. S. XI, 409.

[2] On trouve dans les *Delizie*, etc. (XI, 213) une liste des Florentins morts, prisonniers ou disparus : 25 morts pour les six *sestieri*, 26 prisonniers, plus 28 autres qu'on disait avoir été enfermés dans la tour de la faim, enfin 71 disparus. Ce sont bien les 150 dont parle Villani, mais il y faut comprendre les morts. Ou ces chiffres ne sont pas définitifs, ou les auteurs exagèrent beaucoup. C'est l'exagération qui semble la plus probable. Qu'on se rappelle la Nievole rougie de sang. L'inscription pisane, qui se trouve à Cagliari, parle de 25 000 guelfes morts et 3000 prisonniers ; mais elle dit qu'il ne périt presque personne du côté des Pisans (gens pisana tota quasi fuit incolumis). Cela ôte tout crédit à la précédente assertion. — Voy. Roncioni, 1. XII, p. 705, 706.

[3] Alb. Mussato, V, 16. R. I. S. X, 644 ; *Cron. Pis.* R. I. S. XV, 992 ; Marangone, I, 655.

[4] *Cortusiorum Hist.*, loc. cit. ; March. de Coppo, V, 515 ; Ammirato, V, 568.

parti de sa victoire. Il envoyait les cavaliers de Can grande de la Scala à Seravalle, pour protéger ses pillards. De sa personne, il revenait brusquement vers Montecatini et Monsummano qui se rendaient; exemple bientôt suivi par tous les châteaux des environs. Dix jours il restait dans son camp, par crainte d'un retour offensif que sa prudence rendait impossible[1]. A Buggiano, il faisait tomber sur un tas de fumier la tête d'Ubaldo des Obizi, son principal adversaire de Lucques, et il proclamait son fils Neri seigneur de cette ville[2]. Les habitants de Pistoia, toujours gibelins de cœur, profitent de son voisinage et de son appui pour réclamer tout ce que Florence détenait de leur *contado*; et Florence devait céder, rendre toutes les places, même Carmignano, pour ne pas augmenter, en un moment si critique, le nombre de ses ennemis[3].

Ces conséquences de la victoire avaient plus de prix que la victoire même. C'est à cause d'elles qu'Albertino Mussato tient la bataille de Montecatini pour la plus remarquable qu'on eût vue depuis bien des années. « Dans la jubilation de leur cœur, écrit l'historien milanais Cortusio, tous les fidèles de l'empire entonnent un hymne à Dieu qui les a tirés du lac de misère et de boue. Si le prince eût été vainqueur, personne n'oserait plus invoquer le nom de l'empire[4]. »

Mêmes vaincus, en effet, les guelfes restaient menaçants. Le premier moment de stupeur passé, ceux qui

---

[1] Villani, IX, 70; *Ist. Pist.* R. I. S. XI, 410; *Cortusiorum Hist.*, loc. cit.
[2] Villani, IX, 71; March. de Coppo, V, 514, 515; *Ist. Pist.*, R. I. S. XI, 410.
[3] *Ist. Pist.* R. I. S. XI, 410.
[4] *Cortusiorum Hist.*, l. II, c. 2. R. I. S. XII, 796.

étaient assez loin d'Uguccione pour ne pas sentir ses atteintes, et assez près pour les craindre, les Pérugins, par exemple, prenaient chez eux des mesures de rigueur contre les gibelins[1]. Florence, portant le deuil de ses citoyens perdus[2], n'interrompait point le travail de ses artisans[3]. Elle garnissait de palissades ses fossés, cherchait partout des hommes d'armes et de l'argent, demandait à Robert un nouveau capitaine de guerre. Robert envoyait sans retard Bertrand de Baux, un cadet de Provence, qu'il avait fait comte de Montescaglioso, en lui donnant la main de sa sœur Béatrix, veuve du marquis de Ferrare, mais que les peuples, en souvenir de cette mésalliance, appelaient le comte Novello. C'était sans doute un nom de mauvais augure pour les Florentins, car il leur rappelait un de leurs chefs les plus funestes[4], et Bertrand arrivait suivi seulement de deux cents cavaliers; mais si faible qu'il fût, ce secours donnait l'espoir que le roi n'abandonnerait pas une ville dont il était seigneur. Les châteaux du territoire firent bonne contenance, et Uguccione fut arrêté dans ses conquêtes[5]. S'il

---

[1] Voy. le détail dans Bonazzi, *Stor. di Perugia*, I, 394.

[2] Gino Capponi, I, 142-143.
  Villani, IX, 72.

[4] « Comes Novellus a novitate sic dictus. » (Albert de Strasbourg, auteur presque contemporain, cité par Anselme, I, 401.) Leo a donc tort quand il dit (II, 70) que ce nom signifiait le jeune comte. Le plus ancien de la maison de Baux est Guillaume dit Hugues (1040). C'étaient des barons, princes d'Orange, seigneurs en partie de la vicomté de Marseille. — Béatrix avait épousé en 1305 Azzo qui mourut en 1308. Elle tint son second mariage secret jusqu'à ce que Bertrand eût été élevé à la dignité de comte. Son fils fut créé duc d'Andria, d'où la famille de ce nom. En 1425, Alix, baronne de Baux sans postérité, institua pour ses héritiers ceux de sa maison qui étaient au royaume de Naples. — Voy. Anselme, I, 401; Lachenaye Desbois et Badier, t. II, col. 579; March. de Coppo, V, 316; Ammirato, V, 268.

[5] « Si credeano avere vinta la terra, fatta la sconfitta. » (Villani, IV, 72.)

se flatta bientôt de les reprendre, c'est que la discorde, dans Florence même, travaillait pour lui.

Depuis son triomphe, les gibelins y relevaient la tête et les guelfes s'aigrissaient dans une attente sans fin. La poésie se faisait l'écho et le porte-voix de leur mécontentement; elle réveillait les citoyens oublieux du deuil de Montecatini[1]. Elle reprochait au roi Robert, « fontaine d'avarice, de subir la fortune pour ne pas dépenser sa noire monnaie, de digérer la honte en gardant le dommage[2] », d'envoyer des renforts dérisoires et un vicaire incapable. Elle s'adressait à la reine-mère, affligée de la mort d'un fils et d'un petit-fils, pour réclamer vengeance. « La nature a voulu que les femmes fussent faciles au pardon, cupides, peureuses, et l'Écriture dit qu'elles le sont. Reine, serais-tu de ces créatures dénaturées? » Elle lui rappelait qu'un ennemi avait été fait chevalier sur le cadavre du jeune prince Charles, et elle ajoutait : « Que le Christ à ta volonté donne puissance[3] ! »

[1]
    Non vi ricorda di Montecatini,
    Come le mogli e le madri dolenti,
    Fan vedovaggio per li ghibellini
    E babbi e fratri e figliuoli e parenti?

(Folgore di San Gemignano ap. *Poeti del primo secolo*, II, 194; d'Ancona, *Nuova Antologia*, t. VI, p. 755, décembre 1867.)

[2]
    Che il re Roberto, fonte d'avarizia,
    Per non scemar dal colmo della bruna,
    Passerà esta fortuna,
    E smaltirà il disnor tenendo il danno.

(Ballade conservée ms. à la Laurenziana et publiée en entier par Emiliani-Giudici, *Stor. della lett. ital.*, I, 280-282. Voy. p. 281.) *La bruna*, dit Ducange, c'est la monnaie de billon, à cause de sa couleur. L'équivalent français, ce serait ses sous, ses gros sous.

[3]
    È per natura, e la scrittura il dice,
    Regina, che le donne son pietose,

Animés de ces sentiments, bon nombre de guelfes se rapprochaient des gibelins, de tous ceux qui n'exerçaient ni art ni marchandise et qu'on appelait *scioperati*, de ces âmes mobiles, enfin, qui tournent au gré des événements. Ils formaient un parti nouveau, intermédiaire, qui, sans aller jusqu'à Uguccione, s'éloignait de Robert[1]. A sa tête étaient les Magalotti et Simone de la Tosa[2]. Malgré ceux des grands que détournait de cette évolution leur vieille passion guelfe, malgré les marchands qui avaient des intérêts dans le royaume, ce parti nouveau l'emportait alors : « il faisait aux prieurs et à la commune ce qu'il voulait[3] ». Dès le 1er septembre, au lendemain de Montecatini, il avait emprunté à la gibeline Arezzo un de ses citoyens, Fumo des Boscoli, pour en faire un capitaine général de la ville et du territoire[4], ce qui était empiéter sur les droits du seigneur Robert. Pino de la Tosa, chef des guelfes, blâmait en vain la rupture d'une amitié qui datait du premier Charles d'Anjou et que venait de cimenter la mort de deux princes du sang

> Avaré e paurose;
> Sarestù di color che snaturassi?...
> Di questo non vorrei dimenticassi,
> Lo conte Vier si cinse spada allato
> Sul corpo del tuo Carlo dilicato....
> Regina, al tuo voler Cristo dia possa!
>   (*Ibid.*, p. 281, 282.)

[1] A Sienne, les Tolomei guelfes défendaient Robert, les Salimbeni l'attaquaient. En 1317, ils firent la paix sur l'avis et à la grande joie des Florentins. (Malavolti, part. II, l. IV, f°* 74, 78.)

[2] En 1313, Simone avait été ambassadeur au devant de Jacques Cantelme. — Voy. le doc. dans Reumont, *Della dipl. ital.*, p. 353.

[3] March. de Coppo, V, 319, 322. Cf. Villani, IX, 74, 77; Ammirato, V, 269.

[4] Voy. liste des *Officiales forenses*. Cf. Villani, IX, 74.

royal : il ne pouvait empêcher ses adversaires d'engager en Allemagne le comte de Luxembourg avec cinq cents cavaliers, pour chasser, à leur arrivée, le comte Novello[1]. Tout ce qu'on put obtenir, c'est que loin de rompre avec la maison de France, huit cents chevaux seraient demandés à Louis le Hutin, avec Philippe de Valois pour capitaine. Les Florentins avaient vu chez eux ce prince, fils du triste Charles de Valois, alors que Corso Donati reprenait le pouvoir, et ils lui croyaient des talents. Ils n'eurent, au reste, ni Luxembourg, ni Philippe[2]. Force leur fut de garder Bertrand de Baux ; mais ils lui marquèrent leur mauvais vouloir. Quoiqu'il fût en charge pour un an, ils lui arrachèrent (5 février 1316) la promesse de se retirer au bout de quatre mois, et, jusque-là, de ne se mêler en aucune façon du gouvernement des prieurs, ni d'aucun office de la ville et du *contado*[3].

Ce qui sauva Florence, ce fut moins ces précautions mesquines et insuffisantes que le désaccord survenu entre Uguccione et Castruccio. Ce dernier avait accru sa popularité par sa bravoure dans la bataille, et son ambition par sa popularité. Il exerçait, on l'a vu, une certaine juridiction sur la Lunigiane[4]. Il en usa pour faire conduire au supplice, quelques-uns disent sans procès[5], vingt-deux ou même trente de ses ennemis[6]. Uguccione, déjà

---

[1] Villani, IX, 74 ; Ammirato, V, 279.
[2] Villlani, IX, 74 ; March. de Coppo, V, 319.
[3] March. de Coppo, V, 319 ; Ammirato, V, 269.
[4] Voy. plus haut, même chapitre, p. 11.
[5] Roncioni, l. XIII, p. 708, 709.
[6] *Cron. Pis*. R. I. S. XV, 996. *Ist. Pist*. R. I. S. XI, 410, disent 22. Roncioni, *loc. cit*., et Tronci, p. 300, disent 30. Tegrimi ne dit pas que Castruccio eût commis cet acte de violence, mais seulement qu'on l'en

mécontent, saisit l'occasion pour exiger de lui la restitution de ses terres, et, sur son refus[1], pour donner l'ordre de l'incarcérer dès son retour à Lucques[2]. Cela fait, il accourt pour lui couper la tête; mais les Pisans, plus irrités de ses rigueurs que reconnaissants de sa victoire, s'empressent, lui parti, de secouer son joug[3]. C'était le samedi saint, 10 avril, à l'heure où les cloches, longtemps silencieuses, sonnaient à pleines volées la résurrection du Christ. Le comte Gaddo de la Gherardesca et Coscetto dal Colle, riche et beau jeune homme, très-aimé du peuple, lâchent un taureau fougueux en criant : al toro! al toro! puis quand les habitants sont en foule dans les rues, ils tirent leurs épées nues de dessous leurs manteaux, et au cri qui avait assemblé leurs concitoyens, ils substituent celui-ci : Vive le peuple! Mort à Uguccione! Ils courent à son palais et s'en emparent. Le chef de la force publique, Mariano de Capova, voulait maintenir l'ordre; on l'entoure : — Que faites-vous? lui dit-on. Voulez-vous donc exposer Pise à être pillée, détruite? N'êtes-vous pas Pisan comme nous? — Il cède, les *anziani* font prêter serment à ses huit cents cavaliers, et leur patrie est libre de nouveau[4].

Quand il apprit la révolte, Uguccione, encore en

---

accusait. A vrai dire, il le reconnaît : « Crudelis efferique animi maximo maleficio maxima beneficia compensare. » (R. I. S. XI, 1319.)

[1] *Diario* de ser Giov. de Lemmo, p. 200.

[2] 1-11 avril 1316. Incarceratio Castruccii. (Arch. lucq., *Atti di Castruccio*, I, 4; *Invent.*, I, 84.)

[3] March. de Coppo (V, 321) dit qu'on crut à un accord entre Pise et Lucques pour la révolte. C'est la coïncidence qui a fait supposer l'entente.

[4] *Cron. Pis.* R. I. S. XV, 997; Ranieri Sardo, c. 62, p. 103. Cf. *Ist. Pist.* R. I. S. XI, 411; Villani, IX, 76; Ammirato, V, 270; Marangone, I,

route vers Lucques, mangeait, dit-on, une lamproie. Il voulait l'achever avant de sortir de table, d'où ce mot qu'en un repas il avait mangé deux villes entières [1]. En effet, n'osant ni revenir à Pise, ni refuser aux Lucquois la liberté de Castruccio, il voyait son prisonnier, le lendemain, jour de Pâques, parcourir Lucques en criant : Mort à Uguccione! tandis que la foule répondait : Vive Castruccio! Il s'éloigne alors, rejoint son fils Neri, expulsé de la ville, et s'achemine tristement vers la Lombardie, vers cette cour de Vérone où Can grande de la Scala, depuis la mort d'Henri VII, donnait asile à Dante et à tant d'autres gibelins [2].

La joie fut grande à Florence, quand on y apprit ces événements. On n'y pouvait prévoir que Castruccio serait bientôt un ennemi plus redoutable qu'Uguccione. Le 17 avril, il était élu avec un autre chef des gibelins lucquois, gouverneur de la guerre et *condottiere* des troupes au dedans et au dehors [3]. Ce partage déplaisait à son ambition, mais il s'y résigna : il avait obtenu que son collègue et lui commanderaient à tour de rôle, et que

636; Roncioni, l. XIII, p. 709; Tronci, p. 303. 11 avril 1316, Expulsio Uguccionis de civitatibus Pisarum et Lucæ. Liberatio Castruccii. (Arch. lucq., *Atti di Castruccio*, I, 4; *Invent.*, I, 84.)

[1] *Cron. Pis.* R. I. S. XV, 997. Ammirato ne croit pas à l'anecdote (V, 270). Le poëte Frezzi y fait allusion comme à un fait admis :

> Io perdei Pisa e poi Lucca in un tratto,
> E questo il fè la mia pigrizia sola,
> Che non soccorsi, com' io potea, ratto.
>   (*Quadriregio*, l. II, c. 9.)

[2] *Diario di ser Giov. di Lemmo*, p. 200, 201 et les mêmes. Uguccione devait mourir en 1319 au siége de Padoue, selon Muratori (*Ann. d'Ital.*, XI, 391); à Vicence, selon *Cron. Pis.* (R. I. S. XV, 997.)

[3] Arch. lucq., *Atti di Castruccio*, I, 11; *Invent.*, I, 84; 11 avril-14 juin 1316. Reformat o regiminis civitatis Lucanæ. (*Ibid.*, I, 5. *Invent.*, I, 84.)

c'était lui, non son collègue, qui commencerait[1]. Profitant de son pouvoir, il se fait nommer, le 12 juin, défenseur du parti impérial et capitaine de Lucques pour six mois; le 4 novembre, pour deux ans[2]. Il ne devait pas s'arrêter là. Nous le verrons, comme tant d'ambitieux de la tyrannie, s'élever par ses empiétements successifs, et justifier ses prétentions par ses services mieux que beaucoup d'entre eux. En attendant, il mariait son fils en bas âge à la fille du comte Gaddo de la Gherardesca, successeur d'Uguccione à Pise, s'assurant ainsi l'alliance de cette ville, en vue de ses projets[3].

A Florence même rien ne semblait plus s'y devoir opposer. Les ennemis de Robert occupaient la plupart des emplois et les voulaient tous à leur discrétion. Ils appelèrent d'Agobbio un certain Lando de Becchi[4], puis « ils dirent tout simplement au comte Novello de s'en aller, et il s'en alla[5] ». Le 1er mai 1316, Lando fut installé en qualité de *bargello* ou chef des gens de la justice. On

---

[1] Roncioni, l. XIII, p. 711, 712; Villani, IX, 76.

[2] 12 juin 1316. Promotio Castruccii ad officium capitaneatus lucani (Arch. lucq., *Atti di Castruccio*, 1, 6; *Invent.*, I, 84). Cf. 4 nov. 1316. Electio Castruccii in capitaneum generalem pro annis duobus. — Alia electio pro altero anno (*Atti di Castruccio*, I. 18; *Invent.*, I, 84). Cf. Cianelli, *Mem. e doc.*, etc., I, 244, 245.

[3] Villani, IX, 84; Ammirato, V, 276; Marangone, I, 637, 639.

[4] « Cherchant un homme à adorer et ne le pouvant tirer ni de France ni d'Allemagne, ils le tirèrent d'Agobbio. » (Machiavel, *Ist. fior.*, II, 26 B.) Il ne s'agit point d'adorer; il s'agit d'avoir un instrument énergique. M. Trollope (I, 362) ne paraît pas beaucoup plus juste que Machiavel quand il émet cette sentence que pour les Florentins la question était toujours de savoir non pas comment on exercerait le pouvoir, mais qui l'exercerait. — Tout parti, toute opinion s'incarne dans ses hommes; il faut les changer pour changer les choses. On ne peut dire que passer des guelfes aux gibelins ou des gibelins aux guelfes, ce fût simplement une question de personnes.

[5] March. de Coppo, V, 318.

mit dans ses mains le gonfalon, à ses ordres cinq cents *fanti* à pied, cinquante cavaliers et la cloche. On lui donna *balie* de n'observer aucune formalité légale, de procéder sans condamnation contre les gens et les biens, contre quiconque attaquerait les guelfes ou le présent état de choses[1].

Instrument d'un parti, Lando, du matin au soir, était au seuil du palais avec ses gens, « comme le chasseur avec ses chiens ». Sur un signe, il envoyait prendre jusque dans le *contado* quiconque lui était désigné pour gibelin ou rebelle. Nul besoin de preuves. L'accusation en tenait lieu, et la peine c'était la mort[2], même pour de tout jeunes gens, même pour des « clercs sacrés[3] », la mort sans délai : l'accusé n'avait le temps ni de prouver son innocence, ni de recourir à ses amis, à son argent. Hors de la secte dominante, nul qui ne tremblât devant ce bourreau[4]. Bien autrement douce était la domination des vicaires royaux.

Suivant les maîtres du jour, cette sévérité était nécessaire : en des temps si troublés, elle assurait seule la ville contre ses ennemis du dedans et du dehors. Que faisait, après tout, le *bargello*, sinon d'exécuter sans crainte les ordres des prieurs? Ne cherchait-on pas, au moyen de *pacieri* ou pacificateurs, à réconcilier entre elles les familles? Ne relevait-on pas les murailles, d'Ognissanti à San Gallo, c'est-à-dire du côté où pouvait venir une attaque des Pisans[5]? Sans doute tout n'était pas

---

[1] Villani, IX, 74; March. de Coppo, V, 319; Ammirato, V, 269.
[2] « E sanza giudizio ordinale di fatto li facea a suoi fanti tagliare a pezzi colle mannaie. » (Villani, IX, 74.)
[3] Villani, IX, 74; March. de Coppo, V, 319; Ammirato, V, 271.
[4] Villani, IX, 71; Machiavel, *Ist. fior.*, II, 26 B.
[5] Villani, IX, 75; March. de Coppo, V, 320; Ammirato, V, 271.

mauvais dans ce gouvernement; mais on y voyait le règne de la violence et de l'arbitraire; on ne lui pardonnait point de se faire, comme les rois, faux monnayeur, de donner pour six deniers des pièces qui en valaient à peine quatre, dont le cuivre était à peine recouvert d'une mince couche d'argent, et que l'indignation publique flétrit du nom de *bargellini*, qui leur resta[1].

De tout le mal c'est le *bargello* qu'on accusait; mais comment se défaire d'un officier si récemment nommé et si résolûment soutenu[2]? Les mécontents imaginent de lui susciter un adversaire pour le tenir en échec. Par lettres, par ambassadeurs ils sollicitent Robert de nommer son vicaire à Florence, le comte de Battifolle, « palatin en Toscane[3] », puissant seigneur du Casentino. Le choix était heureux : Battifolle appartenait à la branche guelfe des Guidi; on ne pouvait donc avec quelque apparence le décrier comme gibelin. Il avait beaucoup de gens d'armes à ses ordres, beaucoup d'amis à Florence et dans le *contado;* il pourrait donc imposer le respect de son pouvoir[4]. Nommé par Robert, il prenait, le 13 juillet, possession de sa charge[5]. Les illusions ne furent pas de longue durée. Ne le pouvant chasser, les partisans du *bargello* le réduisirent à l'impuissance par leur passive et insaisissable opposition[6].

---

[1] Villani, IX, 75; March. de Coppo, V, 320. On se débarrassa de cette monnaie l'année suivante, quand on se fut débarrassé de Lando et de ceux dont il était l'instrument. (Villani, IX, 81.)

[2] Ammirato, V, 271; Machiavel, *Ist. fior.*, II, 26 *B.*

[3] Liste des *Off. forenses.*

[4] March. de Coppo, V, 323; Ammirato, V, 272.

[5] Liste des *Off. forens.* March. de Coppo (V, 522) dit le 15 juillet; Ammirato (V, 272) le 1ᵉʳ.

[6] Villani, IX, 77; Ammirato, V, 272.

Il n'y avait plus de gouvernement, puisqu'il y en avait deux. Des circonstances imprévues permirent de rétablir une nécessaire unité. La sœur du duc d'Autriche, fille de l'empereur Albert, se rendait à Naples pour épouser le duc de Calabre, Charles, fils aîné de Robert. Arrivée à Florence, elle s'y plut et résolut d'y attendre l'ambassade d'honneur qui venait au devant d'elle. De cette ambassade faisait partie, avec le prince Jean de Morée, frère du roi, et l'archevêque de Capoue, chancelier royal, le comte Novello qui conduisait deux cents cavaliers[1]. Plein de rancune contre ceux qui l'avaient chassé, il joignit cette force à celles du vicaire et lui rendit ainsi la prépondérance. Le 3 septembre, Battifolle se faisait donner *balìe* de pacifier Florence, conjointement avec quelques citoyens[2].

Quel usage allait-il faire de ses pouvoirs? Les engagements pris par le roi, en acceptant la seigneurie, lui interdisaient de toucher aux magistratures établies; mais si l'on n'y touchait, on ne sortirait point d'embarras. Déjà étaient élus les prieurs qui devaient entrer en charge le 15 octobre suivant. Sur sept, en y comprenant le gonfalonier, il n'y en avait que trois du parti de Robert[3]. L'idée vint d'un expédient non sans exemples dans le passé[4], celui de doubler le nombre des prieurs.

---

[1] March. de Coppo, V, 323.
[2] « Quoniam propter discordias et inimicitias civium potentissime ac amplissime civitates dissolvantur ». (3 sept. 1316, *Provvisioni*, XV, 11 v°.)
[3] Villani (IX, 77) dit qu'il n'y en avait aucun ; March. de Coppo (V, 323) qu'il y en avait trois, et son assertion semble plus croyable, d'abord parce qu'il entre dans des détails plus précis, ensuite parce que devant sept adversaires le petit coup d'État qu'on allait faire en les doublant n'eût pas déplacé la majorité des deux tiers, ce qui devait être le but, tandis qu'elle se trouvait déplacée avec le compte de Marchionne.
[4] « Quello che altre vòlte s'era costumato di fare. » (Ammir., V, 272,

Les six nouveaux, choisis dans l'esprit de la minorité et se joignant à elle, devaient former, et au delà, la majorité légale des deux tiers¹.

Ce moyen de la déplacer n'avait rien d'un coup d'État, grâce à cet ingénieux système de la *balie* ou des pleins pouvoirs, qui permettait de sortir légalement de la légalité. Mais sans la présence des étrangers, cette réforme temporaire n'aurait pu s'accomplir. Ceux qu'elle lésait n'osèrent la repousser, et les autres l'acceptèrent avec empressement. Il était sage, en effet, de vivre en bons termes avec Robert : un pape venait d'être élu, jadis chancelier de ce prince, et déterminé à s'appuyer sur lui, comme sur la bourgeoisie guelfe des villes, pour conserver ou recouvrer le patrimoine de l'Église. A la politique presque gibeline de Grégoire XI, Jean XXII voyait bien ce qu'avait perdu le saint-siége : Rome et les petites villes de la Romagne². Une politique nettement guelfe, une étroite union avec son ancien maître étaient la réaction inévitable d'un pontificat nouveau, et Florence s'en trouvait ramenée vers ses séculaires alliés.

A peine en charge, la seigneurie aux treize prieurs fit secrètement prier Robert d'ordonner que le *bargello* fût chassé. Désormais rien n'était plus facile : avant la

---

273.) M. Trollope (I, 363) n'a pas compris le calcul qui dicta cet acte, non plus que les effets qu'il devait produire.

¹ On peut voir la liste de cette seigneurie dans les *Delizie*, XI, 46. C'est à peine si l'on y trouve trois noms connus : un Cambi, un Benci, un Compagni. — March. de Coppo met cet événement en septembre, mais Villani dit expressément : « Venia il mezzo ottobre. » On peut même dire que ce fut le 13 ou le 14, puisque les élections avaient lieu la veille ou l'avant-veille de l'entrée en charge des prieurs.

² Villani, IX, 79 ; Ammirato, V, 273 ; Zeller, *Hist. d'Ital.*, p. 247.

fin d'octobre Lando d'Agobbio partait de Florence, « payé, dit un chroniqueur, de meilleure monnaie qu'il ne méritait[1] ». La concorde se rétablit à ses dépens. On trouva commode de voir en lui le bouc émissaire d'un passé odieux. C'était peu de casser ses actes : les documents, un an plus tard, les déclarent « impies, criminels, abominables aux yeux de Dieu et du monde entier »; ils l'appellent lui-même « tyran scélérat et néfaste, qui a renversé et dévoré le peuple de Florence[2] ». Villani parle avec plus de vérité quand il le réduit à son rôle d'instrument, de « bourreau cruel[3] ». Le parti de Robert aurait pu être plus modéré, car sa domination n'était plus contestée : à l'élection du 15 décembre, il obtenait tous les prieurs. Le système de la seigneurie double fut alors maintenu, « sans aucun trouble, sans expulsion de citoyens[4] », et le fait est rare sans doute, puisqu'il paraît aux contemporains digne de remarque. Les étrangers seuls eurent sujet de se plaindre, car on leur retira leurs priviléges, à moins qu'avant six mois ils ne payassent tous les impôts, comme les Florentins[5]. Le 15 février 1317, toutes choses étant rentrées dans l'ordre, on en revenait aux six prieurs réglementaires[6];

[1] March. de Coppo, V, 323.

[2] « Per sceleratissimum et nefandissimum Landum Becchi de Eugubio olim barixellum, imo potius tirannum, devoratorem et subversorem populi florentini et popularium et artificum civitatis Florentie.... priores considerantes iniquissima, impiissima et sceleratissima et Deo et mundo abominabilia opera ac conturbativa et detractiva honoris ac status Domini serenissimi principis regis Roberti et sui vicarii.... » (11 octobre 1317. *Provvisioni*, XV, 90 v°.)

[3] « Uomo carnefice e crudele. » (Villani, IX, 74.)

[4] Villani, IX, 77.

[5] 4 décembre 1316. *Provvisioni*. Arch. dipl. Perg. delle Riform.

[6] « Essendo le cose acchetate. » (Ammirato, V, 274.) Voy. les listes de March. de Coppo, dans *Delizie*, etc., XI, 46.

sous le vicariat du sage et intelligent Battifolle[1].

Rétablir la paix au dedans, recouvrer au dehors les terres et les châteaux perdus dans les précédentes guerres, telle était sa mission[2]. Il ne la put accomplir qu'en partie, et ce fut assez pour son honneur. Florence pacifiée avait soif d'une revanche contre Pise[3] : elle n'en dut pas moins accepter la paix des mains de Robert. Oublieux de son frère et de son neveu morts, jaloux de former une grande ligue toscane, heureux d'y voir Castruccio et le comte Gaddo disposés, Robert arracha, le 12 mai, jour de l'Ascension, la signature des ambassadeurs de Florence, de Pistoia, de Prato, de San Miniato à un traité de paix avec Pise et Lucques[4].

Les Florentins jetèrent feu et flammes. Ils accusèrent le roi de ne s'être point oublié lui-même, d'avoir stipulé que s'il faisait une « armée générale », les Pisans équiperaient pour lui cinq galères, ou lui fourniraient l'argent nécessaire pour les équiper. Ils le tournèrent en ridicule, parce qu'il avait exigé qu'une chapelle et un hôpital fussent construits à Pise, en mémoire des morts de Montecatini[5], et, sans souci de se contredire, lui reprochèrent en même temps de « ne point penser aux chairs corrompues qu'on avait laissées aux loups dans ce

---

[1] « Tenne di vero in assai tranquillo stato più tempo appresso la città, onde la città s'avanzò e migliorò assai. » (Villani, IX, 77.)

[2] Ammirato, V, 273.

[3] Villani, IX, 80 ; March. de Coppo, V, 325 ; Ammirato, V, 274 ; Marangone, I, 627.

[4] Ser Giov. de Lemmo (p. 203) et Ammirato (V, 274-276) donnent la date du 12 mai, confirmée par les documents (*Capitoli*, XXVI, 1 et XXXIII, 1). L'instrument de paix a été publié dans les *Delizie* (XI, 269), mais avec une évidente erreur de date.

[5] Villani, IX, 80.

désert¹ ». Mais cette explosion de mauvaise humeur n'empêchait pas ces marchands de voir qu'ils retireraient de la paix les meilleurs fruits d'une victoire : ils obtenaient la remise de leurs prisonniers; ils n'étaient tenus à la restitution d'aucun château²; l'exemption de tous droits sur leurs marchandises leur était accordée dans la ville et le port de Pise. Or c'était ce qu'ils avaient le plus à cœur, ce qu'ils recherchaient, même avant la paix conclue, au moyen d'un stratagème que rapporte Villani³. Si quelqu'un avait sujet d'être mécontent, c'était Pise, qui perdait des sommes considérables à la libre entrée des ballots que lui envoyait sa laborieuse voisine.

On ne tarda pas à voir quels étaient, au fond, les sentiments des Florentins. Aux premiers jours de 1318, malgré l'opposition de deux prieurs⁴, ils prolongeaient de trois ans, par avance, la seigneurie de Robert qui en

---

¹   Con Pisa ha fatto pace, è certo;
            Non cura delle carni malfatate
            Che son rimase ai lupi in quel deserto.

(Folgore di S. Gemignano, *Poeti del primo secolo*, II, 195; et *Nuova Antologia*, t. VI, 756). Cf. la ballade déjà citée dans Emiliani-Giudici, *Stor. della lett. ital.*, I, 280; et Teza, *Rime di Cino e d'altri*, p. 601.

² March. de Coppo, V, 328; Ammirato, V, 274-276, qui donne en détail les conditions du traité.

³ Florence feignant de tout préparer pour la guerre, avait à grand bruit augmenté les impôts pour accroître ses ressources, donné mission à trois des prieurs, dont était Giov. Villani, de se rendre auprès du roi de France Philippe le Long, pour lui demander comme capitaine un de ses fils ou neveux avec mille chevaliers français, chargé un courrier de lettres supposées pour le pape et les cardinaux, les priant de seconder l'entreprise, fait en sorte que ces lettres tombassent aux mains du comte Gaddo et des *anziani*, pour les disposer à céder (Villani, IX, 80). Villani ne donne pas la date du fait, mais il eut lieu du 15 décembre 1316 au 15 février 1317, puisque c'est de cette seigneurie qu'il faisait partie, comme on le voit dans toutes les listes.

⁴ Ces prieurs étaient Nozzo Bentacordi et Filippo des Albizzi, seigneurie du 15 décembre 1317.

devait durer cinq, et se réservaient le droit d'élire eux-mêmes son vicaire, s'il négligeait d'en nommer un nouveau tous les six mois[1]. Amelio de Baux, seigneur d'Avellino, vint remplacer Battifolle, quand celui-ci fut parvenu au terme de son office. Période heureuse, où, tandis que Sienne avait à son tour ses convulsions intérieures[2], Florence put vaquer librement aux travaux publics et aux réformes, construire un palais pour le vicaire royal et des murs d'enceinte pour la ville, restreindre le luxe et les monopoles[3], régler la honteuse industrie des filles de joie[4], introduire pour la votation des conseils un usage qui devait durer autant que la République, celui des fèves noires et blanches. Chacun remettait sa fève, noire pour l'adoption, blanche pour le rejet, aux mains d'un des religieux de la chambre des armes, lequel les jetait

---

[1] Ammirato, V, 277. Le 24 mai 1319, Provision décidant que les prieurs du 15 juin notifieront à Robert l'élection à faire d'un vicaire pour Florence dans les trois premiers jours de septembre selon les conventions. Ceux qui entreront en charge le 15 décembre feront de même pour l'élection de son successeur dans les trois premiers jours de mars. Si le roi ne notifie pas aussitôt son choix, les prieurs feront l'élection dans les trois premiers jours d'octobre ou d'avril, sous peine de la tête et de la confiscation de leurs biens. (*Provvisioni*, XVI, 72 v°, 74 r°.)

[2] Voy. Malavolti, part. II, l. IV, p. 79-81 et les autres historiens de Sienne.

[3] Ammirato, V, 276, 277.

[4] 11 août 1318 : Défense à toutes personnes de recevoir chez soi des filles publiques et d'établir de mauvais lieux près des églises et monastères. (*Provvisioni*, XV, 219 v°.) — 9 janvier 1319 : Défense aux filles publiques d'habiter en ville ou près de la ville, des routes, des églises, de se promener le jour à l'intérieur des murs, sauf le lundi après none, sous peine d'amende et de fustigation en public pour elles et pour ceux qui les tiendront chez eux, soit pour en user, soit pour les vendre, ou même pour les complices de ce scandale. La récidive sera punie du feu et de la marque au visage et au flanc droit avec le fer chaud. Ordre est donné au vicaire de protéger les filles qui voudraient sortir du *postribulum*. (*Provv.*, XVI, 11, 12.)

dans l'urne ou *bossolo*. Par là, dit Ammirato, on évita beaucoup de confusions[1].

Dans ce temps de paix, c'est le pacifique Robert qui faisait la guerre. Florence l'y secondait par devoir d'alliée, et aussi par intérêt. Soutenu par le pape, par le roi de France, par les guelfes d'Italie, n'ayant rien à craindre de l'Allemagne, où deux princes rivaux paralysaient les forces de l'empire[2], il cherchait à mettre la main sur la Ligurie et la Lombardie, voisines de sa Provence. Depuis 1313, il combattait Matteo Visconti[3]. En 1318 leurs efforts à tous deux se concentraient sur Gênes, aussi importante pour protéger les plaines lombardes que pour les envahir, et où les grandes familles, Spinola et Doria, Grimaldi et Fieschi, n'avaient pas su rester unies, même devant l'ennemi[4]. Robert surtout avait besoin de l'amitié des Génois pour maintenir libres ses communications entre la Provence et Naples, pour n'être pas inquiété dans la conquête de la Sicile. Une flotte gibeline infestant la mer, il arrivait, le 21 juillet, avec vingt-cinq galères et quarante-sept navires de transport[5], et recevait conjointement avec le pape la seigneurie de

---

[1] Ammirato, V, 277, 278.

[2] Louis IV de Bavière et Frédéric le Beau d'Autriche, couronnés tous deux rois des Romains en 1314. — Voy. Villani, IX, 66 ; Sismondi, III, 253, 255, 304.

[3] Alb. Mussato, *Post Henr. VII*, l. I, r. 6, l. III, r. 6. R. I. S. X, 579-632 ; *Ann. Eccl.*, 1317, § 27, t. XXIV, p. 60 ; *Bonincontri Morigiæ Chron. Modoetiense*, P. II, c. 22, R. I. S. XII, 1112 ; Gualvaneo de la Flamma, *Man. flor.*, c, 356. R. I. S. XI, 725 ; Sismondi, III, 305-307.

[4] Voy. sur les luttes intestines de Gênes : *Georgii Stellæ Ann. gen.*, l. II, R. I. S. XVII, 1029 ; *Uberti Folietæ genuens. Hist.*, l. VI, ap. Grævius, *Thes. Antiq. et Hist. Italiæ*, t. I, part. I, p. 412 ; Villani, VI, 56 ; Sismondi, III, 308.

[5] Villani, IX, 91.

Gênes pour dix ans[1]. Bientôt lui arrivaient les renforts des villes guelfes de Toscane et de Romagne. Florence envoyait, pour son compte, cent cavaliers et cinq cents *pedoni*, reconnaissables au lis qu'ils portaient sur leurs habits[2]. Avec un patriotisme suspect, Villani nous montre ses compatriotes débarquant les premiers entre Borghi et Savone (5 février 1319), coupant ainsi de l'armée assiégeante le quartier général des émigrés génois, et forçant, après dix mois de siège, Marco Visconti à se retirer[3]. Quelques semaines plus tard, au mois de mars, trois cents cavaliers de Florence contribuaient à reprendre Crémone, dont Can grande, chef des gibelins, s'était emparé en avril précédent[4]. La leçon était bonne pour ces tyranneaux lombards dont l'exemple gagnait comme une tache d'huile et qu'on voyait toujours prêts à soutenir leurs imitateurs gibelins. En Romagne déjà les Malatesti dominaient à Rimini, les Ordelaffi à Forlì, Francesco de Manfredi à Faenza, Guido de Polenta à Ravenne. En Toscane même, Lucques n'obéissait-elle pas à Castruccio, et Arezzo à Guido des Tarlati, son évêque, un des seigneurs de Pietramala[5]? Il n'était que temps d'opposer une digue à cette invasion de la tyrannie, et de relever la bannière des guelfes au pays lombard.

Pour reprendre chez lui l'avantage, Matteo Visconti devait donc susciter aux guelfes toscans des affaires chez eux. La domination de Castruccio sur Lucques lui en

---

[1] 27 juillet 1318. Villani, IX, 92; March. de Coppo, V, 332.
[2] Villani, IX, 93, 94.
[3] *G. Stellæ Ann. gen.*, p. 1034; *Uberti Folietæ gen. Hist.*, p. 415; *Chron. Astense*, c. 99. R. I. S. XI, 255; Villani, IX, 93-95.
[4] March. de Coppo, V, 354; Ammirato, V, 280.
[5] Voy. Sismondi, III, 332, 333.

fournissait le moyen. Seigneur de fait, avant de l'être de droit, Castruccio justifiait son ambition par ses talents. De Lucques, ville riche et commerçante, il faisait peu à peu une ville guerrière et redoutable. Il économisait avec soin sur les gabelles des portes, pour avoir un trésor de la guerre. Depuis trois ans il exerçait aux armes ses concitoyens enorgueillis de leur rôle à Montecatini. Entouré de vieux soldats, d'exilés, d'aventuriers, brigands de la montagne ou pirates de la mer, dont il tolérait la licence, non l'indiscipline, aimé d'eux et craint du peuple, prodigue de récompenses et sévère dans les punitions, il ne faisait la guerre comme personne, il ne se fiait, en fait de forteresses, qu'à celles qui marchent, et peu à peu il s'élevait à un degré de puissance surprenant pour un chef de la faction gibeline, dans une province qui préférait la liberté par les guelfes à la grandeur par les gibelins [1].

Matteo Visconti fit sentir sans peine à Castruccio le danger qu'il courait. Serait-il donc épargné par le peuple florentin qui allait, si loin de ses frontières, attaquer de puissants seigneurs? Il lui conseilla de ne point se croire lié par la paix, et promit de lui ouvrir les voies vers de plus grandes destinées. Le Lucquois était trop fin pour se tromper sur le but égoïste où tendaient ces propos de sirène; mais ils répondaient trop à ses secrètes visées pour qu'il y fermât l'oreille. Il résolut de soutenir Visconti, afin d'en être soutenu. Continué trois ans, puis dix ans dans sa charge [2], il la voulait à

[1] Voy. Ammirato, V, 280; Sismondi, III, 331, 334, 335; G. Capponi, I, 161. L'historien génois Stella appelle Castruccio « probissimus, de cujus rata justitia magnisque gestis etiam hodie laudabiliter sermo est ». (*Ann. Gen.*, l. II. R. I. S. XVII, 1029.)

[2] Mazzarosa, I, 139.

vie, sous prétexte qu'il fallait être fort pour tenir tête à Pise, qui voyait en lui un étranger, et à Florence, où les pierres mêmes se fussent levées pour l'écraser. Personne ne lui offrant ce qu'il désire, il envoie en exil les guelfes, ses adversaires, et, tandis qu'il est absent, fait porter la motion par son vicaire Ugolino de Celle. Lucques décimée n'était plus libre. Le 26 avril 1320, l'assemblée des *anziani* et des *richiesti* proclame le maître seigneur à vie, et, dès le lendemain, par assis et levé, le conseil général confirme ce vote, un seul membre, sur deux cent dix, refusant de s'y associer. Il s'agissait moins, on le voit dans l'acte officiel, d'assurer l'avenir que de rémunérer le passé[1]. C'est le triomphe des ambitieux chez les peuples avilis.

Ici l'ambitieux était doublé d'un comédien. Sans empressement, quand on lui apporta sa nomination dans le Val d'Arno, il répondit qu'il réfléchirait ; mais il eut vite réfléchi : le même jour il rentrait à Lucques. Voulant se consolider par un plébiscite, il fit demander par son vicaire au peuple si cette innovation lui convenait. Le peuple répondit comme il fait d'ordinaire aux questions ainsi posées : *Placet et sit*[2].

---

[1] « Cum..:. dignum sit quod ex tantis beneficiis et honoribus quæ Lucano communi acquisivit.... meritum consequatur.... » 26, 27 avril 1320 : Electio Castruccii in capitaneum et dominum generalem civitatis lucanæ pro toto tempore vitæ suæ (*Atti di Castruccio*, I, 21; Arch. lucq., *Invent.*, I, 85; Cianelli, *Mem. e doc.*, I, 249; Beverini, *Annales lucenses*, part. I, l. VI, p. 750-759). Cianelli et Sismondi citent souvent cet auteur encore manuscrit, et qui n'est pas une autorité, puisqu'il a écrit après 1648; mais il a eu sous les yeux le manuscrit de Giovanni Cambi, conservé aux archives de Lucques et dont la seconde partie a été publiée au t. XVIII des R. I. S.

[2] Cianelli, *Mem. e doc.*, etc., I, 250. Leo ayant lu trop rapidement cet auteur, met dans la bouche de Castruccio ces mots plébiscitaires (I, 72, note). Cf. Mazzarosa, I, 143-144.

Dictateur à vie, Castruccio pouvait agir. Déjà, du reste, il avait violé virtuellement la paix en entrant dans la ligue des exilés gibelins de Gênes, en acceptant de Frédéric le Beau, l'un des compétiteurs à l'empire, le titre de vicaire impérial[1], en parcourant et brûlant le Val d'Arno, en s'emparant de San Miniato a Monte[2]. A vrai dire, cette campagne trouvait son excuse dans la présence de Robert et l'arrivée de Philippe de Valois en Lombardie[3], dans l'envoi de quatre cents chevaux florentins et du contingent des autres villes guelfes au prince français[4]. Mais il s'agissait de savoir qui aurait pour soi le droit de la force, non la force du droit.

C'est en Lombardie, semblait-il, que le sort des armes devait décider. Castruccio y était accouru pour mettre son épée au service de Matteo Visconti contre Philippe de Valois. Les deux armées se trouvaient en présence à Mortara, entre Novare et Verceil. Tous les yeux étaient fixés sur ce point où s'allaient jouer les destinées de l'Italie, car battre Philippe c'était rendre aux gibelins Gênes, clé de la péninsule par sa position. Tout à coup, on apprend que le prince français, au lieu de combattre, a traité avec l'ennemi et repassé les Alpes, que les exilés de Gênes ont nommé Castruccio vicaire-général de la rivière du Levant, et qu'ils s'avancent avec lui contre leur patrie[5]. Pour la sauver,

---

[1] Ammirato, V, 281 ; Mazzarosa, I, 144.

[2] 27 avril-12 mai 1320 : Pacta firmata per D. Castruccium cum communi et hominibus S. Miniati ad montem (*Atti di Castruccio*, I, 37. Arch. Lucq., *Invent.*, I, 85); Roncioni, l. XIII, p, 718.

[3] Villani, IX, 104.

[4] Le 22 mars 1320. March. de Coppo, V, 334.

[5] Villani, IX, 109 ; Ammirato, V, 281 ; Beverini, part. I, l. VI, p. 754, ap. Sismondi, III, 335 ; Mazzarosa, I, 145.

Florence ne vit qu'un moyen, moyen héroïque et digne de son courage : ramener l'ennemi contre elle, en Toscane, par une énergique diversion. Plus de discordes civiles pour plusieurs années[1]. Guido de Petralla est envoyé dans le Val de Nievole pour ravager le pays de Lucques.

Un *guasto* n'eût pas détourné Castruccio de sa grande entreprise ; mais il redoutait une révolte de l'aristocratie lucquoise[2]. A son approche, les Florentins reculèrent vers Altopascio, pour se couvrir des marais de la Gusciana. Il vint camper en face d'eux à Cappiano, content de les tenir en échec, comme ils l'étaient eux-mêmes d'avoir dégagé Gênes. Les pluies d'octobre, un hiver précoce ramenèrent dans leurs foyers les deux armées, jusqu'au printemps[3].

C'était l'heure de préparer des hostilités nouvelles. Au marquis Malaspina, dépouillé de ses États et résidant à Vérone, Florence proposa de les reconquérir. Attaqué sur deux points, Castruccio, pensait-on, devait être battu là où il ne serait pas[4]. Mais il était trop bon capitaine pour ne pas écraser un de ses ennemis avec toutes ses forces, avant de se tourner vers l'autre. Il s'attaque d'abord aux Florentins.

A peine Guido de Petralla paraît-il, qu'il lui faut disparaître, à la faveur d'une tempête, derrière les murailles des châteaux (8 juin) et rappeler les renforts

---

[1] « Posate le civili discordie per più anni.... E il timore grande che aveva di Castruccio la tenea unita. » (Machiavel, *Ist. fior.*, II, 27 A.)

[2] *Ist. Pist.* R, I. S. XI, 414 ; Villani, IX, 112 ; Ammirato, V, 281-282.

[3] Villani, IX, 112 ; March. de Coppo, VI, 357 ; Ammirato, V, 281 ; Roncioni, l. XIII, p. 718, 719.

[4] Ammirato, V, 285.

envoyés en Lunigiane. C'était la perte du marquis : n'osant seul affronter Castruccio, il repart en hâte pour Vérone [1], tandis que les villes, jusqu'aux portes de Florence, achètent leur tranquillité au prix d'un fort tribut payable tous les six mois. Pistoia même dut subir cette humiliation [2].

Plus que personne les Florentins la ressentirent. Ne pouvant s'en prendre à leur ennemi, ils s'en prirent à leurs magistrats. Reprochant aux prieurs l'ineptie funeste de la direction militaire, ils résolurent de les flanquer d'un conseil, sans lequel ils ne pourraient plus rien faire à l'avenir. Déjà la seigneurie en avait un, celui des sages, mais de nombre illimité et appelé par elle-même, pour opiner du bonnet, par conséquent, bien plus que pour contrôler. Le nombre de ces conseillers fut fixé à douze, élus pour six mois, sous le nom commode, et dont on abusait un peu, de *buoni uomini* [3]. Cette innovation fut fort approuvée. Elle donna, dit Villani, de la force au gouvernement [4], et, en effet, elle avait l'avantage de maintenir, au moins pendant trois seigneuries, l'unité de la politique. Le collége des *buonuomini* devait durer autant que la République [5].

Castruccio, sans doute, n'était pas vaincu, mais il se voyait réduit à l'impuissance. Peu brillants à la guerre,

---

[1] Villani, IX, 124; March. de Coppo, VI, 339; Ammirato, V, 283-285; Beverini, l. VI, p. 759, ap. Sismondi, III, 336; Mazzarosa, I, 146.

[2] *Ist. Pist.* R. I. S. XI, 414.

[3] Villani, IX, 125; Ammirato, V, 283-285.

[4] « Il modo fu assai lodato e fu sostegno della setta e stato che reggea ». (Villani, IX, 125.)

[5] On prit en même temps une mesure moins importante, mais de quelque intérêt. Les officiers étrangers se familiarisaient avec les citoyens, malgré la défense des statuts, en vue de pourvoir d'emplois leurs propres parents. Le *divieto*, de ce chef, fut porté à dix ans. Voy. Ammirato, V, 283-285.

les Florentins étaient infatigables à s'y préparer. Ils faisaient face à tout. A la demande de Jean XXII, ils envoyaient des gens d'armes en Lombardie contre Galeazzo Visconti, fils de Matteo, qui, campé devant Crema, « avec toute la faction gibeline », tentait d'opprimer le parti de l'Église[1]. Ils en gardaient assez par devers eux pour se défendre ; d'ailleurs, la guerre lombarde misérablement finie[2], ils rappelaient en Toscane un de leurs mercenaires, Jacopo de Fontanabuona, gentilhomme du Frioul, et la vigilance de ce *condottiere* empêchait Castruccio de franchir la Gusciana[3].

C'est pendant cette campagne, le 14 septembre, que mourut dans l'exil Dante Alighieri. Banni moins peut-être comme blanc et gibelin que pour son caractère hautain et difficile, qui ne savait pas s'abaisser au niveau des « laïques », c'est-à-dire des illettrés[4], il devait à son poëme la gloire que ses emplois ne lui avaient pas donnée. Les portes de sa patrie pouvaient se rouvrir pour lui, s'il consentait à demander grâce et à payer une amende. Mais il repoussait noblement ces ouvertures :

« Est-ce là pour Dante Alighieri, écrivait-il, une manière honorable de rentrer dans sa patrie après un exil de trois lustres ? Est-ce la récompense que méritaient une conscience pure aux yeux de tous, les continuelles fatigues

---

[1] 18 août 1321. Lettre de Jean XXII aux prieurs (*Capitoli*, XVI, 2). Ammirato mentionne cette lettre, mais la met à tort au 18 juillet.

[2] Par la défaite et la mort du marquis Calvacabò de Crémone, sous qui combattaient les guelfes toscans (novembre 1321).

[3] Villani, IX, 126, 132 ; Ammirato, V, 283-285.

[4] « Per suo sapere alquanto presuntuoso e schifo e isdegnoso e quasi a guisa di filosofo mal grazioso, non sapeva conversare co' laici ». (Villani, IX, 134.)

et sueurs de mes études? Loin d'un adepte de la philosophie la lâcheté d'un cœur de boue, l'acceptation, comme forcée par l'infamie, d'une grâce bonne pour un pédant quelconque! Loin de l'homme qui prêche la justice le déshonneur de payer de son argent comme à des bienfaiteurs l'injure qu'il a soufferte à ceux qui la lui ont fait souffrir! Ce n'est pas par ce chemin-là qu'il faut retourner dans sa patrie. Si vous en trouvez un autre où Dante puisse marcher sans déshonneur, j'y entrerai à grands pas. S'il n'y en a pas, je ne rentrerai jamais. Quoi! me sera-t-il donc interdit, où que je sois, de regarder la sphère du soleil et les étoiles? Ne pourrai-je donc partout sous le ciel spéculer sur la douce vérité, avant de perdre ma gloire et de me couvrir de honte aux yeux du peuple florentin et de sa grande cité? Assurément le pain ne me manquera pas[1]. »

A cette fin attristée dans l'exil la mémoire de Dante gagna peut-être. Déjà, au lendemain de sa mort, le guelfe Villani l'appelle « grand et excellent poëte, ancien et honorable citoyen, digne d'une éternelle mémoire pour ses vertus, sa science, sa valeur, qui fut un des plus grands gouverneurs de sa ville, et dont l'unique faute fut, étant guelfe, de s'être rangé parmi les blancs[2] ». C'était le commencement de la justice, prélude d'un légitime enthousiasme et même d'un excessif engouement.

Le 31 décembre de cette année, prenait fin, après huit ans et demi, la longue seigneurie du roi Robert.

[1] Cette lettre, écrite en latin, se trouve à la Laurenziana. Elle a été découverte, publiée et traduite par Ugo Foscolo. On peut en lire la traduction dans Atto Vannucci, *I primi tempi*, etc., p. 305, 306.
[2] Villani, IX, 133, 134.

On pouvait la prolonger encore ; on ne le fit point : elle coûtait beaucoup et profitait peu, double et grave défaut aux yeux d'un peuple qui vivait de son travail[1]. Ce peuple savait médiocrement gré au roi d'avoir été un allié fidèle, d'avoir respecté les libertés publiques, qu'on aurait pu, au besoin, défendre contre lui. Le vicaire royal désignait le podestat et le capitaine : l'ancienne coutume fut reprise de les élire directement[2]. Les lances napolitaines servaient de rempart : on leur substitua les murs de la ville, élevés à deux cents brasses et plus de hauteur, garnis de barbacanes et de fossés[3]. La dépense en était ruineuse : on obtint du pape, un peu plus tard (mai 1323), que les clercs y contribuassent pour vingt mille florins ; mais si forte fut la clameur parmi eux, qu'il fallut protéger contre eux les prieurs, les *buonuomini*, tous les officiers de la commune, car ils les faisaient attaquer par leurs parents[4].

Tout, alors, succédait aux guelfes. La plupart des chefs gibelins se voyaient réduits à merci. Frédéric de Montefeltro, condamné comme hérétique dans la Marche, entendait prêcher contre lui la croisade. Assiégé par son peuple dans son château d'Urbino, il avait beau se soumettre en chemise, la corde au col, son cadavre et

---

[1] Villani, IX, 135 ; March. de Coppo, VI, 541 ; Ammirato, V, 285.

[2] Villani, IX, 139 ; March. de Coppo, VI, 341.

[3] Villani, IX, 135 ; Ammirato, I, 285.

[4] 7 juin 1323. *Provvisioni*, XX, 12, 13. Le 13 juillet suivant, Jean XXII reprochait aux prieurs d'avoir écrasé le clergé, procédé à la capture des personnes, à la confiscation des biens, à la destruction des maisons. Il ordonnait que la contribution des clercs ne serait que de 10 000 livres, payables en neuf mois en trois échéances; ou qu'à leur volonté ils feraient construire 36 000 brasses carrées des murs (*Capitoli*, XVI, 5). Cf. Villani, IX, 202 ; Ammirato, VI, 290.

celui d'un de ses fils, ensevelis dans la carcasse d'un cheval mort, étaient jetés dans les fossés (26 avril 1322). Ses autres enfants périssaient dans leur fuite. Urbino, Osimo, Récanati, toutes ses villes tombaient aux mains des guelfes[1]. Vaincu par ces mêmes armes de l'excommunication et de la croisade, abandonné des Milanais, Matteo Visconti allait, nonagénaire, se reposer, finir ses jours dans un couvent (juin 1322), et laissait à son fils Galeazzo le lourd héritage de ses luttes, un pouvoir disputé, un avenir d'orages et de combats[2].

Castruccio seul restait debout, et la défensive pesait à sa fougue; il ne songeait qu'à reprendre l'offensive. Mais par où attaquer les Florentins? Le territoire de Lucques ne confinait au leur que par la frontière du Val d'Arno, où ils avaient fortifié Fucecchio, Castelfranco, Santa-Croce[3]. Mieux valait éviter ces forteresses, se porter rapidement sur Pistoia, contre laquelle, à trois milles, Seravalle offrait un point d'appui, et la forcer à une étroite alliance pour attaquer l'ennemi de plus près. Pistoia ne pouvait résister. Elle avait perdu ses trésors et la fleur de sa noblesse; elle manquait d'hommes d'armes. Un ambitieux sut profiter du découragement public. C'était un gros homme d'esprit fin, jovial et attentif à plaire, Ormanno des Tedici, abbé de Pacciana[4]. Ayant saisi au vol le mot de trêve, murmuré tout bas, il le répéta tout haut en maudissant les maux de la guerre, et fut regardé comme un sauveur. S'il réussissait à procurer la trêve,

---

[1] Villani, IX, 139-141.
[2] Villani, IX, 142, 145, 154, 179, 182; Ammirato, VI, 287.
[3] Villani, IX, 144; Mazzarosa, I, 147; Sismondi, III, 337.
[4] « Badia a Pacciana, val d'Ombrone pistoiese, à 4 milles de Pistoia, au sud de l'Ombrone. (Repetti, IV, 5.)

sa récompense serait la seigneurie[1]. Castruccio approuvait. Il sentait bien que le seigneur des artisans gibelins, menacé au dedans par la bourgeoisie et la noblesse guelfe, au dehors par les Florentins, devrait s'appuyer à lui, se faire l'exécuteur de ses volontés. Mais il fallait compter avec les opposants, ruser du moins avec eux. Ils réclamaient qu'on demandât aux guelfes de Toscane leur acquiescement, dont ils espéraient bien, dont ils conseillaient peut-être le refus. Cette vaine satisfaction leur fut donnée. Six ambassadeurs de Florence, venus pour conjurer tout accord avec Castruccio, ou du moins les principaux dangers de cet accord, furent reçus par l'abbé avec une cordialité hypocrite, priés à dîner avec leurs principaux adversaires, puis joués dans un conseil qu'entouraient des *contadini*, prétoriens de l'intrigant. Leurs clameurs commandées lui livrent la ville et lui imposent d'appeler Castruccio. Avec déférence il conduit jusqu'aux portes ambassadeurs et opposants, contraints à la fuite, il les ferme sur eux, il fait approuver par ses créatures la trêve et un tribut annuel de trois mille florins, il se fait enfin donner la seigneurie qu'il devait exercer quatorze mois, ou plutôt livrer à son neveu Filippo et à tous ses *consorti*, pour voler la commune et les particuliers[2].

Quant à Castruccio, l'abbé comptait le tromper, comme il trompait tout le monde; mais le Lucquois y vit clair et prit ses sûretés : il occupa cette riche et fertile con-

---

[1] *Ist. Pist.* R. I. S. XI, 415; Jannotti Mannetti, *Hist. Pist.*, l. II, R. I. S. XIX, 1031; March. de Coppo, VI, 575; Beverini, l. VI, p. 761, ap. Sismondi, III, 338.
[2] *Ist. Pist.* R. I. S. XI, 415-417; Mannetti, l. II. R. I. S. XIX, 1032; March. de Coppo, VI, 545; Ammirato, VI, 286.

trée qu'on appelle la montagne de Pistoia et qui se compose des derniers contre-forts de l'Apennin[1]. Dans cette forteresse de la nature il devenait menaçant pour le voisinage. C'était l'heure, pour Florence, de rentrer en scène. Elle y rentra, malgré les soulèvements de Colle et les démonstrations armées de Pise contre Sienne déchirée par la discorde[2], malgré la disette, le froid, la glace d'un hiver exceptionnellement rigoureux[3]. Selon sa coutume, elle combattit à coups de florins. Elle envoya des subsides aux montagnards, ouvrit ses portes aux affamés des campagnes dévastées, et prit si bien ses mesures que personne ne mourut de faim[4]. Ce qui lui manqua, ce fut de rivaliser avec l'ennemi d'habileté militaire. Elle ne sut ni défendre le château de Lucchio, au bord du « fleuve » Lima, sur la frontière entre Lucques et Pistoia (13 mars 1323)[5], ni occuper à temps le pont de Cappiano, sur la Gusciana, ce qui eût lavé cet affront[6]. Contre d'autres elle avait moins de male chance : elle s'emparait de divers châteaux dans le val d'Ambra, dans le Casentino, soumettait les Ubaldini frémissants, coopérait aux victoires de Ramon de Cardona, chef de l'armée ecclésiastique contre Marco Visconti[7]. Les nou-

---

[1] *Ist. Pist.* R. I. S. XI, 417 ; Mannetti, l. II. R. I. S. XIX, 1033 ; Villani, IX, 191.

[2] Voy. Villani, IX, 145, 146 ; March. de Coppo, VI, 344 ; Ammirato, VI, 286.

[3] Villani, IX, 184.

[4] March. de Coppo, VI, 352.

[5] Repetti, III, 909.

[6] Villani, IX, 191 ; Ammirato, VI, 290.

[7] Septembre, octobre 1322, février 1323. Voy. Villani, IX, 164, 172, 175, 185, 189, 193, 197 ; March. de Coppo, VI, 349, 353 ; Ammirato, VI, 288, 290. Le 25 août 1323, Jean XXII demandait à Florence des hommes d'armes pour fortifier son armée contre Milan. (*Capitoli*, XVI, 5.)

velles de Lombardie lui donnant du cœur, elle demandait à Robert un capitaine de guerre, et, faute de mieux, ce comte Novello, jadis tant dédaigné; elle négociait avec Gênes pour combiner une attaque de mer avec une attaque de terre contre le Val de Nievole et ses châteaux [1].

La campagne s'ouvrait, le 1ᵉʳ juin, sous de fâcheux auspices. L'appel fait au comte Novello blessait Jacopo de Fontanabuona, ce mercenaire du Frioul qui avait jusque-là très-fidèlement servi la République. En répartissant ses hommes d'armes sous plusieurs bannières, on réduisait à néant sa puissance. En réduisant leur solde pour payer les Napolitains, on provoquait le plus redoutable des mécontentements, celui qui se fonde sur l'intérêt. Alléché par l'offre d'une paye supérieure, Fontanabuona, le 7 juin, rejoignait Castruccio et lui révélait un secret traité qui devait livrer Buggiano aux Florentins [2]. C'était le premier exemple de ces défections de *condottieri* qui tiendront désormais tant de place dans l'histoire de l'Italie. Commandant aux seules forces militaires vraiment sérieuses de ces temps-là, les *condottieri* sont recherchés par toutes les villes, par toutes les puissances, se donnent au plus offrant et le quittent à la moindre surenchère. La mobilité dont ils font preuve a son contre-coup dans les États qu'ils soutiennent ou qu'ils abandonnent, et Florence eut le tort comme le malheur d'avoir provoqué, hâté peut-être l'apparition du fléau.

[1] Villani, IX, 199; March. de Coppo, VI, 358; Ammirato, VI, 292. Le comte Novello arriva le 16 mai avec 200 chevaux.

[2] Villani, IX, 207; March. de Coppo, VI, 358; Ammirato, VI, 292. March. de Coppo dit seul que le traité fut révélé par Fontanabuona, mais cela semble bien vraisemblable.

Prompt comme la foudre à venger ses injures et à en profiter, Castruccio faisait pendre douze des traîtres de Buggiano, et deux fois en dix jours, du 13 au 23 juin, il fondait sur le territoire florentin, sans rencontrer de résistance¹. Quand elle le vit devant Aiuolo, à un mille de Prato, à une heure de ses propres murailles, Florence fut en révolution, comme une ruche ou une fourmilière que viendrait troubler un imprudent. Les boutiques sont fermées; l'exercice des arts et métiers est suspendu. Les citoyens équipent à leurs frais des *masnade* d'hommes à cheval et à pied, pour remplacer les mercenaires qui ont fait défection. Une proclamation de la seigneurie annonce que tout banni guelfe qui rejoindra l'armée sera libéré de ses condamnations, mesure dont Villani affirme qu'il résulta beaucoup de mal². Dès le lendemain, mille cinq cents cavaliers, vingt mille *pedoni* se trouvaient réunis à Prato, et, dans le nombre, quatre mille bannis de haute condition³. Castruccio, dans sa pointe en avant, n'avait pu emmener que sa cavalerie, huit cents hommes environ. Les huit mille *pedoni* peinaient à le rejoindre. Comme Guido de Petralla deux ans auparavant, il feignit d'accepter la bataille, décampa dans la nuit, se couvrit de l'Ombrone et ne s'arrêta qu'à Seravalle (3 juillet). Qu'un bon tacticien eût commandé l'armée florentine, il pouvait être pris à revers, culbuté, jeté dans ce cours d'eau.

Mais la discorde régnait au camp. Selon les nobles, à l'ennemi qui fuit il faut faire des ponts d'or, surtout

---

¹ Villani, IX, 208; March. de Coppo, VI, 359; Ammirato, VI, 292, 293.

² « Il quale bando non saviamente fatto ne seguì poi grande pericolo alla città ». (Villani, IX, 213.)

³ « Molto fiera gente » (Villani, IX, 213). Cf. Ammirato, VI, 292, 293.

quand cet ennemi se nomme Castruccio. D'où venait la défaite de Montecatini, sinon d'avoir empêché Uguccione de se retirer en paix? Selon le plus grand nombre, ces propos étaient dictés par la haine de l'état populaire et des ordonnances de justice, par le dessein de n'accorder le concours militaire des grands qu'après la suppression des rubriques qui établissaient la solidarité des *consorti*, et qu'on avait remises en vigueur à l'expiration de la seigneurie de Robert[1]. Il fallait poursuivre Castruccio jusque sur le territoire de Lucques. Quelle honte de faire en Toscane si mauvaise figure, quand une poignée de Florentins en faisaient une si bonne en Lombardie[2] ! Le débat s'aigrissait de la prétention des nobles à s'entendre seuls aux choses de la guerre, de leur dédain pour des courtauds de boutique affublés en miliciens. Il dut être porté devant les conseils, où il se renouvela non moins épineux entre deux partis presque égaux. L'intervention des enfants y mit fin. Assemblés avec la foule sous les fenêtres des prieurs, ils y jettent des pierres, dont ils avaient plein leur tablier : Bataille! bataille! s'écrient-ils.

---

[1] Dès le 18 janvier 1322, on donnait pleine immunité dans leur office aux prieurs, *buonuomini* et gonfaloniers, injustement accusés et vexés par les grands (*Provvisioni*, XVIII, 49). Le 12 avril 1323, on décidait que ceux des magnats qui ne corrigeraient pas leur parenté ou ne l'empêcheraient pas de mal faire seraient considérés comme complices du délinquant, et condamnés pour leur négligence ou leur complicité supposée à payer 100 l. f. p. Qui aura payé son amende obtiendra le droit de se refaire sur ceux de sa parenté également coupables de négligence (*Provvisioni*, XIX, 101-104). Selon Sismondi (III, 344) ces rigueurs des ordonnances paraissaient d'autant plus dures aux nobles que, durant la seigneurie de Robert, elles auraient été suspendues. C'est une erreur, jamais elles ne le furent légalement. Ce qui est vrai, c'est que sous la seigneurie de Robert on avait toléré beaucoup.

[2] Villani, IX, 213 ; March. de Coppo, VI, 360 ; Ammirato, VI, 293 ; Machiavel, *Ist.*, II, 27 A.

Meurent les traîtres! La foule fait écho, mais avec une addition significative : Meurent les traîtres grands! La nuit survient pendant cette ridicule émeute. Intimidés, les prieurs, les douze *buonuomini*, le conseil des cent, se mettent d'accord et décident que l'armée passera sur le territoire lucquois[1].

Mais il est plus facile de commander que de se faire obéir. Le 9 juillet, partant de Prato, les capitaines se mettaient en marche vers Carmignano et Fucecchio. Arrivés sur les bords de la Gusciana, dont Castruccio gardait les passages, ils sont assaillis de nouveau par les objections de la noblesse : rien de périlleux comme de franchir les gués de vive force[2], comme d'attaquer chez lui un ennemi aussi supérieur au comte Novello qu'Uguccione l'était aux princes napolitains qu'il avait battus. Castruccio n'était-il pas le premier homme de guerre qui eût subordonné la quantité à la qualité, la force brutale à la tactique intelligente, établi parmi les soldats une inflexible discipline, empêché leur désertion, malgré tout l'or florentin? Il y avait trop de vrai dans ces paroles pour qu'on s'abstînt d'en référer de nouveau à la seigneurie. Les grands, qui avaient vu comment on enlevait ses décisions, voulurent à leur tour peser sur elle par un stratagème déloyal : aux bannis venus au camp sur la foi des promesses faites ils persuadèrent qu'elles ne seraient point tenues, et ils les

---

[1] Villani, IX, 213; March. de Coppo, VI, 360; Leon. Bruni, V, 99, 100; Ammirato, VI, 293.
[2] Ammirato (VI, 294) semble donner à moitié raison aux nobles sur ce point, en disant que les gués de la Gusciana étaient bien fortifiés; mais Villani dit expressément : « Poca di sua gente mandati a guardare i passi sopra la Gusciana ». (IX, 213.)

poussèrent à retourner vers Florence pour s'y assurer des garanties[1].

Rien ne gagne les adhésions comme un mauvais conseil. Le 14 juillet, sur le soir, les exilés étaient devant Florence, bannières déployées. Ils se flattaient d'y entrer par surprise; mais une légitime inquiétude avait mis la ville sur ses gardes : on y faisait le guet aux remparts, on y était aux écoutes. Du plus loin qu'on vit s'avancer dans l'ombre une troupe en armes, les cloches sonnèrent et l'on se mit en défense, moins encore contre les arrivants, qui trouvaient les portes fermées, que contre leurs auxiliaires de l'intérieur, qui pouvaient les leur ouvrir. Au lever du soleil survint un messager annonçant l'approche de l'armée. De son chef ou bien conseillé, le comte Novello avait conçu l'heureux dessein de suivre les bannis. Quand ceux-ci, à l'horizon, aperçurent l'avant-garde, ils s'enfuirent en toute hâte, perdant ainsi par leur faute le bénéfice d'une grâce que personne ne leur aurait contestée[2].

Ils ne surent pas subir la loi qu'ils s'étaient faite à eux-mêmes. Campés dans le voisinage, du côté de Fic-

---

[1] Leo (II, 74) altère les faits pour donner raison aux nobles : « On ne tint pas même la promesse qu'on avait faite aux *banditi*. Huit de leurs chefs tentèrent alors d'obtenir par la force et la ruse ce que l'on ne voulait pas leur donner de plein gré ». Les auteurs ne disent rien de pareil, et il tombe sous le sens que les promesses faites ne pouvaient être exécutées que lorsque les bannis de l'armée seraient revenus à Florence reprendre leur rang dans la vie civile.

[2] Villani, IX, 213; March. de Coppo, VI, 360; Ammirato, VI, 295. Sismondi veut (III, 345) qu'on eût envoyé au comte Novello l'ordre de revenir; mais il ne cite que Leon. Bruni, qui ne dit rien de pareil (voy. V, 100), non plus qu'aucun autre. Comment, d'ailleurs, dans la nuit du 14 au 15 juillet, un messager aurait-il eu le temps d'aller à Fucecchio et d'en ramener l'armée?

sole, ils envoyèrent audacieusement huit de leurs chefs pour réclamer. Les nobles appuyaient, disant qu'on avait besoin des services de tant de vaillants hommes, et ne disant pas, ce qui était le fond de leur pensée, qu'ils comptaient sur ces alliés pour reconquérir leur prépondérance perdue. Mais la seigneurie voyait clair dans leur jeu. Soutenue de la population qu'humiliait un danger ridicule et une campagne où l'on n'avait seulement pas vu l'ennemi[1], elle se tint, avec ses colléges[2], pour dégagée de ses promesses. « Jamais, écrit Ammirato, chose ne fut refusée dans ce sénat avec autant de fermeté[3] ».

Ce refus était gros d'un complot. Les nobles du dedans complotèrent d'ouvrir la porte San-Gallo aux nobles du dehors. Ensemble ils devaient courir la ville, y mettre le feu sur plusieurs points, tuer leurs principaux adversaires, brûler toutes les lois, toutes les écritures faites contre les magnats, supprimer les ordonnances, déposer la seigneurie, faire un gouvernement à leur gré. Le principal auteur de ce traité était, dit-on, Amerigo Donati, fils du fameux Corso, héritier de ses aristocratiques passions[4].

[1] Villani, IX, 213; March. de Coppo, VI, 360; Ammirato, VI, 295.
[2] On nommait colléges les divers conseils dont les prieurs invoquaient les lumières avant de porter leurs propositions aux conseils du capitaine et du podestat, savoir le conseil des cent, les douze *buonuomini*, les gonfaloniers des compagnies, les *capitudini* des arts, les *richiesti*, les sages, convoqués ensemble, ou, ce qui était plus ordinaire, une partie d'entre eux. Ici il s'agit du conseil des cent et des douze *buonuomini*.
[3] Ammirato, VI, 295.
[4] Villani, IX, 218; March. de Coppo, VI, 361; Ammirato, VI, 295. Ce traité ne fut découvert qu'après l'échec de l'entreprise, cela résulte de l'ordre des faits dans Villani; mais ce n'est pas une de ces accusations en l'air, comme on en trouve si souvent. Villani dit par deux fois : « Di vero si trovò che... E cosi si trovò ». (*Ibid.*)

Ce fut un avortement, une répétition des scènes précédentes. Le 10 août, dans la nuit, mille six cents hommes environ, dont soixante à cheval[1], descendent de Camerata[2], munis de haches pour abattre les portes. Mais le peuple aux remparts avec de nombreuses lumières déconcerta cette œuvre de ténèbres. Vive le peuple! meurent les exilés! criait-on de toutes parts. Nul des complices n'osant bouger dans la ville, les assaillants durent rebrousser chemin. Ils le firent sans être inquiétés; ordre avait été donné de ne s'éloigner des murs sous aucun prétexte[3].

Remise de cette nouvelle alarme, Florence était exaspérée d'en ressentir de si fréquentes. Contre les ennemis de son repos elle formait les plus menaçants desseins. On n'osait, pour sauver les coupables, qu'implorer miséricorde: n'étaient-ils pas trop nombreux pour qu'on pût les punir tous[4]? Cette raison devait frapper des esprits politiques. Les preuves manquaient, d'ailleurs, car accuser n'était pas sans péril. Pour rendre courage aux dénonciateurs intimidés, les prieurs imaginèrent, après mûres délibérations[5], l'expédient tout nouveau[6], mais depuis fort en usage[7], de faire écrire sur des *polize* ou bulletins et remettre secrètement au capitaine

---

[1] Ce sont les chiffres de Villani (IX, 218), suivi par Ammirato (VI, 295); March. de Coppo (VI, 361) dit 100 cavaliers et 200 *pedoni*.

[2] Camerata, bourgade sur la pente méridionale de la montagne ou colline de Fiesole, à deux milles de cette ville, sur la route de Porta Pinti. On n'y voit aujourd'hui que villas et jardins. (Repetti, I, 404.)

[3] Les mêmes.

[4] « Tutti i grandi erano colpevoli ». (March. de Coppo, VI, 361.)

[5] « Quelli che reggevano.... consigliato e riconsigliato ». (March. de Coppo, VI, 361.)

[6] « Che fu nuova legge e modo ». (Villani, IX, 218.)

[7] « La qual cosa fu poi messa in uso più volte ». (Ammirato, VI, 296.)

du peuple les noms de ceux qu'on voulait dénoncer. Cette sorte d'ostracisme perfectionnait encore la mesure introduite à cet égard, en 1307, dans les ordonnances de justice[1]. Mise aussitôt en pratique, elle donna, sur presque tous les bulletins, les noms de trois nobles chevaliers, Amerigo Donati, Teghia Frescobaldi, Lotteringo Gherardini.

Mais on ne sortait d'un embarras que pour tomber dans un autre. S'il devenait facile d'accuser, il ne l'était pas de punir, car la peine ne pouvait être secrète. Que l'on votât la mort, édictée par les ordonnances, et les *popolani* craignaient d'être maltraités, le soir, en rentrant chez eux[2]. La seigneurie résolut donc d'user d'une clémence que ne méritaient guère, au dire de Machiavel, les magnats dénoncés[3]. Le podestat Manno de la Branca, d'Agobbio, reçut ordre de promettre la vie sauve à ces chevaliers, s'ils paraissaient en personne devant son tribunal. Ils saisirent avec empressement la planche de salut. Ils reconnurent qu'ils avaient eu connaissance du complot, mais non qu'ils en fussent complices. Condamnés chacun à deux mille livres d'amende et à une relégation de six mois au delà d'un rayon de quarante milles, ils s'estimèrent heureux de sauver leur tête à ce prix, car ne pas dénoncer la conjuration était, selon les lois impériales, un crime de lèse-majesté[4].

---

[1] Voy. plus haut, l. VI, ch. II, t. III, p. 125.

[2] Ammirato, VI, 296.

[3] « I quali avendo il giudice più favorevole che forse i delitti loro non meritavano ». (Machiavel, *Ist. fior.*, II, 27 B.)

[4] Villani, IX, 218; Ammirato, VI, 296, 297. Un peu plus tard, en avril 1324, pour compléter l'apaisement et tenir la promesse faite aux bannis devant Prato, on leur permit de rentrer en payant une faible somme, mais, comme on exclut les rebelles et ceux qui avaient attaqué la

Cette clémence, approuvée des uns parce qu'elle mettait fin au scandale, fut blâmée des autres parce qu'elle était de mauvais exemple. Se trouva-t-il quelques esprits assez dégagés des passions et des préjugés du temps pour comprendre que la législation draconienne des ordonnances avait manqué son but, tout au moins en partie; que les magnats devenus ilotes n'en restaient pas moins supérieurs aux autres hommes dans le métier des armes; que les précautions prises contre eux les maintenaient à l'état de caste et d'aristocratie? Peut-être, mais il ne s'en trouva certainement point qui entreprissent de les rendre inoffensifs en les ramenant au niveau commun. Les Florentins du moyen âge, quoiqu'ils eussent une notion plus large de l'égalité qu'aucun autre peuple des mêmes temps, ne l'admirent jamais qu'entre les membres du parti victorieux. Être vaincu, dans les rues comme sur les champs de bataille, ôtait tous les droits. Ni magnats, ni menus artisans, ni gibelins, ni étrangers, ne pouvaient être les égaux des citoyens *popolani* et guelfes. Florence était mieux inspirée au douzième siècle, quand, pour réduire les nobles au dehors, elle les forçait à vivre au dedans en bourgeois. Elle n'imaginait pas alors qu'il fût possible de les dégrader davantage. Quand elle crut le pouvoir faire, elle le fit, sans se douter que c'était dépasser le but. Les nobles avaient cessé pour toujours d'être maîtres de l'État, mais ils ne cessèrent jamais d'y tenir assez de place pour le troubler constamment.

porte San Gallo, les malfaiteurs presque seuls profitèrent de cette mesure mal prise, qui fut ainsi une cause de mécontentement. — Voy. Villani, IX, 244; March. de Coppo, VI, 371.

Qu'on eût conseillé l'indulgence ou la rigueur, il semblait donc à tous nécessaire de « fortifier le peuple¹ ». La seigneurie du 15 août y parut propre : elle avait gagné la confiance publique, pour avoir, à peine entrée en charge, si heureusement réprimé le complot des magnats. On avait remarqué qu'il leur était trop facile, quand sonnait contre eux la cloche d'alarme, d'empêcher les hommes des compagnies de s'assembler à la maison de leurs gonfaloniers respectifs, et ceux-ci de réunir en un seul corps les corps qu'ils commandaient². Chaque compagnie dut avoir désormais, selon l'importance du quartier, deux, trois ou même quatre subdivisions, dont les chefs portaient un petit gonfalon ou *pennone*, ce qui les fit nommer *pennonieri*. Ils furent au nombre de cinquante-six. Ceux-là mêmes purent aspirer à cette charge, qu'on avait écartés des autres, depuis le vicariat de Battifolle, comme ennemis du roi Robert et partisans de Lando le « bourreau³ ». À la date du 27 août, le peuple se réunit dans ses *sestieri*, sous ses pennons, puis sous ses gonfalons, et jura solennellement de conserver l'état populaire. Dans ce simple changement, les contemporains voient une révolution capitale, dont les *popolani* retirèrent un grand surcroît de forces et de pouvoir⁴.

---

¹ Villani, IX, 218; Ammirato, VI, 296-297.
² March. de Coppo, VI, 562.
³ Villani, IX, 218; March. de Coppo, VI, 562; Ammirato, VI, 297, 298. — Les textes, sur ce point, ne sont pas clairs, mais en voici un qui les éclaircit : « Mischiarono della gente che non aveano retto la terra dal conte da Battifolle all'ora » (Villani, IX, 218). Il est donc certain qu'on n'élargissait pas les cadres de ce que nous appellerions « le pays légal »; mais on y faisait rentrer un certain nombre de personnes qu'on en avait fait sortir.
⁴ « Per la qual cagione poi nacque mutazione in Firenze, e si creò

On pouvait maintenant serrer de nouveau les freins qui empêcheraient les magnats de s'emporter. Le 30 septembre, ils apprirent quelles prévoyantes mesures prenait contre eux une défiance trop justifiée. Tout grand qui offenserait un des prieurs, des *buonuomini*, des gonfaloniers, encourait mille florins d'amende, et, en cas d'homicide ou d'effusion de sang, la destruction de ses biens. Tout étranger, pour soutenir que lesdits biens lui appartenaient, devrait verser mille livres de caution. Toute conjuration d'un grand contre la commune était punie dans ses parents, si l'on ne pouvait le reprendre lui-même, de trois mille florins. Un parent de chaque prieur avait le droit de porter toujours des armes défensives et offensives[1]. Le témoignage d'un *popolano* contre un grand ne pouvait être ni combattu ni rejeté. Enfin, quiconque de la classe maudite aurait encouru une peine personnelle ne pourrait s'en libérer qu'après avoir, au préalable, payé une amende de trois mille livres[2]. Cette fois, c'était bien la rébellion qu'entendaient châtier ces rigueurs excessives, car on déclarait applicables aux *popolani* complices les peines portées dans les ordonnances de justice contre les magnats[3].

Loin d'être superflue, la vigilance s'imposait à toutes les villes guelfes. Le moindre succès des gibelins leur inspirait les plus vives craintes. En apprenant que Branca Guelfucci venait d'être rétabli par eux dans Città

nuovo stato (Villani, IX, 218). E molto si ristrinsero i popolani insieme per questa volta ». (March. de Coppo, VI, 362.) Cf. Leon. Bruni, V, 202; Ammirato, VI, 297.

[1] *Provvisioni*, XX, 24.
[2] *Ibid.*, XX, 28 v°, 29.
[3] 30 septembre 1323. *Provvisioni*, XX, 27.

di Castello, qu'il gouvernait « en tyran plus qu'en juste et doux seigneur[1] », Pérouse, Agobbio, Orvieto, Sienne, Bologne, la branche guelfe des comtes Guidi, envoyaient leurs ambassadeurs à Florence, pour renouveler plus étroitement les liens de la ligue, que Florence tenait dans ses mains[2]. La seigneurie du 15 octobre crut devoir donner une plus ferme assiette au parti guelfe dans sa citadelle, en supprimant les causes de troubles que faisait renaître à chaque élection nouvelle le parti-pris d'éliminer indûment des charges publiques un plus ou moins grand nombre de citoyens[3]. Il en résultait, tous les deux mois, une agitation fiévreuse, au moment de renouveler les prieurs. La faction des Bordoni ou Serraglini[4], très-portée à la brigue, captait les suffrages ; il était bon, sinon de l'exclure, au moins de la réduire à sa légitime part. En conséquence, la seigneurie, agissant d'autorité, « prit balie, » dit Villani, d'accommoder les choses à son gré[5]. Elle décida de faire des élections en nombre suffisant pour quarante-deux mois, c'est-à-dire pour vingt-une seigneuries. Les noms des élus durent

---

[1] Ammirato, VI, 297. Cf. Villani, IX, 225.

[2] Le 21 mars 1324 un traité était conclu, par lequel on donnait au marquis de Valiana, pour la guerre contre Città di Castello et l'évêque d'Arezzo, 3000 cavaliers et plus, pendant trois ans, le tiers devant être fourni par les Florentins. (Villani, IX, 225.)

[3] Sismondi (III, 346) attribue ce dessein et les réformes à la seigneurie du 15 août ; mais Villani (IX, 228) dit « all'uscita d'ottobre », et March. de Coppo (VI, 366) le 28 octobre.

[4] Ainsi nommés d'un *serraglio* ou barricade, construit devant leurs demeures, pour s'y retrancher au besoin. (March. de Coppo, VI, 375.)

[5] « Presono balia » (Villani, IX, 228). Machiavel adoucit un peu, mais de ses paroles il résulte qu'une certaine pression fut exercée sur le peuple : « Perchè avevano assai potenza, si fecero dare autorità di fare i signori » (*Ist. fior.*, II, 27 B). G. Capponi supprime toute pression : « Fu dato balia, » dit-il (I, 165).

être mis dans une bourse, afin de substituer tous les deux mois, pendant cette période, le tirage au sort à l'élection. La bourse vidée, on devait la remplir de nouveau pour une élection nouvelle de même durée ; on supprimait ainsi l'agitation électorale pour trois ans et demi chaque fois. C'est ce qu'on appela *imborsazione* ou mise en bourse, et plus tard *squittini* ou scrutins[1]. Les noms des citoyens qui, depuis 1317, étaient exclus des offices, furent mis en bourses, dans la proportion de deux ou trois sur neuf[2]. Ainsi l'élection, maintenue à la base, se trouvait, pour un temps donné, remplacée par le tirage au sort, système employé, dans nos institutions modernes, pour la formation des listes du jury.

Cette modification grave aux institutions établies devait entrer définitivement dans les usages de la République, mais non sans quelques tiraillements, sans quelques difficultés. Nous en devons dire un mot ici, au risque de devancer l'ordre des temps, pour ne pas fractionner, au détriment de l'intérêt et de la clarté, ce qui se rapporte à ce sujet. Un an plus tard, en septembre 1324, les Bordoni ayant protesté contre l'exclusion qu'ils supposaient portée contre eux, puisque jamais leurs noms ne sortaient des bourses, on donna aux prieurs en exercice et à leurs *buonuomini* balie de revoir les bourses de l'année précédente. Quelques-uns des exclus prirent part à cette vérification : leur présence et leur

[1] Villani, IX, 288 ; March. de Coppo, VI, 366 ; Leon. Bruni, V, 103 ; Machiavel, *Ist.*, II, 27 B; Ammirato, VI, 298.
[2] « E feciono di due in tre per officio di priorato » (Villani, IX, 228). Je dois au très-regretté Passerini l'explication de cet obscur membre de phrase.

témoignage devaient rassurer les Bordoni sur la sincérité du travail. On retira le petit nombre de noms à tort introduits et l'on ajouta ceux de soixante-douze des réclamants.

Bientôt après (seigneurie du 15 octobre 1324), la méthode nouvelle ayant sans doute produit de bons effets, on l'étendit aux charges des *buonuomini*, des gonfaloniers de compagnies, des *condottieri* de mercenaires, dont le changement avait lieu tous les six mois. Désormais ils furent tirés une fois par an des bourses. On fit de même pour les *capitudini* des arts, sans craindre de toucher à cette vieille magistrature, qui était comme l'arche sainte; et de fait, dit Villani, on y toucha « sans aucune nouveauté ni péril de la ville[1]. »

La turbulence des Bordoni et leur esprit d'intrigue continuait pourtant de se donner carrière, et il provoqua un autre changement des institutions dont il faut dire un mot. En janvier 1325, Bordone Bordoni et ses amis furent accusés devant l'exécuteur[2] de concussion dans l'engagement des mercenaires[3]. Plusieurs d'entre eux furent condamnés à deux mille livres d'amende et à l'exclusion perpétuelle des emplois. Mais ils résistèrent et trouvèrent de l'appui jusque dans la seigneurie. Bernardo Bordoni prétexta pour ne pas comparaître qu'il était ambassadeur à Carmignano. Zanobi Borghi, *proposto*

---

[1] « Senza niuna novità e pericolo di città ». (Villani, IX, 271.) Cf. Ammirato, VI, 303.

[2] Il s'appelait Pietro Landolfo ou des Randulfi, Romain. Il était entré en charge le 3 août 1324. Il fut maintenu pour six mois le 3 février 1325, et fait chevalier à Florence le 30 avril suivant. (Liste des *Officiales forenses*.)

[3] « Baratteria. Così erano notati coloro che rubavano il comune ». (Ammirato, VI, 304.)

de la seigneurie, qui l'approuvait ainsi que plusieurs de ses collègues, alla jusqu'à mettre les *famigli* dont il disposait aux ordres de Michele Bordoni, frère de Bernardo, pour protester contre la condamnation. De là une rixe entre les *famigli* de la seigneurie et ceux de l'exécuteur, qui se termina par la défaite, la fuite, la relégation de Michele et la ruine des Bordoni, ce qui ne fut pas, dit Villani, un petit changement parmi les *popolani* de Florence[1]. Zanobi Borghi, le coupable prieur qui avait abusé de son pouvoir temporaire contre les lois, dut s'enfuir pour échapper aux condamnations dont le menaçait, à l'expiration de sa charge, l'exécuteur maintenu dans la sienne et déjà accusé de trancher du *bargello*, de tourner au bourreau[2].

C'était une audace inouïe que de toucher à un des prieurs sortants. Quel moyen d'assurer leur pouvoir éphémère, s'ils devaient répondre de leurs actes devant leurs subordonnés? On secoua l'ancienne fiction impériale qui faisait des officiers étrangers les représentants de l'empereur : il fut décidé que la seigneurie aurait le droit de priver de leur office et aussi de leurs *famigli* le podestat, le capitaine du peuple, l'exécuteur de justice. Dès ce moment, ne pouvant plus résister au coup qui les pouvait frapper, ces trois officiers perdirent toute initiative personnelle ; ils ne furent plus que des instruments dociles aux mains des prieurs[3]. Le podestat lui-

---

[1] Villani, IX, 283.

[2] « E tanto crebbe che avrebbe guasto la città a modo d'un bargello » (Villani, IX, 283). Cf. March. de Coppo, VI, 383; Leon. Bruni, V, 104; Ammirato, VI, 304. — Peut-être, après tout, cet exécuteur si universellement accusé abusait-il à son tour de son pouvoir.

[3] « Di che stette più a freno dal dì innanzi che non facea prima » (March. de Coppo, VI, 383). Cf. Villani, IX, 283; Leon. Bruni, V, 104; Ammi-

même n'est plus qu'un juge sans puissance et, par suite, peu respecté. C'est dans cette période d'amoindrissement que Boccace le montre en butte sur son tribunal aux avanies de méchants garçons qui vont, dans leur irrévérence, jusqu'à le dépouiller de ses chausses, sans qu'il s'en soit seulement aperçu[1].

Si importante que fût cette réforme qui grandissait les prieurs et concentrait en eux tous les pouvoirs, elle n'était rien au prix de l'*imborsazione*, qui changeait véritablement l'assiette de l'État. C'est le propre de l'extrême démocratie de substituer au choix le sort, par un respect mal entendu de l'égalité. Florence glissait sur la pente, mais elle sut s'y retenir[2]: l'élection restait à l'origine des magistratures, puisqu'on ne mettait dans les bourses que les noms de citoyens ayant obtenu la pluralité légale des suffrages, puisque l'*imborsazione*, faite la première fois pour trois ans et demi, dut être, dans la suite, renouvelée tous les trois ou tous les cinq ans[3]. Malgré ce correctif, trop oublié par les historiens dans leurs jugements, le système nouveau en mérite la sévérité, car il avait plus d'inconvénients que d'avantages. Villani, contemporain, s'abstient d'en faire la

---

rato, VI, 504. — On rapporte cette réforme au mois de février 1325, mais cela paraît impossible, puisque à cette date on confirmait l'exécuteur pour six mois dans sa charge (voy. Liste des *Off. forens.*). Au contraire, le plus grand excès de pouvoir qu'on lui reproche étant postérieur au 15 avril, c'est sans doute après cette date qu'il faut rapporter la réforme relative aux officiers étrangers, et même après le 30 avril, puisque à ce moment il est fait chevalier, récompense signalée de ses services. Ce qui est curieux, c'est que la durée de sa charge n'en fut pas diminuée. Ce *bargello*, comme l'appelle Villani, ne la quitta que le 3 août 1325.

[1] Boccace, *Decam.*, giorn. VIII, nov. 5, t. III, p. 210 sq.
[2] Sismondi (III, 346) parle à tort de loterie.
[3] Voy. Machiavel, *Ist.*, II, 58 *A*.

critique¹ ; mais déjà Machiavel le blâme², et Ammirato y voit un nouvel aliment à ces discordes qu'on se flattait de supprimer³. Leonardo Bruni dit judicieusement qu'on apporte moins de soin au choix des personnes pour un temps éloigné que pour le temps présent⁴. La négligence est d'autant plus naturelle et probable que l'opération est plus longue et plus compliquée : or il s'agissait dès l'abord de choisir six ou sept cents noms pour quarante-deux mois, et l'on vit bientôt pourvoir à cent trente-six offices par le tirage au sort⁵.

En fait, loin de supprimer les agitations bi-mensuelles, on n'avait réussi qu'à en changer la nature. Auparavant, les Florentins ne s'agitaient qu'aux approches de l'élection ; était-elle accomplie, tout rentrait dans un calme que facilitait l'espoir d'une prochaine revanche. En outre, si l'esprit public restait le même, il confirmait, de deux mois en deux mois, la domination du parti au pouvoir, et c'est, dans une ville essentiellement guelfe, ce qui arrivait le plus souvent⁶. Avec l'*imborsazione*, on ne pouvait plus répondre de rien : le tirage au sort risquait d'amener des combinaisons bizarres, des majorités réduites ou instables, source par conséquent d'in-

---

¹ Il dit seulement que la réforme devait produire des nouveautés avant la fin de l'année (IX, 228).
² *Ist. fior.*, II, 28 A.
³ Ammirato, VI, 298.
⁴ « Neque enim pari diligentia providetur præsenti officio et multis secuturis ». (Leon. Bruni, V, 103.)
⁵ Sismondi, III, 347, d'après les statuts florentins, l. V, tract. I, rub. 233.
⁶ Selon M. Trollope (I. 345), les plus heureux moments à Florence auraient été ceux où, les chefs des deux factions rivales étant réduits à l'impuissance, le gouvernement venait aux mains du véritable peuple ; mais où cet auteur a-t-il vu un peuple qui ne fût d'aucun des deux partis, et qui fût patriote, tandis que, à son sens, les partis ne l'étaient pas ?

quiétudes ou de mécontentement. Plus d'émulation d'ailleurs, plus de crainte du jugement public, puisque quiconque savait son nom dans les bourses l'en devait voir sortir à son tour.

Qu'étaient, au prix de ces inconvénients, les avantages de l'institution nouvelle? Sans doute l'obligation d'épuiser les bourses avant d'y introduire d'autres noms donnait à un plus grand nombre de citoyens que par le passé la certitude d'arriver aux emplois, et c'était un progrès de l'égalité. Sans doute il n'était pas inutile que chacun sût qu'il serait appelé, dans un délai de quarante-deux mois, à prendre part au gouvernement de sa patrie, afin qu'on s'y pût préparer. Mais le nombre était si réduit de ceux qui pouvaient y prétendre, les charges étaient si multipliées et d'une durée si courte que, même avant l'*imborsazione*, presque tous avaient l'espoir d'être désignés par l'élection, et pouvaient par conséquent se livrer aux études ou aux réflexions nécessaires. La meilleure préparation, au surplus, n'était-elle pas dans la conduite de ces arts qui avaient des magistratures propres et formaient comme autant de petits États dans l'État? Par là se renouvelaient sans cesse pour les Florentins les occasions de s'exercer, sur une plus ou moins grande échelle, au maniement des affaires collectives et au gouvernement des intérêts généraux.

Défectueux et inutile, le système de l'*imborsazione* n'en était pas moins destiné à une durable fortune[1]. C'est qu'il flattait la passion, la jalousie démocratique. Presque toutes les villes italiennes, jusqu'à celles qui ne

---

[1] « Florentiæ hic sortitionis mos hinc primo inductus, ad nostra usque tempora devenit, popularitate quadam in Republica servatus » (Leon. Bruni, V, 103). Leon. Bruni, né en 1369, mourait en 1444.

pratiquaient qu'une fausse égalité sous l'égide de la tyrannie, suivirent l'exemple des Florentins. Notre siècle même, après tant de révolutions diverses, a vu le tirage au sort pour les magistratures encore pratiqué dans les diverses municipalités de la Toscane et des États de l'Église[1]. Il n'a pas fallu moins, pour extirper ce dernier reste d'un passé depuis si longtemps disparu, que la lente invasion des idées modernes, heureux fruit de 1789.

[1] Sismondi, III, 346.

CHAPITRE II

SUITE DE LA GUERRE CONTRE CASTRUCCIO

— 1323-1328 —

Infériorité militaire des Florentins (1323-1324). — Guerre commerciale contre Lucques (21 mai 1324). — Acquisition de Pistoia par Castruccio (5 mai 1325). — Ramon de Cardona, capitaine de guerre des Florentins. — Campagne contre Castruccio (12 juin). — Prise de Cappiano par Ramon (13-18 juillet). — Prise d'Altopascio (25 août). — Ramon à Pozzevero (11 septembre). — Escarmouche entre les deux armées. — Arrivée d'Azzo Visconti (22 septembre). — Défaite des Florentins à Altopascio (23 septembre). — Campagne de Castruccio sur le territoire florentin (26 septembre — 10 novembre). — Rachat des captifs. — Le duc de Calabre seigneur de Florence (24 décembre 1325). — Pierre de Nancy, capitaine provisoire des Florentins (1er janvier 1326). — Sa lutte contre Castruccio et sa mort (14 mai). — Le duc d'Athènes, vicaire du duc de Calabre (17 mai). — Le duc de Calabre à Sienne (10 juillet), et à Florence (30 juillet). — Faillite des Scali (4 août). — Exigences du duc de Calabre. — Nouveaux pouvoirs qui lui sont donnés (29 août). — Rupture des négociations avec Castruccio (30 août). — Campagne désastreuse au pays de Pistoia (octobre). — Tyrannie du duc de Calabre (décembre). — Les gibelins prennent pour chef Louis de Bavière (janvier 1327). — Assemblée de Trente (février). — Le Bavarois couronné à Milan (30 mai). — Campagne des Florentins (25 juillet). — Siége et prise de Santa Maria a Monte (11 août). — Siége et prise d'Artimino (27 août). — Le Bavarois en Toscane (1er septembre). — Siége et soumission de Pise (6 septembre — 8 octobre). — Violation du traité. — Castruccio, duc en Toscane (11 novembre). — Le Bavarois part pour Rome (15 décembre). — Départ du duc de Calabre (28 décembre). — Couronnement du Bavarois (16 janvier 1328). — Prise de Pistoia par les Florentins (28 janvier). — Castruccio à Pise (9 février). — Il s'en fait proclamer seigneur (29 avril). — Siége et prise de Pistoia par Castruccio (13 mai — 3 août). — Nouveaux préparatifs de guerre. — Mort de Castruccio (3 septembre).

Pendant que Florence faisait un pas de plus vers la pleine démocratie, en corrigeant les partialités du choix par les brutalités du sort, Castruccio compromettait sa fortune par l'excès de son ambition. L'alliance de Pise ne lui suffisait plus : il en voulait la seigneurie. Mais Pise, quoique engagée dans une dangereuse guerre contre le roi d'Aragon pour la défense de la Sardaigne[1], déjouait tous les complots et mettait à prix la tête de l'entreprenant Lucquois[2]. Il échouait de même contre Fucecchio, attaqué de vive force (19 décembre 1323), et les Florentins, peu accoutumés à le vaincre, faisaient trophée d'une demi-victoire, de quelques bannières, chevaux et prisonniers[3].

Ce succès qui ne décidait rien était à peine une éclaircie dans un ciel sombre. Au val d'Arno les Pazzi tenaient tête à la République[4]. En Lombardie, Ramon de Cardona, chef des troupes de l'Église, battu par Marco Visconti, tombait en son pouvoir avec deux connétables florentins[5]. Devant Pistoia (3 mars 1324) le vicaire de Robert ne tenait pas contre Filippo Tedici, et la prise de Carmignano par le comte Novello, qui tentait de réparer cet échec, semblait grosse d'une complication de plus, d'une nouvelle collision avec Castruccio. La prudence ordonnait de renoncer à cette conquête[6]; elle conseillait même de renoncer aux services d'un capitaine aussi compromettant qu'incapable : Amelio de Baux reçut

---

[1] Voy. sur cette guerre, Roncioni, l. XIII, p. 726 sq., et Mimaut, *Histoire de Sardaigne*, I, 174. Paris, 1825.

[2] Villani, IX, 229; Ammirato, VI, 299; Tronci, p. 311.

[3] Villani, IX, 282; March. de Coppo, VI, 367; Leon. Bruni, V, 103; Ammirato, VI, 299; Tronci, p. 312.

[4] Voy. sur la prise des châteaux de Trappola et Lanciolina par les Pazzi en septembre 1323, March. de Coppo, VI, 365, et Ammirato, VI, 297.

[5] Le 28 février 1324, à Nauri ou Varrio sur l'Adda. Voy. Villani, IX, 238; Ammirato, VI, 300.

[6] Villani, IX, 246; March. de Coppo, VI, 372; Ammirato, VI, 300.

son congé définitif (1ᵉʳ juin)¹. Si grande était la disette d'hommes de guerre, qu'à une *cavalcata* envoyée contre Città di Castello on donnait pour chef Amerigo Donati, condamné naguère pour le coup de main des exilés : récompense peu méritée du mal fait à la patrie par son père et par lui².

La vraie guerre de Florence contre Castruccio, c'était la guerre commerciale. Elle y excellait, elle y reprenait ses avantages. Le 21 mai 1324, toutes relations étaient interdites avec Lucques. Aucun de ses exilés, aucun Florentin n'y devait aller ou écrire, envoyer ou prendre, vendre ou acheter quoi que ce fût, sous peine de l'amende et de la confiscation. L'exécuteur de justice avait ordre de faire, une fois par mois, enquête sur ces choses avec douze témoins pour chacun des sept arts majeurs. Il devait payer cent florins pour chaque mois de négligence à cet égard, et recevoir quatre sous pour chaque livre des condamnations qu'il aurait portées. Les *sensali* ou courtiers de tout pays qui trafiquaient dans la cité étaient tenus de lui donner en garantie une somme égale et de lui dénoncer les contrevenants. Une amende de mille florins frappait quiconque s'opposerait aux sentences rendues³, et les villes amies se voyaient invitées à prendre des mesures analogues⁴.

Des victoires seules pouvaient parer ce coup. Castruc-

---

¹ Villani, IX, 254.
² Idem, IX, 253 ; Ammirato, VI, 301 ; Leon. Bruni, V, 104.
³ *Provvisioni*, XXI, 5 v°, 6° v°. Le 24 novembre suivant, on adoucissait un peu ce dur régime : on permettait à l'exécuteur de diminuer légèrement les peines portées par la provision précédente, et aux marchands d'acheter des marchandises venant de Lucques ; mais il restait défendu d'y demeurer, d'y aller, d'y envoyer, d'y acheter. (*Ibid.*, XXI, 61 v°.)
⁴ *Provvisioni*, XXI, 61 v°.

cio en revenait à son dessein d'attaquer Florence en cherchant à Pistoia son point d'appui, et il trouvait une occasion favorable dans la rivalité de l'abbé, seigneur de nom, avec son neveu, seigneur de fait. Celui-ci, le 24 juillet, se faisait conférer pour un an le titre que portait son oncle par ces mêmes *contadini* qui avaient mis le marchepied sous les pas de ce clerc jovial et avenant. Froidement disciple de sa duplicité caressante, il noue des négociations simultanées avec Florence pour en obtenir des subsides, avec Castruccio pour verser ces subsides entre ses mains et lui acheter la paix. Mais il la voulait au rabais, et il fermait ses portes aux cavaliers florentins, au lieu d'en invoquer le secours contre le seigneur de Lucques, alors campé à Bellosguardo, sur les hauteurs qui dominent Pistoia (1er-30 août). Abandonné d'eux quand il leur propose insidieusement de tourner la ville pour marcher droit à l'assaut, trahi par l'oncle qu'il avait spolié et qui veut leur ouvrir la ville, il le jette en prison avec les ambassadeurs de Florence. Il n'était pas le bon marchand de sa finesse : il avait dû payer quatre mille florins, au lieu de trois mille que Castruccio lui demandait auparavant[1]. En apprenant que Carmignano s'était livré aux Florentins (17 janvier 1325)[2], il lui fallut introduire dans Pistoia cent de leurs cavaliers, le jour de Pâques, 7 avril. Pour un peu d'argent, Filippo découragé eût abandonné sa précaire seigneurie. La République ne sut pas, au moment opportun, ouvrir

---

[1] Villani, IX, 264, 269, 285 ; March. de Coppo, VI, 375, 376 ; Ammirato, VI, 302 ; *Ist. Pist.* R. I S. XI, 421, 422 ; Fioravanti, c. 19, p. 277, 278.

[2] Villani, IX, 279 ; Ammirato, VI, 303. L'offre de la soumission est antérieure, car on délibérait des conditions à Florence dès le 4 janvier. (*Provisioni*, XXI, 77-80.)

sa bourse, et l'occasion perdue ne se retrouva plus[1].

C'était faire le jeu de Castruccio, trop habile joueur pour n'en pas profiter. Il aurait pu rompre avec Filippo, qui avait rompu la trêve dans un temps où la construction de l'Augusta, forteresse de Lucques[2], où des complots à Pise contre le comte Nieri[3], où des négociations avec Prato[4], avec les mercenaires français de Florence[5], semblaient devoir suffire à son activité incroyable. Loin de là, il se rapproche du seigneur menacé de Pistoia. Le voyant veuf, il lui jette dans les bras sa fille et lui promet une maigre dot de dix mille florins. A ce prix il entre dans Pistoia (5 mai), dont les revenus lui servent à tenir sa promesse en même temps qu'à payer ses soldats[6].

Quand la nouvelle, le même jour, en parvint à Florence, les principaux citoyens étaient à table dans l'église de San Pier Scheraggio. Ils y donnaient un banquet au romain Pietro Landolfo, exécuteur de justice, et à un certain Dietmar, dit Erlembach ou Durlimbach, sorte de géant tudesque à l'aspect farouche[7], connétable de mercenaires allemands, honoré du ceinturon de chevalerie[8].

---

[1] Villani, IX, 285, 295; March. de Coppo, VI, 384; Ammirato, VI, 105.

[2] L'Augusta, ou par abréviation l'Agosta, la Gosta, avait été commencée le 7 juin 1322, en abattant onze tours de la ville. Voy. Cianelli, *Mem. e doc.*, I, 253-257, qui renverse la fable des 300 tours détruites. Le palais ducal actuel occupe l'emplacement de cette citadelle. Voy. Mazzarosa, I, 148; A. Vannucci, p. 316.

[3] 20 mars 1325; Villani, IX, 289.

[4] Voy. les détails dans March. de Coppo, VI, 388.

[5] Villani, IX, 292; March. de Coppo, VI, 385, 388; Ammirato, VI, 505.

[6] *Ist. Pist.* R. I. S. XI, 422-425; Fioravanti, c. 19, p. 279; Villani, IX, 294; March. de Coppo, VI, 387; Beverini, VI, 779, ap. Sismondi, III, 553.

[7] « Corporis proceritate et truci oris aspectu »(Tegrimi, R. I. S. XI, 1340).

[8] Dietmar avait reçu le ceinturon le 30 avril, « parce qu'il était affectionné à la Commune et qu'il avait montré le désir de cet honneur » (*Provisioni*, XXI, 106). Le surnom d'Urlimbacca, Virlimbacca, Urlimbava, do-

Dans leur empressement à se lever, ils renversent les tables, courent aux armes, s'avancent jusqu'à Prato : ils se flattaient que la vue de leurs bannières soulèverait les campagnes. Mais la soumission y était entière, ou du moins la résignation voulue au fait accompli. Tristement on revint à Florence, non sans supputer les dépenses de cette expédition d'un jour, qui auraient suffi, faites à temps, pour avoir Pistoia[1]. Un découragement lâche s'empara des cœurs, et Marchionne de Coppo s'en fait l'écho : « Un seigneur, à lui seul, dit-il, mène mieux les affaires qu'une commune, être collectif[2] ». C'est avec des réflexions de ce genre que les villes d'Italie en venaient tour à tour à préférer le calme et la paix dans la servitude au mouvement et à la guerre dans la liberté.

Mais au sein de la mobile Florence ces humeurs noires duraient peu. Le 5 mai, on s'y abandonnait sans réserve aux pressentiments sombres ; le 6, on s'y croyait sauvé : Ramon de Cardona venait d'y faire son entrée. Ce Catalan n'était pas un foudre de guerre. Battu en 1322 et 1324 par les Visconti et fait par eux prisonnier, il en avait reçu la liberté, à la double condition de négocier en leur nom auprès du Saint-Siége, et de ne plus combattre les gibelins. Relevé de son serment par Jean XXII, c'est avec la permission de ce pontife, sur son conseil peut-être, que les Florentins l'avaient engagé (3 décem-

---

mine dans les auteurs (voy. Villani, IX, 294; Tegrimi, R. I. S. XI, 1340; Borghini, ap. Lami, *Deliciæ eruditorum*, t. XII, p. 833). Ammirato seul donne le nom de Dietamar, parce qu'il a vu les documents (VI, 311).

[1] *Ist. Pist.* R. I. S. XI, 421; Mannetti, I. II, R. I. S. XIX, 1035; Villani, IX, 294; March. de Coppo, VI, 387; Ammirato, VI, 306.

[2] « Meglio mena una faccenda uno signore ch'è solo a fatti suoi che uno comune che sono assai ». (March. de Coppo, VI, 387.)

bre 1324)[1] : Jean ne pouvait que vouloir du bien au peuple qui, dès 1323, ordonnait d'ériger sa statue sur la façade de Santa Reparata[2]. Depuis longtemps, les conseils s'occupaient du nouveau capitaine : le 30 décembre 1324, ils lui votaient, ainsi qu'à ses cent cavaliers et à ses cinquante *fanti*, quatre mille florins d'or pour le salaire des deux premiers mois[3]. Le 18 mars 1325, ils lui allouaient douze florins par jour pour son salaire propre, dix-huit par mois pour chacun de ses cavaliers de *corredo*, quatorze pour les autres, deux pour chaque homme de pied, en tout quatre mille huit cents florins pour l'année que devait durer sa charge, à partir du jour où il arriverait[4]. Il arriva donc comme un ange attendu du ciel. Toutes ses conditions furent acceptées. Le 14 mai, les prieurs reçurent balie de prolonger sa charge pour tout le temps qu'ils jugeraient à propos[5].

A peine avait-il pris pied à Florence, qu'on l'envoyait contre le château d'Artimino, dépendant de Pistoia, lequel se soumit et fut rasé (22 mai)[6]. Ce succès d'un capitaine coutumier de la défaite était une réponse aux

---

[1] Il devait mener avec lui 100 cavaliers d'outre monts, dont 20 de *corredo*, ayant 100 bons chevaux et autant de *ronzini* (petits chevaux), avec un palefroi pour chacun, plus 50 *pedites*, dont 25 arbalétriers. Suivent, en plusieurs pages, toutes les obligations de sa charge. (*Frammenti di deliberazioni del consiglio dal 1318 al 1329. Consigli maggiori, provvisioni, protocolli*, p. 126-130.)

[2] Le 27 mai 1323, on accordait à Frate Lorenzo, du monastère de Settimo, attaché à la chambre des armes, 100 fl. d'or pour « statuam seu imaginem in sua figura » du pape régnant (*Provvisioni*, XX, 2). C'était peut-être pour le remercier d'avoir dispensé Florence de payer 5000 fl. sur la décime de Clément V pour le subside de la Terre-Sainte (*Capitoli*, XVI, 3).

[3] *Provvisioni*, XXI, 88.

[4] *Ibid.*, XXI, 91-96 v°.

[5] *Ibid.*, XXII, 2; Villani, IX, 295; March. de Coppo, VI, 389; *Ist. Pist.* R. I. S. XI, 423; Ammirato, VI, 306.

[6] Villani, IX, 298; March. de Coppo, VI, 390; Ammirato, VI, 306.

pessimistes pacifiques qui en blâmaient le choix, parce que, à la guerre, il faut être heureux autant qu'habile[1]; mais ils n'étaient pas à bout d'arguments contre les projets belliqueux. N'avait-on pas vu, en plein avril, tomber une neige abondante, et, le soir même de la prise d'Artimino, flotter dans l'atmosphère des vapeurs de feu? N'avait-on pas ressenti, la nuit précédente, une forte secousse de tremblement de terre? Les menaçants progrès de Castruccio empêchèrent seuls les superstitieux Florentins de s'arrêter à des raisons si graves : ils le voyaient nommé vicaire impérial par Louis de Bavière[2]; ils voyaient son fils aîné déclaré héritier de sa seigneurie, sous les prétextes ordinaires aux peuples qui se ruent à la servitude : la reconnaissance, la justice, la fragilité de la vie humaine, l'intérêt public, la nécessité de soutenir et de défendre l'édifice si laborieusement, si heureusement élevé par ses mains[3].

L'effort fut en proportion de la crainte. Jamais Florence n'avait réuni, sans le secours de ses alliés, une si considérable armée : quatre cents citoyens des *cavallate*, formant avec leurs écuyers plus de mille hommes; mille cinq cents mercenaires français, bourguignons, catalans, allemands, tous par petites compagnies, indépendantes les unes des autres; quinze mille fantassins, mille trois cents tentes, près de quatre mille bêtes de somme, le tout coûtant par jour plus de trois mille flo-

---

[1] Villani, IX, 297; Ammirato, VI, 306.
[2] Fioravanti, c. 19, p. 278.
[3] 18 juin 1325. Electio D. Arrigi primogeniti Castrucci in capitaneum generalem et rectorem civitatis Lucæ. (*Atti di Castruccio*, I, 24. Arch. lucq. *Invent*. I, 85.) Ce document a été publié par Cianelli, *Mem. e doc.*, I, 252. Cf. Mazzarosa, I, 153.

rins d'or[1]. Le 12 juin, au son des cloches, eut lieu le départ. Le but était d'enlever Pistoia, et de passer ensuite sur le territoire lucquois[2]. Ramon de Cardona connaissait Castruccio si impétueux, qu'il l'attendait adossé à Prato; mais Castruccio savait changer de tactique. Cinq jours il laissa son ennemi se morfondre, et il l'amena ainsi à prendre une périlleuse offensive[3]. Du 17 juin au 9 juillet, Ramon multiplie les feintes : il donne le *guasto* au territoire de Pistoia, il construit des machines et creuse des tranchées devant le château de Tizzana[4]; puis, tout à coup, il envoie de nuit son sénéchal, avec mille de ses meilleurs cavaliers, occuper le passage de Rosamolo[5], à deux milles de Fucecchio. Le sénéchal devait ensuite s'emparer du pont fortifié de Cappiano, sur la Gusciana, véritable clef du pays de Lucques[6], où l'on ne pénètre que par ce point, entre les marais au sud et les montagnes au nord. Le lendemain 10 juillet, l'armée y rejoignait son avant-garde[7]

Castruccio avait-il donc trouvé un rival en stratégie? Il le crut, et, dans son inquiétude, se hâta de retourner

---

[1] Villani, IX, 300; March. de Coppo, VI, 394; Ammirato, VI, 307; A. Dei (R. I. S. XV, 66) dit plus de 4000 cavaliers et de 30 000 fantassins.

[2] Les mêmes et Beverini, VI, 782, ap. Sismondi, III, 354.

[3] Villani, IX, 304; March. de Coppo, VI, 394. Selon l'anonyme de Pistoia, dès le lendemain de son départ, Ramon était sur le territoire de cette ville. (*Ist. Pist.* R. I. S. XI, 423.)

[4] Tizzana, à 7 milles au sud-est de Pistoia et à 2 au nord-ouest de Carmignano. (Repetti, V, 527.)

[5] Ce nom, sous aucune des formes qu'on lui trouve dans les auteurs (Rosamolo, Risajuolo, Risamolo), ne se lit dans Repetti; mais Lami parle de Rosaiuolo dans la commune et autour du pont de S. Croce sur la Gusciana; il ajoute : « E molto si stende sulla collina e per la foresta ». (*Deliciæ eruditorum*, XII, 777.)

[6] Repetti, I, 464.

[7] Villani, IX, 304; *Ist. Pist.* R. I. S. XV, 423; Mannetti, R. I, S. XIX, 1037; Ammirato, VI, 307, 308.

au Val de Nievole, avant qu'on lui en pût fermer le chemin. Il prit position en un lieu appelé pour lors Vivinaja[1], au sommet d'une colline presque isolée. Là se trouvait le camp retranché du Ceruglio que protégeaient deux torrents, la Pescia et le Leccio, ainsi que le marais de Sesto ou de Bientina[2]. Il ne s'y jugeait pas encore en sûreté, malgré les renforts qu'il recevait : de la montagne au marais, il fit creuser un fossé et planter des palissades derrière lesquelles faisaient, jour et nuit, bonne garde son infanterie et ses cavaliers[3].

Le capitaine florentin aurait-il pu l'attaquer auparavant? On ne saurait le dire, car l'air malsain de ces contrées avait déjà diminué son effectif, et, lui aussi, il attendait des renforts. Au surplus, il ne restait pas dans l'inaction. Le 13 juillet, pendant la nuit, il faisait jeter silencieusement des ponts sur la Gusciana. Puis, en se portant à cheval sur les deux rives, il déconcertait les défenseurs de Cappiano, et obtenait la possession de ce point stratégique, dont jusqu'alors Florence n'avait pu jamais s'emparer[4]. Le 29, Montefalcone tombait à son tour[5]. Décidément, les Florentins « étaient en victoire[6], » et la victoire portait ses fruits : le 1er août, Jean XXII

---

[1] En 1335, le nom de Vivinaja fit place à celui de Monte-Carlo, en l'honneur de ce fils du roi Jean de Bohême qui fut depuis l'empereur Charles IV. Voy. Repetti, III, 335.

[2] Repetti, III, 335. Le Ceruglio est la plus haute des collines qui séparent la plaine du marais de Fucecchio d'avec celle du marais de Bientina, à 15 milles de Pise et 12 de Lucques. De là on domine les plaines du val de Nievole et celles du val d'Arno florentin. (Sismondi, III, 401.)

[3] Villani, IX, 301; Ammirato, VI, 308.

[4] Villani, IX, 301; *Ist. Pist.* R. I. S. XI, 424.

[5] Villani, IX, 302; Ammirato, VI, 308. Montefalcone, à 2 milles de Castelfranco, avait appartenu aux comtes Cadolingi de Fucecchio, dont le dernier avait donné la moitié à l'évêché de Lucques. (Repetti, III, 383.)

[6] Villani, IX, 302.

fulminait l'excommunication contre Castruccio dans tou tes les villes guelfes[1], et l'on en voyait affluer à l'armée les contingents retardataires, avec les exilés de Lucques et de Pistoia, les comtes de Sarteano et de Battifolle; en tout, selon les évaluations les plus modérées, mille quatre cents cavaliers et mille deux cents arbalétriers[2]. Plus confiant désormais, Ramon campe, le 3 août, autour d'Altopascio, château situé sur un monticule, à deux milles de Vivinaja et à l'extrémité septentrionale du marais qui longe le lac de Bientina[3]. Fort par sa position naturelle, ce château l'était encore par ses murs, ses tours, ses fossés, ses palissades, sa garnison de cinq cents hommes, munis par Castruccio de vivres pour deux ans[4].

C'est l'avis des auteurs contemporains qu'assiéger une telle place fut une première faute, dans une campagne jusqu'alors si bien conduite. Mieux eût valu, disent-ils, attaquer les positions du Ceruglio, où Castruccio, retranché avec trop peu de monde, ne pouvait tenir longtemps[5]. Il est vrai qu'en attendant les secours demandés à Galeazzo Visconti Castruccio avait dû disséminer ses forces, qu'amoindrissait aussi la maladie, pour occuper solidement les hauteurs contre une invasion du territoire

---

[1] Ammirato, VI, 308.

[2] Celles d'Ammirato (VI, 308). Le mot de Villani : « Crebbe in numero di tre mila cavalli » (IX, 303), semble susceptible d'un double sens.

[3] Altopascio a pris son nom d'un ruisseau appelé depuis Teupascio et aujourd'hui Tassinaja, qui sert de limite aux deux provinces de Lucques et de Pistoia. La tour d'Altopascio se voit encore. De là on domine tout le val de Nievole (Repetti, I, 77). L'étymologie évidente est « Altum passum » (ou pastum?) qu'on trouve dans les documents.

[4] Villani, IX, 302; March. de Coppo, VI, 392; *Ist. Pist.* R. I. S. XI, 425; Ammirato, VI, 308.

[5] *Ist. Pist.* R. I. S. XI, 425.

lucquois[1]. Il perdait tout en perdant une bataille, mais Ramon n'était pas en mesure de le contraindre à l'accepter. S'emparer d'Altopascio, et par là se frayer un passage vers Lucques, était donc d'une tactique raisonnable; malheureusement il y fallait un siége, et les siéges alors duraient longtemps. On y perdit un mois[2]. Dégoûtés, quelques chefs de mercenaires offrirent de l'argent au capitaine pour obtenir leur congé : d'où cette accusation qu'il avait traîné en longueur pour s'enrichir. Mais à Castruccio non plus on n'épargnait ni attaques, ni plaisanteries, ni mots piquants, car il ne risquait, pour dégager Altopascio, que de vaines escarmouches[3]. Le 25 août, la garnison non secourue, décimée par la maladie et l'infection des cadavres, ouvrait ses portes aux Florentins[4].

C'était pour Ramon un nouveau succès : l'immobilité voulue de Castruccio le rendit stérile. On ne pouvait marcher sur Lucques en laissant derrière soi un si dangereux ennemi. Que faire dès lors ? A Florence comme au camp, les avis étaient partagés. Les magnats qui, naguère, on l'a vu, déconseillaient la marche en avant[5], la conseillaient à cette heure; mieux valait, disaient-ils, perdre du monde dans les combats que par la maladie; l'inaction était décourageante; Castruccio recevrait

---

[1] Villani, IX, 304.

[2] L'anonyme de Pistoia dit deux mois; mais il se contredit, car il reconnaît qu'on vint à Altopascio en venant de Montefalcone. Cela ne fait donc pas tout à fait un mois, puisque la date des événements subséquents est parfaitement connue. Voy. *Ist. Pist.* R. I. S. XI. 424; Villani, IX, 303; March. de Coppo, VI. 394 : Machiavel, *Ist. fior*, II, 28 A.; Ammirato, VI, 309.

[3] Villani, IX, 302; March. de Coppo, VI, 393; Ammirato, VI 309; Mazzarosa, I, 155.

[4] Villani, IX, 302; *Ist. Pist.* R. I. S. XI, 424-425.

[5] Voy. chap. précédent, p. 57, 58.

bientôt des renforts de Lombardie; que le capitaine se fît donc donner de pleins pouvoirs pour agir promptement[1]. Convaincus que ces conseils avaient pour but de tout gâter[2], les *popolani* et les chefs de l'armée tenaient d'ailleurs pour une insigne folie d'attaquer des passages défendus par Castruccio. Ils voulaient qu'on rétrogradât vers Santa Maria a Monte, pour s'en emparer, attendre qu'on eût rempli les vides de l'armée, et donner le temps à Pistoia de se livrer à Florence, comme elle s'était livrée à Lucques. On le pouvait sans danger : Visconti avait trop d'affaires chez lui pour donner à autrui des secours[3].

Cet avis était le meilleur, s'il faut en croire Villani, qui se pique de stratégie[4]; mais les faits ne tardaient pas à lui donner tort. Azzo, fils de Galeazzo, approchait avec huit cents chevaux de son père, deux cents de Passerino Bonacossi, seigneur de Mantoue et de Modène, cinq cents de Cane, seigneur de Vérone. Bertrand du Poïet, légat à Parme, neveu ou fils du pape[5], uniquement occupé de se tailler une seigneurie, ne tentait rien pour s'opposer à son passage[6]. Il n'y avait donc plus de débat

---

[1] Villani, IX, 303.
[2] « E questo consigliavano per iscandolo ». (March. de Coppo, VI, 394.)
[3] Villani, IX, 303; Ammirato, VI, 310.
[4] « E di fermo era il migliore ». (Villani, IX, 303.)
[5] « Suo nipote, ma per li più si dicea piuvicamente ch'egli era suo figliuolo, e in molte cose il somigliava ». (Villani, XI, 6.) Cardinal-évêque d'Ostie, nous le retrouverons plus loin. Pétrarque le loue (*Famil.* XII, 6, et édit. Fracassetti, II, 400, note aux *Famil.* IX, 5); mais Sismondi dit qu'il était mauvais soldat et mauvais prêtre, intrigant et perfide (III, 416). Il mourut en 1346 ou 1348. Voy. Ciaconio, II, 409.
[6] Villani, IX, 304; March. de Coppo, VI, 395; *Ist. Pist.*, R. I. S. XI, 426; *Chron. Placentinum*, R. I. S. XVI, 494; *Georgii Merulæ Hist. mediol.*, l. I, R. I. S. XXV, 97; Ammirato, VI, 312.

possible, et l'avis des grands devait l'emporter[1] : frapper un grand coup était nécessaire, avant l'arrivée des Lombards.

Le 8 septembre, sur l'ordre des prieurs, Ramon vint camper à Pozzevero, dans les marais au nord du lac de Bientina[2], faute inexcusable, car, dans cette saison chaude et malsaine, il fallait à tout prix se rapprocher des montagnes, pour y chercher un air pur[3]. Quand on eut reconnu l'erreur, quand on voulut, pour la réparer, occuper les hauteurs entre Montechiaro et Porcari, au-dessus de Pozzevero (11 septembre)[4], Castruccio s'y était établi et s'y tenait prêt au combat. Mais il voulait le différer encore, pour donner le temps d'arriver à ces auxiliaires en route qu'il payait dix mille florins d'or comptant avec la promesse d'une somme égale. Il laissait devant lui « faire l'esplanade », c'est-à-dire frayer un plus facile chemin à l'armée guelfe; il ne s'engageait que dans de belles passes d'armes, où la cavalerie paradait comme en un tournoi et montrait dans les choses de la guerre un sentiment de l'art qui ne manquait point d'admirateurs. Blessé au visage, victorieux de l'Allemand Dietmar, qu'il faisait prisonnier, Castruccio, pour gagner du temps et retenir son adversaire, malgré la pluie, l'amusait de propositions que faisaient tour à tour les châteaux du Val de Nievole, feignant de se vouloir soumettre aux Florentins[5].

---

[1] March. de Coppo, VI, 394.

[2] Pozzeveri ou Pozzevoli, Putheolum. (Repetti, IV, 629.)

[3] Villani, IX, 303; March. de Coppo, VI, 394; Ammirato, VI, 311 ; Mazzarosa, I, 156; Sismondi, III, 356.

[4] Montechiaro, à un demi-mille au nord-ouest de Montecarlo; Porcari, sur une colline isolée à l'est du torrent Leccio. (Repetti, III, 572, IV, 581.)

[5] Villani, IX, 304; March. de Coppo, VI, 395; *Ist. Pist.* R. I. S. XI, 425;

On traîna ainsi en longueur jusqu'au dimanche 22 septembre. Ce jour-là, entrait dans Lucques Azzo Visconti; mais il s'y arrêta, au lieu de rejoindre l'armée : il réclamait de l'argent pour payer ses cavaliers. Un tel retard pouvait tout perdre : que Ramon eût vent de l'arrivée des Lombards, il se déroberait par une prompte retraite à des ennemis en nombre désormais pour l'écraser. Castruccio au désespoir court à Lucques de toute la vitesse de son cheval; il supplie Azzo de ne pas exiger, pour le moment, plus de six mille florins d'or, puis il repart dans la nuit, laissant à sa femme et aux belles dames de Lucques le soin de lui envoyer dès le matin le galant Visconti. De retour dans son camp, il respira : Ramon ne bougeait point, persuadé qu'il était qu'on avait faussement répandu le bruit de la venue des Lombards, pour l'effrayer et l'éloigner. Quand la vérité lui fut connue, il avait perdu un temps précieux. En hâte, il rétrograda vers Altopascio, pour couvrir cette importante conquête, en ravitailler les défenseurs, et se replier au besoin sur Fucecchio. Les tacticiens de cabinet l'en reprirent, prétendant qu'il aurait dû repasser la Gusciana, ou tout au moins se retirer à Galleno, afin de pouvoir, à son gré, accepter ou refuser le combat[1]. Mais, s'il fut répréhensible, c'est plutôt de n'avoir pas suffisamment connu les lieux[2], et de s'être mal renseigné sur le moment où la jonction d'Azzo avec Castruccio était à redouter.

Mannetti, R. I. S. XIX, 1038; Ammirato, VI, 311; Beverini, l. VI, p. 790, dans Sismondi, III, 356.

[1] Villani, IX, 304; Ammirato, VI, 312.

[2] Mannetti l'accuse d'avoir été « locorum ignarus » (R. I. S. XIX, 1038), et son camp placé à Pozzevero, au pied d'une montagne d'où il se laissa dominer, prouve combien cette accusation est fondée.

Le lundi 23 septembre, il offrit la bataille, défilant sous les yeux de son adversaire, au son provocateur de ses trompes; il s'étendait vers la colline et prenait la route de Galleno, à cette double fin de couvrir sa droite, et d'avoir, en cas d'échec, la route ouverte pour la retraite. Castruccio ne décline pas le combat, mais il tarde à l'engager. Inaccessible sur les hauteurs, ses regards ne quittent point la route de Lucques. Du plus loin qu'il aperçoit les Lombards, il vole à leur rencontre. Ramon de Cardona, trop bas placé pour rien voir encore à l'horizon, croit à sa fuite et n'en devient que plus ardent à l'attaque. Il n'avait pourtant que la moitié de son monde, huit mille hommes environ, le reste ayant pris les devants dans la matinée, avec les bagages. Castruccio et Azzo, enfin réunis, cessent de se dérober. De Vivinaja, où ils laissent leur infanterie, ils descendent vers la plaine avec leur cavalerie au galop.

Les deux armées, selon l'ancien usage des milices, étaient divisées en trois « batailles ». Les cent cinquante *feditori* français et florentins de l'armée guelfe se précipitent avec la furie française sur ceux de l'ennemi, que commandait Azzo Visconti. Ils y font une trouée et arrivent jusque sur la seconde ligne. Mais celle-ci tient ferme; Azzo dépité fait un violent effort et ramène les assaillants sur leur seconde ligne. Celle-ci, malheureusement, loin de faire bonne contenance, se laisse entraîner par son chef, un certain Bornio, maréchal de Ramon, jusqu'à Pozzevero, mouvement si inexplicable que, pour l'expliquer, on suppose cet ancien mercenaire de Galeazzo acheté par Castruccio.

Restait à vaincre le gros de l'armée florentine, qui formait la troisième ligne et que commandait Ramon en personne. Privé de sa cavalerie, démoralisé par l'échec de sa première ligne et la retraite de la seconde, Ramon ne sait plus que faire, qu'ordonner. Si ses fantassins font encore bonne contenance, c'est que ne pouvant, comme les cavaliers, devoir leur salut à la fuite, ils le cherchent dans la solidité. Harcelés par la cavalerie lucquoise et lombarde, attaqués de front par l'infanterie qui s'est enfin ébranlée, il leur faut bientôt plier, se débander, s'enfuir vers le pont de Cappiano, pour passer la rivière et trouver un abri sur l'autre bord. Justement, ce pont sauveur, Castruccio le fait occuper dès qu'il a pressenti la victoire, et les Florentins qui gardent les tours les abandonnent, dès qu'ils voient ou qu'ils apprennent le désastre des leurs. L'unique issue fermée, il ne reste qu'à follement courir dans toutes les directions. Pour échapper à la mort, il n'y a plus qu'un moyen, et pas toujours sûr, c'est de se rendre prisonnier. Les pertes de la bataille furent peu de chose au prix de celles de la fuite. Les voitures, le *Carroccio*, la Martinella, la bannière royale et presque toutes les autres devinrent la proie du vainqueur. Entre ses mains, Florence laissait quatre cent quatre-vingt-quatre prisonniers de son *contado*, et deux cent dix-sept de la ville même, dont trente-sept des meilleures familles[1], avec Ramon de Cardona et son

---

[1] Lami a publié la liste de ces prisonniers d'après Borghini. Voy. *Deliciæ eruditorum*, XII, 826 sq. Les 37 de bonne famille ont leur nom accompagné d'une croix. Ils devaient combattre à cheval; on ne voit pas comment ils ne purent échapper à la captivité par la fuite, comme les autres cavaliers. Ammirato (VI, 314) accuse 40 morts et prisonniers notables de Florence, 30 de Toscane, 150 de France. L'anonyme de Pistoia (R. I. S. XI, 426) porte le nombre total à 500. Castruccio, dans une lettre qu'il écrivit à Louis de Bavière après la victoire, nomme les capitaines faits prisonniers,

fils, avec un certain Pierre de Nancy[1], chevalier banneret du comté de Bar sur Rhin, qui, revenant de visiter le saint sépulcre, et se trouvant de passage à Florence, avait saisi au vol l'occasion de frapper de beaux coups. Nous ne tarderons pas à le retrouver. Ramon de Cardona, au contraire, à partir de ce moment, disparaît de l'histoire. Le rachat des prisonniers ne rapporta pas à Castruccio moins de cent mille florins d'or[2].

Cette défaite inattendue fit perdre aux Florentins, si souvent écrasés sur les champs de bataille, toute confiance dans leurs propres forces, tout ce qu'ils pouvaient avoir encore de goût pour le service militaire. Deux ans plus tard, à la revue générale de leurs milices, on ne trouvera plus que cent citoyens faisant partie des *cavallate*[3], et cette ancienne institution, digne d'une ville libre, est dès lors sur le point de disparaître à tout jamais.

Le vainqueur d'Altopascio accéléra cette tranformation funeste en tirant du succès tout le parti possible,

---

au nombre de 21, dont deux Florentins seulement, un Brunelleschi et un Della Tosa, appelés « nobiles florentini. » Voy. cette liste dans Ricotti (II, 15), qui donne ses autorités. Selon Ammirato (VI, 314), ces deux Florentins avaient été pris dans l'escarmouche de Montechiaro. Les chiffres de Castruccio embrasseraient donc les deux affaires.

[1] Les auteurs italiens l'appellent Piero di Narsi, mais Mazzarosa (I, 167) dit Nansi, et March. de Coppo (VI, 409) le déclare Français. On ne trouve rien sur son compte dans Anselme (voy. II, 52-54, à la famille de Lenoncourt, qui porta primitivement le surnom de Nancy), ni dans le *Dictionnaire de la noblesse*, qui ne fait ici que reproduire Anselme. Pierre était-il un bourgeois, un bâtard ?

[2] Villani, IX, 304; March. de Coppo, VI, 595; *Ist. Pist.* R. I. S. XI, 425, 426; Mannetti, R. I. S. XIX, 1038; *G. Merulæ Hist. mediol.* R. I. S. XXV, 97, 98; Ammirato, VI, 314; Lami, *Del. erud.*, XII, 826 sq.

[3] « Fiorentini cento caporali con due o tre compagni per uno » (Villani, X, 28). Cf. Ricotti, II, 15.

en serrant de près ses ennemis vaincus. Le butin partagé et les captifs internés à Lucques, il faisait abattre le pont de Cappiano pour mieux protéger son propre territoire, et il se portait vivement sur celui des Florentins, tandis que sur ses derrières il laissait assez de troupes pour forcer les châteaux à la soumission. Du 26 septembre au 2 octobre, on le voit à Pistoia, à Carmignano dont il s'empare [1], à Lecore, sur les hauteurs qui dominent Signa [2], à Peretola, gros village sur la route de Lucques, à deux milles de Florence, du côté de la *Porta al prato* [3]. De là, de son observatoire de Signa, où il était comme à cheval sur l'Arno, tandis que de hardis coureurs venaient lancer leurs flèches jusque sur les portes de la ville, il propageait un *guasto* formidable, auprès duquel, dit Villani, celui d'Henri VII n'avait été rien [4]. Dans cette délicieuse campagne de Careggi et de Rifredi, protégée par le versant méridional de l'Apennin, jardins, maisons de plaisance, églises, monastères, étaient livrés à la dévastation. Les vivres, les bestiaux, les meubles, tous les objets de prix prenaient la route de Lucques [5]. Ces longs convois du pillage faisaient plus que les armes pour décourager la résistance. Montefalcone, Altopascio, se soumettent (1er-6 octobre) [6]. Monte San Savino se rend à l'évêque d'Arezzo. Le comte Ugo de Battifolle reprend dans le Mugello cinq places qu'il

---

[1] Carmignano se rendit le 12 octobre. (Villani, IX, 315.)

[2] Lecore, à deux milles au nord de Signa. Il y a une autre localité de ce nom du côté de Pistoia. (Repetti, II, 671.)

[3] Repetti, IV, 101.

[4] Voy. Villani, IX, 315.

[5] Villani, IX, 315; March. de Coppo, VI, 598; Ammirato, VI, 315; Beverini, VI, 798, ap. Sismondi, III, 359.

[6] Villani, IX, 304, 315; March. de Coppo, VI, 396, 598.

avait perdues[1]. Les ambassadeurs envoyés au roi Robert ne rapportent de Naples que d'illusoires promesses[2].

Au dehors, tout abandonnait donc Florence. Au dedans, la victoire de Castruccio avait un redoutable contre-coup. Dès le 2 octobre, comme les cloches sonnaient pour assembler l'armée, les prisonniers des *Stinche* se soulevaient en criant : Vivent les gibelins! Mort aux guelfes! Mort à ces voleurs de *soprastanti*[3]! Avec des pierres ils brisent les serrures, tombent sur leurs gardiens, en blessent plusieurs, et ils se fussent répandus dans les rues, ils eussent peut-être ouvert les portes à l'ennemi, si des citoyens de bonne volonté n'avaient prêté main forte pour les remettre sous les verrous[4]. Cette occasion perdue ne se retrouva plus. Ne se croyant pas assez fort à lui seul pour entrer par la brèche des murs en construction[5], Castruccio en était réduit à ces dévastations barbares que le plus faible supportait stoïquement, à cette injure banale du *palio*, couru trois fois par des hommes à cheval, par des hommes à pied, par des femmes de mauvaise vie. Florence y était sensible, car, si elle l'avait infligée souvent, jamais elle ne l'avait endurée[6]. Mais sa constance ne se

---

[1] Villani, IX, 312, 316. Battifolle, condamné pour ce fait à la fin de décembre à payer 30 000 livres, devait trouver sa revanche plus tard. Rejoignant le duc d'Athènes à Florence, avec 20 cavaliers et 200 fantassins, il se fit relever par lui de sa condamnation. Voy. Villani, IX, 317.

[2] March. de Coppo, VI, 400.

[3] C'est ainsi qu'on nommait les gardiens des prisons.

[4] *Provvisioni*, XXII, 23 v°.

[5] On n'avait commencé les travaux dans Oltrarno que l'année précédente. Voy. dans Villani (IX, 257) une longue description des murailles.

[6] Villani (IX, 315) dit que, si ses compatriotes ne bougèrent pas, c'est qu'ils étaient « molto inviliti e storditi di paura e di sospetto. » Il oublie que telle était la tactique ordinaire des faibles, des vaincus; mais ses pa-

démentit point. Elle ne sortit de son apparente torpeur que le jour où, non content de propager partout ses ravages[1], Castruccio voulut se faire de Fiesole, en vue d'un siége, le plus formidable point d'appui. Pour mettre la *rocca* en état de défense, pour protéger une si importante position, les Florentins ne craignirent pas de sortir de leur ville, au risque de rencontrer l'ennemi[2]. Celui-ci n'osa point porter sur eux son attaque. Il sentait si bien l'heure des grandes entreprises passée, qu'il congédiait ses Lombards, en empruntant aux exilés génois pour les payer. Azzo partit donc (26 octobre), mais non sans avoir, lui aussi, couru un *palio* en face de l'île d'Arno, par représailles de celui dont les Florentins, dans la campagne de Lombardie, avaient jadis fait aux Visconti l'insulte sous les murs de Milan[3].

Serrés de moins près et plus libres d'agir, les Florentins nomment pour leur défenseur et capitaine de guerre Oddo des Oddi de Pérouse, et lui confèrent le droit exceptionnel, quand il serait en marche, de punir lui-même les insubordonnés, fussent-ils citoyens[4]. Ils fortifient leurs châteaux; ils autorisent leurs bannis guelfes à se racheter pour une faible somme, dans le dessein de les arracher à Castruccio[5]; ils font défense

---

roles montrent combien cette résignation devait coûter aux âmes fières et courageuses.

[1] Villani, IX, 315; March. de Coppo, VI, 398; Ammirato, VI, 315.
[2] Villani, IX, 315, 316; Ammirato, VI, 315, 316.
[3] En juin 1325. Voy. Villani, IX, 210.
[4] 11 octobre 1325. *Provvisioni*, XXII, 21-26. On donnait à Oddo 100 fl. par mois pour lui, ses deux trompettes et son *banderaio*.
[5] Balia rebanniendi exbannitos habitos pro guelfis (11 octobre 1325. Provision citée par G. Capponi, I, 172). Ainsi, même en cette extrémité, on tenait rigueur aux familles exilées à titre de gibelins ou blancs. Cf. Villani, IX, 316; March. de Coppo, VI, 399, 400; Ammirato, VI, 316-318.

d'envoyer lettres, ambassades, argent aux prisonniers d'Altopascio, et de traiter de leur rachat. En nourriture même et en vêtements, ces victimes de la bataille ne devaient recevoir que le strict nécessaire; encore y fallait-il l'expresse permission du capitaine de guerre et du podestat. C'est qu'ils étaient pour la plupart issus des magnats ou des plus riches *popolani*, qui commençaient à n'en différer guères, et qu'on craignait d'eux quelque trahison. Tous leurs parents devaient fournir une caution de dix mille livres pour l'observation de ces règlements, et, s'ils les enfreignaient, payer mille livres au moins dans les dix jours, sous peine de perdre un membre ou la tête même[1]. Il leur était interdit d'assister à un conseil de la commune, d'être châtelains, vicaires de la ligue ou officiers au dehors. Vives furent les plaintes contre l'ingratitude d'une cité si dure pour les familles de ceux qui souffraient pour elle[2]. Mais tout y était subordonné alors aux besoins d'une défense difficile. C'est ainsi qu'elle protégeait contre toute offense les habitants du territoire, pour les détourner de venir en aide à Castruccio : quiconque les offenserait jusqu'au 1er janvier devait être condamné au triple de la peine portée par les ordonnances ou statuts, une moitié de l'amende étant pour la commune, l'autre pour l'offensé ou ses héritiers[3].

Cette date du 1er janvier montre que les Florentins craignaient une campagne d'hiver. Mais les pluies d'automne ramenèrent Castruccio à Lucques. Il y célébra la

---

[1] 4 novembre 1325. *Provvisioni*, XXII, 34-36.

[2] 7 novembre 1325. Villani, IX, 323; March. de Coppo, VI, 404; Ammirato, VI, 319.

[3] 4 novembre 1325. *Provvisioni*, XXII, 33.

fête de saint Martin, patron de sa patrie, par une entrée triomphale, à la manière des généraux de l'ancienne Rome[1]. Il donna « un beau manger[2] », où cinquante des principaux captifs furent conviés et avertis qu'ils eussent à fournir une énorme rançon. Comme ils n'y pouvaient suffire, Florence paya pour eux, quoique de mauvaise grâce. Avec cent quatre-vingt mille florins de taxes ordinaires et soixante-dix mille d'extraordinaires, elle put contenter Castruccio qui en demandait cent mille, et aussi préparer la guerre contre lui[3]. Elle ne consentit à financer ni pour Ramon de Cardona, qu'elle rendait responsable de ses malheurs, quoiqu'elle lui eût lié les mains, et qui ne devait recouvrer sa liberté qu'à la mort de son vainqueur[4], ni pour bien d'autres étrangers. Deux ans après, l'Allemand Dietmar infor-

---

[1] Voy. en la description détaillée dans Tegrimi, R. I. S. XI, 1339-1341; March. de Coppo, VI, 403; Ammirato, VI, 319; Beverini, VI, 800, ap. Sismondi, III, 561.

[2] March. de Coppo, VI, 403.

[3] « Per fornire la detta guerra castruccina » (Villani, IX, 320). Un des expédients employés dans cette circonstance pour trouver de l'argent mérite une mention. Quiconque a une maison dans l'intérieur de la ville paiera 12 deniers par brasse de ladite maison mesurée sur sa façade antérieure, si la rue est *maestra*, et 6, si elle ne l'est pas, ou si c'est un *chiasso* (ruelle). Si les maisons ont plusieurs façades, on fera l'évaluation sur la plus avantageuse pour la commune. Seront réputées *vie maestre* toutes celles qui seront déclarées telles par un officier étranger et ses six conseillers. Les terrains derrière les maisons ne commenceront à payer que s'ils ont plus de 50 brasses. Ils paieront en ce cas à raison de 6 deniers par brasse. Un terrain ne donnant sur aucune rue, 5 sous par *staio*, *ad cordam*. La gabelle des terrains devra durer deux ans et être employée à la construction des murs d'Oltrarno. Toute personne qui, en mourant, laissera des biens valant de 1000 à 5000 livres, devra payer 1 florin d'or. Au delà, 2 fl. Les héritiers, même non mentionnés sur le testament, sont obligés à payer cette gabelle (*Provvisioni*, XXII, 39 v°-41 v°). Cf. Ammirato, VI, 320.

[4] Villani, IX, 319; March. de Coppo, VI, 403; Tegrimi, R. I. S. XI, 1339-1341; Beverini, VI, 800, ap. Sismondi, III, 561.

mait la commune que, taxé à mille livres, il n'avait pu avec ses amis en compter que cinq cents. Il demandait donc que Florence, qui l'avait fait chevalier, y pourvût par ses « pieux et accoutumés bienfaits ». Les conseils décidaient de lui accorder un subside, mais qui ne dépassât point cinquante-six florins. C'était une aumône et presque une injure pour ce serviteur éprouvé[1].

Chose étrange, pourtant, ni les rançons, ni le pillage, ni les conquêtes, n'enrichirent Castruccio et ses Lucquois. Les mercenaires, véritable tonneau des Danaïdes, engloutissaient tout et ne gardaient rien. Les résultats de la victoire étaient presque nuls. La campagne sur les terres florentines, qu'elle avait rendue possible, ne pouvait réussir que si l'évêque d'Arezzo la menait à l'est et au sud en même temps que Castruccio au nord et à l'ouest. Mais ce seigneur ecclésiastique craignait ses sujets qui ne l'aimaient guère, et le pape, qui l'avait déposé; il craignait Castruccio même, si les Florentins étaient trop abattus. Sa mère, issue des Frescobaldi, ne pouvait que le confirmer dans ces politiques calculs[2]..

Si pénible que fût la déception, l'opiniâtre Lucquois n'en persistait pas moins dans son entreprise. Il n'avait fait que toucher barre à Lucques. Il en repartait, le 18 novembre, pour Signa, et recommençait excursions et conquêtes jusqu'aux portes de Florence. Un mois et demi de siége avait raison de Montemurlo, excellente base d'opération[3]. Des cavaliers de Castruccio s'avançaient de nouveau jusque sous les yeux des Florentins

---

[1] 11 janvier 1328, *Provvisioni*, XXIV, 36 v°-38.
[2] Voy. Ammirato, VI, 317.
[3] 27 novembre 1325, 8 janvier 1326. Villani, IX, 324; March. de Coppo, VI, 405. *Ist. Pist.* R. I. S. XI, 450; Ammirato, VI, 322.

toujours flegmatiques[1]. Des Flamands, leurs mercenaires, montrèrent moins de flegme qu'eux : ils osèrent tenter une sortie, mais leur défaite donna raison à la vieille tactique de l'immobilité. Pour les soutenir, les cloches sonnèrent, le peuple s'élança en armes sur les traces des Lucquois, et les poursuivit jusqu'à Settimo. Il le fit impunément, parce que Castruccio ne s'attendait pas à tant d'audace. Qu'il eût prévu la sortie, et pas un peut-être n'eût échappé[2].

Les Florentins le sentaient. Ils vivaient dans de continuelles alarmes et sans espoir de secours. Même après le rachat des captifs, leurs parents, restant exclus des emplois publics, étaient suspects de conspirer; nul ne savait alors que l'évêque d'Arezzo ne sortirait pas de sa prudente expectative; la Lombardie était pour l'ennemi une pépinière inépuisable de soldats gibelins; l'armée de Bologne venait d'être battue par le seigneur de Mantoue, malgré les intelligents renforts qu'envoyait Florence épuisée. Ses citoyens répugnaient de plus en plus à prendre part aux combats, et elle ne recevait du roi Robert qu'un secours dérisoire de trois cents cavaliers[3].

A vrai dire, le moyen lui était connu d'obtenir davantage : au prix d'une demi-servitude elle pouvait acheter l'appui sérieux de la dynastie angevine. Elle prit le parti de conférer pour cinq ans la seigneurie au duc de Calabre, Charles, fils aîné de Robert (23, 24 décembre). Les conditions de ce marché nous sont connues. Le jeune prince

---

[1] 10 décembre, à San Piero a Monticelli.
[2] Villani, IX, 527; March. de Coppo, VI, 407; Ammirato, VI, 521.
[3] Villani, IX, 320, 321, 325; March. de Coppo, VI, 406, 408; Ammirato, VI, 320, 321.

devait prendre possession le 1er avril 1326, ou tout au moins dans le courant de ce mois. Il s'engageait à ne pas quitter le territoire florentin ou celui de l'ennemi, et à y guerroyer pendant trente mois consécutifs, avec mille hommes d'armes « et plus », exercés et ultramontains, c'est-à-dire Français[1]. Si les hostilités duraient davantage, il serait tenu de séjourner en Toscane, dans les mêmes conditions, trois mois d'été par année. Il recevrait de la chambre communale deux cent mille florins chaque année, par paiements mensuels de seize mille six cent soixante-six florins et deux tiers. La guerre finie, ses mille soldats seraient réduits à quatre cents. Il pouvait se faire remplacer dans le commandement par quelqu'un de sa race ou de ses notables barons des royaumes de France ou de Naples, avec un salaire de cent mille florins seulement, et nommer un vicaire dans les mêmes conditions d'office et de temps que le podestat. On ne s'opposait pas à ce que ce vicaire fût Italien, pourvu qu'il ne fût pas natif d'une localité confinant au territoire de la République. S'il ne venait pas, ou si le prince négligeait de le désigner, la seigneurie procéderait elle-même à l'élection. Une dernière clause portait que cette seigneurie serait offerte au duc de Calabre dans les trois jours. On lui en laissait dix pour l'accepter. Passé ce délai, elle serait considérée comme nulle[2].

---

[1] Le mot « ultramontains » est dans le document, mais les chroniqueurs disent « français ». C'est, qu'en effet, il était naturel que la dynastie angevine empruntât à la France ses bons hommes d'armes.

[2] *Provvisioni*, XXII, 54-59. Même jour, procuration à divers de présenter sa nomination au duc (*Ibid.*, f° 6). Cf. Villani, IX, 326 ; March. de Coppo, VI, 408 ; Ammirato, VI, 321 ; *Ist. Pist.* R. l. S. XI, 450. — Sismondi citant ce dernier auteur allègue, ce qu'il ne dit point, que l'expédient fut suggéré par Robert (voy. III, 571) ; mais la coutume en était trop fréquente pour que ce fût nécessaire.

Jamais, jusqu'alors, Florence n'avait fait à ses maîtres d'un jour de si tentantes conditions. L'héritier de Robert accepta donc avec empressement (13 janvier 1326); mais il se pressa peu à s'acheminer vers la Toscane. On lui avait marqué le désir qu'il s'y trouvât en avril: il ne partit de Naples que le 31 mai [1]. En l'attendant, on avait, dès le 1er janvier, nommé capitaine provisoire ce Pierre de Nancy, un des prisonniers d'Altopascio, qui venait de se racheter au prix de mille florins d'or [2], et, dit-on, sur sa promesse de ne plus combattre les Lucquois [3]. Homme habile et fin [4], quoique trop plein d'assurance et dédaigneux des conseils [5], ulcéré de la mort de son fils qu'il venait de perdre dans la bataille, il avait, durant sa captivité, noué des pratiques avec les mercenaires bourguignons ou français de Castruccio et tramé contre lui des complots dont il se prévalut, une fois de retour à Florence, pour pousser sa fortune. Mais la fortune le trahit. Ses compatriotes du camp lucquois recevaient leur congé, et neuf de leurs chefs avaient la tête tranchée [6]; lui-même il était menacé d'un sort pareil.

Son mépris du péril, signe de race, sa hardiesse à

---

[1] Villani, IX, 328.

[2] Idem, IX, 332. March. de Coppo (VI, 409) dit à tort le 5 janvier. — Cette nomination ôtait sa charge à Oddo de Pérouse. On le nomma potestat le 1er janvier.

[3] « Li promise di non esserli mai contro » (*Ist. Pist.* R. I. S. XI, 432). — Mais l'anonyme de Pistoia ne rapporte le fait que comme une assertion de Castruccio; quant à Villani, il y donne un démenti : « che M. Piero era leale e prò cavaliere » (IX, 345).

[4] « Sottile uomo e savio ». (March. de Coppo, VI, 413.)

[5] « Per la sua troppa sicurità e non volere consiglio ». (Villani, IX, 345.)

[6] Deux Bourguignons, un Anglais, six Allemands. Voy. Villani, IX, 332; March. de Coppo, VI, 409; Ammirato, VI, 322, 323.

marcher en avant, quoiqu'il n'eût que quatre cents cavaliers, charmaient les Florentins. Aussi prompts à retrouver la confiance qu'à la perdre, déjà ils ne regardaient plus Castruccio comme un ennemi dangereux[1]. Ils se trompaient. Castruccio, s'acharnant à sa proie, brûlait Signa où il se trouvait trop exposé (28 février), coupait les ponts de l'Arno et se retranchait à Carmignano, d'où il pouvait agir d'aussi près avec plus de sécurité. Un moment il avait conçu le dessein de noyer Florence et sa plaine jadis lacustre. Dans le lit du fleuve il voulait substituer un mur à la montagne que la force des eaux avait rongée pour se frayer un passage, lent travail des siècles dont la légende avait fait l'œuvre instantanée de l'Hercule égyptien[2]. Heureusement, les *maestri* ou ingénieurs calculèrent mal la pente de Florence à Signa : ils la crurent de cent cinquante brasses, tandis qu'elle n'est que de quarante six[3]. Cette erreur sauva la République d'un désastre bien autrement grave que celui des incursions qui continuaient[4]. Pierre de Nancy ne les pouvant réprimer, la foi en lui s'en alla comme elle était venue : lettres et ambassades prenaient le chemin de Naples pour pousser au départ le duc de Calabre, qui avait encore tout le prestige de l'inconnu.

[1] « Avendo i Fiorentini per niente Castruccio ». (Villani, IX, 334.)
[2] C'est la fameuse « pietra golfolina » dont il est question dans les anciens chroniqueurs. Voy. Villani, I, 43 ; Inghirami, II, 12 ; Targioni-Tozzetti, *Relazione di alcuni viaggi*, etc., t. l, p. 58-42 ; Fossombroni, *Memorie idraulico-storiche sopra la val di Chiana*, ch. 5, § 18.
[3] Soit 15 mètres seulement au lieu de 88. En aval du défilé de la Golfolina commencent la grande plaine et les anciens golfes marins (E. Reclus, *Nouv. géogr. univ.*, I, 404. A cette page, M. Reclus donne une carte du défilé et des environs, et après la p. 408 un dessin qui le représente sous sa forme pittoresque).
[4] Villani, IX, 340, 343 ; Ammirato, VI, 325.

Piqué au vif, l'aventurier français tint à montrer qu'il valait bien un prince. Le 14 mai, avec deux cents cavaliers et cinq cents fantassins, il s'élance de Prato[1], passe l'Ombrone, sort vainqueur d'une embuscade, mais succombe dans une autre. Prisonnier de Castruccio, sa tête tombe à Pistoia, en punition de sa parole violée. Peut-être n'était-ce qu'un prétexte pour se débarrasser d'un adversaire gênant, si français par ses qualités comme par ses défauts. Cette parole, en effet, Villani conteste que Pierre de Nancy l'eût donnée[2], et l'on ne saurait croire le chroniqueur italien partial pour un étranger malheureux.

Trois jours après son supplice, le 17 mai, arrivait à Florence un autre aventurier que le duc de Calabre envoyait à sa place pour faire patienter sur son retard. C'était encore un Français, un gentilhomme, Gaultier de Brienne, duc d'Athènes. Il amenait avec lui sa femme Béatrix, nièce de Robert, fille du prince de Tarente, le vaincu de Montecatini, et quatre cents cavaliers. Par ordre ou d'instinct, ses actes furent d'un maître, non d'un vicaire : il exigea des officiers publics le serment de fidélité sous la bannière du duc et sous la sienne ; puis, il fit annuler les bourses préparées pour le tirage

---

[1] Villani (IX, 345) dit que ce fut secrètement, mais Ammirato (VI, 325) supprime cet adverbe, en effet fort invraisemblable, car on ne pouvait emmener tant d'hommes à l'insu des Florentins. Villani, d'ailleurs, paraît mal renseigné sur ces faits : il suppose un nouveau complot de Pierre avec des Bourguignons de Castruccio, oubliant qu'il a dit que ce capitaine les avait licenciés. En le voyant deux fois dans l'erreur, on se demande si, à ce moment, il n'aurait pas été éloigné de sa patrie ; mais les documents publiés sur sa vie dans l'*Archivio storico* (nuova serie, t. IV, part. I, p. 3 sq.) ne nous apprennent rien à cet égard.

[2] Villani, IX, 345 ; March. de Coppo, VI, 419 ; *Ist. Pist* R. I. S. XI, 452 ; Ammirato, VI, 325, 326.

au sort; il prétendit au droit, qu'on ne voulut pas contester¹, de nommer lui-même aux emplois, et il l'exerça en désignant les prieurs qui devaient entrer en charge le 15 juin².

C'était, pour le début, une marque inouïe de despotisme; mais les Florentins se trouvaient dans une de ces crises d'atonie où les hommes sentent le besoin d'être menés. Ils ne sourcillèrent point; ils jugèrent même que le duc d'Athènes les gouvernait sagement³. Ils confirmaient, le 9 juin, sa délégation, jusqu'à « l'heureuse arrivée » du seigneur⁴. Or le seigneur ne se pressait guère. Parti le 31 mai de Naples, il perdait en route un temps précieux, peut-être à dessein. En effet, sur la demande de Robert et de la République, le souverain pontife avait chargé son légat, le cardinal Gianni Guatani, des Orsini du Mont, de pacifier la Toscane⁵, et Castruccio ne se refusait pas aux négociations. Sachant bien que le feu des ligues se refroidit vite, et que les marchands florentins étaient promptement las de payer leurs merce-

---

¹ Ce ne fut qu'un acte de pure condescendance, pour ne pas créer de difficultés au début de cette seigneurie. On n'entendait point aliéner l'avenir, nous en verrons la preuve plus bas, à la p. 107.

² Villani, IX, 346; March. de Coppo, VI, 414; Ammirato, VI, 325, 326. Ce dernier commence dès ce temps-là à considérer le gonfalonier de justice comme le chef de la seigneurie, grosse erreur pour près d'un siècle encore. C'est seulement vers la fin du quatorzième que les auteurs commencent quelquefois à mettre le gonfalonier en tête, mais sur les listes il est encore le dernier. Nous verrons qu'en 1378, au temps du tumulte des *Ciompi*, c'est encore, comme dans les temps primitifs, le *proposto* qui est le chef de la seigneurie et seulement pour deux jours, comme on l'a vu plus haut, l. V, ch. 3, t. II, p. 375.

³ « La seppe reggere saviamente e fu signore savio. » (Villani, IX, 346.)

⁴ *Frammenti di deliberazioni del consiglio. Consigli maggiori, provvisioni, protocolli*, VI, 209 v°.

⁵ Dans le consistoire du 17 avril 1326 (Villani, IX, 341). Ce prélat, débarqué à Pise le 23 juin, était, le 30, à Florence.

naires, il attendait du temps le triomphe définitif que les armes lui refusaient[1].

Le 10 juillet, cependant, Charles de Calabre était enfin à Sienne. Les Florentins, aussitôt, lui envoyaient de pleins pouvoirs jusqu'au 31 du même mois[2]. Là, dans cette ville hérissée de barricades, il leur rendit le service de procurer une trêve de cinq ans entre les Tolomei et les Salimbeni, et il se le fit payer sans retard par une prolongation de sa seigneurie pour la même durée[3], comme par un subside supplémentaire de seize mille florins d'or[4]. Son esprit fin avait compris de quel intérêt il était pour Florence que le parti gibelin ne dominât pas à Sienne, et sa cupidité en abusait.

Le 30 juillet, il fit son entrée dans la ville des fleurs. La duchesse, sa femme, l'accompagnait; elle était fille de Charles de Valois et nièce du roi de France, Charles le Bel. Venaient derrière eux Jean de Morée, frère de Robert, et Philippe, fils du feu prince de Tarente, puis divers barons de la cour napolitaine, et mille cinq cents cavaliers provençaux. Le duc de Calabre descendit au palais du podestat, près de la *Badia*. Villani, qui vit alors ce prince, le représente beau, malgré sa petite taille et son précoce embonpoint, avec ses cheveux au vent, sa magnifique barbe noire, qu'il portait tout en-

---

[1] Villani, IX, 348; March. de Coppo, VI, 415; Ammirato, VI, 326.

[2] 11 juillet 1326. Balie donnée au duc de Calabre (*Frammenti di deliberazioni del consiglio. Consigli maggiori. Provvisioni, protocolli*, VI, 219).

[3] Plus fière que Florence, Sienne ne reconnut guère au duc que le droit de choisir lui-même sur une liste de trois noms le podestat qui prendrait le titre de vicaire. (Malavolti, part. II, liv. V, f° 84 v°, 85; Ammirato, VI, 327.)

[4] Villani, IX, 351; March. de Coppo, VI, 416; Malavolti, part. II, liv. V, f° 84 v°; Ammirato, VI, 327.

tière, son visage rond et gracieux. Au moral, le portrait est peut-être moins flatteur : quoique bon catholique, quoique ami de la justice et de l'honnêteté, Charles n'en aimait pas moins les plaisirs et les femmes, et, ce qui est plus grave, il ne se distinguait ni par la sagesse ni par la bravoure[1]. Mais on se complaisait alors aux illusions. Jamais cour si somptueuse ne s'était vue à Florence[2]. Les yeux en étaient ravis, et l'esprit d'économie ne songeait pas encore à s'en plaindre.

Il ne devait pas tarder cependant. Ne payant point ses hommes d'armes, le duc en avait amené presque le double de ce que lui imposait son traité, et il en coûtait gros pour l'héberger avec son exigeant entourage. Cinquante mille florins d'or avaient été empruntés par la commune à la compagnie des Scali et Amieri pour avances à faire au nouveau seigneur, et cinq mille cinq cent dix seulement étaient jusqu'alors rentrés dans les caisses de ces banquiers. Faute d'obtenir davantage, le 4 août, ils faisaient une banqueroute de quatre cent mille florins[3]. Ce sinistre d'une maison renommée depuis cent vingt ans fut regardé comme pécuniairement plus funeste que la défaite d'Altopascio[4].

[1] Villani, X, 109.
[2] Id., X, 1; March. de Coppo, VI, 417; Ammirato, VI, 327, 328.
[3] Arch. di stato. *Quaderno del camarlingo del comune*, ap. Peruzzi, p. 203. On peut voir un document sur les affaires des Scali, en date du 8 août 1326, dans les *Frammenti di deliberazioni del consiglio. Provvisioni, protocolli*, VI, 228-231. — Les Scali avaient leurs tours, leurs maisons, leur loggia, en face de l'église de S. Trinita (palais actuel Bartolini-Salimbeni), et leur sépulture dans cette église. Un d'eux était consul dès 1215. Bons guelfes, ils s'étaient, en 1248, séparés d'associés gibelins. Les Amieri étaient près de S. Andrea au *Mercato*. Deux d'entre eux furent tués à Montecatini. Un troisième, fait prisonnier, se racheta et put combattre à Altopascio. (Peruzzi, p. 161, 162.)
[4] Villani, X, 4; March. de Coppo, VI, 420; Ammirato, VI, 328.

La perturbation qui en résulta, l'humeur pacifique du prince et ses calculs intéressés expliquent l'inaction militaire de ce temps-là. Des villes de la ligue, et de Volterre, par exemple, il acceptait volontiers une forte somme, au lieu et place de leurs contingents[1]. Quoique les citoyens riches de Florence eussent été imposés de soixante mille florins d'or, on ne voyait point s'organiser l'armée. Les bienveillants s'en consolaient : Castruccio était atteint aux jambes d'une maladie qui menaçait son existence, et l'on pouvait espérer d'en finir avec lui sans coup férir. Les autres, et Villani est du nombre, auraient voulu que le duc profitât de cette maladie pour frapper, en marchant sur Lucques avec toutes ses forces, un coup décisif[2]. Mais le duc n'était pour lors occupé que d'obtenir à Florence de plus grands pouvoirs. Déclarant les siens insuffisants pour faire régner la paix et la justice[3], comme pour rémunérer son père de ses grands et dispendieux préparatifs[4], il réclamait à titre définitif le droit, provisoirement accordé à son vicaire, le duc d'Athènes, de nommer tous les magistrats, tous les officiers, dans la ville et sur le territoire[5], celui de faire à son gré la guerre et la paix, celui de rappeler les bannis, et, par surcroît, une prolongation de cinq années pour sa seigneurie, qui déjà devait durer cinq ans.

---

[1] Voy. Cecina, *Notizie di Volterra*, p. 112, et les documents publiés dans les notes par Flaminio dal Borgo.

[2] Villani, X, 1, 6 ; Ammirato, VI, 328.

[3] *Provvisioni*, XXXIII, 1.

[4] Ammirato, VI, 328-329.

[5] Cette réclamation prouve bien que précédemment il n'avait pas ce droit ; que, par conséquent, le duc d'Athènes l'avait indûment réclamé, et que les Florentins ne l'avaient accordé qu'accidentellement. Voy. plus haut, p. 104, texte et note 1.

Ces demandes étaient exorbitantes, mais elles obtenaient l'appui des grands, persuadés qu'à un prince absolu ils arracheraient l'abolition des ordonnances. Pour plusieurs de ces petites gens qui ne répugnent pas à se prosterner devant un maître, le maître, en exigeant beaucoup, se montrait prince de sang royal, et non homme de peu, tel que Ramon de Cardona ou Pierre de Nancy[1]. Charles eut la sagesse de « tenir pour le peuple qui lui avait donné la seigneurie, et les grands en furent tout déconcertés[2] ». Sa récompense ne se fit point attendre : on lui accorda tout ce qu'il demandait, sauf à l'entourer de restrictions, la plupart trop naturelles pour avoir eu d'autre but que de sauver l'amour-propre républicain. Il devait observer les ordonnances de justice, les règlements des gabelles, les statuts contre les marchands faillis et fugitifs ou en faveur de leurs créanciers; conserver les offices établis, en tout ce qui ne serait pas contraire à sa balie, et le territoire de Florence sans en rien aliéner ni donner; s'abstenir de lever des impôts, sauf dans les cas d'absolue nécessité et avec l'assentiment des prieurs, lesquels, il ne faut pas l'oublier, étaient nommés par lui; admettre que le vicaire qu'il désignerait pour rendre la justice fût soumis au *sindacato;* rapporter à la *camera* tout l'argent perçu, sauf celui de son salaire; s'interdire de lever les sentences d'exil dès qu'il serait hors de la Toscane; accepter enfin ces conditions dans les trois jours, sans quoi la commune n'y serait plus tenue, non plus qu'à entretenir les cinq cents cavaliers, les six mille fantassins soumis à

---

[1] Villani, X, 2; March. de Coppo, VI, 419; Ammirato, VI, 329.
[2] Villani, X, 2.

ses commandements¹. Tel était le réseau dans lequel on affectait de l'enfermer. Les mailles en étaient trop larges pour qu'il ne s'en pût échapper aisément (29 août).

Il s'en échappa dès le lendemain. Pour donner aux Florentins la satisfaction d'une rupture ouverte avec Castruccio, dont les feintes négociations ne faisaient plus de dupes, il publiait sur la place de Santa Croce les actes de procédure qui déclaraient le Lucquois excommunié, schismatique, fauteur d'hérétiques, persécuteur de l'Église, qui le privaient de toutes ses dignités, qui autorisaient toute offense contre lui et menaçaient des foudres de l'Église quiconque lui donnerait son appui. De ces foudres, pour ce motif, était dès lors frappé l'évêque d'Arezzo : il était dépouillé de son évêché, tant au temporel qu'au spirituel². Mais en ces vaines démonstrations s'épuisait l'énergie du prince napolitain. Digne fils de son père, plus politique que guerrier, il causait aux Florentins une déception profonde, car ces marchands ennemis des armes ne l'avaient appelé que parce qu'ils le croyaient différent d'eux. Ils en étaient réduits à se protéger eux-mêmes, à fortifier Signa et Gangalandi, s'ils voulaient qu'on pût ensemencer la campagne, à prodiguer les immunités aux *contadini* qui oseraient y construire ou y relever leurs maisons (14 septembre)³.

Mu par la honte et les reproches, le prince veut-il enfin agir, il ne sait que recommencer les précédentes campagnes, se porter sur Pistoia, tandis qu'il provoque Spinetta Malaspini à revenir de Vérone dans son mar-

¹ *Provvisioni*, XXIII, 1-3.
² Villani, X, 3; Ammirato, VI, 329.
³ Villani, X, 5; March. de Coppo, VI, 421; Ammirato, VI, 429.

quisat de Lunigiane. A cette tactique percée à jour Castruccio oppose celle qui lui avait déjà réussi : il néglige le marquis, et, pour le couper de ses communications avec le duc, il se jette dans la montagne. C'en était assez pour que son adversaire fût aux regrets de s'être lancé si avant[1]. C'est à peine s'il envoie trois cents cavaliers au secours des châteaux que Castruccio menaçait. L'infanterie qui devait les soutenir recule devant les pluies et les neiges précoces d'octobre. Eux, se voyant abandonnés, grelottant de froid, manquant de vivres, ils ne peuvent même battre en retraite, car les défilés sont occupés sur leurs derrières. Il leur faut se sauver dans toutes les directions, jusqu'à Bologne, en laissant chevaux et bagages. La garnison des châteaux suit leur exemple, et Castruccio, prompt comme l'éclair, se retourne vers Spinetta, qui n'a garde de l'attendre, car il l'avait menacé de l'écorcher vif. Ainsi finit misérablement la première campagne du duc de Calabre contre le héros lucquois[2].

Cet échec causa partout une vive émotion. Jean XXII envoyait aux Florentins ses compliments de condoléance[3]. Déjà Parme, pour se défendre contre Castruccio, avait donné la seigneurie au légat Bertrand du Poïet[4]; Bologne suivait l'exemple de Parme[5]: la con-

---

[1] « Al duca e al suo consiglio parve avere fatta non savia impresa ». (Villani, X, 6.)

[2] Villani, X, 6; March. de Coppo, VI, 422; Ammirato, VI, 330, 331 ; Mazzarosa, I, 171.

[3] 13 novembre 1326 (*Capitoli*, XVI, 7).

[4] 1er octobre 1326. Villani, X, 8.

[5] 8 février 1327. Villani, X, 8; *Ist. Pist.* R. I. S. XI, 440 ; *Matthæi de Griffonibus Memoriale historicum*, R. I. S. XVIII, 143; *Bonifazii de Morano, Chron. mutinense*, R. I. S, XI, 113.

fiance était générale en ce prélat, artisan d'intrigues, qui, depuis 1322, avait su soumettre à l'Église Tortone, Alexandrie, Plaisance, Reggio, Modène[1]; mais contre Castruccio il usait ses dents comme le serpent contre la lime. Perdant bientôt sa popularité, il se vit accuser de tout gâter par sa faute, en ne payant pas ses hommes d'armes, malgré les sommes infinies que le pape lui envoyait[2].

Le duc de Calabre, pareillement, avait cessé d'être populaire. Son père, qui craignait pour lui la tragique fin des victimes royales de Montecatini, lui envoyait, en décembre, huit cents nouveaux cavaliers, dont il exigeait que Florence payât la solde, quoiqu'elle ne les eût pas demandés. Toute la charge en pesait sur cette ville, car les autres refusaient de prendre leur part. Les prieurs nommés par le prince n'avaient aucune initiative, pas même celle d'expédier un messager sans sa permission. Il exigeait qu'un de ses barons se tînt avec eux au palais pour les surveiller. Il s'appuyait sur la populace, partout favorable à qui appesantit sur les bourgeois une main de fer, et aussi sur les femmes, qu'il se conciliait en rapportant les lois somptuaires, en leur permettant de porter des tresses postiches dans un temps où elles auraient dû se vêtir de deuil. Aux plaintes qui s'élevaient, son unique réponse, c'était la menace de son départ. On l'eût voulu prendre au mot, mais on le retenait par

---

[1] Sismondi, III, 373. Matteo Griffoni (R. I. S. XVIII, 143) écrit que ce fut le salut de Bologne, et l'anonyme de Pistoia (R. I. S. XI, 440) que jamais on n'y vit si grande allégresse.

[2] « Di ciò tutta la colpa si dava al detto legato... Il papa vi mandava moneta infinita e male erano pagate le masnade, e nullo bene poteano fare ». (Villani, X, 8.)

crainte de Castruccio ; même on lui fermait la bouche en lui donnant trente mille florins qu'il demandait. Dans une seule année, sa seigneurie coûtait à la République quatre cent cinquante mille florins d'or[1]. C'était cher pour si peu de services rendus.

L'excuse des Florentins, c'est que tous les guelfes toscans vivaient dans les mêmes alarmes et recouraient au même défenseur. Contre Castruccio, qui osait attaquer Pise avec Florence, contre l'évêque déposé d'Arezzo, qui ne laissait pas toucher à son successeur un denier sur les revenus de son diocèse[2], Colle, San Miniato, San Gemignano, se donnaient pour un temps au duc de Calabre ; Prato le reconnaissait pour seigneur héréditaire[3]. Maître ainsi de presque toute la Toscane, ayant à Rome et à Gênes de nombreux amis, à Naples et en Provence deux solides points d'appui, il commandait au parti guelfe sur tout le versant occidental de l'Apennin, et, par le légat dominant à Parme et à Bologne, il avait même ses avant-postes au delà. Malgré son inertie les gibelins le redoutaient, et c'est pour le combattre qu'en janvier 1327 ils envoyaient leurs ambassadeurs à Louis de Bavière, dont ils voulaient faire leur protecteur et leur chef.

Comme Charles de Calabre, ce médiocre prince leur faisait illusion. Ils le voyaient réconcilié avec son rival Frédéric d'Autriche, qu'il avait battu à Muhldorf, sans argent et sans soldats, mais capable, ils le supposaient du moins, de commander, c'est-à-dire de servir les

---

[1] Villani, X, 9, 10; March. de Coppo, VI, 423, 424; Ammirato, VI, 331.
[2] Id., X, 11, 12.
[3] Id., X, 13, 14; March. de Coppo, VI, 425, 426.

gibelins qui se déclaraient ses vassaux. Ils lui savaient gré d'avoir défendu contre le légat Du Poïet Milan et les Visconti, surtout d'être en guerre de bulles et d'écrits avec « celui qui se donnait le titre de pape[1] », avec Jean XXII, odieux aux Italiens, à Dante[2], à Pétrarque[3], pour avoir voulu placer la couronne impériale sur la tête de Charles le Bel, mal vu de la chrétienté pour avoir pris âprement parti contre le célèbre Guillaume Okkam et Michel de Cesena, provincial des frères mineurs, dans une querelle singulière : il soutenait avec le bon sens que la propriété est inséparable de l'usage; qu'on a la propriété et non pas seulement l'usage de la soupe qu'on mange, et que, par suite, le Christ et ses apôtres avaient pu posséder, soit en commun, soit en particulier[4]. Comme il avait déclaré hérétiques ceux qui prétendaient le contraire, Okkam et Michel s'étaient retirés auprès du prince que « ceux qui

---

[1] Voy. sur toute cette histoire de Louis de Bavière : *Ann. eccl.*, 1323, § 28-34, et sq., t. XXIV, p. 230 sq.; Rohrbacher, *Histoire universelle de l'Église catholique*, t. XX, p. 109-121, Paris, 1845; Ammirato, VII, 335; Roncioni, l. XIII, p. 737; G. Capponi, I, 174; Olenschlager, *Geschichte des Rom. Kays.*, § 63, 67, p. 156, 165, et Schmidt, *Hist. des Allemands*, l. VII, c. 5, p. 460, cités par Sismondi, III, 374; Ficker, *Urkunden zur Geschichte des Roemerzuges Kaiser Ludwig des Baiern und der italienischen Verhaeltnisse seiner Zeit.* Innsbruck, 1865.

[2] « Del sangue nostro Caorsini e Guaschi — S'apparecchian di berc » (*Parad.* XXVII, 58). Jean XXII était de Cahors, et Clément V Gascon.

[3] « Vehementioris animi... simultates acerbas et inextricabiles agens cum imperio romano. » (Pétrarque, Ed. de Bâle, 1580, f° 429.)

[4] L'abbé Rohrbacher, toujours attentif à justifier le saint-siège, soutient que c'étaient les mineurs, non le pape, qui avaient soulevé la question de la propriété du Christ (t. XX, p. 145); mais il ne donne pas ses autorités ; or, on lit dans les notes de Mansi aux *Ann. eccl.* : « Agitandam illam susceperat Joannes... Hæc pontificis constitutio de paupertate Christi et Apostolorum, mirum est quot turbas inter Minoritas excitaverit ». (*Ann eccl.*, XXIV, p. 203. Ann. 1322, § 53.)

ne voulaient pas être excommuniés » appelaient « le Bavarois[1] ». De théologique[2] le débat était ainsi devenu politique. Aux flots d'encre menaçaient de se mêler des flots de sang[3].

En février 1327, un parlement tenu à Trente réunit tous les chefs gibelins, Can grande de la Scala, seigneur de Vérone, Passerino Bonacossi, seigneur de Mantoue, Obizo, marquis d'Este, Azzo et Marco Visconti de Milan, Guido Tarlati « qui se disait évêque d'Arezzo[4] », les ambassadeurs de Castruccio, des Pisans, des exilés de Gênes, de Frédéric d'Aragon. Louis de Bavière s'y était rendu. D'illustres scolastiques l'entouraient : Marsilio de Padoue, son médecin, Jean de Jandun ou de Gand, un de ses conseillers, dont les écrits firent autorité dans cette assemblée[5]. Sur le conseil de prélats, de moines, de clercs, de théologiens « schismatiques et rebelles de la sainte Église[6] », il déclara que le « prêtre Jean » était hérétique et non digne pape ; il lui opposa seize articles, entre autres celui qui tranchait la question de la pauvreté du Christ et de ses milices. Il jura de venir en

[1] Villani, X, 15.
[2] La preuve que le débat était d'abord exclusivement théologique, c'est que Sancia, femme de ce roi Robert de Naples, que les guelfes reconnaissaient pour chef, s'était rangée à la doctrine extrême des mineurs. Voy. notes de Mansi aux *Ann. eccl.*, t. XXIV, p. 203.
[3] Voy. sur toute cette querelle, outre les ouvrages cités, *Ann. eccl.*, 1322, § 53, t. XXIV, p. 202 sq.; *Annales cæsenates*, R. I. S. XIV, 1148. Dans ces annales, ouvrage d'un franciscain, on lit une lettre du général de cet ordre, datée de Pise, 1ᵉʳ juillet 1328, sur cette controverse. On y lit ces mots : « In iis quæ pro me acta sunt vel agentur, nullus amor partialitatis aut cujuscumque commodi temporalis me movit nec movebit. »
[4] Villani, X, 15.
[5] Tiraboschi, *Stor. della lett. ital.*, t. V, p. 180, l. II, § 29. Voy. sur Jean de Jandun *Paris et ses historiens aux quatorzième et quinzième siècles*, dans la collection municipale de l'*Histoire de Paris*, 1867, in-4°.
[6] Villani, X, 15.

Italie et à Rome sans retourner en Allemagne[1] ; moyennant quoi on lui promit, dès son arrivée à Milan, cent cinquante mille florins d'or[2].

Vers le milieu de février, il quittait Trente, suivi à peine de six cents cavaliers[3]. Le 20 mai, jour de l'Ascension, à Milan, il proclamait pape un paysan, mineur franciscain, Pietro de Corvaria[4], et le 30, jour de la Pentecôte, il se faisait placer la couronne de fer sur la tête, par les évêques déposés d'Arezzo et de Brescia. Ce couronnement d'un excommunié fut lugubre. La population s'abstint pieusement de prendre part à la cérémonie comme aux fêtes. Isolé dans cette grande ville, le Bavarois n'y devait pas moins rester jusqu'au 12 août, en quête d'hommes et d'argent[5].

Dans l'intervalle, les Florentins agissaient. Dès le 9 mai, leurs ambassadeurs partaient pour Avignon, porteurs de lettres qui rappelaient la marche et les méfaits du « damné hérétique Bavarois », l'idole papale qu'il avait façonnée et qu'il voulait faire adorer à Rome, son dessein « insensé » de créer douze cardinaux. Si épuisée que « Dieu seul pouvait la sauver », la République était pourtant résolue à tenter un suprême effort, en invoquant ses alliés[6]. Le 23 mai, d'autres lettres dénonçaient

---

[1] Villani, X, 15.

[2] Ammirato, VII, 334.

[3] Les auteurs italiens lui font quitter Trente le 13 mars; mais dès le 18 février, il était à Bergame, le 22 mars à Côme, le 17 mai à Milan. Voy. Boehmer, *Regesta imperii*, ann. 1327.

[4] Lettre des prieurs au pape, 9 mai 1327. *Signori, carteggio, missive*, III, 35; Villani, X, 71. Corvaria est une localité du diocèse de Rieti. Un biographe des papes dit que Pietro était fils d'un pauvre paysan. (*Vita Joannis XXII ex Amalrico*, R. I. S. III, part. 2, p. 492.)

[5] Villani, X, 18; *Chron. Veron.*, R. I. S. VIII, 644; *Ann. mediol.*, c. 99; R. I. S. XVI, 704.

[6] Lettre des prieurs au pape, 9 mai 1327. *Sign. cart. miss.*, III, 35.

Castruccio, « damné hérétique, persécuteur public des fidèles[1] ». Les réponses du pape (27 mai) n'étaient pas fort encourageantes. Si d'une part elles exhortaient les Florentins à combattre le « réprouvé Bavarois », dépouillé de tout ce qu'il tenait du siége apostolique, de l'autre elles refusaient d'ordonner contre lui la croisade, sans le conseil du sacré collége, et d'introduire dans Bologne les exilés bolonais, afin d'éviter une guerre civile. Florence, écrivait le pape, admettrait-elle volontiers que, sur l'ordre du duc de Calabre, les siens fussent rappelés ?

Au fond, ce qu'Avignon voulait d'elle, c'est qu'à ses risques et périls elle continuât d'être l'avant-garde des guelfes, le boulevard de Rome et du Royaume. Elle ne déclinait point ce périlleux honneur, mais elle avait besoin d'appuis. Ceux que le pape lui refusait, les nouvelles de Lombardie les lui donnèrent. Après avoir allumé des feux de joie pour le couronnement de Louis, crié vive l'empereur, meurent le pape, le roi Robert et les Florentins, Pise se ravisait. Ses déceptions avec Castruccio, avec Uguccione, avec Henri VII, lui revenaient en mémoire : elle avait quelque gratitude à Jean XXII du signalé service qu'il venait de lui rendre en lui procurant une paix avantageuse avec l'Aragon. Sur le conseil de son archevêque Simone Salta-

---

[1] Les prieurs au pape, 23 mai 1327. *Sign. cart.*, miss. III, 36.

[2] Lettres du pape aux prieurs. *Capitoli*, XVI, 7 ; Ammirato le jeune a analysé la seconde de ces lettres, ainsi que celle des Florentins. Voy. l. VII, p. 334, 336. On en trouve chaque année un certain nombre qui sont une excitation à entretenir une armée (24 juin 1324. *Capitoli*, XVI, 6), à marcher contre Marco Visconti et ses frères (18 mars 1325, *ibid.*), contre le Bavarois (29 avril 1327, *ibid.*, 7). Cette dernière a été publiée dans l'*Archivio storico*, 1ª serie, t. XVI, part. 1. p. 504.

relli[1], elle chassait donc les chefs gibelins, les exilés de Florence et les Allemands[2]. Robert, de son côté, craignait pour ses États une invasion bavaroise. Il garnissait de troupes les passages qui y conduisent; il fournissai de gouverneurs toutes les places de la campagne romaine; il envoyait son frère Jean de Morée jusqu'à Viterbe; bientôt une partie de sa flotte allait bloquer les bouches du Tibre, s'emparer d'Ostie (5 août), pour couper les vivres aux Romains, partisans du Bavarois[3].

Quand son père même agissait, comment le duc de Calabre fût-il resté immobile? Le danger sautait aux yeux : il était dans la jonction possible de Castruccio avec l'envahisseur. Fidèle à ses procédés tortueux, le prince napolitain répandait à poignées l'or de Florence. Il conjurait à Lucques avec les Quartigiani; il leur envoyait ses bannières, celles de l'Église, pour les arborer à la première occasion. Cette occasion, il se chargeait de la leur fournir. Pendant que son armée assiégerait Pistoia et que Castruccio accourrait au secours, Lucques se soulèverait sur ses derrières et ouvrirait les portes aux Florentins de Fucecchio et du Val d'Arno. Mais de pareils desseins doivent, pour réussir, être exécutés promptement : les lenteurs de Calabre laissèrent du temps à la trahison (12 juin). Guerruccio Quartigiani et ses trois fils furent pendus ; d'autres de la même famille, mutilés[4]; plus de cent partirent pour l'exil.

[1] Voy. le texte de sa déclaration aux notes de Roncioni, p. 759, note 1.
[2] Villani, X, 23; Tronci, p. 317 sq.; Ammirato, VII, 341.
[3] Villani, X, 20.
[4] « Altri di loro fece propagginare » (Villani, X, 24). Inghirami (VII, 179) comprend comme nous ce passage. M. P. Fanfani, dans son *Vocabolario della lingua italiana* (Flor., 1877, nouv. édit.) ne donne pas ce sens; il dit que *propagginare*, dans les anciens temps, signifiait enterrer la tête en

Ces gens avaient jadis livré la ville et la seigneurie à Castruccio : ils étaient punis non pour leur faute, mais pour avoir voulu la réparer. Florence applaudit à leur supplice. Elle ne vit pas que de leur succès dépendait peut-être la chute de leur tyran. Si étendu était le complot, que celui-ci n'osait ni pousser plus loin ses investigations, ni sortir de la ville. Plus que jamais son espoir était dans le Bavarois[1].

Mais le Bavarois donnait déjà la mesure de ses talents. Accablé des censures ecclésiastiques[2], il se brouillait avec Galeazzo Visconti, son hôte, le plus puissant des gibelins. Il lui réclamait un argent difficile à obtenir de peuples écrasés[3]. Il le faisait arrêter (6 juillet) avec son fils Azzo, ses deux frères Marco et Luchino. Il le remplaçait au pouvoir par une commission de vingt-quatre membres que présidait un de ses barons et qui, pour satisfaire à ses exigences, imposa Milan de cinquante mille florins[4]. C'était comme une goutte d'eau humectant l'aride désert, et, pour cet intérêt misérable, l'inepte Allemand avait ruiné sa base d'opérations.

Nul ne pouvait prévoir qu'il commettrait cette inqualifiable faute ; aussi le duc de Calabre préparait-il contre Castruccio une campagne décisive[5]. Le 25 juillet,

---

bas ; mais il est évident qu'on ne put condamner des complices du complot à un supplice plus terrible que les chefs.

[1] Villani, X, 24 ; March. de Coppo, VI, 430 ; Amminrato, VII, 335.

[2] Le 24 juin, le cardinal légat Gaetano des Orsini en fulminait de nouvelles contre lui. Voy. Villani, X, 25 ; March. de Coppo, VI, 431 ; Amminrato, VII, 336.

[3] « Si non s'ardia d'imporre i danari al popolo, e se fatto lo avesse, non sarebbe ubbidito ». (Villani, X, 30.)

[4] Villani, X, 30 ; Galv. de la Flamma, c. 365, R. I. S. XI, 751 ; *Chron. modoetiense*, c. 57, R. I. S. XII, 1250 ; G. Merulæ, l. II, R. I. S. XXV, 104.

[5] « De alto contra tirannum Castruccium et complices hereticos et damp-

derrière Santa Croce, mille deux cents cavaliers du prince, cent des Florentins, huit mille hommes de pied reçurent les bannières du seigneur, les bénédictions du légat, puis ils partirent sous les ordres du comte Novello dans la direction de Santa Maria a Monte. C'était la plus forte place de Toscane, car elle avait trois enceintes, et la mieux fournie pour une résistance prolongée. Longtemps guelfe, mais devenue, depuis qu'elle s'était livrée à Castruccio, un repaire de brigands gibelins, elle ne pouvait, malgré sa garnison de cinq cents hommes, tenir longtemps contre une armée que les contingents alliés venaient de porter à près de quinze mille, dont deux mille cinq cents cavaliers. Le 20 août, une double escalade introduisait les assiégeants au pied de la *rocca* qui formait la troisième enceinte : l'humanité ordinaire des Florentins ne put retenir du meurtre et de l'incendie les autres guelfes, jaloux d'infliger à la défection un châtiment exemplaire. La *rocca* même se rendit huit jours plus tard, car Castruccio n'osait sortir de Vivinaja, ne sachant où le comte Novello porterait ensuite ses coups[1].

Pas plus que lui, le comte ne le savait. De quelque côté qu'il se tournât, il craignait d'être pris à revers ; il craignait les huit cents cavaliers, les dix mille fantassins de Lucques, et surtout l'arrivée du Bavarois. Après maintes marches et contre-marches, trompettes sonnant, bannières déployées, il passait le mont Albano et enlevait le

---

natos victoriam expectantes, cupientesque quod infrascripti viri nobiles capitanei militum soldatorum nostrorum et connestabiles eorum ipsique milites ad ipsam paratam nobis victoriam... animentur ». (Lettre des prieurs aux capitaines, 18 juillet 1327. *Sign. cart. miss.*, III, 57 v°.)

[1] Villani, X, 28 ; March. de Coppo, VI, 435 ; Ammirato, VII, 337-340.

fort château d'Artimino (27 août). Trois jours de siége y avaient suffi, et une bataille, « la plus rude qu'on eût jamais livrée autour d'un château [1] ». Informé le lendemain que le Bavarois approchait de Pontremoli, il rentrait en hâte à Florence. La campagne se terminait bien brusquement; mais en somme elle était un succès, fort nécessaire après une année d'inaction, et le duc de Calabre l'avait obtenu sans exposer sa précieuse existence. Seulement, l'heure était venue de faire une fois de plus les comptes, et l'on trouva que sa seigneurie avait déjà coûté plus de cinq cent mille florins d'or, « tous sortis de la bourse des Florentins [2] ».

Le 12 août précédent, Louis de Bavière était parti pour la Toscane. Au parlement d'Orci, près de Brescia, il avait justifié plus ou moins ses rigueurs envers les Visconti, rendu à Marco sa liberté, autorisé Azzo et Luchino à racheter la leur, envoyé Galeazzo, les mains liées, dans les fours de Monza, affreuses prisons que ce tyran avait fait construire, et où l'on ne pouvait se tenir ni debout ni couché. Le légat de Lombardie n'ayant su, malgré des forces supérieures, lui disputer les passages de l'Apennin, il arrivait le 1er septembre à Pontremoli [3]. Castruccio le conduisit à Pietrasanta, et le détourna de faire à Lucques une entrée solennelle avant d'avoir ramené Pise à l'alliance gibeline. Pise, épuisée par la guerre de Sardaigne, tenait à sa neutralité. Elle se dé-

---

[1] Villani, X, 29.

[2] Villani, X, 29; March. de Coppo, VI, 433; Ammirato, VII, 340. March. de Coppo donne avec une singulière précision le chiffre de ces dépenses : 511 528 florins, 22 sous, 5 deniers.

[3] Villani, X, 31. Le légat prétendait qu'il ne pouvait faire marcher ses troupes, le pape ne lui envoyant point d'argent pour les payer.

fiait d'un prince qui traitait si durement des gibelins déterminés, tels que les Visconti. Elle lui offrait soixante mille florins d'or pour continuer son voyage vers Rome. L'offre était tentante pour un Allemand besogneux; mais Castruccio obtint de lui qu'il la refusât, et osa faire main-basse sur les ambassadeurs pisans, ajoutant à cette violence, si leur patrie n'ouvrait ses portes, des menaces de mort[1].

Ce fut en vain. Les portes restaient fermées, et il fallut faire le siége de Pise (6 septembre). Les deux alliés dressèrent leurs tentes, le Lucquois sur la route de Lucques et la rive droite de l'Arno, le Bavarois sur la rive gauche et sur la route de Florence. Un pont de bois en amont, un pont de bateaux en aval assuraient leurs communications. Rien de plus difficile, au contraire, que celles des Pisans avec les Florentins. Ils en avaient pu recevoir de l'argent, peut-être aussi des vivres et des armes; mais des soldats pour renforcer la garnison, mais une diversion pour contraindre les assiégeants à partir, c'eût été folie de l'espérer. Les souffrances du blocus rendirent la population sourde aux énergiques conseils de l'archevêque[2] et des *anziani*[3]. Pise ne céda du moins qu'à des conditions honorables : au prix des soixante mille florins qu'elle avait offerts, elle conservait ses droits, ses institutions, ses juridictions; elle n'était forcée de recevoir ni ses exilés ni Castruccio (8 octobre). Louis de Bavière y fit donc seul son entrée; mais, trois jours à peine écoulés, la populace gibeline brûlait le traité pour plaire au sei-

---

[1] Villani, X, 32; A. Dei, R. I. S. XV, 78; Ammirato, VII, 341.
[2] Lettre des prieurs au pape, 3 février 1328. *Sign. cart. miss.*, III, 9.
[3] « E li altri che con loro reggeano la terra, temendo, dissono il simigliante ». (Villani, X, 33.)

gneur et par crainte[1]. Les exilés et Castruccio pénétrèrent à leur tour dans la ville. Heureusement pour les libertés pisanes que la discorde déjà régnait entre eux. L'évêque d'Arezzo ayant voulu sauver la vie des ambassadeurs menacés par le tyran lucquois, l'un à l'autre ils s'étaient renvoyé l'épithète de traître et les accusations les mieux fondées, ensuite de quoi Guido Tarlati n'obtenant pas que leur prince prononçât entre eux, s'en allait mourir dans la Maremme, faisant amende honorable de sa vie entière, proclamant le pape juste et saint, le Bavarois — « qui se faisait appeler empereur — faux, hérétique, fauteur d'hérétiques, souteneur de tyrans[2] », paroles suprêmes qui retentirent au cœur des Toscans et des Florentins[3].

La puissance du parasite allemand s'en trouvait affaiblie. Que Pise, comme elle le pouvait, eût tenu un mois encore, et la misère l'eût ramené vers son brumeux pays. Les tributs de la victoire le ravitaillèrent de florins[4]. La

---

[1] Villani, X, 33; *Ist. Pist.* R. I. S. XI, 444; Ranieri Sardo, c. 70, p. 106; Roncioni, l. XIII, p. 741 sq.; Tronci, p. 320. Les auteurs pisans accusent à tort le Bavarois d'avoir violé les conventions arrêtées. Voy. *Cron. di Pisa*, R. I. S. XV, 999; *Chron. Pis.* ap. Baluz, I, 455; Roncioni, l. XIII, p. 742, et les documents cités dans les notes à cet auteur. Ils lui reprochent, par exemple, d'avoir déposé l'archevêque; or, nous voyons dans une lettre des prieurs au pape que si ce prélat, menacé, condamné par ses compatriotes, se retira près des Florentins, c'est en résistant aux « offres réitérées » du Bavarois. Dans cette lettre, les prieurs intercèdent pour l'archevêque auprès du pape (3 février 1328). *Sign. cart. miss.*, III, 9. Leurs assertions se trouvent confirmées dans une note à Roncioni, p. 744, lequel émet l'assertion contraire. C'est sur le refus persistant que fit l'archevêque de revenir à Pise, que le Bavarois prit sur lui de le remplacer.

[2] L'évêque accusait Castruccio d'avoir chassé Uguccione et tous les grands gibelins de qui il tenait la seigneurie; Castruccio accusait l'évêque d'avoir rendu stérile la victoire d'Altopascio en ne marchant pas sur Florence.

[3] « Onde fu tenuto grande fatto in Toscana ». (Villani, X, 34). Cf. Ammirato, VII, 342; Tronci, p. 518.

[4] Villani, X, 33; *Ist. Pist.*, R. I. S. XI, 444.

demi-liberté qu'il laissait à Pise pouvait induire d'autres villes à en suivre l'exemple. Il n'aurait, plus tard, pour battre monnaie, qu'à les vendre à Castruccio. Castruccio le promenait à Lucques, à Pistoia, et, le doigt tendu dans la direction de Florence, l'incitait à marcher sur l'éternelle ennemie des gibelins. Mais lui, pour le moment, il ne pensait qu'à Rome et à la couronne impériale. De retour à Lucques (11 novembre), il reconnaissait au Lucquois le titre de duc héréditaire, il lui donnait quatre châteaux des Pisans, dont Serezzana et Pietrasanta, lui permettait de « partir » ses armes des armes de Bavière, et recevait en retour cinquante mille florins d'or. Déjà il en avait extorqué à Pise trois fois autant[1]. Il quitta cette ville le 15 décembre avec trois mille cavaliers et plus de dix mille bêtes. Jusqu'au 21, il attendit Castruccio à quelque distance ; mais Castruccio ne se pressait point : il craignait des révoltes, provoquées ou soutenues par le duc de Calabre. Il ne devait rejoindre son prince qu'à Viterbe[2]. Le Bavarois se hâtait pour prévenir les Orsini et Robert à Rome. Avec plus de hardiesse ou

---

[1] « Partir » en terme de blason, c'est accoler deux écussons longitudinalement l'un à l'autre (Sismondi, III, 384, note). Le duché de Castruccio comprenait les villes et les districts de Lucques, de Pistoia, de Volterre, et l'évêché de Luni. Lünig, col. 2248 ; Cianelli, *Mem. e doc.*, I, 258, note 35 ; Villani, X, 36, 47. March. de Coppo (VI, 437) dit que ce titre fut donné à Castruccio le 18 ; mais le 11, date que paraît indiquer Villani, et qu'adoptent d'après lui Ammirato (VII, 544-545) et Mazzarosa (I, 174), est bien plus probable. Les aventuriers en quête de couronnes impériales, royales ou ducales aiment les anniversaires. Or, la Saint-Martin était la fête patronale de Lucques et avait déjà vu le triomphe de Castruccio après Altopascio. Voy. à la date du 17 novembre 1327, privilège concédé par Louis de Bavière à Castruccio. *Capitoli XXX, Arch. lucq. Invent.*, I, 65.

[2] Le 2 janvier 1328 seulement. Viterbe était alors du parti de l'empire, et sous la seigneurie d'un de ses citoyens qui tranchait du tyran, Silvestro des Gatti.(Villani, X, 47, Bœhmer, *Reg. imp.*, 1328.)

des ordres moins précis, le fils de Robert aurait pu anéantir la petite armée au passage de l'Ombrone : l'unique pont s'était écroulé sous le poids des chevaux, beaucoup avaient péri dans les flots grossis par les pluies, et le reste traversait, non sans péril, le fleuve rapide dans des bateaux. En plein hiver, il fallait coucher à la belle étoile ; c'était un voyage désastreux [1].

Loin d'en profiter, le duc de Calabre ne pensait lui-même qu'au départ. Ne fallait-il pas garder le Royaume, son héritage, contre l'étranger qui s'en approchait? « Le 24 décembre, écrit Villani, il tint un grand parlement au palais du podestat, qu'il habitait, et là, solennellement, par la bouche de ses sages, dans de beaux discours, il communiqua son dessein et ses motifs. Il exhorta les Florentins à rester courageusement fidèles au parti de la sainte Église, à son père et à lui. Il annonça qu'il leur laissait pour capitaine son lieutenant, messire Philippe de Sanguinède, fils du comte de Catanzaro en Calabre [2], assisté de deux conseillers, grands sages en raison et en pratique, soutenu de mille cavaliers. Il y mettait seulement cette condition que les deux cent mille florins annuels seraient payés comme s'il était présent. Il promettait de plus, en cas de besoin, de revenir lui-même ou d'envoyer quelqu'un de son lignage, avec toutes

---

[1] Villani, X, 47; March. de Coppo, VI, 457.

[2] Qui était-ce Philippe de Sanguinède? Très-probablement un Français qu'on appelle San Gineto, certains documents disent même San Genesto, et que l'anonyme de Pistoia (R. I. S. XI, 446) dit être un chevalier de grande vaillance et de grand sens, très-dévoué aux Florentins, maréchal du duc de Calabre. Sanguinet est un village des Landes, au bord du vaste étang maritime de ce nom (Girault de Saint-Fargeau, *Dictionnaire géographique*, 1846). On trouve au milieu du quatorzième siècle un Simon de Lautrec, marié à Marguerite Sanguinette. Il y a un Sanguinetto dans l'État vénitien. (Guibert, *Dictionnaire géographique*, 1863.)

ses forces, pour l'aide et la défense des Florentins. « A ces belles harangues, fournies de beaucoup d'autorités, dit Villani, il fut répondu; au nom des Florentins, par certains de leurs sages, en montrant regret et deuil de ce départ. Quoique le prince n'eût pas été vif seigneur ni guerrier, comme beaucoup l'auraient voulu et comme il le pouvait, du moins il avait été doux aux citoyens, éteignant les sectes qui les divisaient, redressant le mauvais état de leur ville. Son séjour avait coûté gros : en dix-neuf mois, plus de quatre cent mille florins d'or avec ses gages, comme j'en peux témoigner avec vérité, moi qui fus chargé par la commune d'en faire le compte. Mais il faut reconnaître que les citoyens et les artisans gagnèrent beaucoup de lui et de ses gens[1]. »

Le lendemain de Noël, le duc donna à manger à nombre de bons citoyens et à leurs femmes, avec de grandes fêtes et danses d'allégresse[2]. Puis, le 28 décembre, il partit avec la duchesse, avec ses barons et mille cinq cents de ses meilleurs cavaliers. Il ne s'arrêta qu'à la frontière du Royaume, dont la défense lui importait plus, ainsi qu'à son père, que sa seigneurie d'emprunt (16 janvier 1328)[3]. Tandis qu'il cheminait vers le sud, le lendemain de l'Épiphanie et durant trois jours, sur l'ordre du légat, Florence fit des processions, auxquelles prirent part les deux sexes, pour prier Dieu qu'il dé-

---

[1] Villani, X, 48.

[2] Une partie au moins des frais de ces fêtes fut payée par les Florentins. Le 11 janvier 1328, on votait le paiement de 86 fl. d'or pour prix des *pallii* (braviorum), des toiles (sindonum), des lances et des peintures qui y avaient été faites pour les offrir par manière d'honneur au duc et à sa femme (ejus dominam) à leur départ de Florence. (*Provvisioni*, XXIV, 35 v°.)

[3] Villani, X, 48; March. de Coppo, VI, 458; Ammirato, VII, 347.

fendit la sainte Église contre le damné Bavarois[1]. Résolue d'ailleurs à s'aider elle-même, pour mériter l'aide du ciel, elle faisait ses préparatifs et demandait partout assistance, en prévision de luttes nouvelles, quand l'envahisseur reviendrait au pays toscan[2].

C'était prévoir les malheurs d'assez loin. Louis de Bavière ne faisait que d'arriver à Rome (7 janvier). Les gibelins l'y avaient accueilli avec faveur, mais sa présence y attirait l'interdit. Les ecclésiastiques fidèles prenaient la fuite, et, pour la première fois, on voyait un empereur couronné par d'autres mains que par celles du pape ou d'un de ses légats (16 janvier). Deux évêques déposés et excommuniés, ceux de Venise et d'Aleria[3], ne pouvaient affermir sur la tête de leur César d'aventure le diadème impérial. Castruccio seul commandait le respect par la petite armée dont il l'entourait[4]. Aussi, dans sa reconnaissance intéressée, Louis le faisait-il chevalier, comte de Latran, et son lieutenant pour la charge de sénateur, dont les Romains l'avaient investi[5].

Cinq mille cavaliers, c'était assez pour dominer à Rome, c'était trop peu pour s'aventurer vers le sud,

---

[1] Villani, X, 52.

[2] « Vere habemus quod dampnatus Bavarus suos apparatus fecit ut sine dilatione contra nos in potenti brachio veniat... Dilatione submota, quantum magis potestis armigere vestro gentis exfortium in nostrum succursum et subsidium dignemini solicite destinare, sicut civitatem Florentie custodiri et conservari cupitis ». (Les prieurs au légat de Lombardie, 13 janvier 1328. *Sign. cart. miss.*, IV, 4 v°.)

[3] Aleria en Corse. Ces deux évêques s'appelaient Jacopo Alberti et Gherardo Orlandini. Voy. Sismondi, III, 386.

[4] A Viterbe, Castruccio, chargé de répondre aux ambassadeurs romains, venus pour poser leurs conditions, avait fait sonner les trompes, publier le prochain départ pour Rome. Voilà, dit-il à l'ambassade, la réponse du seigneur empereur. (Villani, IX, 55.)

[5] Villani, X, 54; March. de Coppo, VI, 459.

quoique le duc de Calabre n'en eût que mille cinq cents pour garder la frontière[1]. Défiant de son droit comme de ses forces, le douteux empereur se flattait de le confirmer en entourant de formes juridiques des actes ridicules ou scandaleux. Il instruisait le procès du « prêtre Jacques de Cahors », autrement dit Jean XXII; il le condamnait, comme coupable d'hérésie et de lèse-majesté, à la déposition et à la mort[2]. Il avait fait élire son faux pape par les Romains, et il prétendait le faire consacrer sous le nom de Nicolas V[3]. Tandis qu'il perdait ainsi le temps en puériles folies, il était sur le point de perdre son unique appui, Castruccio, rappelé en Toscane par des événements qui menaçaient de lui ravir ses États.

Rien, semble-t-il, n'annonçait le coup de foudre. Les Florentins étaient dans une détresse à leur rendre bien difficile la moindre opération militaire. Trois d'entre eux, qui se trouvaient à Naples, y recevaient l'ordre de solliciter du roi Robert l'autorisation de détruire Santa-Maria a Monte, trop dispendieuse à réparer et à garder (23 janvier). Aux lettres des prieurs se trouvait un curieux exposé de la situation financière : les gabelles assignées aux officiers du duc pour le paiement de deux cent mille florins d'or; trente mille florins donnés en outre à des mercenaires de Provence et de Gênes; soixante mille

---

[1] Villani, X, 54.
[2] Villani, X, 68.
[3] Villani, X, 71; Alb. Mussato, R. I. S. X, 772; Raniero Sardo, c. 71, p. 107; *Vita Joannis XXII ex Amalrico*, R. I. S. III, part. 2, p. 492. On peut lire aux *Ann. eccl.* (1528, § 8, t. XXIV, p. 366) la lettre où le pape énumère ses griefs contre le Bavarois. — Sur le faux pape, voy. plus haut, même chapitre, p. 115. Cette consécration eut lieu le jour de l'Ascension, et le lendemain le Bavarois créa douze cardinaux. (Lettre des prieurs au pape, 19, 22, 23 mai 1328. *Sign. cart. miss.*, III, 35 v°.)

d'impositions extraordinaires à l'arrivée du duc; quatorze mille pour l'érection des murailles; quinze mille pour garder Santa Maria a Monte, Signa, Artimino. « Nous ne savons, écrivaient les prieurs, où prendre tout cet argent. Nos officiers attendent leur salaire échu, quelques-uns depuis cinq mois. Pensez quelle honte pour nous quand les *famigli* de l'ancien exécuteur viennent nous le réclamer et que nous ne pouvons les satisfaire! Mais le grain a renchéri, on ne peut acheter à l'étranger, la disette règne dans la ville. Les citoyens nous pressent de construire les murailles, et nous ne voyons pas d'où nous pourrait venir l'argent. Autrefois, mille mercenaires à cheval nous coûtaient cent mille florins, ou un peu plus, avec la garde des châteaux; maintenant ils nous en coûtent deux cent mille. Imaginez où nous en serions, si quelque accident réduisait nos gabelles! Nous ne parlons point ainsi par avarice, ni parce que nous n'y voudrions pas mettre jusqu'à notre vie; mais seulement par impossibilité, car en vérité toute chose nous paraîtrait légère et acceptable venant de la volonté de nos seigneurs le roi et le duc, pourvu qu'elle fût possible [1]. »

C'étaient propos de marchands, et dont il faut rabattre, car le négoce a partout coutume de crier misère,

---

[1] *Sign. cart. miss.*, III, 4. Suivent: une lettre au roi le priant de décider le duc à permettre la destruction de S. M. a Monte, localité malsaine, ne pouvant servir de rien dans une guerre contre Lucques; une au duc et une du 30 janvier au capitaine de guerre, Philippe de Sanguinède, sur le même objet (f{os} 5, 6, 7). — De nouvelles lettres sont encore adressées à Robert, au duc de Calabre, le 1er mars et le 28 avril, pour demander ladite autorisation, et à S. M. a Monte on joint cette fois Castellina, au-dessus de Pontormo, grave obstacle aux communications avec Pise. On attendra jusqu'au 1er juin, mais à cette date on retirera de ces deux places tout ce qui appartient à la commune, choses et hommes. (*Ibid.*, f° 15, v° 28.)

alors même qu'il prospère le plus. En effet, quatre jours après l'envoi de cette lettre, le 27 janvier, Philippe de Sanguinède, vicaire du duc, partait pour une expédition secrète qui exigeait de nouveaux sacrifices. Deux exilés de Pistoia lui avaient donné la mesure des fossés et des murs de leur ville, l'assurant que, par le temps froid qu'il faisait, l'escalade était possible. Il emmenait six cents mercenaires, tous étrangers [1]. D'autres, en plus grand nombre, avaient rendez-vous à Prato, où il faisait construire des machines et préparer tous les éléments d'un coup de main.

Le 28, avant le jour [2], il était sous les murs de Pistoia. Son infanterie s'aventure sur la glace des fossés, pratique une brèche pour le passage des chevaux, applique les échelles et monte sur les remparts, sans que personne ait pris ou donné l'éveil. Le bruit enfin secoue de leur torpeur et met sous les armes les défenseurs de la ville; mais déjà Philippe s'est barricadé dans la rue de San-Marco, et, derrière lui, ses hommes entrent incessamment. Bientôt il est en force pour reprendre l'offensive, pour pousser jusqu'à la place. Ses adversaires éperdus, en pourpoint et sans chaussures, se jettent en bas des murailles. D'autres cherchent un refuge dans la *rocca* de Bellaspera, où ils ne peuvent entrer que par escalade, car les fils de Castruccio leur en refusaient l'accès. Il faut du reste, le jour venu, abandonner ce refuge et en chercher un plus lointain à Seravalle [3]. Mieux obéi, Philippe de Sanguinède aurait pu s'emparer de Seravalle

[1] De Florentin il n'emmenait que Simone della Tosa, fils de Rosso, qui avait organisé avec lui l'expédition.

[2] Fioravanti, c. 19, p. 283, dit le 29.

[3] *Ist. Pist.* R. I. S, XI, 446; Fioravanti, c. 19, p. 283; Villani, X, 57.

même et de bien d'autres châteaux ; mais ses mercenaires s'acharnaient au pillage de Pistoia. Pendant dix jours, ils traitèrent la malheureuse ville en pays conquis. Ni Philippe, ni Simone de la Tosa, nommé podestat, ne purent ou n'osèrent s'y opposer, et les Florentins qui les en blâmaient n'en reçurent pas moins le vainqueur avec les honneurs du triomphe (7 février). Lui, très-modestement, au lieu de se placer sous le dais (*palio*) pour rentrer dans Florence, il y fit mettre les enseignes et les armes de son maître. Par devant marchaient deux jeunes enfants, le fils et le neveu de Filippo Tedici, jadis tyran de Pistoia[1]. Ses anciens sujets n'en furent point humiliés : au despotisme d'un compatriote ils préféraient le protectorat étranger qui rendait le gouvernement aux *anziani* et au conseil[2].

C'étaient ces fâcheuses nouvelles qu'en trois jours, par la voie de mer, Castruccio avait reçues à Rome. Il y vivait en « seigneur et maître de la cour impériale, plus craint et plus obéi que l'empereur ». On le voyait revêtu d'une robe de pourpre qu'ornaient deux inscriptions en lettres d'or. Sur la poitrine on lisait : *Egli è come Dio vuole*, et sur les épaules : *E si sarà quel che Dio vorrà*[3]. Dans son orgueil blessé, dans son ambition déçue, il reprocha vertement au Bavarois de l'avoir exposé, en l'attirant vers le Sud, à tout perdre en Toscane. Le 7 février[4],

---

[1] *Ist. Pist.*, XI, 446, 447 ; Villani, X, 57 ; Leon. Bruni, V, 114 ; Ammirato, VII, 347-349 ; Beverini, VI, 835, ap. Sismondi, III, 588.

[2] Fioravanti, c. 19, p. 283, qui invoque un document du 4 février, conservé à l'archivio di San Jacopo.

[3] C'est-à-dire : Il en est ce que Dieu veut, il en sera ce que Dieu voudra. (Villani, X, 58.)

[4] Villani (X, 58) dit qu'il partit le 1ᵉʳ février ; mais comme il est constant qu'il passa l'Ombrone le 8 avec 600 cavaliers et qu'il arriva à Pise

il repartait avec ses cavaliers. Dans son impatience il les laisse en arrière, et, suivi de douze seulement, il arrive le 9 à Pise, au galop de son cheval. La colère l'égarant, il agit en dictateur, s'approprie tous les revenus, écrase les citoyens de charges nouvelles, essaie en vain de prendre Montopoli, ravitaille Montemurlo, pousse jusqu'en vue de Pistoia, et rentre enfin à Lucques sans être inquiété, mais aussi sans avoir en rien réparé son échec[1].

Qu'il le réparât, c'était la crainte des Florentins. Avant son retour, qu'ils prévoyaient, ils demandaient à être informés de ses mouvements[2]. Après son retour, ils s'excusaient d'envoyer à Robert les secours qu'il attendait d'eux[3], et ils lui en demandaient à lui-même. « Considérant que le Bavarois et ses adhérents avaient manqué leur dessein[4] », ils priaient le roi d'enjoindre au capitaine de l'Église, des communes de Parme et de Bologne, qui s'acheminait vers le Royaume, de rétro-

le 9 (Lettre des prieurs à Robert, 12 février 1328, *Sign. cart. miss.* III, 12), on ne peut admettre cette date. Roncioni (l. XIII, p. 747) dit, d'après les annales pisanes, qu'en quarante-huit heures il vint de Rome à Pise, ce qui est bien plus vraisemblable d'un homme pressé comme il l'était. Le 9 février, le comte de Clermont passait à son tour l'Ombrone avec 800 cavaliers et prenait sans doute le commandement des 600 que Castruccio laissait en arrière.

[1] Villani, X, 58; *Ist. Pist.* R. I. S. XI, 447; Ammirato, VII, 349, 350.

[2] « Cogitantes quod Castruccius auditis novitatibus civitatis Pistorii aut veniat aut gentem mictat aliquam versus Lucam ». (Lettre à Malie de Crisseto, 31 janvier 1328. *Sign. cart. miss.*, III, 7 v°.)

[3] Florence envoyait à Robert 300 de ses cavaliers; mais il en faut 300 pour la garde de Pistoia, 300 pour celle de San Miniato du val d'Arno. En outre « Castruccius cum magna militum quantitate versus partes istas sua jam vertit itinera ». (10 février 1328. *Sign. cart. miss.* III, 10 v°.)

[4] On a appris de Pise que Castruccio y est déjà « suos faciens solicitos apparatus, que nobis cogitationis non modice, consideratis omnibus, immiserunt..., » (12 février 1328. *Sign. cart. miss.* III, 12). — Voy. f° 15, une lettre au légat de Lombardie dans le même sens, et f°s 13 v°, 14, plusieurs aux villes toscanes pour les inviter à se tenir en garde.

grader vers Florence[1]. Ils sollicitaient l'autorisation de garder en Toscane l'allemand « Dietmar, chevalier, vulgairement appelé Durlimbach[2] », et, un mois plus tard, la promesse de renvoyer en Toscane le duc de Calabre avec assez de forces pour reprendre l'offensive[3]. Ses craintes personnelles aveuglant Robert, s'il exhortait les Florentins à défendre vigoureusement Pistoia[4], il leur en refusait les moyens, car les dévastations du Bavarois continuaient sur la frontière du Royaume[5]. Mais aux yeux les plus prévenus il devenait bientôt manifeste que le départ de Castruccio ramenait la guerre en Toscane. Ce capitaine infatigable avait obtenu la liberté et le concours de Galeazzo Visconti[6]. Il défendait Montemassi, dans la Maremme, contre les Siennois, en se moquant d'eux[7]. Il faisait face aux Florentins sur la

---

[1] « Considerata Bavari et sibi adherentium intentione fallita..... » Cette phrase est tirée d'une lettre adressée le 6 mars au comte Rogerio de Doadola, le priant de bien garder le château de Romena et d'envoyer cinquante *pedoni* pour la défense de Montopoli. *Sign. cart. miss.* III, 17.

[2] 7 mars. *Sign. cart. miss.* III, 17 v°.

[3] 4 avril 1328. *Ibid.* III, 24.

[4] 1ᵉʳ avril 1328. *Ibid.* III, 26 v°.

[5] «... Si conditiones istarum regionum et circumpositarum urbi partium peterentur; sed gentes Bavari, destructis castris pluribus, atque occupatis nonnullis castris et terris in comitatu Urbis Veteris, et deinde noviter circa Reate et confinia Regni, et circa partes maritime campanie contra terras S. Matris Ecclesie intolerabiles incursus exercentur ». (1ᵉʳ avril 1328. *Ibid.*)

[6] 25 mars 1328. *Bonincontri Morigiæ Chron. modoet.*, c. 37, R. I. S. XII; 1152; *Georgii Merulæ Hist. mediol.*, l. II, R. I. S. XXV, 107. Galeazzo mourut misérablement de maladie à Pescia, toujours excommunié. (Villani, X, 85; Ammirato, VII, 355.)

[7] Les Siennois le priant de ne leur point faire la guerre, il leur répondait par une lettre ne contenant que ces mots : « Levate via chello », c'est-à-dire ôtez cela, ôtez ces machines de guerre ; or, *chello* est une figuration du mot *quello* prononcé à la siennoise. Au mois d'août suivant, Montemassi devait tomber aux mains des Siennois soutenus par les Florentins. (Villani, X, 79; Ammirato, VII, 350.)

Gusciana[1]. L'heure était venue où il devrait entrer en lutte avec son allié.

Sa tyrannie sur Pise se couvrait d'un fallacieux prétexte, des machinations contre l'empereur, qu'il fallait réprimer[2]. Pour démentir l'accusation et obtenir un secours efficace, les Pisans imaginèrent de se donner au Bavarois. Celui-ci n'osa point les recevoir, car il craignait de perdre l'appui de Castruccio; mais il crut sottement tout concilier en n'acceptant la seigneurie de Pise que pour la transmettre à sa femme. Il se flattait par là, tout en l'inspirant par dessous main, de dégager sa responsabilité[3]. Avec une apparente déférence, Castruccio reçut le comte d'Œttingen, vicaire de l'impératrice; mais, deux jours plus tard, par deux fois il « courait la ville », casque en tête et lance en arrêt : c'est ainsi qu'alors on prenait possession[4]. Le 29 avril, « il se fit par force élire seigneur libre de Pise pour deux ans[5] ». Puis, il renvoya Busone d'Agobbio, vicaire de l'empereur, vers son maître, en lui fermant la bouche, dit Ammirato, avec une bonne chaîne d'or[6]. Mais les faits parlaient haut, et le ressentiment du Bavarois était profond. On en aurait bientôt vu la preuve, si les choses n'avaient pris un autre cours.

La mésintelligence des deux alliés, les violences de

---

[1] Villani, X, 80 ; Ammirato, VII, 351.

[2] Roncioni, l. XIII, p. 748.

[3] « Come non appartenesse a lui quel che la sua donna si facesse ». (Ammirato, VII, 351.)

[4] Villani, X, 81 ; Ammirato, VII, 351 ; Tronci, p. 322; Sismondi, III, 388, note 3.

[5] Villani, X, 81.

[6] Ammirato, VII, 351. Cf. Villani, X, 81 ; Tronci, p. 323. Ce dernier ne parle de la corruption que comme d'un on dit.

Louis, qui avait volé et assassiné Salvestro des Gatti, seigneur d'Orvieto, la brutale cupidité des Allemands, toujours en rixe avec les Romains, plutôt que de payer ce qu'ils devaient[1], tels étaient les motifs qui, en soulevant l'indignation et la haine, enhardissaient les Florentins à des fautes qu'ils croyaient sans péril. Ravitailler, réparer, fortifier Pistoia était une nécessité impérieuse, si l'on n'en voulait perdre la conquête. Or, sur la dépense, Sanguinède et les Florentins ne parvenaient pas à s'entendre. L'un pensait avoir assez fait de leur livrer, sans leur participation, une si belle proie; les autres répondaient que le sac de Pistoia lui avait assez profité pour qu'il n'eût pas besoin de subsides; que d'ailleurs deux cent mille florins étaient payés au duc pour prendre à son compte tous les frais de la guerre, et entretenir non pas huit cents, mais mille cavaliers; que Florence en entretenait mille dans ses murs et cinq cents à Santa-Maria a Monte, quoiqu'elle n'y fût point obligée. Marchandage misérable et impolitique au premier chef! Il ne s'agissait que de quatre mille florins, et l'on pouvait prévoir qu'il en faudrait cent mille pour reconquérir Pistoia, si Castruccio la reprenait.

Qu'il en eût le dessein, nul n'en pouvait douter: Ses préparatifs se faisaient au grand jour. La seigneurie florentine multipliait les lettres et les ambassadeurs aux villes toscanes, au légat de Lombardie, aux comtes Rogerio de Doadola, Simone et Ugone de Battifolle, pour implorer leur secours[2]. Le 15 mai, Castruccio lançait

---

[1] Villani, X, 83; Ammirato, VII, 350.
[2] 12, 14 mai. *Sign. cart. miss.* III, 33

vers Pistoia mille cavaliers, bientôt suivis du peuple de Pise, avec son *carroccio*, « la plupart contre leur volonté[1] ». Lui-même, il les rejoignait le 30 avec tout ce qu'il avait de forces. Il s'entourait de fossés et de retranchements, ne se laissant point attaquer, ne permettant point de rompre le blocus. A ses prisonniers il coupait le nez et les mains, il crevait les yeux, puis il les renvoyait dans la ville assiégée, afin de n'y pas diminuer le nombre des bouches inutiles. Ces barbaries appelaient des représailles : les guelfes pendaient, écartelaient les siens, et en jetaient dans son camp les membres ensanglantés[2]; mais les choses n'en traînaient pas moins en longueur. Les appels désespérés de Florence ne renforçaient point son armée : ses alliés hésitaient à affronter un si cruel adversaire. Le légat même de Lombardie ne répondait aux plus vives objurgations que par un refus[3]. Après l'avoir dissimulé au pape, la seigneurie le lui dénonçait, le priant d'excommunier quiconque ne prendrait pas les armes, même à Pise ou à Lucques, et de défendre toutes relations avec quiconque tiendrait pour les tyrans[4]. N'était-ce pas, disait-elle, une honte et un grand dommage que les fidèles pratiquassent avec les infidèles dans les villes non dévouées à l'Église[5]? Pistoia n'était-elle pas « la clé

---

[1] Villani, X, 83.

[2] Villani, X, 85; *Ist. Pist.* R. I. S. XI, 450; Ammirato, VII, 352.

[3] 23 mai 1328. *Sign. cart. miss.* III, 56.

[4] « Quatenus ad cautelam ut provisio sit comunis... Sub excomunicationis pena quod in terris quas tenet Bavarus aut Castruccius ut alii infideles tiranni tenent, et maxime in civitatibus Pisarum et Luce, vel aliqua earum aut ipsarum intrinsecis, vel alicujus corum conversari, morari aut mercari modo aliquo non presummant ». (Les prieurs au pape, 26 mai 1328. *Sign. cart. miss.* III, 57.)

[5] « Quod ex conversatione, mora et mercatione fidelium cum infidelibus

et la porte entre la commune et ses ennemis[1]? » Le 4 juin, les prieurs pouvaient annoncer partout que le souverain pontife accordait les indulgences de l'Église à tous ceux qui combattraient un an Castruccio et le Bavarois[2].

C'était donc le moment d'exhorter Pistoia à la persévérance[3] et les guelfes à l'énergie[4], de leur faire savoir que le capitaine général était dans Prato, à l'affût des occasions[5]. Stimulés par la promesse d'indulgences, peut-être aussi par l'approche des mercenaires du Bavarois[6], les guelfes vinrent enfin rejoindre Sanguinède et porter son armée à deux mille six cents cavaliers, toujours sans compter les *pedoni*, qui étaient, comme

civitatum indevotarum, infideles ipsi multa et ampla commoda consequantur..., ut commoda ipsa aplicentur fidelibus que rebellibus et infidelibus aplicantur ». (*Ibid.*)

[1] « Clavis et janua ». (Au pape, 25 mai 1328. *Ibid.*, f° 36.)
[2] *Ibid.*, f° 39.
[3] Au vicaire et à la commune de Pistoia, 18 juin. *Ibid.*, f° 46.
[4] Lettres des 4, 6, 7, 9, 14, 17, 19 juin. *Ibid.*, f°' 41-47.
[5] Aux ambassadeurs à Bologne, 25 juin. *Ibid.*, f° 47 v°. — Les lettres des prieurs sont incessantes, demandant des secours : le 28 juin aux mêmes, pour qu'ils engagent 50 chevaux (f° 49 v°); le 29, à Robert et au duc de Calabre, dans la crainte que le Bavarois, ne pouvant s'ouvrir un passage vers le royaume, ne se tourne vers la Toscane. S'il y vient en personne, que le duc l'y suive (f° 50). 1er juillet, aux ambassadeurs à Bologne : on leur accorde 3000 fl. d'or pour les enrôlements. Si un mois de paye ne suffit pas, qu'ils en donnent deux; qu'ils tâchent d'avoir des nobles et leur payent ce qu'ils demanderont (*Ibid.*, f° 50 v°). Une lettre du 5 juillet prouve que ces mercenaires ont coûté 3500 fl. au lieu de 3000, mais qu'on a trouvé des nobles à engager (*Ibid.*, f° 54 v°). 1er juillet : en cas de victoire, on promet paye double à tous les capitaines, connétables, cavaliers (f° 57 v°); 5 juillet, lettres aux communes de San Miniato, Agobbio, à Rogerio de Doadola, réclamant qu'ils envoient leurs contingents pour prendre part à la victoire. (*Ibid.*, f° 54 v°.) 8 juillet, même demande à Benuccio des Salimbeni. (*Ibid.*, f° 55.)
[6] On disait que faute de paye ils abandonnaient leur maître et se jetaient sur la Toscane comme sur une proie. (2 juillet. Les prieurs à Robert. *Ibid.*, f° 52.)

toujours, « innombrables ». Le 19 juillet, tout ce monde campait à Capanelle, en face de l'ennemi, qu'un héraut allait sans retard provoquer au combat.

Castruccio releva le gant, fixa le jour, et ainsi en gagna trois[1]. Tandis que les Florentins faisaient devant eux l'esplanade, on le voyait se fortifier contre une attaque prévue, descendre de cheval, et, sous l'ardent soleil de juillet, travailler de ses mains, comme le dernier des *guastatori*, à creuser des fossés, à couper des arbres pour élever des barricades[2]. Puisqu'il se tenait sur la défensive, puisqu'il refusait de combattre, il ne restait qu'à l'affamer. Dans ce dessein, Sanguinède alla se placer de manière à le couper de Seravalle, en un lieu dit le *poggio* de Ripalta[3]. C'est de ce côté que Castruccio avait accumulé ses plus formidables défenses. En une semaine d'inutiles escarmouches, ce que les Florentins gagnaient de jour, il le regagnait de nuit et le fortifiait aussitôt. En outre, Philippe était malade et en désaccord avec le capitaine de l'Église sur la tactique à suivre; le légat de Lombardie réclamait le retour de son contingent pour ses entreprises de Romagne[4], et beaucoup d'Allemands, par l'appât d'une plus forte paye, désertaient le camp guelfe pour le camp gibelin[5].

[1] Cette feinte de Castruccio, dont ne parle que l'anonyme de Pistoia (R. I. S. XI, 450) parmi les chroniqueurs, est constatée dans une lettre des prieurs au duc de Calabre, en date du 23 juillet. *Sign. cart. miss.*, III, 58.

[2] Villani, X, 85; *Ist. Pist.*, R. I. S. XI, 450; A. Dei, R. I. S. XV, 82; Ammirato, VII, 352, 353.

[3] Ripalta de Pistoia a donné son nom à une porte de la ville et se trouve aujourd'hui dans la ville même, en dedans de la porta al Borgo. (Repetti, IV, 767.)

[4] Le 1er août, les prieurs ne savent pas « si gentes ecclesie nobiscum perseverabunt, cum dicatur quod non. » (*Ibid.*, f° 61.)

[5] Le 25 juillet, les prieurs écrivent aux syndics des *sestieri* et du *contado* d'envoyer sans retard la paye de quinze jours aux *pedoni*, attendu que

Il fallait donc prendre un parti. Le plan adopté fut d'envahir les territoires de Pise et de Lucques, sans dégarnir Prato, afin de ravitailler Pistoia, si Castruccio s'en éloignait pour défendre ses domaines. Mais il n'était pas homme à lâcher la proie pour l'ombre. Réduite aux dernières extrémités, Pistoia allait tomber entre ses mains, pourvu qu'il en éloignât tout secours. Une fois qu'il l'aurait reprise, ne serait-il pas à temps de se retourner contre une vaine diversion? Moins bien informés que lui, les prieurs florentins croyaient que les assiégés pouvaient tenir jusqu'au 20 août[1], et, à leur ordinaire, ils profitaient de ce répit pour tout compromettre. Peut-être n'avaient-ils pas tort de vouloir que Philippe ménageât Pise et se bornât à marcher vers Lucques[2]; mais Philippe croyait utile de châtier les Pisans qui faisaient la principale force de Castruccio. Son armée, d'ailleurs, était déjà fort avant sur la route; pouvait-on lui faire rebrousser chemin[3]? Au demeurant, mieux eût valu s'y décider que de pousser inutilement jusqu'à San-Savino, aux portes de Pise, pour revenir aussitôt sur le territoire florentin[4]. Rester en forces devant Pistoia, c'était le seul moyen d'y introduire des vivres et des hommes, pour en retarder la reddition.

---

s'ils ne sont payés ils désertent (*Sign. cart. miss.*, III, 60). On dit que 100 cavaliers de l'Église et 30 de la commune ont passé à Castruccio. Philippe est invité à s'en assurer, et, s'il y a d'autres suspects, à les chasser (30 juillet. *Ibid.*, f° 60 v°). Le même jour, Philippe répondait que des 30 soldats siennois il n'avait passé à l'ennemi qu'une bannière, et qu'on ne savait rien de ceux de l'Église. (*Ibid.*, f° 62.)

[1] *Ibid.*

[2] 30 juillet. Les prieurs à Philippe (*Sign. cart. miss.*, III, 60 v°).

[3] 30 juillet. Philippe aux prieurs (*Ibid.*, f° 62).

[4] Le 1ᵉʳ août, la seigneurie croyait savoir que ce retour était déjà un fait accompli. (La seigneurie au duc de Calabre. *Sign. cart. miss.* III, 64).

A bout de ressources, le podestat Simone de la Tosa entra en pourparlers (3 août). Il stipula que chacun aurait la vie sauve et pourrait rester citoyen de la ville ou emporter ce qu'il voudrait. Castruccio ne disputa point : l'important, c'était d'entrer en possession de Pistoia. Il recouvrait ainsi cette ville importante, à la grande honte des Florentins, appauvris de soixante mille florins d'or[1], et deux fois plus nombreux que n'était son armée[2]. Après avoir ravitaillé sa conquête, relevé ou fortifié les murailles, rappelé les bannis gibelins, il retournait à Lucques, où il craignait de voir arriver le Bavarois. Par lettres il lui conseillait la route d'Arezzo, tandis que les gibelins de Romagne soulèveraient le Mugello et que lui-même se porterait sur Prato, pour attaquer Florence par tous les côtés à la fois. Florence soumise, la Toscane ne serait plus à craindre, et l'on aurait toute liberté de conquérir le royaume de Naples, de faire l'empereur roi d'Italie. Les auteurs disent, du reste, que, sans confiance dans le résultat de ses suggestions, il ouvrait en même temps, avec les Florentins, de secrets pourparlers[3].

Mais les Florentins, misérables dans les combats, étaient, dans les revers, d'une constance à toute épreuve. Naguère ils écrivaient au roi Robert que, Pistoia tombée, ni Prato ni Florence ne pourraient être défendues[4]; maintenant ils croient si bien la défense possible, qu'aux

---

[1] 16 août. Les prieurs au cardinal-légat de Toscane (*Ibid.*, f° 65).

[2] Villani, X, 84; *Ist. Pist.* XI, 451; Ammirato, VII, 354. — Les prieurs à Robert et au duc de Calabre, 3 août (*Sign. cart. miss.* III, 63).

[3] Villani, X, 85; Ammirato, VII, 354.

[4] 4 juin, 2 juillet. Lettres des prieurs à Robert et au duc de Calabre (*Sign. cart. miss.* III, 39, 52).

avances de leur ennemi ils font la sourde oreille. C'est vers Robert et le duc de Calabre que sont tournés tous leurs regards, toutes leurs espérances. Ils les tiennent au courant de tous les pas du Bavarois. Celui-ci se rend de Rome à Viterbe et de Viterbe à Todi[1]; c'est donc vers la Toscane qu'il se dirige. Bientôt on apprend qu'une partie de son armée est en route pour Pise, tandis qu'avec l'autre il marche sur Arezzo, ayant promis à Castruccio de lui livrer Florence avant deux mois[2]. Le légat de Toscane est entré à Rome avec des troupes, et il y a été bien reçu. Robert n'a donc plus rien à craindre. Il peut secourir les Florentins, et il y a intérêt, malgré l'inquiétude que lui causent Frédéric de Sicile et ses galères[3], car si le territoire de la République est envahi, les gabelles ne pourront plus être perçues ni les hommes d'armes du duc payés[4]. On n'en payera, du moins, qu'autant que Sanguinède en entretient sous les armes, et la dépense sera réduite de deux cent mille à cent vingt mille florins.

En même temps, les châteaux étaient abondamment pourvus de vivres et d'hommes, Montevarchi comme Signa, San-Giovanni comme Artimino et Prato. Ce qui subsiste encore dans les campagnes, malgré tant de dévastations et de pillages, est ramené dans Florence ou

---

[1] 10 août. *Sign. cart. miss.* III, 64 v°. Boehmer, *Regesta imperii*, ann. 1328.

[2] « Quod civitatem Florentie infra duorum mensium spatium sibi dabit ». (20 août. Les prieurs à Robert. *Ibid.*, f° 68.)

[3] Une lettre du 17 août constate ces inquiétudes, qui peuvent expliquer les résistances de Robert. (*Ibid.*, f° 70.)

[4] « Urbis negotia sunt quasi omnia ad votum disposita, et quod ex hiis plena regno securitas est parata ». (17 août. Les prieurs au pape et à Robert. *Ibid.*, f°° 67, 70.)

dans les autres places fortes, pour faire le vide devant l'ennemi. De nouveau toutes communications sont interdites avec les localités sous sa dépendance[1]. L'argent faisant défaut, des archives communales on exhume de vieilles lettres du saint siége qui autorisaient à emprunter au clergé douze mille florins d'or. C'est, lui dit-on, pour défendre la ville contre les rebelles et persécuteurs de la sainte Église[2]; mais il regimbe nonobstant, et il faut le contraindre[3], ce dont il tirait vengeance un peu plus tard (18 novembre), en frappant Florence d'interdit[4].

Cette fois encore, c'est du dehors que vint la délivrance. Louis de Bavière et Frédéric de Sicile perdaient en récriminations un temps précieux. Se décidaient-ils à attaquer l'un Grosseto, l'autre Telamone, pour ôter aux

---

[1] 26 août, *Provvisioni*, XXV, 12 v°, 14 v°. « Videntes et cognoscentes ampla commoda que Castruccius, Pisani et Lucani hostes consequebantur ex conversatione Florentinorum in civitate Pisarum, et cupientes quod ipsi hostes priventur commodis ante dictis, et quod ipsa commoda fidelibus applicentur, ruperunt et clauserunt stratas suas quibus itur Pisas, et duras leges et ordinationes ediderunt contra omnes qui contrafacerent ubi venirent..., non obstante quod inde cives et mercatores florentini substineant damna gravissima... » Prière au pape de donner des ordres à ce sujet et de s'entendre avec le roi de France. (8 septembre 1328. Instructions à Baronto, évêque de Pistoia, ambassadeur auprès du pape. *Sign. cart. miss.*, III, 71.)

[2] *Ibid.*

[3] « Convenne che pagassono per forza » (Villani, X, 111). Le 16 septembre, on renouvelait au pape la demande d'obliger le clergé de Florence et de Fiesole à cette contribution. (*Sign. cart. miss.* III, 75 v°.)

[4] Villani, X, 111 ; March. de Coppo, VII, 147 ; Ammirato, VII, 359. Ce dernier corrige Villani, en montrant que ce fut un emprunt, non une taxe, puisque d'après les papiers publics la seigneurie, le 11 février, nommait un syndic pour restituer cet argent, sous la forme qu'il plairait au pape (Ammirato le jeune, VII, 359). L'interdit avait été lancé en l'absence de l'évêque. Celui-ci, de retour de la Marche, se hâta de le lever, le 5 février 1329. (*Ibid.*)

Florentins, déjà privés de Pise, tout accès à la mer[1], les feux de l'été sévissaient alors sur les Maremmes et promettaient un infaillible échec. Tout à coup, le 10 septembre, on apprend que, depuis sept jours, Castruccio a cessé de vivre. Il succombait à une fièvre intense prise devant Pistoia, en donnant l'exemple du travail sous le soleil de juillet. Son fils aîné[2] avait dû, selon son vœu suprême, dissimuler sa mort, et, sans perdre le temps aux lamentations d'usage, partir pour Pise, « courir la ville », pour s'en assurer la seigneurie.

A peine âgé de quarante-sept ans, Castruccio disparaissait de la scène, parce qu'il s'y était trop prodigué. Vaillant soldat autant qu'habile capitaine, dur à la fatigue et prudent au conseil, d'esprit assez ouvert pour favoriser les lettres qu'il ignorait, et assez supérieur à son temps pour mépriser l'astrologie[3], il était en si grand renom dans son petit coin de terre, que Gênes et Venise le voulaient pour arbitre de leurs différends[4]. Cruel moins par goût que pour défendre son pouvoir mal acquis[5], il avait grandi sa patrie pour se grandir lui-même, mais en se faisant litière des libertés publiques. Il n'était qu'un de ces *condottieri*, de ces « ty-

---

[1] Ammirato, VII, 355, 356.

[2] Castruccio laissait trois fils légitimes sous la tutelle de sa femme, Pina des Streghi, de la famille des seigneurs de Corvaria, deux filles, l'une mariée à Filippo Tedici, l'autre nommée Verde, et un bâtard, Orsino. (Beverini, l. VI, p. 850, dans Sismondi, III, 394 ; Mazzarosa, I, 182.)

[3] *Ist. Pist.*, R. I. S. XI, 452; Villani, X, 85; Tegrimi, R. I. S. XI, 1342.

[4] Mazzarosa, I, 178.

[5] On a vu qu'il fit périr dans un affreux supplice les Quartigiani, auxquels il devait sa première élévation, et bien d'autres. (Voy. plus haut, ch. 1, même vol., p. 34 et, dans ce chapitre même, p. 117). De même pour les Poggi qui l'avaient délivré des mains de Neri de la Faggiuola, il saisit l'occasion d'une querelle privée où ils étaient engagés, pour faire trancher la tête à deux d'entre eux. (Beverini, l. VI, p. 764, ap. Sismondi, III, 392.)

rans » ou seigneurs absolus dont la race maudite allait pulluler en Italie. Son avantage sur les autres fut, après s'être montré plus grand dans la vie, de mourir avant l'heure des disgrâces. Lui mort, il ne restait rien, ni liberté ni grandeur[1]. Ainsi, presque toujours, périt l'œuvre de ces fléaux de l'humanité.

Un chroniqueur lucquois fait de Castruccio ce singulier éloge : « La liberté, puisque les temps le voulaient ainsi, ne pouvait périr plus honorablement que par sa main[2] ». Il serait plus juste de dire que Lucques, sans lui, eût échappé plus longtemps à la décadence, inévitable résultat de toute tyrannie, même déguisée. En avait-il le sentiment, lorsque, à sa dernière heure, il disait non sans tristesse : « Après moi vous verrez tout se détraquer[3]? » Tout se détraque en effet, mais à Lucques seulement. Avant de s'être livrée à lui, Lucques prospérait par l'industrie, par le trafic, par la guerre. Désormais, elle n'est plus qu'une proie qu'on marchande et qu'on vend, qui passe d'un maître à l'autre. Elle se dépeuple, elle devient misérable, en attendant qu'elle disparaisse dans l'incessant progrès d'un redoutable voisin.

[1] Machiavel (*Vita di Castruccio*, p. 175) exagère singulièrement quand il compare Castruccio, sauf l'étendue de sa patrie, à Philippe de Macédoine et à Scipion l'Africain. L'œuvre de ceux-ci leur a survécu.

[2] « Et quidem is erat Castruccius ut, quoniam ita ferebant tempora, nullius manu libertas honestius periret ». (Beverini, l. VI, p. 742, ap. Sismondi, III, 391.)

[3] « Morto me, di corto vedrete disasrocato » (Villani, X, 85). Ce dernier mot est du terroir lucquois. Villani le traduit, d'une manière peu exacte à mon avis, par ces mots : Vous verrez une révolution.

CHAPITRE III

GUERRES POUR L'ACQUISITION DE LUCQUES
NOUVELLES RÉFORMES DANS LES INSTITUTIONS

— 1328-1339 —

Situation des Florentins à la mort de Castruccio. — Louis de Bavière seigneur de Lucques (7 octobre 1328). — Réforme introduite dans le système de l'*imborsazione* (1er décembre). — Simplification des Conseils. — Complot en faveur du Bavarois. — Son retour en Lombardie (11 avril). — Vaines négociations pour l'achat de Lucques, et acquisition de cette ville par Gherardino Spinola. — Soumission de Pistoia à Florence (11-24 mai) et du val de Nievole (21 juin). — Secours au légat de Bologne. — Siège et prise de Montecatini (19 juillet 1330). — Jean de Bohême, seigneur de Lucques (1er mars 1331). — Période de prospérité à Florence. — Acquisitions territoriales. — Fondation de Firenzuola (8 avril 1332). — Ligue entre Florence et les seigneurs gibelins de Lombardie (16 septembre). — Hostilités en Lombardie (novembre 1332 — mars 1333). — Victoire de la ligue à Ferrare (14 avril). — Réjouissances à Florence (mai). — Inondation (1er novembre). — Mesures réparatrices prises par la Seigneurie. — Le légat chassé de Bologne et sauvé par les Florentins (17-31 mars 1334). — Hostilités dans le val de Nievole (mai-septembre). — Jean de Bohême donne Lucques à Philippe de Valois (13 octobre). — Réformes intérieures : le capitaine de garde (1er novembre). — Lucques vendue à Mastino de la Scala (1er novembre 1335). — Négociations des Florentins avec Mastino à ce sujet (1er décembre — 26 février 1336). — Guerre sur le territoire d'Arezzo (3 juillet — 8 août). — Ligue avec Venise (24 juin). — Piero des Rossi, capitaine des Florentins (23 août). — Sa victoire au Ceruglio (5 septembre). — Orlando des Rossi lui succède. — Ses échecs. — Acquisition d'Arezzo (7 mars 1337). — Mécontentement des Pérugins et accord avec eux. — Paix de Venise avec Mastino (2 décembre 1338). — Mécontentement des Florentins. — Ils acquiescent à la paix (24 janvier 1339).

Castruccio mort, restait Louis de Bavière. D'un jour à l'autre, il pouvait paraître en Toscane. Déjà il était aux portes : il s'attardait, en temps de canicule, au siège de Grosseto, tandis que don Pedro d'Aragon, fils de Frédéric de Sicile, n'osait sortir de Telamone, sa conquête, tant il craignait qu'on n'en fermât les portes sur lui[1]. Nul ne savait encore ce que feraient Pise et Lucques, déchirées par la discorde[2]. Sanguinède avait ordre de ne les en point détourner par quelque démonstration imprudente. Muni de pouvoirs pour combattre ou traiter, son rôle était d'attendre, d'autant plus que les finances florentines épuisées avaient besoin de répit[3]. Mais la guerre restait probable, et comment la soutenir sans les secours de Robert? Il fallait vaincre ses répugnances à rentrer dans la lice. Qu'il voulût conserver son fils unique, « l'œil de son royaume[4] », on le comprenait; mais les Florentins n'avaient-ils pas toujours tenu ce prince loin du danger? Qu'il l'envoyât visiter les régnicoles, accablés de dommages et de dépenses[5], c'était bien; mais la République ne l'était-elle pas davantage, et n'y avait-il pas péril à l'abandonner? Que le trésor royal fût obéré, on l'admettait; mais ne pouvait-on éviter les dépenses superflues[6]? Au duc de Calabre les prieurs tenaient le même langage, lui montrant les forces croissantes des ennemis, le suppliant, s'il ne pouvait venir,

---

[1] Villani, X, 85; *Ist. Pist.* R. I. S. XI, 452; Ammirato, VII, 356.

[2] « Tam per vias tractatuum quam armorum.... ne impugnatio esset forsan causa concordie Pisanorum, qui nunc dicuntur magna intestina discordia fluctuare ». (Les prieurs à Sanguinède, 14 septembre. *Sign. cart. miss.*, III, 73 v°.)

[3] On ne peut, faute d'argent, donner double paye aux mercenaires. (*Ibid.*, 74.)

[4] « Tanquam unicum et regni oculum ». (Les prieurs à Robert, 12 septembre. *Ibid.*, III, 72.)

[5] « In recompensationem gravaminum et expensarum que oportuit eis subire ». (*Ibid.*)

[6] *Ibid.*

d'envoyer du moins la duchesse[1]. Une femme, un nom suffisaient pour que Florence ne parût pas abandonnée dans le péril.

Ce péril, au surplus, la politique l'exagérait. Abandonnés à eux-mêmes, les Florentins enlevaient par surprise Carmignano aux Lucquois[2]. Des injures et des défaites, voilà tout ce qu'avait recueilli le Bavarois, dans sa marche vers la Toscane. Quiconque osait s'avouer son partisan, Rome, rendue aux guelfes, le jetait dans le Tibre[3]. Il ne possédait, comme son nouvel allié le prince de Sicile, que le terrain qu'il avait sous les pieds. Besogneux et cupide, il faisait marché des villes et des empires, il vivait à la manière des brigands[4]. Il ne reparaissait à Pise (21 septembre) que pour la reprendre aux fils de Castruccio[5] ou réduire la veuve à payer son départ de dix mille florins, les Pisans de cent mille[6]. A Lucques il en extorque quatre-vingt-treize mille[7], sans compter la seigneurie, que lui donne un soulèvement

---

[1] 14 septembre. Lettre des prieurs au duc de Calabre. *Ibid.*, 73 v°.

[2] Les prieurs au duc de Calabre, 27 septembre (*Sign. cart. miss.*, III, 77 v°). Cf. Villani, X, 104; March. de Coppo, XI, 441; Ammirato, VII, 356-357. Ces deux derniers auteurs font partir Sanguinède de S. Miniato pour Carmignano le 15, et la *rocca* tint huit jours. La prise de la place est donc du 16, quoique Villani dise du 12. — Le 23, les prieurs écrivaient à Sanguinède d'enlever la *rocca* le jour même ou le lendemain; s'il ne peut, qu'il saccage la ville et rentre à Florence avant la venue du Bavarois (*Sign. cart. miss.*, III, 75). Le 25, ordre lui est envoyé de conserver et fortifier deux des parties les plus fortes de ladite *rocca* et de détruire le reste. (*Ibid.*, 76 v°.)

[3] Villani, X, 96, et note de l'édition de Milan (1803) à cet endroit.

[4] Beverini, ann. 1329, dans Cianelli, *Mem. e doc.*, etc., I, 263.

[5] 19 septembre. Les prieurs à Robert : « Post dira bella data Grossetanis, secessit ab obsidione ». (*Ibid.*, 74.)

[6] Villani, X, 106; March. de Coppo, VI, 442; Ammirato, VII, 357. — Ramon de Cardona et son fils payèrent une rançon de quatre mille florins.

[7] 30 novembre. Voy. le doc. dans Cianelli, I, 259.

des Lucquois[1]. Ses Allemands, qu'il ne paye pas, suivent son exemple, tentent de se payer de leurs mains. Ayant échoué devant Lucques (29 octobre), ils se jettent dans le Val de Nievole, ne peuvent forcer les portes d'aucun château, et se retirent sur le Ceruglio, dans une sorte de camp retranché que Castruccio avait établi sur la montagne de Vivinaja et de Montechiaro[2]. De ce repaire ils négocient tout ensemble avec leur ancien chef pour mettre fin à leur révolte, et avec les Florentins pour la continuer[3]. Quoiqu'on leur ait pour une part donné satisfaction, ils retiennent prisonnier, en gage du reste, Marco Visconti. Ce brillant capitaine était venu auprès de l'empereur solliciter un répit pour les cent vingt-cinq mille florins dont Azzo achetait le titre de vicaire impérial à Milan. Quelques mois plus tard, Francesco Castracane, parent de Castruccio, pour le même titre à Lucques, versait ou promettait vingt-deux mille florins d'or[4]. Tout, pour ce Tudesque vénal, se transformait en une question d'argent.

Au printemps donc, le « damné Bavarois » devait être abondamment pourvu d'espèces, et, par suite, de sol-

[1] 7 octobre. Arch. lucq., *Curia de' Rettori, Invent.*, I, 91 ; Villani, X, 106 ; Alb. Mussato, R. I. S. X, 453. March. de Coppo (VI, 441) prétend que le soulèvement de Lucques fut provoqué par le Bavarois, mais il ne le prouve point, et l'on peut croire à une révolte spontanée après douze ans d'oppression. La veuve et les enfants de Castruccio furent relégués à Pontremoli, le 8 novembre.

[2] A huit milles de Lucques. Voy. plus haut, ch. II, p. 84, même vol.

[3] Lettre des prieurs au légat de Lombardie, 5 novembre 1328. (*Sign. cart. miss.*, III, 84 v°.)

[4] Le 16 mars 1329. Villani, X, 107, 117, 124 ; Cianelli, I, 263, 264 ; Ammirato, VII, 360 ; Tronci, p. 327. On crut alors à un piège tendu à Marco Visconti par Louis de Bavière, pour se débarrasser de lui comme il s'était débarrassé de Galeazzo.

dats[1]. Florence, ne recevant point ceux qu'elle attendait de Robert, prit ce prince par son faible : en lui proposant une réduction de son contingent, et par conséquent des deux cent mille florins qu'il coûtait[2], elle obtint l'envoi immédiat de cinq cents cavaliers. Ils arrivèrent le 1er novembre. Leur chef, c'était Bertrand de Baux, et non le duc de Calabre, ce dont on se consola sans peine, car on y voyait un suffisant prétexte de ne pas payer intégralement[3].

Ce prétexte disparut par la mort de ce prince (9 novembre). Il avait pris la fièvre à la chasse, et l'on ne sut pas l'en guérir. Pour le remplacer, Robert n'avait ni un second fils, ni personne autre de son sang[4]. Le deuil de Florence s'évapora néanmoins dans la fumée des cierges brûlés en l'honneur du défunt. Son joug pesait à ce peuple plus jaloux de l'indépendance pour lui que pour les autres[5], et le hasard brisait justement ce joug à l'heure

---

[1] « Bavarus sumptis suis modum imposuit, et continue sua pecuniis stipat eraria, easque cumulat undecunque, et cum omnibus.... tractatus continuos ut esse possit verno proxime futuro tempore et pecuniis et militibus copiosus ». (Les prieurs à Robert, 21 octobre 1328, *Sign. cart. miss.*, III, 82 v°.)

[2] *Ibid.*

[3] « Peroche già rincresceva loro la sua signoria.... e cercavano modo di non volerli dare l'anno i detti danari da poiche non stava in Firenze personalmente ». (Villani, X, 108. Cf. March. de Coppo, VI, 443; Ammirato, VII, 357.)

[4] Le duc de Calabre ne laissait qu'une fille, et la duchesse, grosse, accoucha d'une autre. Pour avoir des héritiers mâles, Robert résolut de faire rentrer la couronne dans la maison de Hongrie à laquelle il l'avait arrachée avec l'approbation du pape. Son neveu, Charles-Hubert, fils de Charles Martel, et petit-fils de Charles II d'Anjou, dépossédé par lui, ayant des fils, le second, André, épousa, le 26 septembre 1333, Jeanne, fille aînée du duc de Calabre, reçut ce titre vacant, fut reconnu héritier présomptif et resta à la cour de Naples pour y être élevé, car il n'avait que sept ans et sa femme cinq. (Villani, X, 224; Sismondi, III, 488.)

[5] Le 20 septembre 1328, les prieurs félicitaient le tyran Scaligero de

où, par la mort de Castruccio, il cessait d'être nécessaire. Villani affirme que la République s'en fût déchargée, alors même que le duc eût vécu[1].

Si donc, par une sage précaution, elle prie Robert de maintenir Bertrand de Baux en Toscane[2]; si elle demande des renforts au légat d'Ostie[3]; si elle enjoint à son capitaine de ne point entrer en pourparlers avec les hommes du Bavarois, et de traiter en ennemi quiconque d'entre eux passera la Gusciana[4], elle sait que son premier soin doit être de se réformer elle-même, puisqu'elle n'a plus le prince qui la couvrait de son bouclier et qui contenait les factions[5].

Tant qu'il nommait lui-même les prieurs et les principaux officiers publics, elle ne souffrait pas des vices déjà remarqués dans l'*imborsazione;* mais au moment de la remettre en vigueur, on redoutait ces vices, résumés d'un mot par le chroniqueur Marchionne : « Chacun attirait l'eau à son moulin[6]. » Les ambitions se donnaient

---

l'acquisition qu'il avait faite de la ville de Padoue, qui s'était livrée à lui avec son district. (*Sign. cart. miss.*, III, 75.)

[1] « E di certo se il duca non fosse morto, non potea guari durare che i Fiorentini avrebbono fatto novità contro alla signoria o rubellatisi da lui ». (Villani, X, 109.)

[2] 22 novembre 1328. *Sign. cart. miss.*, III, 87 v°.

[3] 12 décembre (*Ibid.*, 92).

[4] 15 décembre. A Guidaccio de la Volta (*Ibid.*, 94 v°).

[5] « Non incumbebat principaliter Florentinis de ipsorum et aliorum fidelium S. M. Ecclesie istarum partium statu et tutamine cogitare, sed potius D. Duci predicto sub cujus regimine et clipeo existebant.... quod omnis in ea livoris, divisionis et scandali materia juxta monitiones et suasiones dicti D. Legati mandato suo per ipsum Guidonem factas radicitus de Florentinorum cordibus est precisa ». (*Ibid.*)

[6] March. de Coppo, VII, 446. Tous les auteurs, même contemporains, embrouillent cette affaire; à plus forte raison les modernes, qui les lisent sans les débrouiller, sans connaître le document contenu au t. XII des *Delizie degli eruditi toscani*, ou sans s'y référer suffisamment. Sismondi

rendez-vous aux nombreux scrutins qu'elle provoquait, et auxquels procédaient les prieurs avec leurs *buonuomini*, c'est-à-dire une poignée d'hommes, suspects de former une coterie, d'admettre les indignes, et trop souvent les mêmes personnes[1]. A peine la mort du duc connue, des citoyens importants, Tommaso Corsini, Giotto Peruzzi, Donato Acciajuoli proposèrent la réforme[2], car il était bon qu'elle fût accomplie quand on tirerait au sort les prieurs pour la seigneurie du 15 décembre.

Le 1er de ce mois, les six prieurs et le gonfalonier de justice réunirent leurs douze *buonuomini*, les dix-neuf gonfaloniers des compagnies, les vingt-quatre consuls des douze arts majeurs, plus trente-six *arruoti* ou *richiesti*, six par *sesto*, en tout quatre-vingt-dix-huit personnes[3], pour réunir en une seule liste toutes les listes d'éligibles dressées au préalable par les prieurs, les gonfaloniers, les capitaines de la *parte*, les cinq de la marchandise, quelques-uns des consuls des arts majeurs[4], et y supprimer les doubles emplois. Les citoyens proposés devaient

(III, 398) transcrit Villani; Leo (II, 86) ne comprend pas ce qu'il lit; G. Capponi reproduit entre guillemets Ammirato, mais il renvoie au document, dont il ne dit pas un mot, dont il ne se sert pas pour rectifier, avant de renvoyer à son auteur.

[1] « Cupientes ut deinceps cives civ. Flor. gradatim perveniant ac descendere possint ad honores et munera qui sufficientes et habiles vita et moribus bonorum et legalium civium aspirante consensu fuerint comprobati, et ne prosiliant ad gubernationem et regimen civ. predicte quos vite conversatio dignos ad predicta non facit ». (8 octobre 1328. *Frammenti di deliberazioni del consiglio. Provvisioni, Protocolli*, VI, 231 sq. Doc. publié dans *Delizie degli erud.*, XII, 288 sq.)

[2] « De consilio providorum virorum.... » (*Del.*, XII, 288); Villani, X, 110.

[3] Ce chiffre donné par March. de Coppo, VII, 446, et Ammirato (VIII, 358) n'est pas douteux. L'addition est facile. Villani (X, 110) dit 97, parce qu'il oublie de compter le gonfalonier de justice.

[4] March. de Coppo, VII, 446.

avoir trente ans révolus, être bons guelfes, n'être pas inscrits sur le livre des dettes, non plus que sur celui des grands. Ceux qui ne se trouveraient sur aucune liste étaient par cela même éliminés.

Les noms arrêtés, l'opération de la mise en bourse devait se faire désormais devant trois moines, un franciscain, un dominicain, un ermite, tous étrangers, désignés par le chef de leur ordre à Florence, et auxquels on faisait prêter serment pour le rôle qu'ils allaient jouer. Ils remplissaient des fonctions multiples, qui rappellent tout ensemble celles des huissiers, des secrétaires, des scrutateurs dans nos assemblées délibérantes; aussi ne tarda-t-on pas à en doubler le nombre[1]. Ils recevaient dans leur main les fèves noires et blanches par lesquelles on votait séparément sur chaque nom; ils veillaient à ce que chaque votant n'en remît qu'une, et ils la mettaient eux-mêmes dans l'urne, de manière que personne ne la vît[2]. Le secret du vote ne paraissait pas violé, quoiqu'il n'existât pas pour eux.

Nul ne pouvait se donner son suffrage à soi-même, et les parents de ceux qui étaient l'objet de la délibération devaient momentanément quitter la salle[3]. Comme en

---

[1] Qu'ils fussent d'abord trois, c'est ce que prouve le document qui dit trois fois « unum ». Mais comme tous les chroniqueurs disent six, il faut bien qu'entre la promulgation de la loi et son exécution, ou un peu plus tard, une résolution des seigneurs et collèges qu'on n'a pas retrouvée en ait doublé le nombre.

[2] « Ita quod videri non possit in missione que faba fuerit nigra vel alta.... Nec aliquis ex dictis fratribus ultra unam fabam recipiat ab uno ex predictis in approbatione vel improbatione (*Delizie*, XII, 291). E nel bossolo si ponesse e portassesi in luogo che altro che li frati non lo sapessero ». (March. de Coppo, VII, 446.)

[3] « Pater, filius, seu frater carnalis incontinenti exeat salam.... quousque completum fuerit scruptinium de eo.... » (*Deliz.*, XII, 292.)

toute occasion, l'on procédait aux deux tiers des voix[1]; il fallait donc en réunir soixante-six[2]. Les moines qui les avaient recueillies se retiraient hors de vue pour les compter[3]. Les noms de ceux qui avaient obtenu le chiffre légal étaient écrits sur des morceaux de parchemin qu'on enfermait dans de petites boules de cire destinées à être mises dans les bourses[4]. De ceux qui avaient obtenu des suffrages, mais en nombre insuffisant, et qu'on nommait *spicciolati* ou détachés, on formait six bourses à part, une par quartier, pour y puiser quand un des élus du tirage au sort était éloigné de plus de soixante milles ou écarté par le *divieto*[5]. Les noms des citoyens morts, bannis, condamnés depuis le jour où ils avaient été mis dans les bourses, étaient déchirés publiquement[6].

Des autres, qu'on n'éliminait pour aucun des précédents motifs, on formait six bourses, ou même sept, en comptant celle d'où devaient être tirés les gonfaloniers de justice[7], et chacun était mis dans la bourse de son *sesto*[8]. Ces bourses étaient déposées dans une boîte à trois clés, confiées une à l'exécuteur de justice, une aux prieurs, une au sacristain de Santa-Croce; c'est dans la sacristie de ce couvent que la boîte devait être gardée. Pour plus de sûreté et par manière de contrôle, les moines inscrivaient par ordre et par *sesto* sur un registre tous

---

[1] « Illum quem repereant approbatum per duas partes ». (*Deliz.*, XII, 291.)

[2] Et non 68, comme dit Villani, suivi par Ammirato. March. de Coppo dit expressément 66, et il a raison de par l'arithmétique.

[3] « Clam a predictis delatoribus et quolibet alio ». (*Deliz.*, XII, 291.)

[4] Donato Velluti, *Cronica*, p. 85; Flor., 1731.

[5] *Deliz.*, XII, 296; D. Velluti, p. 86.

[6] *Deliz.*, XII, 296.

[7] D. Velluti, p. 86.

[8] March. de Coppo, VII, 446.

les noms approuvés pour les divers emplois[1], ou au moins pour ceux des prieurs, des *buonuomini*, des gonfaloniers de compagnies[2]. Ce registre en parchemin était enfermé dans une boîte scellée du sceau de la commune, conservée dans la sacristie de Santa-Maria Novella[3], et les trois clés restaient aux mains de l'exécuteur de justice, du capitaine du peuple, et du sacristain des frères prêcheurs[4]. La boîte ne devait être ouverte et le registre produit que dans le cas d'un incendie des bourses ou d'une erreur, d'un doute sur les cédules qu'elles contenaient[5]. Dès lors, pour détruire les traces de l'œuvre accomplie, les flammes auraient dû envahir deux couvents à la fois.

Quand on devait ouvrir la boîte aux bourses, c'est-à-dire deux jours au moins avant l'expiration de l'office auquel il fallait pourvoir[6], le secrétaire ou scribe des *Riformagioni* l'allait chercher à Santa Croce, escorté de vingt *berrovieri* de la seigneurie et de leur capitaine. En présence des collèges, réunis au son de la cloche, « selon la coutume », le capitaine du peuple, le podestat ou un de leurs assesseurs, s'ils étaient l'un et l'autre empêchés, ti-

---

[1] « Unum nomen cum suo pronomine ». (*Deliz.*, XII, 291.)

[2] Villani, X, 106. Cela faisait donc tout au moins trois séries de six bourses chacune, puisqu'on divisait toujours par *sesto*, et trois grandes bourses ou sacs (*sacculi*), soit dix-huit bourses de *sesti* et trois d'offices, en contenant chacune six de *sesti*.

[3] « Ita quod aliquid in tali libro non possit scribi nec scriptum legi seu videri per quemquam ». (*Deliz.*, XII, 293.)

[4] *Deliz.*, XII, 299. Villani et Ammirato confondent, pour les détenteurs des clés, la boîte aux registres et la boîte aux bourses. March. de Coppo n'est d'accord, à cet égard, ni avec eux ni avec le document.

[5] *Deliz.*, XII, 299, 300.

[6] « Que apertura capse predicte ac extractio dictarum cedularum fieri debeat.... saltem per duos dies ante initium eorum offitii (*Deliz.*, XII, 295). Villani (X, 110) et Ammirato (VII, 358) qui le suit fidèlement, disent trois jours au moins, et March. de Coppo (VII, 446) trois jours au plus.

rait de la boîte, placée en lieu apparent, les bourses, et des bourses les noms, après les y avoir mêlés. Il en prenait un dans chaque bourse de *sesto* pour les prieurs, deux pour les *buonuomini*, et ainsi de suite[1]. Un officier public venait-il à mourir dans l'exercice de ses fonctions, aussitôt on le remplaçait, fût-ce pour peu de jours, en faisant venir la bourse de son *sesto* et en y puisant[2]. Les anciens *divieti* étaient maintenus : deux ans pour un père, un fils, un frère, six mois pour le reste de la famille. Pendant six mois aussi, tout citoyen dont le nom était sorti des bourses pour un emploi n'en pouvait, pour un autre, être tiré utilement[3].

Tous les deux ans, l'*imborsazione* devait être révisée, pour introduire dans les bourses les noms des citoyens qui auraient acquis le droit d'y être mis, et pour mettre dans une autre, *sesto* par *sesto*, tous ceux qui auraient été déjà tirés, jusqu'à ce que tous les autres l'eussent été à leur tour[4]. La date où l'on ferait pour la première fois cette opération fut fixée au 30 janvier 1331[5].

Le jour même où ils venaient d'être désignés par le sort, et avant de sortir de la salle, les prieurs nouveaux devaient élire leur notaire au scrutin secret et aux deux

---

[1] « De sacculo cujuslibet sestus » (*Deliz.*, XII, 294); « Mischiando le bullette ». (Villani, X, 110.)

[2] « Et si contingerit, quod absit, aliquem existentem in aliquo dictorum offitiorum decedere ante suum offitium finitum, extrahatur de novo alia cedula de sacculo de quo extractus fuerit ille premortuus, servatis tamen modis et solemnitatibus suprascriptis, et ille cujus nomen scriptum erat in cedula extracta de novo sit eo ipso quod extractus fuerit surrogatus in locum dicti premortui quod eo tempore quo durare deberet offitium talis mortui ». (*Deliz.*, XII, 296.)

[3] *Deliz.*, XII, 297; March. de Coppo, VII, 446.

[4] « E quelli che tratti fossono si rimettessono a sesto a sesto in un' altra borsa infino che fossono tutti li altri tratti ». (Villani, X, 110.)

[5] *Deliz.*, XII, 298, 299; March. de Coppo, VII, 446.

tiers des voix, avec un *divieto* de trois ans. Ils ne pouvaient recevoir balie de changer ces dispositions, et il leur était interdit d'assister à aucune assemblée où l'on proposerait de les changer[1].

En même temps, une simplification sensible fut introduite dans le mécanisme si compliqué des conseils. Le conseil des Cent, ou de *credenza*, disparut[2]. Ceux du capitaine, le spécial et le général, qui, après avoir délibéré séparément, délibéraient souvent ensemble, n'en formèrent plus qu'un, de trois cents *popolani* guelfes. Même réduction pour les conseils du podestat. Devenu unique et composé de deux cent cinquante membres, ce conseil resta ouvert aux grands, comme par le passé[3]. L'un et l'autre conservaient le droit d'approuver ou de rejeter les délibérations de la seigneurie, le conseil du capitaine étant toujours, selon l'usage, consulté le premier[4]. Leur durée de six mois était réduite à quatre, pour qu'un plus grand nombre de citoyens pussent se préparer aux offices, en s'initiant aux affaires publiques[5].

---

[1] *Deliz.*, XII, 301-303.

[2] La dernière fois qu'il est fait mention du conseil des Cent aux *Libri fabarum*, qui sont au nombre de quatre, de 1315 à 1330, et qui contiennent les noms de ceux qui ont pris la parole dans les conseils, c'est le 13 février 1329. (*Partiti dei consigli detti fabarum*, n° XI, f° 94.)

[3] Le 21 février 1329, apparaît pour la dernière fois la mention « in consilio generali 300 et speciali 90 ». Ce même jour, la première proposition soumise au vote est celle-ci : « Primo provisionem factam super modo et ordine quibus fieri debent consilium populi Flor. et consilium comunis Flor. » (n° XI *fabarum*, f° 97 v°). Cette provision ne se trouve pas au t. XXV de cette série, où elle devrait être. Il y a une lacune de trois mois, du 13 février au 20 juin (f°˙ 39-41). A partir du dernier jour de février, on lit dans les *Libri fabarum* : « In consilio Domini capitanei... » March. de Coppo dit seul que le conseil du podestat fut de 150 membres. C'est peut-être une erreur typographique.

[4] Ammirato, VII, 358.

[5] Villani, X, 110.

Les conseils du peuple et de la commune — c'est le nom qui prévaut désormais sur celui de conseils du capitaine et du podestat — donnèrent leur assentiment à la réforme qui les simplifiait, ainsi qu'à celle qui régularisait l'*imborsazione*. Un parlement solennel fut tenu ensuite, le 11 octobre, sur la place des prieurs, pour obtenir la sanction suprême de l'ensemble des citoyens. « Beaucoup de harangues furent prononcées, qui louèrent le système, et, pour l'affermir, on édicta de graves châtiments[1]. »

La satisfaction, en effet, était générale, et elle fut durable, puisqu'on étendit bientôt le tirage au sort à d'autres offices, par exemple à ceux des consuls des arts et des podestats du dehors, « pour fuir les prières », écrit Villani[2]. Selon cet auteur, la réforme accomplie assura la tranquillité. Si plus tard des inconvénients apparurent, ce fut par la manie de mutations et de nouveautés, par les fraudes des mauvais citoyens pour introduire leurs plus déshonnêtes partisans et exclure leurs plus honnêtes adversaires[3]. Ce fut une cause d'intrigues et de mécontentements. Comme on ne pouvait rien sur le tirage au sort, tous les efforts se concentraient sur l'opération pré-

[1] Villani, X, 110; March. de Coppo, VII, 446. Machiavel (*Ist. fior.*, II, 28 B) voit dans cette simplification une création : « Annullarono tutto l'ordine de'consigli vecchi e ne crearono due ». Cette assertion, comme on vient de le voir, manque d'exactitude; mais Villani l'a en quelque sorte provoquée, car il dit : *fecesi* un consiglio (X, 106). Il n'est donc pas étonnant que Sismondi y ait vu la vérité et l'ait reproduite (III, 599). Il se trompe en outre sur ce point qu'il croit que le but était d'écarter les indignes, tandis qu'il fut surtout d'admettre en plus grand nombre ceux qui paraissaient dignes. — M. A. Vannucci, de son côté, exagère quand il dit qu'on voulut que *tous*, sans distinction de naissance ou de rang, eussent droit à représenter la république. (Voy. p. 335.)

[2] Villani, X, 106, 110. Cf. March. de Coppo, VII, 446.

[3] Villani, X, 110.

paratoire de l'*imborsazione*[1]. L'intrigue est le danger des institutions électives, d'autant plus redoutable que le nombre des électeurs est plus restreint. Florence y remédia autant que possible, en essayant de déjouer les combinaisons des ambitieux dans le temps même où, pour arrêter les progrès d'une aristocratie bourgeoise, elle ouvrait à un plus grand nombre de citoyens les portes des conseils dont elle avait réduit la durée, et ce pas marqué vers la démocratie ne supprima pas plus l'ambition et l'intrigue qu'une plus ferme assiette de l'État ne supprimait l'appel aux sauveurs étrangers. Pour en concevoir une juste haine, les Florentins avaient besoin encore de rudes épreuves, de sévères leçons.

Ce n'est pas du Bavarois qu'ils les redoutaient. Ce triste César était à Pise, forçant les clercs à honorer le pape de son cru[2], et refusant de protéger le peuple qu'il avait mis sous le joug, tant qu'on ne paierait pas ses cavaliers[3]. Laissant Bertrand de Baux dévaster le territoire pisan, il conjurait avec Ugolino des Ubaldini pour mettre le feu à Florence et s'en emparer dans le désordre. Mais la conjuration découverte, trois hommes de rien furent pendus; leur chef, un coquin, nommé Sega, fut promené sur un char, déchiré avec des tenailles rougies, pendu à la potence. Ugolino et plusieurs des siens, condamnés par contumace comme traîtres, en étaient réduits à se disculper par des allégations mensongères, car ils voyaient bien que nul ne pouvait compter sur

---

[1] Machiavel, *Ist. fior.* III, 29 A.

[2] « Quelli che'l vidono, dissono che parea loro opera forzata ». (Villani, X, 114.)

[3] Villani, X, 115; March. de Coppo, VII, 448; Ammirato, VII, 359; Tronci, p. 325.

le misérable prince qui les avait poussés en avant[1].

Retourner vers la Lombardie était dès lors son unique pensée. Rien ne lui réussissait. Il avait voulu, dans un parlement, faire prononcer par son pape la condamnation de Jean XXII, de Robert et de Florence : une tempête servait de prétexte aux Pisans pour rester dans leurs maisons, et le maréchal qui cherchait à les en tirer mourait d'accident, signe certain de la colère céleste (19 février 1329). Louis partit le 11 avril, annonçant son prochain retour, auquel personne ne croyait. Il allait rejoindre les seigneurs lombards et décider avec eux une expédition contre Milan[2].

Marco Visconti était encore au Ceruglio, sur le Mont Aventin des mercenaires allemands. « Cavalier fier et hardi plutôt que sage[3] », il se crut libre de ne plus ménager l'ennemi de sa famille et de s'aboucher avec les Florentins. Il leur offrit la seigneurie de Lucques, s'ils payaient à ses avides gardiens du Ceruglio quatre-vingt mille florins d'or, arriéré de leurs gages, et s'ils laissaient dans leur patrie les *duchini*, fils de Castruccio[4]. La sagesse commandait d'accepter; mais l'esprit de parti s'en mêla. Simone de la Tosa, en haine de Pino son parent qui conseillait de se hâter, soutint qu'il serait imprudent d'affronter le courroux des gibelins et de l'empereur, honteux de pardonner à la lignée de Castruccio, onéreux d'acheter à beaux deniers comptants une ville

---

[1] Villani, X, 116; March. de Coppo, VII, 449; Ammirato, VII, 359; Tronci, p. 326.
[2] Villani, X, 121, 128; March. de Coppo, VII, 453; Ammirato, VII, 360; Tronci, p. 328.
[3] Villani, X, 134.
[4] Villani, X, 129; March. de Coppo, VII, 454.

affaiblie, qu'on aurait bientôt sans bourse délier[1]. Des exilés lucquois proposèrent inutilement de contribuer pour dix mille florins, et des marchands florentins pour cinquante-six mille, en sorte que la commune ne s'engagerait que pour quatorze mille, dont elle serait la première remboursée sur les gabelles[2]. Marco Visconti vint de sa personne à Florence, offrant, s'il le fallait, de se soumettre à l'Église[3]. Rien n'y fit. La seigneurie poussa l'obstination jusqu'à incarcérer quelques-uns de ceux qui l'exhortaient à traiter[4]. Sans doute, comme le dit Andrea Dei, le chroniqueur siennois, les Florentins avaient même défiance de la parole des Allemands, que les Allemands de la leur[5]. Ce fut une faute : Villani l'a reconnue, éclairé par sa seule raison ; Machiavel l'a condamnée à la lumière des faits[6]. Plus tard, on voulut acheter Lucques plus cher, et les finances communales s'y épuisèrent en pure perte. Dès lors on vit un marchand génois, gibelin et exilé, Gherardino des Spinoli, la payer aux Saxons soixante mille florins[7],

---

[1] Villani, X, 129; March. de Coppo, VII, 454; Ammirato, VII, 361. Leon. Bruni (VI, 119) a fait les discours où sont exposés les arguments des deux opinions.

[2] « E di ciò potemo render piena fede noi autore, perochè fummo di quelli » (Villani, X, 142). Cf. March. de Coppo, VII, 462.

[3] Villani, X, 133, 134. Suspect aux siens pour ces pratiques, Marco fut étranglé après un festin, par l'ordre de son neveu Azzo, de ses frères Luchino et Giovanni, et son corps jeté par les fenêtres. (Villani, X, 154; March. de Coppo, VII, 457; Chron. modoet. 42. R. I. S. XII, 1159; Cron di Bol. R. I. S. XVIII, 351.)

[4] Villani, X, 143; March. de Coppo, VII, 462; Ammirato, VII, 366.

[5] « E i Fior. cercaro di farlo, e fatto l'avrebbero volentieri se modo v'avessero potuto trovare di fidarsi di loro, che la terra l'avessero data, avendo lor data la moneta; e i soldati non si volevano fidare de' Fior. innanzi ch'avessero la moneta. » (A. Dei, R. I. S. XV, 86, 87.)

[6] Villani, X, 129; Machiavel, Ist. fior. II, 29 A.

[7] Villani (X, 143) dit 30 000 fl.; mais Cianelli (I, 264) pense, non sans

en prendre possession (2 septembre), à titre de « pacificateur et seigneur général », triompher des efforts tentés pour le renverser (27 décembre)[1]. C'était un nouvel ennemi à combattre, et on le combattait sans honneur[2].

Que Lucques eût appartenu aux Florentins, leur prépondérance en Toscane eût été incontestée. Les Panciatichi gibelins livraient à la guelfe Florence Pistoia leur patrie, en haine des Tedici et des *duchini;* ils acceptaient un capitaine et une garnison qui rendaient la prospérité à cette ville si éprouvée, aux dépens non de la liberté, mais de l'indépendance (11 mai)[3]. Les châteaux du Val de Nievole concluaient avec les Florentins une paix perpétuelle[4]. La garde même de Seravalle leur était confiée (11 novembre), ce qui mettait dans leurs mains la clé du pays de Lucques[5], peut-être même du territoire pisan. Brouillée avec le Bavarois, dépouillée, par Bertrand de Baux, de Pratiglione qui fut détruit, de Camporena, qu'elle ne devait plus recouvrer[6], Pise signait la paix

---

raison, que le chiffre de 60 est plus vraisemblable, car c'est celui que porte le contrat d'emprunt fait à cette occasion par les Lucquois.

[1] Villani, X, 149.

[2] Le 20 octobre, ils laissaient prendre par Gherardino le château de Collodi, près de Pescia et de Lucques, qu'ils avaient soulevé contre lui. (Villani, X, 143; March. de Coppo, VII, 462; Ammirato, VII, 366.)

[3] On peut voir les détails et le résumé des actes relatifs à cette paix de Pistoia dans les *Documenti degli archivi toscani*, publiés par M. Cesare Guasti : *I Capitoli del comune di Firenze, Inventario e regesto*, I, 4. Cf. Villani, X, 150; *Ist. Pist.* R. I. S. XI, 456-458; March. de Coppo, VII, 455; Ammirato, VII, 362.

[4] Châteaux de Montecatini, Pescia, Buggiano, Vezzano, Il Colle, Il Cozzile, Massa, Monsummano, Montevettolino. (Villani, X, 155; March. de Coppo, VII, 458; Beverini, VII, 864, ap. Sismondi, III, 405.)

[5] Villani, X, 148.

[6] Camporena, val d'Era, entre les sources du Roglio et de l'Evola, à huit milles au sud de San Miniato. (Repetti, I, 433.)

avec la ligue toscane (12 août)[1], une paix trop avantageuse aux desseins nourris contre Lucques, pour que Florence ne l'observât pas fidèlement[2].

Tout, en effet, se ramenait alors à ces desseins[3]. Les secours fournis au légat Du Poïet, pour soumettre Bologne à l'Église et y établir un pouvoir despotique, étaient nécessaires, si l'on ne voulait être pris à revers dans une expédition contre Lucques[4] : ce n'était plus le Bavarois qu'on pouvait craindre, car il venait d'être rappelé en Allemagne par la mort du duc d'Autriche[5]. Le siége de Montecatini, entrepris dès le mois de juin 1329, était continué en 1330 pour serrer de plus près ce Génois imprévu qui avait su ne pas regarder à l'argent. C'était bien du temps encore perdu devant une seule place; l'art des siéges, néanmoins, attestait quelques progrès : on commençait à lire les anciens, à imiter Jules César[6].

---

[1] Voy. le texte de ce traité dans Tronci, p. 330, dans les *Delizie*, XII, 306-342, et un long résumé dans Ammirato le jeune, VII, 365. Cf. Villani, X, 136; March. de Coppo, VII, 459.

[2] En décembre 1332, les Siennois, en querelle avec Pise, ayant demandé secours aux Florentins, ceux-ci refusèrent « per dubbio di loro mercatanzie ch'erano in Pisa ». D'où grande rancune des Siennois (Villani, X, 212). Cf. Ammirato, VII, 584.

[3] Il faut passer sur les détails, quelquefois curieux, de l'administration intérieure : mesures pour empêcher l'extrême familiarité avec les recteurs (2 août 1329. *Provvisioni*, XXV, 58-59 v°); interdiction du port de couteaux affilés, sauf les canifs « moderatorium ad temperandum pennas... unius semissi. *Ibid.* »; rétablissement des lois somptuaires, dont les femmes avaient arraché l'abrogation à la duchesse de Calabre. (Villani, X, 152; March. de Coppo, VII, 466; Ammirato, VII, 368.)

[4] Villani, X, 147; *Hist. miscell. di Bologna*, de Barth. de la Puglioia, mineur. R. I. S. XVIII, 355.

[5] 9 décembre 1329; Villani, X, 146.

[6] « ... Che si legge che fece Julio Cesare al castello da Liso (Alise) in Borgogna (Villani, X, 153). Cf. March. de Coppo, VII, 467; Ammirato, VII, 368.

Tous les efforts de Spinola échouent pour faire sa jonction avec les assiégés, et Montecatini devient pour les assiégeants un poste avancé[1]. Mais Lucques reste imprenable. Les pratiques avec les Quartigiani, les Pogginghi, les Avogadri sont déjouées et punies. Le château de Buggiano est traîtreusement livré par Teghia des Buondelmonti[2].

Faire l'*oste* s'imposait donc à l'impatience des Florentins. Rapidement réunis à Pistoia, l'expédition s'avança par le Val de Nievole. Le 5 octobre, elle s'emparait du Ceruglio, et successivement de Vivinaja, de Montechiaro, de San Martino in Colle, de Porcari. Le 10, elle était devant Lucques, à un demi-mille, entre les deux routes de Pistoia et d'Altopascio. Elle s'y fortifiait, suivant la nouvelle méthode, en s'entourant de fossés, en construisant des baraquements couverts de tuiles pour hiverner. Le 12, elle courut trois fois le *palio*, en représailles de cette injure faite par Castruccio à Florence ; la troisième fois, selon l'usage, ce furent les femmes de mauvaise vie qui donnèrent ce spectacle. On avait proclamé que quiconque y voudrait assister pourrait sortir de Lucques, et

---

[1] Villani, X, 157, 158; March. de Coppo, VII, 468; *Ist. Pist.*, R. I. S. XI, 459; Ammirato, VII, 369. L'acte de *sindacato* pour recevoir la soumission de Montecatini est du 11 août, la ratification du 13 (*Capitoli*, II, 41). Les conditions sont énumérées dans un acte du 17 septembre. Les habitants peuvent se donner de nouveaux statuts, mais avec l'approbation de Florence. Pour empêcher un accroissement démesuré, aucune personne qui n'est pas « originaliter oriunda » de Montecatini, ou qui n'y a pas pendant dix ans toujours habité et payé « datia et collectas », ne pourra acheter de biens immobiliers dans la ville ou le district, à peine de nullité et de 500 livres d'amende pour le vendeur comme pour l'acheteur. Toutes les aliénations faites depuis quinze ans sont déclarées nulles. (Doc. des arch. tosc. *I Capitoli di Firenze*, I, 72, 73.)

[2] 19 septembre 1330. Villani, X, 165; March. de Coppo, VII, 470; Ammirato, VII, 371.

Villani affirme qu'il en sortit beaucoup de monde, ce qui témoigne d'un patriotisme bien affaibli[1]. Deux cents cavaliers allemands profitèrent de l'occasion pour passer aux Florentins. Le capitaine de ceux-ci ne sut pas ou ne voulut pas profiter de ses avantages. C'était un exilé lucquois, Alamanno des Obizi. Loin d'autoriser aucun *guasto*, il permit d'ensemencer la plaine dans un rayon de six milles. Accusé de vénalité, on le remplace par un écuyer d'Agobbio, Cantuccio des Gabbrielli, sans autre mérite que d'être un guelfe résolu[2]. Cantuccio arrive au camp dans les premiers jours de 1331[3]; il y veut agir en podestat, avec l'arrogance de sa race, et mettre à mort, pour une peccadille, un mercenaire bourguignon. Il en avait six cents dans son armée, qui se soulèvent contre lui pour délivrer leur compatriote : le feu mis aux baraquements consume en quelques heures le camp tout entier. La haine des Allemands pour les Bourguignons sauva seule le capitaine. Si les Lucquois avaient prêté main forte aux mutins, c'en était fait de l'armée florentine. Mais un mois de blocus, en les mettant à la ration, avait épuisé leurs forces, comme leurs courages. Spinola sentant Lucques lui échapper, le marchand reparaissait sous le seigneur : il ne pensait plus qu'à ravoir son argent. Contrecarré dans ses pratiques secrètes avec les Florentins par ses sujets qui en nouaient de leur côté[4], il imagine de livrer Lucques à un prince capable

---

[1] Villani, X, 166.
[2] Villani, X, 166; March. de Coppo, VII, 471; Ammirato, VII, 371.
[3] Villani dit le 10 janvier; Ammirato corrige en disant le 15.
[4] Villani avait été commis à ces négociations. Les Lucquois proposaient de payer aux Florentins qui s'étaient rachetés de Castruccio les cent mille florins de leur rançon. Ceux qui n'en auraient pas profité préféraient traiter

de la défendre, et fixe son choix sur le roi Jean de Bohême, fils d'Henri VII de Luxembourg.

Il aurait pu moins bien choisir. Brillant chevalier, de belle figure, quoique borgne, de parole facile, quoiqu'il ne sût pas lire[1], tout français par la légèreté comme par la bravoure, par la grâce et les manières ouvertes comme par la galanterie, toujours en voyage par goût du plaisir, des fêtes, des tournois, sans ambition, sans le moindre désir d'augmenter ou même de gouverner ses États, Jean de Bohême ne faisait ses preuves qu'au service d'autrui. On l'avait vu porter Louis de Bavière sur le trône impérial et l'y maintenir, lui assurer le gain de la bataille de Muhldorf, et, pendant qu'il venait en Italie, la tranquillité de l'Allemagne; le réconcilier avec les ducs d'Autriche et solliciter pour lui l'absolution pontificale[2]; courir au secours de l'ordre teutonique en Prusse et perdre un œil dans cette campagne. Aux derniers mois de l'année précédente, il était venu dans le Trentin briguer pour son fils la main d'une riche héritière, fille du duc de Carinthie et de Tyrol, jadis son rival à la couronne de Bohême[3]. Les Brescians, placés entre les seigneurs de Milan et ceux de Vérone comme entre l'en-

avec Spinola, ce qui fit tout manquer. Voy. Villani, X, 171; March. de Coppo, VII, 475, 476; Ammirato, VII, 372.

[1] Voy. le texte probant dans Sismondi, III, 418.

[2] Voy. *Historia duorum priorum familiæ Lucebourg imperatorum Reinerii Reineccii Steinhemii.* P. II. Helmstadt, 1585. *Epitome rerum Bohemicarum auctore Boluslao Balbino,* l. III, c. 17, p. 316, 323, 325, cités par Sismondi, III, 418, et Boehmer, *Reg. imp.*, 1324-1330.

[3] *G. Merulæ Hist. mediol.*, l. III, R. I. S. XXV, 119; Schmidt et Olenschlager, cités par Sismondi, III, 419. On sait que son fils épousa Blanche de Valois, sœur de Philippe VI, roi de France, et sa fille, plus tard, Jean le Bon. Lui-même, en secondes noces, il prit pour femme Béatrix de Bourbon.

clume et le marteau, l'avaient sollicité d'une protection vainement demandée à Philippe de Valois, à Robert de Naples, à Bertrand du Poïet. Pour soutenir ces guelfes en pays si gibelin, il fallait un prince aventurier, n'ayant rien à ménager pour lui-même. Jean était l'homme du rôle ; dans le principe, il y réussit : il apaise les partis, rappelle les exilés, décide Mastino de la Scala, tyran de Vérone et neveu de Can grande, à retirer ses troupes. Ce succès rend l'exemple de Brescia contagieux : Bergame, Crémone, Pavie, Verceil, Novare, Parme, Reggio, Modène demandent au roi les mêmes services. Azzo Visconti ne s'appelle plus que son vicaire ; il lui offre la seigneurie de Milan[1], et Gherardino Spinola celle de Lucques.

Les Florentins ignoraient encore cet obstacle nouveau qui se dressait entre eux et leur but, quand ils virent arriver chez eux, le 12 février 1331, une ambassade de ce pacificateur de profession, laquelle, « avec de belles paroles, avec des promesses de paix et d'amour », les invita de sa part à lever le siége d'une ville qui désormais lui appartenait, et à conclure avec lui une trêve[2]. Florence se tint en garde contre ce charmeur : en lui elle voyait le fils de son ancien ennemi, et le soupçonnait d'en reprendre hypocritement les desseins. Il fut sèchement répondu, en plein conseil, que l'armée était devant Lucques par ordre de l'Église comme du roi Robert, et qu'elle ne pouvait s'en éloigner.

[1] *Malvecii Chron. Brix.* Dist. VII, c. 67 sq. R. I. S. XIV, 1000-1002 ; A. Dei, R. I. S. XV, 88 ; Villani, X, 148 ; *G. Merulæ Hist. mediol.*, l. III, R. I. S. XXV, p. 119 ; *Chron. modoet.*, III, 43. R. I. S. XII, 1160. — S. et P. de Gazata, *Chron. Regiense*, R. I. S. XVIII, 45, 46 ; *Ann. mediol.*, c. 105. R. I. S. XVI, 706 ; Joh. de Bazano, *Chron. mutin.*, R. I. S. XV, 592 593 ; Bonif. de Morano, *Chron. mutin.*, R. I. S. XI, 118-125.

[2] Villani, X, 171.

C'était la guerre ; mais d'offensive elle devenait défensive. Pleine d'une juste défiance envers ses capitaines précédents, Florence les remplace par Bertrand de Baux — Beltramone ou le grand Bertrand, comme on l'appelait, — qui sortait des prisons de Lombardie avec un renom d'homme de guerre, quoiqu'il ne fût point heureux. L'armée étant affaiblie par le désordre et la désertion, Beltramone la ramène sur les hauteurs de Vivinaja (25 février). Le siége était levé. Aussitôt pénètre dans Lucques le maréchal de Jean avec huit cents cavaliers. Il en chasse le Génois sans lui payer le prix convenu, et, sur ses plaintes, produit une lettre surprise qui atteste sa trahison[1]. Puis, il marche sur l'armée ennemie qui continue son mouvement de retraite, le laissant pénétrer jusqu'à Greti, sur le territoire florentin[2].

L'heure semblait critique. Jean XXII désavouait le roi de Bohême[3], mais par pure dissimulation[4]. Le 16 avril, sur les rives de la Scoltenna, entre Modène et Bologne, ce prince et le légat Du Poïet se baisaient sur la bouche dans une entrevue secrète, et, le lendemain, dînaient ouvertement ensemble au château de Piumaccio. Quel était le dessein du légat et celui du saint siége ? Florence les accusait de vouloir conquérir la Lombardie et la Toscane avec l'appui des rois de France et de Bohême. Mais rien n'était moins prouvé. L'incertitude régnait

---

[1] Villani, X, 171 ; March. de Coppo, VII, 479 ; Ammirato, VII, 374 ; Cianelli, *Mem. e doc.*, I, 267. — Jean de Luxembourg, roi de Bohême et de Bologne, et Charles, son fils aîné, seigneurs de Lucques. 16 mars 1331 ; 5 octobre 1333. Arch. lucq. *Curia de' Rettori. Invent.* I, 94.

[2] Villani, X, 172 ; March. de Coppo, VII, 480 ; Ammirato, VIII, 376.

[3] 28 janvier, 8 février 1331. *Capitoli*, XVI, 9.

[4] « Tutto fu dissimulazione del papa e del legato ». (Villani, X, 173.)

partout. Tandis que le cardinal Orsini, légat en Toscane, frappait la République d'un interdit qui pesait sur elle dix-neuf mois, pour une misérable querelle au sujet d'une cure vacante[1], le souverain pontife l'exhortait à se rapprocher de Robert contre Jean de Bohême[2]. Les armes de ce dernier étaient victorieuses à Barga en Garfagnana (6 juin) et devant le château d'Uzzano (juillet)[3]; mais déjà il était reparti pour l'Allemagne[4]. On ne savait pas qu'après y avoir dissous la coalition formée contre lui par l'ingrat et jaloux Bavarois, il se rendait à la cour de France et à celle du pape, pour les gagner à ses projets sur l'Italie. Quant à son fils Charles, laissé en Lombardie avec huit cents chevaux, il était trop jeune pour qu'on le pût beaucoup redouter[5].

Aussi voit-on, dans ce temps de récoltes non moins riches que les précédentes étaient pauvres[5], Florence commander les portes de bronze du Baptistère, œuvre capitale pour laquelle Villani fut un des commissaires de Calimala, et reprendre les travaux de Santa Reparata, interrompus par la guerre[6]. La confiance universelle s'accroissait encore par la naissance de deux lionceaux qui grandissaient à plaisir, ce qui ne s'était jamais vu hors de l'Afrique, et contrastait avec la mort de ceux que

[1] Celle de S. M. Impruneta, à six milles de Florence. 10 mai. Villani, X, 180; March. de Coppo, VII, 483; Ammirato, VIII, 377.
[2] Villani, X, 178; March. de Coppo, VII, 482; *Ist. Pist.*, R. I. S. XI, 462; Ammirato, VIII, 376; Ghirardacci, l. XXI, t. II, p. 99.
[3] Villani, X, 183; March. de Coppo, VII, 484; Ammirato, VIII, 377.
[4] Les auteurs italiens le font partir le 2 juin; mais le 10 juillet, il était encore à Pavie. Le 15 du même mois, il est à Chuffstein. Voy. Boehmer, *Reg. imp.*, 1331.
[5] Villani, X, 181, 195; Ammirato, VIII, 377; *Epitome Rer. Bohem.*, l. III, c. 18, p. 334, 336, cité par Sismondi, III, 423.
[6] Villani, X, 194.
[7] Villani, X, 176, 194; March. de Coppo, VII, 484; Ammirato, VIII, 376.

Venise essayait d'élever. Comment un peuple superstitieux n'aurait-il pas vu dans ces incidents significatifs le présage certain d'un heureux avenir[1]?

De fait, c'est le moment où se multiplient, en Toscane, les soumissions des villes. La prise de Montecatini[2] a donné le signal. Castelfranco *di sotto*, c'est-à-dire du Val d'Arno inférieur, y répond deux mois plus tard (2 octobre 1330). Le podestat de cette place, Giotto Peruzzi, un Florentin, convoque un parlement auquel interviennent « plus de la moitié des habitants », en tout deux cent cinquante, et qui décide de reconnaître la seigneurie de Florence. L'acte officiel allègue les affinités de Castelfranco avec les ennemis et rebelles de la dite commune et de l'Église, les discordes qui la déchirent, sa faiblesse qui l'empêche de vivre en paix et de se défendre elle-même[3]. Le podestat sera toujours un *popolano* florentin, élu pour six mois. Son pouvoir s'étendra sur le civil comme sur le criminel. On appellera de ses arrêts au juge des appels à Florence. C'est à Florence qu'on jugera tout délit où un Florentin sera intéressé. Naturellement, la République ne paiera aucun droit sur ses marchandises : c'est l'article essentiel du traité[4].

---

[1] 25 juillet. Villani, X, 185.
[2] Voy. plus haut, même chap., p. 161, 162.
[3] « Attendentes et considerantes quod propter affinitatem quam ipsum comune et terra habent cum inimicis et rebellibus S. Matris Ecclesie et comunis Florentie, et etiam ipsorum, et propter defensionem, divisionem, brigas et discordias que sunt inter homines et personas dicti comunis, et propter multas alias evidentes causas et rationes, ipsum comune et terra et homines ipsius non possunt neque possent se manutenere in bono, pacifico et tranquillo statu, nec se tueri et defendere a predictis rebellibus et inimicis ipsorum et S. Matris Ecclesie, sine aiutorio, consilio, defensione, protectione et tuitione com. Flor. » (*I Capitoli di Firenze*, I, 78.)
[4] *Ibid.*, p. 79.

Le lendemain même de l'heureuse naissance des lionceaux (26 juillet), cinq cents cavaliers partis de Florence et trois fois autant de fantassins « couraient Pistoia », appelés par les Panciatichi, les Gualfreducci, les Muli, qui tous, quoique gibelins, « aimaient à bien vivre[1] ». Malgré les Cancellieri, guelfes rétablis par les Florentins dans leur patrie, mais jaloux de l'indépendance ou plutôt de la domination[2], un conseil fut tenu, qui, « ne pouvant faire autre chose[3] », donna, par 242 voix contre 14, à leur puissante voisine la seigneurie pour un an. Six mois à peine écoulés (8 janvier 1332), se trouvant bien traités, maintenus en paix et sans charges pécuniaires, les habitants devaient prolonger de deux ans la balie florentine, nonobstant la rubrique de leur statut *De libertate civitatis et comitatus Pistorii observanda*[4]. Il n'y a plus alors que 69 voix pour et 8 contre; c'est que voter semble moins nécessaire devant un fait accompli et généralement approuvé: dans l'intervalle, le 14 septembre, les *contadini*, satisfaits du régime nouveau, mettaient à mort Filippo Tedici, qui avait voulu tenter un coup de main[5].

C'était donc pour Florence une véritable prise de possession. Elle eut désormais dans Pistoia un podestat, un capitaine de garde, un conservateur de la paix, douze *buonuomini popolani*, pour surveiller les *anziani* ou prieurs, institutions prévoyantes qui furent introduites

---

[1] C'est-à-dire mener une vie non troublée, régulière.

[2] « Volevano rimanere liberi per volere tiranneggiare la terra ». (Villani, X, 186.)

[3] « Non potendo altro ». (Villani, X, 86). Voy. l'acte dans *I Capitoli di Firenze*, I, 4.

[4] *Ibid.*, I, 8, 9.

[5] Villani, X, 191; March. de Coppo, VII, 488; Ammirato, VIII, 378.

dans chacune des villes acquises, sans préjudice d'une bonne forteresse[1]. Plusieurs fois, Pistoia, heureuse de son sort, confirma sa soumission[2], bientôt imitée de Seravalle[3], de Santa Croce[4], de Monsummano[5], de Montevettolino[6], de Fucecchio[7]. Quelquefois, le regret de l'indépendance

---

[1] Villani, X, 186; March. de Coppo, VII, 487; Ammirato, VIII, 377-380. — On peut lire dans les *Delizie* (XII, 153) les noms des officiers préposés à la garde de Pistoia.

[2] Elle devait la confirmer plusieurs fois encore : le 16 août 1333 pour deux ans ; le 30 janvier 1335 pour quatre ; le 6 mai 1351 pour quinze. Pistoia recevra 200 chevaux et 500 *pedoni*. Il y aura deux capitaines, l'un nommé par elle, l'autre par Florence (*I Capitoli di Firenze*, I, 9-11). Voy. aux arch. de Flor. *Capitoli*, XXXIV, 56-77.

[3] Villani, X, 186.

[4] 15 octobre. *I Capitoli di Firenze*, I, 82, 83 ; Arch. flor. *Capitoli*, II, 97. L'acte définitif est du 4 décembre.

[5] 30 octobre, par 206 personnes, les trois quarts des habitants. « Quod cum ipsa terra, castrum, homines et persone de Montesummano, occasione presentis guerre vigentis inter comune et terram de Montesummano et partem guelfam ex parte una, et comune Lucanum et partem ghibellinam hostem, inimicam et emulam S. Matris Ecclesie, ex parte alia sint in magna guerra, et eorum negotia gerere non possint, et timeant se non posse a dictis inimicis Lucanis et ghibellinis defendi et se tueri, nisi Florentinorum posse et fortia defendantur et se tucantur, et velint et cupiant per comune et populum Florentinum defendi pro viribus et ad ea posse, et ad hoc ut comune et populus florentinus libentius predicta faciant, et ea facienda merito et debito teneantur... Examinatis singulariter ad vocem, clamaverunt omnes et dixerunt : Fiat, servetur et executioni mandetur. » — Suivent les noms des 206 personnes présentes. (*Ibid.*, I, 70-71.)

[6] 1ᵉʳ novembre, par 347 personnes, l'unanimité des citoyens présents. — *Capitoli*, II, 93 ; *I Capitoli di Firenze*, I, 69. Le 4 novembre, dans *Deliberazioni de' signori e collegi*, n° L, f° 9. Mais il y a presque toujours plusieurs actes pour le même fait. Ainsi, pour Montevettolino et Monsummano, on en trouve un le 22 novembre suivant. Voy. *Capitoli*, II, 27, 30.

[7] 11 novembre, par 84 personnes contre 6... « Approbatores et ratificatores consiliorum et reformationum com. Ficiechi continentium expendium et expendia pro dicto comuni, pro tollendis et sedandis discordiis hominum dicte terre et eorum defensione et aliis causis utilibus ipsi comuni » (*I Capitoli di Firenze*, I, 80, 81). Le 4 décembre suivant, la soumission de Fucecchio était définitivement consentie aux mêmes conditions qu'à Castelfranco. Voy. plus haut, p. 232 (*Ibid.*, p. 82). Cette ville ne devait accorder à Florence le *merum et mixtum imperium* que le 23 mars 1350.

retardait la soumission ; Montopoli faisait attendre la sienne jusqu'au 29 février 1348, et, même alors, cette commune se bornait à confier pour dix ans la garde de sa *rocca* aux Florentins[1].

Mais à partir de ce moment, l'impulsion donnée s'accélère et ne se ralentit plus[2]. L'habile gouvernement de Florence était vraiment protecteur au dehors, sans tourner à la tyrannie. Aussi le sort des villes qui se donnent, fût-ce provisoirement, est-il définitif. Au seizième siècle, Pistoia était administrée comme au quatorzième : cent fantassins gardaient la forteresse; trois cents recevaient une solde des habitants[3]. Une certaine part était laissée à l'autonomie, tout au moins en apparence : Carmignano, soumis dès le 30 août 1334, accordait encore, le 30 novembre 1335, à « l'ambassadeur de Florence », *pro bono unionis et pacis*, pleine balie pour réformer cette « terre[4] ». C'est que les modestes progrès de la domination florentine étaient autrement difficiles que les progrès si considérables de la domination vénitienne : dans la moindre bourgade de Toscane, dit l'historien Guicciardini, l'amour de la liberté avait poussé de trop profondes racines pour qu'on n'y fût pas ennemi de la grandeur des Florentins[5].

L'impossibilité de se défendre contre des voisins redoutables tels qu'ils l'étaient, tels que l'étaient auprès d'eux Arezzo, Sienne, Pise et Lucques même, n'en contraignait pas moins les faibles et les petites communes au même

[1] *Ibid.*, I, 84, 85.
[2] Voy. le registre XXVII des *Capitoli*, presque à toutes les pages, et la publication déjà citée, *I Capitoli di Firenze*, I, 82, 105, 191 sq., etc.
[3] Ammirato, VIII, 379.
[4] *I Capitoli di Firenze*, I, 44, 45.
[5] Guicciardini, *Ricordi politici*, n° 353, cité par G. Capponi, I, 187.

sacrifice qu'avaient consenti jadis les nobles de la campagne, possesseurs de châteaux[1]. Déjà, sous le nom d'alliées, elles étaient à moitié sujettes, car elles n'auraient pu refuser une des alliances qu'on leur imposait. Elles cessèrent d'avoir la liberté du choix, ou plutôt elles l'aliénèrent en faveur de la ville la moins tyrannique, la plus secourable, et en même temps la plus réservée, qui savait ne franchir ses frontières, en temps de paix, qu'autant qu'elle en était requise[2]. Les plus récalcitrants hobereaux suivaient leur exemple. Dans le Mugello des Ubaldini, la République, défiante à bon droit de leur humeur inquiète et mobile, jetait, pour la fixer, les fondements d'une ville qu'on appela Firenzuola ou petite Florence, sur la proposition de Villani (8 avril 1332). C'est ainsi qu'à l'entrée de ces montagnes ce peuple avait déjà fondé Scarperia. On traçait un quadrilatère que deux rues coupées en croix divisaient en quartiers. Le point d'intersection formait une place au milieu, et, à ses deux extrémités, chacune des quatre rues était fermée par une porte. Telle avait été la forme primitive de Florence même, imitée des anciens camps romains[3]. Pour peupler ces villes nouvelles, on accordait aux colons la franchise de dix années, avec le statut florentin plus ou moins modifié[4].

---

[1] Voy. t. I passim, et notamment p. 165 sq.
[2] Ainsi le 9 janvier 1332, Pise demandait secours à Florence contre une attaque des exilés pisans, soutenus par l'évêque d'Aleria en Corse, les Parmesans, les gibelins de Gênes et les Lucquois. Voy. Villani, X, 198; March. de Coppo, VII, 489; Ammirato, VIII, 379.
[3] G. Capponi, I, 191.
[4] Villani, X, 201; March. de Coppo, VII, 490; Ammirato, VIII, 380. On peut voir dans les *Delizie degli eruditi toscani* (XII, 343) un fragment du premier statut de Firenzuola. Le 4 novembre 1336, on nommait six *popo-*

Ce procédé d'agrandissement, Gino Capponi l'a remarqué, c'est celui de Rome et de la Grèce[1]. Mais l'indépendance des petites communes inspire à cet auteur des regrets peu mérités. Elle est la condition des sociétés dans l'enfance; elle ne saurait donc être durable, et elle n'est pas un bien. Son horizon étroit, ses ressources trop limitées ne sont pas compatibles avec les progrès de la civilisation. Comme l'inégalité est la loi des cités non moins que des personnes, arrive un jour où celles qui ont pris les devants amènent les retardataires à graviter dans leur orbite, à vivre de la vie d'autrui et à en profiter.

Qu'on ne voie point dans ces paroles une immorale justification de la conquête. Il y a des assimilations odieuses, parce qu'elles sont forcées, contraires à la nature des choses et à la volonté des gens; mais il y en a de naturelles, de légitimes, parce qu'elles répondent à un besoin reconnu de ceux qui les consentent. Les provoquât-on comme faisait Florence, qu'importe, si la violence n'y a point de part, si l'entraînement est général, si la sagesse des nouveaux maîtres ôte tout regret d'un fantôme d'indépendance, dans des pays toujours en armes! Ce sacrifice est-il beaucoup plus grand et plus fâcheux que celui des hommes primitifs, quand, pour la première fois, ils se constituèrent en société, sous un chef? Leur union a fait la cité; l'union des cités, l'État; et qui peut dire qu'un jour ou l'autre l'union des États ne constituera pas une confédération

---

lani, un par *sesto*, pour la construction et l'achèvement de cette ville. (*Provvisioni*, XXVIII, 106.)

[1] *Stor. di Fir.*, I, 187.

large, qui, raréfiant la guerre, protégera les intérêts de tous?

Si Florence avait pu ne pas porter ses regards au delà des Apennins, elle aurait pu se croire assurée de quelque repos. Mais elle craignait Louis de Bavière et Jean de Bohême; elle s'indignait de voir entre ce dernier et le légat de Lombardie une alliance monstrueuse. Leur conduite dictait la sienne. Puisque le représentant du pape, chef des guelfes, s'alliait à un prince gibelin, fils d'Henri VII, ne devait-elle pas se rapprocher d'autres gibelins, tout ensemble pour les diviser et pour s'approprier leurs forces? Son zèle guelfe n'avait rien du fanatisme; il était tout politique : on l'avait vue, devant Barga, se joindre au marquis gibelin Spinetta[1]. Les vieilles dénominations subsistaient encore; mais elles ne désignaient plus rien de précis, et personne ne s'y croyait asservi.

En « ôtant de la bouche » aux Florentins le friand morceau de Lucques[2], Jean de Bohême avait ravivé les souvenirs encore cuisants de son père. En accroissant les domaines de l'Église, le légat Du Poïet menaçait d'envelopper la Toscane. Les guelfes toscans étaient donc dans leur rôle, comme les gibelins lombards dans le leur, quand ils opposaient à cette alliance une alliance non moins imprévue[3]. Un prince qui tendait la main tout

---

[1] Juillet, septembre 1332. Le 15 octobre, Barga se rendait aux Lucquois. Voy. Villani, X, 204; March. de Coppo, VII, 492; Ammirato, VIII, 383.

[2] Muratori, *Ann. d'Ital.*, 1332.

[3] G. Capponi (I, 181) qualifie cette alliance des Florentins avec les gibelins d'imprévoyante entre ennemis. Il nous semble, au contraire, qu'elle était très-politique et rendue nécessaire par les circonstances. Tel paraît être aussi le sentiment de M. Atto Vannucci. Voy. son ouvrage, *I primi tempi*, etc., p. 342.

ensemble à l'empereur et au pape, qui acquérait des villes qu'on le savait disposé à ne pas conserver, était suspect de les vouloir donner à l'un ou à l'autre, d'agrandir outre mesure les domaines de l'Église et de rappeler en Italie l'héritier des Césars germains. La guelfe Brescia donna l'exemple de rompre avec les traditions de parti. Elle ouvre ses portes à Mastino de la Scala, un gibelin qui arrive (14 juin) au cri, singulier dans sa bouche, de : « Meurent les gibelins et le roi Jean ! » Bergame fait de même, et, le 16 septembre, est conclue à Ferrare une ligue entre les seigneurs de Vérone, de Milan, de Mantoue, de Ferrare, le roi Robert et la commune de Florence[1]. Avec trois mille cavaliers, dont sept cents devaient être fournis par les Florentins[2], avec trois mille fantassins, les alliés promettaient de conquérir ensemble Crémone et Borgo San Donnino pour les Visconti, Parme pour les seigneurs de Vérone, Reggio pour ceux de Mantoue, Modène pour ceux de Ferrare, Lucques pour la commune de Florence. Comme le roi Jean résidait volontiers à Lucques, Florence fut autorisée à retenir en Toscane trois cents des cavaliers de son contingent. La ligue restait ouverte aux autres villes de la province. Le capitaine de l'armée devait être désigné par la commune ou le seigneur dont elle occu-

---

[1] *Capitoli*, XXXII, 125; *Cortusiorum Hist.*, l. V, c. 2, R. I.S. XII, 856 ; Villani, X, 203; March. de Coppo, VII, 491.

[2] Les chiffres de Villani et d'Ammirato le jeune ne sont pas tout à fait les mêmes, mais ce dernier a vu les documents, comme on peut s'en assurer par l'examen d'un fragment que publie Ildefonse de San Luigi ; on y voit les noms des syndics pour la conclusion de cette ligue (note à la rubr. 491 de March. de Coppo). Le total est de 3450 chevaux : Scaligeri, 1200; Visconti, 800; Florentins, 700 ; Este, 500; Gonzague, 200 ; Côme, 100; Pavie, 100; évêque de Novare, 50. (Ammirato, VIII, 582.)

perait le territoire[1], mesure sage, propre à donner aux hommes d'armes un chef qui eût la pratique des lieux.

Les contemporains tiennent cette ligue pour monstrueuse; Villani reconnaît toutefois que beaucoup l'approuvèrent, et même qu'elle fut alors le salut, car il dit que le légat voulait soumettre Florence comme il avait fait Bologne, et il prétend que des lettres saisies constatèrent ce dessein[2].

Des hostilités languissantes au début faisaient mal augurer de la campagne. Tandis que Charles, fils de Jean, guerroyait en Lombardie[3], ce prince continuait de courir le monde. Il mariait sa fille, dont cinq princes se vantaient d'avoir obtenu la main, à l'héritier présomptif de Philippe de Valois[4]. Il venait en terre d'Avignon, où le pape lui faisait « un grand assaut de paroles et de menaces[5] », mais par pure comédie, puisque à Philippe de Sanguinède, alors maréchal de Provence, il défendait de l'inquiéter[6]. A la fin de janvier 1333, on

---

[1] Ammirato le jeune, VII, 382.

[2] « Mutazione di suolo... da cui fu lodata e da cui fu biasimata, ma certo ella fue allora lo scampo della città di Firenze e la consumazione del Re Giovanni e del legato (Villani, X, 203)... La maggiore volontà che il legato avesse era che i Fiorentini gli si dessono come i Bolognesi, e ciò ch' egli adoperava col Re Giovanni era a questo fine, e ciò si trovò veramente per lettere trovate delli loro esordii e trattati, e però non fu follia se i Fiorentini s'allegarono col loro minore nemico per contastare al maggiore e più possente » (Villani, X, 214).

[3] Villani, X, 207, 209, 210; Gazata, *Chron. Regiense*, R. I. S XVIII, 47.

[4] Voy. leurs noms dans Sismondi, III, 426, note 1.

[5] Villani, X, 211.

[6] *Ibid.* Villani prétend (X, 228) que si le pape se montra complaisant aux prétentions de Jean de Bohême sur l'Italie, c'est qu'il était en querelle avec le roi de France sur la fameuse question de la vision béatifique des âmes bienheureuses avant ou seulement après le jugement dernier. Mais l'accord du légat avec ce prince aventurier montre bien que là n'était pas le véritable motif. Voy. sur cette question théologique Villani, X, 228; Pé-

le voyait à Turin, muni de cent mille florins d'or, qu'il avait empruntés, dit-on, au roi de France, et accompagné de huit cents cavaliers, fleur de la noblesse d'outremonts [1]. Pétrarque, dans son patriotisme, en poussait un poétique cri de douleur [2].

Des deux parts les actes répondaient mal aux paroles. L'hypocrisie était sur tous les visages, le mensonge sur toutes les lèvres. Au légat qui l'invitait, pour la désarmer, à rompre une ligue impie avec les ennemis de l'Église, Florence répondait qu'elle n'avait rien fait sans l'approbation du pape et de Robert [3]. Elle restait si résolue à poursuivre, que, ne pouvant acheminer par Bologne ni Parme les quatre cents cavaliers qu'elle envoyait au secours du marquis d'Este, fait prisonnier par le légat, elle les dirigeait par la mer et par Gênes vers Milan et Vérone (2 mars). Il pouvait y avoir danger à dégarnir la Toscane; mais Robert qui avait des scrupules à combattre en face un légat, n'en avait point à seconder ceux qui le combattaient. Son contingent vint remplacer, à la frontière de Lucques, les cavaliers de Florence qui partaient pour le Nord [4]. Il y a toujours eu avec le ciel des accommodements.

Dans la défense de Ferrare qu'assiégeaient les armes de l'Église, les Florentins, s'il en faut croire leurs auteurs, s'illustrèrent par leurs prouesses [5]. En revenant

---

trarque, *Famil.* II, 12, et les notes de Fracassetti, édit. ital., I, 393; Sismondi, III, 439; Fleury, l. XCIV, c. 33; Rohrbacher, XX, 230.

[1] Villani, X, 113.

[2] *Epist. Petrarch.*, l. I, ép. 3; éd. de Bâle, 1581, p. 78, 79, à la suite des œuvres en prose. Sade a traduit ce passage (I, 197), et Sismondi l'a reproduit (III, 483).

[3] Villani, X, 214; Ammirato, VIII, 385.

[4] Villani, X, 215; March. de Coppo, VII, 494; Ammirato, VIII, 395.

[5] Villani, X, 216, 217; Ammirato, VIII, 386.

de Lombardie, comme en revenant des Croisades, on pouvait exagérer le vrai et même inventer le faux. Ces illusions de l'amour-propre étaient accueillies par une population à l'esprit fin et critique, qui savait pourtant bien que, sous ses yeux, ceux qu'elle envoyait à la guerre n'y brillaient point par l'esprit guerrier et ne s'illustraient que par des échecs. Durant tout le mois de mai, pour les fêtes du printemps, on ne vit que promenades de citoyens la tête ornée de guirlandes, que danses joyeuses, que festins dispendieux. Dans la *via ghibellina*, une compagnie d'artisans vêtue de jaune, et au *Corso de' tintori*, une autre vêtue de blanc, conduisaient ces réjouissances. Chacune avait son roi. Huit ambassadeurs des plus grandes familles partaient pour Naples, où l'on célébrait les noces d'André de Hongrie avec Jeanne, petite-fille de Robert. Ils étaient accompagnés de cent cinquante personnes, portant toutes même costume. Ces marchands rivalisaient de faste avec les barons napolitains, les plus fastueux seigneurs de toute l'Italie[1].

Florence, au demeurant, avait sujet de se réjouir : tout allait mal pour le roi de Bohême. Non-seulement il n'avançait point, mais encore il était réduit à conclure une trêve avec ses ennemis (19 juillet)[2]. Son seul allié, le légat, se défiait de lui. Ne sachant à qui s'appuyer, il se réduisait au métier de brocanteur. Il extorque quinze mille florins à Lucques, qui lui échappe, et il en négocie la vente avec Florence, avec Pise, avec les Rossi de Parme, qui savent y mettre le prix. Pour trente-cinq mille florins, il leur engage cette malheu-

---

[1] Villani, X, 218; March. de Coppo, VII, 495; Ammirato, VIII, 389.
[2] Ces ennemis étaient, dit le document, Robert, Florence, les seigneurs de Lombardie et leur suite. (*Capitoli*, XXXII, 79.)

reuse ville, dépeuplée par la tyrannie plus encore que par la guerre[1]. Pressé d'en finir et de quitter l'Italie, le mobile Jean vend Parme, Reggio, Modène, Crémone, envoie son fils gouverner la Bohême et retourne lui-même à Paris, pour y briller dans les fêtes et les tournois (15 octobre). Son rôle de conquérant ou de pacificateur était fini, et, sauf au début, il l'avait fort mal joué. Les souvenirs encore récents du passé l'avaient seuls fait paraître redoutable. Louis de Bavière et Jean de Bohême n'étaient, après Henri VII, que des fantômes d'envahisseurs[2].

Il fut heureux pour Florence que son ennemi s'éloignât, car elle n'avait pas trop de toutes ses forces pour lutter contre le fléau qui l'allait accabler. Le 1er novembre, une pluie diluvienne commença de tomber sur la Toscane et sur toutes les vallées de l'Apennin. Elle dura quatre jours et quatre nuits sans interruption. On n'avait pas vu la pareille, selon Andrea Dei, depuis le temps de Noé[3]. Peut-être l'inondation de 1269 n'avait-elle pas été moindre; mais, depuis, on avait élevé, aux abords de Florence, des moulins et surtout des digues, pour ralentir le courant qui rongeait les piles des ponts. Le désastre en fut considérablement aggravé[4], car l'a-

[1] Elle ne comptait plus que 4458 citoyens en état de porter les armes. Beverini, l. VII, p. 886, ap. Sismondi, III, 428.
[2] Villani, X, 227; Ammirato, VIII, 588; Sismondi, III, 428.
[3] R. I. S. XV, 92.
[4] « Attendentes quod ex situ molendinorum et piscariarum existentium in flumine Arni... in tantum excrevit in altum alveus ipsius fluminis, quod... inundatio aquarum super advenit... (*Consigli maggiori della Rep. Provvisioni*, Reg. ann. 1333, ap. *Arch. stor.*, 3e série, 1873, p. 242). Villani est du même avis que les magistrats. — Antonio Lupicini, *Discorso sopra i ripari delle inondazioni di Fiorenza*, adressé à Ferd. I des Medici, et cité par G. Aiazzi, *Narrazioni istoriche delle più considerevoli inondazioni dell' Arno*, p. 93.

veugle force des eaux, contrariée dans son cours, brisait, emportait tout sur son passage. Éperdus, les Florentins ne savaient que sonner à pleines volées toutes les cloches de leurs églises, frapper à revers de bras, dans leurs maisons ou devant leurs portes, sur les chaudrons, les casseroles et tous les vases qui pouvaient imiter le son de l'airain. Ils poussaient de grands cris et demandaient à Dieu miséricorde. Tous les bruits se confondaient dans ce tumulte épouvantable. On n'entendait même plus la puissante voix du tonnerre.

Dès le 3 novembre, la plaine d'Arezzo et le Val d'Arno supérieur n'étaient plus qu'un immense lac. Le lendemain, les eaux du fleuve, grossies de celles de la Sieve qui couvraient le Mugello, renversaient un large pan de murailles au *Corso de' tintori*, et entraient dans la ville « à la manière d'une armée victorieuse [1] ». En un instant, elles fondaient les sels des gabelles, emmagasinés au château d'Altafronte [2]. Dans les rues transformées en canaux, elles envahissaient les maisons, et comme celles des pauvres n'avaient qu'un rez-de-chaussée, leur ruine était complète [3]. Il leur fallait s'enfuir sur les toits, établir des ponts d'une demeure à l'autre. Tous les ponts de la ville s'écroulent, sauf le pont Rubaconte, si endommagé, d'ailleurs, qu'on eut peine à le réparer. La chute du *Ponte vecchio* emporta les boutiques dont il était couvert, et les boutiquiers en furent réduits presque à la men-

---

[1] Ammirato, VIII, 339.
[2] *Provvisioni*, XXVI, 66 v°.
[3] Selon les auteurs, selon Villani, il y aurait eu deux brasses d'eau au *mercato nuovo* et au *mercato vecchio*, cinq dans la cour du palais du podestat. Comment ne pas croire à l'exagération ?

dicité[1]. La statue de Mars, qui se trouvait non loin de là, tomba dans l'Arno, présage mauvais entre tous. Dans ce chaos, dans ce désarroi universel, les officiers publics faisaient seuls preuve de quelque fermeté. Les gardiens des *Stinche* reçurent ordre de reléguer leurs prisonniers sous les toits, plutôt que de leur rendre la liberté pour sauver leur vie. Ceux-ci ayant essayé de fuir, les trois gardiens s'y opposaient par la force; mais ils ne purent empêcher onze de ces malheureux affolés de se jeter du haut en bas, au risque de trouver la mort dans leur chute[2].

Florence, on peut le dire, était sous l'eau. L'inondation avait rempli Santa Reparata et atteignait l'autel de San Giovanni, le milieu des fameuses colonnes de porphyre qui en ornent la porte principale. Après avoir tourbillonné partout, le torrent abattit un pan de mur du côté d'Ognissanti, et sortit, comme il était entré, par la brèche, rejoignant le fleuve qui entraînait à la mer meubles, bêtes et gens. Pise, plus basse que Florence, fut pourtant moins éprouvée. Le courant, avant de l'atteindre, se partagea en deux, se creusa le canal dit de l'Arnaccio qui débouche près de Livourne, tandis que l'autre moitié se frayait une autre issue à droite vers le lit du Serchio[3].

---

[1] Villani, XI, 1; March. de Coppo, VII, 497; Ammirato, VIII, 389; *Provvisioni*, XXVI, 76.

[2] Un de ces gardiens portait un ancien nom de Florence, Vanni des Mozzi. Tous les trois demandèrent plus tard à n'être pas punis pour ces mauvais traitements. Ils furent absous les 7 et 9 mars 1334. Parmi les onze fugitifs, trois citoyens de nom connu, un Infangati, un Rossi, un Agli. *Provvisioni*, XXVI, 54. (Voy. Alessandro Gherardi, *Alcune memorie storiche risguardanti l'inondazione di Firenze del* 1333. Arch. stor., 3ᵉ ser. 1873, 2ᵃ disp., p. 259-261.)

[3] *Frammenti d'anonimo pisano*, R. I. S. XXIV. 668.

Affranchie enfin du fléau, Florence en put mesurer l'étendue. Toutes les maisons étaient encombrées d'un limon fétide et d'immondices qui infectaient l'air. Les puits étaient corrompus ou détruits; on en dut creuser de nouveaux. Toutes les provisions, toutes les semences avaient été emportées ou gâtées. On constata la mort de trois cents personnes au moins : l'exagération populaire disait trois mille. Six mois durant, les diverses seigneuries s'employèrent à réparer tant de ruines, et les documents nous ont conservé la trace de leurs efforts.

Pour l'honneur du principe sans doute, les boutiquiers du *Ponte vecchio* se virent refuser décharge du loyer qu'ils devaient à la commune ; mais, à la fin, ils obtinrent une indemnité [1]. Les habitants du *contado* et du territoire, plus maltraités encore que ceux de la ville, furent dégrévés de dix sous par livre de l'*estimo*, c'est-à-dire des termes de janvier et avril suivants [2]. D'autres débiteurs de la commune purent échelonner leurs paiements de mois en mois [3]. Pour un temps furent suspen-

---

[1] *Provvisioni*, XXVI, 76. Les boutiques étaient louées pour trois ans, à partir du 1er juin 1334, au prix de trois mille livres payées d'avance. Les locataires demandaient à être remboursés de sept cents livres pour le temps qui restait à courir à partir du 4 novembre, jour de la chute du pont. Ils alléguaient qu'ils avaient emprunté pour payer, fait à leurs frais des réparations après les incendies, et qu'ils étaient réduits à la mendicité. On fit droit à leur requête. Les religieux de S. M. Novella, qui avaient eu beaucoup de dégâts, obtinrent comme indemnité deux pièces de terrain de 1500 et de 800 brasses carrées, touchant à leur couvent, qu'ils disaient de peu de valeur et dont la commune ne retirait aucun profit. (Doc. ap. Arch. stor., loc. cit. p. 258.)

[2] 12 et 13 novembre 1333. *Provvisioni*, XXVI, 55. Voy. en outre les provisions des 21 et 23 juillet 1334. Al. Gherardi, Arch. stor. loc. cit., p. 240-261, qui renvoie à Fineschi, *Istoria compendiata di alcune carestie e dovizie di grano occorse in Firenze, cavata da un diario manoscritto* (celui de Lenzi), et l'ouvrage déjà cité d'Aiazzi.

[3] 4, 5 février 1334. Arch. stor., loc. cit., p. 253, 254.

dus les droits d'entrée sur les comestibles, la farine, le pain cuit, l'orge, les châtaignes. Aux fermiers de gabelle, qui ne percevaient plus rien, il fallut, à leur tour, accorder une indemnité[1]. Les officiers de l'abondance étaient autorisés à payer sur les fonds de la commune quiconque amènerait à Florence ces mêmes denrées et d'autres, pour être vendues sur la place d'Or San Michele. Ils recevaient balie d'acheter aux prix, aux conditions qu'ils voudraient. Ainsi reparut l'abondance : les approvisionnements affluèrent de Pistoia, de Prato, de Colle, de Poggibonzi, de toutes les villes qu'avait épargnées l'inondation[2].

Entre le populeux quartier d'Oltrarno et ceux de la rive droite, il n'y avait plus de communications que par le pont Rubaconte ; on ne se contenta pas de construire sans retard des ponts volants[3] ; on établit un marché sur la place de Santo Spirito[4]. Les registres des officiers publics étaient gâtés ou détruits : on les récrivit[5]. Le 12 avril 1354, Giotto recevait mission de reconstruire les portes, les parties de murs et d'édifices écroulés, afin, dit la provision, que « ce maître, grand et cher à la ville, y pût trouver de l'occupation[6] ». La catastrophe

---

[1] 26 novembre 1333. *Provvisioni*, XXVI, 59 ; Al. Gherardi, *Arch. stor.*, loc. cit., p. 253.

[2] 12, 13, 26, 27 novembre 1333 ; Al. Gherardi, *Arch. stor.*, loc. cit., p. 249.

[3] Le 12 novembre, la seigneurie ordonnait de payer les bois employés à la construction de ces ponts (*Consigli maggiori della Rep. Provv.* ap. Gherardi, *Arch. stor.*, loc. cit., p. 244).

[4] 15 novembre. L'établissement de ce marché coûta 42 fl. d'or. (*Diario del Lenzi*, cité par Gherardi, *Arch. stor.*, loc. cit., p. 250, 251.)

[5] Ceux des biens des rebelles coûtèrent 40 fl. d'or (19 et 20 janvier 1334. *Provvisioni*, ap. *Arch. stor.*, loc. cit., p. 252.)

[6] La reconstruction des murs est décidée le 12 novembre. — « Magnus magister et carus reputandus in civitate materiam habeat in ea moram con-

coûtait à la commune, sans parler des pertes particulières, plus de deux cent cinquante mille florins d'or[1].

Moins habiles à préserver l'avenir qu'à réparer le passé, les prieurs et les maîtres florentins n'imaginaient pas qu'on pût enfermer un fleuve dans son lit à son passage dans les villes. Ils ne surent que mettre obstacle à l'érection des digues, moulins et simples pieux, à deux mille brasses en amont et quatre mille en aval, le pont de la Carraja, « l'endroit plutôt où il se trouvait[2] », servant de point de départ pour compter. Il était permis à chacun de détruire tous les travaux de ce genre qu'on viendrait à faire, et d'en emporter les matériaux. Il était enjoint au podestat et aux prieurs de recevoir les dénonciations à ce sujet, sans exiger aucune caution ou gabelle, et de juger l'affaire sommairement, sous peine de mille livres. L'amende était de deux mille pour qui ordonnerait un tel travail, de cinq cents pour qui l'exécuterait, payable dans les dix jours. Un retard dans ce paiement, et le coupable d'une infraction en amont aurait la tête tranchée ; il ne perdrait que la main pour une infraction en aval[3].

Le correctif à ces rigueurs draconiennes, c'est que les magistrats eux-mêmes autorisaient bientôt la violation de la loi. C'est ainsi que s'élevait la digue d'Ognissanti[4].

---

tinuam contrahendi. » Cette provision du 12 avril 1334 (*Provv.* XXVI, 84 v°) a été publiée par Gaye, I, 481, et par Baldinucci, *Notizie de' professori del disegno*, Fir. 1845, I, 39; Gherardi, *Arch. stor.*, loc. cit., p. 245.

[1] Villani, XI, 1.

[2] « Seu loco ubi consuevit esse pons Carrarie ». (*Provvisioni*, XX, 50 v°.)

[3] 12, 13 novembre 1333. *Provvisioni*, XXVI, 50 v°; *Arch. stor.*, loc. cit., p. 243.

[4] Voy. Targioni-Tozzetti, *Disamina d'alcuni progetti fatti nel secolo XVI° per salvar Firenze dalle inondazioni dell' Arno*. Fir. 1767, p. 12, cité par Gherardi, *Arch. stor.*, loc. cit., p. 243.

Mais les documents font foi que, dans les années suivantes, les diverses seigneuries ne perdirent jamais de vue cet important objet[1]. De cette désastreuse inondation l'on parlait au dehors non moins qu'à Florence. Robert écrivait aux Florentins (2 décembre) une longue lettre de consolations, pleine, selon le goût du temps, de citations et d'exemples de l'Écriture. Villani la trouve si belle qu'il la traduit en langue vulgaire et la publie dans son entier. C'était bien le moins que méritât « le plus grand philosophe couronné qui eût paru dans le monde depuis plus de deux mille ans[2]. » Des chroniqueurs étrangers disent que Florence était châtiée de ses péchés, et singulièrement du vice contre nature[3]. Les prieurs ne sont pas loin de croire qu'elle l'a été parce que les marchands se sont affranchis du bon usage de ne pas vendre dans la même boutique des draps étrangers et des draps indigènes[4]. La plupart sont convaincus que Dieu les punit d'avoir combattu l'Église[5]. De pieux

---

[1] Les 13 et 14 mars 1335, la défense d'élever moulins et digues était renouvelée presque dans les mêmes termes. Voy. *Arch. stor.*, loc. cit., p. 244.

[2] Villani, XI, 2, 3. Cette lettre ne tient pas moins de 15 pages dans l'édition in-8° de Milan.

[3] « Dictum fuit communiter per omnes quod hoc fuit judicium Dei propter magna peccata Florentinorum et maxime propter horrendum et ineffabile peccatum sodomiticum quod fortiter regnat in eis ». (*Matthæi de Griffonibus Memoriale historicum*, R. I. S. XVIII, 150). On aime à croire que cet auteur calomnie les Florentins, quand on le voit dire que le tiers d'entre eux périrent dans cette inondation. Au reste, membre de la famille bolonaise des Griffoni, il n'est pas contemporain tout à fait : il vivait en 1400 dans les emplois publics. (Notice de Muratori, p. 103.)

[4] 12 avril 1334. *Provvisioni*, XXVI, 85 v°.

[5] « Propter diluvium et divinum judicium ». (*Provvisioni*, XXVI, 55, 4 novembre 1333). « Dicendo che Dio aveva fatto per vendetta del danno ricevuto da Santa Chiesa per i Fiorentini ». (March. de Coppo, VII, 497). « E forse in parte si disse il vero ». (Villani, XI, 4.)

solitaires avaient entendu des bruits étranges, des voix mystérieuses qui leur annonçaient le châtiment par submersion[1]. Les astrologues cherchaient l'explication dans la conjonction des astres : Si Pise, disaient-ils, fut épargnée plus que Florence, c'est que Saturne avait vaincu Mars. Quelques libres esprits accusaient la nature, qui avait capricieusement ouvert les cataractes du ciel sur la Toscane, et les hommes, qui avaient opposé imprudemment des barrières au passage des eaux[2]. Mais on méprisait ces intelligences fermées aux choses d'en haut. Le cours des choses naturelles, répondaient les moines et les maîtres en théologie, dépend de la volonté divine, qui est comme le forgeron se servant du marteau pour frapper[3]. Villani croit, comme eux, à un châtiment du ciel, et l'établit en soumettant sa patrie, depuis l'année 1300, à un sérieux examen de conscience. Mais quand il parle de l'inondation qui, l'année suivante, frappa la Flandre, la Hollande, la Zélande, il enregistre le fait sans commentaires, sans se demander ou sans dire si elle fut un châtiment pour les hommes du nord comme pour ceux du midi[4].

---

[1] Villani (XI, 2) déclare tenir le fait d'un religieux de Vallombreuse, digne de foi, qui le tenait d'un ermite, lui aussi sans doute digne de foi.

[2] L'année suivante, les faits leur donnaient raison, mais on ne voit pas qu'aucun contemporain l'ait remarqué. Le 5 décembre 1334, une nouvelle inondation d'automne survint, qui aurait causé les mêmes dommages, si la précédente n'avait pas creusé et abaissé de plus de six brasses le lit de l'Arno. Elle emporta les ponts provisoires. Voy. Villani, XI, 22.

[3] Voy. dans Villani (XI, 2) le détail de leurs arguments tirés de l'Écriture.

[4] Villani, XI, 2, 22. Les auteurs qui suivent Villani en l'abrégeant ou le développant sautent à pieds joints sur cet énorme chapitre 2, qui se termine en sermon. Ils n'y voient que commérage ou superstition, au lieu d'y chercher l'état des esprits.

Il fut heureux pour Florence qu'en ces jours critiques de trouble et de ruine, où ses murs étaient béants sur deux points à la fois, elle n'eût plus à compter avec un ennemi tel que Castruccio. Castruccio eût sans retard tiré parti de ces avantages, comme de l'indigne conduite des grands, qui profitaient, pour recommencer leurs désordres et exercer leurs vengeances, de ce qu'on ne passait aisément sur la rive droite que par le pont Rubaconte, à l'extrémité duquel se dressaient leurs plus formidables demeures. Mais les seigneurs à qui Jean de Bohême avait vendu ses villes d'Italie ne pensaient qu'à y asseoir leur domination[1]. C'est ainsi que « ceux qui avaient à perdre » purent « ne pas consentir à la folie des méchants[2] », et prendre sans danger quelques mesures nouvelles contre les magnats[3].

Au dehors, la politique florentine se départait moins encore de son ordinaire fermeté. La trêve entre Jean de Bohême et la ligue prenait fin le 1er janvier 1334. Tous en voulaient la prorogation : l'avis contraire prévalut, soutenu par Florence et Mastino. Chacun fondit sur la proie qui lui était assignée. Les Florentins du Val de Nievole marchèrent sur Buggiano ; mais une démonstration des Lucquois sur Fucecchio les forçait à lâcher prise[4]. Plus heureux à Bologne, ils y voyaient le légat qui avait privé les Bolonais de leurs lois et de leur gouvernement populaire[5], qui les accablait d'impôts et laissait outrager leurs femmes[6], assiégé dans la forteresse

---

[1] Gazata, *Chron. Reg.*, Matth. de Griffonibus, R. I. S. XVIII, 48, 150.
[2] Villani, XI, 4.
[3] March. de Coppo, VII, 498, 499, et une note des *Delizie*, XII, 165.
[4] Villani, XI, 5 ; Ammirato, VIII, 390.
[5] *Ann. Cæsen.*, R. I. S. XV, 1158.
[6] Matth. de Griffonibus, R. I. S. XVIII, 151. Muratori (notice, p. 103) dit

dont il avait fait sa demeure, par ce peuple mécontent qu'il voulait lancer contre l'armée de la ligue (17 mars 1334)[1]. Ils le voyaient solliciter d'eux, ses ennemis, une escorte pour protéger sa retraite[2]. Ils trouvèrent un plaisir raffiné à protéger l'homme d'Église qu'ils combattaient. Ils protégèrent sa vie dans les rues et la campagne (28 mars). Ils le reçurent dans leurs murs avec de grands honneurs et lui offrirent même deux mille florins d'or qu'il refusa. Plein de rancune envers ses sauveurs, il avait hâte de les quitter (2 avril), et, après les avoir publiquement loués de leurs bons offices, de les desservir en secret auprès du Saint-Siége[3].

On le laissa faire : ses fourberies, de loin, étaient peu redoutables. Ce qui importait alors, c'était d'empêcher que Bologne libre et déshabituée de la liberté ne se donnât à quelques tyrans de Lombardie. Des ambassadeurs nombreux, un corps d'occupation de deux cents cavaliers prévinrent ce danger[4]. Pendant ce temps, Bertrand de Baux[5] renouvelait l'expédition de Buggiano et s'avançait jusqu'aux portes de Lucques (12 septembre)[6]. Là, malheureusement, s'arrêtaient ses succès, et l'on n'en peut être surpris. Lucques était mal défendue par les trois frères Rossi de Parme, vicaires royaux pour Jean de

---

de cet auteur : « Res nobis tradentem sine odio, sine mordacitate et ubique moderationis signa præferentem. »

[1] Villani, XI, 6 ; Matth. de Griffonibus, XVIII, 358 ; Gazata, R. I. S. XVIII, 49 ; *Ann. Cœsen.* R. I. S. XIV, 1158 ; *Ist. Pist.* R. I. S. XI, 467 ; Ammirato, VIII, 391.
[2] Gazata, R. I. S. XVIII, 49.
[3] Villani, XI, 6 ; Leon. Bruni, VI, 127 ; Ammirato, VIII, 392.
[4] Villani, XI, 7 ; Ammirato, VIII, 392.
[5] Le 28 avril, il avait de nouveau prêté serment comme capitaine de guerre. *Provvisioni*, XXVI, 98 v°.
[6] Villani, XI, 14.

Bohême[1]. Philippe de Valois, à qui ce prince l'avait fictivement cédée (13 octobre)[2], se bornait, pour tout secours, à interdire les hostilités contre une ville qui relevait de sa couronne. Florence ne tenait pas compte de cette interdiction[3], mais elle piétinait sur place, et elle n'obtenait point qu'aucun des alliés qu'elle aidait de sa diplomatie au pays lombard l'aidât de ses armes au pays de Lucques, dans une conquête qui était son droit[4].

Mille incidents nouveaux la détournaient de ce but constant de ses pensées et de ses désirs. C'était d'abord l'élection d'un nouveau pape, affaire de conséquence pour toute la chrétienté, mais surtout pour une ville guelfe. A Jean XXII, mort le 4 décembre 1334, à ce petit homme subtil et sobre, actif et dévot, colérique et vindicatif[5], succédait, le 20 du même mois, le plus humble des cardinaux, Jacques Fournier, fils d'un boulanger de Saverdun, qu'on appelait le cardinal blanc, parce qu'il portait l'habit de l'ordre de Cîteaux, prêtre honnête et simple, qui disait avec candeur, en prenant le nom de Benoît XII : « Vous avez élu un âne[6] », et qui eût aussitôt conclu la paix avec Louis de Bavière, si les rois de France et de Naples ne s'y fussent opposés[7].

---

[1] Marsilio, Pietro et Orlando, le 3 octobre 1335. Arch. lucq. *Curia de' Rettori, Invent.*, I, 97.

[2] Villani, XI, 14, 15. C'est Villani qui dit que la vente fut fictive; Ammirato, ici moins clairvoyant, la donne pour sérieuse. (VIII, 394.)

[3] « Ma però non si lasciò ». (Villani, XI, 15.)

[4] Juin-septembre 1335. Villani, XI, 30, 31; *Ist. Pist.* R. I. S. XI, 468; Gazata, R. I. S, XVIII, 50; Bazano, *Chron. mutin.* R. I. S. XV, 596; Morano, *Chron. mutin.* R. I. S., XI, 126; *Chron. est.* R. I. S. XV, 399; Ammirato, VIII, 397.

[5] Villani, XI, 19, 20.

[6] Villani, XI, 21.

[7] Sismondi, III, 441.

C'était ensuite une nouvelle apparition des flagellants[1], une épidémie de variole, qui enlevait plus de deux mille personnes[2], le passage d'arbalétriers génois qui s'allaient mettre au service des Tarlati d'Arezzo, et qu'en empêchèrent les enfants soutenus du menu peuple[3]. C'était enfin l'heureuse acquisition du Val d'Ambra[4], et surtout l'habituelle tendance des Florentins à réformer leurs institutions.

Quelquefois l'idée était heureuse, mais on manquait de logique dans l'application. En 1333, on avait tenté d'introduire dans la gestion des affaires publiques l'esprit de suite et le secret, en chargeant la seigneurie régnante de nommer pour six mois des citoyens guelfes et *popolani*, dont elle fixerait le nombre, et qui auraient pour mission de suivre les négociations au dehors. Six mois, c'était un temps trop long dans une ville où les magistratures populaires en duraient deux; mais la défiance démocratique annulait sur-le-champ ce que l'esprit politique tentait d'instituer : elle interdisait à ces citoyens de rien conclure, s'ils n'avaient avec eux trois des prieurs et le gonfalonier de justice, trois gonfaloniers des compagnies et trois *buonuomini*, élus au

---

[1] On les avait déjà vus en juin 1310. Voy. *Diario di ser Giovanni di Lemmo*, p. 175. Ils reparurent à la fin de 1334 et fournirent un aliment à la curiosité, toujours en éveil, du peuple florentin. Voy. Villani, XI, 23; Ammirato, VIII, 395; *Antiq. ital.* Diss. 75, t. VI, 471; Lami, *Lezioni*, p. 613-616; Chron. du moine de Sainte-Justine-de-Padoue, publiée par Urstitius et citée par l'abbé Boileau, *Histoire des Flagellans*, traduite du latin par l'abbé Grouet. Amsterd., 1701, in-18, p. 255.

[2] Villani, XI, 33; Ammirato, VIII, 399.

[3] Villani, XI, 28; Ammirato, VIII, 398. Pillés et blessés, les arbalétriers durent retourner à Gênes, où les marchands florentins qui avaient des intérêts dans cette ville les indemnisèrent.

[4] 2 novembre 1335. Villani, XI, 41; March. de Coppo, VII, 512; Ammirato, VIII, 400.

scrutin par leurs colléges respectifs[1]. On se dégoûta bientôt d'un rouage ainsi faussé, et ce qui pouvait devenir une institution durable ne fut qu'une passagère velléité.

D'autres fois, l'innovation était inutile, dangereuse même. Le 1er novembre 1334, la seigneurie créait sept capitaines de garde, un par *sesto*, sauf pour le *sesto* d'Oltrarno, qui, étant de beaucoup le plus peuplé, en recevait deux. En apparence, leur mission était de police : ils devaient, jour et nuit, veiller sur la ville, la protéger contre les bannis, y prévenir les querelles et les violences. En réalité, il s'agissait de protéger le gouvernement dans les opérations de l'*imborsazione* qu'on projetait pour le mois de janvier : ceux qui étaient exclus des bourses y voulaient être introduits, et ceux qui en avaient le privilége n'entendaient point le partager[2]. Déjà dans cette ville démocratique paraît le désir de former une oligarchie. Les sept capitaines, ou *bargelli*, comme on les appelait, restèrent un an en charge. Le 1er novembre 1335, on préféra n'en avoir plus qu'un seul, étranger comme le podestat, le capitaine et l'exécuteur. On l'appela « le capitaine de garde et conservateur de la paix et de l'état de la ville ». On lui donna cinquante cavaliers et cent *fanti* avec un salaire annuel de dix mille florins d'or.

---

[1] 12 et 13 octobre 1333. *Provvisioni*, XXVI, 49.

[2] C'est March. de Coppo (VII, 505) qui dit le plus nettement la vérité : « Molti più che non erano stati de' sacchi passati parea loro degni essere nel reggimento, e quelli che l'aveano lo voleano per loro. » Mais Villani (XI, 16) et Ammirato (VIII, 594) disent en somme la même chose. Villani dit même formellement que le motif allégué n'était pas le vrai : « L'uficio de' detti ebbe bello colore e buona mossa, ma quelli che reggeano la cittade il feciono più per loro guardia e francamento di loro stato. »

Ce qui le distinguait de l'exécuteur, c'est « que placé au-dessus de toutes les autres seigneuries », et non tenu par les statuts, il avait le droit d'initiative, il pouvait, à son gré, « faire justice de sang[1] ». Ces attributions nouvelles auraient pu être données aux charges anciennes : on préféra sans doute frapper les imaginations par une création de toutes pièces. Ceux qu'on appelait les « gouverneurs », c'est-à-dire les chefs du parti dominant, qui inspiraient d'une manière permanente les prieurs si souvent changés, tenaient à disposer librement d'un officier qui leur dût tout. D'ailleurs, tout ce que gagnait celui-ci, le capitaine du peuple et l'exécuteur de justice le perdaient : ils se voyaient relégués dans la partie judiciaire de leurs fonctions, comme l'avait été avant eux le podestat.

Tant de pouvoirs aux mains d'un seul homme n'étaient pas sans danger. Florence en allait faire la redoutable expérience. Le 1er novembre 1335, elle les avait confiés à Jacopo des Gabbrielli, de cette famille d'Agobbio où elle prenait ses officiers, quand elle les voulait sévères. Rigide comme ses ancêtres, mais plus impartial, Jacopo se faisait craindre des grands non moins que des *popolani*[2]. Rosso des Buondelmonti, avec la fougue de la jeunesse, avait chevauché vers Montalcino au service des Tolomei de Sienne. Aller en armes contre les communes toscanes pour le compte d'un particulier ou d'une famille, était défendu par le statut florentin. Le coupable

---

[1] On le créa « con grande albitrio e balia sopra gli sbanditi, e sotto il suo titolo della guardia stendea il suo uficio di ragione e di fatto a modo di bargello, sopra ogni altra signoria, facendo giustizia di sangue come gli piacea, sanza ordine di statuti. » (Villani, XI, 39.)

[2] March. de Coppo, VII, 510 ; Villani, XI, 39.

avait donc encouru, par contumace, une condamnation. Mais ces condamnations, presque toujours trop rigoureuses, on les exécutait rarement[1]. De plus, Rosso n'avait offensé personne : personne n'était intéressé à son supplice. C'est donc à peine s'il se cachait. Le conservateur le fit saisir dans le *contado* et lui coupa la tête, « contre la volonté du plus grand nombre des Florentins[2] ».

Ce coup d'audace appela l'attention sur Jacopo des Gabbrielli. On s'aperçut alors « qu'à la demande de ceux qui l'avaient appelé, il faisait nombre de choses illicites, sans compter ses gains malhonnêtes[3] ». L'année de son pouvoir expirée, on n'eut garde de le retenir; mais, ne voyant pas encore que le mal venait de la fonction, non de l'homme, on lui donna un successeur (1er novembre 1336). Ce successeur fut Accorimbono de Tolentino, jadis podestat à Florence[4], où il avait laissé bon souvenir de lui. Agé alors de soixante-cinq ans, on ne pouvait croire qu'il eût soif d'acquérir. On se trompait, car il avait une famille. Cupide et partial, il est bientôt impopulaire. Le podestat Niccola de la Serra, d'Agobbio, ayant déposé le bâton de commandement (13 juillet 1337), se trouvait, selon l'usage, soumis au *sindacato*. Accorimbono empêche les syndics de remplir leur office. C'était toucher à l'arche sainte, à la plus sérieuse garantie qu'eussent les Florentins contre leurs officiers. Ils se rassemblent à grand bruit sur la place de la sei-

---

[1] « Quia parum esset leges et provisiones condere nisi illa effectui et executioni mandarentur... » (7 juillet 1338. *Provvisioni*, XXIX, 135 v°.)
[2] Villani, XI, 39; March. de Coppo, VII, 510.
[3] Les mêmes, *ibid.*
[4] Le 1er janvier 1325. Voy. liste des *Off. forens.*

gneurie, ils s'arment de pierres, ils chassent, blessent, tuent les *famigli* du conservateur. Celui-ci avait en son pouvoir quelques-uns des mutins dont il comptait faire prompte justice. Devant un peuple menaçant il n'ose, et se borne à les frapper d'amende. La place n'est plus tenable ; mais il veut user de son reste : il a des vengeances à exercer, et dix mille florins sont bons à prendre. Sous couleur d'intérêt public, il poursuit les Tosinghi, qu'il accuse de complot avec Mastino ; il met à la torture le fils de ce Pino de la Tosa qui avait été « le meilleur, le plus valeureux chevalier de Florence, le plus loyal de tous les guelfes [1] ». On lui prouve que ces négociations étaient avouables ; il les prétend alors entreprises sans l'ordre des prieurs, et il commande de détruire la maison de Pino. Désormais l'horreur est universelle pour cette charge du capitaine de garde. Quelle cruelle ironie de l'appeler conservateur de la paix [2] ! Accorimbono ne fut pourtant victime d'aucune violence ; mais il n'avait plus que deux mois à rester en fonctions ; son temps fini, il ne fut pas remplacé. Avant même qu'il fût parti, un décret était rendu, interdisant, pour dix années, de tirer d'Agobbio aucun officier [3]. Déjà en 1335, semblable mesure avait été prise par les Siennois [4]. De cette rude commune il ne venait que de cruels ou capricieux *bargelli,* dont l'exemple était contagieux.

Nous avons dû, pour suivre les destinées de cette charge éphémère, devancer l'ordre des temps. Il nous

[1] Villani, XI, 39.
[2] *Ibid.* ; Ammirato, VIII, 423.
[3] 12 août 1337. L'amende est de 200 livres pour l'élu, de 1000 pour les électeurs, de 200 pour tout officier qui amène des gens d'Agobbio. *Provvisioni,* XXVIII, 77 v°.
[4] A. Dei, R. I. S. XV, 95.

faut maintenant revenir à l'heure où elle fut créée et reprendre les affaires de Lucques, qui avaient subi un temps d'arrêt. Des trois frères Rossi de Parme, investis à prix d'argent du vicariat dans cette ville, un seul, Pietro, y résidait. Les deux autres, Marsilio et Rolando, ayant pour voisin Mastino de la Scala, n'avaient osé lui en refuser la cession. Menacé de les voir mettre à mort, séduit par la restitution promise des sommes qu'ils avaient comptées au roi de Bohême, Pietro cédait à la fin ; Lucques était vendue comme on vend les bêtes au marché[1], et ses *anziani*, buvant le calice jusqu'à la lie, complimentaient le nouveau maître, « colonne de l'empire aux pays italiens[2] ».

Voir à Mastino un pied en Toscane, c'était pour les Florentins la perte de tout repos. Quoiqu'il ne fût ni prince ni roi, il était plus riche qu'aucun monarque, sauf le roi de France. Son revenu annuel se montait à sept cent mille florins d'or. Il possédait, outre ses nombreux châteaux, neuf villes importantes, Vérone, Padoue, Vicence, Trévise, Brescia, Feltre, Bellune, Modène, Parme, sans compter Milan, sa résidence, et Lucques, sa nouvelle acquisition. Ses domaines s'étendaient de l'Allemagne à la Toscane. Aucun seigneur, en Italie, ne pouvait marcher de pair avec lui. L'historien

---

[1] « Domini Rubei de Parma se viribus impares ad nostram defensionem hostiumque resistentiam cognoscentes, dominium et tutamen nostrum in vestris manibus posuerunt. Quod factum nostris animis eo magis complacuit quo singularius vos tamquam columnam imperii in Italie partibus novimus. » (Lettre des Lucquois à Mastino, 27 novembre 1335. L'instrument est du 1er novembre. Voy. Cianelli, *Mem. e doc.* I, 294). — Mastino et Alberto della Scala, seigneurs de Lucques, 15 novembre 1335. — 24 septembre 1341. Arch. lucq. *Curia dë' Rettori, Invent.* I, 99.

[2] Il envoya pour vicaires Guglielmo Canacci des Scannabecchi de Bologne, puis le marquis Spinetta Malaspina. (Cianelli, I, 296, 301.)

Cortusio, ambassadeur à la cour, l'y trouvait entouré de vingt-trois princes dépossédés, auxquels il offrait un refuge[1]. Il avait fait fabriquer une riche couronne d'or et de pierreries, qu'il comptait ceindre bientôt, comme roi de Lombardie et de Toscane[2].

Rien n'était donc plus légitime que les appréhensions des Florentins. Partout ils poursuivaient Mastino d'ambassadeurs chargés de lui remettre en mémoire les stipulations de la ligue, qui réservaient Lucques à Florence. Ces stipulations, il ne les niait point; il promettait même de rendre cette place, dès qu'il y aurait rétabli l'ordre; mais, dit un chroniqueur, « ce n'étaient que paroles, paroles[3] ». Comment croire, en effet, qu'il se dessaisirait d'une ville si forte, si facile à défendre, si heureusement située pour lui ouvrir les portes de la plus riche province d'Italie? Avant même d'en avoir reçu livraison, aux derniers jours d'octobre ou aux premiers de novembre, il intriguait à Pise pour y chercher un moins solide point d'appui. S'il y échouait[4], à peine maître de Lucques, il soulevait contre les Pisans Serezzana, qui en dépendait. Son parent l'évêque de Luni et le marquis Spinetta l'occupaient en son nom[5].

Ses intentions étaient plus claires que le jour; mais il gardait son masque, et Florence le lui devait arracher. Mis au pied du mur par les ambassadeurs de la Répu-

---

[1] Villani, XI, 45; *Cortusiorum Hist.*, l. VI, c. 1, R. I. S. XII, 869; *Ist. Pist.*, R. I. S. XI, 469.
[2] Ammirato, VIII, 401, 402.
[3] « E tutte furono parole, parole ». (March. de Coppo, VII, 511.) Cf. Villani, XI, 40; *Chron. veron.* R. I. S. VIII, 649; Ammirato, VIII, 398.
[4] Villani, XI, 42; *Cron. di Pisa*, R. I. S. XV, 1000; Ammirato, VIII, 401.
[5] Villani, XI, 43; *Cron. di Pisa*, R. I. S. XV, 1002; *Framm. d'anon. pis*, R. I S. XXIV, 670; Marangone, I, 684; Ammirato, VIII, 401.

blique, qui ne le quittaient pas d'une semelle, il promit, à la fin, de livrer Lucques, si on l'indemnisait de ses dépenses, et si le roi de Bohême y donnait son assentiment[1]. On le prit au mot : il ne fallait lui laisser aucune échappatoire, et, de plus, on avait hâte d'en finir. Invité à fixer un chiffre, il demanda l'énorme somme de trois cent soixante mille florins, partie comptant, partie à terme; encore exigeait-il la garantie de Venise. Les marchands florentins avaient pu acheter Lucques, pour quatre-vingt mille florins, en 1329, aux mercenaires du Ceruglio, et pour moins, en 1330, à Gherardino Spinola. Néanmoins ils se résignaient à payer le prix de leur faute. Mais ce n'était pas le compte de Mastino. Il déclara qu'il n'avait nul besoin d'argent, et que si les Florentins voulaient avoir Lucques, ils devraient l'aider à la conquête de Bologne, ou du moins ne l'y pas entraver.

Était-ce encore une défaite, ou aurait-il abandonné Lucques et ses vues sur la Toscane, pour la possession de Bologne, qui l'eût merveilleusement arrondi, en lui donnant l'Apennin pour frontière? c'est ce qu'on ne saurait dire ; mais les Florentins, révoltés de tant d'impudence, ordonnaient à leurs ambassadeurs de quitter Vérone sans retard. Mastino s'y attendait. Avant même d'avoir reçu la réponse à ses propositions effrontées, il envoya ses hommes d'armes d'une part sur le territoire de Bologne, de l'autre sur celui de Florence, dans le Val de Nievole (14 février 1336). Le 26 février, en congédiant les ambassadeurs, il leur annonçait son dessein

---

[1] Selon Mazzarosa (I, 204), ce sont les Florentins qui offrent d'acheter Lucques. Ce n'est guère probable, puisqu'elle leur appartenait. Au reste, le texte de Villani est formel. Voy. XI, 44.

de paraître, au mois de mai suivant, sous les murs de leur patrie[1].

Certes, les Florentins n'avaient pas sa puissance : mais puisqu'on ne combattait plus que par le bras des mercenaires, ils avaient assez de richesses pour mettre en ligne plus d'hommes que lui. L'or qui eût acheté Lucques pouvait la conquérir. Une commission de quatorze *popolani* fut chargée de le trouver; une autre de quatre *popolani* et de deux magnats, de préparer la guerre (10 mars 1336)[2].

C'est fort loin de Lucques, du côté d'Arezzo, qu'elle commença. Comme seigneur d'Arezzo venait de succéder à l'évêque mort son frère, Pier Saccone des Tarlati, sanglier de l'Apennin, nourri sur les plus hautes cimes, exempt de la mollesse, mais non de la finesse propre à son pays. Entouré d'ennemis, il les avait dépouillés. Fortement établi sur les montagnes élevées qui séparent la Toscane, la Romagne, la marche d'Ancône, il pouvait, à l'improviste, se ruer de tous côtés[3]. Depuis vingt ans, sa prudence tenait en bride son ambition, son humeur belliqueuse, et il rongeait son frein, n'osant violer la paix que le roi Robert, en 1316, avait établie entre Arezzo et Florence. Mais Mastino flairait en lui un utile allié, et l'assiégeait d'ambassadeurs[4]. Déjà, malgré les exhortations de Benoît XII[5], huit cents cavaliers et plus

[1] Villani, XI, 44, 46; March. de Coppo, VII, 514; Ammirato, VIII, 401. 403. Les trois auteurs disent que les alliés de Mastino, jaloux de lui, le poussaient à cette politique, pour le brouiller avec les Florentins, et par là l'affaiblir. Ce n'est pas impossible; mais son ambition n'avait pas besoin de ce stimulant, et l'on ne voit pas qu'alors il craignît beaucoup Florence.

[2] Villani, XI, 45; March. de Coppo, VII, 515; Ammirato, VIII, 403.

[3] Sismondi, III, 447; Bonazzi, I, 410; Capponi, I, 188.

[4] Villani, XI, 48.

[5] « Scire vos cupimus quod dilecto filio nobili viro Mastino de la Scala,

du seigneur de Vérone étaient en Romagne, à Forli. Florence n'attendit pas d'être attaquée. Le 14 avril, malgré quelque opposition dans ses conseils, elle fit occuper les passages de l'Apennin, et sa jonction avec les guelfes romagnols empêcha celle des deux gibelins. Derrière ce rempart de lances, Florentins et Pérugins réunis[1] ravageaient si complétement le territoire d'Arezzo (3 juillet-8 août), que, dans un rayon de trois milles autour de cette cité, il ne restait pas debout une maison, un arbre, un pied de vigne ; jamais les Arétins n'avaient subi un désastre pareil[2].

C'était le vieux système de guerre ; s'il ruinait Pier Saccone, il ne pouvait rien contre le lointain Mastino. Les anciennes alliances n'y étaient pas moins impuissantes : Robert avait perdu ses forces par l'âge et le découragement ; Sienne et Pérouse, Bologne et Gênes les leurs par la guerre et la discorde. C'est autour de Mastino, c'est sur ses derrières que Florence devait chercher des alliés. L'occasion s'en présenta fort à propos. Venise jusqu'alors ne se mêlait point des affaires du continent ; elle n'y avait cherché aucune extension. Les regards fixés sur le Levant, elle y concentrait son désir de conquêtes, de progrès pour sa marine et son trafic. Si parfois elle reportait sa pensée sur Florence, c'était dans un esprit de jalousie, de rivalité commerciale[3]. Mais

---

capitaneo Veronensi, per litteras nostras efficaciter scribimus quod ipse nobilibus de Petramala de Areccio nullum presidium militum nec peditum armatorum impendat. » (Lettre de Benoît XII aux Pérugins, 22 avril 1336, dans *Arch. stor.*, 1ʳᵉ série, t. XVI, part. 1, p. 508.)

[1] Pier Saccone avait fait aux Pérugins une guerre terrible. Voy. Villani, XI, 28 ; et *Storia di Cortona*, p. 36, ap. Inghirami, VII, 251.

[2] Villani, XI, 48 ; March. de Coppo, VII, 517, 518 ; Leon. Bruni, l. VI, p. 129 ; *Ann. urb. Aretinæ*, R. I. S. XXIV, 877.

[3] Villani, XI, 49 ; Sismondi, III, 448.

contre Mastino elle avait des griefs chaque jour croissants. Elle ne pouvait voir de bon œil que la possession de Padoue et de Trévise l'approchât de l'estuaire où elle entendait régner, qu'il mît des droits sur les marchandises vénitiennes, sur les barques qui descendaient ou remontaient le Pô, qu'il barrât ce fleuve par une chaîne à Ostilia, qu'il élevât dans les lagunes un château pour assurer à ses sujets un fructueux monopole, la fabrication du sel. Elle ne pardonnait à Mastino ni la violation des traités, ni surtout l'insulte dont il l'accompagnait : « Pourquoi tant de plomb? disait-il en recevant de Venise des lettres scellées; qu'elle le garde pour couvrir le campanile de San Marco[1]. »

Venise était donc mûre pour l'alliance florentine; mais Florence conduisit prudemment les négociations. Pour qu'elles restassent secrètes, elle en chargea ceux de ses marchands qui étaient en relations habituelles avec la République des lagunes[2]. Si Pietro des Rossi allait d'une de ces villes à l'autre, il cheminait déguisé et suivi d'un seul compagnon[3]. Commencés avant la fin d'avril[4], les pourparlers n'aboutirent que le 21 juin[5]. La ligue était conclue pour plus d'une année, jusqu'à la Saint-Michel de 1337; mais trois mois auparavant, les

---

[1] Marino Sanuto, *Vite de' duchi di Venezia*, R. I. S. XXII, 604 ; *Cortusiorum Hist.* VI, 2. R. I. S. XII, 871 ; *Chron. veron.* R. I. S. VIII, 650 ; Gazata, *Chron. Reg.* R. I. S. XVIII, 52 ; Andrea Naugerio, *Storia Venetiana*, R. I. S. XXIII, 1028; Romanin, *Storia di Venezia*, III. 118 ; G. Capponi, I, 193 ; Sismondi, III, 449.

[2] « Usati a Vinegia ». (Villani, XI, 49.)

[3] Marino Sanuto, R. I. S. XXII, 601.

[4] C'est à la date du 26 avril que fut nommé le syndicat pour préparer cette ligue. (*Capitoli*, XXV, 51.)

[5] Romanin cite en note (t. III, p. 123, n. 4) une partie du protocole qui établit cette date, donnée d'ailleurs par Villani.

commissaires des deux alliées devaient se réunir pour décider s'il y avait lieu ou non de la continuer. Deux mille cavaliers et autant de fantassins seraient soldés à frais communs, pour guerroyer au pays de Trévise et de Vérone. Florence s'engageait à ne rien prendre pour elle dans ces contrées. Sa part, c'était toujours Lucques ; encore devait-elle la conquérir par elle-même, sans secours d'hommes ni d'argent, après quoi elle porterait contre Parme ses armes victorieuses, car les contractants s'obligeaient à ne point traiter avec Mastino séparément[1].

C'était payer cher l'alliance de Venise ; mais la difficulté de l'obtenir en augmentait le prix. Il avait fallu triompher du goût des Vénitiens pour l'isolement, des traditions qui les rattachaient au parti impérial, aux gibelins plutôt qu'aux guelfes, des défiances qu'ils nourrissaient contre une rivale de trafic. Le 15 juillet, la promulgation donna lieu, sur les bords de l'Arno, à de joyeuses démonstrations. Au fond, ce que cherchait Florence, c'était moins d'être aidée contre Lucques que d'empêcher Mastino d'y amener des secours. Pour ce résultat unique, elle pouvait bien, en Lombardie, procurer, soutenir une diversion qui ne profiterait qu'à ses alliés.

Des deux parts, on se mit à l'œuvre aussitôt. Venise élevait un château-fort en face de celui de Mastino dans les lagunes, et frappait de prohibition, sur son territoire, toutes marchandises venant du territoire ennemi, sauf le fer, le bois, les vivres, dont elle avait besoin[2]. Flo-

---

[1] Villani, XI, 49 ; *Pacta*, V, 56, ap. Romanin, III, 124 ; *Capitoli*, XXXIII, 25. Le traité fut confirmé le 10 mars 1337.

[2] Marino Sanuto, R. I. S. XXII, 604. *Chron. Veron.* R. I. S. XIII, 650.

rence donnait mission à de sages marchands de pourvoir aux dépenses (26 juillet). Leurs compagnies s'imposèrent de cent mille florins d'or à payer comptant. Deux cent mille devaient être pris sur les gabelles, c'est-à-dire sur les autres citoyens, à mesure des besoins présumés. En outre, quiconque prêtait à la commune recevait un intérêt de 15 pour 100. Ceux qui voulaient des sûretés, en obtenaient des compagnies ; mais l'intérêt, alors, n'était plus que de 8 pour 100. N'avait-on pas de capitaux disponibles ? on en trouvait à 20 pour 100, et ainsi chacun pouvait contribuer[1]. Ces expédients financiers suffirent à la solde régulière des troupes et à toutes les dépenses dont se trouvaient chargés les Florentins. A Venise, quartier général de l'armée, deux citoyens de chacune des deux républiques étaient préposés à la paye et aux enrôlements. D'autres, en même nombre, formaient le conseil du capitaine de guerre. Un chevalier et un juge florentin assistaient le doge, à qui il appartenait de donner les ordres.

Les sages hommes, dit Villani, louèrent fort cette organisation[2]. Il y parut bien, car on voyait entrer dans la ligue, avec divers seigneurs lombards, Charles de Bohême et Jean de Carinthie, son frère, pour les prétentions qu'ils avaient sur Feltre, Bellune et Cadore (28 juillet)[3]. Leur part du contingent fut portée au tiers de l'effectif total : la ligue comptait alors trois mille cavaliers et trois mille fantassins[4]. Le roi Robert, Bologne, Pérouse, Sienne, Faenza, Imola, ne tardèrent pas

---

[1] *Provvisioni*, XXVII, 64 v°-68 ; Villani, XI, 49.
[2] Villani, XI, 49.
[3] *Pacta*, V, 56, dans Romanin, III, 124.
[4] Romanin, *ibid*.

à adhérer (11 août)[1]. Les Rossi de Parme spoliés par Mastino, assiégés par lui dans Pontremoli, leur dernier asile, dont il leur avait assuré la possession[2], se jetèrent, altérés de vengeance, dans les bras des Florentins, qui les reçurent « comme la mer reçoit les fleuves[3] ». Ces ennemis de la veille devenaient les amis du lendemain. Piero, le plus jeune d'entre eux, était retenu comme otage à Vérone ; il s'évada et vint à Florence, où il fut nommé capitaine de guerre pour l'entreprise de Lucques, lui qui avait défendu cette ville contre les armes de la République[4]. Il plaisait par sa haute stature et son noble visage, par ses manières élégantes et sa bravoure, exempte de pilleries et de cruauté, par un renom, exagéré peut-être, de dévotion et de chasteté, qui donnait un attrait étrange à ce mâle guerrier, le plus accompli de toute l'Italie[5].

[1] Le contingent était de 700 chevaux pour Robert, dont 350 seulement en hiver, 800 pour Florence, 500 pour Bologne, 400 pour Pérouse, 200 pour Sienne, qui stipulait qu'on ne la forcerait pas à guerroyer contre Arezzo avec qui elle avait un traité, 50 pour les autres villes. Le capitaine, flanqué d'un conseiller expert aux armes pour chacun des alliés, recevait 400 fl. d'or par mois, mais devait entretenir à ses frais un docteur, deux compagnons, deux notaires, deux sonneurs de trompe, un trompette, un sonneur de *nacchere* et autres officiers. Toute paix particulière était interdite. Voy. Ammirato, VIII, 405. Le 4 septembre suivant, autre ligue avec les seigneurs de Rimini, de Pesaro, etc. *Ibid.*, p. 410, et *Atti publici*, I, t. XVII.

[2] Guelfes jusqu'au moment où la perfidie du légat les avait forcés à rechercher l'appui des ennemis de l'Église, les Rossi de Parme avaient ensuite éprouvé la perfidie de Mastino, qui, après avoir reçu d'eux tous leurs droits sur Parme et Lucques, les traquait dans le dernier asile qu'il leur eût laissé. (Voy. Sismondi, III, 450.)

[3] Villani, XI, 54.

[4] Florence avait déjà un capitaine général, Giovanni, marquis du Monte Santa Maria. Voy. Ammirato, VIII, 411.

[5] *Cortusiorum Hist.*, l. VII, c. 4. R. I. S. XII, 884 ; Sabellico, *Dell' istoria vinitiana*. Seconda deca, lib. II, f° 144 v° sq. Venise, 1558, in-18. Cf. Sismondi, III, 450.

Tandis que les cavaliers et les fantassins de Florence partaient pour la Lombardie, portant sur leurs hauberts blancs le lion de saint Marc à côté du lis rouge, on combattait déjà, depuis le 15 juillet, dans le Val d'Arno et dans le Val de Nievole, en même temps que du côté d'Arezzo et de Laterina[1]. Le 30 août, Piero des Rossi entrait en campagne et marchait sur Lucques. Ses débuts le montrèrent inférieur à sa renommée : comme ses devanciers, il ne sut procéder que par le *guasto* et la dévastation. S'il fit mieux bientôt, c'est que le maréchal de Mastino l'y força. Au lieu de le laisser, selon la coutume, promener le fer et le feu, cet officier, pour lui couper les vivres et la retraite, sortait de Lucques, allait s'établir sur le Ceruglio. Piero voit le danger, revient précipitamment en arrière, rencontre l'adversaire au passage du fossé qu'avait jadis creusé Ramon de Cardona en bas de la montagne, le culbute et laisse imprudemment les siens le poursuivre jusque sous les murs du château. Une volte-face des assaillis coûte la vie aux assaillants. Le maréchal, aussitôt, sort de son repaire avec tout son monde. La confiance que donne la victoire, l'impétuosité de la descente rendaient son choc terrible. Les Florentins, enfoncés d'abord, se reforment promptement, reprennent l'avantage et s'emparent du chef ennemi ou tout au moins de sa bannière (5 septembre)[2].

---

[1] Villani, XI, 49, 50; March. de Coppo, VII, 520-522; Ammirato, VIII, 403, 405.

[2] Villani (XI, 51) dit les deux; March. de Coppo (VII, 523), la bannière seulement. Ce dernier doit avoir raison, car une provision du 26 novembre accorde à Conrad de Lungher, chevalier allemand qui avait pris la bannière « signatum sub armis armorum D. Mastini » paye double et 30 fl. d'or en sus (*Provvisioni*, XXVIII, 108). On ne voit rien touchant la capture du maréchal. Après la victoire, les connétables et cavaliers demandent paye dou-

Pour de moindres succès on avait fait à Florence plus d'une rentrée triomphale : Piero des Rossi eut le bon goût de se dérober à cet honneur. Mais sa victoire fit tant de bruit que Venise le voulut aussitôt pour capitaine dans le Trévisan, où se trouvait déjà son frère Marsilio (20 septembre). A sa place, on élut par reconnaissance le troisième des Rossi, Orlando, « homme gros et matériel », féroce et sans talents militaires, qui ne savait pas même maintenir la discipline parmi ses soldats (16 octobre)[1]. Il échoue à dégager Pontremoli (17-25 novembre); il ne sait, l'année suivante (16 mai-30 juillet 1337), qu'entretenir par de vains *guasti* son armée, dont les chroniqueurs condamnent la mauvaise organisation[2].

Ses frères faisaient meilleure figure dans le nord ; mais leur fin était proche. Vers l'est, ils tenaient en échec Alberto et Mastino de la Scala, contenus à l'ouest par Luchino Visconti. Piero s'emparait de Padoue et y instituait seigneur Ubertino de Carrare, un des confédérés (3 août). Il emmenait prisonnier à Venise « le fou et scélérat Alberto[3]. » Comme il assiégeait le château de Monselice, ayant mis pied à terre pour guider son infanterie à l'assaut, il fut atteint d'un trait qui, par le défaut de la cuirasse, s'enfonça dans son flanc. Il ar-

---

ble. On accorde paye double aux connétables, paye simple et la moitié en sus, plus un florin, aux autres cavaliers. (*Ibid.*)

[1] Villani, XI, 51, 62 ; March. de Coppo, VII, 525 ; *Ist. Pist.* R. I. S. XI, 470 ; Ammirato, VIII, 406-410 ; Beverini, l. VII, p. 901, ap. Sismondi, III, 451. — Orlando avait été nommé pour un an à partir du jour de son arrivée avec 100 cavaliers et 100 *pedoni*. Sur le nombre, il manquait 17 cavaliers, on les exige. (*Provvisioni*, XXVIII, 117 ; 23 décembre 1336.)

[2] Villani, XI, 55, 62 ; March. de Coppo, VII, 531 ; Ammirato, VIII, 411, 423.

[3] Villani, XI, 64.

rache l'arme et saute au fond du fossé pour entrer dans la place. L'eau fangeuse envenime sa blessure, le sang sort à flots, il s'évanouit, et on ne l'emporte que pour le voir mourir (7 août). Marsilio, déjà malade, meurt à son tour de saisissement et de douleur (14 août). Leur héritier, c'est l'incapable Orlando; il devient capitaine général de la ligue; mais c'en était fait de la maison des Rossi : elle ne devait plus recouvrer ni Parme ni son ancienne grandeur [1].

Médiocrement heureuse en Lombardie, la ligue l'était davantage en Toscane. Florence y gagnait Arezzo, comme, six ans auparavant, elle avait gagné Pistoia. De concert avec les Pérugins, elle serrait de près cette ville. Pier Saccone n'avait plus d'espoir qu'en divisant ses ennemis. Il s'aboucha d'abord avec Pérouse; mais les prétentions, comme la confiance, y étaient sans bornes; il dut donc se retourner vers les Florentins. Il dût le faire secrètement, puisque le traité de ligue entre les deux communes leur interdisait les paix, les acquisitions séparées [2]. Un manque de foi des Pérugins délia leurs alliés. Ceux-ci avaient refusé la soumission de Lucignano, qui s'offrait à eux; ceux-là l'acceptèrent sans en rien dire [3]. Le

[1] Voy. sur cette campagne de Lombardie, Villani, XI, 53-65; March. de Coppo, VII, 531-534; Ammirato, VIII, 411-423; *Cortusiorum Hist.*, l. VII, c. 4. R. I. S. XII, 884, 885; Gataro, *Ist. Padov.*, R. I. S. XVII, 21, et Sismondi, II, 455. — Les obsèques de Piero des Rossi à Florence coûtèrent 226 flor. d'or. (18 août 1357, *Provvisioni*, XXVIII, 81.)

[2] Voy. plus haut, p. 201.

[3] Villani, XI, 58; Ammirato, VIII, 414. Ces deux auteurs justifient ainsi Florence d'avoir manqué à la foi jurée; mais les chroniqueurs parlent tout autrement, et les modernes, Muratori, Sismondi, donnent tort aux Florentins. Sismondi dit même (III, 453) que pour la première fois ils furent accusés d'avoir violé leurs traités. S'ils en furent coupables cette fois, ce n'était pas la première, et, ici, entre des assertions contradictoires, la question reste douteuse.

7 mars 1337, pour toute réponse, Florence comptait vingt-cinq mille florins d'or en échange de la seigneurie d'Arezzo, et quatorze mille, prix de la renonciation des Tarlati à leurs droits sur cette vicomté d'Ambra, achetée jadis par l'évêque leur frère aux comtes Guidi, et qui s'était naguère rendue aux Florentins[1]. Les Florentins respectaient les propriétés, reconnaissaient les propriétaires citoyens et *popolani* de Florence, recevaient pour dix ans la seigneurie et la garde d'Arezzo, — c'était la forme ordinaire des soumissions, — obtenaient le droit de nommer et d'entretenir un podestat, un juge des appels, un capitaine de garde, douze conseillers *popolani*, comme à Pistoia, deux cents chevaux et deux cents fantassins d'Italie, étrangers à Arezzo. Des forces respectables vinrent prendre possession de cette ville, où, Villani le reconnaît, « le plus grand nombre était mécontent[2]. » Personne, toutefois, ne pensait à la résistance. Hommes, femmes, enfants, firent deux milles de chemin à la rencontre des nouveaux seigneurs. Tous avaient aux mains des branches d'olivier et criaient : Paix ! paix ! Vivent la commune et le peuple de Florence ! Pier Saccone remit au syndic florentin le gonfalon et les clés. Les exilés guelfes rentrèrent dans Arezzo ; ils en étaient dehors depuis soixante ans. Durant trois jours, le travail fut suspendu dans Florence enivrée de joie, tout entière aux divertissements. Le 10 avril, Pier Saccone y était accueilli comme un grand personnage et y recevait les présents des prieurs. Continuellement il donnait à dîner et à souper aux citoyens. Les

---

[1] Voy. même chapitre, p. 190.
[2] Villani, XI. 59.

auteurs disent que, le 16 du même mois, il en invitait plus de mille dans l'église de Santa Croce, et qu'il leur offrait quatre services de poisson[1].

Ses intérêts menacés le rappelèrent bientôt dans son pays. Pérouse irritée criait à la trahison[2], et, pour éviter de rompre ouvertement avec Florence, s'attaquait aux Tarlati, leur prenait Monterchi, dont la *rocca* seule tenait bon. Pour n'avoir pas sur les bras la cavalerie pérugine, qui approchait, Bonifazio Peruzzi, capitaine de garde à Arezzo, brusquait les choses et reprenait la place. S'il s'abstenait de tuer les ennemis vaincus, c'est qu'on était au vendredi saint (18 avril)[3].

Pérouse se plaignit vivement; mais quel droit avait-elle de se plaindre? N'avait-elle pas, la première, manqué de foi? C'est ce qu'on lui répondit, sans aucun doute, et aussi que le traité ne contenait rien sur Arezzo, que sans la possession de cette place tous les guelfes couraient les plus grands dangers[4]. Comme c'était la vérité, comme Pérouse voyait son salut dans la ligue avec Venise, une transaction s'imposait à ses politiques, et ceux de Florence n'étaient pas hommes à la repousser. Ils reconnurent à cette cité, jusqu'alors toujours amie, la possession de divers châteaux, Lucignano, Monte San Savino, Foiano, Anghiaria, qu'elle avait pris et qu'elle détenait, pour tout le temps que Florence dominerait,

---

[1] Voy. en grand détail les clauses du traité dans Ammirato le jeune, VIII, 415; Villani, XI, 59; March. de Coppo, VII, 528; Ammirato, VIII, 419.

[2] « Florentini non servant promissa » (*Ann. Aret.* R. I. S. XXIV, 878). «Advenne che el comuno di Fiorenza se mosse a grande tradimento e sensa alcuna saputa del comuno de Peroscia » (Graziani, *Cronaca di Perugia.* Arch. stor., 1ª serie, t. XVI, part. 1, p. 117). Cf. Bonazzi, *Stor. di Perugia*, p. 418.

[3] Villani, XI, 59; Ammirato, VIII, 419.

[4] Villani, XI, 60; Leon. Bruni, VI, 152; Ammirato, VIII, 420.

en totalité ou en partie, sur le territoire arétin[1]. A cet avantage réel ils ajoutèrent la satisfaction illusoire d'avoir, pendant cinq ans, dans Arezzo, un Pérugin juge d'appel sous le titre de conservateur de la paix. Cet officier devait être élu, de six mois en six mois, par les Florentins[2]. Pérouse ne parut point trop mécontente d'un accord que lui imposait sa faiblesse : elle lui dut, en effet, plusieurs années de repos dans l'obscurité[3].

Arezzo conquis, la guerre, en Toscane, avait Lucques pour unique objet. Mais rien de décisif ne s'y pouvait faire ; le nœud de la question était en Lombardie. Dans cette province, la situation de Mastino empirait chaque jour[4]. La défection, la révolte étaient partout, comme il arrive aux pouvoirs à leur déclin. Après les villes du Brescian, Brescia se soulevait (8 octobre) à l'instigation d'Azzo Visconti, et se remettait entre ses mains. Pour y avoir consenti, malgré leurs rancunes d'Altopascio, Villani appelle aveugles ses compatriotes, comme s'ils étaient les maîtres de choisir, pour donner les villes, entre les seigneurs qui les convoitaient ; comme s'il n'était pas plus sage, en tout cas, de ne point détacher Visconti de la ligue, par jalousie de son pouvoir[5] ! Mastino essaie en vain de négocier avec Venise. Il perd

---

[1] « Per illud tempus et totiens per quod et quotiens comune Florentie tenebit civitatem vel comitatum Aretii in totum vel in parte » (Doc. publié dans *Arch. stor.*, 1ª serie, t. XVI, part. I, p. 510). Ammirato le jeune, qui analyse ce document (VIII, 420), dit que ces places furent données à Pérouse pour huit ans et demi, après lesquels elle les rendrait « librement » aux Arétins.

[2] Villani, XI, 60 ; Ammirato le jeune, VIII, 420.

[3] Voy. Graziani, *Arch. stor.*, 1ª ser., t. XVI, part. I, p. 118, et Bonazzi, p. 420.

[4] « Era molto abbassato di suo stato e di podere ». (Villani, XI, 72.)

[5] Villani, XI, 72 ; Ammirato, VIII, 424.

le château de Montecchio, entre Vérone et Vicence (avril 1338)[1], il est à la veille de perdre Vicence et d'être assiégé dans Vérone. Le Bavarois qui vient à son secours trouve les étroits chemins du Tyrol fermés par Jean de Carinthie, second fils du roi de Bohême, dont il n'a pas su cultiver ou conserver l'amitié[2]. Reste une seule voie de salut, accepter toutes les conditions du doge, sacrifice douloureux, mais moyen infaillible de dissoudre les ligues. La négociation devait aboutir, si elle était secrètement conduite, puisque des deux parts on y trouvait son compte. Il n'y avait de sacrifié que l'intérêt des Florentins.

Toutefois, dans la paix, conclue le 2 décembre[3], on stipulait aussi pour eux, sous réserve de leur ratification[4]. Le 18, partait pour leur ville une ambassade vénitienne, chargée de dire que s'ils ne la refusaient pas, Venise leur ferait confirmer par Mastino et par Lucques la possession de tous les châteaux qu'ils occupaient sur le territoire lucquois[5]. Ne pas perdre quand on s'était cru à la veille de gagner, d'atteindre un but si longtemps poursuivi, c'était une déception cruelle. D'autre part, la guerre devenait difficile contre Mastino, libre de ses mouvements du côté des lagunes. Y avoir rempli tous les engagements d'une fidèle alliée, envoyé des

---

[1] Villani, XI, 76.

[2] Olenschlager, § 130, p. 302, cité par Sismondi, III, 458.

[3] du 10 octobre précédent est la constitution du syndicat pour faire la paix entre Alberto et Mastino de la Scala d'une part, Venise et Florence de l'autre. (*Capitoli*, XXV, 57.)

[4] *Ist. Pist.* R. I. S. XI, 474.

[5] Ces places étaient : Fucecchio, Castelfranco, Santa Maria a Monte, Santa Croce, Montopoli, Montecatini, Monsummano, Montevettolino, Burano, Castelvecchio, Massa, Cozzile, Uzzano dans le val de Nievole, Avellano, Sorana, Castelvecchio dans le val de Lima.

soldats, versé chaque mois vingt-cinq mille florins, dépensé en tout plus de six cent mille florins d'or[1], et ne pas même obtenir de Venise qu'elle respectât le traité qui lui interdisait toute paix séparée[2]! Mais c'était là le chapitre stérile des récriminations.

On essaya de gagner du temps. Les ambassadeurs vénitiens, comptant plus, pour obtenir la ratification, sur le peuple qui souffrait de la guerre que sur la seigneurie qui la dirigeait, avaient exigé qu'elle réunît un grand conseil. Cette assemblée ne décida qu'une chose, c'est qu'il serait envoyé une nouvelle ambassade à Venise. Pour toute réponse aux représentations de Florence, le doge dit sèchement qu'on avait fait pour le mieux[3].

Il fallait donc prendre un parti, et l'on eut quelque peine à se mettre d'accord. Les plus déterminés repoussaient la paix avec un ennemi possesseur de Lucques, et préféraient une guerre ouverte à la menace permanente d'une nouvelle rupture. Les plus prudents montraient la commune ruinée par la campagne de Lombardie et l'acquisition d'Arezzo, endettée envers les citoyens ou les étrangers de quatre cent cinquante mille florins d'or, ses recettes et gabelles engagées pour six ans. Ne pouvait-on attendre pour la conquête de Lucques une occasion favorable? La ligue, après tout, n'avait pas été sans profit, puisque Florence lui devait la domination sur une ancienne rivale, sur la ville

[1] Villani, XI, 89, 90.

[2] L'historien de Venise, Romanin, laisse discrètement paraître sa désapprobation de la conduite de sa patrie. Voy. t. III, p. 131 et 132, note 1. Daru (*Hist. de la Rép. de Venise*, I, 430. Paris, 1853, 4ᵉ éd.), n'a que deux pages sur toute cette affaire de la ligue; il ne dit rien de la campagne et ne mentionne même pas Florence.

[3] *Ist. Pist.* R. I. S. XI, 474.

importante qui commandait le cours supérieur de l'Arno.

Cet avis prévalut. Il était seul sage et pratique. Lucques pouvait, d'un jour à l'autre, tomber aux mains des Florentins. Mastino sentait si bien qu'il ne pourrait la garder, que, le 10 octobre, il donnait procuration pour la vendre[1]. Le 11 janvier 1339, s'acheminaient vers Venise, munis de pleins pouvoirs pour acquiescer à la paix, Francesco des Pazzi, Jacopo des Alberti, et Alesso Rinucci, juge. Le 24, tout était déjà réglé. Ils consentaient à un dédit de cent mille florins d'or, et n'obtenaient qu'une concession de quelque importance, à savoir qu'aux places du Val de Nievole que possédait leur patrie, fussent ajoutées celles de Pescia, de Buggiano, de Colle a Buggiano, d'Altopascio, que la guerre lui avait enlevées[2]. Le 28, étaient élus les syndics pour accepter cette paix et recevoir livraison de ces châteaux. Les portes en furent rouvertes aux exilés, ainsi que celles de Lucques même, sauf une trentaine d'entre eux que la prudence obligeait d'en écarter pour deux mois[3]. Le 6 février, eut lieu la remise des dites places. Le 11, la paix fut promulguée à Florence, avec cette réserve peu pacifique que personne ne pourrait aller à Lucques sans permission[4].

[1] Riformagioni, *Atti publici*, III, t. XVII.
[2] *Provvisioni*, XXIX, 96 ; *Capitoli*, XXV, 67 ; Ammirato le jeune, VIII, 429, 430. Villani, qui n'a pas vu les documents, dit « Asciano et Colle a Buggiano ». (XI, 89.)
[3] Ceux qui voulaient rentrer devaient le faire savoir aux seigneurs de la Scala dans le délai de deux mois s'ils étaient en Toscane, de quatre s'ils étaient en Italie, de huit « illi qui sunt ultra montes », de douze « alii qui essent in partibus ultramontanis ». (*Provvisioni*, XXIX, 96-98.) On peut voir dans Ammirato (VIII, 429, 430) tout le détail de ce traité. Voy. aussi *Cortusiorum Hist.*, VII, 18. R. I. S. XII, 896 ; Marino Sanuto, R. I. S. XXII, 605 ; Naugerio, R. I. S. XXIII, 1030 ; *Ist. Pist.*, R. I. S. XI, 474 ; Bazano, R. I. S. XV, 598 ; Leon. Bruni, VI, 134.
[4] Villani, XI, 89 ; March. de Coppo, VII, 535.

Cette paix « forcée et non volontaire[1] causa peu d'allégresse aux Florentins[2] ». On le conçoit sans peine. Le but de la guerre était manqué ; les châteaux recouvrés n'augmentaient pas sensiblement les forces de la République; elle voyait la maison de Carrare acquérir la seigneurie de Padoue, les Scaligeri celle de Trévise, les Visconti confirmés dans leur conquête de Brescia, les Vénitiens jetant les fondements d'un État en terre ferme[3], et, par surcroît, lui réclamant trente et un mille sept cent dix-neuf ducats. Elle les refusa, car elle avait fait ses comptes; mais son ancienne alliée « ne connaissait que le *sic volo, sic jubeo*[4] » ; en conséquence, tous les Florentins durent quitter Venise aux derniers jours de janvier 1340. La guerre des représailles fut allumée[5]; et comme Venise pouvait beaucoup plus contre Florence que Florence contre Venise, il fallut payer à la fin[6].

Que de nécessités humiliantes pour un peuple fier, accoutumé à dicter des lois plutôt qu'à en accepter ! On ne comprendrait pas qu'il les eût subies, si l'on ne connaissait sa situation intérieure, alors très-complexe

---

[1] Villani, XI, 89.

[2] March. de Coppo, VII, 535.

[3] Villani, XI, 89 ; Sismondi, III, 459.

[4] C'est Villan (XI, 89) qui fait la citation de Virgile ; mais il la fait mal, il dit : « Ego volo, ego jubeo: »

[5] « Maxime habentes ordinamenta ineffrenata et impia et injusta pro com. Venetiarum nuper edita contra Florentinos et ipsi com. subpositos et subiectos, medela quidem reciproca occurrente prout decet.... » (6 mars 1340, *Provvisioni*, XXX, 125.)

[6] Villani, XI, 89; Ammirato, VIII, 430. Le 10 août 1339, Guglielmo Canacci Scannabecchi, procureur d'Alberto et de Mastino, acceptait en leur nom la paix avec Florence et Venise (Riformagioni, *Atti pubblici*, IV, t. XVII). Le syndicat florentin pour le même objet est du même jour, l'acte de ratification du 2 août. (*Capitoli*, XXV, 92, 93.)

et très-difficile. Nous devons l'exposer maintenant, sans la séparer de cette lutte prolongée pour la conquête de Lucques, dont les vicissitudes et les déceptions allaient amener une des crises de l'histoire florentine qui ont eu dans la postérité le plus durable retentissement.

CHAPITRE IV

LA GUERRE DE LUCQUES
ET LA TYRANNIE DU DUC D'ATHÈNES.

— 1339-1343 —

Embarras financiers : les Bardi et les Peruzzi ruinés par l'Angleterre (1339). — Embarras politiques qui en résultent. — La démocratie florentine dominée par une oligarchie marchande. — Jacopo des Gabbrielli de nouveau capitaine de garde. — Conjuration de magnats (1er novembre 1340). — Victoire de la Seigneurie. — Mesures de sécurité publique. — Négociations pour l'achat de Lucques (mai — juillet 1341). — Traité conclu (4 août). — Préparatifs belliqueux des Pisans. — L'armée pisane devant Lucques. — L'armée florentine. — Fautes commises. — Les Florentins devant Lucques (15 septembre). — Leur défaite (2 octobre). — Ils cherchent des alliés (novembre). — Nouvelle campagne contre Lucques (24 mars 1342). — Atermoiements du capitaine Malatesta. — Combats du Serchio (10-21 mai). — Retraite des Florentins. — Soumission de Lucques aux Pisans (4 juin — 6 juillet). — Accusations contre les vingt de *balia*. — Le duc d'Athènes. — Faveur qu'il rencontre. — Il est élu capitaine (31 mai). — Sa politique. — Ses premières rigueurs. — Ses empiétements favorisés par la population. — La seigneurie lui est conférée (8 septembre). — Satisfaction générale. — Premiers actes du duc. — Soumission des villes toscanes. — Paix avec Pise (9 octobre). — Défiance générale. — Seigneurie d'octobre. — Les conseillers et instruments du duc. — Leurs exactions. — Leur conduite avec les femmes et avec les clercs. — Avec les petites gens, les grands et les *popolani*. — Indignation croissante. — Le duc se prépare à la défense. — Trois conjurations contre lui. — L'insurrection éclate (26 juillet). — Siége du palais. — Atrocités de la vengeance. — Constitution d'un gouvernement provisoire (28 juillet). — Capitulation du duc (1er août). — Assemblée à parlement (2 août) et confirmation du gouvernement nouveau. — Départ et seconde renonciation du duc d'Athènes (6 août). — Ses efforts pour reconquérir la seigneurie. — Résistance des Florentins. — Intervention du roi de France. — Mort du duc d'Athènes (1356).

Deux causes graves jetaient Florence dans un trouble profond : les désastres de son trafic et les tendances de ses *popolani* à l'oligarchie. Les dégâts de l'inondation qu'il avait fallu réparer, les dépenses de la guerre qu'il fallait soutenir expliquaient la pénurie du trésor public, et la paix douloureuse qu'elle rendait nécessaire. Jadis, les richesses particulières avaient, plus d'une fois, pu venir en aide à l'État ; maintenant épuisées, elles auraient eu besoin de ses secours.

Aux compagnies commerciales des Scali et des Frescobaldi, déchues de leur grandeur, avaient succédé, à la tête du trafic florentin, celles des Bardi et des Peruzzi, qu'un sort semblable frappait à leur tour. Simples acheteurs de laine en Angleterre, Bardi et Peruzzi y étaient devenus les marchands, c'est-à-dire les banquiers de la couronne. Tout passait par leurs mains, laines et revenus, car ils fournissaient aux gages, aux divers besoins du royaume, et détenaient, en garantie, la ferme des douanes. Sans leur argent, Édouard III n'eût vaincu ni à Crécy, ni à Poitiers. Ils étaient engagés, les uns pour cent quatre-vingt mille marcs sterling, les autres pour cent trente-cinq mille, en monnaie de Florence un million trois cent soixante-cinq mille florins d'or, somme énorme, la valeur d'un royaume, dit Villani[1]. Et tout ce bien, si follement confié à un seul prince, était celui non-seulement des prêteurs, mais aussi de leurs commanditaires, étrangers ou florentins, des gens qui avaient déposé dans ces comptoirs leurs capitaux, leurs épargnes, « petits ruisseaux qui venaient se jeter dans cette grande

[1] Villani, XI, 87. Le marc valait 4 1/2 fl. d'or, ou environ 60 fr. (Sismondi, III, 459). Cela faisait donc environ seize millions de nos francs, dans un temps où l'argent était cinq ou six fois plus rare que de nos jours. Les Scali amoindris étaient créanciers du roi pour 400 000 florins. — Villani appartenait encore à la compagnie des Peruzzi, qu'il allait bientôt quitter pour celle des Buonaccorsi.

mer[1] ». Loin d'avoir voix, comme c'eût été juste, au chapitre de la politique anglaise, ces marchands, s'ils criaient bien fort, se voyaient jeter quelque maigre indemnité pour les retards du remboursement : à ce titre, en 1306, les Frescobaldi avaient reçu dix mille livres sterling. Faute d'argent, on leur confiait une mission fructueuse, celle, par exemple, de commissaire royal à Bordeaux, ou, ce qui était plus économique encore, on leur donnait des recommandations auprès des cours étrangères[2]. Le plus expéditif des moyens, c'était de suspendre les remboursements. Ainsi faisait, en 1339, Édouard III, même envers « ses chers Bardi et Peruzzi ». Le roi de Sicile l'imitait, et restait débiteur de ces deux compagnies pour près de deux cent mille florins d'or. Depuis un demi-siècle et plus, les rois de France poursuivaient comme usuriers les marchands florentins, en vue de leur extorquer de l'argent, de lutter contre l'Angleterre. Non moins âpre que Philippe le Bel, Philippe de Valois faisait arrêter tous les « Lombards (10 avril 1337) », et les contraignait à se racheter par d'énormes contributions[3].

Partout victimes de la cupidité, de la mauvaise foi, les Bardi et les Peruzzi durent, à la fin, suspendre leurs paiements. S'ils ne firent pas banqueroute, c'est qu'ayant

---

[1] Ammirato, IX, 431 ; Villani, XI, 87.

[2] Peruzzi, p. 172. Pour ces affaires d'argent, cet auteur (p. 446) renvoie au Records' Office, Chancery Lane, documents des livres Peruzzi et des archives de Londres, imprimés en 1802 par ordre du gouvernement anglais.

[3] En 1345, Luca de Panzano, créancier des Peruzzi pour 2000 florins d'or, ne pouvant être remboursé, préférait à une obligation du roi d'Angleterre celle de toute cette famille, engageant ses descendants pour un siècle. Le document est rapporté par Peruzzi, p. 473, d'après le *Libro di ricordanze di Luca da Panzano*, p. 77.

de grandes possessions, ils vendirent maisons, terres et laines : c'est que jouissant d'un grand crédit auprès de leurs compatriotes[1], ils empruntèrent au taux le plus onéreux : pour mille quatre cents florins prêtés, Marco Strozza exigeait un reçu de deux mille quatre cents. Malgré tant de sacrifices, les créanciers devaient, en 1347, se contenter de 15 ou 20 pour 100[2]. Bien auparavant les banqueroutes s'étaient multipliées autour de « ces deux colonnes du trafic de Florence et de toute la chrétienté[3] ».

Un moment, les créanciers d'Édouard III crurent que sa victoire navale à l'Écluse (juin 1340), en assurant sa prépondérance maritime, lui permettrait de s'acquitter. Les Peruzzi envoyaient une barque armée de Barletta à Rhodes, pour y porter la bonne nouvelle; mais ce fut une fausse joie. En novembre suivant, ce prince revenait de Flandre à Londres pour emprisonner les trésoriers qui l'avaient laissé manquer d'argent, et leur faire rendre gorge; il voyait un d'eux, John Stratford, l'évêque prévaricateur de Canterbury, se retrancher dans son diocèse, et menacer son maître d'excommunication[4]. Plus d'un siècle, les Bardi et les Peruzzi réclamèrent : les archives de la Tour, à Londres, contiennent les détails de ce curieux procès. Mais les Anglais, s'ils ont reconnu la dette, n'ont cru jamais devoir l'acquitter[5].

A cette grave cause de perturbation dans l'esprit public

---

[1] Villani, XI, 71.
[2] Peruzzi, p. 456.
[3] Villani, XI, 87. Cf. Pagnini, II, 67. Voy. sur les suites, sur les compromis adoptés pour tirer ces Compagnies d'affaire Peruzzi, p. 472 sq.
[4] Villani, XI, 112; Peruzzi, p. 445-454; Rymer pour les actes officiels; Lingard, *Histoire d'Angleterre*, trad. par Roujoux, t. II, p. 51. Paris, 1834.
[5] Simonin, *Revue des Deux Mondes*, 1ᵉʳ février 1873, p. 665.

et la vie sociale s'ajoutaient les tendances oligarchiques qui se faisaient jour dans cette démocratie. Les grands y étaient tenus à l'écart comme suspects, et les petits comme indignes. Le pouvoir y appartenait donc à la classe moyenne, qui avait à soutenir d'en haut et d'en bas des assauts répétés, car les uns y voulaient reprendre ce qu'ils avaient perdu, les autres conquérir ce qu'ils n'avaient jamais possédé[1]. Pour résister, elle n'eût pas eu trop de toutes ses forces, et elle se divisait. Les plus riches *popolani* excluaient du pouvoir quiconque n'était pas à leur niveau, et, au lieu d'être un parti, ils n'étaient plus qu'une coterie, qu'on flétrissait sous le titre de « gens nouveaux[2] ». Sans doute, sur les listes des prieurs, on trouve, à côté de noms illustres et anciens, des noms obscurs, éphémères; mais ce sont les noms de créatures dociles aux patrons qui les ont élevés et poussés[3]. Le moyen était simple, autant que déloyal, d'éliminer les autres : les noms amis qui sortaient des bourses y étaient remis aussitôt, tandis qu'ils auraient dû rester dehors, jusqu'à ce qu'on en eût tiré tous ceux qui s'y trouvaient. Les mêmes personnes étaient, dit Villani, comme à vie dans les emplois publics[4]. L'abus

---

[1] Il est remarquable qu'au dehors l'exclusion des nobles frappait bien plus que celle des petits, laquelle paraissait être dans l'ordre. Voy. *Ist. Pist.* R. I. S. XI, 477.

[2] Ammirato, IX, 435; Villani, XI, 117.

[3] Voy. les listes de March. de Coppo (*Del.* XII, 216-244) de décembre 1336 à décembre 1340. Les mêmes noms ne reviennent pas souvent sur les listes. On ne trouve dans cette période que six ou sept personnes appelées à un second priorat. Mais il y avait tant d'autres emplois! — Sismondi (IV, 3) prétend que douze citoyens avaient attiré à eux toute l'autorité. Aucun texte ne justifie cette assertion, qui provient sans doute d'une lecture trop rapide des chapitres de Villani (XI, 105) où il est question de douze conseillers des prieurs.

[4] « Si che si può dire ch'erano a vita » (Villani, XI, 105). Les noms con-

paraissait si révoltant qu'il se trouva une majorité pour ordonner qu'on déchirât, dès qu'on les avait tirées des bourses, les *polize* ou morceaux de papier qui portaient les noms[1]. Il est peu croyable qu'on ait longtemps exécuté cette décision honnête. En tout cas, ce que perdait l'oligarchie régnante, elle savait le regagner d'un autre côté.

On la vit alors revenir à l'institution décriée, tombée en désuétude, du capitaine de garde[2], dont elle voulait se faire un instrument[3]. Jacopo des Gabbrielli, ce « fougueux et cruel bourreau[4] », qu'on avait vu récemment à l'œuvre, fut rappelé, malgré le *divieto* de dix ans qui écartait tout habitant d'Agobbio[5]. Sa mission était d'inspirer à tous la terreur, sauf à ceux qui avaient armé et qui dirigeaient son bras[6].

C'est surtout contre les grands qu'il devait porter ses coups : les grands seuls, malgré les ordonnances de justice, étaient pour l'oligarchie naissante de redoutables rivaux. Elle les poursuivait jusqu'au dehors, protégeant contre eux les hommes libres[7], offrant asile et promet-

nus qui paraissent alors sont les Corsini, Strozzi, Ferrucci, Soderini, Sacchetti, Aldobrandini, Guidi, Pucci, Ricci, Rinucci, Medici, Machiavelli, Davanzati, Bordoni.

[1] Villani, XI, 105.
[2] Voy. chapitre précédent, p. 191-194.
[3] « Accio che facesse a senno de'detti reggenti ». (Villani, XI, 117.)
[4] « Uomo subito e crudele carnefice ». (Villani, XI, 117.)
[5] Voy. chapitre précédent, p. 194.
[6] « Salvo che i suoi reggenti ». (Villani, XI, 117.)
[7] Voy. notamment pour un fait relatif aux Pazzi et qui remontait à 1294, un extrait des *Spogli* de V. Borghini, publié à la fin du t. VIII des *Delizie*, p. 282. Il s'agit d'hommes libres ramenés « per vim et metum » à la servitude. Leurs fils demandent à être libérés « ab omni hominitia et coloneria et a scriptitia conditione et qualibet servitute et nexu fidelitatis alterius ». La seigneurie décrète leur liberté et les conseils approuvent. — Voy. aussi G. Capponi, I, 190.

tant vengeance aux opprimés, interdisant de faire évêque de Florence ou de Fiesole aucun membre des familles qui possédaient des châteaux sur le territoire. Si quelqu'un d'eux était nommé et acceptait, ses parents devenaient grands par le fait, et, s'ils l'étaient déjà, *sopragrandi*, fraction de la classe persécutée qu'on persécutait avec un spécial acharnement[1]. Aux uns et aux autres, il était défendu de contracter alliance par mariage avec les *popolani*. Les notaires ne devaient pas rédiger l'acte, ni les particuliers y intervenir[2].

S'attaquer aux petits ne devient dangereux qu'à la longue ; il faut que la coupe déborde, et elle ne s'emplit que lentement. Mais s'attaquer aux grands engendre un danger immédiat, dont toutes ses rigueurs ne préservaient pas Florence, car ils y étaient entourés de clients, d'amis, de *consorti*, tous d'humeur peu endurante. Contre eux une main ferme était nécessaire, et c'est ce qui explique qu'on eût fait appel à la main rude de Jacopo des Gabbrielli, alors même que de nombreux refus, de nombreux retards des hommes appelés aux fonctions d'officier étranger[3], n'eussent pas singulièrement

---

[1] *Statuta florentina*, l. III, rub. 46, t. I, p. 262; Gino Capponi, I, 189.
[2] *Ibid.*, Rub. 179, p. 380.
[3] En juin 1338, Guglielmo Novello de Montepulciano, nommé en avril capitaine général de guerre pour six mois, n'étant pas encore arrivé, on décide que l'élection sera valable, contrairement au statut qui, en pareil cas, la déclarait nulle, et que le salaire sera payé audit capitaine, comme s'il s'était présenté au temps voulu (*Provvisioni*, XXIX, 127). — En septembre suivant, quatre Lombards, désignés l'un après l'autre pour l'office de podestat, refusent; il faut en élire un cinquième, lui accorder un délai jusqu'au 1er janvier pour ses préparatifs, et lui payer son salaire pour tout le temps perdu (4 janvier 1339. *Provvisioni*, XXIX, 79). Les infractions officielles aux lois établies n'étaient pas rares à Florence. Agnoletto Pepi des Vaschi d'Orvieto est validé comme exécuteur de justice, quoiqu'il n'y eût pas encore cinq ans qu'il avait exercé une autre charge dans la com-

limité le choix. C'est ce qui explique aussi comment ce *senator alme urbis dignissimus* recevait des pouvoirs antérieurement refusés à sa charge, celui, par exemple, de désigner certains officiers [1].

Confiant dans sa faveur, et suivant l'impulsion de son caractère, ce *bargello* n'hésitait pas à s'attaquer aux plus grandes familles. Il condamnait Jacopo des Bardi à six mille livres d'amende pour une légère offense à un de ses vassaux, de Vernia, qui n'était même pas du district de Florence. Il contraignait Andrea des Bardi, oncle du précédent, à remettre aux syndics de la République Mangona, qu'il avait achetée aux comtes de Porciano. Il infligeait une amende de trois mille sept cents livres à Bardo Frescobaldi, pour le compte de la paroisse de San Vincenzio [2].

Ces deux puissantes familles formèrent le noyau d'une conspiration et surent y attirer, avec les Rossi, habitants comme eux du quartier d'Oltrarno et non moins mécontents, bien des gens étrangers à la noblesse : les maîtres du jour n'avaient pas su diviser pour régner. Il s'agissait, dans la secrète pensée des grands, de renverser le gouvernement populaire [3]; mais comment pouvaient-ils croire que de modestes *popolani* les suivraient jusque-là ? Ceux-ci ne faisaient campagne que pour le redressement des torts. L'illusion vint sans doute des

mune, cas de nullité aux termes du statut. (12 février 1335. *Provvisioni*, XXVII, 120.)

[1] Notamment l'officier étranger qui veillait à l'exécution des lois somptuaires et à la réparation, au dégagement des rues de la ville. (7 août 1338. *Provvisioni*, XXIX, 149.)

[2] Villani, XI, 117; Ammirato, IX, 435. Il lui fut compté 7750 florins. (*Capitoli di Firenze*, I, 107.)

[3] « Rifare in Firenze nuovo stato, e chi disse disfare il popolo ». (Villani, XI, 117.)

fortes intelligences que les « capitaines » du complot avaient hors de la ville : avec les comtes Guidi, les Tarlati d'Arezzo, les Pazzi du Val d'Arno, les Ubaldini du Mugello, les Guazzagliotti de Prato, les Belforti qui venaient récemment de mettre la main sur Volterre[1], ils comptaient dominer, entraîner de tardifs dissidents. Ils devaient, le 2 novembre, pendant l'office des morts, « courir Florence », tuer le capitaine de garde et les chefs de la faction au pouvoir, supprimer l'office des prieurs, établir une nouvelle forme de gouvernement.

Mais trop de personnes étaient dans le complot : parmi elles se trouva un révélateur. Soit qu'il fût brouillé avec sa famille, soit qu'il craignît le châtiment, Andrea des Bardi fit des confidences à Jacopo des Alberti, son parent, qui les transmit au capitaine de garde. Celui-ci, d'accord avec les prieurs, aima mieux réprimer que prévenir : sous les armes, il attendit l'explosion. La veille, toutefois, des appréhensions croissantes la firent devancer, malgré l'opposition de quelques-uns, aussitôt accusés de pactiser avec les Bardi. « Comme par force », on mit la cloche du peuple en mouvement. A ce signal d'alarme, les compagnies accourent sur la place. Sans savoir encore de quoi il s'agit, elles s'écrient : Vive le peuple! meurent les traîtres! Les portes de la ville fermées privent les conjurés de tout secours du dehors. Il ne leur reste qu'à les reconquérir sur la rive gauche, leur citadelle, après avoir coupé les ponts. Piero des Bardi se charge du *Ponte vecchio*, le prieur de San Jacopo, qui était des Frescobaldi, du pont *alla Trinita*, lesquels, détruits par l'inondation,

---

[1] Le 8 septembre 1340. Voy. sur ce fait Villani, XI, 115.

n'étaient pour lors que des ponts volants. Les autres sont fortement gardés.

Mais à ce moment, le peuple d'Oltrarno se prononce contre eux : la haine de l'oligarchie était moins enracinée que la haine des grands. Attaqués sur leurs derrières, ils durent se retrancher dans leurs maisons. Le *bargello*, à cheval sur la place de la Seigneurie, aurait eu facilement raison d'eux, s'il eût apporté aux combats la même énergie qu'aux rigueurs judiciaires. Son inertie indignant le podestat, ce gentilhomme brescian, Maffeo de Ponte Carali[1], marche avec les siens vers le pont Rubaconte, et là, au lieu d'engager la lutte, harangue les conjurés, leur donne « de sages conseils et de courtoises menaces ». D'un coup d'arbalète, les grands pouvaient l'étendre mort; mais se sentant perdus, ils l'écoutèrent et se remirent entre ses mains. Sous sa sauvegarde, de nuit, ils sortirent par la porte San Giorgio. Tout se terminait ainsi sans incendies, ni roberies, ni effusion de sang, et presque sans bruit, à la gloire du podestat. Le peuple posa les armes, après avoir ouï la condamnation des principaux conjurés[2].

Prudemment, cette condamnation n'atteignait que les contumaces. Treize des Bardi, douze des Frescobaldi, six autres grands eurent leurs maisons rasées : c'était de la modération pour ce temps-là. Il en fallut bientôt avoir moins, afin de réprimer leurs intrigues. Si l'on ne put rien contre le prieur de San Jacopo, qui, retiré à la cour pontificale, y attisait les haines contre sa patrie[3],

[1] Tel est son nom dans les manuscrits. Les auteurs l'écrivent diversement.
[2] Villani, XI, 117; Machiavel, II, 30 *A*; Ammirato, IX, 437.
[3] Villani, XI, 118.

Pietro des Bardi, assiégé dans sa forteresse de Vernia et indemnisé largement, partait pour la Lombardie; son repaire était rasé[1]. Un complot formé à Pise, en vue de livrer aux Pisans Lucques et le Val de Nievole[2], faisait mettre au prix de mille florins d'or la tête de neuf des comtes Guidi[3]. L'année suivante, tombait celle de Schiatta des Frescobaldi, pour une conjuration nouvelle, et l'on déclarait rebelles six magnats[4].

Ainsi, réprimer ne suffisait pas : il fallait prévenir, et, pour cela, « fortifier le peuple ». Tous les exilés antérieurs, soit pour cause politique, soit pour crimes ou délits d'ordre commun, sont rappelés, « ce qui fut un grand mal pour la ville. » Six mille arbalètes sont distribuées à la plèbe[5]. Le 1er février 1341, Jacopo des Gabbrielli « étant parti riche du sang des aveugles Florentins et de plus de trente mille florins d'or qu'on dit qu'il emporta, les sages recteurs de Florence corrigèrent l'erreur de son tyrannique office et diminuèrent les dépenses de la commune en nommant deux bourreaux au lieu d'un[6], » pour le *contado* Maffeo de Ponte Carali, qui venait de déposer la baguette de son commandement; pour la ville, Currado de la Bruta, parent de Jacopo, afin de plaire à celui-ci, et « d'enrichir la pauvreté des gens de la

---

[1] *Ist. Pist.* R. I. S. XI, 477. Il reçut 4960 florins d'or selon Villani (XI, 118).

[2] Villani, XI, 118; Ammirato le jeune, IX, 439.

[3] Un des Guidi, cité à comparaître, contraignait le messager à manger la lettre écrite sur parchemin avec son énorme cachet, ajoutant qu'un autre serait pendu. Les Florentins, pour venger cet outrage, prirent et rasèrent le château de San Bavello où il avait eu lieu. (15 avril 1341. Villani, XI, 124; Ammirato, IX, 440.)

[4] Villani, XI, 118; *Ist. Pist.* R. I. S., 477; Ammirato, IX, 439.

[5] Villani, XI, 118; Ammirato, IX, 439.

[6] Villani, XI, 21.

Marche[1] ». L'un de ces choix était bon, mais « l'un et l'autre office étaient un outrage, un dommage, une dépense pour la commune. Les recteurs ne cherchaient qu'à maintenir leur tyrannie, leurs prévarications, à écraser les citoyens pour se faire craindre et s'élever[2]. »

Telle était, à l'intérieur, la situation, quand elle se compliqua d'une reprise de la guerre. Nul n'avait jamais cru, à Florence, que la paix imposée par Venise fût une solution. On l'avait subie en attendant mieux, et le mieux semblait venir, du moins au dehors. Malgré tant de vicissitudes, la ville des fleurs y jouissait d'un crédit croissant. Les Romains lui empruntaient ses institutions, et notamment ses ordonnances de justice (août 1339)[3]. Les châteaux du Val de Nievole qui ne lui appartenaient point, Stignano, Massa, Cozzile, Uzzano, Avellano, voulaient lui appartenir, pour échapper au joug de Mastino, et des conditions avantageuses n'étaient pas nécessaires pour qu'ils crussent gagner au change[4]. Les seigneurs de Pietramala, sollicités de secours par Montepulciano, n'y voulaient point aller sans la permission des prieurs florentins (29 octobre 1339)[5]. Le marquis de Ferrare

[1] Villani, XI, 21.
[2] *Ibid.*
[3] Villani, XI, 95; Ammirato, IX, 432.
[4] *I Capitoli di Firenze*, I, 68; Ammirato le jeune, IX, 431. La formule est curieuse pour Massa et Cozzile : « Recolentes antiquam dilectionem et amorem sincerum quam Lucani guelfi tam cives quam comitatini habuerunt et habent ad comune Florentie, importabilia dapna et ejusque curie et districtus opportuit substinere pro defensione partis guelfe, propter que exauste sunt crumene; et quod de novo se supposuerunt regimini com. Flor. et volentes eos in obbedientia ipsius comperseverare ac aliis prebere exemplum veniendi ad obbedientiam dicti com. et eisdem concedere privilegium et immunitatem, etc. » (*I Capit.*, I, 68.)
[5] Filza I à la seigneurie. *Spoglio* de Brunetti, I, 33.

offrait ses services à la République (22 mai 1340)[1].

Bien plus, à Lucques même, Mastino était mal établi[2]. Sentant sa proie lui échapper, il en cherchait un bon prix. Il traitait concurremment avec les Pisans et les Florentins (juillet 1340)[3]. Dans cette sorte d'encan, la plus riche des deux républiques l'eût emporté sans doute, si Pise n'eût fallacieusement proposé un partage dont tout le bénéfice était pour elle, car à la faveur du voisinage, qui rendait le coup de main facile, les deux moitiés de la ville partagée eussent été en son pouvoir[4]. Tout le monde le comprenait : Robert détournait Florence de ces négociations[5]; Luchino Visconti lui offrait mille cavaliers, si elle voulait assiéger Lucques. Mais Florence même hésitait. Si les uns, à un achat, préféraient une conquête qui serait une vengeance, les autres se trou-

[1] Filza I, à la seigneurie, *ibid*.
[2] En février 1341, Francesco Castracani avait failli enlever Lucques d'un coup de main. Voy. Villani, XI, 123.
[3] Ranieri Sardo, c. 79, p. 111 ; A. Dei, R. I. S. XV, 99; Villani, XI, 132.
[4] « Cercarono di torla a mezzo co' Fior., ma tutto era con frode e con vizio pensarono ». (Villani, XI, 126.) — Cf. Amnirato, IX, 441. Ranieri Sardo exclut absolument cette imputation contre ses compatriotes. « Li fue risposto che egli la vendesse a chi volesse » (c. 79, p. 111).
[5] C'est Villani (XI, 131) qui dit que tel était l'avis de Robert. On n'en trouve pas trace dans la correspondance de la seigneurie. On y voit même que ce prince avait refusé son secours. On avait eu beau lui écrire que, si l'on voulait soumettre Lucques, c'était « ut ad devotionem reducentur majestatis regie, » il répondait : « Multas excusationes allegat propter quas non posse dicit imminentibus nostris necessitatibus subvenire tum propter armatam et exercitum in Sicilia, tum propter negotiis Pedemontis, etc. » (26 septembre, 16 octobre 1340. *Sign. cart. miss.* V, 96 v°, 98 v°). — A partir du 28 juillet 1340, les registres des lettres de la seigneurie en contiennent de nombreuses au roi Robert sur les affaires de Lucques. On ne cesse de lui demander des hommes et même de l'argent : « Subventione pecuniaria nobis multiplici opus est » (27 août 1340. *Sign. cart. miss.* V, 96, et *passim*); Giov. de Cornazano, *Stor. di Parma*, R. I. S. XII, 742 ; *Ist. Pist.* R. I. S. XI, 480 ; Cortusiorum l. VIII, R. I. S. XII, 905 ; Bazano, *Chron. mutin.*, R. I. S. XV, 600 ; *Chron. est.*, R. I. S. XV, 404.

vaient assez vengés par la nécessité de vendre où Mastino se voyait réduit, comme par la perte qu'il avait faite de tant de places importantes, Brescia, Padoue, Feltre, Bellune, Parme surtout, si commode pour entrer en Toscane[1], et ils ne sentaient pas quel intérêt pouvait avoir la République à servir les haines de Luchino. La seigneurie inclinait de leur côté. On avait tant reproché à une des précédentes de n'avoir pas acheté Lucques aux Allemands du Ceruglio, qu'elle croyait répondre au vœu public en réparant cette faute. Vingt *popolani*, appartenant tous à l'aristocratie d'argent[2], recevaient d'elle, pour un an, balie spéciale de faire la guerre ou la paix, et de se procurer des ressources pécuniaires, sans être soumis au *sindacato*[3]. C'était une innovation grave que de pleins pouvoirs accordés pour un temps aussi long, et sans contrôle ultérieur : aussi fut-elle blâmée, non sans raison[4].

L'inconvénient d'acheter Lucques à Mastino, c'est qu'une guerre avec Pise en pouvait être la conséquence : Pise marquait le ferme dessein de tout perdre et même de disparaître, plutôt que de laisser les Florentins s'é-

[1] En mai 1341, Azzo des Rossi, revenant de Naples et de Florence, où il était allé chercher des ennemis à Mastino, lui reprenait Parme. Voy. les auteurs cités dans la note précédente.

[2] A cette aristocratie d'argent à laquelle, selon G. Capponi, « appartient légitimement, pour ainsi dire, pendant toute la durée de la République, le gouvernement de l'État » (I, 197). Dans le nombre on relève les noms de Mozzi, Corsini, Peruzzi, Acciajuoli, Strozzi, Medici, Albizzi, Ricci, Valori, Bordoni (Ammirato, IX, 442). Villani a refusé de les nommer, parce que, dit-il, leurs vertus et opérations ne sont pas dignes de mémoire. Il leur reproche de n'avoir plus ni foi ni amour, de ne plus penser qu'à leur intérêt, à celui de leurs parents et de leurs amis (XI, 129, 131).

[3] Juillet 1341. Villani, XI, 129; Ammirato, IX, 441.

[4] « Che nostri successori si guardino di dare le sformate balie a nostri cittadini per lunghi tempi ». (Villani, XI, 129.)

tablir à ses portes, en vue de la conquérir[1]. Incessamment elle levait des hommes d'armes et les envoyait, en éclaireurs, sur le territoire lucquois. Néanmoins le traité fut conclu (4 août). Lucques, avec ses châteaux, sauf ceux qu'occupait le marquis Spinetta, fut vendue à Florence pour deux cent cinquante mille florins d'or[2]. Elle n'en avait coûté que trente mille à Mastino. Sur ce chiffre exorbitant, les ambassadeurs de la République envoyés à Ferrare auprès du marquis Obizo, qui servait d'intermédiaire, ne purent obtenir aucune diminution; mais ils obtenaient que les paiements seraient échelonnés, que, dans les trois années subséquentes, il ne serait versé que cent cinquante mille florins, et qu'avant tout versement aurait lieu la livraison de la place vendue. Ils ajoutaient même que, lorsque la commune connaîtrait mieux Mastino, elle aurait de lui tout ce qu'elle voudrait[3]. Seulement, il exigeait qu'elle envoyât avant tout cinquante otages à Ferrare, où arrivaient déjà les soixante qu'il y envoyait lui-même[4]. Les ambassa-

---

[1] « Li Fiorentini proferiersi di volerla comprare (Lucques) solo per avere poi Pisa sotto la signoria di Fiorensa » (Ranieri Sardo, c. 79, p. 111).
« Dicono Pisani che egli volieno inanzi morire e perdere ciò che egli anno che Luca vegna a mani di Fiorentini. » (Lettere interne alla signoria, 28 juillet 1341, n° 67.)

[2] Capitoli, XIII, 20; XXV, 83. Ammirato le jeune (IX, 442) résume les principales clauses du traité.

[3] Lettre des ambassadeurs florentins à la seigneurie, 7 août 1341 (Lettere interne alla signoria, n° 99). Nous la publions à l'appendice, n° 1. Dans une autre de leurs lettres (n° 129), ces ambassadeurs signent Tomas de Corsinis, Jacobus de Albitiis, Poggium de Mozzis. — Villani (XI, 129) accuse les négociateurs de s'être réservé 50 000 fl. pour leur commission, mais, si hostile qu'il soit, il n'ose affirmer : « E così se vero fu, » dit-il (XI, 131).

[4] « Voi scrivete che facciamo che la possessione di Lucha vi sia data : questo non sperate che si faccia, se gli stadichi nostri non sono qui, secondo i

deurs insistaient fort à ce sujet[1]; Maffeo de Ponte Carali, capitaine de garde pour le *contado*, qui se trouvait à la frontière de Lucques, écrivait dans le même sens et montrait les dangers de tout retard[2]. Florence envoya deux des vingt de balie, dix-huit de leurs fils ou de leurs neveux, et trente citoyens des plus grandes maisons, des plus riches *popolani* et marchands : Villani en était, tout opposé qu'il fût au traité[3].

Le jour même où ce traité était conclu, la seigneurie en concluait un autre avec le marquis Spinetta. Pour une somme de douze mille florins, elle lui achetait tout ce qu'il possédait dans l'État de Lucques; elle lui en maintenait la jouissance à titre de fief, et elle lui faisait prêter à genoux le serment de fidélité[4]. C'était là une de ces manœuvres habiles où Florence excellait, mais avant de prendre livraison de Lucques il lui fallait battre les Pisans.

Les Pisans étaient prêts. Ils avaient amassé cent cinquante mille florins d'or, soldé mille deux cents cavaliers, réuni trois cents citoyens formant *cavallate*, con-

---

patti. E li stadichi di M. Mastino furono a Legnagho già è tre dì ». (7 août 1341. *Ibid.*, n° 103.)

[1] Voy. à l'append. n° 1.

[2] « Hoc sero venit unus meorum nuntiorum a Luca qui mihi reportavit quoddam breve quod vobis destino presentibus interclusum. Quare vos rogo quod si obsides vestri non discesserunt a Florentia quatenus faciatis eos discedere quam vellocius potestis et hoc studeatis quanta instantia vos potestis, ita quod omnis mora penitus sit sublata, quia omnis mora est cum magno periculo ». (*Lettere interne alla signoria*, 9 août 1341, n° 110.)

[3] « Tutto che a noi non si convenisse e fosse contra a nostra volontà » (Villani, XI, 129). Cet auteur ajoute que les otages florentins, accompagnés de 150 cavaliers, séjournèrent deux mois et demi à Ferrare, où ils éclipsèrent ceux de Mastino. 100 000 fl. d'or devaient être comptés un mois après leur arrivée, le reste par 15 000, de dix mois en dix mois.

[4] *Capitoli*, XXV, 87; Ammirato le jeune, IX, 442, 443.

stitué une ligue par l'intermédiaire des exilés florentins, avec la plupart des seigneurs du précédent complot[1], Luchino Visconti, les Gonzague de Mantoue, les Correggio de Parme, les Ordelaffi de Forlì, les Guidi, les Ubaldini, le doge de Gênes, tous les gibelins, en un mot, de Toscane et de Romagne. L'alliance de Luchino coûtait cher : on avait dû faire tomber la tête d'un chevalier milanais réfugié à Pise, payer cinquante mille florins d'or, livrer comme otages douze des principaux citoyens. A ce prix, le Visconti envoyait deux mille chevaux sous les ordres de son neveu, Giovanni d'Oleggio, et les autres alliés suivaient son exemple, en proportion de leurs ressources[2].

Sans attendre l'arrivée de ces renforts, le capitaine général, Riniero de Donoratico, fils de ce comte Fazio, mort l'année précédente dans les mêmes fonctions[3], était entré sur le territoire lucquois, avec les milices de deux quartiers, que soutenaient douze cents chevaux et cinq cents archers. Il s'emparait du Ceruglio, de Montechiari, de Porcari, des ponts sur le Serchio[4]. Le 22 août, en possession de toutes ses forces, il venait mettre le siége devant Lucques, défendue par cinq cents hommes de pied et cent cinquante cavaliers[5]. Les trois corps de son

---

[1] Voy. plus haut, même chap., p. 225.
[2] Les Gonzague 260 chevaux, les Correggio, 150, etc. (Villani, XI, 130; Ammirato, IX, 443.)
[3] « Custodie et masnadorum Pisani comunis capitaneus generalis ». (Villani, XI, 130; Ammirato le jeune, IX, 443.)
[4] *Sign. cart. miss.*, n° V, f° 95; Ranieri Sardo, c. 79, p. 111; Roncioni, l. XIV, p. 779; Beverini, l. VII, p. 912 dans Sismondi, IV, 8; Mazzarosa, I, 206.
[5] Villani (XI, 130) donne la date du 22, Mazzarosa celle du 1er, qui semble moins vraisemblable. — Sismondi (IV, 8) dit, sans citer d'autorités, que Giovanni d'Oleggio arrivait avec le secret dessein de prendre Pise, mais

armée campaient chacun devant une des trois portes de la ville, et s'étendaient sur une ligne de douze milles de tour, de Pontetetto jusqu'au Serchio, au pied du mont San-Quirico. Deux grands fossés les protégeaient, garnis de palissades, de fortifications volantes, et ils se protégeaient eux-mêmes en faisant jour et nuit bonne garde. Entre eux les esplanades étaient faites pour les manœuvres de la cavalerie, et bientôt arrivaient les milices fraîches de deux autres quartiers pour remplacer celles que les marches, les travaux, la chaleur, avaient déjà fatiguées. Jamais, dit le chroniqueur pisan, on n'avait vu armée en si bon ordre[1].

De leur côté, les Florentins se préparaient depuis deux mois. Ils avaient en vain supplié de son aide le roi Robert[2], qui conseillait la temporisation et se lavait les mains d'une entreprise faite malgré lui[3]. Mais, grâce à leurs autres alliés, ils eurent bientôt, dans le Val d'Arno inférieur, sur le *contado* de Pise, trois mille six cents cavaliers et dix mille fantassins. Maffeo de Ponte Carali les commandait[4]. Ses services précédents l'avaient dési-

que les *anziani* sauvèrent leur patrie en payant double solde à ses hommes d'armes pour qu'ils rejoignissent l'armée.

[1] *Cron. Pis.* R. I. S. XV, 1006, 1007; Villani, XI, 130; A. Dei, R. I. S. XV, 99; Beverini, l. VII, p. 913, dans Sismondi, IV, 8.

[2] Voy. par exemple une lettre du 30 juillet 1340. *Sign. cart. miss.*, n° V, f° 94.

[3] « Tempus tamen nostrum est ». (5 septembre 1341. *Ibid.*, f° 86 v°). Tout ce registre est plein de lettres de Robert sur les affaires de ce temps. Cf. Villani, XI, 131.

[4] Florence avait pris à sa solde 2000 cav., Sienne en envoyait 300 avec 200 arbalétriers, Pérouse 150, Agobbio 50 avec le fameux Jacopo des Gabbrielli, Bologne 300, Ferrare 200, Mastino 300, les villes guelfes de Romagne 150, Volterre 50 avec 200 fantassins, Arezzo même nombre des uns et des autres, San Gemignano 150 fantassins, Colle 150, San Miniato 300, Prato 150, plus 25 cav. (Villani, XI, 131.)

gné; cependant il ne parut point répondre à l'espoir qu'on mettait en lui. « Dans la cavalerie florentine, dit Villani, qui en juge d'après l'événement, on aurait trouvé cinquante connétables plus hommes de guerre[1]. » Selon ce marchand chroniqueur, qui fait le tacticien, il aurait dû, après s'être emparé de Pontedera et du fossé Rinonico, se fortifier sur ces deux points, pour en affermir la conquête, comme pour assurer le libre passage des renforts et des vivres, puis s'avancer jusqu'à Porto Pisano et Livourne, jeter des ponts de bois sur l'Arno, couper les Pisans de leurs communications et les forcer ainsi à offrir la bataille. Il préféra pousser d'un bond jusqu'aux portes de Pise; n'y pouvant tenir, il dut se replier sur le Val d'Era, et de là, quand les pluies d'automne furent venues, sur Fucecchio[2].

Le gouvernement florentin était aussi l'objet de vives critiques. Lasser, harceler l'ennemi, voilà ce que commandait la sagesse; mais Mastino, sommé de livrer Lucques, ayant répondu : « Prenez-la, ou je la vends aux Pisans », les dix-huit de balie[3] s'étaient piqués au jeu, et avaient résolu une conquête de vive force[4]. Ils enten-

[1] Villani, XI, 131.
[2] *Ibid.*
[3] On a vu que deux d'entre eux étaient otages à Ferrare; c'est ainsi qu'ils n'étaient plus vingt.
[4] La correspondance de la seigneurie montre qu'on ne s'y résolut pas sans hésitations. A Spinello de Mosciano et à Jacopo des Alberti : « Non obstante quello che commesso v'abbiamo, pero che la nuova dispositione fa mutare nuovo consiglio, al tucto vetiamo chella possessione della città di Luccha prendiate sanza nostra spressa licentia (20 août 1341. *Sign. cart. miss.* VI, 91 v°). — Nonostante la lectera che vi scrivemmo ier sera, vogliamo che se per sconficta de nemici, ex fuga o per levata di campo la nostra gente con ischiere fatte o con bandiere levate magnificamente e honorevolmente entra nella città di Lucca che voi con nostra licentia liberamente riceviate e confessiate la possessione della dicta città, e in ogni altro caso

daient du moins que les conditions du marché en fussent modifiées. Sans difficulté, il fut convenu que le siége de Lucques, la perte du Ceruglio et de Montechiari, réduiraient le prix de vente à cent quatre-vingt mille florins, dont cinquante mille payables au 8 novembre, et cinquante mille autres en janvier, sept otages devant être rendus après le premier paiement, et huit après le second. Les quatre-vingt mille derniers florins étaient échelonnés en cinq ans, à raison de seize mille par an. Vingt-sept nouveaux otages seraient donnés, et Mastino entretiendrait à ses frais quatre cents chevaux jusqu'à la levée du siége. S'il durait plus de six mois, Obizo, marquis de Ferrare, et Taddeo Pepoli, seigneur de Bologne[1], qui se portaient garants de la sincérité de ces conventions, aviseraient[2]. Marché de dupes, selon Villani : Mastino aurait traité pour cent mille florins, car il ne savait que faire de Lucques. Ses menaces de la vendre aux Pisans étaient vaines, et sa haine pour Luchino, qui les aidait, l'eût retenu de donner aux alliés de son ennemi cette satisfaction désirée[3].

Quoi qu'il en soit, l'attente d'une bataille décisive était universelle en Toscane. Les prieurs d'Arezzo déclaraient

vogliamo che niuna confessione o ricevimento dobbiate fare. E questa ultima parte vogliamo che sia segreta ». (21 août. *Ibid.* f° 91 v°.)

[1] Le légat Du Poïet parti de Bologne, les Bolonais accoutumés à la servitude n'avaient plus su être libres. Taddeo Pepoli en avait profité. Fils du plus riche citoyen, il s'était créé un parti dans la noblesse pauvre et le bas peuple, en se déclarant guelfe outré. Il s'était fait proclamer seigneur le 28 août 1337. Voy. *Cron. Bol.*, R. I. S. XVIII, 375 ; Math. de Griffonibus, *Mem. hist. rer. Bonon.* R. I. S. XVIII, 464 ; Villani, XI, 69 ; Sismondi, III, 461-465.

[2] Ammirato le jeune, IX, 444 ; Villani, XI, 132. Ces deux auteurs ne sont pas toujours d'accord sur les détails. En pareil cas nous suivons de préférence le plus moderne, quand il analyse ou résume les documents.

[3] Villani, XI, 132.

souhaiter la victoire de Florence comme un fils la gloire de son père[1]. Les *anziani* de Lucques se multipliaient pour la défense de leur patrie[2]. Le 15 septembre, sur l'ordre de la balie, l'armée florentine allait, par la route d'Altopascio, camper sur les hauteurs du *colle delle donne* et du *poggio* de Gragnano, qui séparent le Val de Nievole de la plaine de Lucques, au nord de cette ville. De là, on devait entrer en communications avec les mercenaires de Mastino qui la défendaient, leur payer dix mille florins d'or, leur substituer trois cents cavaliers et cinq cents fantassins de Florence. Les Pisans pouvaient rendre ce projet difficile; ils le facilitèrent en se concentrant, par excès de prudence, sur les collines de San-Romigno et de San-Gennaro. Florentins et Lucquois renversent les palissades abandonnées, remplissent et nivellent les fossés, introduisent dans l'Agosta une garnison nouvelle que commande Giovanni des Medici[3]. Mastino pouvait dire, dès lors, qu'il avait tenu sa promesse et livré l'objet vendu. Il ne s'agissait plus que d'en éloigner l'ennemi qui le voulait confisquer.

Du haut de leurs collines, par de fréquentes escarmouches, les Florentins tenaient l'armée pisane en respect,

---

[1] « Indicatam gloriosissime prosperitatis victoriam gratia omnipotentis in manibus vestris ponendam de civitate lucana ardenti desiderio expectamus sicut filius gloriam patris exoptat ». (30 juillet 1341. *Lettere interne alla signoria*, n° 76). Diverses lettres d'Arezzo promettent des secours. *Ibid.*, n°° 49, 71, 76, 80.

[2] On peut voir leurs proclamations et ordonnances dans l'ouvrage intitulé : *Bandi lucchesi del secolo XIV° per cura di Salvatore Bongi*, un vol. in-8° dans la *Collezione di opere inedite e rare dei primi tre secoli della lingua*. Bologne, 1863.

[3] Villani, XI, 132; Ammirato, IX, 445; Beverini, l. VII, p. 915, dans Sismondi, IV, 9. La commune de Florence au seigneur de Lucques, 25 septembre 1341 ; 5 juin 1342; Arch. lucq. *Curia de' Rettori, Invent.* I, 102.

et la vénalité de ses mercenaires allemands ne cessait de ravitailler Lucques, en sorte qu'on pouvait, sans toucher aux provisions accumulées, prolonger indéfiniment la résistance. Qu'on eût gagné seulement quinze jours, et Giovanni d'Oleggio fût reparti avec la cavalerie milanaise, car les Pisans n'observaient pas avec lui les conventions[1]. Mais la balie, conseillée par deux hommes qui disaient s'entendre à la guerre[2], dirigeait de loin et dirigeait mal les opérations. Elle ordonne au capitaine Maffeo d'attaquer l'ennemi dans ses nouveaux retranchements. Quoique la faute sautât aux yeux, il fallait obéir. Le 1er octobre, Maffeo descend en plaine, campe de nuit à un mille des Pisans, et, en faisant l'esplanade, offre le combat. Pour marquer qu'ils l'acceptent, les Pisans abattent en partie leurs palissades. Il ne restait plus qu'à attendre le lendemain[3].

L'armée florentine était divisée en deux batailles : l'une de douze cents *feditori* d'élite, sous le commandement du capitaine, et flanquée, à droite comme à gauche, de nombreux arbalétriers[4]; l'autre, beaucoup plus considérable, comprenait tout le reste, sans en excepter les bagages, propres à gêner les évolutions. Un bourguignon, Jehan de la Vallée, portait l'enseigne royale.

---

[1] Lui-même, dit Villani (XI, 133), il l'avoua plus tard, quand il fut prisonnier à Florence.

[2] Villani (XI, 133) les nomme le comte Guido de Montefeltro et Alardo de Valleri, *maestri di guerra*. Ce dernier nom rappelle Alard de Valery dont les conseils contribuèrent au gain de la bataille de Tagliacozzo. Voy. notre t. II, p. 145, texte et note 2. Y aurait-il quelque parenté entre ces deux hommes ?

[3] Villani, XI, 133.

[4] Villani dit 300 arbalétriers et Ammirato 3000. Est-une correction ? Le chiffre semble bien fort pour un corps d'élite.

Le capitaine des Pisans[1] avait, selon l'usage, réparti les siens en trois batailles. Il se mit à la tête de la première, composée de huit cents *feditori* et flanquée d'arbalétriers soit pisans, soit génois, plus nombreux et meilleurs que ceux des Florentins. Mille huit cents cavaliers milanais formaient la seconde, la principale, reconnaissables à l'enseigne de la vipère, commandés par Giovanni d'Oleggio. La troisième, composée de quatre cents hommes seulement, devait remplacer les palissades abattues pour empêcher que le camp, pendant la lutte, ne fût brûlé par les Lucquois[2].

Le mardi 2 octobre, au lever du soleil, les deux armées s'ébranlent. A neuf heures les *feditori* pisans attaquent; à trois, ils plient : l'aigle noire aux pattes rouges de Mastino, se déployant du côté de Lucques, les menaçait d'un second adversaire, venant en aide au premier. Bientôt l'enseigne de Luchino est abattue; Giovanni d'Oleggio est prisonnier avec le fils de Castruccio, avec Bardo Frescobaldi, exilé florentin, avec plusieurs nobles pisans. En désordre et privée de son chef, la seconde ligne plie à son tour pour se rallier à la troisième, immobile et intacte. Si le gros des Florentins eût donné alors, il eût assuré la victoire; mais il laissa les *feditori* et les Milanais de la vipère poursuivre seuls la lutte, soit par

---

[1] Villani (XI 138) nomme le comte Noffo de Montefeltro, fils de Federigo de Montefeltro dont il a été question plus haut. Voy. l'index du t. III, au mot Montefeltro. Mais la *Cron. Pis.* R. I. S. XV, 1010, place sa venue postérieurement au 2 octobre. Aussi Ammirato dit-il qu'on ne sait pas quel était au moment de la bataille le capitaine de l'armée pisane. Roncioni (p. 784) en nomme plusieurs : le premier est Ajoletto Mazzolini, podestat de Pise, et Noffo n'est pas du nombre, mais il est mentionné (p. 785) comme ayant pris plus tard le commandement.

[2] Villani, XI, 133; *Cron. Pis.* R. I. S. XV, 1008; Ammirato, IX, 445.

ineptie dans le commandement, soit, comme on le prétendit, parce que Jehan de la Vallée avait juré, étant prisonnier de Luchino en Lombardie, de ne jamais marcher contre ses bannières. Ne pouvant s'imaginer qu'ils ne fussent pas soutenus, les vainqueurs s'éparpillaient à la poursuite des fuyards. A ce moment, le chef de la troisième ligne pisane, Ciupo des Scolari, ordonne à des aventuriers de se répandre parmi les bagages de l'ennemi, et d'y propager le bruit d'une défaite de ses *feditori*[1]. Ceux qui gardent les bagages portent au loin leurs yeux vers la plaine. Y voyant leurs amis courir isolés, ils les croient poursuivis, mis en fuite, et ils fuient à leur tour, saisis de panique, portant le désordre et la terreur dans la seconde ligne, dont on avait eu le tort de ne pas les séparer. C'est ce que Ciupo attendait. Aussitôt, il fond avec des troupes fraîches sur des hommes fatigués, qui laissent sur le champ de bataille trois cents des leurs morts et mille prisonniers. Les Pisans étaient trop surpris de leur triomphe pour pousser loin la poursuite. Si près de Lucques, d'ailleurs, ils devaient garder leur camp. Ils le gardèrent du moins en fête, la tête couronnée de rameaux d'olivier[2].

La nouvelle de cet échec, plus honteux que funeste, arriva fort grossie à Florence. Dans le premier moment de douleur et de crainte, on ferma les portes, on courut aux remparts. Mais le lendemain, quand on connut le nombre des prisonniers et des morts, quand on sut que

---

[1] Villani donne ce fait comme un on-dit, mais Ammirato supprime le « dissesi ».

[2] Villani, XI, 133; *Ist. Pist.* R. I. S. XI, 482; A. Dei, R. I. S. XV, 100; Ranieri Sardo, c. 79, p. 112; Roncioni, l. XIV; p. 784; Ammirato, IX, 445; Beverini, VII, 918, dans Sismondi, IV, 10.

la République n'avait perdu ni l'Agosta, ni aucun château, chacun posa philosophiquement les armes, rouvrit sa boutique, se remit à ses affaires[1]. Sans être insensibles au point d'honneur, les Florentins ne lui subordonnaient ni tous leurs actes ni tous leurs sentiments. L'armée continua de camper, de se fortifier aux environs de Lucques, à deux portées d'arbalète. Elle y devait rester près de onze mois, ayant en face le camp ennemi, où les femmes de Pise envoyaient à leurs maris des macaroni et autres mets de leur goût[2].

De nouveaux efforts étaient donc nécessaires pour atteindre ce but qui semblait sans cesse reculer. Ne manquant pas d'argent, Florence ne manquait pas de mercenaires. A ses pressants appels[3], Obizo répondait en promettant de venir lui-même avec tous ses frères et toutes ses forces[4], Mastino et Pepoli en protestant de leur amitié[5], en concluant avec elle une ligue de dix années (22 novembre)[6]. Seul le vieux Robert était perplexe : il ne voulait ni se lancer dans une entreprise coûteuse, ni le refuser aux Florentins, qui lui eussent fermé leur bourse. Il promit conditionnellement, si l'on promettait de lui livrer Lucques, que lui avaient enlevée jadis Uguccione et les Pisans. Il espérait, dit Villani, que sa condition serait repoussée; spirituellement la seigneurie l'accueillit. Les ambassadeurs royaux durent dès lors porter leur

---

[1] Villani, XI, 135.
[2] *Cron. Pis.* R. I. S. XV, 1009.
[3] Villani, XI, 135.
[4] Du 4 octobre 1341 est le *lodo* prononcé par Obizo sur la vente de Lucques, l'Agosta, Barga, Pietrasanta, etc. (Riformagioni. *Atti pubblici*, V, t. XVII.)
[5] Villani, XI, 134.
[6] Ammirato, IX, 447.

réclamation à Pise. Si les Pisans flairèrent un piége, crurent à une cession simulée, et, pour gagner du temps, s'engagèrent à répondre par ambassade, Florence avait acquis le droit de réclamer à Robert l'exécution de ses engagements. Il est vrai qu'elle n'y gagnait rien : Robert, cherchant des échappatoires, prétendait qu'il devait attendre l'ambassade pisane, offrait d'envoyer un de ses barons, le duc d'Athènes, avec six cents cavaliers, si la République payait la moitié de leur solde; puis, voyant son offre acceptée, il s'empressait de la retirer[1].

Robert faisant défaut, Florence s'adressait à Louis de Bavière. C'était un ancien ennemi, mais la guerre faite au roi de Bohême, son rival, facilitait un rapprochement. Mastino le conseillait, et quatorze ans écoulés avaient bien affaibli les rancunes, les vieilles haines. Le Bavarois était à Trente; il pouvait, en peu de jours, être sur le théâtre de la guerre. Il promit d'envoyer une armée de secours, de faire passer dans l'armée florentine les Allemands de l'armée pisane, si les Florentins lui comptaient des subsides considérables, et recevaient le duc de Teck pour vicaire impérial[2].

Mais, la négociation traînant en longueur, le secret en fut mal gardé, et elle fit scandale. Florence allait donc devenir gibeline, elle qui avait provoqué, à Naples, la ligue contre l'envahisseur bavarois! Robert et ses sujets marquèrent une grande indignation. Beaucoup d'entre eux, riches barons, clercs et prélats, qui avaient déposé leurs capitaux chez les marchands florentins, en réclamèrent la restitution. De là une nouvelle crise finan-

---

[1] Villani, XI, 136, 137; March. de Coppo, VII, 539; Ammirato, IX, 448.
[2] « Con larghi patti. » (Villani, XI, 137.)

cière[1], car ces compagnies vivaient surtout de crédit[2]. On essaya de la conjurer par une rupture ouverte des pourparlers; mais l'effet était produit, et il fallait restituer les dépôts, vendre à bas prix, ou, comme dit Marchionne, jeter les marchandises[3]. Le malaise s'en accrut; de 1341 à 1345, trente compagnies environ, la plupart appartenant à l'art de la laine, tombèrent en faillite[4], notamment les Peruzzi, les Acciajuoli, les Bonaccorsi, les Cocchi, les Antellesi, les Da Uzzano, les Corsini, les Castellani, les Perondoli. On ne trouvait plus d'argent à Florence. Propriétés et denrées y baissèrent sensiblement de prix[5]. La situation économique était déplorable, et, comme souvent, elle avait pour cause une politique à contre-sens.

Mais la passion l'emportait, et son objet unique, c'était alors de faire lever le siége de Lucques. La garnison, pour obtenir de prompts secours, avait le tort de tromper et de dire qu'il ne lui restait de vivres que pour un mois, quand elle pouvait tenir trois mois encore et même davantage[6]. La seigneurie l'exhortait à la patience : elle ne dormait pas, elle ne pensait à autre chose, mais il fallait faire venir de loin les secours[7]. Comme capitaine,

---

[1] Villani, XI, 137; March. de Coppo, VII, 540; Ammirato, IX, 450; Beverini, VII, 920, dans Sismondi, IV, 11.

[2] « In quel tempo le compagnie faceano più col danaio altrui che col loro ». (March. de Coppo, VII, 541.)

[3] « Vendere, non vendere, ma gittare le mercanzie loro. » (March. de Coppo, VIII, 541.)

[4] *Delizie*, etc., XIII, 3.

[5] Villani, XI, 137; March. de Coppo, VII, 540, 541; Ammirato, IX, 450; Beverini, VII, 920, dans Sismondi, IV, 11, 12.

[6] Villani, XI, 138. Il a dit plus haut, on l'a vu, que Lucques avait des vivres pour huit mois et que les Allemands lui en vendaient.

[7] « Itaque nos a quibus succursum rationabiliter expectatis tanto cruciamur propensius quanto novimus quod nostra presidia sunt vobis penitus

elle remplaçait provisoirement l'incapable Maffeo de Ponte Carali par Malatesta des Malatesti, de Rimini, un voisin, un ancien allié[1]; elle demandait à Robert un de ses neveux, et, n'espérant pas trop l'obtenir, elle chargeait ses marchands en cour d'Avignon d'y engager au passage le duc d'Athènes. Ce seigneur était alors en route vers Naples, où il avait rang parmi les barons du roi, et l'on pensait bien qu'il s'arrêterait pour baiser les pieds au pape, selon l'usage de tout voyageur passant près du Comtat. On avait gardé bon souvenir, à Florence, de son administration comme vicaire du duc de Calabre[2]. Besogneux et plein d'ambition, l'aventurier saisit au vol cette occasion de s'établir. Abrégeant son séjour auprès du Saint-Siége, il courut s'équiper à Naples, se pourvoir d'armes et de chevaux, sous prétexte, car il ne comptait point sur l'autorisation de son vieux maître, d'aller en

---

opportuna, que nos necessitate cogente propter voluntatem opportuit protelare, quia ex diversis longisque partibus opportet nos congregare munimina... Et licet videatur expectantibus ex desiderio liberationis eorum nos fortassis aliquantisper dormitare teste deo ad nichil aliud vigilamus. » (Aux Lucquois, 19 février 1342. *Sign. cart. miss.* VII, 2.) Le lendemain, une nouvelle demande de secours était adressée à Robert, aux princes et aux seigneurs napolitains. (*Ibid.*)

[1] « Per averlo più tosto » (Villani, XI, 135). Les relations d'amitié entre Florence et les Malatesti sont constatées dans un curieux document. En septembre 1340, Orlando Marini avait été envoyé en ambassade au pape pour lever un impôt sur les clercs : « Cum redditus et proventus ac omnes introitus dicti comunis obligati sint et traditi nonnullis creditoribus pro tempore duorum annorum proxime venturorum. » — Le pape répond : « Quod mirabatur de necessitatibus quas inesse dicebam com. Flor., nec erat verisimile, nec ipse credebat, quoniam si hoc esset, cessaret com. Flor. a tribulationibus et guerris quas continuo incitare videtur, faciendo ligas et confederationes multotiens etiam cum inimicis Ecclesie, videlicet cum Ferrariensibus et cum D. Malatesta.».(Rapport d'Orlando Marini sur son ambassade. 30 septembre 1340. *Arch. stor.* Append. VII, 357.)

[2] Voy. plus haut, l. VIII, ch. 2, p. 103.

Romanie, dans ses domaines personnels[1]. Nous le retrouverons bientôt devant Lucques et à Florence.

On ne l'attendit point pour recommencer la campagne. Des renforts ayant porté l'armée à quatre mille chevaux[2], sans compter les hommes de pied, les arbalétriers, les habitants du *contado* et du territoire, elle déploya ses enseignes pour reprendre ses anciennes positions du *colle delle donne* et du *poggio* de Gragnano (25 mars 1342). Villani aurait voulu qu'elle marchât droit sur Pise, pour dégager Lucques[3]. Les pluies du printemps firent perdre à Malatesta quarante jours[4] : on l'accusa de traîner en longueur, soit pour ne pas combattre Noffo de Montefeltro, son parent, chef nouveau des Pisans, soit pour se faire donner de pleins pouvoirs et devenir seigneur de Florence. « Allant, comme dit un chroniqueur, du lièvre au renard[5] », il négociait avec les Allemands et les provoquait à la désertion. Noffo feignait de ne rien voir : sa tactique était de gagner du temps, d'avoir Lucques par la famine, sans coup férir[6]. Les Pisans, d'ailleurs, offraient, si cette ville leur était laissée, de payer les cent quatre-vingt mille florins promis par Florence à Mastino, de faire hommage, chaque année, à la Saint-Jean, de dix mille florins et d'un cheval recouvert d'écar-

---

[1] La Roumélie actuelle, la Thrace et la Macédoine des anciens. — Villani, XI, 135; March. de Coppo, VII, 550; Ammirato, IX, 447.

[2] *Sign. cart. miss.* 22 mai 1342, dans *Giorn. degli arch. tosc.* VI, 190. Mastino envoya 500 chevaux, Pepoli 500, Ferrare 400, les guelfes de Romagne 200, Sienne 300, Pérouse 150, les villes voisines 150. (Villani, XI, 138 ; March. de Coppo, VII, 543.)

[3] Villani, XI, 138; March. de Coppo, VII, 547.

[4] « Pluviarum incommodis lacessitus, morari opportuit, et ex eo 40 dierum tempus inutiliter pertransivit ». (*Sign. cart. miss.*, loc. cit.)

[5] March. de Coppo, VII, 546.

[6] Villani, XI, 138.

late, valant deux cents écus d'or. Cette proposition fut repoussée sur le conseil de Bencivenni Rucellai, gonfalonier en 1326, et de son fils Naddo, homme présomptueux, camerlingue à Lucques[1]. « Nous prîmes le pire parti, comme c'est notre usage », écrit amèrement Villani[2], sans se soucier de l'honneur.

Le pire parti, c'était de traîner en longueur. L'inaction faisait croire à l'impuissance et provoquait la révolte. Les Ubaldini prenaient par trahison Firenzuola, et battaient, à Rifredi, un des Medici qui amenait du secours. Les Ubertini et les Pazzi du Val d'Arno y soulevaient à l'envi les châteaux[3]. Le 9 mai, jour de l'Ascension[4], sur des ordres formels, car on sentait s'épuiser la patience des Lucquois[5], Malatesta dut abandonner son camp, que ses mercenaires allemands pillèrent sans vergogne, et s'établir en plaine, non loin du Serchio, à deux milles de l'ennemi. Il y fut rejoint par le duc de Teck et autres barons du Bavarois, ce qui laisse croire que les négociations avec ce prince avaient été secrètement reprises, puis par le duc d'Athènes avec quelques cavaliers à la solde de la République[6]. Ce seigneur n'avait

---

[1] Villani, XI, 139; March. de Coppo, VII, 549; Ammirato, IX, 449.

[2] « Presesi il piggiore, come siamo usati » (Villani, XI, 139). Clément VI recommandait la paix avec Pise (Voy. *Capitoli*, XVI, 20), mais il était dans son rôle de père commun des fidèles.

[3] Villani, XI, 138; March. de Coppo, VII, 547-549.

[4] Mazzarosa (I, 208) dit le 1er mai, et il donne la date précise des événements accomplis les jours suivants. Mais les lettres missives de la seigneurie disent le 9, comme Villani.

[5] Le 17 avril, la seigneurie écrivait aux Lucquois : « Salutem et liberationem vestram tam cordialiter affectamus... et sic magnifice ad succursum vestrum incohare providemus... » Le 21 mai, autre lettre dans le même sens. (*Sign. cart. miss.*, VII, 23 v°, 28 v°.)

[6] Villani, XI, 139; Ammirato, IX, 453.

fait que traverser Florence, mais il y avait reçu un accueil empressé. Comme ses chevaux étaient fourbus de fatigue, quatre cents florins d'or furent votés pour lui en acheter trois[1].

Le 10 mai, à l'aube[2], les Florentins proposent le combat. L'ennemi, moins nombreux, restant immobile derrière ses retranchements, ils doivent s'avancer encore, franchir deux bras du Serchio. Le troisième les arrête, grossi par les pluies. Toute la nuit ils restent donc dans l'île, privés de vivres, exposés aux projectiles et cherchant un gué. Quand reparut le jour, ils passèrent enfin sur l'autre rive, au pied de la colline de San-Quirico, fortifiée par les Pisans[3]. Après de vaines démonstrations ou d'infructueuses attaques, Malatesta ramena les siens sur une hauteur en face du *prato* de Lucques, où l'ennemi n'avait point fait de travaux. De ce côté, femmes et enfants osaient sortir de la ville, et l'on en pouvait opérer le ravitaillement[4]. De nouvelles pluies gonflant encore le Serchio, les Pisans purent à loisir en fortifier les abords, en rendre le passage infranchis-

---

[1] Les 14 et 15 mai, alors que déjà il avait rejoint le camp. (*Provvisioni*, XXXII, 9; *Giorn. degli arch. tosc.* VI, 189.)

[2] *Capitoli*, XVI, 20.

[3] Ces manœuvres, ce double passage du fleuve, ne sont ni compris ni expliqués par la *Cron. Pis.* (R. I. S. XV, 1010), par Roncioni (p. 786), par Mazzarosa (I, 208) comme par Villani (XI, 139). Mais le récit de ce dernier paraît devoir être préféré, car il fait seul comprendre les termes de la lettre missive dont nous avons déjà parlé, et qui constate le double passage : « Per ardua itinera transito flumine Serchii, et castrametatus est die sequenti in circuitu montis S. Quirici erga Lucam, ipso flumine mediante, sperans secutura die transitum fluminis facere. » (*Sign. cart. miss.*, dans *Giorn. degli arch. tosc.* VI, 190.)

[4] « Sperans... civitatem ipsam necessariis communire » (*Ibid.*). Cf. Villani, XI, 139.

sable[1]. Après quatre jours d'attente, le 15 mai vers le soir, à la faveur d'une éclaircie[2], le duc d'Athènes, un connétable allemand et leurs gens, en tout mille cinq cents cavaliers, se ruent spontanément sur les palissades pisanes et les renversent; mais la nuit les forçant bientôt à la retraite, on les relève plus fortes derrière eux[3]. Découragé, manquant d'équipages de ponts, Malatesta repasse le bras du fleuve encore guéable; puis, reprenant la route d'Altopascio[4], il tente inutilement un coup de main sur le Ceruglio, et rentre, la tête basse, dans le Val d'Arno[5].

C'était à désespérer du succès. La seigneurie pourtant ne désespérait point. Comme l'araignée qui refait incessamment sa toile rompue, dès le lendemain elle sollicitait Robert de lui envoyer « aimablement et promptement » des secours par les voies maritimes[6], et d'inviter le duc

---

[1] « Ea nocte pluvia ita fecit ipsum flumen aquarum inundationibus ampliari, quod sequenti die transiri non poterat; quocirca opportuit expectari quousque decresceret. Medio tamen tempore, emuli fecerunt fortilitias ab alia parte fluminis, ita quod, aquis cessantibus, transitus inutiliter tentatatur ». (*Sign. cart. miss.*, loc. cit.)

[2] La chronique pisane (R. I. S. XV, 1010) parle de vingt jours ainsi perdus. Ce chiffre semble exagéré, et en désaccord avec ceux de Villani comme avec la date de la lettre missive.

[3] On verra quelques lignes plus bas que la seigneurie blâma ce mouvement. Villani dit, au contraire, que, s'il avait été soutenu, il pouvait réussir; mais 1500 cavaliers, sans compter les *pedoni*, c'était un vrai corps d'armée, la moitié ou le tiers de l'armée entière. La faute réelle fut de s'engager au déclin du jour.

[4] « Unde noster exercitus reversus est prope locum unde primo discesserat, tentans ut aliunde civitati utilius succurratur, a pisanis partibus utiliter processurus ». (*Sign. cart. miss.*, loc. cit.)

[5] Villani, XI, 139; March. de Coppo, VII, 550; *Cron. Pis.* R. I. S. XV, 1010; Roncioni, I, XIV, p. 786; Ammirato, IX, 451.

[6] « Per iter marictimum nobis de vestris gentibus armigeris et regio presidio amabiliter et celeriter sovvenire ». (*Sign. cart. miss.*, loc. cit.)

d'Athènes à plus de docilité¹. Mais il était trop tard, on touchait au dénouement. Sans profit, le 9 juin, Malatesta tentait contre Pise cette diversion que, depuis longtemps, conseillait Villani²; cinq jours auparavant (4 juin), le sénat de Lucques avait donné aux *anziani* de pleins pouvoirs pour négocier la reddition. En voyant l'armée florentine se replier et s'éloigner, le peuple lucquois « avait résolu de ne pas mourir de faim, de ne pas se laisser trahir, tuer, faire prisonnier³ ». Un mois plus tard, le traité était conclu (6 juillet): Pise recevait pour quinze ans la garde de Lucques aux frais des Lucquois. Ceux-ci, libres de partir et d'emporter ce qu'ils voudraient, conservaient, s'ils voulaient rester, le gouvernement, la perception des recettes, l'élection des officiers. Les quinze ans écoulés, l'occupation cessait de plein droit, et les Pisans s'engageaient à n'en substituer aucune à la leur⁴. Comme la citadelle de l'Agosta tenait encore, Pise en obtint l'évacuation contre l'engagement de restituer aux Florentins, en quinze années, les cent mille florins qu'ils avaient déjà versés aux mains de

¹ « Regalia scripta dirigere magnifico D. Hactenarum duci ut in hiis que statum nostrum respiciant requisitionibus nostris velit actendere ». (*Sign. cart. miss.*, loc. cit.)

² Voy. plus haut, même chap., p. 233. C'est une erreur de Villani de croire que le *guasto* des campagnes pisanes aurait pu détourner les Pisans du siége de Lucques. Les Toscans supportaient stoïquement ces pertes, nous l'avons vu vingt fois. Une attaque vigoureuse contre Pise même, un siége de cette ville pouvait seul avoir cet effet; mais Pise était trop forte, jamais Florence n'avait osé l'assiéger.

³ March. de Coppo, VII, 552.

⁴ Voy. le traité dans Cianelli, *Mem. e doc.*, etc., I, 321 sq., et un résumé dans Ammirato le jeune, IX, 453. Cf. Villani, XI, 139; *Ist. Pist.*, R. I. S. XI, 484; *Cron. Pis.*, R. I. S. XV, 1014; A. Dei, R. I. S. XV, 104; Marangone, R. I. S. suppl. I, 696; Beverini, VII, 923, dans Sismondi, IV, 13; Mazzarosa, I, 209.

Mastino. Elle le pouvait sans se ruiner, car elle stipulait cyniquement que cette somme lui serait fournie par les Lucquois[1]. De tout temps, les battus ont payé l'amende.

Florence l'allait payer à son tour. Non moins battue que Lucques, elle voyait avec humiliation, pour tout résultat de tant d'efforts, la perte d'une place achetée à beaux deniers comptants, la défaite, le retour honteux d'une « noble et grande armée[2] ». Passant par-dessus la tête de l'inepte et méprisé Malatesta, le mécontentement s'abattait sur les vingt de balie. On les accusait d'avoir envoyé de loin les ordres militaires, gaspillé, dilapidé des sommes énormes, plus de deux cent mille florins en cinq mois (de septembre 1341 à février 1342), exempté des emprunts et des impôts leurs parents et leurs amis, élu chaque mois et payé des ambassadeurs sans ambassade, gorgé enfin les chefs des mercenaires[3]. La dette, à l'expiration de leur charge, était, dit-on, de quatre cent mille florins d'or, sans compter les dépenses pour l'achat de Lucques[4].

Or qu'étaient-ils, ces dilapidateurs éhontés, ces politiques incapables et malheureux? Des *popolani grassi*, des membres de cette aristocratie marchande qui se rapprochait des grands pour ne pas donner aux petits une place dans l'État. Les souvenirs étaient vivants de la

---

[1] Roncioni, l. XIV, p. 786.
[2] Villani, XII, 1.
[3] « De pecunia et avere dicti comunis Flor. terrarum jurisdictionis ipsius ac etiam societatum et singularium personarum. » (Décret rendu par le duc d'Athènes en 1342 ou 1343. *Provvisioni*, XXXII, 143, dans un des excellents travaux de M. Cesare Paoli, qui a tant éclairé l'histoire du duc d'Athènes par la recherche et la publication des documents, *Giorn. degli arch. tosc.* VI, 231. *Della signoria del duca d'Atene*, 1862.)
[4] *Ibid.*, p. 232.

conjuration oligarchique déjouée en 1340 ; en prévenir le retour devint l'unique pensée de la plupart. C'était comme un dérivatif à la douleur cuisante qu'on ressentait des événements du dehors.

Le malheur de ce peuple, c'est qu'en ses heures de détresse, quand il avait soif de revanche ou de vengeance, il ne savait que se donner un maître. Il voyait alors sous ses yeux ce duc d'Athènes qui venait, parmi tant de soldats sans vaillance, de montrer la sienne par son hardi coup de main contre les Pisans. Populaire auprès des uns pour cette désobéissance courageuse et digne de plus de succès, le duc d'Athènes l'était auprès des autres par le souvenir de son administration modérée de deux mois en 1326. Les principaux citoyens le trouvaient d'assez bonne lignée pour ne pas craindre de s'abaisser devant lui, et les politiques le croyaient assez avant dans les bonnes grâces de Robert pour se flatter que cet honneur fait à un de ses barons déciderait ce vieux prince fatigué et désabusé, moins que jamais porté aux longues entreprises, à leur accorder de sérieux secours.

C'était s'engager un peu à la légère. Ce que voulait Robert, depuis longtemps on devait le savoir : le repos dans les lettres et la théologie. Ce que valait le duc d'Athènes, on aurait pu l'apprendre, en s'enquérant mieux de sa race, de son passé. Qui connaît un Brienne les connaît tous, avec « les appétits débridés du barbare, la violence aveugle et irrésistible de l'homme qui passe sa vie à tuer, l'orgueil surexcité du chef de bande, la rapacité, la ruse, l'immoralité naïve de l'aventurier[1] ». Depuis les premières années du treizième siècle, cette

---

[1] J. Soury, *Bibl. de l'école des chartes*, 1870, p. 374.

famille française était mêlée aux affaires de l'Orient et de l'Italie. Toujours prêts à partir au moindre signal du pape, ses membres avaient remplacé les premiers croisés, mais si mal qu'on les désignait sous le nom injurieux de Poulains[1]. En 1200, la veuve de Tancrède de Hauteville, seigneur de Lecce, avait donné sa fille au comte Gaultier III de Brienne, alors âgé de cinquante ans. Nous avons vu un autre d'entre eux, Jean de Brienne, ancien roi de Jérusalem, envahir, au service de la papauté, les États de Frédéric II, croisé malgré lui[2]. Ce monarque sans couronne, ce preux brutal tuait « d'une bature d'éperons » sa seconde femme, princesse d'Arménie, et, à soixante-douze ans, en épousait une troisième, Bérengère de Castille. Un de leurs descendants, Gaultier IV, surnommé le pirate des déserts syriens, mourait dans les tortures, attaché par les Sarrasins à la potence, en vue de Joppé[3].

Le titre de duc d'Athènes était entré dans la famille par Hugues de Brienne, aïeul du seigneur dont s'occupait Florence. Quand les croisés conquirent Constantinople, la principauté d'Athènes était échue, peut-être par soumission spontanée, à Othon de la Roche, gentilhomme bourguignon, qui la tint comme fief des princes d'Achaïe[4]. Après avoir passé par bien des mains[5], elle

[1] Sismondi, IV, 12.
[2] Voy. t. I, p. 271, 272.
[3] J. Soury, *loc. cit.*, p. 375.
[4] La principauté d'Athènes comprenait : au nord de l'isthme l'Attique, la Béotie, la Phocide, la Locride ; au sud, une grande partie de l'Argolide.
[5] Voy. les ouvrages suivants : *De historiæ ducatus Atheniensis fontibus scripsit Carolus Hopf*. Bonn, 1852. Ce même auteur a traité des Brienne, ducs d'Athènes, en divers endroits de sa *Geschichte Griechenlands in Mittelalter* (*Erschgrubers Encyclopädie*, sect. I, t. LXXXV, LXXXVI, 1867-

appartenait, en 1308, à Gaultier V, fils de Hugues, lequel, obligé de se défendre contre ses voisins d'Épire et de Valachie, devait la victoire à ses mercenaires de Catalogne, fléau de l'Orient depuis plusieurs années. Ayant à les payer, par économie il préférait les anéantir, et il l'essaya; mais attendu par ces vieilles bandes sur les poétiques bords du Céphise, il y était égorgé avec sa chevalerie, dans la fange d'un sol détrempé à dessein et que cachaient les blés déjà grands[1].

Il laissait un fils, Gaultier, sixième du nom, et qui, de la principauté d'Athènes, n'avait plus que le titre de duc. Conduit par sa mère en Italie, ce jeune seigneur y recevait de Robert divers comtés dans le royaume, et la main de Marguerite, sa nièce, fille de Philippe de Tarente, le chef malheureux des Florentins à Montecatini (1322). C'est ce Gaultier VI que le duc de Calabre avait envoyé, en 1326, prendre possession de Florence, et la gouverner provisoirement en son nom. En 1331, il faisait une tentative désespérée pour recouvrer le duché d'Athènes, et il y perdait son fils unique. En 1339, il était à la solde de Philippe de Valois[2]. C'est lorsqu'il revenait de France que les marchands florentins l'avaient embauché en terre d'Avignon[3]. Sans trop savoir si ses talents administratifs ou même militaires éga-

---

1868), et dans *Walter VI von Brienne, Herzog von Athen und Graf von Lecce* (*Raumers Historisches Taschenbuch*, 1854, p. 301-309); Sassenay, *Les Brienne de Lecce et d'Athènes*, p. 176. Paris, 1869.

[1] 15 mars 1311. Voy. Reumont, *Der Herzog von Athen* (*Historische Zeitschrift* de Munich, t. XXVI, §§ 1 et 2, arbre généalogique); un article de l'*Ateneo italiano*, 6 et 13 mai 1866; J. Soury, *loc. cit.*, p. 375; Sassenay, *loc. cit.*, p. 186.

[2] Paoli, *loc. cit.*, p. 87.

[3] Voy. plus haut, même chap., p. 242.

laient sa bravoure, ils voulaient voir en lui un sauveur.

C'était un petit homme, si brun qu'il en paraissait noir, à la barbe longue, mais clairsemée, et qui semblait plus grec que français[1]. Il avait l'abord peu gracieux, la parole peu sûre, les mœurs peu honorables. Cupide et ambitieux, porté à la ruse et à la fourberie, prêt à tout pour conquérir une condition digne de son rang, les écrivains du temps ne lui reconnaissent que deux mérites, d'être sobre et sagace[2]. C'est qu'ils énoncent leur jugement après l'orageuse fin de ses aventures. Alors on n'avait pour lui que des éloges, on ne le connaissait que par sa téméraire vaillance; on ne disait qu'une chose, c'est qu'il n'aurait pas laissé prendre Lucques, s'il avait eu le commandement, et tout porte à croire qu'il ne se faisait faute d'accréditer cette opinion[3]. Mais elle n'eût point suffi à sa fortune, sans la faveur des *popolani grassi*, qu'il devait à d'autres causes[4]. Les compagnies marchandes étaient ruinées, plusieurs de leurs chefs accusés de prévarication, désireux de ne

---

[1] On dit que Simone Martini, le fameux peintre siennois, plus connu sous le nom de Simone Memmi, a peint Gaultier VI sous les traits de Longin, dans la crucifixion de la chapelle des Espagnols à Santa Maria Novella. (Becchi, *Illustratore fiorentino*, Ann. III, p. 41, cité par Paoli, *loc. cit.*, p. 83.)

[2] Villani, XII, 8; March. de Coppo, VIII, 567; A. Dei, R. I. S. XV, 105; Machiavel, II, 34 *B*.

[3] Que sa conduite à la guerre ait été le principal motif de lui confier le pouvoir, c'est ce qui résulte de la lettre par laquelle les prieurs annoncent son élection à Robert : « Ipse cum strenua et nobili comitiva, continuatis dictis, sine pausa ultramodum iter expediens se nostro exercitui copulando, satagens honores nostros, postergatis discriminibus, promovere, confidentiam nostram in nostris cordibus confirmavit, et ex eo ferventi excitati ejusdem pro honore suo et conservatione status nostri elegimus.... » (*Sign. cart. miss.*, VIII, 30 v°). — « Per istare più sicuri. » (Villani, XII, 1.)

[4] Villani, XI, 118.

pas rendre leurs comptes, peut-être de faire une banqueroute financière et politique, sous le couvert du pouvoir absolu[1].

Pour ce dessein, ils étaient sûrs de la complicité des magnats, « ces ennemis de l'espèce humaine, qui voulaient s'élever au-dessus des pauvres brebis, s'en rendre maîtres comme les loups, en vendre la peau, en manger la chair, faire des dés avec leurs os, attendu que toujours les gros poissons mangent les petits[2]. » Or, à divers magnats ils faisaient des avances manifestes : ils les exemptaient des ordonnances de justice, ils les admettaient dans leurs rangs, sous prétexte qu'ils étaient vrais *popolani*, qu'ils avaient servi la cause populaire ; trop gens de négoce, d'ailleurs, pour ne pas leur vendre à prix d'argent leur réhabilitation[3]. Quant aux citoyens de condition modeste, leur rôle fut, dans cette affaire, celui des moutons de Panurge. « La populace, dit le chroniqueur Marchionne, et même le moyen peuple, qui vivent sans ordre parce qu'ils sont trop nombreux pour se rassembler et s'entendre, se laissent prendre au premier mot qu'on leur dit ou dès qu'on leur touche l'épaule[4] ». On la leur toucha et ils se laissèrent endoctriner. Ainsi, le duc d'Athènes avait pour lui toutes les classes. Ceux qui menaient le chœur ne doutaient pas

---

[1] « Essere signori e non rendere i debiti loro a cui dovieno dare, e le loro compagnie sentendosi in male stato. » (Villani, XII, 1.)

[2] March. de Coppo, VIII, 553. Cf. Machiavel, II, 30 B.

[3] La provision énumère 22 familles et les sommes qu'elles doivent payer. Les plus fortes s'élèvent à 1500 ou 2000 florins d'or, les plus faibles à 200 ou 300. (*Provvisioni*, XXXIII, 1.) Une provision du 22 mai 1342 (XXXII, 14 v°) étend ce privilége à tous les descendants desdites maisons en ligne masculine.

[4] March. de Coppo, VIII, 553.

de conserver sous son nom l'autorité véritable, car, dépositaires de la richesse publique, ils se flattaient, comme par le passé, d'en diriger l'emploi.

Ils n'avaient pas attendu la chute de Lucques pour faire du duc d'Athènes leur instrument. Dès le 26 mai, alors que Malatesta cachait sa honte à Fucecchio, et quinze jours avant qu'il se remît en campagne, ils avaient nommé l'aventurier français capitaine de garde aux conditions suivantes : il devait entretenir trois cents cavaliers ultramontains avec douze connétables, cent fantassins avec quatre capitaines, un juge, deux notaires, deux sonneurs de trompe, deux trompettes, un sonneur de *nacchere* ou cymbales. Il recevait pleine juridiction, dans un rayon de dix milles, sur les mercenaires de la commune comme sur les siens; mais il devait respecter les droits du podestat pour juger les querelles entre citoyens, ne se mêler ni de l'élection des officiers publics, ni du rappel des bannis, ni de l'établissement des impôts. Son salaire et celui des siens était de mille cinq cents florins d'or par mois, trente pour chaque connétable, dix pour chaque cavalier de *corredo*, huit plus quinze sous pour les autres, deux florins par tête pour les fantassins et quatre pour leurs capitaines[1]. Le 31 mai 1342, les conseils confirmaient à cet égard les décisions de la seigneurie. Par 148 voix contre 31 dans le conseil du peuple, par 170 contre 31 aussi, — sans doute les mêmes, — dans le conseil de la commune[2], le duc était élu « conservateur et protecteur de l'État, capitaine de guerre et de

---

[1] 31 mai 1342. *Provvisioni*, XXXII, 15 v°; Paoli, *Giorn. arch. tosc.*, VI, 89; Reumont, *Der Herzog von Athen*, §§ 4 et 5.

[2] *Provvisioni*, XXXII, 15 v°; *Giorn. degli arch. tosc.*, VI, 191, Doc. 4.

garde de la ville, jusqu'à la Pâque de résurrection suivante[1] ». Seulement il était entendu que la prise de possession du commandement militaire serait renvoyée au 1er août, jour où Malatesta devait l'abandonner[2].

Le 5 juin eut lieu la cérémonie solennelle du serment. Le duc jurait d'observer toutes les conditions imposées à son pouvoir, et notamment de respecter les institutions établies[3]. Certes, on ne peut dire que les Florentins, s'ils étaient tous d'accord pour le mettre à leur tête[4], lui eussent fait litière de leurs droits. Loin de lui donner la dictature, ils lui ôtaient la liberté de ses mouvements. C'eût donc été miracle, si ce baron, accoutumé à vivre dans l'atmosphère du pouvoir absolu, n'eût essayé de briser ses liens. Il y était poussé, d'ailleurs, par les aveugles qui ne voyaient en lui qu'un instrument docile. De nuit comme de jour ils assié-

---

[1] Lettre de la seigneurie à Robert, 5 juin 1342. *Sign. cart. miss.*, VII, 50 v°. Les 9 et 11 juillet suivants, une provision confirmait cette décision. (*Provvisioni*, XXXII, 37 v°. *Giorn. arch. tosc.*, VI, 192, Doc. 10.)

[2] Ce fait montre le désir de rester dans un ordre régulier. Sismondi a donc tort de présenter l'élection du duc comme imposée par la passion populaire. S'il en eût été ainsi, Malatesta aurait disparu du même coup. Les textes prouvent que toutes les classes, tous les partis crurent trouver leur compte dans cette élection faite de sang-froid. Le duc était, comme on dit aujourd'hui, l'homme de la situation. Il est surprenant que A. Vannucci (p. 569) et G. Capponi (I, 198) n'aient pas vu l'universalité du mouvement qui portait vers lui. Leo (l. VII, c. 2, t. II, p. 97) comprend mieux, quoiqu'il suppose à tort que les grands agissaient surtout, comme les *popolani*, dans l'intérêt de leur bourse. Le systématique Ferrari (III, 288) veut que le duc ait été élu par les gibelins contre les guelfes qui l'avaient appelé. Cette assertion ne soutient pas l'examen.

[3] *Provvisioni*, XXXII, 15 v°; *Giorn. arch. tosc.*, VI, 191. — « Cordialiter et expresse juravit inter cetera civitatem Florentie in solito et consueto officiorum regimine conservare ac etiam viriliter defensare. » (*Sign. cart. miss.*, VIII, 95; *Giorn. arch. tosc.*, VI, 278, Doc. 374.)

[4] « Dei nutu, procerorum nostrorum et totius plebis favoribus. » (20 août 1343. Lettre de la seign. au pape. *Sign. cart. miss.*, VIII, 7.)

geaient sa demeure, l'exhortant à se faire nommer seigneur[1].

Une fois en place, la question était pour lui tout ensemble d'y prendre du bon temps, d'y faire des profits et de n'en plus sortir. En homme avisé, il étudia son terrain. Du premier coup d'œil il vit que ce peuple était jaloux de son autonomie. Il se fit donc petit ; il voulut, malgré sa dignité, rester dans ce couvent de Santa-Croce, « maison de pauvres mendiants[2] », où il était descendu[3]. Il n'essaya, d'abord, que de ne pas remplir certains de ses engagements. Le 10 juin, il n'avait pas encore les chevaux et les cavaliers qu'il aurait dû avoir le 5 ; on ne lui en avança pas moins deux mille florins d'or de paye[4]. Le 27, on le dispensait de remplir cette obligation, et l'on ordonnait néanmoins de lui compter son salaire en entier[5].

Évidemment il pouvait oser. Mais où prendrait-il son point d'appui ? Entre les classes, entre les partis, la division était trop profonde pour qu'il pût se dispenser de faire un choix. Des grands il n'avait pas à s'occuper : par affinité de race, par haine de leurs oppresseurs, ils devaient faire cause commune avec lui. Les *popolani grassi*, il les voyait haïs en haut et en bas, parce qu'ils détenaient le pouvoir. En frappant sur eux, il était sûr de l'approbation du menu peuple comme des grands, peut-être même de leur concours. Sévir sur ceux qu'elle

---

[1] Villani, XII, 1 ; March. de Coppo, VIII, 553 ; *Ist. Pist.* R. I. S. XI, 484 ; *Cron. Pis.* R. I. S. XV, 1011 ; A. Dei, R. I. S. XV, 104 ; Marangone, R. I. S. Suppl. I, 696 ; Beverini, VII, 923, dans Sismondi, IV, 14.

[2] March. de Coppo, VIII, 553.

[3] Villani, XII, 1 ; Ammirato, IV, 453.

[4] *Provvisioni*, XXXII, 19 v°.

[5] *Ibid.*, XXXII, 30 v°.

jalouse est toujours le moyen de flatter la populace. Mais ces riches marchands l'avaient élevé de leurs mains; ils faisaient montre de compter sur sa gratitude. Malgré la parfaite indépendance de son cœur, il devait donc user de ménagements, trouver une transition. Très-ingénieusement il résolut de s'attaquer d'abord à ceux qui troublaient la paix de la Toscane, à ceux qui avaient si mal conduit la guerre, et provoqué par là un mécontentement universel[1].

Parmi les rebelles de Prato se trouvait un certain Ridolfo Pugliesi, qui, pour rentrer dans sa patrie, avait comploté la mort des Guazzagliotti, ses ennemis, avec le comte de Cerbaia, avec les Ubaldini[2] et un certain nombre de bannis florentins[3]. Le complot éventé, il fut saisi par ordre du duc; on instruisit son procès[4], et, sans retard, on lui coupa la tête[5]. Mérité peut-être, ce châtiment était illégal, car Ridolfo n'étant point sujet de Florence, Gaultier n'avait sur lui aucune juridiction. Ce qui rendait sa sévérité plus étrange encore, c'est qu'elle ne s'étendit pas aux exilés florentins, complices du principal coupable. On supposa plus tard qu'il avait reçu d'eux de l'argent pour les laisser en paix, comme des Guazzagliotti pour agir contre leur concitoyen[6]. Mais alors, blâmé des gens sensés, qui avaient le respect de la légalité, il fut approuvé du plus grand nombre : la

---

[1] Cette politique n'a été comprise, jusqu'à ce jour, que par M. Paoli. Voy. *Giorn. arch. tosc.*, VI, 90.

[2] *Provvisioni*, XXXII, 48 v°; *Giorn. arch. tosc.*, VI, 193, Doc. 12.

[3] March. de Coppo, VIII, 554.

[4] 4 juillet 1342. Voy. le doc. dans *Giorn. arch. tosc.*, VI, 193.

[5] Villani, XII, 2.

[6] Villani, XII, 2. M. de Sassenay, apologiste du hobereau, a une belle excuse de cette illégalité : « Il n'était pas légiste », dit-il (p. 206.)

République, disait-on, avait enfin à sa tête un homme déterminé, que n'arrêteraient pas des considérations personnelles, de vains scrupules[1]; les hobereaux de l'Apennin, si gênants durant la guerre, allaient apprendre enfin à rester chez eux, puisque, s'ils en sortaient, s'ils étaient faits prisonniers, ils couraient risque de la vie[2].

Deux jours plus tard, on apprenait, à Florence, que Lucques avait capitulé (6 juillet). Quoique prévu, ce malheur raviva les colères : il y a toujours loin de la prévision à la certitude. L'esprit de vengeance attendait, demandait des sévérités exemplaires ; il ne coûtait point au duc de lui donner satisfaction, de conquérir, en obéissant, le droit de commander. Le 14 juillet, il fait saisir Giovanni des Medici, qui avait été podestat de Lucques au nom des Florentins[3], et qu'on accusait d'avoir, par incurie ou par connivence[4], peut-être pour de l'argent[5], laissé fuir Lucca Tarlato de Pietramala au camp pisan, d'où il avait donné à sa nombreuse famille le signal de la révolte. Un autre chef d'accusation, c'était d'avoir

---

[1] Ammirato, IX, 453.

[2] Cette observation judicieuse a été faite par M. de Sassenay (p. 206). Mais en intervertissant l'ordre chronologique pour placer l'exécution illégale après trois autres qui ne l'étaient point, cet auteur diminue l'odieux de la première ; celle-ci, mise en son lieu, montre que le duc n'avait cure de la légalité, ni les Florentins non plus, quand on flattait leur passion.

[3] Les chroniqueurs mettent cette affaire en août ; mais les documents montrent que le procès est du 15 juillet. On a confondu sans doute l'exécution avec le procès.

[4] « Sua culpa et negligentia, ac etiam scienter, dolose et fraudolenter ». (15 juillet 1342. *Capitoli, Protocolli*, XIII, 2 ; *Giorn. arch. tosc.*, VI, 192, Doc. 11.)

[5] A. Dei, R. I. S. XV, 104. Villani a dit précédemment (XI, 138) que Giov. des Medici avait laissé fuir Tarlato dans une promenade qu'ils faisaient ensemble à cheval.

révélé certaines pratiques d'un capitaine de l'armée avec les mercenaires ennemis¹. Il en fallait moins, dans ce temps-là, pour motiver une sentence capitale. L'exécution eut lieu dans les premiers jours d'août, malgré les supplications d'une famille déjà puissante; mais on vit bientôt que l'un tout au moins des motifs allégués n'était qu'un prétexte, car le rebelle Tarlato, dont la fuite coûtait la vie à son libérateur, venait bientôt siéger dans le conseil ducal².

Un troisième exemple suivit de près les deux autres. Guglielmo des Altoviti, « grand *popolare* », étant podestat ou capitaine d'Arezzo, avait trafiqué de ses fonctions, opprimé, pressuré les Arétins, au point de gagner sur eux plus de vingt mille florins d'or, et de les forcer, pour la plupart, à la fuite³. En lui ôtant sa charge (1ᵉʳ juin), on lui avait épargné les rigueurs du *sindacato;* quelques-uns des Tarlati, qu'il avait expédiés à Florence, dans une sorte de captivité⁴, les appelèrent sur sa tête (15 juillet), qui tomba comme celle de Ridolfo Pugliesi, de Giovanni des Medici⁵.

Volontiers le duc eût sévi encore contre Malatesta, l'inhabile capitaine; mais il en fut retenu par la politique florentine, qui craignait de s'aliéner une famille puissante,

---

[1] *Giorn. arch. tosc.*, VI, 193; Doc. 11.

[2] Paoli, *Giorn. arch. tosc.*, VI, 91. Cf. Villani, XII, 2; March. de Coppo. VIII, 554; Ammirato, IX, 453.

[3] A. Dei, R. I. S. XV, 104.

[4] Villani, XI, 138.

[5] Lettre de la seigneurie aux recteurs d'Arezzo, 8 juillet 1342; *Sign. cart. miss.*, VII, 31; *Giorn. arch. tosc.*, VI, 192. — Villani (XII, 2) prétend que les Tarlati avaient acheté la rigueur de Gaultier. Cette accusation revient trop souvent pour être toujours vraie. Le duc n'avait pas besoin d'être payé pour faire ce qui servait sa politique. Mais si on lui offrait de l'argent, sans doute il ne le refusait pas.

sa fidèle alliée, et surtout de ne plus trouver de capitaines étrangers. Elle le laissa du moins accuser de prévarication Naddo Rucellai et Rosso des Ricci, envoyés jadis avec Giovanni des Medici prendre possession de Lucques en qualité de camerlingues[1]. Le « fin et rusé » Naddo[2] reconnut avoir reçu des Pisans quatre mille florins d'or et en avoir volé deux mille cinq cents sur les vivres, sur la paie des mercenaires. Il en dut rendre gorge et n'obtint que par grâce d'être confiné à Pérouse, sous caution de mille florins; Rosso en restitua de même trois mille huit cents, et, moins heureux, fut condamné à la prison perpétuelle[3].

Sur les condamnations à mort, les légistes eurent des scrupules juridiques, car rien, dans ses attributions, n'autorisait le duc d'Athènes à répandre le sang[4]; mais elles étaient justes, ainsi que les autres : aucun chroniqueur n'élève à cet égard la moindre contestation[5]. Naddo Rucellai a même contre lui le jugement de sa propre famille, qui, honteuse de ses vols, et loin de le transformer en martyr, raya, deux siècles durant, de son arbre généalogique ce nom mal famé[6]. La plèbe ne vit qu'amour de la justice et de la probité dans ces rigueurs

---

[1] Paoli, *Giorn. arch. tosc.*, VI, 91.

[2] Villani, XII, 8; March. de Coppo, VIII, 568.

[3] Villani, XII, 3; *Ist. Pist.* R. I. S. XI, 485; Ammirato, IX, 454. Il est parlé encore dans March. de Coppo (VIII, 554) d'une autre condamnation, celle de Rosso des Buondelmonti. M. Paoli (*Giorn. arch. tosc.*, VI, 91), dit que de ce petit nombre de condamnations on peut juger des autres. Mais y en eut-il d'autres à ce moment? C'est ce que rien n'établit.

[4] C'est plus tard seulement, on le verra, que Gaultier fut fait « signore a coltello », c'est-à-dire avec le pouvoir de répandre le sang.

[5] Voy. outre les chroniqueurs fréquemment cités, la *Narrazione di Filippo di Cino Rinuccini*, ap. *Delizie*, etc., XIII, 195.

[6] Ammirato, IX, 463.

envers des hommes que le duc ne connaissait point, et les grands savouraient leur vengeance sur quatre familles de ces *popolani grassi* qui les avaient si longtemps opprimés[1]. Nul ne soupçonnait encore les secrets calculs de l'aventurier, dont un contemporain écrivit plus tard « qu'il voulait être duc de Toscane[2]. »

Dans leur confiance naïve, les Florentins s'abandonnaient, envers lui, à une adulation indigne d'un peuple libre. Quand il chevauchait par les rues, on criait sur son passage : Vive le seigneur[3]! Vive le juste seigneur qui punit les gros et qui ne les craint pas[4] ! Sur la porte des maisons et presque dans tous les coins, on voyait ses armes peintes à la main, par engouement ou pour capter sa bienveillance[5]. Sous couleur de recommencer promptement la guerre de Lucques, les prieurs le dispensaient de faire devant des officiers spéciaux la revue des chevaux et des soldats imposée à tout capitaine de guerre[6]. Ils l'autorisaient à plonger la main dans le trésor public, ce que lui interdisaient les clauses de son élection, et à emprunter jusqu'à trente mille florins pour payer les mercenaires[7]. Ils lui faisaient donner le droit de guerre et de paix, pourvu qu'il agît d'accord avec eux[8], celui de

---

[1] « I grandi ne presono molta gran baldanza e il popolo minuto grande allegrezza. » (Villani, XII, 3.)

[2] « Duca essere boleva de Toscana. » (*Hist. Romanæ fragmenta*, c. 12, dans Muratori, *Antiq. ital. med. œvi*, III, 345.)

[3] Villani, XII, 3.

[4] March. de Coppo, VIII, 555. Cf. Machiavel, II, 31 A.

[5] Villani, XII, 3.

[6] 1ᵉʳ juillet 1342. *Provvisioni*, XXXII, 30 v°; *Giorn. arch. tosc.*, VI, 192, Doc. 9.

[7] 1ᵉʳ et 2 août 1342. *Provvisioni*, XXXII, 48 v°; *Giorn. arch. tosc.*, VI, 193, Doc. 13.

[8] 17 et 19 août 1342. *Provvisioni*, D. III, 15; *Giorn. arch. tosc.*, VI, 193, Doc. 14.

lever les impôts, de les remanier, d'appliquer les recettes au payement des soldats[1], et même d'avoir un vicaire[2].

Sans doute, les réserves ne manquaient pas[3], mais elles n'avaient pour but que de sauver les apparences. Au maître qu'elle imposait à ses concitoyens, parce qu'elle espérait en faire son esclave, la grosse bourgeoisie donnait sans compter, imprévoyante politique qui poussait le duc sur la pente glissante et se flattait de l'y retenir, malgré les efforts contraires des grands!

Les grands, en effet, « lui étaient toujours aux oreilles[4] », et déjà autour de lui organisaient la trahison[5]. Bardi et Frescobaldi, Rossi et Cavalcanti, Adimari et Buondelmonti, Cavicciuli et Donati, Gianfigliazzi et Tornaquinci lui offraient la seigneurie, s'il supprimait les ordonnances de justice. La complicité était assurée des marchands *popolani* si compromis dans leur fortune : Peruzzi, Acciajuoli, Baroncelli, Antellesi[6], et les menus artisans, par haine contre les vingt de balie, quoique

---

[1] « Tam pro pace obtinenda quam pro guerra repellenda. » (*Provvisioni*, D. III, 15 ; *Giorn. arch. tosc.*, VI, 194 ; Doc. 15.)

[2] *Ibid.*, p. 16 v°. Doc. 16.

[3] « Quod civitas, comitatus vel districtus Flor. non possit in perpetuum submitti. (17 août 1342. *Ibid.* Doc. 15). — Deinde ejusdem ducis officium in pluribus casibus expedientibus augmentare decrevimus, semper sub forma et onere conservationis et defensionis predicte. » (5 février 1344. *Ibid.*, p. 275. Doc. 362). Ces mêmes paroles se trouvent dans une lettre au pape du 19 juillet 1344. *Sign. cart. miss.*, VIII, 95 ; *Giorn. arch. tosc.*, VI, 93.)

[4] March. de Coppo, VIII, 555. Selon Filippo Rinuccini, le duc aurait sondé les mécontents, grands et *popolani*, leur promettant de les faire « grandi maestri. » (*Narraz.*, etc., ap. *Del.*, XIII, 194.)

[5] « Cum quibusdam magnatibus et civibus nostris qui subversionem civitatis ejusdem diversis respectibus affectabant. (*Giorn. arch. tosc.*, VI, 278. Doc. 374). — Il tradimento ordinato per li grandi che non reggevano. » (A. Dei, R. I. S. XV, 105.)

[6] Villani, XII, 3.

ceux-ci sortissent de charge en septembre, étaient prêts à saluer un seigneur à la main de fer[1].

Tout, alors, semblait facile à un homme « sagace, nourri en Grèce et en Pouille plus qu'en France[2]. » Sûr d'être soutenu, il fit publier, le 7 septembre, que le lendemain, jour de Notre-Dame, sur la place de Santa-Croce, serait tenu un parlement public, pour y proposer certaines choses utiles à la commune[3]. C'était commettre une double infraction aux usages et aux lois : jamais en pareil lieu il n'avait été disserté sur de pareils sujets[4], et ni conseils, ni parlements ne pouvaient être convoqués sans la permission des prieurs[5]. Inquiets d'une nouveauté si surprenante[6], une partie de ceux-ci et de leurs conseillers se rendirent le soir même à Santa-Croce. Après de longs pourparlers avec le duc[7], « ils consentirent bien à regret à la convocation d'un parlement, mais sur la place du palais communal, où le danger pourrait être plus facilement évité[8] ». Il fut

---

[1] Ammirato, IX, 455.

[2] Villani, XII, 3.

[3] « Quædam utilia pro dicto comuni. » Lettre de la Commune au pape pour lui exposer les méfaits du duc, 19 juillet 1344. *Sign. cart. miss.*, VIII, 95 ; *Giorn. arch. tosc.*, VI, 278. Doc. 377) « Pel bene del Comune. » (Villani, XII, 3). M. de Sassenay contestant dans les chroniqueurs ce qui lui déplaît, comme défavorable à son héros, nous tenons à montrer qu'ils sont d'ordinaire confirmés par les documents.

[4] « Ubi nunquam de talibus meminimus fuisse dissertum. » (Lettre citée. 19 juillet 1344).

[5] « Subito et absque conscientia regiminum civitatis ejusdem, sine quorum conscientia et voluntate convocare parlamenta vel consilia non libebat. » (Lettre au pape, *ibid.*)

[6] « Cumque talis novitas esset in ipsa civitate satis amirativa et dissueta. » (*Ibid.*)

[7] « Dopo molta tirata e dibattuta. » (Villani, XII, 3.)

[8] « Consensimus licet inviti ut fieret in platea palatii populi florentini, putantes quod in ibi paratum periculum facilius vitaretur. » (Lettre au

admis que Gaultier de Brienne prendrait la seigneurie pour un an, à partir de ce jour, aux mêmes conditions que le duc de Calabre en 1326[1].

Le lendemain, 8 septembre, sur les neuf heures, s'assemblait le parlement général. La foule était grande, surtout des menus artisans, qu'avaient gagnés les largesses ducales, et qu'attirait leur haine du *popolo grasso*. Gaultier arrive de Santa-Croce, suivi de mercenaires et de citoyens ses complices[2]. Ceux qui n'avaient pas le droit de porter des armes, n'en étaient pas moins armés sous leurs habits[3]. Cent vingt cavaliers, trois cents fantassins entourent l'assistance. Sur la *ringhiera*, sorte de balcon, récemment édifié en avant du palais pour recevoir la seigneurie dans les réunions populaires[4], se placent avec lui quelques-uns des prieurs[5], afin de mieux défendre la liberté menacée; mais, entourés des grands, ils avaient le sentiment de leur faiblesse[6]. Le juge Francesco Rustichelli se leva alors pour donner connaissance des accords conclus avec le duc. Au moment où il an-

pape, *ibid.*) Ce sont d'autres prieurs qui, plus tard, parlent ainsi, avec un vif sentiment de la solidarité.

[1] Villani, XII, 3; March. de Coppo, VIII, 555; Ammirato, IX, 458. Fil. Rinuccini (*Del.*, XIII, 195) dit pour cinq ans.

[2] « Ad quem locum armata manu veniens cum stipendiariis nostris cum quibus juram et conspirationem fecerat, et cum quibusdam concivibus male dispositis quos sibi actraxerat eisdem offerendo magnalia ad vitam suam. » (Lettre au pape, *ibid.*)

[3] « Con armi coperte. » (Villani, XII, 3.)

[4] C'est sans doute la première fois que paraît ce mot de *ringhiera* (balcon), car Ammirato croit devoir le définir : « Così sono chiamati quei gradi che sono a piè del palagio. » (IX, 458). On y lut dès lors les proclamations, on y harangua plus tard, d'où le verbe *aringare*.

[5] A. Dei (R. I. S. XV, 105) dit que deux prieurs seulement vinrent avec lui; mais ce mot peut s'entendre du trajet de Santa Croce à la place. Ce seraient alors deux complices.

[6] Ammirato, IX, 459.

nonçait que la seigneurie était conférée pour un an, le menu peuple, les cardeurs surtout, qui, pour la première fois, paraissent sur la scène politique, et la valetaille des grands, apostée à dessein[1], l'interrompent et crient d'une commune voix : A vie ! à vie[2] ! D'autres cris croisent ceux-là : Pour dix ans ! Pour cinq ans ! Plusieurs, peu favorables à l'innovation, tentent de ramener les esprits au souvenir des injures de la précédente guerre : A Pise ! à Pise ! s'écrient-ils[3]. Mais la clameur des conjurés dominait. Là-dessus, sans même attendre qu'un acte légal eût consacré ce tumultueux plébiscite, les grands prennent le duc dans leurs bras pour l'installer au palais[4]. Comme les portes en étaient fermées, selon l'invariable usage quand les prieurs se trouvaient dehors[5], de toutes parts on entend ces redoutables paroles : Aux haches ! au feu[6] ! Selon l'usage aussi, en l'absence de la seigneurie, le capitaine de ses *fanti* restait avec eux au-dedans, pour y faire bonne garde[7]. Rinieri de San Gemignano, qui tenait cet emploi, aurait

---

[1] « A grido di popolo, per certi scardassieri e popolazzo minuto e masnadieri di certi grandi.... com' era ordinato il tradimento. » (Villani, XII, 3.)

[2] Villani, XII, 3 ; March. de Coppo, VIII, 555 ; Ammirato, IX, 458. « Avendo prima ordinato con gli amici suoi che come il notaio avessi letto i capitoli della sua riferma, che gridassono.... » (Narrat. de Fil. Rinuccini, Del., XIII, 195.)

[3] A. Dei (R. I. S. XV, 105). Cet auteur prétend que le duc prit alors la parole et demanda dans quelles conditions, combien de temps il devait rester à Florence ; mais aucun autre ne mentionne ce fait, d'ailleurs peu vraisemblable.

[4] « E preso per li grandi pesolone per metterlo in sul palagio. » (Villani, XII, 3.)

[5] Machiavel, II, 32 *A* ; Ammirato, IX, 459.

[6] Villani, XII, 3 ; March. de Coppo, VIII, 555.

[7] « Sempre è dentro quando i signori escono fuori. » (March. de Coppo, VIII, 555).

pu facilement défendre cet édifice, véritable forteresse. Complice ou intimidé, il en ouvre les portes[1], et laisse introduire le duc dans les salles d'en haut, tandis que les prieurs sont injurieusement relégués en bas, dans la salle des armes. Les grands, aussitôt, courent au livre des ordonnances, le mettent en pièces ainsi que ce gonfalon de justice si souvent déployé contre eux. Au sommet de la tour, ils substituent à la bannière du peuple celle du seigneur, celle d'un étranger, scandale jusqu'alors sans exemple[2].

Pendant ce temps, sur la place, Guglielmo d'Assise, capitaine du peuple, essayait de donner à tant d'actes violents et illégaux une forme légale : il lisait la nouvelle rédaction de l'acte qui substituait la seigneurie à vie à la seigneurie pour un an[3]. Aucune protestation ne se fit entendre. Une seule voix, celle de Ser Maggio Pieri, s'éleva pour approuver; mais elle fut bientôt suivie d'une véritable acclamation : Oui, qu'il soit libre et général seigneur[4]! Les porte-bannières de la commune sont alors désignés pour remettre au duc la décision prise. Sous l'unique réserve de maintenir les revenus publics, elle lui accordait le droit de guerre et de paix, la seigneurie sur

---

[1] « Acconsentì al tradimento a dare e aprire il palagio, ch' agevole gli era di difenderlo. » (Villani, XII, 3.)

[2] « Palatium populi violenter ascendens, priores et vexilliferum justitie ibi solitos commorari ejecit exinde, et pro sua habitatione constituit palatium memoratum. » (Lettre au pape, *ibid.* ; Villani, XII, 3; Paoli, *Giorn. arch. tosc.*, VI, 94, 95). Nous devons supprimer un certain nombre de détails donnés par M. de Sassenay, probablement par suite d'une interprétation fautive des auteurs, car ces détails ne reposent sur aucune autorité.

[3] *Capitoli*, XIII, 82, XXII, 1. M. Paoli a analysé cet acte (*Giorn. arch. tosc.*, VI, 194. Doc. 17). Il a été publié en entier par Manni, *Sigilli*, XX, 15 sq.

[4] « Quasi una voce.... quod idem dux sit et esse debeat liber et generalis dominus. » (*Giorn. arch. tosc.*, VI. 95, note 2. Doc. 17.)

Florence et sur toutes les terres gouvernées par la commune[1], sans l'obliger autrement que dans la mesure de son bon plaisir, et cela pour « tout le temps que vivrait ledit seigneur Gaultier duc, que le Dieu tout-puissant, notre Seigneur, daigne faire vivre longtemps[2] ».

La décision du parlement était suprême; mais elle pouvait sembler irrégulière, car toujours on la faisait précéder du vote des conseils. Ce vote manquait à Gaultier, et l'heure en était passée; mais s'inquiétant peu de mettre, comme on dit, les bœufs après la charrue, à peine installé dans le palais, il fit appeler les prieurs, avec leurs collèges, et il leur dit « que puisqu'il avait plu à Dieu tout-puissant et au peuple de Florence qu'il fût fait seigneur par acclamation, il voulait être confirmé par la voie ordinaire des conseils opportuns. » Il vit bien que sa proposition était froidement reçue; aussi, en ordonnant d'aller aux voix, exigea-t-il que les fèves fussent recueillies une à une. Toutes naturellement furent noires, et la comédie se trouva résolue[3]. On y procéda le 10 et le 11 septembre. Le conseil du peuple vota la servitude par 192 voix contre 7, celui de la commune

---

[1] Lettre au pape, *ibid*.

[2] *Giorn. arch. tosc.*, VI, 95. Doc. 17.

[3] Narr. de Fil. Rinuccini (*Del.*, XIII, 194). Cet auteur est le seul qui rapporte cette scène, et il n'est pas contemporain. Mais il dit la tenir de son père Cino et de son oncle Jacopo, qui la tenaient eux-mêmes de son grand-père Francesco, lequel avait alors vingt-sept ans (*Del.*, XIII, 198). Cette tradition de deux générations a pu n'être pas altérée, et elle est d'une vraisemblance absolue. Il me souvient d'avoir entendu dire à M. J. V. Le Clerc : « Je tiens de M. Suard, qui tenait de Fontenelle, qui tenait du grand Corneille, que... » J'avoue que j'ai toujours cru avoir entendu un écho fidèle de la voix du grand Corneille. — Machiavel (II, 32 *A*) dit bien que « les prieurs confus et déshonorés s'en retournèrent dans leurs maisons »; mais c'est peut-être après ce vote si peu honorable. D'ailleurs Machiavel n'est pas une autorité.

par 158 contre 62[1]. Dans cette dernière assemblée, où les magnats avaient accès, il se trouva donc, en plus grand nombre que dans l'autre, des âmes fières qui se tenaient debout, qui protestaient à leurs risques et périls.

Après cette tardive sanction de ce qu'avait fait le complot et acclamé la multitude, trois syndics, nommés par le conseil de la commune, en allèrent porter la nouvelle au duc, « lequel ayant ouï et diligemment compris lesdites choses, invoqua le nom du Christ à la louange, honneur et révérence du Dieu tout-puissant et de la glorieuse Marie toujours vierge, et de tous les saints et saintes du paradis, puis il reçut et accepta humblement et bénignement ladite balie, autorité, puissance et seigneurie avec toutes les conditions[2] ».

Durant toute cette journée, les portes du palais public, où venait de s'accomplir cet acte solennel[3], ne furent fermées à personne. La foule crut donc naïvement qu'à elle-même et non à un tyran elle venait de donner la seigneurie[4]. Elle marqua sa folle ivresse par des joûtes brillantes, par des illuminations et des feux de joie, par l'adoption des modes françaises, de cette barbe longue qui passait alors, comme aujourd'hui la moustache,

---

[1] *Capitoli*, XIII, 83. 84. XXII, 3; Paoli, *Giorn. arch. tosc.*, VI, 95; Doc. 19, 20, p. 194, 195.

[2] *Capitoli*, XIII, 85. XXIV, 4; *Giorn. arch. tosc.*, VI, 196. Doc. 21. Villani (XII, 3) dit que Gaultier jura sur le missel de conserver en sa liberté le peuple, l'office des prieurs et les ordonnances de justice. M. de Sassenay conteste ce serment, parce que les documents n'en font pas mention ; mais es invocations qu'on vient de lire ressemblent fort à un serment ; et un texte que nous citons plus bas (p. 278, note 6) prouve péremptoirement que le duc avait juré.

[3] « Acta fuerunt hec Florentie indicto palatio populi, in quo moram trahit dictus dominus dux. » (*Ibid.*)

[4] Boccace, *I casi degli huomini illustri*, trad. par Betussi du latin en italien, l. IX, p. 581 ; Flor., 1598, in-18.

pour essentiellement militaire[1], de ces habits courts et surtout étroits, qu'on ne pouvait revêtir sans l'aide d'autrui. Avec plus d'ardeur que personne, les femmes se ruèrent à l'imitation des modes les plus désordonnées[2] : c'était tout ensemble leur goût et un moyen de faire leur cour. Les plus récalcitrants y venaient comme les autres. Le podestat, Meliaduso Tribiani, d'Ascoli, n'avait pas, comme le capitaine du peuple, Guglielmo d'Assise, adhéré des premiers; il avait même fièrement refusé son adhésion; mais il la donnait à son tour, il devenait un des officiers du seigneur, et, pour rattraper le temps perdu, il trahissait ceux qui l'avaient nommé[3].

Le duc d'Athènes facilitait ces conversions : dans le principe, il exerçait la seigneurie « avec modestie et bonne humeur[4] ». L'oiseau de proie cachait ses griffes. S'il préposait prudemment à la garde de la place deux cents jeunes hommes de bonne famille, mais besogneux, auxquels il assignait une forte paye[5]; s'il appelait à soi tous les Français, tous les Bourguignons d'Italie, pour s'en faire une garde de huit cents hommes, auxquels vinrent se joindre, de France, ses parents et d'autres

---

[1] « Per mostrarsi più fieri in arme. » (Villani, XII, 4). On voit quelques restes de ces vêtements à la française dans les anciennes peintures de la SS. Annunziata, près de la principale chapelle (Note à Villani, éd. de Milan, t. VIII, p. 14). Cf. Boccace dans son commentaire à la *Divine Comédie*, une page remarquable que M. Étienne a traduite dans son *Hist. de la Litt. ital.*, p. 156.

[2] Villani, XII, 4.

[3] « Nos proditorie summixit dire tirampnidi ducis Athenarum. » (3 juin 1347. *Sign. cart. miss.*, IX, 15 v°; *Giorn. arch. tosc.*, VI, 285. Doc. 391). Villani (XII, 3), March. de Coppo (VIII, 556) accusent ce podestat de fraude, d'hypocrisie, comme si l'on ne voyait pas dans toutes les histoires des fonctionnaires se soumettre au fait accompli et même le servir!

[4] Malavolti, part. II, l. V, p. 102.

[5] Narr. de Fil. Rinuccini, *Del.*, XIII, 195.

barons[1], il récompensait les dévouements, il faisait chevaliers Rinieri de San-Gemignano, ce capitaine des prieurs qui lui avait si complaisamment ouvert les portes du palais, et Cerretieri des Visdomini, un Florentin, qui croyait s'honorer en lui servant d'écuyer[2]. Il rappelait les exilés, libérait des condamnés, accordait restitutions de biens et exemptions d'impôts, surtout aux guelfes[3], moyen assuré de plaire à un peuple guelfe, d'y augmenter le nombre de ses partisans. Il contraignait les familles et jusqu'aux personnes qui avaient entre elles des inimitiés, à faire la paix en grande solennité dans son palais, devant une assistance nombreuse, souvent même en sa présence. C'est ainsi que les Buondelmonti se réconcilièrent avec les Bardi, les Bostichi avec les Frescobaldi, les Adimari avec les Bordoni. Ces pacifications n'étaient pas une nouveauté : elles étaient un des devoirs imposés au capitaine du peuple par son statut, quand l'inimitié n'avait pas pour cause un homicide[4]. Mais le mérite de Gaultier fut de les avoir multipliées[5], étendues des *popolani* aux magnats. Qu'il s'y soit enrichi, comme on l'en accuse[6], c'est possible; son but néan-

[1] Villani, XII, 3; Ammirato, IX, 460.

[2] Villani, XII, 3.

[3] *Giorn. arch. tosc.* VI, 202, 227, 293. Doc. 48, 208, 248.

[4] 1321. Liv. V, Rub. 26.

[5] Elles occupent un gros volume de 274 pages (Arch. flor., série des *balie*), et il y en a d'autres dans divers papiers des archives florentines. (Paoli, *Giorn. arch. tosc.* VI, 118.) Cf. Villani, XII, 3; March. de Coppo, VIII, 557; Ammirato, IX, 462.

[6] Villani, XII, 3; Domenico Boninsegni, *Historia florentina*, p. 344. Flor. 1581, 1 vol. in-8°, publiée sous le nom de Piero, son fils. Cet auteur n'a d'intérêt que par quelques détails et quelques réflexions; il s'ôte lui-même toute autorité par la phrase suivante : « All'entrata di luglio il componitore di questa cronica, *cioè di quella della quale questa è ritratta*, Matteo Villani, fu compresso della detta malattia dell'anguinaia e dopo cinque giorni passò di questa vita. » (p. 511.)

moins était surtout de régner sans orages. S'il favorisait les guelfes, il ne maltraitait pas les gibelins, il les introduisait même dans son conseil, au risque de donner de l'ombrage à leurs ennemis. Dans son intérêt, sans doute, mais avec sincérité, il voulut être un pacificateur, et ce fut, en somme, le meilleur acte de son gouvernement[1].

D'autres de ses actes, du reste, auraient pu déjà inspirer des réflexions salutaires à des esprits moins prévenus. A peine le vote des conseils arraché, il avait relégué les prieurs dans la maison des Filipetri, derrière San Pier Scheraggio. Il ne leur laissait que vingt *fanti* au lieu de cent, il leur retirait tout pouvoir, et, en même temps, il ôtait le droit de porter les armes à tous les citoyens qui en avaient obtenu le privilège. Une grande solennité eut lieu à Santa-Croce, le 15 septembre, pour célébrer la seigneurie du nouveau maître. Il « offrit » plus de cent cinquante prisonniers. L'évêque Angelo Acciajuoli, des Frères prêcheurs, prononça une belle homélie où il le louait et glorifiait « plus que Dieu[2]. » —

[1] « Che fu la migliore opera che facesse. » (D. Boninsegni p. 344.) Expoliati fuerunt (les guelfes de Laterina) omnibus bonis suis a ghibellinis qui modo procurant habere privilegia gratiarum in dapnum et prejudicium dictorum guelphorum et eorum jurium. (20 octobre 1342. *Giorn. arch. tosc.*, VI, 202. Doc. 48.)

[2] Villani, XII, 3 ; March. de Coppo, VIII, 557, 588 ; Ammirato, IX, 455, 459. Angelo des Acciajuoli, auparavant professeur de droit-canon à Aquilée, avait été nommé évêque de Florence le 26 juin 1342 par Clément VI, devenu pape depuis moins de deux mois. A la mort du précédent évêque, Francesco des Silvestri, de la Marche, Benoît XII s'était réservé la nomination de son successeur, Florence étant immédiatement soumise au Saint Siège. Le chapitre, ignorant peut-être ce décret, élut Filippo de l'Antella, prieur de San Pier Scheraggio. Cette élection ayant été annulée, Clément VI nomma Angelo. Quant à Filippo, on lui donna pour compensation l'évêché de Ferrare, d'où il fut transféré à Florence en 1356. Angelo s'était démis en 1345 ; il fut transféré au Mont Cassin et mourut à Naples en 1357. (Voy. Ughelli, III, 190-198, et *Capitoli*, XVI, 21, où l'on voit que le bref ponti-

« C'est ainsi qu'après cinquante ans de liberté, dit Villani, ce petit Français annula le peuple de Florence[1]. »
— D'un prince, suivant Ammirato, il ne lui manquait que le nom[2].

Gaultier sentait bien qu'il lui manquait autre chose encore : il voulait être seigneur d'un grand, d'un véritable État. S'arrondir, c'était d'ailleurs entrer dans les vues des Florentins et se rendre populaire. Il n'y fut pas besoin de conquête, ni même, quoi qu'on ait dit plus tard[3], de provocation : sauf Sienne et Pérouse, qui se tenaient sur la réserve[4], les villes qui gravitaient autour de Florence comme des satellites, suivaient son exemple, la plupart avec un entrain moutonnier : chacune convoquait ses citoyens dans un parlement particulier, ou envoyait ses délégués à un parlement général, et là, d'une voix unanime, on s'écriait « triomphalement » : — Ainsi soit! Ainsi soit! Vive notre seigneur Gaultier, duc d'Athènes! Oui, qu'il soit notre seigneur[5]! — Arezzo et Pistoia, qui avaient juridiction sur une province, engageaient avec elles la province entière[6]. Ottaviano des Bel-

---

fical qui annonce la nomination d'Angelo à l'évêché de Florence est du 26 juin 1342.)

[1] Villani, XII, 3.

[2] Ammirato, IX, 455.

[3] Lettre de la seigneurie au roi de Naples, 10 août 1343. *Sign. cart. miss.*, VIII, 4. *Giorn. arch. tosc.* VI, 265. Doc. 323.

[4] M. Paoli dit qu'il ne connaît qu'un seul document attestant des relations de Sienne avec le duc. Sur sa demande, elle met en liberté quelques-uns des Bardi et des Frescobaldi exilés (19 mai 1343. *Giorn. arch. tosc.* VI, 252. Doc. 309). Sienne fut la première ville qui aida à le renverser (*Ibid.* p. 100, 101). Sur Pérouse, au même endroit. Cf. Bonazzi, p. 421.

[5] « Alta voce et triumphaliter gridantes, nemine discordante... » (*Giorn. arch. tosc.* VI, 96, note 3, et doc. 24.)

[6] Cela est expressément dit dans leurs provisions. A Arezzo le vote a lieu par 97 voix contre 7. — 22, 23 septembre 1342. (*Ibid.*, Doc. 24.)

forti, tyran de Volterre par violence et trahison, sauve sa domination menacée en la subordonnant à celle de Gaultier, que les mécontents eussent appelé en libérateur[1]. Les seigneurs de Pietramala, les Pazzi du Val d'Arno, les Ubertini de Gaville et bien d'autres hobereaux campagnards, se soumettent pareillement, pour commander en sous-ordre[2]. Le duc n'intervenait que dans les cas rares où la soumission se faisait trop attendre : il envoyait alors des ambassadeurs, des commissaires, des vicaires, qui la sollicitaient ouvertement ou nouaient de secrètes pratiques d'un effet assuré[3].

Avec la puissante Pise, qu'il n'espérait pas assujettir, la passion florentine voulait la guerre; il préféra la paix : un échec militaire aurait pu compromettre sa seigneurie. De sa personne, il se rendit chez ces ennemis qu'enivrait leur conquête de Lucques, et par son habileté, par son prestige, il triompha de tous les obstacles[4]. En rentrant à Florence, il assembla un conseil de grands et de *popolani*, pour leur mettre sous les yeux les conditions du traité. Pise consentait à recevoir dans Lucques un podestat nommé par lui, c'est-à-dire par Florence; à lui abandonner le château de Laterina, ainsi que tous les autres occupés par les Florentins sur le territoire d'Arezzo; à permettre le transit, franc de tous droits,

---

[1] 25 décembre 1342. *Capitoli*, XXII, 18 v°; *Giorn. arch. tosc.* VI, 226. Doc. 25; *Cronaca del Graziani, Arch. stor.*, 1ª ser., t. XVI, part. I, p. 125.

[2] On a les documents pour ceux que nous avons nommés. Voyez en l'indication dans *Giorn. arch. tosc.* VI, 200, 201, 227; doc. 40, 42, 207. Cf. Ammirato, IX, 459.

[3] Voy. les détails et les preuves dans *Giorn. arch. tosc.* VI, 203, 205, 207. Doc. 53, 60, 71-76. Cf. Reumont, *Der Herzog von Athen*, § 5.

[4] Roncioni, l. XIV, p. 789.

des marchandises florentines sur le territoire pisan ; à renouveler son engagement de payer en quinze annuités, le jour de Saint-Jean-Baptiste, les cent mille florins dépensés par Florence pour l'acquisition de Lucques[1]. C'étaient là, disait-il, des conditions inespérées pour un peuple qu'une dette de huit cent mille florins mettait hors d'état de recommencer la guerre.

Les deux tiers de l'assemblée lui donnèrent raison[2] ; mais le sentiment public n'était point avec eux. En prenant un maître, les Florentins s'étaient flattés qu'il laverait leur honte. « Il ne recouvra pas leur honneur, écrit un contemporain, étranger à la Toscane ; il ne prit seulement pas cure de rapatrier les otages qui étaient à Ferrare[3]. » Telle fut alors et même plus tard l'impression dominante ; mais elle manquait de justesse. La paix n'était conclue que pour cinq ans[4]. Ce temps passé et les finances restaurées, le duc, s'il parvenait à s'affermir, restait libre de tenter une conquête qu'il devait désirer par ambition, comme les Florentins par vengeance. Au

[1] L'instrument de paix a été publié par Cianelli, *Mem. e Doc.* I, 338-349. Voyez en outre *Giorn. arch. tosc.* VI, 198, 199. Doc. 29, 33. Les chroniqueurs et historiens sont très-inexacts. Celui qui se rapproche le plus des documents, c'est, comme à l'ordinaire, Ammirato le jeune, IX, 460. Cf. *Cron. Pis.* R. I. S. XV, 1013; Villani, XII, 8; March. de Coppo, VIII, 561 ; *Ist. Pist.* R. I. S. XI, 487; Ranieri Sardo, c. 81, p. 113; Roncioni, l. XIV, p. 789; Tronci, p. 353. La ratification eut lieu à Florence le 13 octobre. (*Giorn. arch. tosc.* VI, 199. Doc. 34.)
[2] *Ist. Pist.* R. I. S. XI, 486.
[3] « Usava moita lentezza ne' li fatti de' Fiorentini. Sopra Pisa, non faceva cosa nulla de novitate. Lassao prennere Lucca e lo honore de' Fior. non recuperao. Li staii li quali teneva Missore Mastino per la compra de Lucca non recoglieva » (*Hist. rom. fragm.* c. 12. Ant. med. œvi, III, 347). Villani dit dédaigneusement: « Non era piacevole mischiato nè buona compagnia. » (XII, 8.)
[4] En fait, cette paix dura 13 ans et 6 mois. Voy. *Cron. Pis.* R. I. S. XV, 1013; Ranieri Sardo, c. 81, p. 113.

surplus, il ne se laissa point ébranler. Le 6 mars suivant (1343), il concluait avec Pise et Lucques une ligue offensive et défensive contre tous les ennemis de la Toscane. Cette ligue était exclusive de toute autre, sous peine de dix mille marcs d'argent; sur une *taglia* de deux mille chevaux, Florence en devait fournir douze cents[1]. Le 2 juillet de la même année, poursuivant sa politique de paix, il s'alliait à Mastino, aux marquis d'Este, au seigneur de Bologne[2]. La cour d'Avignon approuvait. Clément VI félicitait les Florentins d'avoir coupé court à leurs dissensions, par l'élection d'un seigneur qui leur assurait la paix, la sécurité, la justice. Il les exhortait à l'honorer selon ses mérites, à persister invariablement dans la conduite que leur avait inspirée le Dieu des miséricordes[3]. Il recommandait aux villes toscanes de nouer amitié avec lui[4]. Non moins favorable, mais plus clairvoyant, le vieux Robert conseillait au duc de rester avec le peuple qui gouvernait auparavant, de se laisser conduire par ses conseils, de respecter les institutions, de rétablir les prieurs dans leur charge et leur

---

[1] *Giorn. arch. tosc.* VI, 241. Doc. 272. Cf. Villani, XII, 8; March. de Coppo, VIII, 569; Reumont, *Der Herzog von Athen*, § 6.

[2] Villani, XII, 8.

[3] « Per cujus strenuam et circumspectam solicitudinem pacis, quietis securitatis et justitie gaudetis commodis, dissensionum, odiorum et rancorum hujusmodi fomitibus extirpatis; de vestra prudentia super hiis in Domino exultamus, Ducem prefatum quem prerogativa favoris et dilectionis prosequimur... Quocirca universitatem vestram attentius exortamur quatinus eundem Ducem honorificentia debita prosequentes... sic constanter et invariabiliter persistatis ». (13 janvier 1343. *Capitoli*, XVI, 21 v°. *Giorn. arch. tosc.* VI, 237. Doc. 252.)

[4] La lettre du pape recommandant Gaultier aux villes amies, et celle par laquelle Gaultier l'envoie auxdites villes, ont été publiées dans l'*Arch. stor.* 1re série, t. XVI, part. 1, p. 352, 353. Elles existent aux archives de Pérouse. Bonazzi (p. 421) donne les indications précises.

palais, d'habiter lui-même le palais du podestat, comme autrefois le duc de Calabre. « Si tu ne fais ainsi, ajoutait-il, nous ne croyons pas que tu puisses longtemps être en sûreté[1] ». Philippe de Valois en jugeait de même : « Le pèlerin est hébergé, disait-il, mais l'auberge est mauvaise », paroles qui devinrent proverbiales à Florence[2]. Un peu plus tard, comme il demandait à un évêque, ambassadeur florentin, quelles innovations le duc avait faites, sur cette réponse qu'il avait construit de nouvelles tours et de nouvelles portes : « Dites-lui, s'écria le roi, qu'il s'étudie à être maître des cœurs, plutôt que des tours[3]. » C'était parler d'or ; mais un roi si peu aimé de ses sujets aurait bien dû retenir pour lui-même quelque chose de son sage conseil.

Comment le duc d'Athènes, avec le but qu'il poursuivait, eût-il évité les fautes contre lesquelles, de Paris comme de Naples, on tentait de le prémunir ? Du premier jour il devait trébucher dans le parjure. Tenu à maintenir les formes de la liberté, il nommait lui-même

---

[1] « E se questo non farai, non ci pare che tua salute si possa stendere innanzi per ispazio di molto tempo. » — Traduction en langue vulgaire donnée par Villani (XII, 4), d'après le texte latin qu'il dit avoir vu ; March. de Coppo (VIII, 558) et Fil. Rinuccini (*Del.* XIII, 196) de même. L'auteur des *Hist. Rom. Fragm.* en donne la substance dans un dialogue (c. 12. *Ant. med. œvi*, III, 345, 347). Cette lettre est bien dans le caractère de Robert, qui aime à donner des conseils, à se répandre en préceptes moraux. Florence, d'ailleurs, l'avait plus d'une fois prié de ne pas ménager les exhortations à Gaultier. Voy. Paoli, *Giorn. arch. tosc.*, VI, 99, note 5, et doc. 2 et 5, p. 190, 191.

[2] Villani rapporte ces paroles en estropiant fortement le français : « Albergé est le pelegrin ; mais il y a mavoe ostel. » (XII, 3.)

[3] « Disse lo Re : Dì a Gualtieri che Filippo de Valois lo prega che esso se studi de essere signiore de la coraiora de le ienti, e non de le torri ». (*Hist. Rom. Fragm.* c. 12, p. 345, 347.)

les prieurs pour octobre[1]. Que ces prieurs fussent de menus artisans, des fils ou petits-fils de gibelins, on l'a écrit, mais les documents ne le confirment pas. Le seul dont ils indiquent le métier était boucher, membre, par conséquent, d'un art moyen[2]. Un autre, le chroniqueur Donato Velluti, appartenait à une riche famille qui fabriquait la soie, ou plutôt le velours, dans le quartier d'Oltrarno. Donato raconte qu'il fut désolé de sa nomination et qu'il eut grand peur quand le duc le fit appeler auprès de lui. Mais, ajoute-t-il, non sans naïveté, « je fus bientôt fort avant dans ses bonnes grâces, parce qu'il me trouva pur et loyal, et parce qu'il était mal fourni d'argent. J'avais sur moi, par hasard, quatre cents florins : je les lui offris sans qu'il me les demandât; il les accepta, mais promptement me les fit rendre, sans que j'eusse à les lui réclamer. Pour ce motif et pour d'autres, il m'institua avocat des pauvres, et, quand je sortis de l'office de prieur, il fit commandement à tous ses huissiers et serviteurs que les portes de sa chambre me fussent toujours ouvertes. Les gens, me voyant en si grande faveur, m'adressaient nombre de requêtes, et, si je l'avais voulu, j'aurais pu gagner beaucoup; mais je fis faire de

---

[1] « Fece nuovi priori. » (Villani, XII, 8; March. de Coppo, VIII, 564; Ammirato, IX, 461.)

[2] March. de Coppo (VIII, 564) dit bien qu'il y avait parmi ces prieurs d'autres artisans, mais on ne voit ni en quel nombre ni de quel art ils étaient (Villani, XII, 8); Ammirato (IX, 461) comme le précédent. Les fils de gibelins ne sont pas beaucoup plus apparents. On ne trouve qu'un Giugni de la liste des gibelins donnée par Villani (VI, 33) et reproduite dans notre t. I, p. 311. — Ces auteurs nous montrent le gonfalon modifié que le duc remit au gonfalonier de justice : le long de la hampe lis rouge sur champ blanc, armes de la commune. Au milieu, sur champ d'azur, lion d'or portant au col un petit écu, armes du duc; enfin, sur champ blanc une croix rouge avec le rateau des armes royales, armes du peuple.

belles grâces à une grande quantité de *popolani* et de personnes du peuple, au grand déplaisir de ses conseillers, qui ne voulaient ni pairs ni compagnons[1] ».

La reconnaissance empêche Velluti de nous dire comment le duc en usait avec ces prieurs de son choix; mais d'autres chroniques sont moins discrètes. Il ne se bornait pas à les reléguer dans une petite maison; il ne faisait, pour les installer, ni sonner les cloches, ni assembler le peuple, et il ne leur laissait aucun pouvoir[2], pas même celui de nommer les officiers pour les banqueroutes[3]. Il les tenait, et avec eux toute la ville, dans l'ignorance de ses actes[4]. Jusqu'au 10 octobre, on trouve aux archives florentines quelques traces de délibérations des conseils; à partir de cette date, il n'y a plus rien. On ne voit pas que le duc eût convoqué le parlement une seule fois[5]. C'était une violation formelle de ses serments[6].

Ce qu'il ne pouvait faire par lui-même, les hommes de sa confiance le faisaient en son nom. Guglielmo d'As-

---

[1] Donato Velluti, *Cron.* p. 75.

[2] « Poco uficio e minore balia se non il nome » (Villani, XIII, 8). « Non diè loro niuna balia » (March. de Coppo, VIII, 564).

[3] 7 novembre 1342. 3 avril 1343. *Giorn. arch. tosc.* VI, 207, 247. Doc. 70 et 287.

[4] M. Paoli, *Giorn. arch. tosc.* VI, 104, indique les documents. « Cives habens suspectos et ex toto inscios de regimine civitatis. » (Lettre de la seigneurie au roi et aux reines de Naples, 10 août 1343. *Ibid.* p. 265. Doc. 523). Le 11 mars 1344, un certain Giovanni di Bettona élevait une réclamation en invoquant un payement fait par lui au duc « representanti et tenenti locum comunis. » (*Provvisioni*, XXXII, 132).

[5] Paoli, *Giorn. arch. tosc.* VI, 104.

[6] « Memores perjurii quod commisit, dum ante ipsam tirampnidem assumpsit capitaneatum guerre nostre, de conservatione nostrorum regiminum, quam promissionem et juramentum ambitiose et seditiose turpiter maculavit ». (Lettre de la seigneurie au pape, 9 septembre 1343. *Ibid.*, p. 269. Doc. 537.)

sise, le capitaine du peuple, portait le titre de vicaire-général[1], et commandait à d'autres vicaires, capitaines ou podestats, qui avaient, au dehors, le droit d'élire les officiers, de proposer les lois dans les conseils[2], de juger au criminel comme au civil[3], de changer les statuts, de tout faire, en un mot, à condition de ne pas diminuer le pouvoir ducal[4]. Comme les prieurs, le duc s'entourait d'un conseil de sages; mais ces « sages » étaient presque tous des étrangers : l'évêque d'Arezzo, ceux de Pistoia, de Volterre, d'Assise, Tarlato de Pietramala, Ottaviano des Belforti. Un seul était Florentin, Cerretieri des Visdomini, cet écuyer pervers qu'il avait fait chevalier[5]. Les conseils « opportuns » n'étaient plus convoqués; pour la justice, quatre juges, choisis par le seigneur, révisaient en son nom et en dernier ressort les sentences des autres juges, quand les condamnés faisaient appel.

Aux pouvoirs d'un despote, Gaultier de Brienne ajoutait la chancellerie d'un prince. Il avait un chancelier,

---

[1] 16 octobre 1342. *Giorn. arch. tosc.* VI, 199. Doc. 37.

[2] Cacciatino des Gherardini, de Florence, est « vicarius et pro domino duce capitaneus terre Barge ejusque vicarius. » (3 mai 1343. *Ibid.* p. 251, Doc. 304.) Baglione des Baglioni de Pérouse, un des vicaires à Florence, joignit à ce titre celui de podestat, quand le podestat Meliaduso d'Ascoli fut envoyé à Pistoia en qualité de vicaire ou de gouverneur. (22 janvier 1343. *Ibid.* p. 239. Doc. 238-239.)

[3] 2 mai 1343. *Ibid.* p. 250. Doc. 302. Curieuse pièce, où un citoyen, nommé Como, en appelle de l'évêque au vicaire, pour échapper au mariage avec une fille de San Frediano, qu'il a déshonorée.

[4] Les auteurs ne sont pas d'accord sur la composition de ce conseil. Voy. Villani, XII, 8; March. de Coppo, VIII, 567; Ammirato, IX, 462. Les documents permettent de constater leurs erreurs ou omissions.

[5] Le nombre de ces juges est donné par le document 228, et leurs noms par le document 262, *Giorn. arch. tosc.* VI, 236, 243. Ils y sont appelés « judices audientie ; » Villani les appelle « giudici delle sommarie. » (XII, 8.)

l'évêque de Lecce, qui gardait le sceau ducal, qui percevait une redevance pour les actes de justice comme pour les actes de grâce, qui délibérait avec les juges sur ceux-là, et n'en référait qu'à son maître sur ceux-ci[1]. Les décrets de cette chancellerie étaient publiés avec une solennité toute royale. En divers d'entre eux, à la date de l'ère chrétienne s'ajoute l'année de la domination du duc, comme seigneur de Florence et fondateur d'une dynastie[2]. Ses vicaires administrent, non plus au nom de la commune, mais « à l'honneur et exaltation de l'illustre prince et seigneur Gaultier, duc d'Athènes, par la grâce de Dieu seigneur de Florence, de ses forces et de son district[3] ».

Plus attentifs aux choses qu'aux mots, les Florentins auraient passé sur tant d'arrogance, si leur bourse eût été plus épargnée, si seulement ils avaient senti peser sur eux tous un joug égal. Mais le duc commit la double faute de vouloir s'enrichir et de ne suivre que son intérêt ou son caprice dans ses rapports avec les citoyens.

Sur sa gestion financière, les auteurs confondent à tort les premiers jours et les derniers de son pouvoir. Au début, point de taxes nouvelles. S'il modifie les anciennes[4],

[1] 3 mars 1343. « Ordinamenti e capitoli da osservarsi da Giovanni vescovo di Lecce, cancelliere del duca » (*Giorn. arch. tosc.* VI, 244. Doc. 268). Villani dit donc à tort (XII, 8) que le chancelier était Francesco, évêque d'Assise et frère du conservateur.

[2] Voy. M. Paoli (*Giorn. arch. tosc.* VI, 102) qui ne s'est pas borné à publier ou à indiquer les documents avec un soin extrême, mais qui les a, le premier, groupés dans un résumé substantiel.

[3] « Ad honorem et exaltationem incliti et excelsi principis Domini Gualterii Athenarum ducis et civitatis Florentie ejusque districtus et fortie divina gratia domini generalis ». (7 mai 1343. *Giorn. arch. tosc.* VI, 251. Doc. 304.)

[4] Voy. sur les vins, 5 novembre 1342. *Giorn. arch. tosc.* VI, 206. Doc. 67

c'est pour les réduire, par exemple celle des viandes, diminuée de moitié[1]. Des sursis sont accordés aux payeurs en retard[2], et même des réductions[3]. L'*estimo* est recommencé, pour répartir plus équitablement les charges publiques. Les erreurs, car il y en eut, furent rectifiées dans la mesure du possible[4]. Villani dit bien que la répartition fut lourde; mais, malgré sa haine, il n'ose dire qu'elle fut injuste[5]. Si le duc d'Athènes y gagna, — quatre-vingt mille florins, dit-on, — le duc de Calabre avait gagné une somme égale par la correction des anciens livres. Si quelques plaintes s'élevèrent, c'est contre les étrangers prévaricateurs qu'il avait chargés de l'opération; encore ces plaintes furent-elles étouffées par celles qu'ils élevaient eux-mêmes, car ces voleurs se prétendaient volés, ce qui est toujours d'une bonne tactique[6]. Personnellement, à cet égard, le duc était encore à l'abri du soupçon. Tous lui savaient gré d'avoir, dans le silence

---

[1] 4 et 16 novembre 1342, 30 avril 1343. *Ibid.* p. 206, 208, 249. Doc. 64, 78, 300.

[2] Le 10 juillet 1342 une provision obligeait chacun à payer ce qu'il devait de ses *prestanze* (*Provv.* XXXII, 39 v°). Le 26 juillet, on accordait un sursis jusqu'au 1ᵉʳ août (XXXII, 43), et dans le *contado* jusqu'au 14; encore, passé ce terme, les nobles seuls étaient menacés de l'application des peines portées contre eux. (XXXII, 44.)

[3] Le 1ᵉʳ août 1342 on décide que ceux qui, avant le 3, auront payé 18 sous par livre de ce qu'ils doivent sur la gabelle des *fumanti* ou feux, seront regardés comme ne devant plus rien. Ceux qui auraient déjà intégralement payé, seront remboursés des deux sous par livre que gagnent les autres (*Provvisioni*, XXXII, 49). Voy. sur cette taxe, dite *secla* ou *sega*, *Arch. stor.* 3ᵉ série, t. I, part. 1, p. 97, et surtout Canestrini, *La scienza e l'arte di stato*, p. 63 sq. Flor. 1862, in-8°. Voy. aussi le chap. vii du présent volume.

[4] 26 avril 1343. *Giorn. arch. tosc.* VI, 249. Doc. 299.

[5] Villani, XII, 8.

[6] Lettre de la commune de Florence à celle de Fuligno, 31 octobre 1343. *Giorn. arch. tosc.* VI, 272. Doc. 348. Les noms de ces officiers sont conservés dans le livre des *riscossioni* du duc. Voy. Paoli, *Ibid.* p. 109.

des statuts, fixé la législation du prêt, imposé des limites à l'usure. « Attendu que faire l'usure c'est enfreindre le précepte des livres saints, offenser Dieu, le prochain et soi-même[1] », il décidait qu'on pourrait prêter au taux maximum de six deniers par livre et par mois, que tout prêteur devrait tenir un registre où toute fausse écriture serait punie de l'amende[2].

C'est plus tard seulement que le duc d'Athènes s'enhardit à frapper des impositions nouvelles[3]. La défiance publique l'avait tenu en arrêt. Le 1er août 1342, en l'autorisant à emprunter trente mille florins, pour payer les mercenaires, les prieurs ajoutaient : « à condition que cet argent viendra à la chambre de la commune[4]. » Mais trois mois n'étaient pas écoulés (16 octobre), qu'il introduisait dans cette chambre deux camerlingues qui devaient lui rendre leurs comptes à première réquisition, et, pour le moins, une fois par mois; payer uniquement sur un ordre écrit de lui; retenir sur tout payement douze deniers par livre, sur tout salaire deux sous, grave atteinte au crédit public, car l'État s'acquittant envers ses créanciers sur les revenus des gabelles, pour les trois cent cinquante mille florins d'or à lui prêtés en vue des guerres de Lombardie et de Lucques, il ne pouvait sans

---

[1] *Giorn. arch. tosc.* VI, 236. Doc. 229.

[2] 10 janvier 1343. *Ibid.* p. 110, et Doc. 229, p. 236.

[3] Qu'il en ait frappé, le fait est certain, quoiqu'il semble douteux à M. Paoli. On lit ce qui suit dans une lettre ultérieure de la seigneurie : « Et in tantum nos gravavit per diversos et *insolitos* modos sumptibus et expensis, quod nemo poterat quod suum esset aliquod reputare » (10 août 1343, au roi et aux reines de Naples. *Giorn. arch. tosc.* VI, 265. Doc. 325). Cette accusation, qui pourrait paraître vague, est confirmée par une provision du 19 janvier 1344, où l'on voit qu'en juin 1343 le duc avait édicté une *prestanza* de 20 000 florins. (*Provvisioni,* XXXII, 97.)

[4] *Provvisioni*, XXXII, 48 v°.

injustice modifier les conditions du traité[1]. Autour de ces camerlingues rôdaient sans cesse calculateurs, notaires, *famigli* étrangers, dévoués et assermentés qui ne laissaient voir l'argent ni à l'entrée ni à la sortie[2]. Bientôt, sous couleur de simplifier, d'économiser, de réduire le nombre des officiers de finance, l'astucieux duc décidait que tout payement, à peine d'être nul, serait fait aux mains d'Aldighiero, son trésorier[3]. Il ne pensait pas que, de dépit, ces officiers qu'il congédiait dévoileraient à l'envi les pratiques irrégulières ou malhonnêtes de sa comptabilité[4]. On ne s'avise jamais de tout.

Mais la lumière ne se fait qu'à la longue, et rien n'irritait tant les Florentins, si bons et si loyaux comptables, que de vivre dans les ténèbres[5]. Ce qu'ils voyaient,

---

[1] Villani, XII, 8; Paoli, *Giorn. arch. tosc.* VI, 109. Dans Boninsegni, qui n'a aucune valeur originale, on lit 35 000 au lieu de 350 000. Est-ce un zéro tombé à l'impression ou une correction de l'auteur? Si c'est une correction, elle serait malheureuse. Une si petite somme n'eût pas embarrassé les Florentins.

[2] *Giorn. arch. tosc.* VI, 199. Doc. 38. — « Quidquid de nostris marsupiis extrahebat, ad suum erarium faciens pervenire, introytum et exitum scribi per notarios alienigenas faciebat, ne unquam posset videri ratio de hiis que faciebat ad ipsum erarium pervenire ». (10 août 1343. *Ibid.* p. 263. Doc. 323.)

[3] « Considerantes quod... presunt multiplices officiales qui nostram communisque Flor. pecuniam exigunt et expendunt, propter quorum multitudinem quedam intricata confusio generata est, et comune predictum fuit hactenus et posset ad presens de sua fraudari pecunia et honeraretur expensis inutilibus in salariorum solutionibus et aliis occurrentibus in predictis... Quod deinceps quecunque persona vel locus collegium vel universitas... debeat... ipsam pecuniam seu rem dare et solvere dumtaxat Aldigherio Gherardi thesauriario nostro, pro nobis et com. Flor. recipienti et non alii vel aliis ». (*Ibid.* p. 214, Doc. 84.)

[4] « Faceva pagare danari sanza giustificazione, sotto nome di accatare. » (Narr. de Fil. Rinuccini, *Del.* XIII, 195.)

[5] « Exclusio ab omni scientia et consilio regiminis et dispendii civitatis excitaverunt necessario corda nostra ». (9 septembre 1343. Les prieurs au pape. *Giorn. arch. tosc.* VI 269. Doc. 337.)

c'était le progrès croissant d'exactions au grand jour. Édicter de fortes amendes pour des méfaits parfois supposés, devenait une source importante du revenu ducal. Les extorsions, la vénalité des subalternes rendaient le mal plus irritant encore[1]. Un d'eux, Simone de Norcia, juge à tout faire, et méchant par surcroît, était plus prévaricateur que ceux dont il châtiait les prévarications[2]. Plus d'une fois Gaultier dut revenir sur les injustes sentences de ce venimeux instrument[3], et, une fois au moins, défendre contre lui ses victimes désignées[4]. Pire encore était Arrigo Fei, Florentin de naissance, banni jadis à perpétuité pour ses faussetés et ses tromperies, « esprit vraiment diabolique, plus subtil dans les gabelles qu'Aristote dans la philosophie », qui savait trouver de l'argent où personne n'en trouvait, et dont le duc avait fait son compagnon de voyages, son ami[5].

De telles gens nuisaient par leur bienveillance comme par leur sévérité, car l'arbitraire était leur loi. Ils accordaient à un fermier des gabelles le droit de les perce-

[1] « Officiales quos ad officia eligebat per extorsiones et alia illicita, in quorum curiis omnia erant venalia... » (10 août 1343. *Ibid.* p. 265. Doc. 323.)

[2] Villani, XII, 8. Les documents appellent ce Simone « judex super revidendis juribus, judex super recuperandis bonis comunis, judex super revidendo rationes, judex appellationum et nullitatum rationum ac etiam sindicus com. Flor., judex rationum. » (Paoli, *Giorn. arch. tosc.* VI, 106, et 226. Doc. 203.)

[3] 20 octobre 1342. *Ibid.* Doc. 47, p. 202. 17 et 21 décembre 1342. Doc. 196, 203, p. 225, 226. Le doc. 196 commence par ces mots : « Non piget errores nostrorum officialium emendare, qui sumus positi ut subditorum nobis corrigamus et puniamus defectus. »

[4] Les fils du supplicié Giovanni des Médici, poursuivis pour une somme de dix mille florins que leur père s'était frauduleusement appropriée. (3 avril 1343. *Giorn. arch. tosc.* VI, 247. Doc. 289.)

[5] *Hist. Rom. fragm.* c. 12 (*Ant. med. œvi*, III, 347); Villani, XII, 8, *Giorn. arch. tosc.* VI, 206, 241, 242. Doc. 67, 250.

voir, même après le temps de sa ferme expiré. Ils obligeaient en divers lieux les recteurs à faire payer par les habitants ce que devaient les fermiers hors d'état de faire leurs recouvrements[1]. Le duc leur maître contractait des dettes qu'il n'acquittait qu'en belles paroles dont il était prodigue. Les mercenaires suivaient son exemple, et, en outre, prenaient sans payer les vivres qu'ils mettaient incessamment en réquisition[2]. Quand leur solde était en retard, ils se faisaient donner des compensations sur les revenus publics. L'insulte à la bouche, ils extorquaient sur leur passage, et les communes en étaient réduites à indemniser leurs citoyens[3].

Dans les villes soumises, les vicaires du duc ne venaient que pour « faire leurs besognes », comme dit Philippe de Comines[4]. Meliaduso d'Ascoli, podestat à Florence, abandonnait sa charge pour exercer la même à Pistoia, où il avait mieux ses franches et lucratives coudées. D'extérieur sage et composé, il était beau parleur, et si séduisant que tous les citoyens de Pistoia se croyaient, par sa venue, ramenés de la mort à la vie. En fait, il n'eut souci, comme les autres, que de « remplir la caisse du maître », sans oublier la sienne[5]. Pour

[1] M. Paoli (*Giorn. arch. tosc.* VI, 108) indique les documents. Cf. Villani, XII, 16, et Reumont, *Der Herzog von Athen*, § 7.

[2] « Li suoi soldati faceano molti debiti per Fiorenza. Non pacavano. » (*Hist. Rom. fragm.* c. 12, p. 347). « Et si quis ab eo et gentibus suis debebat recipere etiam pro victualibus que cum ipsis gentibus consumebat, quod est innumerabilis quantitas, numquam reportare poterat nisi verba de quibus erat multipliciter copiosus. » (10 août 1343, au roi et aux reines de Naples. *Giorn. arch. tosc.*, VI, 265. Doc. 523.)

[3] Celle de Gambassi par exemple, 17 septembre 1342. (*Giorn. arch. tosc.*, VI, 196. Doc. 22.)

[4] M. Paoli (*Giorn. arch. tosc.*, VI, 106) indique les documents.

[5] « E tutte queste cose faceano perchè denari venissono alla camera del duca. » (*Ist. Pist.* R. I. S. XI, 493.)

de l'argent, il condamne et il absout. Qui sollicite une faveur n'a qu'à arriver les mains pleines[1]. Ce scandale dura six mois. Il fut si grand que le podestat prévaricateur, soumis au *sindacato*, frappé d'amende, dut payer six mille livres. Gaultier de Brienne, qui savait reconnaître les bons serviteurs, en empocha une partie et lui fit remise du reste[2].

Certes, l'iniquité était révoltante; quelque chose, cependant, révoltait davantage encore les marchands florentins. Accoutumés à voir clair dans les comptes de leur négoce, ils ne se résignaient pas à ignorer ceux de l'État, à ne plus régler les dépenses publiques. Toute la prodigalité, tous les plaisirs de tant d'étrangers n'expliquaient pas la disparition de quatre cent mille florins d'or perçus en dix mois et dix-huit jours dans la ville, sans compter ce que donnaient les villes voisines[3]. Nul ne pouvait savoir alors que la moitié de cet argent, par l'effet d'une prudence qui prévoyait de loin les malheurs, partait discrètement pour Naples ou pour la France[4].

---

[1] L'anonyme de Pistoia indique une autre manière de s'acquitter: « Qualunche era che volesse grazia in corte portasse moneta o menasse seco uno bello fanciullo, havea quello che domandava, perocchè la maggior parte di loro erano soddomiti. » (*Ibid.*) Ces mots ont bien l'air d'être à l'adresse des Français; mais Meliaduso était Italien. Cf. plus haut, p. 185, n° 3 et 187, n° 6.

[2] *Ibid.*

[3] Villani, XII, 8. March. de Coppo (VIII, 566) dit 500 000; mais il compte sans doute ce que donnèrent les autres villes. Fil. Rinuccini, qui adopte le même chiffre, ajoute: « Ainsi, mes chers concitoyens, gardez-vous de vous livrer à un tyran. » (*Del.*, XIII, 191.)

[4] « Esso ne mannava tutta la moneta in sio paisse. (*Hist. Rom. fragm.* c. 12, p. 347). Quasi ex toto sibi subjiciens civium facultates, quas ad diversas longinquas partes sub diversis occasionum coloribus transmittebat. (19 juillet 1344. Au pape. *Giorn. arch. tosc.*, VI, 279. Doc. 374.) Et etiam qualiter ex pecuniis exactis ex dictis iniquis extorsionibus transmisit ad partes suas quam plurimas florenorum auri quantitates. » (A Jacopo de ser Gherardo, ambassadeur auprès du pape. 31 juillet 1344. *Ibid.*, p. 281.

Mais ce qui était déjà plus clair que le jour, c'est que la continuation d'un pareil régime serait la ruine de l'État et des particuliers¹.

Impolitique dans sa gestion financière, le duc d'Athènes l'était plus encore dans ses rapports avec les personnes. Entreprenant avec les femmes, comme les Français passent pour l'être, il abolit pour l'amour d'elles les lois somptuaires² : il rendit la liberté aux détenues pour mauvaises mœurs et ferma la maison qui leur était affectée³. Servi dans ses passions par le misérable Cerretieri, qui connaissait bien les ressources de la place⁴, on le vit s'afficher avec une jeune femme des Bordoni, et souffrir que chacun de ses chevaliers, de ses barons, fît de même avec d'autres⁵. L'adultère, le viol n'étaient plus une exception dans Florence⁶, et de tels outrages voulaient du sang.

Doc. 376). Il envoya 200 ou 250 mille florins à l'étranger. (Villani, XII, 8; March. de Coppo, VIII, 566). M. de Sassenay n'en dit pas moins que Gaultier ne dut pas thésauriser, parce qu'il était riche. (P. 239.)

¹ « Si amplius durasset in ipsa tirampnide omnes nostras facultates infra modicum temporis spatium destruxisset et ad se fecisset protinus pervenire. » (10 août 1343. Au roi et aux reines de Naples. *Giorn. arch. tosc.*, VI, 265. Doc. 323). Cf. Villani, XII, 16.

² « Per amore di donna. » (Villani, XII, 8.)

³ Villani, XII, 8 ; March. de Coppo, VIII, 566 ; Ammirato, IX, 462.

⁴ Ammirato, IX, 462.

⁵ Les mêmes.

⁶ « Stupra et adulteria.... commisit (19 juillet 1344. Au pape. *Giorn. arch. tosc.*, VI, 279. Doc. 374). Et etiam quam plurime virgines et honorabiles domine violenter cohacte fuerunt pro ipsius ducis et suorum officialium personis ad adulteria, stupra et similia conmictenda. » (31 juillet 1344. A Jacopo de Gherardo. *Ibid.*, p. 281. Doc. 376). M. de Sassenay (p. 239) dit que dans un pays dont les mœurs nous ont été retracées par le *Decameron*, la hardiesse avec les femmes ne pouvait être un grief bien sérieux. Il oublie qu'on s'indigne contre un maître, contre des gens étrangers des outrages qu'on ne peut leur rendre, et que d'ailleurs il n'est peut-être pas plus juste de juger la vie florentine d'après le *Decameron*, que la vie française d'après certains de nos romans.

Toucher aux clercs fut peut-être plus funeste encore. Pour eux le duc d'Athènes n'était pas un ennemi. L'évêque l'avait loué dans un pompeux discours. Le pape avait félicité les Florentins de s'être donné un si bon seigneur[1]. Il affectait la piété, l'étalait dans les préambules de ses décrets, faisait des donations aux églises et aux chapelles, pour le salut de son âme, pour les siens, pour tout ce peuple[2]. Il restituait aux clercs les biens dont ils avaient pu être dépouillés ; il les rétablissait dans leurs paroisses ou prébendes[3]. Mais il se croyait permis de les soumettre à la loi commune, et, par là, il perdit auprès d'eux tout le bénéfice de sa prudente faveur. Les soumettre à sa juridiction dans toutes les causes où un laïque était intéressé[4], confier à des laïques la direction des hôpitaux et autres *luoghi pii*, c'était toucher à l'arche sainte. A partir de ce jour, il n'y eut qu'une voix dans l'église florentine pour déclarer ces intrus déshonnêtes et pervers, pour les accuser de porter la ruine dans les établissements confiés à leurs soins[5]. Des clercs pouvaient-ils tolérer que le duc méconnût la juri-

[1] Voy. plus haut, même chapitre, p. 271 et 275, note 3.

[2] « Volens saluti animarum suorum parentum et omnium Florentinorum nec non sue et descendentium ex eo anime providere. » (26 décembre 1342. *Giorn. arch. tosc.*, VI, 226. Doc. 206.)

[3] *Ibid.*, p. 119, 120, et Doc. 80, 226, 292, p. 209, 235, 247.

[4] Voyez pour un différend entre clercs, réservé à l'évêque, une provision du 11 février 1243. *Ibid.* Doc. 260, p. 242.

[5] « In multis hospitalibus et ecclesiasticis locis quorum gubernationem, ymmo depopulationem dissolutis laycis et inhoneste vite commisit. » (31 juillet 1344, à Jacopo de Gherardo. *Ibid.*, p. 280. Doc. 376). Cf. Villani, XII, 8, et Passerini, *Storia degli stabilimenti di beneficenza di Firenze*, p. 125-133, où l'on voit le duc ôtant l'hôpital de Sant' Eusebio, fondé au douzième siècle pour les lépreux, non à des clercs, mais à l'art de Calimala pour le donner à d'autres ; ce qui prouve que, même dans les idées du temps, ce n'était pas une nouveauté de confier ces établissements à des laïques.

diction de l'évêque dans les causes matrimoniales¹, qu'il conférât ou fit conférer à de nouveaux recteurs les bénéfices vacants²? Eût-il nommé les plus dignes, on n'en aurait pas tenu pour moins sacriléges ses laïques empiétements.

En quête d'un point d'appui, il avait cru le trouver dans le menu peuple, et, renonçant, en faveur des petits, à tenir la balance égale, il s'aliénait les autres classes. L'indignation était grande à le voir s'entourer d'artisans³. Aux cardeurs, aux marchands de vin, aux bouchers il donnait pour consuls ceux qu'ils voulaient⁴. Il bouleversait les anciens règlements des arts, pour qu'on pût obtenir de plus forts salaires⁵. Il ouvrait les portes des *Stinche* aux prisonniers pauvres⁶. Il confiait à six cents pauvres la garde nocturne de la ville, et il les payait à raison de vingt sous par mois. Trente d'entre eux étaient de garde chaque nuit. Les membres des arts majeurs ne pouvaient être contraints à ce service, ce qui était, sous forme de privilége, une véritable exclusion⁷.

¹ Voy. plus haut, même chap., p. 279, note 4.
² « Beneficia ecclesiastica suo tempore vacantia in diocesi florentina e fesulana cum aliis circumstantibus sue jurisdictioni subjectis, novis rectoribus pro suo libito voluntatis et ministrorum suorum indebite reformavit et reformare continue satagebat ». (31 juillet 1344, à Jacopo de Gherardo. *Giorn. arch. tosc.* (V, 280. Doc. 376.)
³ « Sempre si tenea con li artefici e con gli minuti, di che erano indegnati contro lui e pensavano sempre al suo danno. (March. de Coppo, VIII, 568.)
⁴ Villani, XII, 8.
⁵ « Dimembrando gli ordini antichi dell'arti per volere maggiori salari » (Villani, XII, 8). Cf. March. de Coppo, VIII, 566.
⁶ 31 octobre 1342. *Giorn. arch. tosc.* VI, 205. Doc. 59. Voy. aussi p. 202 et 205. Doc. 43, 44, 45, 61.
⁷ « Pro parte sexcentorum virorum qui tempore ducis Athenarum custodiam nocturnam fecerunt in civitate Flor. (*Provvisioni*, XXII, 135. 26, 27 mars 1344. *Giorn. arch. tosc.* VI, 276. Doc. 370.)

Ayant trouvé cette institution dans le statut du podestat de 1324, où elle dormait d'un profond sommeil, il l'en avait exhumée[1]. Fouiller l'arsenal encombré des lois est l'ordinaire procédé d'une tyrannie habile, dans la période où elle croit prudent de se dissimuler.

Tout ce que lui demandaient les petites gens, Gaultier le leur accordait. « C'est le bon peuple », disait-il[2]. Les cardeurs, qui avaient tant contribué à sa nomination, obtinrent chacun d'avoir un pavois où serait peint un agneau[3]. Aux teinturiers qui se plaignaient d'être opprimés par l'art de la laine il concède le droit de se gouverner par trois consuls, sans relever d'aucune autre « université[4] ». A tous il donne des fêtes, infaillible moyen de leur plaire et de fermer leurs yeux sur tant d'abus. Il institue six *brigate* ou compagnies, toutes du menu peuple, qu'on appelait *le potenze*, les puissances, pour faire des représentations, des jeux, des joûtes même, sorte de divertissement réservé jusqu'alors à l'aristocratie[5]. La solennité de Pâques, celle de la Saint-Jean, bien d'autres encore, servaient de prétexte pour recommencer ces réjouissances[6]. Les autres classes n'en prenaient leur

---

[1] Lib. I, Rub. 7, dans Paoli, *Ibid.*, VI, 115, note 1. Cf. Villani, XI, 93.

[2] March. de Coppo (VIII, 566), estropiant le français comme Villani, écrit : *le bone popule*.

[3] Le même.

[4] 23 novembre 1342. *Giorn. arch. tosc.* VI, 210. Doc. 83. Dans la supplique des teinturiers jointe à cette provision, on voit qu'ils flattent le duc : « Concedere consules de hominibus dictarum artium tinctorum et saponariorum et eos liberare a jugo dictorum lanificum, ut possint viriliter, ut affectant, servire et esse vestre dominationi parati, quam diutius expectarunt. »

[5] Villani, XII, 8; March. de Coppo, VIII, 575. Villani accuse nettement le but : « Per recarsi all'amore del comune e popolo minuto per quella sforzata vanità. »

[6] Villani, XII, 8; March. de Coppo, VIII, 568; Paoli, *Giorn. arch. tosc.* VI, 118; Reumont, *Der Herzog von Athen*, § 8.

part qu'en spectateurs dédaigneux et d'humeur maussade[1]: elles ne pardonnaient pas au duc la faveur démagogique qu'il accordait à des artisans aussi insolents désormais que naguère ils étaient humbles et soumis[2].

S'appuyer aux magnats entrait aussi dans son programme, car il leur devait son élévation non moins qu'au menu peuple. Par mille concessions il se flattait de les contenter. Il relevait les Bardi, les Frescobaldi, les Rossi, les Nerli, des sentences prononcées contre eux[3]. Il rétablissait dans leur patrie les comtes de Cerbaia[4] et les Tarlati de Pietramala[5]. Pour généraliser ces mesures réparatrices, il chargeait divers délégués de désigner les magnats dignes d'être rayés des livres de condamnations[6]. Mais là il s'arrêtait. Il aurait cru dangereux de supprimer ces livres mêmes, et c'était le moins que les grands condamnés attendissent de lui. Ne leur avait-il pas promis d'abroger les ordonnances de justice, de remettre leur classe de pair avec les *popolani grassi*, de supprimer le gouvernement populaire[7]? Or,

---

[1] « Pochi cittadini vi giostrarono, che già a grandi e ai popolani cominciavano a dispiacere i suoi processi... Poco gli valse al bisogno (Villani, XII, 8). Comecchè pochi vi giostrassero de' Fiorentini ». (March. de Coppo, VIII, 568.)

[2] « Onde montarono gli artefici in tanta superbia che non si potieno pagare di cosa dessero o facessero ». (March. de Coppo, VIII, 566.)

[3] En 1340, pour leur conjuration. — 26 octobre 1342. *Giorn. arch. tosc.* VI, 204. Doc. 57.

[4] Pistoia les avait exilés à la suite d'une rixe avec des *popolani*. 23 janvier 1343. *Ibid.*, p. 239. Doc. 239.

[5] Bannis d'Arezzo sous le gouvernement du Florentin Guglielmo des Altoviti. (*Ibid.*, VI, 116.)

[6] 6 novembre 1342. *Ibid.*, p. 206. Doc. 69.

[7] « Or credeansi che al tutto il duca annullasse il popolo in detto e in fatto come avea promesso loro (Villani, XII, 8). Li grandi a cui egli avea promesso di levare il reggimento del popolo... egli non l'avea loro osservato... Recare a comune loro co' popolani grassi (March. de Coppo, VIII.

il maintenait les prieurs, le gonfalon de justice, et, sur ce gonfalon, les armes du peuple; il se bornait à laisser les ordonnances tomber en désuétude, ou à les violer par des grâces qu'elles ne permettaient point[1]; il n'avait pas même dégrévé les plus nobles familles des charges qui pesaient sur elles; il ne leur avait restitué ni leurs biens ni leurs priviléges[2]. Plus impolitiques que jamais, à force d'arrogance, ces familles opprimées recommençaient, avant même d'avoir obtenu l'annulation des anciennes rigueurs, cette vie de violences et de scandales qui avait rendu les rigueurs nécessaires. Sans comprendre ou sans savoir les desseins de Gaultier, qui recherchait l'appui du menu peuple non moins que le leur, elles prodiguaient le mépris et l'outrage au menu peuple. Tel des Bardi déshonorait une jeune fille de modeste condition[3]; tel autre prenait à la gorge, menaçait d'étrangler un artisan qui lui avait dit des vilenies[4]. Condamnés à trois cents, à cinq cents florins, ils jetaient les hauts cris, et avec eux toute leur caste. « Ils croyaient pouvoir dire : *Noli me tangere, nec tangere christos meos*[5]. » Ils se tenaient pour trompés et trahis[6].

Les victimes véritables, les seules victimes du gou-

---

568). A' grandi non avea attenuta cosa di che da lui fosse stato lor promessa. » (Narr. de Fil. Rinuccini, *Del.* XIII, 196.)

[1] « I quali avea annullati il duca d'Atene » (Villani, XII, 23). Voy. aussi la préface de Bonaïni aux *ordinamenti di giustizia* (*Arch. stor.*, nuova serie, t. I, part. 1).

[2] Voy. Paoli, *Giorn. arch. tosc.* VI, 117, et doc. 23, 230, 233, 234, 237; 246, 247, 262, p. 197-243.

[3] « Non di grande leva ». (March. de Coppo, VIII, 565.)

[4] Villani, XII, 8.

[5] March. de Coppo, VIII, 565.

[6] Villani, XII, 16. Cf. Reumont, *Der Herzog von Athen*, § 8.

vernement ducal, c'étaient pourtant les *popolani*, cette classe moyenne qu'il avait dépossédée et qui le haïssait à mort[1]. Contre ces ennemis de la veille et du lendemain les ménagements semblaient superflus. Gaultier leur enlevait leurs arbalètes ; il révoquait les gonfaloniers de leurs compagnies et ne les remplaçait point, ce qui était dissoudre, par le fait, les milices populaires. Il n'aimait pas à voir les *popolani* se réunir, fût-ce pour manger ou pour chanter ensemble[2]. Rien de plus rare qu'une sentence de lui en faveur d'un *popolano*[3].

Mais il y a des limites qu'il ne faut pas dépasser, et il les dépassait, ou, pour mieux dire, on les dépassait en son nom. Il était servi ou plutôt desservi par ce Guglielmo d'Assise, conservateur et capitaine du peuple, que les contemporains appellent assassin et bourreau[4], être venimeux, nouveau Denys, tyran de Sicile[5]. Avec son tribunal de trois juges, il frappait par plaisir, à tort et à travers, « comme sur des chiens[6] ». C'est lui qui faisait pendre, sous prétexte de correspondance avec Luchino Visconti, un juge de la marchandise, Piero de Plaisance. C'est lui qui, par l'amorce d'un sauf-conduit, attirait de Pérouse, où il était confiné, Naddo des Ru-

---

[1] Villani, XII, 16.
[2] Villani, XII, 8 ; March. de Coppo, VIII, 566.
[3] M. Paoli n'en a trouvé qu'une, celle dont il est question plus haut, p. 284, texte et note 4.
[4] Villani, XII, 8.
[5] *Hist. Rom. fragm.*, c. 12, p. 347.
[6] « Egli avea istraziati i Fiorentini a male modo di sozze morti e crudele... e facea fare al duca di molte cose sconcie... e guastava questo tristo gli uomini a diletto, come se fossono istati cani, e facea le più crudeli cose che mai fossono fatte per veruno rettore che reggesse in Firenze ». (*Frammenti di cronica*, à la suite de Donato Velluti, p. 145.)

cellai, l'envoyait à la potence une corde au col, afin qu'on ne pût le détacher (11 janvier 1343), et, quoiqu'il eût remboursé le montant de ses prévarications, extorquait cinq mille cinq cent quinze florins d'or à ses répondants. De douleur et de honte, Cenni, père du supplicié, homme considérable, prenait le froc à Santa-Maria-Novella[1]. Qui pouvait se croire en sûreté, si l'on allait chercher au dehors les gens pour les tuer, si l'on ne pouvait plus se fier aux sauf-conduits ?

A la cruauté, à la perfidie s'ajoutait la déraison. Guglielmo faisait appréhender au corps les dénonciateurs, non pour punir la délation, mais parce que, ayant eu connaissance du complot dénoncé, ils en devaient être complices : ainsi Lamberto des Abati, si vaillant devant Lucques, et Matteo de Morozzo, qu'il fit déchirer avec des tenailles, étendre sur un char, puis, avant de le pendre, traîner à terre, comme on faisait les grands criminels[2]. C'était, écrit Machiavel, ôter le courage à qui voulait le salut du despote, et le donner à qui voulait sa ruine[3]. On eût dit vraiment que ce serviteur insensé n'avait pas d'autre dessein. Il trouvait moyen de porter l'intérêt sur les gens qui en étaient le moins dignes[4]. Aux derniers jours de juin, Bettone Cini de Campi, un des bouviers du *Carroccio*, mis peu auparavant par le duc au nombre des prieurs, quoiqu'il fût « la plus mauvaise langue de Florence[5] », avait osé se plaindre d'une imposition et dire que qui écorchait les moutons au lieu

---

[1] Villani, XII, 8 ; March. de Coppo, VIII, 568 ; Ammirato, IX, 463.
[2] Les mêmes.
[3] *Ist. fior.* II, 32 B.
[4] *Ibid.*
[5] Villani, XII, 8.

de les tondre faisait du mal à soi autant qu'à eux[1]. On lui arracha la langue, qui fut promenée au bout d'une pique, et on l'envoya mourir à Pesaro de son horrible blessure. De proche en proche supplices et tortures s'étendaient des *popolani* aux gens de petit état, pour peu qu'ils parussent suspects de ne pas tout approuver[2]. Contraints à revêtir leurs plus beaux habits, les condamnés étaient pendus devant leurs maisons. Guglielmo d'Assise s'en donnait le spectacle, ayant à ses côtés un de ses fils, âgé de dix-huit ans, « angélique créature, mais simple », dit un contemporain. Quand un malheureux, soumis à la question, en sortait les membres brisés, avec des cris déchirants, on entendait l'angélique créature dire de sa voix la plus douce : « Encore un coup, pour l'amour de moi[3] ! »

Le flot de l'indignation croissait, montait à toute heure. Les plus avisés, parmi les courtisans, se détachaient, s'éloignaient peu à peu du maître, pour n'être pas enveloppés dans sa ruine prévue. Donato Velluti, qui était si avant dans sa faveur, confesse que, le voyant

---

[1] Ammirato, IX, 465. Voy. un autre propos prêté à Bettone par March. de Coppo, VIII, 576.

[2] « Conmisit et committi fecit quam plurimas sevas iniustitias et maxime personales executiones atroces, dissuetas et inauditas etiam in plures cives honorabiles civitatis ejusdem » (31 juillet 1344, à Jacopo de Gherardo, *Giorn. arch. tosc.* VI, 280. Doc. 576). « Di piccolo affare » (Villani, XII, 8). « Tutta gente menava a uno modo in male trattare, e grandi e mezzani e piccoli » (A. Dei, R. I. S. XV, 107). « Molto trattava a male tutta gente ». (*Ist. Pist.* R. I. S. XI, 492.)

[3] *Hist. rom. fragm.*, c. 12, p. 347. Cet auteur mérite confiance. Il est contemporain et s'accorde généralement avec les autres qu'il complète par de curieux détails. Il est d'accord avec Villani (XII, 17) sur l'âge de ce jeune homme, auquel Andrea Dei, Malavolti, l'anonyme de Pistoia, donnent seize ans ou même quatorze, parce qu'ils le confondent avec un plus jeune frère qu'il avait. Villani dit qu'il était « reo e fellone a tormentare i citta-

mal conseillé et mal servi, poussé à se faire tyran et riche plutôt que seigneur, il ne lui demandait plus rien, n'allait au palais que pour la messe, aux jours de grande fête, faisait sa révérence et partait aussitôt[1]. Une mauvaise récolte, la mesure de blé portée par la force des choses à plus de vingt sous, mirent le menu peuple du parti des mécontents[2]. Mais nul n'osait éclater, surtout depuis que, pour un mot de trop, Bettone Cini avait perdu la langue et la vie[3].

C'était le calme précurseur de l'orage. Le duc d'Athènes ne s'y trompait point et il prenait ses précautions. Non content d'avoir une garde de huit cents cavaliers, tous français ou bourguignons, après avoir réduit de cent à vingt celle des prieurs ; non content de tenir dans son palais cent hommes et quatre capitaines[4], il le faisait fortifier par Andrea de Pise, le célèbre architecte[5]. D'épais barreaux de fer furent mis aux fenêtres d'en bas, des avant-portes, des escaliers secrets disposés en grande hâte. On ne prit le temps de chercher ni des matériaux ni des artisans disponibles ; on utilisa ceux qui étaient employés à la reconstruction si nécessaire du *Ponte vecchio*[6] : le service du tyran, dans

dini ; » l'anonyme de Pistoia (R. I. S. XI, 495) prétend qu'il était innocent.

[1] Donato Velluti, *Cron.*, p. 75.

[2] Villani, XII, 16.

[3] « Terrens universam communitatem adeo quod ejus actus nepharios nullus erat ausus increpare, et si aliquis increpabat, aut supponebatur supplicio aut de ipso increpante suspicionem continuam retinebat ». (10 août 1343, au roi et aux reines de Naples. *Giorn. arch. tosc.* VI, 265. Doc. 323.)

[4] Libro delle riscossioni del duca. *Giorn. arch. tosc.* VI, 115.

[5] Voy. une ample description de ces travaux dans la vie d'Andrea Pisano par Vasari. Le 10 janvier 1343, Gaultier nommait les officiers pour y présider. (*Giorn. arch. tosc.* VI, 236. Doc. 228.)

[6] Villani, XII, 8; March. de Coppo, VIII, 566 ; Becchi, *Stinche di Firenze*, c. 6; Paoli, *Giorn. arch. tosc.* VI, 111.

une tyrannie, ne doit-il pas primer tous les services publics? Gaultier voulait plus encore : il voulait détruire les églises de San Pier Scheraggio, de Santa Cecilia, de San Romolo, pour transformer le palais en une forteresse ; mais la permission du pape, dont il ne crut pouvoir se passer, lui ayant été refusée[1], il se contenta d'abattre sans indemnité les maisons des Filipetri, des Manieri, des Mancini, de Bello Alberti[2], et d'ajouter un nouvel édifice à l'ancien[3]. Dans toutes celles qu'il laissa debout aux alentours, il logea prudemment, après les avoir fortifiées, ses hommes d'armes et ses barons[4]. Le temps seul lui manqua pour ériger sur la colline de San Giorgio une puissante forteresse[5]. Il achetait pour son compte celles qui étaient occupées au nom de la République. Les citoyens qui en avaient la garde cédaient à la cupidité ou à l'intimidation[6]; mais, sans doute pour

---

[1] Villani, XII, 8.

[2] « Sanza pagare alcuna pigione » (Villani, XII, 8). Cf. March. de Coppo, VIII, 566.

[3] Voy. le préambule du doc. 228, 10 janvier 1343. *Giorn. arch. tosc.* VI, 236.

[4] Villani, XII, 8. Pour ces divers travaux le duc dépensa 7386 fl. d'or, 120 l. 17 sous 11 deniers, environ 30 500 livres italiennes de nos jours. (Nouveaux documents sur le duc d'Athènes, publiés par M. Paoli dans l'*Arch. stor.*, 3ᵉ série, t. XVI, part. 1, p. 52, 53.) Quelques-uns étaient déjà commencés, celui notamment des avant-portes. (*Giorn. arch. tosc.* VI, 275. Doc. 365.)

[5] Paoli, *ibid.*, p. 112.

[6] Andrea des Bardi, podestat de Castiglione Aretino, livra cette place pour 5000 fl. d'or ; Geri des Pazzi, capitaine à Volterre, cette ville pour 3000, et Schicchi Cavalcanti, la citadelle pour 2000 ; Guelfo Buondelmonti, la citadelle d'Arezzo pour 2500 ; Manetto Donati celle de Colle pour 400 ; Ferragatta Mancini celle de San Miniato a monte pour 200 ; Carpo de Bostichi celle de Prato pour 300 ; Giovanni des Tornaquinci celle de Pistoia pour 1200 ; Giovanni de Belculacci et Chiaro de San Casciano les deux de Seravalle pour 450. Voy. cette liste dans *Giorn. arch. tosc.* VI, 114, d'après un manuscrit des archives de Florence.

n'avoir pas cédé assez tôt, tel d'entre eux était roué de coups, tel autre finissait ses jours au gibet [1].

C'était se bien défendre que de substituer partout le pouvoir ducal au pouvoir des Florentins, que de provoquer les soulèvements dans les villes douteuses, comme était Sienne, pour y établir un gouvernement ami [2]. Mais le principal eût été d'empêcher, dans sa ville même, le mécontentement de gagner de proche en proche, car, suivant un vieux dicton local, Florence ne remuait que quand elle se plaignait tout entière [3]. Ce peuple qui ne savait pas maintenir la liberté ne pouvait longtemps soutenir la servitude [4]. N'osant la secouer par une révolte ouverte, il entreprenait de la miner par des conjurations.

Trois conjurations s'ourdirent à la fois, n'ayant entre elles aucun rapport [5]. La peur, la défiance, imposaient l'isolement. Ce fut peut-être leur salut : plus de sécurité aurait enhardi les imprudences et compromis le succès. Le premier groupe était formé de riches *popolani* et de magnats, qu'une haine commune avait rapprochés. On y voyait les Bardi et les Frescobaldi, qui devaient au duc d'être rentrés dans leur patrie, les Tosinghi, les Vieri Scali, autres grands, côte à côte avec les Altoviti, les Magalotti, les Strozzi, les Mancini, marchands et banquiers [6]. A leur tête était l'évêque

[1] Giovanni des Tornaquinci fut roué de coups; Boncione Bostichi, qui avait vendu le palais des Ubertini, fut pendu (*ibid.*). Cf. Reumont, *Der Herzog von Athen*, § 9.

[2] A. Dei, R. I. S. XV, 107; Malavolti, part. 2, l. V, p. 103.

[3] « Firenze non si muove, se tutta non si duole ». (Villani, XII, 16.)

[4] *Ist. fior.* II, 32 B.

[5] Cecina (p. 125) parle même de quatre conjurations, et Fil. Rinuccini (*Del.* XIII, 195) de cinq.

[6] Villani (XII, 16) dit, en outre, deux des Rossi, dont ce Pino pour qui

Acciajuoli, plat panégyriste des premiers jours, « trèsbon homme, mais sans fermeté : qui lui parlait le premier l'avait avec soi [1] ».

Le second groupe montrait ces deux classes pareillement coalisées : il avait pour chefs Manno et Corso Donati, avec les Pazzi, les Cavicciuli, les Albizzi, qui commençaient à prendre beaucoup d'importance [2]. Le troisième, plus ardent que les deux autres, parce que divers de ses membres avaient à venger leur sang ou leur honneur, comprenait, avec Antonio des Adimari et avec les Medici, les Rucellai, les Bordoni, les Aldobrandini, tous hommes de moyenne condition. Quant au menu peuple, quoique étranger à ces conjurations, les conjurés se flattaient de l'y rattacher facilement [3], comme ils y rattachaient au dehors les comtes Guidi, les villes de Pise, de Pérouse, de Sienne. Le dessein avoué était d'ôter au duc la seigneurie, et même, quelquesuns du moins en ouvraient l'avis, de lui donner la mort [4]. Pour condition de son concours, le gouvernement de Sienne stipulait que celui de Florence rede-

---

Boccace écrivit la *Consolatoria dell' esilio*. (Note de l'éditeur de Milan, 1802.)

[1] March. de Coppo, VIII, 576, 588; Villani, XII, 16; Ammirato, IX, 465; Machiavel, II, 35 A. — La complicité prépondérante de l'évêque est établie par les documents : « Venerabilis frater Angelus pater et episcopus noster laudabiliter interposuit partes suas » (au pape, 9 septembre 1343. *Giorn. arch. tosc.* VI, 270. Doc. 337). « Inter alios qui libertati prefate et reformationi status civitatis ipsius grata presidia contulerunt, ipse verbo, consilio et opere utiliter obtinuit principatum » (au pape, 20 août 1343. *Ibid.*, p. 268. Doc. 331).

[2] Villani, XII, 16; March. de Coppo, VIII, 576; Ammirato, IX, 475.

[3] Les mêmes. Paoli, *Giorn. arch. tosc.* VI, 170. Par amour de la symétrie, Machiavel (II, 33 A) dit que des trois conjurations il y en avait une de grands, une de *popolani*, une d'artisans. Les noms des conjurés et les témoignages contemporains prouvent le contraire.

[4] Villani, XII, 16.

viendrait communal, avec la participation des grands et des *popolani*, mais à l'exclusion du menu peuple[1].

Soupçonneux comme il convient aux tyrans, le duc d'Athènes se tenait sur ses gardes. La première conjuration voulait, à l'heure du conseil, l'assaillir au palais? il en tint les portes closes, barra les fenêtres, changea par deux fois ceux qui avaient mission de le défendre. La seconde voulait le frapper dans la maison des Albizzi, où il devait aller, aux fêtes de la Saint-Jean, pour voir courir le *palio*? il n'y alla point. La troisième se proposait de le frapper tandis qu'il se rendrait à la maison des Bordoni, où ses galanteries l'amenaient souvent[2]? aux deux extrémités de la rue il loua deux maisons, qu'il garnit d'armes pour le combat, et de barres de fer pour dresser des barricades à la première alerte. Il ne marchait, d'ailleurs, même en allant à un rendez-vous d'amour, qu'escorté de cinquante cavaliers et de cent hommes à pied. Contre les flèches, qui auraient pu le frapper de loin, il était recouvert d'une bonne cuirasse. En outre, il ne passait pas deux fois par le même chemin, et jamais on ne savait d'avance quand il se proposait de sortir.

Ainsi le temps s'écoulait sans amener l'occasion favorable. Comment, parmi tant de complices, ne s'en fût-il pas trouvé un pour éventer le secret? Un Siennois de la troisième conjuration en parla sans mystère à Francesco Brunelleschi, lequel, pour faire sa cour ou pour ne pas se compromettre, révéla ce qu'il avait appris. Deux conjurés saisis et mis à la torture livrèrent le nom de leur chef, Antonio des Adimari. Cité à comparaître devant

[1] A. Dei, R. I. S. XV, 107, 108. Cf. Malavolti, part. 2, l. V, p. 103.
[2] Cette maison était située à la Croce al Trebbio, près de Santa Maria Novella.

le duc, Antonio ne s'enfuit point, comme faisaient ses complices ; il comparut bravement. Gaultier aurait pu sans retard l'envoyer au supplice : il se contenta de le retenir prisonnier (18 juillet)[1]. Peut-être craignait-il, comme tout pouvoir au déclin, d'exaspérer de puissants ennemis ; peut-être attendait-il, pour sévir, d'avoir sous la main des forces suffisantes. On le voit, en effet, rappeler celles qu'il avait au dehors, et en demander au tyran de Bologne, qui lui envoya trois cents cavaliers[2].

Quand il en eut près de mille, sans rien brusquer encore, il joua son rôle avec plus d'assurance. Il entreprit de se rattacher les magnats, en leur promettant le tiers des offices de la ville[3]. Puis, le vendredi 25 juillet, veille de Sainte-Anne, il convoqua plus de trois cents citoyens, conjurés connus, suspects et autres, pour délibérer avec lui, le lendemain, sur le sort de ses prisonniers[4]. Ce retour imprévu aux pratiques du gouvernement communal fit soupçonner un piége[5]. L'attention était éveillée ; on apprit, de la campagne[6], que le seigneur avait dessein de mettre à mort dans son palais les personnes venues à son appel[7]. Était-ce là un propos en l'air ? A cet égard on pouvait douter ; mais il y avait moyen de le savoir. Ceux que le duc convoquait firent

[1] Villani, XII, 16 ; Ammirato, IX, 467 ; Paoli, *Giorn. arch. tosc.* VI, 170.
[2] Villani, XII, 16.
[3] Narr. de Fil. Rinuccini. (*Del.* XIII, 196.)
[4] Villani, XII, 16 ; March. de Coppo, VIII, 576 ; Ammirato, IX, 465-467.
[5] Machiavel pourtant s'y est trompé. Il prétend (II, 33 A) que le duc avait l'habitude de réunir ainsi les citoyens. C'est contraire à ce que disent auteurs et documents, de même qu'à leur esprit. Au surplus, cet endroit, dans Machiavel, est plein de contradictions.
[6] « E questo poi fu fuori di Firenze manifesto ». (Villani, XII, 16.)
[7] Les mêmes. Machiavel dit, au lieu de les mettre à mort, les jeter en prison. (II, 33 B.)

voir à leurs amis leurs convocations, et ce fut un trait de lumière; apparemment ce n'était pas pour leur demander assistance qu'il assemblait autour de lui ses adversaires les plus résolus. Des confidences furent échangées; le danger supprima ou ajourna les défiances entre les classes. Tous étaient prêts à s'unir dans une commune conjuration [1].

Les Adimari, les Donati, les Medici, en furent les chefs. Ils se concertèrent pour provoquer, le lendemain 26, un tumulte au *Mercato vecchio* et à San Pier Maggiore, d'où l'on partirait pour délivrer Antonio Adimari et les autres prisonniers, puis, de là, converger sur la place des prieurs, par les douze rues qui y aboutissaient. L'ordre était de ne s'avancer qu'avec prudence, de se barricader à chaque pas, pour couper au duc toute retraite, le séparer des secours qu'il attendait et se saisir de sa personne. Au jour fixé, à l'heure dite, sur les neuf heures du matin, les citoyens, sortis de chez eux en armes, se ralliaient aux bannières déployées, échangeaient des serments, se baisaient sur la bouche et se mettaient en marche. Ils criaient : Mort au duc et à qui le suit! Vivent le peuple, la commune de Florence et la liberté [2]! — Les gens du seigneur, voyant la ville en émoi, cherchent à gagner le palais. Trois cents environ y parviennent; les autres dans les auberges ou dans les rues, dont ils ne peuvent franchir les barricades, sont arrêtés, dépouillés, jetés à bas de leurs chevaux, blessés ou tués

---

[1] Les mêmes.
[2] Villani, XII, 17. La version de Fil. Rinuccini ne paraît guère vraisemblable. Dans la ville encore soumise il fait partir Manno Donati de la maison des Bardi, passant le pont Rubaconte pour aller à la sienne, ensuite de quoi tout le monde se serait armé. (*Del.* XIII, 197.)

à terre. Corso Donati courait aux prisons des *Stinche*, comme son aïeul quarante trois ans auparavant ; il mettait le feu aux portes, délivrait les prisonniers et les joignait à sa bande. Mais c'étaient là de médiocres recrues. Ces gens, par crainte d'être bientôt remis sous les verrous, si les preuves de leurs méfaits n'étaient supprimées, au lieu d'aller au combat, couraient à la chambre de la Commune, aux palais de la marchandise et du podestat, y brûlaient les registres accusateurs [1], sans oublier de faire main basse sur toutes choses, même sur les volets des fenêtres et sur les bancs [2].

Cependant, le duc d'Athènes, comme assiégé sur la place, restait à une fenêtre du palais, pour diriger ses partisans [3]; mais leurs rangs s'éclaircissaient comme à vue d'œil. Devant Florence tout entière soulevée, le cœur manquait même aux cardeurs et aux bouchers

[1] « Carceres rupti, archivius crematus » (26 mars 1344. *Provvisioni*, XXXII, 157 v°. *Del.* XIII, 67). Qu'il y ait eu des écritures soustraites, c'est ce que prouve un document. Le 13 février 1344 on nommait une commission pour examiner les comptes de Domenico di Lapo Guidalotto, camerlingue de l'*estimo* sous le duc. Il disait dans sa pétition que les livres tenus par lui furent soustraits, mais qu'ensuite on a retrouvé ceux de cinq *sesti*, d'où l'on peut inférer la contenance de ceux du sixième (qui étaient perdus). Il demandait en conséquence à n'être pas poursuivi de ce chef (*Provvisioni*, XXXII, 115 v°). Un doc. des 26 et 27 mars 1344 autorise les camerlingues à payer 109 fl. d'or à Fra Giovanni, de l'ordre du Carmel, pour réparations à la chambre de la commune, dont les portes sont fortifiées en dedans et en dehors par des barres de fer (*Giorn. arch. tosc.* VI, 277. Doc. 371). Cf. Villani, XII, 17; March. de Coppo, VII, 578; Ammirato, IX, 469.

[2] Villani (XII, 17) met le sac du palais du podestat avant le sac de la chambre; March. de Coppo et Ammirato suivent l'ordre inverse, qui paraît plus probable.

[3] L'anonyme de Pistoia (R. I. S. XI, 495) semble faire entendre que le duc aurait pu « aller à la bataille. » Si c'est une accusation de lâcheté, elle paraît peu fondée : un chef dirige mieux des opérations militaires en restant au centre, en ne s'exposant pas ; mais telles n'étaient point les idées du temps.

qui, aux cris de mort, avaient jusqu'alors répondu :
Vive le seigneur! même aux hommes plus considérables,
Acciajuoli, Peruzzi, Antellesi et autres, qui, soutiens de
son pouvoir à l'heure du triomphe, rougissaient de l'abandonner à l'heure du danger[1]. Les uns se retirèrent
chez eux ; les autres, pour se mieux protéger, firent
cause commune avec les conjurés. On n'en cite que
deux dont l'énergie ne se démentit point : Giannozzo
Cavalcanti, qu'on vit, au *Mercato nuovo*, où il logeait,
monter sur un banc et haranguer en faveur du maître
la multitude ameutée, sourde à ses exhortations, mais
surprise de son courage ; Uguccione Buondelmonti, qui
resta volontairement au palais, près du tyran que le
peuple en furie menaçait de manger vif[2].

Les habitants d'Oltrarno étaient comme la réserve de
l'insurrection. Informés de son succès sur la rive droite,
ils ouvrirent et passèrent les ponts, pour rejoindre les
vainqueurs. Plus de dix mille citoyens étaient alors sous
les armes, plus de mille bien montés, grâce aux chevaux
qu'ils possédaient ou qu'ils avaient pris[3]. Mais le sanglier tenait toujours dans sa bauge. Pour l'y forcer
on attendait des renforts. Sienne envoyait trois cents
cavaliers et quatre cents arbalétriers[4]; San-Miniato deux
mille fantassins; le comte de Battifolle quatre cents;

---

[1] Villani, XII, 17; March. de Coppo, VIII, 577; Narr. de Fil. Rinuccini, *Del.* XIII, 198.

[2] Villani, XII, 17; March. de Coppo, VIII, 578; Machiavel, II, 33 *B*; Ammirato, IX, 468.

[3] Villani, XII, 17.

[4] MM. Bonaïni et Polidori, annotateurs de Graziani, disent (*Arch. stor.*, 1re série, XVI, part. 1, p. 130, note 3) 4000, et ils ajoutent qu'ils croient fautif le chiffre de 400 donné par March. de Coppo. Mais Villani dit comme ce dernier, et la vraisemblance est de leur côté.

Prato, cinq cents; Pise elle-même, la gibeline Pise, un nombre égal. Ces derniers, on les refusait à Florence, comme suspects d'accord avec les grands, et ils devaient retourner dans leur patrie, maltraités sur leur route par les campagnards de Montelupo, de Capraja, d'Empoli, de Pontormo, car les villes et bourgades qui s'étaient soumises au duc secouaient le joug, et, avant même que la métropole fût libre, recouvraient leur liberté[1].

Dans la nuit du dimanche 27 étaient arrivés les renforts, et le siége du palais devenait un blocus. Or le temps avait manqué pour introduire des vivres : sauf le duc et les prieurs, tous ne trouvaient plus à manger que du biscuit, à boire que de l'eau. Quelques avances furent faites aux assiégeants pour leur faire tomber les armes des mains. La bannière du peuple fut rétablie sur la tour du palais. Antonio des Adimari fut relâché, et même, sur l'avis des prieurs, fait chevalier par le duc, « pour l'honneur du peuple de Florence. » Plein de ressentiment, le prisonnier s'y refusait; il dut céder aux vives instances de ceux qui, dans cette flatterie à la foule, voyaient une planche de salut[2]. Vaine espérance ! Les concessions d'un pouvoir aux abois l'avilissent sans le sauver.

Le danger d'un blocus et de ses inévitables lenteurs, c'était d'irriter les esprits, de leur laisser tout loisir pour la vengeance. On se prit à rechercher les officiers odieux qui, n'ayant pu rejoindre leur maître, se cachaient

---

[1] Villani, XII, 17; March. de Coppo, VIII, 578-581; *Cron. Pis.* R. I. S XV, 1014; Marangone, suppl. I, 699; Ammirato, IX, 469.

[2] Villani, XII, 17; March. de Coppo, VIII, 579; *Ist. Pist.* R. I. S. XI, 495; Ammirato, IX, 469.

dans la ville. Le mercredi 30, on s'empare du juge Simone de Norcia, puis d'un notaire napolitain, capitaine des *famigli* ducaux, et on les met en pièces[1]. Arrigo Fei, « le subtil *gabelliere*, » essaie, vêtu en moine, de fuir la maison des *Servi*, où l'on venait le traquer. Reconnu à San-Gallo, les enfants se saisissent de lui et le dépouillent de tous ses vêtements. Il était, dit un contemporain, « sale comme un immonde porc ». Conduit sur la place, la multitude l'y pend par les pieds, l'éventre comme on eût fait ce porc auquel on le compare, lapide son cadavre, le couvre d'ordures et le jette, à la fin, dans l'Arno[2].

Le 1er août[3], la situation, au palais, devenait intenable. Sept à huit cents hommes y étaient entassés[4], et comme les architectes n'y avaient ménagé aucun de ces réduits nécessaires à la propreté, l'urine, les matières fécales, partout répandues, faisaient de cet édifice un foyer d'infection. Plutôt que d'en mourir, les assiégés demandaient une sortie, ou, mieux encore, une capitulation[5]. Mais la sortie était repoussée par les chefs, qui n'y voyaient pour eux aucun espoir, et la capitulation par les Florentins, qui avaient goûté le sang. Leur condition, pour y consentir, c'était que le duc livrât au préalable Cerretieri Visdomini, son âme damnée, Guglielmo d'Assise, le

---

[1] Villani, XII, 17. *Priorista* authentique; on en voit un extrait dans les *Delizie*, XII, 67.

[2] *Hist. Rom. fragm.*, c. 12, p. 353. Cf. Villani, XII, 17; March. de Coppo, VIII, 583; *Ist. Pist.* R. I. S. XI, 495; Boccace, *I Casi*, etc., p. 585; Ammirato, IX, 470.

[3] *Frammento di cronica*, à la suite de Donato Velluti, p. 145.

[4] *Ist. Pist.* R. I. S. XI, 495. « Con tutti gli suoi officiali e con grandissima quantità de sua gente oltremontana ». (Graziani, *Arch. stor.*, 1re série, XVI, part. 1, p. 130.)

[5] *Hist. Rom. fragm.*, c. 12, p. 351.

capitaine du peuple, et Gabriello, son fils aîné, ce monstre de dix-huit ans qui cherchait dans les tortures d'autrui l'amusement de sa jeunesse. Avec un reste de fierté, Gaultier refusait; les Bourguignons enfermés avec lui le contraignent à céder, s'emparent du capitaine et de son fils, les livrent au comte Simone de Battifolle, intermédiaire de cette négociation[1]. Battifolle les jette en proie au peuple, aux parents, aux amis de leurs victimes[2]. La loi du talion paraissait la justice même[3].

On vit alors une chose horrible. Le lâche père, pour préserver un instant sa vie, exigea de son fils qu'il marchât devant lui et reçût les premiers coups. « On le jeta sur la pointe des épées. Un prêtre donna le signal de le mettre en pièces, en lui tranchant le bras. — Voici ma part, dit-il; je ne veux plus chanter la messe. — Après l'enfant vint le père, « honorablement » vêtu de noir, tenant dans ses mains un calice d'argent ciselé avec l'hostie. Il n'en fut pas moins taillé en morceaux. « On fit rôtir de leur chair et d'aucuns en mangèrent[4]. On en mangea même crue[5]. » On en portait des lambeaux au bout des

---

[1] « Il conte Simone andò in sul palagio de' priori o menò giuso il conservadore... e suoi due figliuoli » (*Framm di cron.* à la suite de D. Velluti, p. 145). Sur Battifolle et ses premiers rapports avec le duc, voy. même volume, plus haut, p. 118, n. 5, et plus bas, p. 310, n. 2.

[2] *Ibid.* et Villani, XII, 17; March. de Coppo, VIII, 584; Ammirato, IX, 470.

[3] « E nota che chi è crudele crudelmente dee morire, dixit Dominus » (Villani, XII, 17). Cet auteur n'a pas un mot de blâme pour la cruauté de ses compatriotes. — Battifolle obtint la grâce du second fils de Guglielmo, âgé de quatorze ans, auquel on n'avait rien à reprocher. Il régnait donc une sorte de justice dans ces atroces représailles. Voy. *Framm. di cron.*, p. 145; Graziani, *Arch. stor.* XVI, part. 1, p. 151.

[4] *Hist. Rom. fragm.*, c. 12, p. 351-353. Cf. *Framm. di Cron.* à la suite de D. Velluti, p. 145.

[5] Villani, XII, 17.

piques; « jamais d'une bête on ne fit tant de morceaux qu'on n'en fit de cet officier. On en vendit comme au marché[1]. » — « Furent tués comme chiens ces tristes qui avaient torturé les Florentins, comme s'ils avaient été des chiens[2]. » — « On ne lit nulle part qu'on fasse pis aux enfers pour les âmes[3]. » — « La fureur de ce peuple était devenue bestiale[4]. » Ainsi parlent les contemporains. La bête fauve que l'homme recèle avait reparu.

Ces horreurs, du moins, assouvirent sa rage. Elle ne réclama pas trop vivement Cerretieri. Ce scélérat méritait le même sort, mais il était Florentin et avait des amis[5]. Quelques-uns des Bardi et les ambassadeurs de Sienne le firent évader. Quant au duc lui-même, on ne le mangea point vif, comme on l'en avait menacé. Le roi de France, le roi de Naples et d'autres puissants seigneurs en auraient pu demander compte. Réfléchis et politiques jusqu'en leurs fureurs, les chefs populaires retinrent le peuple sur la pente et surent se faire écouter de lui[6]. Des châtiments ils le poussèrent aux récompenses. Ils instituèrent chevaliers deux des Rucellai et deux des Altoviti, qui avaient frappé le conservateur et son fils; encore « la chose fut-elle peu approuvée des citoyens[7] ».

C'est que déjà leur esprit se détournait du passé pour

---

[1] A. Dei, R. I. S. XV, 108.
[2] *Framm. di Cron.*, p. 145.
[3] March. de Coppo, VIII, 584. Boccace pourtant n'en trouve pas assez. Voy. *I Casi*, etc., IX, 585.
[4] Villani, XII, 17.
[5] March. de Coppo, VIII, 584; Villani, XII, 17.
[6] Paoli, *Giorn. arch tosc.*, VI, 171.
[7] Villani, XII, 17.

régler le présent et assurer l'avenir. Ils ne pensaient alors qu'à museler l'anarchie. Dès le 28 juillet ils s'étaient donné une sorte de gouvernement provisoire. A la tête ils avaient placé l'évêque Angelo, contrairement à l'usage, qui était de laisser le chef du diocèse dans ses attributions ecclésiastiques : ce prélat avait si résolûment chanté la palinodie, il mettait tant d'énergie docile au service de la rébellion, qu'elle lui devait cette récompense, qu'elle ne pouvait mieux faire que de couvrir ses actes de l'autorité épiscopale. En attendant qu'un podestat nommé pût prendre possession de son office, six lieutenants le remplacèrent, un par *sesto*. Quatorze réformateurs furent créés, tous des plus anciennes familles, grands soumis aux ordonnances, *popolani* persécutés par le duc[1] et apparentés avec les grands. Compagnons dans le danger, comment les eût-on séparés dans l'organisation de la victoire? Bien plus, un des quatorze réformateurs, Giannozzo Cavalcanti, et un des six lieutenants, Francesco Brunelleschi, étaient, comme l'évêque, d'anciens adhérents de la tyrannie, ouvriers de la dernière heure, et d'autant mieux accueillis[2].

[1] Les six lieutenants de podestat étaient : Berto des Frescobaldi, Taddeo de l'Antella, Neppo des Spini, Paolo des Bordoni, Francesco des Brunelleschi, Antonio des Albizzi (*Liber off. forens.*). Les quatorze réformateurs : Ridolfo des Bardi, Pino des Rossi, Sandri Biliotti, Giannozzo Cavalcanti, Simone Peruzzi, Filippo Magalotti, Giovanni Gianfigliazzi, Bindo Altoviti, Testa Tornaquinci, Marco Strozzi, Bindo della Tosa, Talano des Adimari, Francesco des Medici, Bartolo des Ricci. (Villani, XII, 17 ; March. de Coppo, VIII, 582; *Provvisioni*, XXXII, 51.)

[2] Paoli, *Giorn. arch. tosc.*, VI, 174. Villani (XII, 17) met au 28 juillet la création de ce gouvernement provisoire, et les documents au 2 août, après la défaite du duc. Mais le parlement du 2 août ne fit que ratifier les mesures déjà prises révolutionnairement. La preuve s'en trouve dans un document où l'on voit que ledit parlement fut convoqué le 2 août par

Ainsi remplacé dans le gouvernement, avant qu'il s'en fût démis, abandonné de ses défenseurs, qui ne cherchaient plus que leur propre salut et qui ne le trouvaient pas, le duc d'Athènes n'avait plus qu'à capituler, s'il voulait sauver sa vie. La journée du 1er août n'était pas finie que, par lettres patentes, il remettait à l'évêque et aux réformateurs la gestion des affaires publiques jusqu'au 1er septembre, c'est-à-dire jusqu'au jour où devait se terminer la balie qu'il était question d'accorder auxdits réformateurs[1]. Il approuvait par avance tous leurs actes, et donnait ordre à chacun de leur obéir, sous peine d'encourir son indignation et de payer mille marcs d'argent. Son chancelier, l'évêque de Lecce, et plusieurs de ses barons, déclarèrent au nom de leur maître, par-devant le comte Simone de Battifolle[2] et deux notaires représentant la commune, que de sa libre et spontanée volonté il rendait la liberté à Florence, la relevait de son serment de fidélité et de toutes ses obli-

ordre de l'évêque, des quatorze réformateurs et des six lieutenants de podestat. (Doc. ap. *Del.*, XIII, 199.) Donc ces officiers étaient déjà institués. Parmi les réformateurs Villani ne met pas l'évêque, mais il dit, ainsi que March. de Coppo, que leurs réunions avaient lieu à l'évêché. L'évêque était donc le chef au moins nominal, comme le prouve d'ailleurs le document cité.

[1] Villani (XII, 17) met au 3 août la renonciation du duc, et les documents établissent que la première est du 1er, la seconde du 6. Voy. plus bas. Cecina (p. 125) comme Villani. A. Dei (R. I. S. XV, 109) met au 31 juillet le départ du duc, lequel n'eut lieu que le 6 août.

[2] Les comtes Simone et Guido de Battifolle étaient de ces habiles qui tirent parti des événements. Ils avaient obtenu de Gaultier la restitution des châteaux et terres enlevés jadis par Florence à Ugo père de Guido. (Voy. un décret du duc, 12 février 1343. *Giorn. arch. tosc.*, VI, 243. Doc. 262.) A sa chute ils servent d'intermédiaires, finissent, on le verra, par se prononcer contre le duc, et, pour récompense, obtiennent sans retard de la Commune que cette restitution soit confirmée. (1er septembre 1343. *Ibid.*, p. 269. Doc. 334.)

gations envers lui, et remettait au comte, comme aux ambassadeurs de Sienne, le bâton du commandement[1]. Il renonçait à toute autorité sur les villes de Toscane et transmettait à Florence tous les droits qu'elles lui avaient conférés[2]. Enfin, il faisait aux citoyens remise de toute offense, il leur promettait de ne soulever contre eux aucune réclamation, de n'exercer ou demander aucunes représailles. Faute de tenir ces engagements, il s'obligeait à payer dix mille marcs d'argent et à réparer tous les dommages[3]. Cette renonciation devait être renouvelée hors du territoire. Le duc ne marchanda point : s'il échappait à ce prix, ne serait-il pas à temps de désavouer, au dehors, des promesses arrachées par la violence? L'important et le difficile, c'était d'échapper. Il avait si grand peur d'être mis en pièces avec ses derniers fidèles, qu'il resta dans le palais jusqu'à la nuit du 5 au 6 août sous la garde de ceux à qui il s'était rendu[4].

C'est donc sous ses yeux, pour ainsi dire, que, le

---

[1] « Sua libera et spontanea voluntate munificentiam et libertatem suam in comune Flor. volens conferre.... liberavit et absolvit et spetialiter et nominatim ab omni fidelitate, juramento et qualibet prestatione personali, reali vel mixta et ab obligatione quacunque, et in dictum com. Flor. et in dictos capitaneum, ambaxiatores et comitem.... per traditionem baculi et manibus et baculo reinvestivit et retranslationem fecit de omni dominio. » (Renonciation du duc d'Athènes, 1ᵉʳ août. *Giorn. arch. tosc.*, VI, 255. Doc. 316.)

[2] « Dominium, imperium et omnem et quamlibet jurisdicionem et jus retranstulit in ipsum comune Flor. » (*Ibid.*, p. 258.)

[3] « Omnes injurias, contumelias, displicentias, robarias, extorsiones et quascunque offensiones reales et personales.... Et promisit.... nullam litem, questionem, petitionem, exactionem.... ullo tempore facere vel movere.... et quod ipse.... ab aliquo rege vel principe.... non petat aliquam represaliam aut licentiam vel aliquod jus reprehendendi aut petendi vel exigendi, aut quamcumque molestiam seu inquietationem inferendi. » (*Ibid.*, p. 261.)

[4] Villani, XII, 17 ; Paoli, *Giorn. arch. tosc.*, VI, 173.

2 août, selon le plan arrêté, l'évêque et les réformateurs firent sonner à parlement pour obtenir balie jusqu'au 1er septembre. L'assemblée eut lieu dans Santa-Reparata, en présence des ambassadeurs de Sienne et du comte de Battifolle. L'évêque fit lui-même au peuple la proposition, qu'appuyèrent Filippo des Bardi au nom des grands, Tegghia des Bonaccolti, jurisprudent, au nom des *popolani*, Francesco de Giovanni, boucher, au nom des artisans. D'une voix presque unanime, les assistants s'écrièrent : Que cette balie soit donnée! Ils la donnèrent même pour un mois de plus qu'on ne la demandait, jusqu'au 30 septembre. Ils décidèrent que la majorité légale serait de dix voix, et que nul ne pourrait s'opposer aux décisions prises, sous peine de perdre sa tête et ses biens[1].

C'était le triomphe des magnats et des *popolani grassi*, unis dans la conjuration et déjà rapprochés par les mariages. Ce sont leurs vues communes qui prévalent. Les artisans concédaient bien aux magnats l'accès à la plupart des charges, mais ils persistaient à les exciure de la seigneurie et des colléges. L'évêque et les réformateurs qui voulaient lever cette exception l'emportèrent par l'influence des ambassadeurs siennois[2]. Les contemporains ont dit pourtant que le menu peuple régnait[3]. L'erreur vint de l'adhésion formelle donnée en

---

[1] « Pro termino duraturo usque ad per totum mensem septemb. prox. fut... D. Fr. Angelo, etc... » (*Priorista* anth. ap. *Del.*, XIII, 67, 78). « Quatuordecim nobiles viros vel decem ex eis.... Nullus cujuscumque status preheminentie vel conditionis existat, audeat.... opponere vel allegare.... sub pena amputationis capitis et confiscatione omnium suorum bonorum.... sic astantes quasi una voce clamaverunt... quod dicta balia detur... » (Doc. vp. *Del.*, XIII, 199-204; *Provvisioni*, XXXII, 51.)

[2] Villani, XII, 18 ; Ammirato, IX, 474.

[3] « E reggè poi lo popolo minuto. » (*Cron. Pis.* R. I. S. XV, 1014.)

son nom par un boucher, et surtout de ce que le gouvernement nouveau manquait de force, de ce qu'il dut faire quelques concessions aux petites gens. On le vit prier Sienne de lui continuer, quelques jours encore, le subside de ses valeureuses milices[1], reconnaître l'indépendance des villes, qu'il n'osait ramener sous le joug. Si d'elles-mêmes elles y revinrent[2], c'est qu'elles ne trouvaient point ailleurs de protection efficace contre de redoutables voisins.

Le 6 août, de grand matin, Gaultier de Brienne se hasarda enfin à sortir du palais. Il était suivi d'une poignée d'hommes qui ne séparaient pas leur fortune de la sienne, et entouré des principaux citoyens, qui se donnaient mission de le protéger[3]. Conduit à Poppi, dans le château de Battifolle, il voulait revenir sur sa renonciation, ou tout au moins ne la point renouveler, malgré ses formels engagements; mais sur la menace que lui fit le comte de le ramener à Florence, il céda[4]. Libre alors de s'éloigner, il se dirigea sur Bologne, d'où Taddeo

---

[1] « Pro paucis diebus in quibus statum nostrum confirmare intendimus et obstacula queque licet facilia removere velitis nobis de vestro quod habemus subsidio amicabiliter subvenire. » (3 août 1343. *Giorn. arch. tosc.*, VI, p. 263. Doc. 319.) Cette lettre contient une réminiscence estropiée de Lucain : « Vere quia nicchil rationabiliter dici potest perfectum ubi restat aliquod faciendum. » Le doc. 320 est une autre lettre aux Siennois pour le même objet.

[2] Machiavel, II, 34 B. Voy. pour Arezzo, *Giorn. arch. tosc.*, VI, 267. Doc. 325.

[3] « Ordinati per lo comune. » (Villani, XII, 17.) « Usque ad locum tutum per cives et amicos nostros egregios fecimus sotiari. » (10 août 1343. Au roi et aux reines de Naples. *Giorn. arch. stor.*, VI, 264. Doc. 323.)

[4] Villani, XII, 17; March. de Coppo, VIII, 585; Narr. de Fil. Rinuccini, *Del.*, XIII, 198; Ammirato, IX, 472. L'acte renouvelé de renonciation est daté du château de Poppi, le 6 août. Doc. indiqué par Paoli, n° 322, *Giorn. arch. tosc.*, VI, 264. Ammirato le jeune en donne une analyse assez semblable à la renonciation.

Pepoli, quoiqu'il eût avec lui conclu alliance, dut le congédier à la demande des Florentins[1]. Il ne fit que passer à Ferrare et à Venise. De là, sans payer leurs gages à ses amis, sans prendre congé d'eux, il partit pour la Pouille, avec deux galères armées pour ce voyage[2]. Mais Florence n'en avait point fini avec lui. On rapporte que le notaire qui rédigeait, à Poppi, la seconde renonciation, avait, aussitôt après, jeté sa plume, disant qu'il n'aurait plus besoin d'exercer son art. De la commune, en effet, il reçut, pour récompense, une bonne provision[3]. C'est que Florence tenait fort à être en règle avec le duc, par crainte de ses revendications futures, de l'appui qu'elles pourraient trouver, des complications qui ne manqueraient pas d'en résulter. Il en faut suivre l'histoire, avant de reprendre celle du gouvernement de l'évêque Angelo et des quatorze réformateurs.

Bien avant le retour de Gaultier aux plages napolitaines, la cour de Naples avait ouvertement pris parti en sa faveur. Depuis six mois déjà, Robert avait terminé sa longue vie de philosophe couronné[4]; mais le nouveau roi André de Hongrie, les deux reines, Jeanne, sa femme, et Sancia, veuve du roi défunt, tous les princes autour

---

[1] En le congédiant, il lui donne des chevaux et de l'argent. (Villani, XII, 7, 8.) La demande des Florentins est du 13 août. (*Giorn. arch. tosc.*, VI, 267. Doc. 326.)

[2] « Lasciandogli mal contenti di loro gaggi, privatamente, di notte.... » (Villani, XII, 17). Cf. Reumont, *Der Herzog von Athen*, § 11.

[3] Narr. de Fil. Rinuccini, Del. XIII, 198.

[4] Robert était mort depuis le 19 janvier. Les écrivains de son temps le louent tous et font de lui le roi des philosophes, sauf Dante qui en parle avec sa haine de gibelin. (Voy. *Parad.*, VIII.) Pétrarque est fort élogieux. Voy. *Famil.*, I, 1; *Senil.*, III, 4, X, 2. De nos jours, M. Em. Giudici (*Stor. della lett. ital.*, I, 279) conteste, en alléguant l'autorité de Boccace et une complainte sur Montecatini (p. 280), que ce prince ait été le protecteur des lettres.

d'eux[1] avaient chaudement embrassé la cause du duc d'Athènes, leur parent. Le 1er août, à peine la nouvelle reçue des désordres du 26 juillet, des lettres royales partaient pour Florence, recommandant aux Florentins de protéger leur seigneur contre les violences de la populace[2]. Quand ces lettres arrivèrent, Gaultier ne courait plus aucun danger; néanmoins, le 10 août, la Commune, dans sa réponse, feignait habilement de ne l'avoir sauvé que par égard pour la maison royale de Naples, quoique « le mauvais gouvernement de ce loup rapace, qui déchirait impunément les cœurs, eût mérité la mort[3] ».

La partialité du souverain pontife ne semblait pas moins à redouter. Après avoir pris pied en Pouille, et fait tuer par vengeance quelques marchands florentins[4], Gaultier de Brienne était reparti pour la France en passant par Avignon. Il y sollicitait Clément VI pour être indemnisé de ses pertes et rétabli dans sa seigneurie[5].

---

[1] Charles duc de Durazzo, fils de Jean de Morée, petit-fils de Charles II et d'Agnès de Périgord; Robert, prince d'Achaïe et de Tarente, fils de Philippe de Sicile, petit-fils de Charles II et de Catherine, impératrice titulaire de Constantinople; Louis de Tarente, frère du précédent, et qui épousa plus tard la reine Jeanne sa cousine.

[2] *Giorn. arch. tosc.*, VI, 263. Doc. 317.

[3] « Non tanquam pastor et gubernator pacificus nos regebat, sed velut lupus rapax morem tirampnicum exercens, nostra precordia immuniter lacerabat.... quæ omnia contemplatione domus vestre postergare decrevimus, et licet dignus fuisset affici mortis supplicio.... eidem pepercimus et usque ad locum tutum per cives et amicos nostros egregios fecimus sotiari. » (*Giorn. arch. tosc.*, VI, 264. Doc. 323.) Cf. doc. 328, p. 267, une autre lettre du 13 août à la reine Jeanne, confirmant la précédente.

[4] « Sensimus quod in partibus regni Apuliæ quosdam concives nostros nobis karissimos fecit occidi. » (19 juillet 1344. Au pape. *Giorn. arch. tosc.*, VI, 277. Doc. 373.)

[5] « Erano in grande dubbio di essere oppresi di rappresaglie, per infinita moneta che il duca domandava per menda al com. di Fir. (Villani,

Des lettres de la commune l'y avaient devancé, expliquant les faits accomplis (20 août)[1]. Des marchands de passage à la cour pontificale étaient chargés d'y plaider la cause de leur patrie (9 septembre)[2]. En mars 1344, l'évêque Angelo leur succédait, chargé d'insister sur la perversité de ce seigneur, qui entretenait des pratiques avec les menus artisans, et était cause qu'on avait dû pendre deux menuisiers[3]. En juillet, il faut remplacer l'évêque par ser Jacopo de ser Gherardo[4] et même le défendre contre les calomnies dont le poursuit le tyran expulsé[5], « qui se montre dévôt au Saint-Siége moins par dévotion que pour faire ses profits[6] ». Aux lettres, aux ambassadeurs[7] se joignent divers cardinaux, priés d'intercéder pour Florence[8]; mais que Clément VI fasse

XII, 34). Selon Villani (XII, 57) cette indemnité consistait en une « infinita quantità di monete. » Mais la réclamation se borna là, sans doute quand il désespéra de ravoir la seigneurie. Villani ne dit pas les deux choses au même endroit.

[1] *Sign. cart. miss*, VIII, 7.

[2] « Jacopo de Albertis et Nicolao de Guicciardinis concivibus et mercatoribus nostris in Romana curia degentibus. ». (*Giorn. arch. tosc.*, VI, 269. Doc. 337.)

[3] 7 mars 1344. *Ibid.*, p. 276. Doc. 367.

[4] Du 31 juillet 1344 sont ses instructions que nous avons souvent citées (*ibid.*, p. 280. Doc. 376). Sur le fait du duc d'Athènes, elles sont identiques à celles de l'évêque.

[5] 15 octobre 1344. Lettre de la seigneurie à l'ambassadeur auprès du pape. (*Ibid.*, p. 282. Doc. 382.)

[6] « Più per arappare che per troppa devotione sene mostrava devoto. » (13 sept. 1343.) Instructions aux marchands de séjour en Avignon. (*Ibid.*, p. 270. Doc. 340). Des lettres de la seigneurie au pape y avaient précédé le duc, rappelant le dévouement de la Commune au saint-siége. (14 juin 1344. *Ibid.*, p. 277. Doc. 372.)

[7] Voy. la lettre au pape du 19 juillet 1344, véritable acte d'accusation (*ibid.*, p. 277. Doc. 373. Nous en avons cité plusieurs passages), et les instructions à Jacopo de ser Gherardo, déjà citées.

[8] Une lettre du 19 juillet 1344 les en prie; une autre du lendemain les remercie de l'avoir fait. (*Ibid.*, p. 279. Doc. 374, 375.)

la sourde oreille et persiste à vouloir réconcilier les deux adversaires[1], Florence la fera à son tour : aux lettres pontificales, datées du 5 août (1344), reçues le 9, elle ne fait réponse que le 29 septembre suivant, et elle répète avec fermeté que « les paroles pompeuses dont le duc a faussement coloré ses actes pour circonvenir le siége apostolique et souiller d'une manière impie l'innocence des Florentins sont entièrement dépourvues de vérité, celui qui les profère étant le père du mensonge[2] ».

Ainsi, Florence était résolue à ne point faiblir. Pour le marquer mieux encore, le 11 décembre 1344 elle promettait dix mille florins d'or à qui lui apporterait la tête du tyran, mesure que Villani appelle âpre et cruelle[3]. Tous les actes de ses vicaires furent jetés au feu[4]. Tous les citoyens qui avaient reçu de lui des offices furent déclarés inhabiles à en recevoir de la commune[5]. A tous ceux qui avaient été sous lui prieurs, gonfaloniers de justice, notaires de la seigneurie, fut retiré le privilége de porter des armes, que leur accordaient les statuts et un décret spécial des réformateurs[6]. Enfin, il était ordonné que, dans le palais du podestat, et par la main habile de Giottino, dit-on, seraient représentés en peinture le duc et ses principaux ministres, ayant sur la tête

---

[1] 5 août 1344. *Ibid.*, p. 281. Doc. 380.

[2] « Ex quibus omnibus eadem sanctitas recte intelligere potuit quod ampullosa verba quibus dux ipse fucatis coloribus ac falsis suggestionibus sanctitatem ipsam circumvenire conatus est, ac nostram innocentiam impie maculare, sunt quolibet veritatis aminiculo destituta, veluti que a patre mendacii, silicet duce prefato, subdole sunt prolata. » (*Ibid.*, p. 282. Doc. 381.)

[3] Villani, XII, 34.

[4] 11, 12 mars 1345. *Giorn. arch. tosc.*, VI, 283. Doc. 385.

[5] 1344. Villani, XII, 34.

[6] 5 juillet 1347. *Ibid.* p. 285. Doc. 392.

la mitre d'ignominie, avec des vers injurieux sous le portrait de chacun d'eux[1]. « Cette peinture plut au public, dit Villani, mais non aux sages, parce qu'elle perpétuait le souvenir de la faute et de la honte des Florentins[2] ». L'orgueil perce ici au détriment de la sagesse. Il y a plus de prudence et d'avantage pour un peuple perfectible à perpétuer le souvenir de ses fautes qu'à l'effacer.

Selon Boninsegni, ce sanglant outrage était infligé au duc d'Athènes pour le punir « des mauvaises œuvres qu'il faisait en France contre les Florentins, en demandant des représailles[3] ». C'est, en effet, à la cour de Philippe de Valois que Gaultier, n'obtenant rien par

---

[1] On peut lire ces vers dans Baldinucci, *Notizie dei professori del disegno*, dans la vie de Tommaso de Stefano, dit Giottino, par Vasari, dans l'opuscule de Passerini *Sul pretorio di Firenze*, p. 21 (*Curiosità storico-artistiche* du même), et dans Vannucci, p. 390. Voici celle du duc :

> Avaro, traditore e poi crudele,
> Lussurioso, ingiusto e spergiuro,
> Giammai non tenne suo stato securo.

Giottino représenta autour de la tête du duc beaucoup d'animaux rapaces pour désigner sa perfide nature. A un de ses conseillers il avait mis dans les mains le palais des prieurs qu'il lui présentait en trahison. Chacun d'eux avait près de soi les armes de sa famille (Rosini, II, 131). — Une fresque des *Stinche* représenta plus tard le duc d'Athènes. On l'attribue à Cennino Cennini, qui y était prisonnier en 1457, mais sans aucune preuve. Elle a été reproduite au trait dans une publication de l'abbé Becchi (*Sulle Stinche di Firenze, e su' nuovi edifizi eretti in quel luogo*. Flor. Lemonnier, 1839, in-4°). Sainte Anne est assise, étendant la main gauche sur le palais, comme pour le protéger, tandis que de la droite elle donne des gonfalons à des hommes d'armes. Le duc, plus grand que le palais, s'enfuit, tenant dans ses bras un petit démon barbu, qui s'apprête à lui dévorer le cœur et le foie. — On voit aussi un dessin représentant la prison des *Stinche* : de hauts murs, deux hautes portes et pas une fenêtre extérieure.

[2] Villani, XII, 54.

[3] *Cron.*, p. 363.

l'intervention de Naples et d'Avignon, multipliait alors ses efforts. Philippe avait vu avec trop de plaisir la plus riche ville d'Italie aux mains d'un de ses barons et presque dans la dépendance de sa couronne, pour ne pas souhaiter qu'il fût rappelé par les Florentins. Le 19 novembre 1344, il leur écrivait pour se plaindre des excès commis contre son vassal, son sujet, son parent. Avait-il le dessein de le remettre en place? On peut le croire, puisqu'il le disait renvoyé malignement et sans juste cause. En tout cas, il demandait que, le 30 avril suivant, des ambassadeurs florentins fussent rendus à sa cour pour rétablir la concorde[1].

Ces lettres furent remises à la seigneurie en février 1345 par Jehan de Courmissyac, clerc, et Jehan d'Aymont, seigneur de Couture, conseillers royaux. Dans le temps qu'avait duré leur voyage, Florence avait déjà fait indirectement réponse en mettant à prix la tête de son ennemi et en ordonnant de le retracer en effigie; il n'y avait pas apparence qu'elle revînt sur les décisions prises. Elle exposa aux deux Français les méfaits de leur compatriote; elle leur montra ses quittances, ses actes de renonciation[2]. Elle envoya néanmoins l'ambassade

---

[1] La lettre est curieuse parce qu'elle donne la version de Gaultier. Elle rappelait qu'on l'avait à l'unanimité nommé seigneur à vie, qu'il avait constamment gouverné avec fidélité et habileté, que néanmoins le peuple florentin, sans cause raisonnable, avait commis envers lui un nombre infini de graves excès, d'injures atroces, de violences intolérables, l'avait expulsé contre Dieu et la justice au risque de sa vie et en le dépouillant de ses biens. (Publiée par M. A. Desjardins, I, 17-20.) Le seul excès commis contre le duc ou ses gens, dont on trouve trace aux documents, c'est un vol de 100 livres confessé par Guccio Ghiberti dans son testament. (5 juin 1348. Voy. nouveaux doc. publiés par M. Paoli, *Arch. stor.*, 3° série, XVI, part. 1, p. 38.)

[2] Villani, XII, 36; Ammirato, X, 491.

demandée, mais avec des instructions si vagues, que Philippe de Valois s'en plaignit et en réclama une nouvelle, munie d'un mandat spécial pour négocier[1].

Comme elle se faisait attendre, en février 1346 il concédait au duc des représailles, avertissant les Florentins que, s'ils ne donnaient satisfaction avant le 1ᵉʳ mai, ils perdraient la protection royale et seraient chassés du royaume, terme qui fut prolongé ensuite jusqu'au 4 juin, jour de la Pentecôte[2]. Ainsi menacés, ils ne s'exécutèrent encore qu'à moitié, et de mauvaise grâce. Aux premiers jours de mars 1346, ils envoyèrent à Paris deux hommes obscurs, Lorenzo et Niccolò, pour défendre la commune « contre ce fils de Mammon », qui se trouvait pour lors à la cour pontificale, « rôdant autour de la liberté comme un lion rugissant ». C'est en ces termes peu conciliants que la seigneurie écrivait au pape, quelques jours plus tard, pour obtenir sa médiation[3]. Elle avait fait appuyer ses remontrances par les villes de Pérouse, d'Arezzo, de Sienne, de Colle, de San Gemignano, de Volterre, de Prato, dont les lettres, en même temps que les siennes, furent mises sous les yeux du roi[4]. Philippe fut moins touché de l'humilité des formes que du refus de tout accommodement, qui était au fond. Le 16 juin suivant, il confirmait au duc les représailles contre Flo-

---

[1] Lettre du 15 mai 1345, analysée par M. Desjardins, I, 20, et par M. Paoli, *Giorn. arch. tosc.*, VI, 284. Doc. 386.

[2] Lettre de Philippe de Valois, en date du 16 juin 1346, publiée par M. Paoli (*Arch. stor.*, 3ᵉ série, XVI, part. 1, p. 36). Elle contient une brève histoire de l'intervention de la couronne de France dans les affaires entre le duc et les Florentins, et permet de rectifier les dates des chroniqueurs. Voy. Villani, XII, 57; March. de Coppo, VIII, 627.

[3] Lettres des 8 et 21 mars 1346. *Giorn. arch. tosc.*, VI, 284. Doc. 388, 389. La première se trouve dans le recueil de M. A. Desjardins, p. 21.

[4] *Ibid.*

rence, « bourg d'Italie[1] », ordonnant à tous les marchands florentins établis dans son royaume d'en partir sans retard[2]. Ceux qui ne voulaient pas abandonner leurs affaires furent obligés de se cacher dans les églises et autres lieux d'asile. Les représailles donnaient à Gaultier le droit de tourmenter selon son plaisir ceux qu'il trouverait en France, à condition de ne leur enlever ni la vie ni un membre[3]. C'était, dans ce pays, depuis l'année 1277, la quatrième persécution contre les Florentins[4]. « Le roi, dit Villani, fut blâmé chez lui comme dans toutes les autres parties du monde, par les personnes sages qui aiment la justice et la raison, lesquelles il avait coutume de fuir, ainsi que son père Charles de Valois. Il en perdit l'honneur avec la confiance des citoyens de notre ville, guelfes et gibelins, qui, jusqu'alors, avaient aimé la France[5]. »

Personnellement, comme par l'intermédiaire de Jean, fils aîné du roi, et de Foulques, évêque de Paris, Clément VI se porta de nouveau médiateur. Mais Florence ne lui rendait pas la tâche facile. En 1347, pour effacer

---

[1] « Florentinos seu de partibus aut pago Florentinorum natos. » (Lettre de Philippe de Valois, *ibid.*)

[2] *Ibid.*

[3] Villani, XII, 57.

[4] 1° le 24 avril 1277, Philippe le Hardi, sous prétexte d'obéir à la bulle contre l'usure lancée par Grégoire X, chassait les marchands italiens; mais ils se rachetèrent au prix de 60 000 livres parisis. — 2° même prétexte, même rachat sous Philippe le Bel, en mai 1291. Le dommage fut plus sensible cette fois aux Florentins, parce que, le mois précédent, à Saint-Jean-d'Acre, leurs établissements avaient été saccagés et brûlés. — 3° le 10 avril 1337, Philippe de Valois faisait incarcérer les Italiens pour les contraindre à se libérer en payant une lourde taxe et pour trouver de l'argent dans sa guerre contre Édouard III. — 4° les représailles du duc d'Athènes. (Voy. Peruzzi, p. 193.)

[5] *Ibid.* Cf. March. de Coppo, VIII, 608, 627.

les dernières traces d'un régime exécré, elle ordonnait que les armes ducales, — un lion rampant sur champ d'azur tacheté d'or[1], — déjà supprimées aux édifices publics, le fussent, sous peine de mille florins, aux demeures particulières, où les avait laissées la négligence d'un grand nombre, la fidélité de quelques-uns. Tout ce qu'obtint le pontife, c'est que les représailles seraient supprimées quand les Florentins auraient rapporté le décret mettant à prix la tête du duc d'Athènes[2]. Or c'est à quoi leur haine ne consentit point. Ils préférèrent endurer le dommage mercantile des représailles, et ils l'endurèrent longtemps, car, le 24 février 1351, ils priaient Clément VI d'en obtenir la levée[3]. Jean le Bon, monté sur le trône paternel, l'accorda avec le libre trafic dans son royaume. Florence s'empressa de l'en remercier, ainsi que les principaux seigneurs de sa cour, non sans accuser encore le duc d'Athènes de mensonge[4]. La rancune survivait aux dommages : depuis 1347, les anciens officiers de ce seigneur, malgré leurs réclamations persistantes à Florence même, n'en causaient plus de sérieux[5].

[1] Ces armes ont été rétablies au palais du podestat dans la récente restauration, avec une inscription du regrettable Passerini, qui rappelle l'odieux passé et qu'on peut lire dans Paoli (*Giorn. arch. tosc.* VI, 176, note 3). M. de Sassenay (p. 237) conclut de ce que ces armes subsistaient encore en quelques endroits, que le duc avait toujours un parti. Ce n'est pas une conclusion légitime.

[2] 19 mai 1348. *Giorn. arch. tosc.* VI, 286. Doc. 393.

[3] *Giorn. arch. tosc.* VI, 286. Doc. 394, et Desjardins, p. 21.

[4] « Represallias concessas contra comune nostrum et cives ex non veris informationibus ducis Athenarum, totaliter placuit irritare, regia provisione firmantes ut nostrates stare, mercari, conversari libere in regno Francie valeant de cetero et morari. » (Lettre de la seigneurie à Jean, 26 août 1351. Texte dans Desjardins, p. 23). Cf. Reumont, *Der Herzog von Athen*, § 12.

[5] Voy. le détail dans Paoli, *Giorn. arch. tosc.* VI, 186.

Quant à lui, en désespoir de cause, il avait porté ailleurs ses vues d'ambition. En 1352, il quittait la France pour le royaume si troublé de Naples, où il espérait se tailler une principauté[1]. N'y ayant point réussi, il revint auprès de Jean le Bon, qui lui donna l'épée de connétable, et il finit, en 1356, une vie peu glorieuse, par une glorieuse mort sur le champ de bataille de Poitiers[2]. Ce n'est pas cette mort reçue pour sa patrie, on l'a justement remarqué, qui lui a fait un nom dans l'histoire; c'est sa tentative malheureuse pour devenir seigneur en pays étranger[3]. Aussi les Florentins, un moment ses victimes, le poursuivirent-ils jusque dans la tombe, et, cette fois, armés de la calomnie. Boccace rapporte le bruit qu'ils accréditaient que leur lâche tyran avait péri frappé par un archer florentin à la solde du prince Noir, tandis qu'il cherchait par une fuite honteuse à éviter les coups des Anglais[4]. La fable est grossière, elle ne soutient pas l'examen.

En fait, cet ambitieux sans scrupules ne mérite pas plus cet excès de haine que les éloges de son unique apologiste. Il n'est point vrai qu'il fût tombé pour avoir voulu tenir la balance égale entre les partis[5] : selon la loi des tyrans, il s'appuyait, pour écraser la bourgeoisie,

---

[1] Matteo Villani, III, 20, éd. Giunti, Flor. 1581.
[2] *Hist. Rom. fragm.* c. 12, p. 353. Sur la mort de Gaultier voy. les détails dans Sassenay, p. 243. Son testament fait en Artois, près de Hesdin, le 18 juillet 1347, a été publié par M. Paoli, nouveaux doc. *Arch. stor.*, 3ᵉ sér. XVI, part. 1, p. 39-52. Quoique très-long, il ne contient rien sur la domination du duc à Florence.
[3] Reumont, *Der Herzog von Athen*, p. 71.
[4] Boccace, *I Casi degli huomini illustri*, liv. IX, p. 586. On sait les immondes accusations dont on a flétri la mort de Voltaire.
[5] C'est pourtant ce que ne craint pas d'affirmer M. de Sassenay (p. 237-239).

sur la multitude caressée et sur les grands flattés. Mais il n'est pas vrai non plus que sa chute ait eu pour seule cause ses excès et ceux des siens. Florence en avait vu de semblables, et elle les aurait supportés si elle les eût crus temporaires. La cause principale, c'est que Gaultier fit trop paraître qu'il voulait s'établir à jamais. Telle fut, en politique, sa grande faute; elle n'a d'égale que celle des hommes qui appelaient follement à leur tête un seigneur qui ne possédait rien après avoir possédé beaucoup, et que consumait, ils auraient dû le comprendre, l'ardent désir d'une grande situation. Investis avant lui de la seigneurie, le duc d'Anjou, le duc de Calabre n'avaient pas, du moins, leur fortune à faire : on savait que d'un jour à l'autre ils quitteraient Florence pour Naples, où ils devaient régner. S'il fallait un effort, c'était pour les rappeler ou les retenir, non pour les expulser.

Avec le duc d'Athènes, c'était tout le contraire. L'oppression, de sa part, était donc inévitable; mais d'autres, comme lui, l'auraient exercée, et l'on peut presque l'excuser. Comment, par des moyens doux, eût-on relevé les finances ruinées, pour préparer de nouveaux combats? Le malheur, c'est que les expédients financiers d'un baron féodal devaient paraître monstrueux et barbares à un peuple raffiné de marchands, de changeurs, de banquiers. Ils auraient eu besoin, pour se justifier à leurs propres yeux, de trouver ce gouvernement supérieur à celui des années précédentes. L'ayant reconnu inférieur, ils s'en prirent non à eux-mêmes, mais à celui qui n'était rien que par eux. Ils devinrent pour lui d'implacables adversaires.

Ils le devinrent surtout parce que leur idole de la

veille favorisait la démagogie et ses progrès. Ils ne purent lui pardonner d'avoir inspiré aux petites gens le sentiment de leur force numérique, de les avoir appelés au collége suprême des prieurs, où ils ne firent pas plus mauvaise figure que d'autres, et dont ils prirent la prétention avec le goût. De là, les progrès rapides des plus humbles artisans, et, trente ans écoulés, ces commotions terribles, quoique sans lendemain, dont l'histoire a conservé le plus amer souvenir.

Il n'est pas juste, toutefois, d'en rendre seul responsable ce tyran d'un jour. Si les despotes se font les vils courtisans de la multitude, les bourgeois la veulent contraindre à laisser toute espérance. Cet esprit étroit de caste fut le tort des riches marchands, des *popolani grassi*, et il était gros de tempêtes. Dans cette seigneurie qui lui fit si peu d'honneur, Gaultier de Brienne avait du moins compris, avec une netteté toute française, qu'il fallait marcher aux voies de la conciliation : d'une part apaiser les grands en cessant de les considérer comme des ennemis, de l'autre faire place aux petits, afin de les intéresser aux destinées, à la prospérité de l'État. Il n'oublia que de se concilier à lui-même la classe moyenne, la bourgeoisie, les *popolani*, qu'il remplaçait au pouvoir. Ce qu'il faisait à cet égard, c'est ce qu'ils auraient dû faire en tous les temps, et ce qu'ils ne firent pas plus dans l'avenir que dans le passé. Avoir indiqué cette politique, avoir tenté de la pratiquer devrait protéger dans une certaine mesure la mémoire, justement, mais peut-être trop sévèrement flétrie, de ce duc aventurier.

CHAPITRE V

LE GOUVERNEMENT DES ARTS MOYENS
LA PESTE NOIRE

— 1343-1348 —

Gouvernement provisoire des Quatorze. — Mesures réparatrices. — Transformation des *sesti* en quartiers. — Changements dans le nombre des prieurs et des autres offices. — Soulèvement populaire et suppression des récentes réformes (22 septembre 1343). — Tentative isolée d'Andrea Strozzi (23 septembre). — Lutte entre les grands et les *popolani* (24 septembre). — Prise et pillage d'Oltrarno. — Répression du pillage sur la rive droite. — Réforme des bourses et des offices. — Restauration des ordonnances de justice (25 octobre). — Adoucissements qui y sont apportés. — Gouvernement prétendu du menu peuple. — Modifications à la paix avec Pise (10 novembre). — Pacification de la Toscane. — Nouvelles persécutions contre les grands (juin, juillet 1344). — Mesures contre les clercs (4 avril 1345). — Gestion financière. — Création du *Monte*. — Les faillites (janvier 1346). — Affaire de l'inquisiteur (mars). — Mesures protectrices de la liberté individuelle et du parti guelfe (mai-octobre). — Vains efforts des petites gens pour contenir les excès de cette protection. — Paix publique à Florence. — Mauvaises récoltes et disette. — Mesures prises par la seigneurie. — Mortalité croissante. — La peste noire (1348). — Le soin des malades. — L'ensevelissement. — Les provisions de la seigneurie. — Efforts pour échapper au fléau. — Perturbation sociale produite par la mortalité.

La chute de tout gouvernement impose à ceux qui l'ont jeté par terre une œuvre de réaction et de restauration. C'est une épreuve pour eux périlleuse, qui permet de juger tout ensemble leurs talents et leurs desseins. Ils ne manquent guère tout d'abord, car c'est la partie aisée de leur tâche, d'ordonner actions de grâces et réjouissances. Le jour de Sainte-Anne, anniversaire de celui où avait éclaté le mouvement réparateur, dut être célébré désormais pieusement, à l'égal du jour de Pâques, boutiques et tribunaux fermés, incarcérations pour dettes suspendues[1], bannières des arts déployées aux parois d'Or san Michele[2]. Plus tard, aux fêtes religieuses on joignit une fête populaire[3]. Le souvenir de la délivrance ne s'affaiblit point en s'éloignant.

Il eût été plus difficile d'effacer toutes les traces du gouvernement ducal, de faire en toutes choses autrement qu'il n'avait fait. Le 2 septembre, il fut décidé qu'on veillerait à la stricte exécution des paix par lui procurées[4]. Autant que possible, on répara les dommages soufferts par les citoyens[5], mais en maintenant toutes les charges pécuniaires dont le duc d'Athènes les avait accablés, et même en exigeant d'eux ce qu'ils n'avaient pas encore payé[6] : double hommage rendu aux actes les plus utiles et les plus sensés de son administration. Plus coupable que lui en matière de finances, son entourage paraissait n'en avoir pas le sentiment : en 1345, divers de ses officiers réclamaient encore l'arriéré de leurs gages, et il fallut leur interdire cet excès d'impudeur[7].

Tous ces officiers, du reste, avaient été révoqués dès le premier jour[8]. Les châtelains prévaricateurs étaient

[1] 11 janvier 1344. *Giorn. arch. tosc.*, VI, 283. Doc. 384.
[2] Narr. de Fil. Rinuccini (*Del.*, XIII, 198); Paoli, *Giorn. arch. tosc.*, VI, 179. Cet usage dure encore aujourd'hui.
[3] En 1373. *Giorn. arch. tosc.*, VI, 286. Doc. 597.
[4] *Ibid.*, p. 174.
[5] Voy. le détail, *ibid.*, p. 177.
[6] *Ibid.*, p. 268, 271, 274. Doc. 333, 343, 357.
[7] 13 et 14 mai 1345. Riformagione dans l'*Arch. stor.*, 3ᵉ serie, XVI, part. I, p. 35.
[8] « Considerantes quod tempore depositionis D. Ducis Athenarum....

recherchés en vue de les punir[1]. Les étrangers appelés par le duc furent expulsés de Florence. Ceux qui n'obéiraient pas devaient avoir le pied coupé, et il y en eut à qui l'on appliqua cette peine barbare[2]. Telle était la préoccupation de n'avoir plus que des serviteurs ou des auxiliaires sûrs, qu'en demandant des secours aux marquis d'Este et à Mastino de la Scala, sur qui l'on croyait pouvoir compter[3], on refusait, avec force remercîments, il est vrai, ceux d'un certain Otton, « comte d'Ortemborgh par la grâce de Dieu[4] ».

Mais ce qui caractérise à nos yeux le gouvernement nouveau, c'est un acte auquel s'était toujours refusé le duc d'Athènes. S'il avait évité d'appliquer les ordonnances de justice, du moins il les avait maintenues, comme une garantie nécessaire de la paix publique. Dès les premiers moments de leur balie, le 4 août, l'évêque et les Quatorze les déclaraient vaines, abolies, abrogées et de nulle valeur. Les magnats furent réintégrés parmi les *popolani*[5]. C'était le prix qu'ils exigeaient de leur

depositi fuerant omnes et singuli magistratus qui preerant ipsi civitati et ab officio cessaverunt. » (Provision du 26 novembre 1343, dans *Giorn. arch. tosc.*, VI, 172. Il y est parlé de ces révocations comme étant déjà anciennes ; elles sont donc des premiers jours du pouvoir nouveau.)

[1] Villani, XII, 32 ; March. de Coppo, VIII, 604.

[2] 14 août 1343. Potestà, Atti criminali. — En marge de la sentence, on lit cette note : « Facta fuit executio de dicto Johanne. » C'était un Giovanni d'Angelo Giuliani de Bettonio, familier de Guglielmo d'Assise. Voy. *Giorn. arch. tosc.*, VI, 267. Doc. 329.

[3] 13 et 17 août 1343. *Giorn. arch. tosc.*, VI, 264, 267. Doc. 321, 330.

[4] « Dei gratia comes de Ortemborgh. » 13 août 1343. *Ibid.*, p. 267. Doc. 327.

[5] « Cassa, abolita, abrogata et nullius valoris.... Omnes cives et comitatini civitatis Flor. qui hactenus habiti et tractati sunt magnates, appellarentur populares et de populo dicte civitatis.... Le statut « quod loquebatur de sa-« tisdatione ipsorum magnatum per eos fienda singulis armis esset vanum. » (Décret du 25 octobre 1343. *Del*, XIII, 290, 291). On sait que les scribes

concours, et ceux qu'ils avaient poussés au pouvoir n'étaient ni de force, ni peut-être d'humeur à le leur refuser.

Après avoir cédé aux magnats, il fallut céder à d'autres. Les orateurs d'Oltrarno et ceux de San Pier Scheraggio étaient venus représenter aux réformateurs que leurs deux *sesti* formaient ensemble la moitié de la ville, qu'ils payaient plus d'une moitié des charges publiques[1], et que, cependant, ils n'avaient que deux prieurs sur six. Ils demandaient que les quatre petits *sesti* n'en formassent plus que deux, ce qui permettrait une répartition plus équitable des offices et des impôts, sans compter que certaines maisons de magnats, redoutables dans un petit quartier où elles faisaient la loi, le seraient moins dans un grand, où elles auraient des rivales, où elles perdraient une bonne part de leur influence. Déjà était sensible la réaction de l'esprit démocratique contre la faveur réparatrice qui venait d'être accordée à l'ancienne noblesse. Comme les réformateurs répugnaient à se contredire si vite et opposaient quelque résistance, Donato Velluti et les autres orateurs, passant des prières aux menaces, s'écrièrent qu'après tout, ils pourraient bien couper les ponts et constituer le *sesto* de la rive droite en ville indépendante[2].

Cet argument fut décisif. Les six *sesti* ne formèrent

dataient souvent les actes du jour où ils les écrivaient, non du jour où ils étaient rendus. Ceux des Quatorze se trouvent aux *Capitoli*. Voy. Paoli, *Giorn. arch. tosc.*, VI, 173.

[1] Voici, d'après Villani (XII, 18), la proportion des charges : sur 100 mille flor. Oltrarno en payait 28, S. Pier Scheraggio 23, le Borgo 12, S. Pancrazio 13, Porta del Duomo 11, Porta San Piero 12.

[2] « Con buone e riverenti parole ed anche con minacciature alcuna volta di tagliare i ponti con fare città per noi. » (D. Velluti, p. 75.)

plus que quatre quartiers, ayant tous une enseigne de même couleur, pour marquer l'unité de la ville, mais où chacun, sur champ bleu, devait broder ses armes distinctives. Oltrarno fut désormais le quartier de Santo Spirito, reconnaissable à la colombe blanche, portant au bec les rayons du Saint-Esprit en or. San Pier Scheraggio, avec adjonction d'un tiers de Porta San Piero, devint le quartier de Santa Croce, avec enseigne à croix d'or. Les deux autres tiers de ce dernier *sesto*, joints à Porta del Duomo, formèrent le quartier de San Giovanni, ayant pour armes la « chapelle » en or avec deux clés; le Borgo et San Pancrazio réunis, celui de Santa Maria Novella, avec un soleil aux rayons d'or. Ainsi disparaissaient, avec les anciennes limites, des noms séculaires. Les principales églises fournissaient les nouveaux. A chaque quartier fut rattachée la partie du *contado* qui y confinait[1].

Cette réforme en impliquait une dans le nombre des prieurs, puisqu'il était de principe, à cet égard, qu'aucun *sesto* ne fût privilégié[2]. A chaque quartier on donna trois prieurs, dont un magnat et deux *popolani*. Le gonfalonier de justice fut supprimé, pour mieux mar-

---

[1] Villani, XII, 18; March. de Coppo, VIII, 586; Ammirato, IX, 474. Villani donne en détail les délimitations nouvelles. On trouve dans les *Delizie*, XIII, 207-245, l'énumération des *pivieri* ou paroisses qui dépendent de chaque quartier.

[2] Machiavel (II, 34 B) prétend que la résolution de faire une part aux grands dans la seigneurie, fut un des motifs qui firent transformer les *sesti* en quartiers, parce que avec six *sesti* et six prieurs on n'aurait jamais pu conserver l'égalité traditionnelle; mais il se trompe évidemment, puisque nous voyons dans D. Velluti que la demande d'Oltrarno ne fut pas obtenue sans résistance. Ce qui est vrai, c'est que, cette concession faite, une modification devait s'ensuivre, justement pour la raison que donne Machiavel.

quer que les ordonnances n'existaient plus[1]. Dans le collége des *buonuomini*, réduit à huit membres, deux par quartier, les proscrits de la veille obtinrent une place sur deux, ainsi que dans les autres offices[2]. La revanche était complète ; elle l'était trop aux yeux d'un grand nombre, car le mécontentement ne tarda pas à se faire jour. Le 28 août, les Quatorze, avec le concours de cent *richiesti*, huit grands et dix-sept *popolani* par quartier[3], tiraient au sort la nouvelle seigneurie. Ce n'était pas le moment ordinaire ; mais on voulait que les prieurs désormais, au lieu d'entrer en charge le quinzième jour du mois, y entrassent le premier[4]. Quelques noms impopulaires étaient sortis des bourses, entre autres celui de Manno Donati. Il fallut les y replonger : le menu peuple prenait déjà les armes, et les Quatorze n'étaient pas en mesure de lui résister. Le 1er septembre, après avoir installé la seigneurie, ils se retiraient à l'évêché, pour se renfermer dans leur tâche à peu près accomplie de réformateurs[5].

Ils avaient bâti sur le sable. Les grands, à peine remis en selle, s'emportaient comme par le passé. Leur arrogance était toujours intolérable. Des rixes, des

---

[1] Villani, XII, 18 ; Ammirato, IX, 474. Les listes authentiques des prieurs de ce temps ne contiennent point de gonfalonier. Voy. March. de Coppo, VIII, 587, et la note d'Ild. de S. Luigi, *Del*. XIII, 76.

[2] « Quod deinceps sit et esse debeat officium octo bonorum virorum, duorum videlicet pro quolibet quarterio, quorum unus sit de illis civibus quod soliti erant nominari magnates, et alius sit popularis. » (Doc. dans *Del*. XIII, 205.)

[4] Doc. dans les *Del*. XIII, 205 ; Villani, XII, 18 ; Ammirato, IX, 474.

[3] Cette réforme insignifiante fut définitive. Quant aux *buonuomini*, ils durent rester en charge jusqu'au 14 décembre. Sans doute on voulait éviter d'avoir à faire, en même temps, trop de tirages au sort.

[5] Villani, XII, 8.

meurtres, troublèrent la ville, et ils accusèrent les *popolani* de les avoir provoqués. Au lieu d'un tyran qu'on avait chassé, disent les auteurs, on en avait mille[1]. Tel était, en effet, ou peu s'en faut, le nombre des grands à Florence. Comme ils s'y trouvaient en présence de vingt mille *popolani*, la part des offices qu'on avait faite aux moins nombreux, — un tiers dans la seigneurie, une moitié dans le reste, — pouvait, à bon droit, passer pour exorbitante. La sagesse commandait donc de ne pas donner prise, et, du premier coup, l'imprudente noblesse prêtait le flanc. On l'accusait de vénalité[2]. On lui reprochait, dans tous les offices où elle avait part égale, d'empêcher la majorité légale de s'établir. On se plaignait que les noms de cette caste eussent été mis trop nombreux dans les bourses. On disait que tout repos était impossible à Florence, si les magnats y pouvaient être prieurs. Mieux valaient, à tout prendre, comme compagnons de pouvoir, les petites gens, qui, n'ayant rien, seraient reconnaissants de la moindre part qu'on leur ferait, et portés à la soumission envers leurs bienfaiteurs[3]. Le calcul était bon : chasser les uns des principaux offices, y introduire les autres en petit nombre et par grâce, c'était assurer à la classe moyenne une longue domination[4].

Jusque parmi ceux qu'ils voulaient de nouveau ex-

---

[1] Villani, XII, 8; Ammirato, IX, 475. Machiavel (II, 34 B) n'hésite pas à donner ici tous les torts aux grands.

[2] « Chi avea affare a gli uffici, se non portava presenti a casa li grandi uficiali e non si sottomettea loro, non avea cosa che addomandasse » (March. de Coppo, VIII, 588.)

[3] March. de Coppo, VIII, 588; Ammirato, IX, 475.

[4] A. Dei ne s'y est pas trompé : « Cercaro di cacciarli di palazzo accioche la signoria rimanesse a loro tutta. » (R. I. S. XV, 109.)

clure, les *popolani grassi* trouvèrent qui leur prêta les mains : notamment Giovanni de la Tosa, Geri des Pazzi, Antonio des Adimari [1], et l'évêque Acciajuoli [2], ce coq de clocher qui tournait à tous les vents. C'est lui, lui le chef de ces quatorze réformateurs, dont sept étaient grands, qu'on charge de signifier à ses collègues que le peuple veut, à la prochaine seigneurie, huit prieurs seulement, au lieu de douze, et le rétablissement du gonfalonier de justice. Tous seront *popolani*, mais les grands ne perdront point leur part dans les autres offices [3]. Villani approuve, comme propre à calmer et à satisfaire « le peuple [4] », ces dispositions dont le peuple tirait si peu d'avantage : illusion éternelle d'égoïstes qui croient la faim d'autrui apaisée, quand eux-mêmes sont repus.

Les grands n'acceptèrent point sans regimber leur sentence. Avertis, quand elle n'était encore qu'en projet, par ceux des leurs qu'ils comptaient dans l'office des Quatorze, ils ont avec eux plusieurs conciliabules dans Santa Felicita, dans ce quartier d'Oltrarno où, sauf aux heures de commotion populaire, ils régnaient en maîtres. — Nous verrons, disent les Bardi, les Rossi, les Frescobaldi, qui osera nous ôter notre part de la seigneurie, nous chasser de cette Florence d'où nous avons chassé le tyran ! — Ils reprochent ses volte-face à l'évêque et l'appellent traître. Ils se fournissent d'armes, attirent à eux leurs amis du dehors, mais prudemment

---

[1] Villani, XII, 19 ; Ammirato, IX, 479.
[2] March. de Coppo, VIII, 588.
[3] Les mêmes.
[4] « Ed era ben fatto per acquetare il popolo. » (Villani, XII, 19.)

se tiennent sur la défensive, par crainte d'ennemis infiniment plus nombreux[1].

Ceux-ci, en effet, prirent bientôt l'offensive. Le 22 septembre, beaucoup d'entre eux accourent sur la place. Ils criaient : Vive le peuple! Meurent les traîtres grands! — Puis, s'adressant aux prieurs *popolani* qui étaient dans le palais : — Jetez par les fenêtres, leur disent-ils, vos compagnons qui sont des grands, ou nous les brûlerons. — Et sans tarder, avec des étoupes, ils mettent le feu à la porte. La fumée montant aveuglait les prieurs *popolani* qui se tenaient aux fenêtres, pour plaider la cause de leurs collègues. — Ils sont droits et loyaux, criaient-ils; nous marchons d'accord avec eux. — Mais l'incendie fit loi. Les prieurs et les *buonuomini* de l'ordre des magnats se démirent. On les fit sortir du palais, et, sous la garde du peuple, on les reconduisit plus morts que vifs à leurs maisons[2].

Ceux qui restaient se mirent sans retard à l'œuvre, avec les *capitudini* des vingt-un arts, pour réformer la réforme. Sans compléter la seigneurie, ils désignent un d'entre eux, Sandro de Quarata, pour exercer les fonctions rétablies de gonfalonier de justice. Ils rétablissent aussi les gonfaloniers des compagnies, mais en les réduisant à seize (quatre par quartier), au lieu de dix-neuf qu'ils étaient avant le duc d'Athènes. Ils reportent à douze (trois par quartier), les *buonuomini*, qui seront désormais tous *popolani*. Enfin ils fixent à soixante-quinze membres par quartier le conseil du peu-

---

[1] Villani, XII, 19; March. de Coppo, VIII, 588; Machiavel, II, 35 A; Ammirato, IX, 478.

[2] Les mêmes, et *Sign. cart. miss.*, 24, 30 septembre, 1ᵉʳ octobre 1343.

ple, qu'on appela depuis le conseil des trois cents[1].

Les quatorze réformateurs faisaient assurément une ridicule figure. La réforme des institutions était, depuis le 28 août, leur attribution unique, et l'on réformait à côté d'eux, sans eux, contre la moitié d'entre eux. Comme cette moitié parlait haut, se plaignait fort, faisait appel aux grands de la campagne, paraissait prête à reprendre les armes, le peuple, pendant la nuit, releva ses barricades, y fit bonne garde, et demanda des secours aux « frères » du dehors, notamment aux Siennois.

C'est dans de tels moments, où tout semble possible, que les cerveaux mal équilibrés tentent d'assouvir leurs ambitions malsaines. Vivait alors à Florence un riche *popolano*, qu'on avait fait chevalier, Andrea des Strozzi, un simple, un fou, « une bête », suivant le mot des contemporains[2]. Il se conciliait la faveur du menu peuple, en lui vendant, par un temps de disette, le blé de ses terres à bas prix. Il promettait à tous, comme jadis le Romain Spurius Melius, de leur en procurer en abondance, de les faire riches et seigneurs[3]. Il se flattait que

---

[1] Villani, XII, 19 ; March. de Coppo, VIII, 589. Les choses relatives aux institutions florentines ont toujours été si mal connues, qu'Ammirato lui-même voit dans le conseil des trois cents une création nouvelle : « E perchè non s'avesse per ogni cosa a ragunar sempre il popolo intero, fu creato il consiglio del trecento. » (IX, 478.) Jamais on n'avait réuni le peuple entier ; l'assemblée à parlement elle-même, à laquelle prenait part exclusivement le peuple légal, n'était ni très-nombreuse ni très-fréquente, et rien ne fut créé : ce fut une simple répartition des membres du conseil du peuple, rendue nécessaire par la division nouvelle de la ville en quartiers ; mais le nombre total des membres était déjà de 300 (voy. notre t. II, p. 91) au conseil général du capitaine du peuple, dans lequel s'était fondu, depuis la réforme de 1328, le conseil spécial. (Voy. ce t. IV, p. 155.)

[2] « Una bestia.... folle e matto (Villani, XII, 20). Semplicità e forse pazzia. » (March. de Coppo, VIII, 590.)

[3] Villani, XII, 20 ; Machiavel, *Ist. fior.*, II, 35 A.

les magnats se réuniraient de nouveau à la populace et accepteraient sa direction[1]. Pour un fou, ce n'était pas mal combiné ; mais quel but se proposait-il? Machiavel l'accuse d'avoir voulu supprimer la liberté[2]. Peut-être voulait-il simplement faire du bruit, se grandir, devenir un personnage.

Quoiqu'il en soit, le 23 septembre, malgré ses *consorti*, Andrea Strozzi montait à cheval, traînant à sa suite « les ribauds, les cardeurs de laine, et semblables gens désireux de voler[3] ». Ils criaient, en courant après son cheval : Vive le baron ! Vive le menu peuple ! Meure le *popolo grasso !* A bas les gabelles ! Sans rencontrer de résistance, ils arrivent ainsi jusqu'à la place, pour donner l'assaut au palais, y introduire leur chef d'aventure, et le proclamer seigneur. Tel était le programme obligé de ces manifestations étourdies où l'on allait, comme les hannetons, donner de la tête contre l'obstacle. A leur sommation, les prieurs firent répondre cavalièrement « qu'ils s'en allassent au diable[4] », et que chacun retournât à sa demeure. Comme ils ne partaient pas, des fenêtres on leur lança pierres et traits. Quand ils virent quelques-uns des leurs morts ou blessés, ils se retirèrent, pour attaquer le palais du podestat. Mais le podestat, marquis de Vagliano, se portant à leur rencontre avec sa *famiglia* et ses voisins, les déterminait, moitié par persuasion, moitié par force, à ne plus suivre un insensé.

[1] Ammirato, IX, 478.
[2] *Ist. fior.*, II, 35 A. Sismondi (IV, 38) voit dans cette entreprise un dernier effort du parti des grands. Rien ne confirme cette hypothèse.
[3] « E simile genti volonterosi di rubare. » (Villani, XI, 20.)
[4] « Che si andassero con Dio. » (March. de Coppo, VIII, 590). Les Italiens remplacent le Diable par Dieu dans cette locution, qui devient ainsi moins cavalière, mais le sens reste le même.

Andrea, rentré chez lui, fut mis par les siens en sûreté hors de la ville. Le châtiment ne l'atteignit que par contumace[1].

Étrangers à cette échauffourée, les grands en voulurent du moins profiter. Croyant la rupture définitive entre le menu peuple et le *popolo grasso*, ils comptaient sur l'alliance du premier, répétaient perfidement son cri de guerre et appelaient leurs amis du dehors. Les Bardi, « qui se conduisaient en voleurs dans leur exil[2] », accoururent, forçant la porte San Giorgio, pour rentrer dans la ville et y introduire des renforts de Pise, de Romagne, de Lombardie. Les autres portes, pendant ce temps, s'ouvraient aux Siennois et aux Pérugins, alliés des *popolani*. En prévision d'une lutte prochaine, les *popolani* mettaient à l'abri, dans les couvents et les églises, toutes leurs marchandises, tous leurs objets précieux. Ils vivaient derrière les barricades, ils y faisaient bonne garde jour et nuit. Ils avaient pour eux le nombre, la possession des cloches et de toutes les portes, moins une ; mais les grands, par leurs dispositions habiles et leur supériorité militaire, reprenaient l'avantage. Outre Oltrarno, leur citadelle, ils occupaient trois points sur la rive droite : à San Giovanni les maisons des Caviccíuli, branche des Adimari ; à San Pier Maggiore celles des Donati ; au *Mercato nuovo* celle des Cavalcanti[3].

---

[1] Villani, XII, 20 ; A. Dei, R. I. S. XV, 109 ; March. de Coppo, VIII, 590 ; Ammirato, IX, 478.

[2] En 1360 les fils de Piero des Bardi, coupant la route de Bologne à Florence par Vernio, la faisaient passer sur le territoire des comtes de Cerbaia, au grand dam des voyageurs et à la honte des Florentins. (*Sign. cart. miss.*, 30 janvier 1360.)

[3] Villani, XII, 20 ; March. de Coppo, VIII, 591 ; Machiavel, II, 35 *B* ; Ammirato, IX, 480.

Le 24 septembre[1], les *popolani*, avertis qu'ils seraient attaqués le lendemain, prirent les devants. Dans l'après-midi, sans ordre de la seigneurie, se mirent en marche ceux du quartier de San Giovanni, que conduisaient les Medici, les Rondinelli, le juge Ugo de la Stufa. Avec ceux du Borgo San Lorenzo, avec les bouchers et autres artisans, dont l'adhésion déconcertait les magnats, ils n'étaient pas moins de mille, tous à pied, revêtus du casque et de la cuirasse, armés d'arbalètes et guidés par les gonfalons de trois compagnies. Partis de la *loggia* des Medici[2], ils attaquèrent dans leurs maisons, qui en étaient voisines[3], les Cavicciuli, protégés par leurs tours et de fortes barricades. Trois heures on combattit, d'en bas avec des flèches, d'en haut avec des pierres. Comme le nombre des assiégeants grossissait, les assiégés, ne recevant point de renforts, se rendirent à la fin, sous condition que leurs personnes et leurs maisons seraient respectées, et qu'ils se retireraient chez leurs parents *popolani*, en promettant de n'en plus sortir[4].

Leur défaite assurait, sur la rive droite, celle de leurs pareils, car aucune famille n'y était plus puissante et plus hardie. Dans les rangs des vainqueurs se mêlaient déjà des mercenaires de la commune, quoique la commune affectât de rester neutre. Ni les Donati, ni les

---

[1] C'est la date que donne Villani et qu'adoptent Reumont et Capponi. March. de Coppo dit le 29, qui semblerait plus probable en un sens, puisque les deux partis restèrent quelque temps à s'observer, car du 23 au 24 c'est bien court; mais jusqu'au 29 ce serait bien long pour un peuple de marchands que les combats détournaient de leurs affaires. On peut croire qu'ils voulurent brusquer les choses.

[2] Elle était située dans la via de' Succhinellai. Voy. Ammirato, IX, 480.

[3] A l'entrée de la place San Giovanni, du côté de San Cristofano.

[4] Villani, XII, 21; March. de Coppo, VIII, 593; Ammirato, IX, 480.

Cavalcanti n'essayèrent de résister. Mais restait, sur la rive gauche, ce formidable réduit d'Oltrarno, protégé par le fleuve et des ponts faciles à défendre, toujours en possession d'une porte et en communication avec le dehors. L'attaque fut dirigée sans succès sur le *Ponte vecchio :* des barricades, la tour des Bardi, les maisons des Mannelli en défendaient l'approche, et, comme il était en bois, on pouvait le couper en y mettant le feu. Même échec au pont Rubaconte, à l'extrémité duquel les maisons des Bardi et l'église San Gregorio s'élevaient en véritables forteresses. Tandis que deux compagnies restent en observation devant chacun d'eux, l'expédition revient en aval vers le pont *alla Carraja*[1]. Par quelle inexplicable faute de tactique l'avait-on jusqu'alors négligé? Il n'était pas garni de tours, et les Nerli, magnats qui habitaient aux environs, se sentaient menacés sur leurs derrières par tout un quartier populeux. Dès que le peuple de San Friano, cardeurs et batteurs de laine, virent, sur l'autre rive, les *popolani* en face d'eux, sans attendre leurs gonfalons, ni l'appel des Capponi et autres *popolani* d'Oltrarno, ils se jetèrent sur les maisons des Nerli, et s'en emparèrent, ainsi que de la tête du pont. L'accès en étant libre, il était aussitôt envahi, et les Frescobaldi, qui tenaient ferme à leurs barricades de la *via Maggio*, attaqués de front en même temps qu'à revers, prenaient la fuite, faisant la croix avec leurs bras, pour demander grâce et merci. La populace de Santo Spirito, « plus propre à voler qu'à combattre »[2],

---

[1] Le Ponte alla Trinita, dont parlent à cette occasion quelques auteurs, même antérieurs au seizième siècle, n'existait pas encore, comme le remarque justement Ammirato (IX, 480.)

[2] March. de Coppo, VIII, 592.

courut aux demeures des Rossi, non loin du *Ponte vecchio*, et les contraignit à se rendre sans combat.

Seuls les Bardi résistaient encore, trop nombreux avec leurs gens pour qu'on pût triompher d'eux sans les tourner. Justement, on avait ouvert, depuis peu, une rue sur la colline, au-dessus des églises de Santa Felicita et de San Giorgio, afin que le peuple, en cas de lutte, pût, en longeant les murailles, sans s'exposer aux flèches des magnats, courir à la défense des portes. Par ce moyen, purent être enveloppés les derniers défenseurs d'Oltrarno. Les petites gens aux ordres des Bardi, n'écoutant plus leur voix, les abandonnèrent alors pour défendre leurs maisons, ou pour sauver, du moins, le plus précieux de leur contenu. En vain les Bardi prirent leur place : réduits à reculer de barricade en barricade, quand ils virent arriver les arbalétriers de la commune, qui se rangeaient du côté de la victoire, ils se réfugièrent dans le bourg San Niccolò. Ils y auraient péri, si leurs personnes n'y eussent été protégées par les Mozzi, les Quaratesi, les Panzanesi, qui, par crainte de la mort ou de l'exil, s'étaient prononcés pour le peuple [1].

Quant aux riches maisons des Bardi, il ne fut point possible de les sauver. Depuis Santa Lucia jusqu'au *Ponte vecchio* elles furent pillées : femmes et enfants prirent part à la fête. « Quiconque s'y fût opposé, on l'aurait pillé, tué lui-même [2]. » Aux maisons vidées on mit le feu. Vingt-deux brûlèrent, et le dommage fut évalué à plus de soixante mille florins d'or [3]. Le len-

[1] Villani, XII, 21 ; March. de Coppo, VIII, 593 ; Machiavel, II, 36 A; Ammirato, IX, 484.
[2] March. de Coppo, VIII, 592.
[3] Villani, XII, 21.

demain, la populace qui prenait goût à ces déprédations, et surtout les cardeurs de laine, se portaient sur la rive droite pour détruire la maison de l'exécré Cerretieri. Nul ne tenait à protéger les biens de ce scélérat ; mais tous craignaient la contagion du pillage, comme celle de l'incendie[1]. En un instant furent debout les citoyens, la seigneurie, le podestat et leurs hommes d'armes, les auxiliaires siennois et pérugins. On s'était muni de billots et de haches, pour couper pieds et mains aux malfaiteurs. Quelques exemples suffirent à les disperser[2]. De plusieurs d'entre eux, faits prisonniers, on apprit à quelles détestables suggestions ils cédaient : « Les pauvres, avaient dit les meneurs, doivent devenir riches[3]. » Heureusement, les sociétés se défendent sans peine de ces convoitises vieilles comme le monde, dont de perfides calculs leur font un épouvantail.

Châtier les plus coupables, parmi les premiers pris, et récompenser les personnes dont les événements avaient mis au grand jour la probité[4], fut la consécration de la victoire. C'était le parti intermédiaire qui l'avait remportée, ce parti qu'on appelle modéré, quoiqu'il mérite trop rarement cet éloge ; mais elle profita surtout au menu peuple, par la force des choses, parce qu'il avait tout à gagner et rien à perdre. Il fallait lui donner,

---

[1] « E non sarebbono rimasi a tale. » (Villani, XII, 21.)

[2] Les mêmes.

[3] « Noi cresceremo tanto che noi faremo grandi ricchezze, sicche i poveri saranno una volta ricchi. » (March. de Coppo, VIII, 593.)

[4] Leonarda, fille de Jacopo Pucci, obtint en dot une somme d'argent et des pierres précieuses, appartenant à un maréchal du duc, que sa mère avait sauvées du pillage et restituées à Talano des Adimari. « Doblarum de auro, anulorum et cintularum fornitarum de auro. » (22 décembre 1343. *Giorn. arch. tosc.*, VI, 274 ; Doc. 555.)

dans la seigneurie, la place qu'y occupaient les grands. Les quatorze réformateurs avaient disparu sans bruit, fort satisfaits qu'on ne leur demandât pas compte de leur mauvaise gestion financière[1]. Ce furent donc les prieurs qui, aux premiers jours d'octobre, après avoir recommandé au podestat la sécurité publique[2], prirent l'initiative de cette réforme. Ils l'accomplirent d'accord avec les *buonuomini*, les *capitudini*, le comte de Battifolle, les ambassadeurs de Sienne et de Pérouse[3].

Cette importante réunion confirma la réduction proposée des douze prieurs à huit[4], deux par quartier. Elle assura deux places, dans la seigneurie, aux *popolani grassi*, trois aux arts moyens, trois aux artisans[5]. Quant au gonfalonier de justice, il devait être tiré au sort, à tour de rôle, par quartier, dans chacune de ces trois catégories. Les mêmes proportions furent observées pour les colléges des *buonuomini* et des gonfaloniers de compagnies. En vue de reconstituer les bourses, les officiers devaient s'adjoindre vingt-huit *arruoti* par quartier, trente et un consuls des arts, avec le proconsul leur

---

[1] On leur reprochait d'avoir dépensé mal à propos de fortes sommes qu'ils se faisaient remettre par les camerlingues. (Paoli, *Giorn. arch. tosc.*, VI, 174.)

[2] Le 30 septembre, au moment où expiraient les pouvoirs des Quatorze, le podestat, marquis du mont Santa Maria, reçut ordre, « occasione novitatum nuper ortarum, » de punir dans la ville et le *contado* ceux qui feraient des rassemblements tumultueux. Comme il remplit bien son office, on l'y maintint du 8 février 1344 au 31 mai suivant. (*Provvisioni*, XXXII, 61 v°, 66 *bis*.)

[3] « E di gran concordia s'assegui. » (Villani, XII, 22.)

[4] Voy. plus haut, p. 533.

[5] Villani, XII, 22. Donato Velluti (p. 75) dit qu'il n'y eut que deux places pour les arts mineurs. Ces deux témoignages sont également contemporains. Ce qui porte à pencher vers Villani, c'est que Velluti ne dit pas nettement la part qui fut faite aux autres arts ou classes.

chef[1], les Cinq de la marchandise, sorte de juges ou d'arbitres appelés à prononcer dans les affaires commerciales[2], en tout deux cent six personnes[3]. Il fut décidé que la majorité serait de cent dix fèves noires. C'était moins des deux tiers, qu'on exigeait d'ordinaire; mais on pensa sans doute que s'il fallait les réunir, l'*imborsazione* deviendrait interminable, et, en effet, avec cette facilité plus grande, elle dura encore jusqu'au 20 octobre. Sur trois mille quatre cent quarante-six citoyens dont on discuta les titres, moins d'un dixième, de trois cents à trois cent quarante environ, obtinrent les cent dix fèves et virent leurs noms mis dans les bourses.

Les artisans s'y trouvèrent plus nombreux qu'on n'aurait voulu. C'est qu'on avait appelé beaucoup des leurs parmi les cent douze *arruoti* admis à voter avec les officiers publics; c'est qu'on vit s'unir à eux des *popolani grassi* qui croyaient politique de donner satisfaction au menu peuple, et des indifférents ou des trembleurs

---

[1] Il y avait en tout, en y comprenant le proconsul, 53 consuls des arts. Voy. Villani, XII, 22, et March. de Coppo, VIII, 594.

[2] Plus tard ce tribunal fut composé de six jurisconsultes étrangers et de six conseillers citoyens, choisis dans les arts majeurs, sauf ceux des juges et des pelletiers. (Reumont, *Cenni*, etc., art. *Mercanzia*.)

[3] Tel est le chiffre exact que donne l'addition et qu'on trouve dans March. de Coppo (VIII, 594). Villani dit 306, quoique les éléments soient chez lui les mêmes que chez Marchionne, sauf le *proconsolo* qu'il oublie. C'est probablement une erreur du manuscrit ou de l'édition princeps, reproduite dans toutes les subséquentes. Ammirato corrige en disant 206, et il ne compte pas non plus le *proconsolo*. Il y aurait donc 207 personnes; mais cette unité de trop vient de ce que l'on compte 9 prieurs, tandis que le rétablissement du gonfalonier, décidé en principe (voy. plus haut, p. 533) ne devait s'effectuer qu'à la Toussaint. Il est vrai que jusqu'à cette date l'effectif nominal de la seigneurie était de 12 prieurs; mais l'expulsion des 4 grands l'avaient en fait réduite à 8, justement le chiffre auquel on la fixait pour l'avenir. C'est donc bien de 206 membres que se composait la réunion pour l'*imborsazione*.

allant où ils croyaient voir le succès. A tout prendre, les détenteurs du pouvoir étaient conséquents avec eux-mêmes : ne disaient-ils pas naguère qu'ils aimeraient mieux y associer les petites gens que les magnats[1]? Ils le pouvaient, en effet, sans crainte : pour réduire les arts mineurs à l'impuissance, il suffisait que les arts moyens conformassent leurs votes à ceux des arts majeurs. S'ils faisaient le contraire, ce serait évidemment que ces derniers laisseraient trop percer leurs tendances à l'oligarchie. Respecter le droit et la liberté d'autrui était donc pour les *popolani grassi* une sûre garantie. Mais ils voulaient la garantie sans rien respecter, et ils s'exagéraient un mal imaginaire. Il faut entendre les contemporains. Selon Villani, les *capitudini* des arts furent les maîtres[2], c'est-à-dire « de menus artisans venus du *contado* ou de l'étranger, des idiots qui doivent avoir peu de souci de la République[3] ». — « Les deux tiers des *capitudini*, dit Marchionne de Coppo, étaient gens nouveaux, arrogants, sans discrétion, et, parce qu'ils avaient accès aux offices, chacun d'eux croyait être roi[4]. » Le Siennois Andrea Dei dit de son côté que « le menu peuple fut fait alors seigneur de tout[5] ». C'est

---

[1] Voy. plus haut, p. 332.

[2] Villani, XII, 22.

[3] « Essendone signori artefici e gente manuale e idioti, perochè i più delle 21 capitudini dell' arti, per li quali allora si reggea il comune, erano artefici minuti venuticci di contado e forestieri, a cui poco dee calere della Repubblica, e peggio saperla guidare. » (Villani, XII, 43.)

[4] « La superbia delli minuti che quasi il reggimento era tutto loro, perocchè le 21 capitudini, le due parti sono gente minuta e nuovi e sono arroganti senza discrezione e perchè erano negli ufici parea loro essere ciascuno un Re. » (March. de Coppo, VIII, 616.)

[5] A. Dei, R. I. S. XV, 109. Ammirato (IX, 482) se borne à dire que les trois quarts du gouvernement furent aux mains du peuple le plus bas. L'un n'est guère plus vrai que l'autre.

l'exagération ordinaire aux partis. En réalité, depuis 1294, les arts mineurs avaient obligatoirement un de leurs membres dans les offices[1]. Un demi-siècle plus tard, ils en obtenaient deux de plus, en d'autres termes, trois sur neuf ; était-ce trop d'ambition? Ils ne pouvaient ainsi sérieusement peser dans la balance qu'en attirant à soi les arts moyens, ce qui était pour longtemps impossible, ou en allant à eux, ce qui était entrer dans leurs vues et servir leurs intérêts[2].

C'est aux dépens des magnats que l'accord s'établit. Contre eux furent remises en vigueur les ordonnances de justice. « Attendu, était-il dit dans le préambule du décret, que la justice est une constante et perpétuelle volonté d'attribuer son droit à chacun, et que la commune de Florence a coutume de se gouverner selon les lois de la justice ; attendu que pour la défense du peuple ont été instituées certaines lois qu'on appelle ordonnances de justice, dont la force a fait vivre ledit peuple en liberté, en pacifique et tranquille état, et maintenu chacun dans la jouissance de son droit, lesquelles ordonnances sont dites avoir été par le frère Angelo, évêque de Florence, et par les quatorze réformateurs annulées de fait plutôt que de droit ; voulant que le droit, du moins, protége ceux que les armes ne peuvent défendre, et que les méfaits commis par les magnats contre le peuple et les *popolani* ne restent pas impunis, mais soient châtiés comme il convient », on décidait par fèves noires, en

---

[1] Voy. plus haut, t. II, p. 572.

[2] Dans les listes des prieurs on ne voit plus indiqués ceux qui appartiennent aux arts majeurs ; mais trop de noms y sont connus pour qu'on puisse hésiter sur la qualité de ceux qui les portent. Quand on voit un Peruzzi, par exemple, on sait bien qu'il est changeur ou marchand. Voy. les listes de March. de Coppo, VIII, 614, 630 ; *Del.*, XIII, 108, 122.

présence et avec l'assentiment exprès des gonfaloniers, de rétablir lesdites ordonnances, d'abroger tout ce qu'avaient fait contre elles le duc et les Quatorze, de donner la même valeur à toutes les résolutions prises depuis pour les fortifier[1].

Après un temps de tolérance, ce retour à la rigueur devait paraître intolérable aux magnats. D'une main l'on défit donc ce qu'on faisait de l'autre. Dans l'intérêt d'une pacification sérieuse, et sur le conseil du comte de Battifolle, des ambassadeurs de Sienne et de Pérouse, quelques adoucissements furent apportés à cette législation draconienne. Précédemment, la famille d'un magnat condamné devait payer trois mille livres d'amende. On arrêta au troisième degré, en ligne directe, cette solidarité onéreuse; encore faisait-on remise de l'amende payée à quiconque livrait ou tuait le coupable[2]. L'interdiction des officiers dut s'arrêter aussi au troisième ou au quatrième degré[3]. Elle ne portait, d'ailleurs, que sur les prieurs, les *buonuomini*, les gonfaloniers des compagnies, les officiers d'enrôlement, les capitaines des ligues, les syndics pour le *sindacato* des officiers étrangers[4]. A cinq cent trente grands de la ville et du *contado* furent rouverts les rangs du peuple[5], à ceux-là surtout qui, étant le plus

---

[1] Doc. du 25 octobre 1343, dans les *Delizie*, XIII, 289. Cette provision est reportée au ch. cxxxvi des Ordonnances de justice selon la réforme de 1344. Voy. Paoli, *Giorn. arch. tosc.*, VI, 174, note 2.

[2] *Ibid.*, p. 292, 293.

[3] « Usque in tertium vel quartum gradum. » (*Ibid.*, p. 294.)

[4] Doc. des *Delizie*, XIII, 294; G. Capponi, I, 214.

[5] Dans la ville les fils de Bernardo des Rossi, quatre des Mannelli, tous les Nerli du Borgo San Jacopo, et deux du pont *alla Carraja*; tous les Manieri, Spini, Scali, Brunelleschi, Pigli, Aliotti, Compiobbesi, Amieri,

abaissés, semblaient le moins redoutables ; quelques-
uns étaient à peine les égaux des moindres gentilshommes, d'autres se voyaient réduits à la condition
d'humbles travailleurs de terre [1]. Si l'on voulut trouver
alors des nobles à favoriser, il fallut tenir pour tels certains guelfes rattachés à la noblesse par des mariages,
mais adonnés au trafic.

A ces grâces, malheureusement, présida l'arbitraire,
et, pis encore, la défiance. On tint rigueur, dit Villani,
à des familles qui s'étaient dévouées pour le bien du
peuple; plus d'une famille de *popolani* aurait mérité
d'être mise au nombre des grands, de préférence à certaines qui y restaient. Divers reçurent ordre de rentrer
dans les deux mois à Florence, sous peine d'être déclarés
rebelles, qui avaient cherché fortune en Lombardie, en
Pouille et même plus loin. D'autres, sur de vagues
soupçons, durent partir pour l'exil. Tout homicide,
toute attaque à main armée contre un *popolano* dans le
délai de dix ans, remettait de plein droit le coupable
dans son ancienne condition de magnat [2].

En proie à l'inquiétude, plusieurs de ces anciennes
familles, pour se mieux protéger, changèrent de nom [3].

Giandonati, Guidi ; une partie des Agli, Nepo et Giovanni des Tosinghi, etc.;
dans le *contado* une douzaine de familles, dont les comtes de Lucardo,
de Quona, de Pontormo, de Certaldo. (Villani, XII, 23.)

[1] Villani, XII, 23. Dans un doc. des *Delizie* (VII, 290) on lit la supplique
d'un ser Belcaro de Bonaiuto Serragli de Pogna, qui, quoique issu de
grands, demande à être du peuple, lui et les siens, comme « debiles et
impotentes », à la date d'avril 1318. Le ton est déjà très-humble : « Velitis
intuitu pietatis et misericordia providere.... » (p. 291.)

[2] Villani, XII, 23 ; March. de Coppo, VIII, 595 ; G. Capponi, I, 215 ;
Reumont, *Der Herzog von Athen*, § 11.

[3] Elles reprirent plus tard leurs noms primitifs, sous la domination des
Medici. Voy. Capponi, I, 216.

C'était l'aveu de leur défaite, et d'une défaite, cette fois, irrémédiable. Jamais plus elles n'osèrent reprendre les armes contre leur patrie[1]. La politique qui les rabaissait avait tout ensemble ses inconvénients et ses avantages. Elle leur ôtait cette grandeur d'âme qui faisait leur prix, et qu'ils ne purent plus communiquer à ces classes inférieures dont l'horizon est si souvent étroit[2]; mais le danger était moindre qu'ailleurs dans une ville où les marchands aimaient les lettres et les arts, où les artisans récitaient les vers de Dante. Elle supprimait l'esprit guerrier, et réduisait Florence à ne combattre plus que par le bras de ses mercenaires; mais elle assurait une égalité que Machiavel qualifie d'admirable[3]. En effet, elle n'avait pu abaisser les grands qu'en élevant les petits. Ces deux classes, se faisant équilibre, assurèrent, malgré bien des commotions, le pouvoir de la classe moyenne.

Il est vrai que la classe moyenne eut à défendre ce pouvoir. Mais elle redouta ses nouveaux alliés bien avant qu'ils fussent redoutables. Elle en prévoyait les empiétements, provoqués moins par le désir d'une plus grande fortune politique que par le besoin d'élever les salaires. Elle en condamnait la tendance, qui était de préférer la tyrannie d'un maître unique à celle des maîtres de boutiques, et par là elle donnait un vernis de patriotisme à des résistances égoïstes. Villani, son organe, l'enveloppe

---

[1] Villani, XII, 28; March. de Coppo, VIII, 599; Ammirato, IX, 464.

[2] Machiavel (III, 36 B) reproche à Florence de n'avoir pas su, comme Rome, partager avec les nobles. Mais à Rome les nobles primitivement maîtres provoquèrent les commotions en se refusant à tout partage : à Florence ils sont des étrangers qui s'implantent, qui veulent dominer et qu'il faut réduire, ce qu'on ne sut malheureusement pas faire en gardant la juste mesure.

[3] *Ist. fior.* III, 56 B.

dans la réprobation dont il poursuit alors tous les gouvernants de Florence : « En somme, dit-il, par la faute de nos citoyens ou pour nos péchés, nous fûmes mal gouvernés par les *popolani grassi*. Il y a lieu de douter du gouvernement de ces menus artisans, idiots, ignorants, emportés et sans discrétion. Plaise à Dieu de donner bonne réussite à leur seigneurie, ce dont je doute fort[1]. Nos citoyens manquent entièrement d'amour et de charité entre eux; ils sont pleins de tromperies et de trahisons. Ce maudit art est resté à Florence en ceux qui y sont recteurs, de promettre beaucoup et de tenir peu[2]. » Si tels avaient été auparavant les Florentins, ils ne furent alors ni meilleurs ni pires, et l'accession de deux artisans de plus à la seigneurie n'en changea ni le caractère ni les traditions. Florence entrait dans une période de calme relatif qui dura plusieurs années[3], et que troublèrent seules les rudesses de mains peu accoutumées à tenir les rênes, le fléau de la peste, des guerres qui ne mettaient pas en péril l'existence de la République. C'était le nécessaire effet de la lassitude, et il se fût produit quels qu'eussent été les gouvernants.

En novembre, le tirage au sort amena au pouvoir une seigneurie et des colléges où dominaient les arts moyens et leurs alliés les artisans. Florence en parut satisfaite. Elle donnait joyeusement avis aux villes amies que le pouvoir était aux mains des *popolani*. Elle croyait, dit

[1] Villani, XII, 43.
[2] Villani, XII, 23.
[3] Les auteurs (Villani, XII, 53, et Machiavel, II, 36 A) disent de novembre 1343 à 1353. C'est trop ou trop peu, car la peste, la guerre contre l'archevêque de Milan sont des événements graves, et jusqu'à la guerre de Pise aucun ne le fut assez pour qu'on marque au milieu la fin d'une période.

Ammirato, avoir plus gagné à en chasser les magnats qu'à s'affranchir du duc d'Athènes¹. Le premier soin des nouveaux prieurs fut de mieux assurer la paix, procurée par ce tyran à son entrée en charge². Pise ne se refusa point aux modifications demandées (16 novembre). Comme Florence, elle avait ses raisons pour redouter la guerre. Elle garda Lucques et laissa aux Florentins les châteaux du pays lucquois. Les clauses des anciens traités furent remises en vigueur : point d'offenses aux particuliers, point de procès sans en donner avis, point d'asile aux marchands fugitifs, liberté du trafic, sauf pour les denrées comestibles, jusqu'à concurrence de deux cent mille florins pour Florence et de trente mille pour Pise. Au delà de ces sommes, la taxe était de deux deniers par livre³. Pour indemniser Florence de l'inutile achat de leur ville, les Lucquois s'engageaient à lui compter cent mille florins en quatorze ans, par annuités de sept mille, sauf la première, qui était de neuf⁴.

Florence avait grand besoin de cet argent, car à Mastino de la Scala elle devait encore cent huit mille florins d'or, dont répondaient ses vingt-sept otages, toujours retenus à Ferrare. Elle autorisa son créancier à prendre cette somme sur les gabelles de la viande de boucherie et des contrats, à raison de deux mille florins par mois.

---

¹ Ammirato le jeune, IX, 482.
² Villani, XII, 25 ; March. de Coppo, VIII, 598.
³ Villani (XII, 25) dit 11 deniers ; mais March. de Coppo (VIII, 598) et Ammirato (IX, 484) disent 2. L'erreur vient sans doute de la confusion que produisaient les chiffres romains.
⁴ Voy. les documents relatifs à cette paix dans *Provvisioni*, XXXII, 72 ; *Capitoli*, XXIII, 11 ; *Sign. cart. miss.* I, 37. Villani, de plus en plus aigri, à mesure qu'il vieillit, prétend que la paix du duc était plus honorable (XII, 25).

Les otages purent alors rentrer dans leur patrie : douze nouveaux les remplacèrent à la cour du marquis d'Este, où ils devaient être changés tous les quatre mois[1]. Les payements furent effectués avec une régularité parfaite, car, à la fin de septembre 1345, il ne restait plus à verser que soixante-cinq mille florins. Mais Mastino, court d'argent, exigeait alors ce reliquat dans les deux mois et ne voulait plus avoir affaire à des particuliers[2]. Comme on ne put lui donner satisfaction, il emprisonna les otages et fit saisir, à Vicence, à Vérone, tous les marchands florentins. On n'en obtint la délivrance qu'en passant lesdites gabelles aux créanciers de la commune qui consentirent à fournir, au taux de 5 pour 100, le double de leurs prêts précédents[3].

Avec les seigneurs voisins Florence concluait des trèves, quand ils ne déclaraient pas toute trève inutile à des « fils et serviteurs de la commune[4] ». Le 2 mars 1344, elle renouvelait la ligue toscane et y faisait entrer, avec Pérouse et Sienne, Arezzo qu'il fallait protéger contre les turbulents Tarlati[5], et qu'on finissait par

---

[1] *Provvisioni*, XXXII, 60, 84; Villani, XII, 28; March. de Coppo, VIII, 604.

[2] Les chroniqueurs disent que ces 65 000 fl. étaient payables en deux mois. Ce ne serait possible qu'en vertu de conventions nouvelles, qu'ils ne nous font pas connaître. Du 16 novembre 1343 à la fin de septembre 1345, en 22 mois, on avait dû payer 44 000 fl. On devait donc avoir 32 mois pour payer le restant. Ils veulent dire sans doute que Mastino exigea ce qui n'était pas exigible; mais comment ne signalent-ils pas cette prétention comme un acte d'inique violence? (Voy. Villani, XII, 49, et March. de Coppo, VIII, 620.)

[3] Les mêmes.

[4] Les comtes de Romena et de San Leolino parlaient ainsi. Voy. les détails dans Ammirato le jeune, IX, 484.

[5] Villani, XII, 28 ; March. de Coppo, VIII, 600; Ammirato le jeune, X, 486, qui donne de longs détails sur ces affaires de la ligue.

réconcilier avec eux[1]. Un vent de paix soufflait sur toute la Toscane : Pise s'accordait avec Luchino Visconti, et, à San Miniato, se réconciliaient les Malpigli et les Mangiadori, irréconciliables ennemis[2].

Assurer ou maintenir la paix intérieure était plus difficile à Florence. Ni les grands ne s'y résignaient à leur condition humiliée, ni les petits ne savaient vivre contre eux sans soupçon. Sur le simple soupçon d'avoir écrit aux Pisans que leurs difficiles relations avec Luchino Visconti avaient pour cause des intrigues florentines[3], dix-sept grands furent envoyés aux confins, c'est-à-dire condamnés à résider au loin, dans les villes qui leur étaient assignées. Par indignation ou par crainte, les autres, pour la plupart, se retirèrent aux champs, sur leurs domaines[4]. Les voies de la persécution rouvertes, le gouvernement populaire s'y engagea plus avant. Il rechercha et fit condamner les châtelains et recteurs, la plupart nobles, que le duc d'Athènes avait nommés, et qui, à sa chute, avaient, de gré ou de force, abandonné leur poste (juin, juillet 1344). Ceux que l'exécuteur frappait de peines corporelles, s'abstinrent de compa-

[1] Villani, XII, 45; Ammirato, X, 493. Malatesta de Rimini faisait exception. « In superbiam elatus » après avoir reçu beaucoup d'honneurs « licet indignum », il volait les marchands florentins, qu'il fallait rembourser. Aussi les rappelait-on de Rimini, de Pesaro, de Fano, avec défense d'y retourner (23 avril 1344. *Provvisioni*, XXXII, 146.)

[2] Ammirato, X, 493, 494.

[3] March. de Coppo, VIII, 599; Villani, XII, 26. Luchino ne pouvait pardonner aux Pisans de détenir en Lunigiane les châteaux de Sarzana, Lavenza, Massa de' Marchesi, et de n'avoir pas payé, de n'avoir pas voulu recevoir chez eux leur capitaine Giovanni d'Oleggio, quand il sortit des prisons de Florence. En outre, Florence avait donné Pietrasanta à l'évêque de Luni, qui était des marquis Malaspini, et beau-frère de Luchino, que sa sœur avait épousé. (Les mêmes.)

[4] Villani, XII, 28; March. de Coppo, VIII, 599; Ammirato, IX, 464.

raître; ceux qui n'étaient condamnés qu'à l'amende, la payèrent en assez grand nombre pour que les finances obérées de la commune y trouvassent une ressource de quelque importance, mais qui constituait un fâcheux précédent[1]. Aucune condamnation ne fit plus de bruit que celle de Corso Donati. C'était un jeune homme capable[2], petit-fils du grand « baron » qui avait eu une fin si tragique. Il fut condamné par contumace, à la suite de perquisitions faites à son domicile. On y avait trouvé des lettres attestant de secrètes pratiques avec Luchino Visconti[3]. Conjurer était la vie de ces magnats toujours mécontents. Beaucoup d'entre eux, gibelins, rebelles, exilés, venaient de rentrer la tête haute dans leur patrie. Les livres de condamnations n'avaient-ils pas été brûlés, lors de l'expulsion du duc d'Athènes[4]? Des officiers furent nommés pour les ramener à leur condition de proscrits. Mais les sollicitations se multiplièrent et peu de personnes furent frappées : ce fut une de ces menaces qu'il est si imprudent de faire sans les exécuter.

Les rigueurs théoriques rencontraient moins de résistances, et les ordonnances de justice pouvaient s'enrichir de rubriques nouvelles (9, 10 octobre)[5]. Aux grands qu'elle persécutait, la République n'entendait point per-

[1] Villani, XII, 32.
[2] Valente donzello. (Villani, XII, 32.)
[3] March. de Coppo, VIII, 605. Villani paraît douter de la culpabilité de Corso ; mais quelques lignes plus bas il parle de ses complices possibles. Corso mourut, ainsi que sa femme, en mai 1347, à Forlì, où ils s'étaient retirés. (XII, 32.)
[4] Villani, XII, 32; March. de Coppo, VIII, 605.
[5] Le doc. publié dans les *Delizie* (XIII, 296) porte que la résolution fut prise le 19 octobre dans le conseil du capitaine, et le 10 dans celui du podestat. Comme ce dernier se réunissait toujours le lendemain de l'autre,

mettre en d'autres villes un avenir indépendant et assuré. Parmi ceux qui s'étaient éloignés, les uns avaient accepté des emplois ou pris du service dans diverses communes, auprès de divers princes et seigneurs[1]. Désormais ils en durent obtenir la permission expresse des prieurs, des colléges, du conseil du peuple, accordée aux deux tiers des voix[2]. Tout magnat ayant occupé, depuis cinq ans, de telles positions, est tenu de se présenter dans les deux mois devant les prieurs et de dire d'où il vient (ce dont il sera fait un instrument par le notaire des *Riformagioni*), sous peine d'être déclaré banni et rebelle, de voir tous ses biens confisqués et vendus. Si le condamné n'était pas sous la main de la commune, ses parents en ligne masculine, jusqu'au quatrième degré, même les bâtards, devraient, dans les cinq jours, payer pour lui[3].

Parents et *consorti*, à vrai dire, échappaient souvent à la solidarité des condamnations, en invoquant la rubrique qui la supprimait dans le cas d'inimitiés graves[4]. Ils en alléguaient de feintes ou en exagéraient de réelles[5]. Il fallut, à l'avenir, une inimitié de mort, ayant

---

1 faut évidemment lire 9 au lieu de 19. Ce n'est qu'une faute d'impression. Villani (XII, 34) dit le 31 octobre. Ces résolutions nouvelles deviennent dans les ordonnances les rubriques 133, 134, 135.

[1] Villani, XII, 34 ; March. de Coppo, VIII, 607.

[2] « Quod nullus de magnatibus possit ire ad aliquam civitatem, in aliqua parte totius Italiæ... seu aliquid regimen vel officium acceptare,.. nec eques vel pedes servire... absque licentia... » (Doc. dans *Del.* XIII, 297.)

[3] *Ibid.*, p. 298-300.

[4] « Si appareat evidens inimicitia mortis vel vulneris positi, sub rubrica *quod pro magnatibus se excusantibus vel defendentibus a sodamentis vel non sodantibus cogantur eorum proximiores satisdare.* » (*Ibid.*, p. 302.)

[5] « Et quod quamplures fraudes quotidie occasione dicti ordinamenti committuntur, probantes per testes contra veritatem simulatas et fictas

entraîné condamnation du podestat[1], et cette disposition reçut même l'effet rétroactif pour les quinze derniers jours[2]. Tout recours était refusé contre les magistrats qui auraient prononcé[3]. Toute infraction devait être punie de mille florins d'or. S'ils n'étaient payés dans les trois jours, la tête du délinquant tomberait de dessus ses épaules[4]. Tout magnat qui aurait volé ou fait voler un *popolano*, brûlé ou fait brûler sa maison, devait réparer le dommage et subir lui-même l'incendie[5]. Pour attester sa faute, il suffisait de quatre témoins, connus et non ennemis[6]. Les *consorti* solidaires qui auraient payé pour le malfaiteur seraient remboursés, s'ils le livraient à la commune[7].

Cette recrudescence de sévérité, où se faisait sentir la rude main du peuple, déplut, dit un chroniqueur, aux citoyens honnêtes; mais elle fut exigée par les *capitudini*[8]. La vérité, c'est que si l'on peut la blâmer comme

inimicitias, qua de causa nisi talibus fraudibus salubriter resistatur, ordinamenta justitie nullum sortiantur effectum... » (*Ibid.*, p. 302.)

[1] « Stantiaverunt quod habeat locum dictum ordinamentum solummodo in inimicitia mortis de qua appareret facta condemnatio per potestatem. » (*Ibid.*, p. 302.)

[2] « Necnon ad condemnationes jam latas quarum exactionis tempus videlicet 15 dierum a die late condemnationis nondum est elapsum. » (*Ibid.*, p. 303.)

[3] « Et quod nullus rector vel officialis nullam habeant cognitionem vel potestatem cognoscendi contra dictos rectores. Nullus quoque audeat aliquem ex predictis rectoribus occasionibus predictis accusare vel denunciare secrete. » (*Ibid.*, p. 304.)

[4] *Ibid.* Cf. Villani, XII, 34; March. de Coppo, VIII, 607.

[5] « Igne comburatur. » (*Ibid.*, p. 300.)

[6] Et quod ad probationem plenam... sufficiat probatio quatuor testium deponentium de publica fama non inimicorum et sine redditione cause. » (*Ibid.*, p. 301.)

[7] *Ibid.*

[8] March. de Coppo, VIII, 607.

impolitique, on ne saurait la déclarer sans fondement.
Puisqu'il y avait, même dans les temps calmes, des magnats-incendiaires et voleurs, il fallait bien y pourvoir.
Puisqu'ils conjuraient dans Florence même, comment
n'auraient-ils pas conjuré chez des seigneurs étrangers?
Puisqu'ils tournaient la loi sur la solidarité, ne convenait-il pas d'en rendre les termes plus précis[1]?

Les clercs, au surplus, ne furent pas traités avec plus
de douceur. Plus d'une fois, à cet égard, le gouvernement des *popolani grassi* avait donné l'exemple. Ce n'est
pas que les clercs fussent systématiquement un objet de
haine; mais ils n'avaient point alors ces manières douces et modestes qui conviennent à leur robe, et l'évêque,
leur protecteur, par ses tergiversations personnelles
comme par la banqueroute de sa famille, avait perdu
tout respect, tout crédit pour les protéger[2]. Regorgeant
de richesses, issus, en général, de grandes ou puissantes
familles, ils ne cessaient d'accuser, d'outrager, de battre le menu peuple, et ils le faisaient impunément, car
les causes où ils se trouvaient impliqués échappaient
aux juges séculiers[3]. Divers réglements furent édictés,

---

[1] Le détail des faits montre que les grands éludaient constamment la loi. Le 24 février 1344, les Cavalcanti font approuver la pétition par laquelle ils exposent que, condamnés à payer « secundum antiqua ordinamenta justitie » 3000 liv. pour un d'eux, meurtrier d'un *popolano*, et pour les plus proches parents du coupable, lesquels avaient cédé leurs biens à titre fictif à diverses personnes, ils n'ont pas de recours contre eux. Ils demandaient à se récupérer sur les biens aliénés, nonobstant l'exception que pourraient opposer ceux qui diraient les posséder depuis un an, à moins que le défendeur ne déposât à la *càmera* la somme due, pour être retenue, s'il ne prouvait pas son droit. Affaire semblable pour les Gherardini à la même date. (*Provvisioni*, XXXII, 126.)

[2] Villani, XII, 43.

[3] Les clercs étaient « molti soperchi in molti modi ed infra quali erano molti grandi e popolani grassi li quali batteano ed oltraggiavano li minuti

entre autres que tout clerc qui commettrait contre un laïque un acte criminel, perdrait la protection de la commune[1] et pourrait être puni sans égard à son caractère sacré[2]; que les lettres ou priviléges obtenus soit d'un légat, soit du pape lui-même, ne seraient reconnus par aucune autorité communale, et que les parents ou amis de ces clercs encourraient diverses peines, jusqu'à ce qu'ils leur eussent arraché l'engagement de ne pas user desdits priviléges[3]. Cette extension exorbitante de la solidarité choqua les contemporains qui en admettaient le principe. Si les clercs, disaient-ils, commettent abus ou excès, le pape saura bien y pourvoir (4 avril 1445)[4]. Le pape n'y pourvut point, mais sa colère fut grande. Les procès intentés aux clercs soulevèrent entre sa cour et Florence de fréquentes difficultés[5].

La gestion financière de ce gouvernement en atteste bien le caractère démocratique : elle paraît tout ensemble téméraire et naïve. Les embarras économiques étaient grands : le duc d'Athènes avait épuisé le trésor. Il s'agissait, pour le remplir, de diminuer les dépenses et d'accroître les ressources. La reconstruction des ponts

---

e cognizione non era appo li secolari rettori. » (March. de Coppo, VIII, 616.) « Certi clerici rei dei grandi e di possenti popolani pur faciено sotto titolo della franchigia di loro clericato di sconcie cose e accuse a secolari impotenti. » (Villani, XII, 43.)

[1] « Fosse fuori della guardia del comune. (*Ibid.*)
[2] « Non riserbando degnità. » (*Ibid.*)
[3] *Ibid.*
[4] « Aspra e crudele legge contra ogni ordine e decreti di Santa Chiesa con molti capitoli contro a libertà di S. Chiesa. » (*Ibid.*) « Le quali (leggi) non era di loro modo sanza la licenza del S. Padre, che avendolo notificato lui si dee credere ne avrebbe provveduto. » (March. de Coppo, VIII, 616.)
[5] Villani, XII, 43.

fut suspendue, sauf celle du *Ponte vecchio*. On réduisit à quatre cents chevaux et six cents fantassins les mercenaires soldés. On fit mettre dans la principale église de chacun des quartiers un tronc (*cassa*) où ceux qui avaient sur la conscience des deniers de la commune, pourraient les restituer sans rougir (janvier-mars 1345). On revint aux mesures somptuaires. Une surveillance toute nouvelle fut exercée sur la table de la seigneurie. Un convers de la Badia a Settimo reçut l'argent consacré à cet objet, afin que la dépense fût moindre et mieux justifiée. Huit *popolani* reçurent mission de réformer aussi la table des particuliers. Beaucoup d'ornements de toilette furent prohibés; mais on permit beaucoup plus aux femmes des docteurs et des chevaliers qu'à toutes les autres, tant ce gouvernement populaire était loin de poursuivre le nivellement (13 avril 1345). Renouvelant les anciennes lois, pour les rendre plus précises[1], il règle le costume des mariées, la durée des fêtes nuptiales, le nombre des invités, le nombre et la nature des mets à leur servir, les cadeaux à faire pour les baptêmes. Il réduit la pompe, vraiment excessive, des funérailles. En veine de prohibitions, il protége la morale par les mêmes moyens que la fortune publique : il interdit aux filles de joie d'aller en pantoufles, il leur ordonne de porter des gants aux mains, une sonnette ou grelot sur la tête, ce qui était moins propre à les rappeler à la réserve qu'à porter sur elles l'attention[2].

Même inexpérience dans l'art de créer des ressources, même mépris de la liberté, du droit individuel. Aux

---

[1] Voy. notre t. III., p. 354 et note.
[2] Ammirato, X, 492, 493.

grands furent enlevés les dons qu'e x ou leurs ancêtres avaient reçus pour services rendus à la commune. C'était une confiscation véritable, qui ne rapporta que quinze mille florins d'or, à peine la moitié de ce que valaient les biens confisqués[1] : mesure sans excuse, malgré les pratiques journalières des grands avec les *popolani grassi*, en haine du gouvernement. « S'ils méritaient une peine, dit le chroniqueur Marchionne, il en fallait trouver une autre[2] ».

Mais si cette gestion paraît maladroite, elle fut honnête. A peine eut-il paré aux nécessités les plus urgentes, ce gouvernement consacra les sommes qui rentraient à la reconstruction un moment interrompue des ponts, aux fortifications du palais du podestat, aux embellissements de San-Giovanni[3]. Le compte fut fait de tout ce qu'avaient avancé les citoyens pour les guerres précé-

---

[1] Parmi les victimes de ces confiscations on cite le fils de Pazzino des Pazzi, mort au service du peuple, en 1311 (March. de Coppo, VIII, 617), les fils de Giovanni des Rossi, mort ambassadeur auprès du pape, les fils de Pino et Simone de la Tosa « che tanto per lo popolo avieno adoperato. » (Villani, XII, 44.)

[2] March. de Coppo, VIII, 617 ; Ammirato, X, 493.

[3] On refit le *ponte vecchio* plus beau qu'il n'était, avec deux piles et trois arches, large de 32 brasses, dont 16 pour le passage des cavaliers et des piétons, le reste pour les boutiques, qui, jadis, avec une largeur totale de 16 brasses, surplombaient sur l'Arno. Il y eut désormais 43 boutiques, rapportant 800 fl. par an. La dépense totale étant de 120 000 fl., ces loyers la couvrirent en moins de vingt ans. L'œuvre était achevée le 18 juillet 1345. (Priorista de Luigi Viviani, dans *Del*. XIII, 114; March. de Coppo, VIII, 619. Par faute d'impression ou de copiste, Villani dit 80 m. fl. au lieu de 800.) On jeta sur neuf piles les fondements du *ponte alla Trinita*, qui fut terminé le 4 octobre 1346 et coûta environ 20 m. fl. d'or. — Le Bargello ou palais du podestat fut crénelé et voûté, pour le défendre contre les attaques du dehors et l'incendie. — La cuirasse de marbre de San Giovanni fut renouvelée, et la corniche de même, pour mieux protéger les peintures et les mosaïques. (Villani, XII, 46 ; Ammirato, X, 494.)

dentes. Ces diverses créances, non moindres de cinq cent soixante-dix mille florins, furent consignées sur un registre et devinrent un *monte*[1] non remboursable, dont l'intérêt serait payé chaque mois, à partir d'octobre 1345, à raison de 5 pour 100. Cette dépense s'élevait annuellement à vingt-cinq mille florins. Diverses gabelles, dont celles des portes, furent assignées pour y pourvoir[2].

Si l'on veut estimer à son prix cet acte d'honnêteté publique, il faut se rappeler que beaucoup doutaient encore qu'on eût droit à un intérêt quelconque pour l'argent prêté. Théologiens et légistes en disputaient. Pour la négative se prononçaient les augustins et les dominicains; pour l'affirmative, les franciscains. L'opinion commune était avec ces derniers. On accusait Piero des Strozzi, frère prêcheur, de soutenir sans raisons démonstratives la doctrine de son ordre. On se ralliait à celle de Francesco d'Empoli, frère mineur, pour vendre, acheter les créances publiques comme une marchandise; on y gagnait, sans croire que la conscience y fût engagée[3]. Ce courant qui s'établissait n'empêcha

---

[1] Le *monte* est une créance que les citoyens ont sur la commune pour argent prêté à tant pour 100 l'an à perpétuité. On peut la vendre, l'engager de toute manière. On l'appela *monte comune* parce qu'on y réunit d'autres créances plus anciennes. (*Osservatore fiorentino*, IV, 96.) On voit dans une provision du 20 juin 1347 les créanciers du *monte* répartis par quartiers, avec le chiffre total de leurs créances : S. Spirito, 129 151 fl. ; Borgo, 129 850 ; S. M. Novella, 129 019; S. Giovanni, 115 844. (*Provvisioni*, XXXV, 152 sq.) Il y est dit : « creditores et eorum heredes possint eisque liceat ipsorum jura vendere et alienare et quocunque alio titulo seu causa in alium transferre (f° 154). » Cf. une autre du 12 octobre 1347 (XXXVI, 23), une « petitio syndicorum officialium deputatis super negotiis crediti. » (*Provv.* XXXVI, 122), et D. Boninsegni, p. 424.

[2] Villani, XII, 56.

[3] Matteo Villani, III, 106.

point les disciples de saint Dominique de persister obstinément : à la fin du quinzième siècle, un d'eux, Savonarola, soutenait encore leur thèse avec éclat. Pour y ramener les âmes timorées et superstitieuses, il suffisait de quelque calamité publique, châtiment, à n'en pas douter de ce genre d'usure. L'unique moyen de les remettre en paix avec elles-mêmes, c'était d'autoriser la cession gratuite des titres de rente, sauf, en d'autres temps, à porter l'intérêt jusqu'à 12, jusqu'à 20 pour 100. On verra même, dans des circonstances graves, l'État payer 2 et 3 pour 1[1]. Le gouvernement des arts moyens avait vu juste dans une question douteuse, et il s'était décidé avec une résolution que des circonstances difficiles rendaient plus honorable, comme plus surprenante : la pluie, tombant de la fin de juillet au commencement de novembre, faisait déborder l'Arno et ses affluents, détruisait les récoltes de vin et de blé, empêchait d'ensemencer[2].

De la disette qui en résulta souffrait surtout le menu peuple ; mais le peuple gras avait aussi ses souffrances, bien autrement redoutables. La crise commerciale, qui durait depuis la fin de 1343, atteignait, en janvier 1346, son paroxysme. Les Peruzzi et les Bardi, « qui avaient été les plus grands marchands d'Italie, » s'étaient vus forcés de suspendre leurs payements ; il n'échappèrent pas à la banqueroute[3]. Ils livrèrent leurs biens, mais la vente forcée les déprécia. Les Bardi croyaient donner neuf sous par livre ; ils n'en donnèrent pas six, et les

---

[1] Par exemple en 1359 et 1380. Voy. Ammirato, XI, 592 ; XIV, 753, 765 ; Pagnini, II, 139, et plus bas à ces dates.
[2] Villani, XI, 50 ; March. de Coppo, VIII, 622 ; Ammirato, X, 494.
[3] Villani, XII, 55 ; March. de Coppo, VIII, 626.

Peruzzi, moins riches, pas quatre[1]. Les compagnies du second ordre, Acciajuoli et Bonaccorsi, Cocchi et Antellesi, Corsini et Perondoli, Da Uzzano et autres encore, étaient entraînées, avec de modestes marchands et artisans, dans ce désastre, « le plus grand qu'eût jamais supporté Florence. » Villani, qui en marque ainsi l'étendue, y fut impliqué comme associé des Bonaccorsi. Déclaré insolvable, il fut enfermé dans les sombres prisons des *Stinche*[2]. Il s'y trouva en compagnie de bien d'autres, que leurs parents en larmes accompagnaient jusqu'à ces portes de fer plus basses qu'eux, quand les syndics de la commune, réunis dans diverses églises, avaient délibéré sur leur sort, sur les payements à effectuer, sur l'expropriation de leurs biens[3].

L'écrasement du *popolo grasso*, venant après l'humiliation de la noblesse, grandissait d'autant le menu peuple. Ses misères n'étaient que des privations. Il glorifiait le travail dans ce qu'il a de moins aléatoire, et par là entendait justifier ses prétentions à la vie publique, sa prise partielle de possession. Cette justice lui est due qu'il ne profita point de ses progrès pour accabler des hommes à terre. Loin de là, il les soutint, notamment dans une affaire suscitée par les banqueroutes, et la plus grave peut-être de cette période d'apaisement.

Un prélat espagnol, de la cour d'Avignon, Don Pedro,

---

[1] Les mêmes. Peruzzi, p. 462. On trouve à la date du 17 octobre 1346 une pétition relative à la banqueroute des Peruzzi. (*Provvisioni*, XXXV, 94 v°).

[2] Villani, XII, 55.

[3] Peruzzi, p. 463, 464. Il y a deux grandes provisions sur la banqueroute des Bardi et des Acciajuoli, à la date du 19 juin 1347. (*Provvisioni*, XXXV, 145-152.

cardinal de Sainte-Sabine, était créancier des Acciajuoli pour douze mille florins d'or. Jaloux de ne rien perdre dans la faillite de cette compagnie, il avait passé sa créance à Fra Pietro dell' Aquila, mineur franciscain, inquisiteur de la perversité hérétique à Florence. Par égard pour un prince de la sainte Église, la seigneurie avait cru devoir mander devant elle un des débiteurs, Salvestro Baroncelli. Comme il sortait du palais, escorté de quelques gardes, l'inquisiteur le fait appréhender au corps par ceux du podestat. Là-dessus grand scandale. Les prieurs déclarent leur dignité offensée, le capitaine du peuple s'associe à leurs plaintes. Ils font remettre le détenu en liberté et couper la main aux *famigli* qui ont exécuté l'ordre de l'inquisiteur ; ils les confinent pour dix années hors de Florence et du *contado*[1]. Les instruments châtiés, restait « le capitaine du délit; » mais comment toucher à un clerc, à un inquisiteur? On y pensait pourtant, malgré ses priviléges, car il crut prudent de partir pour Sienne. Il ne partit point sans décocher la flèche du Parthe : capitaine et prieurs sont excommuniés, Florence est mise sous l'interdit, et le seul moyen pour elle d'en être relevée, c'est de livrer, dans les six jours, Salvestro Baroncelli (mars 1346).

Le seigneurie ne plia point. Toutefois, l'interdit était chose trop grave pour qu'elle ne cherchât pas quelque accommodement. Une grande ambassade partait pour Avignon, chargée de remettre à l'Espagnol cinq mille florins à compte, au nom de ses débiteurs, et de promettre

---

[1] On finit par leur faire grâce pour cette dernière partie de leur peine.

pour le reste la garantie de la commune (26 mars)[1]. Il fallait, en même temps, amadouer la chambre apostolique, créancière des seuls Acciajuoli pour plus de sept mille florins d'or, qu'ils avaient recueillis pour elle et qu'elle réclamait avec âpreté[2]. Les ambassadeurs florentins déclaraient donc leur patrie prête à entrer dans l'expédition qui vengerait la mort d'André de Hongrie, traîtreusement assassiné à Naples, et à empêcher l'entrée des ennemis en Italie, comme l'avait demandé Giovanni d'Amelia, archidiacre de Forli, nonce spécial[3]. Venant alors au principal objet de leur mission, ils représentèrent les exactions de l'inquisiteur, coupable d'avoir extorqué en deux ans plus de sept mille florins, sous prétexte d'hérésie[4], dans une ville où l'on ne trouvait d'hérétiques qu'en accusant de l'être ceux qui ne voyaient pas dans ce péché un péché mortel. Ils se plaignirent qu'il punît, non d'après l'étendue de la faute, mais selon la richesse de l'inculpé; qu'il abusât du droit, à lui concédé ainsi qu'aux évêques, d'entretenir autant de *famigli* qu'il voudrait, pour vendre l'autorisation de porter des armes, et gagner par là, chaque année, plus de cent mille florins d'or[5]. Ils prièrent le pape d'exempter les clercs florentins de tout interdit qu'il n'aurait pas prononcé lui-même, de faire arrêter l'inquisiteur fugitif, d'en confier les fonctions

---

[1] Villani, XII, 58 ; Ammirato, X, 496 ; Boninsegni, p. 368.

[2] 7 février 1343, 9 octobre 1344. *Capitoli*, XVI, 21, 22.

[3] 18 avril 1346. *Sign. cart. miss.* IX.

[4] « Extorsionibus pecunie nostrorum concivium factis indebite et aliis vexationibus. (Doc. dans *Arch. stor.* Append. VI, 364.)

[5] Villani, XII, 58 ; Ammirato, X, 496. March. de Coppo (VIII, 628) parle de 100 citoyens seulement qui auraient obtenu ce droit ; mais ce chiffre rendrait plus invraisemblable celui des 100 m. fl.

non plus à un étranger, mais à un citoyen, et ils lui désignèrent un mineur, Fra Michele de Lapo Arnolfi[1].

L'effet immédiat de ces doléances et de ces requêtes fut de réduire à la défensive l'inquisiteur dénoncé. Il suspendait provisoirement l'exécution de ses menaces, et venait soutenir sa cause en cour d'Avignon. L'ambassade eût obtenu plus encore, si ses membres, moins occupés de leurs intérêts personnels, avaient su se mettre d'accord[2]. Mais ils laissèrent le temps de circonvenir le cardinal d'Espagne et le souverain pontife. L'un, malgré l'argent reçu, fit citer au tribunal du Saint-Siége les prieurs et colléges en exercice, l'évêque de Florence et tous les prélats qui n'avaient pas observé l'interdit[3]. L'autre exigeait que les mesures prises contre les clercs, l'année précédente, fussent abrogées; que la commune adhérât au fils du roi de Bohême, dont il voulait faire un empereur, et qu'on appela bientôt l'empereur des prêtres[4]. L'inimitié des Florentins envers Louis de Bavière[5]

---

[1] 26 mars, 11, 18 avril 1346. *Sign. cart.-miss.* IX.

[2] « I più di loro intesono alle loro singolarità, e costarono più di 2500 fior. d'oro. (Villani, XII, 58.) Poco onore n' ebbe il comune, ma li cittadini utile assai, perocchè eglino si feciono dare di buoni benefici. » (March. de Coppo, VIII, 628.)

[3] Villani, XII, 58.

[4] Boninsegni, p. 370. Charles, fils de Jean de Bohême, était venu en avril à la cour pontificale. Il s'en retourna avec des lettres du pape aux électeurs, et fut élu roi des Romains le 11 juillet 1346. On dit pourtant qu'il lui manqua deux voix. (Villani, XII, 60 ; March. de Coppo, VIII, 632 ; Ammirato, X, 497 ; Boninsegni, p. 370.) Voy. sur ce prince Friedjung, *Kaiser Karl IV und sein Antheil an dem geistigen Leben seiner Zeit.* Vienne, 1876.

[5] Le 7 mars 1344, ils avaient envoyé leur évêque Angelo représenter au pape les maux qui résulteraient pour l'Italie de l'absolution du Bavarois. Louis, maître d'Aix-la-Chapelle, soutenu par la plupart des barons allemands, réduisait son rival à se faire couronner à Bonn (25 novembre 1346). Villani, XII, 78 ; *Arch. stor.* Append. VII, 360.

aurait dû les bien disposer envers son rival. Cependant, « la chose ne leur plut point, » dit brièvement Villani[1]. Leur crédit à la cour pontificale en fut ruiné pour longtemps, et ils eurent le déplaisir de voir bientôt (1347) l'inquisiteur, leur ennemi, récompensé de ses exactions et de ses violences par l'évêché de Sant' Angelo[2].

N'ayant pu s'entendre avec le Saint-Siége, la seigneurie prit sur elle de créer une législation touchant l'hérésie. A l'exemple du roi d'Espagne, des Pérugins, de plusieurs princes et communes, elle fit voter une loi qui défendait à l'inquisiteur de s'entremettre d'autres choses que de son office, et de condamner des citoyens à des peines pécuniaires. Elle lui laissa seulement la peine du feu, qui ne pouvait atteindre que le crime bien caractérisé d'hérésie. Elle lui retira la prison spéciale qui lui avait été concédée, l'obligeant à se servir des *Stinche,* où les inculpés seraient sous la garde de la commune. Aucun officier public ne devait, sans permission expresse, lui prêter main forte, et l'on réduisit à six pour l'inquisiteur, pour les évêques de Florence et de Fiesole, trop souvent complices de ses sévérités, le nombre des *famigli* autorisés à porter des armes. Encore voulut-on que ces *famigli* fussent immédiatement reconnaissables: l'obligation leur fut imposée d'un costume spécial et d'un bouclier aux armes de l'Église, faute de quoi l'on pourrait les mettre en prison[3].

Le dessein était manifeste de protéger la liberté individuelle: Il paraît encore dans diverses mesures non

---

[1] Villani, XII, 58.

[2] Ammirato, X, 499. Voy. aux *Capitoli,* XXXIX, 1-11, les actes du procès intenté « par ordre du pape » à l'inquisiteur Fra Pietro d'Aquila.

[3] Villani, XII, 58; March. de Coppo, VIII, 628, 629. Cet auteur donne 12 *famigli* à l'évêque de Fiesole. Ammirato, X, 496, 497.

moins protectrices. Nul ne devait plus être arrêté que par les dépositaires de la puissance publique. Contre tout autre, il était permis à chacun de se défendre, de traiter l'offenseur comme on traitait les bannis [1]. Ce n'est pas ainsi que procèdent les gouvernements démagogiques. L'accession de quelques petites gens dans les affaires de l'État n'en avait point altéré le caractère. La même seigneurie de mars 1346 portait sur l'inscription des biens immeubles une loi qu'Ammirato regrette de ne pas voir en vigueur de son temps, comme propre à supprimer une foule de procès. Elle instituait les Quatorze de liberté, dont l'office devait être de faire respecter les lois. La seigneurie de mai, pour protéger la commune, interdisait de soutenir quiconque écrirait contre elle, et même de les défendre en justice [2]. Celle de septembre, malgré l'accusation, souvent portée contre le menu peuple, d'incliner aux gibelins plus que le *popolo grasso*, prenait l'initiative d'une loi en faveur de ce parti guelfe qui ne se perpétuait qu'à la condition de se transformer, et dont le nom, longtemps synonyme de populaire, le devenait d'aristocrate [3].

[1] Si nous voyons quelquefois les offenseurs, les meurtriers revenir bientôt la tête haute, il n'en était pas toujours ainsi : plusieurs disparaissaient à jamais. Donato Velluti rapporte (p. 33) les aventures d'un certain Lambertone Belfradelli, qui avait vengé son frère tué dans sa propre maison. Il se sauva, fut condamné, et on n'entendit plus parler de lui. Or, le meurtre du frère de Lambertone avait eu lieu que D. Velluti, né le 6 juillet 1313 (p. 69), était tout petit enfant, et l'on sait qu'il mourut âgé de cinquante ans en 1370, étant gonfalonier de justice. C'est donc pendant un laps de temps d'une quarantaine d'années que le silence s'est fait sur le meurtrier fugitif.

[2] Ammirato, X, 497.

[3] Grâce à la transformation, les mots de guelfe et de gibelin servaient toujours à désigner deux factions opposées. En 1345, un infidèle, un barbare, que le chroniqueur appelle Morbasciano, averti qu'une croisade

C'était donner des armes contre soi-même. Les capitaines de la *parte* ne pensaient qu'à reconquérir le terrain perdu. Dans les artisans ils voyaient des gibelins[1], venus des terres d'alentour, indûment introduits dans les bourses, et, par là, dans les fonctions publiques. Ils les montraient dangereux, après l'élection monstrueuse qu'avait provoquée le Saint-Siége, d'un roi des Romains héritier des empereurs et chef naturel des gibelins[2]. A leur requête et sur la proposition de la seigneurie, une loi fut rendue (19 octobre), interdisant à tout citoyen dont l'aïeul ne serait pas né à Florence ou dans le *contado*, d'exercer aucun office[3]. Les *capitudini* des arts ne protestèrent point. Ils ne virent pas que le but réel, secrètement poursuivi, était de diminuer leur puissance, en excluant de la vie publique une partie des hommes qui les soutenaient. Leur aveuglement ou leur complaisance favorisait la fortune grandissante et bientôt si redoutable de ces capitaines de la *parte* qui, ne voyant la patrie que dans leur parti, préparaient à Florence, par ambition de caste, les plus terribles convulsions[4].

Armés de cette loi, ils prétendirent en user. Ils dénoncèrent comme gibelins tous les artisans dont les

---

se préparait contre lui, répondit qu'il ne craignait rien, tant que vivraient deux puissants amis qu'il avait parmi les chrétiens, Guelfe et Gibelin. (*Hist. Rom. fragm.* dans Muratori, *Ant. ital. med. œvi*, III, 371.)

[1] « Che parea loro vi si mischiassero de'ghibellini. » (Villani, XII, 72.)

[2] En 1347, ce prince écrivait aux prieurs qu'il viendrait bientôt à Rome, que sa principale pensée était de pacifier l'Italie, et qu'il espérait y parvenir en peu de temps. (*Capitoli*, XVI, 81.)

[3] Villani, XII, 72 ; Ammirato, X, 498 ; Boninsegni, p. 570.

[4] Villani, XII, 72. Le 30 septembre 1323, on avait établi que les capitaines de la *parte* seraient six, un par *sesto*, trois *popolani* et trois magnats élus par leurs prédécesseurs, deux mois avant la fin de leur office. (*Provvisioni*, XX, 26 v°.)

noms se trouvaient dans les bourses, et, poussant aussitôt aux conséquences extrêmes, ils réclamèrent que les prieurs entrés en charge le 1ᵉʳ janvier 1347 fussent cassés, et qu'on recommençât le tirage au sort. Cette audacieuse demande ne fut pas repoussée tout d'abord, comme elle aurait dû l'être : on en délibéra longtemps dans les conseils [1]. Elle n'y pouvait être accueillie, car on eût craint un mouvement populaire; mais la seigneurie donna satisfaction, dans la mesure du possible, à ceux qui la menaçaient. « Voulant que la République fût désormais gouvernée exclusivement par des guelfes [2], » elle faisait adopter, le 27 janvier [3], une loi excluant des offices tout gibelin rebelle depuis le 1ᵉʳ novembre 1300, ou parent d'un rebelle, qui aurait résidé dans une ville ennemie, et même tout citoyen non notoirement guelfe. Les officiers publics étaient tenus à poursuivre, sous peine de mille livres à retenir sur leur salaire, quiconque enfreindrait cette loi. Si l'on convoquait des conseils en vue de l'enfreindre, toute personne qui y aurait assisté payerait trois mille florins d'or dans les dix jours ou aurait la tête tranchée [4]. Si les sentiments gibelins ou guelfes d'un Florentin étaient douteux, la question serait vidée par un vote des prieurs et des collèges, et si le vote ne le proclamait pas bon guelfe, son nom serait remplacé par celui d'un mem-

---

[1] « Più consigli sene tennero per correggere la detta elezione de' priori. » (Villani, XII, 79.)

[2] « Et quod amplius non inserantur in gubernatione Reip. Flor. sed per guelfos proprios regatur et gubernetur. » (Doc. dans *Del.*, XIII, 315.)

[3] Le document donne cette date. Villani dit le 20.

[4] « Singuli eorum... Caput eidem a spatulis amputetur. » (Doc. dans *Del.*, XIII, 322.) Cette même condamnation est étendue à tous « contra predicta facientes. » (*Ibid.*, p. 324.)

bre mieux famé de la catégorie d'arts dont il relevait[1].

Pour comprendre cette immolation des arts moyens par eux-mêmes, il faut porter au dehors ses regards. Jamais la quiétude n'était si complète à Florence que dans les vacances du trône impérial. Un empereur élu, fût-il ami du pape, était un danger pour cette République et pour tous les guelfes. Incessamment ils s'attendaient à sa venue et ne pensaient plus qu'à se défendre. L'élection de Charles IV rendait aux guelfes la prépondérance dans toute la Toscane. Arezzo même, si gibeline qu'elle fût, remplaçait les Tarlati au pouvoir par les guelfes Bostoli (automne de 1346)[2]. Il n'y avait pas à discuter avec le sentiment public : sa plus impérieuse exigence c'était alors l'application de la nouvelle loi. Uberto des Infangati est condamné par contumace à cinq cents livres d'amende (17 avril), pour avoir accepté, quoique gibelin, d'être un des seize officiers élus contre les banqueroutiers fugitifs (*cessanti*). Lorenzo Bonaccorsi, marchand de draps, élu officier de l'abondance et des grains, est frappé à son tour (12 juillet)[3]. Beaucoup, craignant de ne pas paraître guelfes assez purs, refusèrent les charges où le sort les appelait « pour éviter une condamnation et des affronts[4]. »

Les prieurs populaires sentaient trop le péril pour

---

[1] Doc. dans *Del.* XIII, p. 520, 521.

[2] « E tutto questo avvenne per gelosia del nuovo imperadore. » (Villani, XII, 80.) Cf. Leo, l. VII, c. 5. T. II, p. 106. Les Tarlati reprirent leur revanche à la fin d'octobre 1347. Voy. Villani, XII, 117.

[3] Doc. dans *Del.*, XIII, 327 (Villani, XII, 79) parle d'un troisième condamné, menuisier; mais comme il le fait officier des faillis, on peut croire qu'il confond avec Uberto des Infangati.

[4] Villani, XII, 79.

n'y pas chercher quelque remède. En août 1347, ils proposèrent que les six témoins dignes de foi dont la parole servait de preuve contre ceux qu'on accusait d'être gibelins[1], fussent approuvés soit par les consuls de l'art dont dépendaient les personnes accusées, soit par les prieurs, si, n'exerçant aucun art, elles étaient de ces oisifs opulents qu'on désignait sous le nom, dédaigneux alors, de *scioperati* ou désœuvrés. Ce n'était pas, comme le prétend Villani, supprimer la loi[2] ; c'était en diminuer l'oppression. Mais les capitaines de la *parte* crièrent si fort que, pour éviter un soulèvement, il fallut fortifier cette loi qu'on tentait d'affaiblir[3]. Toute pétition qui y serait contraire fut interdite sous peine de mille livres dans les trois jours, ou de la tête coupée (18 août)[4]. Dans les opérations de l'*imborsazione*, le notaire fut tenu, s'il ne voulait payer cent livres pour chaque infraction, de mettre en écrit le nom de ceux qui auraient proposé un candidat gibelin, afin qu'on leur pût infliger une amende de cinq cents livres[5]. Deux ans plus tard, on devait pousser plus loin encore ces précautions ombrageuses : afin que de faux guelfes ne pussent se glisser dans le bercail, les capitaines de la *parte* se faisaient interdire d'admettre qui que ce fût à leur prêter serment sans avoir préalablement obtenu, à la majorité exceptionnelle des trois quarts des voix, l'assentiment

---

[1] D'après une provision du 26 janvier précédent. Voy. le doc. dans *Del.*, XIII, 521.

[2] « E per cotal modo si credettono annullare il detto decreto. » (Villani, XII, 92.)

[3] « Talchè ne fu quasi commossa la terra. » (Villani, XII, 92.)

[4] « Amputetur ei caput, ita ut penitus moriatur. » (Doc. dans *Del.*, XIII, 525.)

[5] *Ibid.*

des priturs et de leurs colléges, constaté par un acte formel (14 juin 1349)[1].

Le mouvement d'opinion qui imposait ces restrictions abusives aux libertés publiques était sincère chez le plus grand nombre, mais nullement spontané. Les capitaines de la *parte*, chefs de la fraction aristocratique des *popolani*, l'avaient provoqué et l'entretenaient. « Ici, écrit Villani, commença le mauvais principe et scandale de la *parte*, par ambition des offices, et afin qu'un moins grand nombre eût part au gouvernement[2]. » Constituer une oligarchie, tel était dès lors le but des riches marchands. Cette tendance, chaque jour plus accusée, provoquait une irritation, sourde d'abord, mais dont l'éclat devait, dans un avenir prochain, amener de violents conflits, thème inépuisable de banales déclamations.

En fait, ce gouvernement qu'on voulait renverser valait au moins les précédents. C'est ainsi qu'on en jugeait au dehors. On le louait d'avoir interdit le port d'armes aux prieurs du duc d'Athènes, aux gabeleurs, aux gardiens des prisons, quand ils n'étaient pas de service, aux gibelins et autres gens suspects[3]. En février 1347, San Miniato *al Tedesco*, pour mettre fin à ses discordes, conférait aux Florentins une seigneurie de cinq ans[4].

---

[1] Doc. dans *Del.*, XIII, p. 339.
[2] Villani, XII, 79.
[3] Villani, XII, 92; Ammirato, X, 502. Villani approuve ces interdictions, comme propres à préserver la paix publique.
[4] Villani, XII, 82; Ammirato, X, 499. Ne pouvant admettre que de petites gens puissent bien faire, Leo prétend (l. VII, c. 3. t. II, p. 106) que si Florence regagnait son autorité sur les pays d'alentour, c'est que, à partir de 1347, la noblesse contenait le menu peuple au moyen de la *parte*, et que la plupart des familles du *popolo grasso* s'étaient « résignées » à s'occuper de leurs propres affaires. C'est bien mal comprendre tous ces événements.

En décembre suivant, Pise substituait à ses Raspanti la faction des Bergolini, dont étaient chefs les Gambacorti, plus favorables aux guelfes et à Florence [1]. Ce calme, cette paix de la République florentine semblaient enviables à tant de peuples qui en étaient privés. Arezzo et Spolète se remettaient sous le joug de leurs gibelins [2]. Gênes s'agitait. Rome portait à la dignité de tribun du peuple Niccolò de Renzo, qui allait accroître encore un incurable désordre. Le roi de Naples voyait les Abruzzes soulevées par le roi de Hongrie [3]. Plus loin, continuait entre la France et l'Angleterre une guerre acharnée, non moins ruineuse aux vainqueurs qu'aux vaincus. Jean de Bohême, avec l'appui du Saint-Siége et des princes allemands, redoublait, quoique aveugle, les embarras de Louis de Bavière [4]. L'Espagne, enfin, se consumait en guerres civiles sous don Pedro de Castille et don Pedro d'Aragon [5].

Le gouvernement florentin recueillait donc les fruits de sa modération, de sa prudence. Ces qualités ne lui faisaient pas défaut, quoique avec moins de succès et

---

[1] Villani, XII, 119; Ammirato, X, 503; *Cron. Pis.*, R. I. S. XV, 1017; Roncioni, l. XIV, p. 803.

[2] Octobre 1347, janvier 1348. Villani, XII, 117, 121.

[3] Villani, XII, 88, 89, 90, 105; Ammirato, X, 501. Il y a aux *Capitoli* (XVI, 93, 94) des lettres de Cola de Renzo aux prieurs, où il s'intitule chevalier, candidat de l'Esprit saint, tribun auguste. Il demande qu'on autorise les ambassadeurs de Florence à recevoir de sa main des bannières pour marcher avec lui contre le comte de Fondi et la reine Jeanne avec les milices envoyées par la République pour la défense de Rome et qui refusaient d'en sortir (5, 20, 21, 27 août, 19 septembre 1347). Ce recueil contient au même endroit plusieurs autres lettres de Cola à la seigneurie.

[4] Il avait perdu un œil en 1329, dans sa campagne au secours des chevaliers de l'ordre teutonique de Prusse; l'autre en 1340, d'un rhumatisme.

[5] Sismondi, IV, 46.

peut-être d'habileté, dans une des plus grandes calamités qu'ait enregistrées l'histoire.

Depuis nombre d'années, l'Italie semblait perdre le renom de son beau climat. Les mauvais temps, les mauvaises saisons s'y succédaient sans relâche. On avait vu, en 1329, une pauvre récolte amener la disette ; le pain, un pain mêlé d'orge, se vendre à Or san Michele sous la surveillance des *famigli* de la seigneurie, armés du billot et de la hache, pour couper quelque membre aux plus tapageurs[1]; et cependant la ville restait ouverte aux affamés du dehors, tandis que les autres se fermaient devant les accapareurs, les bouches inutiles, les religieux[2]. En 1340, même misère. En 1345, les pluies d'automne empêchèrent les semailles, et en 1346, celles du printemps, les récoltes. Avec le blé, pourri en terre, manquaient le vin et l'huile, tous les produits du sol à la fois. Le mal n'est plus alors restreint à quelques contrées ; il s'étend à toute la péninsule, à la France même, et par là il devient plus grave, car ainsi se trouvent taries au loin les sources d'approvisionnement. Pisans et Génois interceptent, gardent pour eux de rares, d'insuffisants arrivages. Ce qui leur en échappe devient la proie de riches accapareurs, car le prix doublé n'en est plus à la portée de toutes les bourses. L'orge, les fèves étaient recherchés, inabordables; le son, nourri-

---

[1] Villani fut un des officiers chargés du service de l'alimentation. Il assure qu'on en obtint un sensible soulagement. Voy. X, 120. — « Pour cette année 1329 et pour les suivantes, dit G. Capponi, nous avons le *Diario* d'un certain Simone Lenzi, marchand de blés, dont on lit un extrait dans le journal philologique *Il Borghini*, ann. 1864. C'est une peinture vive et détaillée de ces marchés tumultueux, et une confirmation des paroles de Villani (I, 181.) ».

[2] Villani, X, 29; March. de Coppo, VII, 450.

ture grossière et insalubre, hors de prix. Ne pouvant plus nourrir les bêtes de basse-cour, on les tuait[1]. La spéculation, l'agiotage avaient libre carrière, et les esprits s'en irritaient. Déjà l'on parlait de prendre les armes. Il fallut condamner au gibet un citoyen qui en donnait le conseil.

Mais de telles rigueurs ne sont efficaces qu'à la condition de montrer le soulèvement inutile, et c'est à quoi s'employaient les diverses seigneuries. Elles achetaient du blé en Calabre, en Sicile, en Sardaigne, en Barbarie, à Tunis, sans regarder au prix. Les convois étaient-ils confisqués au passage, elles recommençaient avec opiniâtreté, sans chercher querelle à personne, une tâche qui finissait par n'être plus celle des Danaïdes. Elles parvenaient ainsi à envoyer chaque jour au marché de soixante à quatre-vingts muids de blé, qu'elles faisaient vendre au prix courant. Comme ce prix s'élevait jusqu'à cinquante sous, elles fixaient un maximum de quarante[2]. Comme les *contadini* affluaient en ville, non plus pour vendre leur blé, mais pour en acheter, concurrence redoutable qui augmentait la disette, dix fours furent construits, où l'on employait journellement près de cent muids pour pains de six onces, mi-partis de son et de farine. Ces pains, on les distribuait dans la matinée, au signal de la grosse cloche, d'abord chez les boulangers;

---

[1] Villani, XII, 73; *Cron. Bol.*, R. I. S. XVIII, 404; Boninsegni, p. 370; Sismondi, IV, 87.

[2] Villani, XII, 83. Les provisions sur cette matière sont nombreuses, notamment les 17 février, 27 mars, 10 avril, 29 mai, 27 juin, 5 et 27 juillet, 18 août, 12 novembre, 12 et 20 décembre 1347, 11 avril 1348, etc. *Provisioni*, XXXV, 109, 117, 121, 135, 159, 166, 177, XXXVI, 6, 48, 62, 66, 136. Villani a sur ces faits un long chapitre (XII, 73) que Sismondi (IV, 88) a fidèlement analysé. On y trouvera bien des détails que nous supprimons ici.

plus tard, afin d'éviter les attroupements, aux portes des églises pour les habitants de la ville, aux portes de la ville pour les habitants du *contado*. On en vint, par mesure d'ordre public, jusqu'à faire remettre dans les maisons mêmes le nombre de pains auxquels elles avaient droit, à raison de deux par tête. Les registres constatent qu'en avril 1347 quatre-vingt quatorze mille personnes recevaient ainsi le pain de l'État, et dans ce nombre n'étaient pas compris les gens aisés qui faisaient cuire le leur chez eux ou l'achetaient plus cher chez les boulangers. C'était plus que Florence n'avait d'habitants; mais, selon son charitable usage, elle accueillait toute une population flottante de pauvres, de moines mendiants, que la misère chassait des autres cités[1]. A ce surcroît de dépenses subvenaient concurremment le trésor communal et les aumônes privées.

Quand tout l'argent disponible passait à se nourrir et à nourrir les autres, comment eût-on payé ses dettes? La liberté individuelle dut être momentanément protégée contre les créanciers. Le 13 mars, on accordait aux débiteurs, pour s'acquitter, un délai jusqu'au 1ᵉʳ août. Le 31 mai, on décidait que tous les débiteurs de la commune, prisonniers ou bannis pour n'avoir pas payé une amende de cent florins et au-dessous, pourraient se libérer en payant trois sous par livre, et en assignant un créancier de l'État, qui escomptait le reste

---

[1] Sismondi (IV, 88, 89) ne comprend pas cette population flottante dans le chiffre de 94 000 personnes nourries. Il s'appuie sur Ammirato (X, 500); mais Villani ne donne à Florence que 90 000 âmes de population fixe. Il faut donc croire qu'il y avait 14 000 étrangers réfugiés, sans doute en y comprenant les gens du *contado*. Quant au chiffre de 94 000 bouches à nourrir, le même Villani (XII, 73) dit le tenir du maître officier de la place qui y recevait les *polize*. Voy. plus bas, ch. 7.

à raison de 28 ou 30 pour 100. Un petit nombre seulement purent profiter de ces avantages, tant la gêne était grande dans tous les rangs de la société[1]; mais la vigilance de ce gouvernement n'en est pas moins louable. Villani, tout hostile qu'il est, le reconnaît d'un mot bref : « Grâce aux sages recteurs, dit-il, s'apaisa le tumulte[2]. »

Qu'on les eût imités en d'autres villes, et l'on eût évité peut-être les maux affreux dont furent atteints ceux-là mêmes qui méritaient d'y échapper. Une nourriture insuffisante et malsaine avait accru déjà, dans une proportion sensible, les maladies, la mortalité. Les pauvres en souffraient à ce point que les mercenaires, âmes peu tendres, en étaient émus : ils sollicitaient et obtenaient la permission de fonder, à la porte San-Gallo, un hôpital sous l'invocation de saint Georges[3]. L'hôpital de Santa-Maria-Nuova regorgeait de malades[4]. Les conditions hygiéniques de l'existence aggravaient encore ce mal croissant, et n'expliquaient que trop la fréquence des épidémies[5]. Déjà avant novembre 1347, malgré les processions ordonnées par l'évêque[6], plus de quatre mille pauvres mouraient, un sur vingt environ. Dans les

[1] Villani, XII, 83 ; Ammirato, X, 499, 500.
[2] « Per li savi rettori s'acquetò il romore. » (Villani, XII, 73.)
[3] *Provvisioni*, XXXV, 125 ; Ammirato, X, 500.
[4] 29 mai 1347. *Provvisioni*, XXXV, 135.
[5] Un document du 26 mars 1319 montre que dans la via Borgo S. Apostolo et autres avoisinantes, « porci, castrones et boves et alia animalia occidantur et decorientur et ex talibus occasionibus sanguis effundatur ibidem et viscera talium animalium evacuentur ex quibus putrefactiones et immundicie secu..tur et aer corrumpitur et efficitur pestilentus et inducitur infirmitas hominibus et personis... » En conséquence, on désignait des lieux spéciaux pour tuer les bêtes. (*Consigli maggiori. Provvisioni. Protocolli*, VII, 12.)
[6] Villani, XII, 84 ; Ammirato, X, 501.

prisons, la proportion était aussi fort menaçante : deux ou trois par jour sur cinq cents détenus. Comme en 1340, on en vint à ne plus annoncer les morts, à ne plus sonner les cloches. Il mourait plus de monde encore à Prato, à Pistoia, à Bologne, en France, et surtout dans les pays qu'occupaient les Turcs et les Tartares [1].

La peste approchait, présent funeste de ces pays d'Orient où, sous un ciel de feu, dans une atmosphère humide, on a toujours laissé, on laisse encore aujourd'hui aux bêtes de proie le soin de faire disparaître les immondices et les cadavres d'animaux. C'est ce foyer permanent d'infection qu'ont toujours accusé les générations atteintes [2]. Mal persan, feu persique, tel est le nom que donnait le moyen âge à cette maladie du feu de saint Antoine, qui semble avoir été un érysipèle charbonneux et gangréneux [3]. Les croisés, les voyageurs, les trafiquants apportaient tour à tour en Europe les miasmes pestilentiels, cette peste orientale que caractérisent anthrax et bubons. Que cette funeste importation survînt dans un moment où la disette, épuisant les corps, les disposait à la maladie, elle devait produire les plus redoutables effets.

Déjà elle les avait produits plusieurs fois [4], et notamment en 1340. Depuis un an alors elle sévissait sur

---

[1] Villani, XII, 84 ; Ammirato, X, 504.

[2] Thucydide (II, 48) montre la peste d'Athènes venant d'Éthiopie, d'où elle aurait passé par l'Égypte et la Perse. Mais il est si peu sûr du point de départ, qu'il fait ses réserves : ὡς λέγεται, dit-il. La peste antonine, dont quelques traits sont épars dans Galien, vint aussi de l'Orient.

[3] Voy. Nysten et Littré, *Dict. de Médecine*, xi° éd., 1858, et le *Dict. de la Conversation*. Sigebert de Gembloux définit cette maladie dès 1089. Voy. *Sigeberti Chronica*. (Pertz, *Script.*, VI, 366.)

[4] L. Del Migliore (p. 69) parle de peste à Florence en 1325, après la

l'Italie et sur la Toscane[1], aggravant les maux, en partie semblables aux siens, de la fièvre des Maremmes[2], quand, aux derniers jours de mars, elle s'abattit sur Florence. Encore inconnu à cette ville, le fléau y enleva, dit-on, plus du sixième des habitants. Il en eût enlevé davantage si le printemps avait été chaud, comme il l'est souvent en ces climats. Pour tout remède, on ne savait que faire silence autour de la mort, proscrire l'affluence aux obsèques dans les églises, et, afin d'apaiser le courroux du ciel, renouveler les lois somptuaires, rappeler les bannis, restituer leurs biens aux vivants et aux orphelins des rebelles, multiplier les processions. Mais aux processions mêmes, tant d'habits de deuil, tant de visages pâles, amaigris par la maladie ou ses approches, frappaient vivement les imaginations, et la mortalité en augmentait. La peste dura jusqu'à l'hiver[3].

En 1347, après sept ans de répit, elle reparut. L'histoire, cette fois, l'appelle peste de Florence. Non pas qu'elle y ait été beaucoup plus violente, plus meurtrière qu'ailleurs; mais la description qu'en a laissée Boccace lui a donné cette célébrité que donnent seuls les chefs-d'œuvre de l'esprit humain. De même on dit la peste d'Athènes, parce que l'athénien Thucydide, ne voyant que sa patrie, l'a prise pour cadre de son incomparable tableau.

guerre contre Castruccio, par l'infection que répandaient dans l'air les cadavres non ensevelis d'Altopascio. Voy. Passerini (*Storia degli stabilimenti di beneficenza della città di Firenze*. Flor., 1853, in-8°), qui dit 1326.

[1] *Ist. Pist.* R. I. S. XI, 477; A. Dei, R. I. S. XV, 98; Malavolti, Part. II, l. V, p. 98.

[2] Pustules, tumeurs, taches rouges et livides avec quelque tendance à la contagion. Cette fièvre de marais est connue sous le nom de fièvre d'hôpital. Voy. Pignotti, l. IV, c. 2, t. IV, p. 37.

[3] *Ist. Pist.* R. I. S. XI, 477; Villani, XI, 113; Ammirato, IX, 454; L. Del Migliore, p. 69.

Villani nous montre l'itinéraire de ce mal effrayant dont, quelques mois plus tard, il devait mourir. Née au Cathay ou au royaume de Khasan, la peste avait passé par la Syrie, la Chaldée, Chypre, Crète, Rhodes, l'Archipel [1], et sans doute aussi l'Égypte, la côte d'Afrique [2]. La Sicile, la Sardaigne, la Corse, tous les rivages de la Méditerranée furent ensuite infectés. Huit galères génoises, fuyant les côtes déjà atteintes de la mer Noire, portaient la contagion dans leurs flancs. Elles n'étaient pas en vue de la Sicile qu'il en fallait abandonner quatre, dont l'équipage, presque entier, avait péri. Les quatre autres portèrent aux ports où elles abordaient les germes pestilentiels, et ces atomes invisibles se répandirent partout, comme à pas de géant.

Le froid de l'hiver ralentit pourtant leur course; mais au printemps de 1348, ils repartirent de plus belle, et c'est à peine, si, dans toute l'Europe, ils épargnèrent, avec le Brabant, quelques cités alpestres du Milanais [3]. La maladie, chez ceux qu'elle frappait, ne durait pas trois jours. Elle se manifestait par des tumeurs aux aines et aux aisselles qui rendaient du sang [4], par des

---

[1] Villani, XII, 84.

[2] Pignotti (l. IV, c. 2, t. IV, part. 1, p. 39), d'après le docteur Mead (*De peste*), s'évertue à prouver que la peste vint d'Égypte. Qu'elle y ait passé avant de venir en Europe, c'est incontestable; mais l'Égypte n'est qu'une étape. Matteo Villani (I, 2) dit comme son frère que le mal vint du Cathay et de l'Inde supérieure. Boccace dit simplement: « Nelle parti orientali. » (*Decamerone*, introd., I, 7.)

[3] Matteo Villani, I, 2; Sismondi, IV, 94.

[4] Villani, XII, 84. Le mal est le même partout. Voy. pour Pérouse, par exemple, Graziani (*Arch. stor.* 1ª ser., XVI, part. 1, ann. 1348), et Bonazzi, I, 430.) Cf. Thucydide (II, 49.) — Ici, bien à regret, nous prenons congé de Giovanni Villani qui, depuis soixante ans, depuis la bataille de Campaldino tout au moins, parlait, en contemporain, de ce qu'il avait vu. (Voy.

bubons charbonneux¹, gros quelquefois comme un œuf ou une pomme, accompagnés de taches noires, grandes ou petites, et, le plus souvent, d'hémorrhagie. L'impuissance de la médecine ôtait tout crédit aux médecins, même aux charlatans et aux commères. Bientôt, d'ailleurs, personne ne voulut plus s'occuper des malades. Quiconque s'approchait d'eux ou touchait à leurs effets, sans en excepter les chiens et les chats, les poulets, les ânes et les brebis, périssait à son tour². Toute maison qu'envahissait la maladie se vidait donc sans retard. On partait sous prétexte d'aller quérir le médecin, ou même sans prétexte, dès que le malade sommeillait. On tirait la porte sur soi et l'on ne revenait plus. Bien peu, par un reste de compassion, pensaient à laisser auprès du lit de l'eau, du vin, des pâtisseries. Il fal-

---

notre t. II, p. 518.) G. Capponi (I, 249) lui donne un éloge mérité en disant que nous ne trouverons pas de meilleur guide.

¹ Ammirato, X, 505. On sait que ces tumeurs sont une gangrène de la peau et du tissu cellulaire, qui, gagnant bientôt les poumons, donne à l'haleine une odeur fétide. Voy. sur les caractères de la peste, Nysten et Littré; *La peste noire du XIV° siècle*, par Hecker, Berlin, 1832; *Dict. de la Conversation*, *Encyclopédie des gens du monde*, etc., art. Peste. On ne peut tenir Boccace pour une autorité du premier ordre : 1° parce qu'il n'était pas à Florence en 1348 (voy. sa vie par Baldelli, dont un sommaire est en tête de l'éd. du *Decamerone* publiée à Milan en 1816, p. xiv) ; 2° parce qu'il imite Thucydide et écrit en littérateur plus qu'en historien. Il est prudent, quoi qu'il dise avoir vu la peste (à Naples sans doute, voy. *Decam.*, Introd., p. 10), de ne prendre chez lui que ce qui est conforme dans les autres auteurs et ce qui ne se trouve pas dans Thucydide. March. de Coppo, au contraire, est précieux, parce qu'il n'a pas de prétentions à la belle littérature. On ne comprend pas pourquoi Leo a passé sous silence et Capponi mentionné à peine un si grave événement, à moins que ce ne soit pour ne pas reproduire Boccace ou entrer en lutte avec lui. Mais il y avait œuvre plus scientifique à faire. Nous l'essayons.

² March. de Coppo, VIII, 634. Thucydide (II, 50) dit aussi que les chiens rendirent encore plus sensibles les effets de la contagion, parce qu'ils sont les compagnons de l'homme. Cf. Boccace, I, 8-10.

lait mourir seul, parfois de faim, plutôt que de la peste. Le malade, par aventure, se trouvait-il mieux le lendemain? Enfermé chez lui et sans forces, il n'avait d'autre ressource que d'appeler par la fenêtre. Il y restait des heures, sans que personne vînt à passer, s'il n'habitait une des principales rues. A son appel, levait-on la tête? En entendant cette voix affaiblie, en voyant ce visage amaigri, on hâtait le pas sans répondre, ou en répondant qu'il n'y avait pas de remède. L'infortuné, que quelques soins eussent sauvé peut-être, retournait alors sur son lit ou tombait sur le plancher pour y mourir [1].

De ceux qui n'étaient pas abandonnés, le médecin exigeait un salaire énorme, sur le seuil, avant d'entrer. En hâte il tâtait le pouls, non sans détourner la tête. Il examinait de loin les urines, non sans tenir sous son nez un flacon de fortes odeurs [2]. Les garde-malades, quand on en trouvait, étaient de grossiers campagnards, peu accoutumés à servir. Leur office, le plus souvent, se bornait à exécuter les ordres du moribond, puis à faire connaître sa mort [3]. Ceux qui survécurent se trouvèrent riches, car ils exigeaient de deux à trois florins par jour, et ils gagnaient sans contrôle sur leurs achats. Tout ce que mangeaient les malades atteignait des prix fabuleux : le sucre et les pâtisseries de trois à huit florins la livre; un œuf de douze à vingt-quatre deniers.

---

[1] « Quantità ne morirono che sarebbero campati se fossono stati aiutati delle cose bisognevoli. » (Matteo Villani, I, 2.)

[2] « Con cose odorifere al naso. » (March. de Coppo, VIII, 634.)

[3] Brocchi parle cependant d'une compagnie de 24 jeunes gens de Signa qui se jurèrent fidélité réciproque, revêtirent le sac blanc, parcoururent cette localité et les environs jusqu'à Empoli et Montelupo, secourant les malades et les besogneux. (*Vite de' santi fiorentini*, II, 363.) Mais cet exemple fut peu suivi, et l'on ne voit rien de pareil à Florence.

Encore s'estimait-on heureux d'en trouver trois en courant toute la ville[1].

Quand la puanteur avertissait parents ou voisins que, dans leur intérêt propre, il fallait ensevelir les cadavres, tantôt on les emportait sur les épaules, de nuit, à la dérobée, pour ne pas attendre le jour; tantôt, le plus souvent, on les déposait sur le seuil des maisons, pour attendre le passage des hommes du peuple qui avaient accepté l'office de porteurs, au prix d'un florin par corps. Ce corps, ils le plaçaient sur une simple planche, si la piété domestique ne l'avait enfermé dans une bière, et ils l'emportaient en riant, en plaisantant : leur horrible besogne les avait blasés. Devant eux, un petit clerc portait la croix, sans cierges; par derrière, ni proches ni amis : voilà le cortége funèbre de plus d'un riche citoyen[2]. Sur le chemin, d'autres cadavres prenaient la file. Il y avait moins de prêtres que de morts.

On arrivait ainsi à l'église la plus voisine. Dans la première fosse creusée, les porteurs jetaient leur fardeau, sans savoir qui elle attendait. Les églises une fois pleines, on enterra dans les cimetières. On y creusait profondément le sol jusqu'à ce que l'eau jaillît sous la bêche[3]. On y entassait les morts par centaines et par rangées, comme les marchandises dans les navires. Sur chaque rangée on jetait une légère pelletée de terre, « comme on saupoudre de fromage les vermicelles[4] »,

---

[1] March. de Coppo, VIII, 634 ; Boccace, I, 14.

[2] March. de Coppo, VIII, 634 ; Boccace, I, 15, 17 ; Ammirato, X, 507, 508.

[3] March. de Coppo, VIII, 634.

[4] « Come si ministrasse lasagne a fornire di formaggio. » (March. de Coppo, VIII, 634.) Boccace, I, 17, 18 ; Ammirato, X, 508.

en sorte que les cadavres étaient, ou peu s'en faut, à fleur de sol[1].

La ville présentait un aspect étrange. Tavernes, boutiques y étaient fermées, sauf celles des apothicaires. Si certaines maisons restaient ouvertes, c'est qu'en les abandonnant on négligeait d'en tirer la porte, tant on mettait peu de prix à ce qu'elles contenaient. Rien ne troublait la solitude et le silence des rues, si ce n'est les convois funèbres[2], les processions où le clergé promenait ses reliques[3]. La religion, dans ce moment de suprême détresse, ne perdait pas entièrement ses droits. Beaucoup oubliaient tout pour suivre les processions, fréquenter les églises, faire de longues prières, d'abondantes aumônes, promettre au ciel d'amender leur vie. Clément VI avait offert indulgence plénière à qui se confesserait en danger de mort[4]. Il ne manquait que des prêtres pour recevoir les confessions[5]. Ceux que la peste épargnait se dérobaient aux devoirs funèbres pour les gens du commun; ils n'affluaient qu'aux obsèques des riches, parce que les gros salaires, obtenus de familles vaniteuses, suffisaient à les enrichir[6].

Que faisaient, pendant ce temps, les seigneuries florentines? Sollicitées par des esprits libres, qui, croyant surtout aux remèdes profanes, les venaient réclamer au

---

[1] Une chronique anonyme de Pérouse dit que dans cette ville les cimetières ne suffirent pas. Voy. Bonazzi, I, 430.

[2] March. de Coppo, VIII, 634.

[3] Id., *ibid.*

[4] Matteo Villani, I, 3; Ammirato, X, 507.

[5] Giov. Villani (XII, 84) dit que dès 1347 les malades mouraient sans sacrements.

[6] « Li preti ed i frati andavano alli ricchi in tanta moltitudine ed erano si pagati di tanto prezzo, che tutti arrichieno ». (March. de Coppo, VIII, 634.)

pied de la *ringhiera*¹, elles multipliaient les efforts, mais avec incohérence et sans trop de résultats². Elles étaient affolées, comme la population tout entière. Ayant ouï dire que la peste provenait de l'air vicié, elles chargeaient pour un an huit citoyens de veiller à la propreté des rues et des maisons, à l'enlèvement des immondices. Elles interdisaient l'entrée de la ville à tout malade, de même qu'aux comestibles malsains ou nuisibles, prunes non mûres, amandes et fèves fraîches³. Elles renouvelaient les lois somptuaires, prohibaient, pour les funérailles, les vêtements de deuil comme le glas des cloches, les cierges dans le cortége et les bancs devant les maisons. Elles fixaient le nombre des prêtres : six moines au plus et les clercs de l'église du *popolo* ou fraction de quartier qu'habitait le défunt, eurent seuls le droit de lui rendre les derniers honneurs⁴. Elles protégeaient ainsi la fortune des familles qui ne manquaient pas à leur devoir; mais si faible en était le nombre qu'on n'avait pas à craindre la contagion de l'exemple.

Les plus nombreux maudissaient le ciel et s'abandonnaient à cet esprit d'impiété dont on trouve toujours quelques traces à Florence⁵. Ils cherchaient, ils se communiquaient soit des remèdes douteux, soit surtout des

¹ March. de Coppo, VIII, 634 ; Ammirato, X, 506.
² Le XXXVIᵉ vol. des *Provvisioni* finit le 11 avril 1348; le XXXVIIᵉ commence le 23 août suivant. Il y a donc une lacune qui prouve le désordre où l'on vivait alors, mais n'exclut pas l'adoption de certaines mesures, non enregistrées, dont parlent les chroniqueurs.
³ March. de Coppo, VIII, 634; Boccace, I, 7, 8 ; Ammirato, X, 506.
⁴ March. de Coppo, VIII, 634.
⁵ Ammirato (X, 507) semble faire dater de la peste de 1348 l'impiété à Florence. On peut voir dans notre t. 1 la fin du chapitre sur l'hérésie, et au t. III, ce qui est dit sur l'esprit souvent irréligieux et tout ensemble pratiquant, superstitieux des Florentins, p. 314-320, 379-386.

préservatifs contre le fléau, plus habiles à le prévenir qu'à le combattre, parce qu'on y parvient par le bon sens, l'observation, la tempérance[1]. Certains ne circulaient dans les rues qu'en tenant aux mains des herbes odoriférantes, ou sous le nez des épices. D'autres se pourvurent des choses nécessaires à la vie et s'enfermèrent en des lieux non encore infectés, se refusant à toutes relations avec les vivants, ou ne permettant pas du moins qu'on les entretînt des choses du dehors[2]. La croyance s'était répandue, non peut-être sans raison, que, pour échapper au mal, il importait de n'y pas penser, par conséquent de se distraire, expédient renouvelé des Grecs et de la peste d'Athènes[3]. Les imprudents, les désespérés se réunissaient dans les maisons[4] pour manger et boire avec une prodigalité inusitée : à quoi bon l'épargne et la sobriété, quand on ne compte plus sur le lendemain? Souvent, le banquet n'avait pas lieu. L'amphitryon était frappé, ou ses invités lui faisaient défaut : deux ou trois sur dix, à peine, étaient encore debout et pouvaient s'asseoir à sa table. On vit des gens de tout âge et de tout sexe s'en aller à la campagne, dans les châteaux forts construits sur des hauteurs aérées, et là, réunis, se conter les uns aux autres, pour oublier la réalité triste, des histoires amusantes, graveleuses. Boccace en a composé, son imagination aidant, un recueil immortel.

---

[1] Voy. à l'appendice n° 2 une curieuse recette du chroniqueur Giovanni Morelli.

[2] Matteo Villani, I, 2 ; Boccace, I, 11 ; Ammirato, X, 500.

[3] Voy. Thucydide, II, 53.

[4] Ammirato (X, 500) dit qu'on allait de taverne en taverne ; mais Marchionne de Coppo, qui est contemporain, dit qu'elles étaient toutes closes. (VIII, 634.)

Mais plus d'un de ces fugitifs emportait avec soi les germes de la peste, particulièrement redoutables aux champs par le manque de ressources, et chez les campagnards par l'incurie. Les campagnards mouraient dans leurs maisons ouvertes ou sur les chemins. Ils y restaient, empestant l'air, car personne n'avait cure de les ensevelir. Le bétail, errant sans berger, rentrait de lui-même, le soir, aux étables, ou, rôdant autour du maître mort, gagnait la contagion et succombait à son tour[1].

A la longue, on s'aperçut que le plus sage était encore d'éviter les extrêmes, et qu'on ne mourait guère plus en ville qu'au dehors. On voyait résister au mal tel qui soignait les malades, et y succomber tel qui les abandonnait. Le scepticisme en matière de médecine et même d'hygiène s'emparant des esprits, le train de la vie ordinaire finit par reprendre, et les moribonds retrouvèrent des soins[2].

On n'a pu ici, comme dans les descriptions contemporaines dont celle-ci s'inspire, réunir les traits du tableau sans le rendre plus terrible encore que ne fut la terrible réalité. Jamais la vie n'avait été suspendue. Nous avons vu la population s'adresser aux prieurs; les prieurs multiplier les provisions; des médecins, des prêtres, des apothicaires, des fossoyeurs dominer l'effroi par amour du lucre; des hommes du peuple louer leurs bras pour porter les morts; des campagnards venir en ville pour garder les malades. Mais il faut bien que la peste florentine ait été particulièrement grave, puisque Clément VI

---

[1] Boccace, I, 19.
[2] Matteo Villani, I, 2; Boccace, I, 12; Ammirato, X, 506.

adressait spécialement à ce peuple si éprouvé des lettres de condoléance[1].

Ce que, d'avril à septembre[2], elle enleva d'habitants, il est difficile de le dire, tant sont variables les évaluations. Un recensement de l'évêque et des prieurs donna quatre-vingt seize mille morts[3]; mais ces sortes d'opérations se faisaient mal alors, et plus mal que jamais après une telle calamité. On comprit dans le calcul les mois de mars et d'octobre, dont il faudrait défalquer la mortalité, si elle était connue[4], et rien ne nous apprend si, dans le compte, on n'a pas fait entrer les pertes du *contado*. Le chiffre probable est de cinquante mille personnes, environ les trois cinquièmes d'une population de quatre-vingt mille âmes, à peu près comme partout[5]. Partout on exagère[6]; c'est que l'imagination s'exalte par la douleur. Le continuateur d'Andrea Dei, Agnolo de Tura, nous apprend que, de ses propres mains, il ense-

---

[1] 18 mai 1348. *Capitoli*, XVI, 28.

[2] Cinq mois, cinq lunes, telle fut, selon M. Villani (I, 2), la durée de la peste en tout pays.

[3] March. de Coppo, VIII, 635.

[4] Matteo Villani, I, 2.

[5] C'est le chiffre de Matteo Villani (I, 2). A vrai dire, cet auteur ajoute : « et même davantage »; mais il le donne pour les autres pays comme pour Florence, sauf pour le Levant, où la mortalité fut plus forte. Boccace (1, 19) parle comme un on-dit de 100 000 morts, ce qui est absolument inadmissible, alors même que Florence n'eût pas fermé ses portes devant les invasions du dehors. La *Cron. Riminese*, R. I. S. (XV, 901) parle des deux tiers de la population morts en tout pays.

[6] Selon Beverini, à Lucques il ne survécut que le cinquième des habitants (Inghirami, VIII, 350); à Sienne, on parle de 45 000 morts sur 60 000 âmes; mais d'autres vont jusqu'à 80 000 morts (Voy. Pignotti, 1. IV, c. 2, t. IV, part. 1, p. 44). A Pise, sept personnes sur dix sont enlevées (*Cron. Pis.*, R. I. S. XV, 1021); à Gênes, 40 000; à Naples, 60 000. La Sicile, sans doute avec la Pouille, 530 000. (*Chron. Est.*, R. I. S. XV, 448. *Cron. Bol.*, R. I. S. XVIII, 409.)

velit ses cinq fils[1]. La destruction de sa famille lui faisait voir celle des autres avec des verres grossissants. Aucune peste, en somme, ne fut jamais si meurtrière. Commencée dans le Levant en 1346, elle durait encore dans divers pays d'Europe en 1351[2].

Un chroniqueur de Rimini avance qu'elle épargna tous ceux dont la mort eût été désirable, en particulier les tyrans[3]. De cette boutade il faut seulement retenir que les plus éprouvés furent, comme toujours, les pauvres gens, plus épuisés que les autres par la famine, plus exposés par leurs idées fausses sur l'hygiène, plus mal soignés sur leur grabat de douleur. Mais l'énumération serait longue des personnages considérables qui périrent dans cette effroyable crise. Il suffit de mentionner ici Laure de Noves, l'inspiratrice des vers de Pétrarque, Giovanni d'Andrea, le plus célèbre jurisconsulte d'Italie, Giovanni Villani, notre excellent chroniqueur[4].

Jamais au même degré la mort n'avait troublé la vie. Les conditions de l'existence étaient changées, bouleversées. La richesse se déplaçait. On voyait dans l'opulence médecins[5], apothicaires, garde-malades, *beccamorti* (croque-morts), marchands d'herbes plus ou moins médici-

---

[1] *Cron. San.*, R. I. S. XV, 123. Sismondi (IV, 97) remarque que plusieurs chroniques italiennes finissent au même moment, ce qui permet de croire que leurs auteurs furent emportés par l'épidémie, comme Giov. Villani. Ainsi encore l'anonyme de Pistoia.

[2] Matteo Villani, I, 2; Pignotti, *loc. cit.*, p. 40, note; Sismondi, IV, 91, 96.

[3] « E prima morì la poveraglia, e poi gli altri grandi, fuorchè tiranni e grandi signori non morì nessuno. (*Cron. Rimin.*, R. I. S. XV, 901.)

[4] Matteo Villani I, 1; Sismondi, IV, 97, 98.

[5] Matteo Villani (I, 2) rapporte que des médecins dont l'art avait paru plus fictif que réel, restituèrent par conscience l'argent indûment perçu. Ce dut être là un fait bien exceptionnel, peut-être le scrupule tardif de quelque mourant.

nales, marchands de poulets, marchands de draps, ceux du moins que le hasard trouvait pourvus d'étoffes foncées pour le deuil[1]. D'habiles trafiquants surent tirer parti des circonstances. Donato Velluti montre comment, malgré des dépenses inusitées, il gagna, par l'achat et la vente, assez pour ouvrir à son fils une boutique dans l'art de la laine, pour acquérir terres, biens meubles, capitaux, pour mener enfin une heureuse vie, ce dont il loue Dieu à jamais[2]. Le vol, le pillage des maisons abandonnées procurèrent à beaucoup de soudaines fortunes. « Il y avait, dit Marchionne de Coppo, tant de maisons vides de gens et pleines de biens, qu'on en était confondu[3] ». La défroque des maîtres riches passait sur les épaules des serviteurs et servantes, vrais travestis de comédie. D'autres héritaient de personnes dont ils n'avaient rien à attendre, et de plusieurs côtés à la fois. De là des inquiétudes chez les nouveaux possesseurs, des contestations fréquentes, des procès qui enrichirent les hommes de loi[4]. Des fous dissipaient ces biens par l'étalage d'un luxe effréné en vêtements, chevaux et festins; ils s'adonnaient au jeu et à la débauche, rendue plus facile par l'habitude impudique qu'avaient prise les femmes, du-

---

[1] March. de Coppo, VIII, 634.

[2] « Pe' quali guadagne, compere e acquisti, poi rivendendo parte di esse e riguadagnando, feci de' danari cominciare a Lamberto mio figlio e poi dopo la sua morte a Michele bottega e arte di lana, in nelle quali s'è fatto molto di bene, onde lodato sia Dio sempre, avendo quello ho in case, terre, masserizie e contanti, molto ho lui a ringraziare, potendomi molto bene passare. » (D. Velluti, p. 85.)

[3] March. de Coppo, VIII, 634.

[4] Matteo Villani, I, 45 ; Ammirato, X, 508. A Montevarchi, la peste ayant enlevé tous les notaires, les mourants avaient dû faire leurs testaments ès mains de personnes privées. Il fallut donner validité aux actes irrégulièrement faits du 1ᵉʳ mai au 1ᵉʳ septembre. (Ammirato le jeune, X, 510.)

rant la peste, de se montrer nues aux hommes qui les soignaient[1]. Un moment, l'argent et l'or semblèrent n'avoir plus de prix. Au jubilé, qui eut lieu en 1350, car Clément VI avait ordonné qu'on en célébrât un à chaque demi-siècle, les aubergistes de Rome négligeaient de se faire payer par les voyageurs, laissaient même traîner sur les tables les pièces de monnaie que plus d'un, spontanément, y jetait par honnêteté[2].

Cette richesse des survivants disparut vite. Non-seulement ils la dissipaient, mais encore ils ne la renouvelaient pas. Ils dédaignaient de travailler. Ceux qui travaillaient encore, parce que la manne du ciel n'était pas descendue sur eux, entendaient du moins détourner à leur profit en mille ruisseaux le Pactole. Les artisans réclamaient pour leur main-d'œuvre des salaires exorbitants. Les marchands doublaient le prix des objets de nécessité. Les garçons d'écurie, les nourrices, les plus grossières servantes exigeaient trois fois les gages accoutumés, au moins douze florins par an, et, s'ils avaient quelque habileté, dix-huit ou même vingt-quatre. Les laboureurs ne défrichaient plus que les meilleures terres; encore fallait-il les payer si cher que la récolte qu'ils faisaient pour autrui était à eux en réalité[3].

A ces maux le gouvernement voulait porter remède; mais il s'y prit mal, avec une intelligence médiocre des lois économiques. Une fois de plus il renouvela les lois somptuaires. Il fixa aux salaires un maximum[4]. Il sup-

---

[1] March. de Coppo, VIII, 634 ; Matteo Villani, I, 4 ; Boccace, I, 14.
[2] Bonazzi, I, 431.
[3] March. de Coppo, VIII, 636.
[4] Ibid.

prima les ventes et achats à crédit[1]. Persuadé que ce qui corrompait les mœurs c'étaient des profits trop considérables, il imagina d'entretenir soigneusement la pauvreté (1350)[2]. Il aggrava le poids des taxes et des gabelles; il ne voulut plus que la commune fît des provisions de grains et de blés; il lui attribua même le monopole de la fabrication du pain, afin de le vendre très-cher; il exigea de tout boulanger qui voudrait ne pas fermer boutique huit sous de droits par mesure. Faut-il s'étonner si la perturbation sociale, conséquence de ces erreurs peut-être autant que de la peste, durait encore en 1362[3]?

Pour les contemporains, ce fléau sans pareil n'en marque pas moins la limite de deux périodes. Matteo Villani déclare qu'à ce moment il commence sa chronique, parce qu'il voit poindre comme un siècle nouveau[4]. Mais à qui voit les choses de plus loin, il ne semble pas que l'ordre logique, que l'enchaînement en soit rompu. Ainsi la mer en furie trouble profondément et désespère parfois ceux qu'elle ballotte, alors même qu'elle les épargne; quant à ceux qui contemplent plus tard les flots apaisés et limpides, ils peuvent donner un souvenir ému aux victimes englouties; ils ne méconnaissent pas la continuité alternative du mouvement et du calme, dont les plus lugubres catastrophes ne changent point l'inflexible loi.

---

[1] Ammirato le jeune, X, 509.

[2] « Peroche la abbondanza del guadagno corrompeva il comune corso del bene vivere, pensarono che più era utile a raffrenare lo ingrato e sconoscente popolo la carestia che la dovizia ». (Matteo Villani, I, 57.)

[3] Matteo Villani, I, 57.

[4] « Come a uno rinovellamento di secolo ». (M. Villani, I, 1.)

CHAPITRE VI

L'ARCHEVÊQUE DE MILAN, L'EMPEREUR CHARLES IV, LA GRANDE COMPAGNIE

— 1349-1358 —

Politique patiente de reconstruction. — Guerre contre les Ubaldini du Mugello (1349-1350). — Affaires de Romagne. — Vente de Bologne à Giovanni Visconti, archevêque de Milan (16 octobre 1350). — Craintes qu'inspire ce seigneur. — Congrès d'Arezzo (novembre). — Prato soumise aux Florentins (février 1351). — Tentative sur Pistoia (26 mars). — Accord avec cette ville (24 avril). — Giovanni d'Oleggio devant Pistoia (28 juillet). — Devant Florence (4 août). — Devant Scarperia (20 août). — Siége de cette place. — Retraite des Milanais (16 octobre). — Nouveaux préparatifs de guerre et négociations. — Trêve entre le Saint Siége et l'archevêque de Milan (mai 1352). — Hésitations des Florentins, traité avec Charles IV et négociations pour la paix avec l'archevêque (mai — novembre). — Conclusion du traité (31 mars 1353). — Le cardinal Albornoz à Florence (2-14 octobre). — Montréal et la grande Compagnie. — Ses déprédations en Toscane. — Sa paix avec Florence (7 juillet 1354). — Sa mort. — Affaires de Lombardie. — Charles IV appelé par la ligue vénitienne. — Mort de l'archevêque de Milan (4 octobre). — Charles IV à Udine (18 octobre). — Préparatifs de défense des Florentins. — Charles en Lombardie et en Toscane (janvier 1355). — Soumission des villes toscanes. — Traité avec Florence (20 mars). — Couronnement de l'empereur (5 avril). — Difficulté qu'il rencontre à Sienne, à Lucques (mai). — Émeute à Pise (21 mai). — Supplice des Gambacorti (26 mai). — L'empereur à Pietrasanta (27 mai). — Son départ pour l'Allemagne (11 juin). — La Compagnie au pays de Naples. — Ligue toscane contre elle (18 février 1356). — Querelle commerciale avec Pise. — Création des Dix de mer (juillet). — Porto Pisano remplacé par Telamone (août). — Traité du légat avec la compagnie (septembre). — Elle est rappelée en Toscane par la querelle de Pérouse et Cortone (juillet 1358). — Florence lui refuse le passage. — La Compagnie écrasée aux *Scalelle* (27 juillet). — L'avant garde sauvée par les ambassadeurs florentins. — Dispersion de la Compagnie.

De même qu'après les vaines terreurs de l'an mille, la chrétienté rassurée avait repris les travaux interrompus de la vie, de même après les maux trop réels de la peste, Florence retrouvait bientôt toute son activité. Au moment où disparaissaient les pères, elle créait des écoles pour former les enfants[1]. Elle reconstituait ses vingt et un arts, que tant de funérailles, selon Donato Velluti, avaient réduits à quatorze[2]. Elle tentait de contenir dans une juste mesure l'autorité envahissante des capitaines de la *parte* : à l'avenir, leurs décisions durent être ratifiées par les prieurs, les douze *buonuomini*, les gonfaloniers des compagnies[3].

Au dehors, il fallait recommencer toute la trame d'un siècle. Bien des villes, dont la soumission avait coûté tant d'or, de sueurs et de sang, profitaient du serment que le duc d'Athènes avait jadis exigé d'elles, pour s'y déclarer tenues et ne pas rentrer sous le joug de Florence affranchie. L'entreprise, pour réussir, devait être menée prudemment. La politique prévalut de se faire petit, de rechercher non la soumission, mais l'amitié des villes perdues, jusqu'à ce que le besoin d'un protecteur les ramenât, ou que les circonstances permissent de les reconquérir.

Le calcul était bon et le succès rapide. Dans les premiers mois de 1349, Colle, San-Gemignano, San-Miniato a Monte, Montopoli rentraient d'elles-mêmes dans le devoir. Le château de San-Niccolò, pour échapper au comte Galeotto des Guidi, se livrait à la République[4].

---

[1] Il sera question de ces écoles au volume suivant, dans le chapitre consacré aux lettres.
[2] Donato Velluti, p. 106.
[3] Ammirato le jeune, X, 511.
[4] M. Villani, I, 24 ; Ammirato le jeune, X, 510, 511. San Gemignano ne s'était d'abord donné qu'en garde pour trois ans, mais avec permission

Renouveler les anciennes ligues contre les princes étrangers ou les compagnies d'aventure[1], soutenir les amis, Orvieto[2] et Malatesta[3], combattre les ennemis, Ubertini acharnés contre Arezzo, et Ubaldini perturbateurs du Mugello, voilà la tâche de tous les jours. C'est le passé qui recommence, mais avec l'avantage que donnent des leçons payées cher. Contre les Ubaldini, une *cavalcata* est obligatoire de janvier à juillet, chaque année. Toute seigneurie qui n'en aura pas donné l'ordre paiera mille florins d'or par prieur. Toute parenté contractée avec ces hobereaux est punie de même somme. Ainsi traqués, le pardon leur est offert, s'ils viennent habiter Florence. Mais ils n'y viennent point, et il ne reste qu'à s'entendre avec Giovanni Pepoli, de Bologne, non moins gêné d'un tel voisinage, pour détruire ce nid de frelons. Cette fois, la montagne leur devient inhabitable. La plupart émigrent en Lombardie, à la solde de Giovanni Visconti, archevêque de Milan, tyran de cette ville depuis la mort de son frère Luchino[4].

Cette race vipérine des Visconti, éternellement dangereuse aux Florentins, combien ne l'est-elle pas davantage, le jour où dans les mêmes mains se trouvent réunis pouvoirs temporels et spirituels ! Cinquième fils de

---

de construire une forteresse. En 1353 cette ville passait entièrement sous la domination des Florentins. Voy. M. Villani, III, 73 ; Ammirato, XI, 559. G. Capponi (t. I, Append. 3) donne un abrégé de l'histoire de San Gemignano.

[1] 2 et 7 septembre 1349, avec Pérouse, Sienne, Bologne, etc. ; *Sign. cart. miss.*, X, 2 ; Doc. publié dans *Arch. stor.*, Append., VII, 367.

[2] Ammirato le jeune, X, 512.

[3] 9 juin 1349. *Sign. cart. miss.*, X, 21.

[4] Luchino était mort aux premiers jours de 1349. Ammirato le jeune, X, 511-514 ; M. Villani, I, 25 ; March. de Coppo, VIII, 641.

Matteo Visconti, l'archevêque Giovanni[1] possédait en Piémont et en Lombardie vingt-deux villes[2], et jetait sur la Romagne, sur la Toscane même, des regards de convoitise. Les divers seigneurs qui l'en séparaient n'étaient pas pour lui un sérieux obstacle. Les Gonzague de Mantoue et de Reggio, les marquis d'Este, de Ferrare et de Modène, les Beccaria de Pavie, les tyranneaux des villes romagnoles, étaient pour la plupart de jeunes débauchés, absorbés par leurs passions, ou par le soin de leur défense contre des parents ambitieux. Les réduire au rôle d'instruments ou leur passer sur le corps ne pouvait être qu'un jeu pour le Biscione, pour la grande vipère, comme les Florentins l'appelaient[3]. C'est ainsi qu'il pourrait atteindre Bologne. Bologne conquise, il lui resterait à en dompter les alliées, les trois républiques guelfes de Toscane, Pérouse, Sienne, Florence, s'il voulait, après avoir englouti sa proie, la digérer paisiblement.

Trop politique pour croire à l'unité italienne, ce chimérique idéal des gibelins, il était prêt à s'entendre avec le pape, chef des guelfes, sauf à le trahir dans l'occasion. Cette entente n'était plus impossible, grâce à l'extrême confusion des intérêts. Le Saint-Siége avait sur les

---

[1] Nommé cardinal en 1328 par l'antipape Nicolas de Corbières, il avait, l'année suivante, fait sa soumission à Jean XXII. Évêque de Novare en 1330, il était parvenu en 1343 à l'archevêché de Milan. Voy. Ughelli, aux archevêques de Milan.

[2] Ses États étaient bornés à l'ouest par ceux de Jean Paléologue, marquis de Montferrat, d'Amé VI de Savoie, le comte Verd, et des vassaux de celui-ci, Jacques, prince d'Achaïe et comte de Piémont, Thomas, marquis de Saluces. Voy. Guichenon, *Hist. généalogique de la royale maison de Savoye*, I, 328, 402; Lyon, 1660, f°, et Sismondi, IV, 196.

[3] A cause de la vipère (*biscia*) qui figurait dans les armes de Milan. Voy. Ammirato, X, 541, et G. Capponi, I, 231.

villes de Romagne un droit de souveraineté cédé par les empereurs, mais rendu illusoire par l'établissement de tyrannies locales. Clément VI avait chargé de rétablir l'obéissance Hector de Durfort, son parent, créé comte de Romagne. Charles de Bohême, roi des Romains, annonçait son dessein de ceindre à Rome la couronne impériale. Malgré ses déclarations contraires, les guelfes craignaient qu'il ne s'unît « à l'ambitieux et schismatique prélat, à l'ennemi de Dieu et de l'Église[1] », lequel, déjà, avait envahi le pays de Pistoia, le Mugello, le val d'Arno supérieur[2], et sollicitait Philippe de Valois de le réconcilier avec Avignon.

Florence redoutait par-dessus tout une guerre dont l'écheveau emmêlé serait si difficile à débrouiller. Peu jalouse d'avoir plusieurs ennemis à la fois, elle détournait le roi de France de la médiation demandée, en lui montrant dans l'archevêque l'ennemi de sa couronne[3], et dans le pape l'ennemi des combats, en lui rappelant l'indiscipline des mercenaires[4], en lui signalant le danger d'une cession de Bologne au seigneur de Milan[5]. Elle

---

[1] Bref de Clément VI à la seigneurie, 25 mars 1350; *Capitoli*, XVI; *Arch. stor.*, Append. VII, 375.

[2] « Mala pessimis gestibus superaddens, nunc per hostiles incursus usque in nostrum territorium, quod rapinis et incendiis lacessitur.... » (Lettre de la seigneurie à Philippe de Valois, 26 août 1350; *Arch. stor.*, Append., VII, 377.)

[3] « Dignetur igitur.... ne nos absorbeat Dei Ecclesie vestreque sublimitatis ambitiosissimus et scismaticus inimicus. » (*Ibid.*, p. 377.)

[4] « Più tosto per tractato di concordia che per via di guerra potrebbe la chiesa avere parte di suo honore; e ciò gl' induce a credere la continua disubbidientia de' soldati, i quali nè fede nè carità, nè amore hanno a la empresa, ma solo a l'utile loro. » (Instructions aux ambassadeurs auprès du Saint-Siége, 10 septembre 1349, publiées dans *Arch. stor.* Append. VII, 369.)

[5] « Si conosce e vede manifestamente che Bologna è per venire a molto

essayait de mettre d'intelligence les Pepoli avec Durfort[1], mais celui-ci se dérobait. Plus entendu aux trahisons qu'à la guerre, il avait attiré dans son camp et fait prisonnier Giovanni Pepoli[2]. Florence seule aurait pu exiger, obtenir sa liberté : par rancune pour ce tyran d'une ville alliée, elle affecta de rester neutre[3]. Peut-être se flattait-elle que Jacopo Pepoli, frère du captif, remettrait Bologne aux républiques guelfes. Il n'en fut rien : le comte de Romagne y fit opposition, stimulé par les Alberti[4]. Ces indignes Florentins, dont il était entouré, ne pensaient qu'à s'agrandir, qu'à s'enrichir en gouvernant sous son nom[5].

Leurs intrigues, funestes à leur patrie, ne furent utiles qu'au captif : une révolte éclatant au camp de son geôlier, il put, à prix d'argent, ravoir sa liberté[6], et il n'en profita, dans sa soif de vengeance, que pour vendre Bo-

maggiore e più potente tyrannia che non è, la qual cosa, se venisse, tornerebbe in vergogna e diminutione d'onore della chiesa et danno prejudiciale de' devoti di essa ». (Instructions à l'ambassadeur auprès du Saint-Siége, 10 septembre 1350. *Sign. cart. miss.*, X, 45.)

[1] Octobre 1349. *Ibid.*, p. 371.
[2] 7 juillet 1350 ; M. Villani, I, 60, 61 ; *Cron. Bol.*, R. I. S., XVIII, 418.
[3] « Item direte che mai il comune di Firenze aiuto non diede al signore di Bologna nè di Faenza. E se aiuto non à dato al conte di Romagna, àllo indotto una sola ragione, cioè che se dato avesse aiuto alcuno a niuna delle parti, facevasi all' altro sospecto, e cosi era tolto l'essere tractatore. » (Instructions déjà citées, *Sign. cart. miss.*, X, 48). — L'usage commence à se répandre alors de dire et d'écrire Firenze, au lieu de Fiorenza, « par suite sans doute de la prononciation gutturale qu'affectionnent les Florentins, » dit Uberto Benvoglienti (Notes à Neri de Donato, R. I. S. XV, 161). Ser Giovanni s'en plaint : « Oggi si chiama Fiorenza, e ancora si chiamerà Firenze, per tristaggine de' suoi cittadini. » (*Il Pecorone*, f° 101.)
[4] Lettre de la seigneurie au pape, septembre 1350 ; *Arch. stor.*, Append., VII, 378.
[5] Ammirato, X, 515.
[6] M. Villani, I, 66 ; *Cron. Bol.*, R. I. S. XVIII, 418, 419; Ghirardacci, l. XXII, p. 198 ; Ammirato, X, 515, 516.

logne au prélat qu'il haïssait[1]. Il avait conduit secrètement le marché. Tandis qu'il le négociait, il envoyait à Florence une ambassade solennelle, dont le chef, Riccardo de Saliceto, fameux docteur ès lois, prononçait, devant la seigneurie et ses collèges, une belle harangue sur ce texte : *Ad Dominum cum tribularer clamavi*, où il les priait de prendre la garde de Bologne et de ses habitants. L'auditoire avait déjà vent de la négociation; mais il devait feindre de l'ignorer. Il apprit, le lendemain, qu'elle avait abouti. Aussitôt les ambassadeurs de Pepoli furent congédiés et ceux de la République rappelés[2]. Bologne essaya bien de protester : Nous ne voulons pas être vendus! criait-on avec rage dans les rues[3]. Mais personne n'osa se soulever sans l'appui de Florence, et le temps manqua pour envoyer des secours. Déjà quinze cents chevaux de Visconti étaient, sans résistance, entrés dans Bologne[4], bientôt suivis de leur chef[5], Giovanni d'Oleggio, neveu de l'archevêque, et qu'on disait être son fils[6].

L'alarme fut chaude par toute l'Italie et jusqu'en cour d'Avignon. Cité au tribunal apostolique, le rusé

---

[1] 16 octobre 1350. Le traité de vente est dans Ghirardacci, l. XXII, t. II, p. 199.

[2] M. Villani, I, 67-68; *Cron. Bol.*, R. I. S., XVII, 420; Ammirato, X, 516. Les conditions de la vente sont dans une lettre de la seigneurie, en date des 24, 26 octobre 1350. *Sign. cart. miss.*, IX.

[3] « Primitus murmurare et potius inter se et dicere : *Noi non vojemo essere venzù*. Et in tantum crevit illa vox quod parvuli vocem illam sequebantur. » (*P. Azarii Chron.*, c. XI, R. I. S., XVI, 326.)

[4] 24, 26 octobre 1350. *Sign. cart. miss.*, IX; *Cron. Bol.*, R. I. S. XVIII, 420; *Cron Est.*, R. I. S. XV, 462; Ghirardacci, l. XXII, t. II, p 204.

[5] Il y était avant le 16 novembre, comme on le voit dans un document à cette date. Voy. plus bas, p. 401, note 3.

[6] M. Villani, II, 5; Boninsegni, p. 395.

Milanais évita, par une invention digne du pays de Gascogne, de s'aller mettre dans la gueule du loup. Il envoya un secrétaire préparer ses logements, louer toutes les maisons vacantes dans la ville et dans un rayon de plusieurs lieues, annoncer qu'il arriverait bientôt avec douze mille cavaliers et six mille fantassins, sans compter ses gentilshommes, et que ses approvisionnements lui coûtaient déjà quarante mille florins. Le pape, dans son effroi, lui dépêchait des députés avec prière de ne point se déranger. Avant la fin de l'année, il lui accordait l'investiture de Bologne, moyennant cent mille florins[1].

Avec les seigneurs lombards, nul besoin de gasconnades. Ceux de Padoue étaient des enfants[2]. Ceux de Vérone, au nombre de trois, quand une mort subite eut enlevé Mastino, n'avaient pas de talent pour un[3]. Tout le monde recherchait l'alliance du prélat et découvrait ainsi Florence. Si elle pouvait défendre le passage de l'Apennin qui, de Bologne, conduit à Pistoia, les autres passages dépendaient des villes intimidées qui lui faisaient ceinture. Déjà une armée assiégeait Imola, pour l'enlever à Guido Alidosio. Il fallait faire face partout à la fois[4].

Heureusement, Florence était à l'œuvre. Elle provoquait le pape à soulever les seigneurs lombards, et, dans ses lettres, prêtait aux villes guelfes les plus belliqueu-

---

[1] Corio, *Storia di Milano*, part. III, ch. 4, t. II, Milan, 1856; Sismondi, IV, 120.

[2] *Cortusiorum Hist.*, l. X, c. 4, 5. R. I. S. XII, 933.

[3] *Chron. Est.*, R. I. S. XV, 464; *Chron. Veron.* R. I. S. VIII, 653.

[4] M. Villani, I, 77, 78; *Cron. Bol.*, R. I. S. XVIII, 423; Ammirato, X, 523.

ses dispositions (9 novembre)[1]. C'était, sur ce dernier point, s'avancer beaucoup, car Sienne et Pérouse, se sentant loin de l'ennemi, montraient peu d'ardeur à l'affronter. Pour les stimuler, pour faire à la ligue toscane de nouvelles recrues, pour empêcher Clément VI de pousser en Italie un seigneur ultramontain, l'empereur désigné, dont la venue serait « la destruction finale et la mort du parti guelfe, de la liberté des Toscans[2] », un congrès avait été convoqué dans Arezzo. Les ambassadeurs florentins y devaient mettre en lumière les exhortations des bannis montrant à Visconti que le maître de Bologne le devait être de Pistoia, et le projet avoué de Giovanni d'Oleggio, comme de ses frères, « d'être puissant en Toscane[3] ».

Mais rien, alors, ne réussissait à la ligue. La mort de Mastino donnait le signal de déserter une diète où l'on pérorait sans agir[4]. Can grande II, un de ses trois

[1] Doc. publié dans *Arch. stor.*, Append. VII, 378.

[2] « Acciò che il signor nostro Messer lo Papa non avesse materia di fare descendere in Ytalia signore oltramontano, siccome per sue lettere duppicate n'accennò quasi con minacce … la qual discesa di signore sarebbe final destructione e morte di parte guelfa e di libertà di Toscani. » (Instructions aux ambassadeurs au congrès d'Arezzo, 16 novembre 1350, dans *Arch. stor.*, Append. VIII, 381.)

[3] Les ambassadeurs rappelleront que « M. G. (Giovanni d'Oleggio) ch'è in Bologna, ha usato di dire che suoi fratelli e ch'egli intende d'essere maggiore in Toscana. E come l'arcivescovo di Milano venendo con sospecto a fare questa impresa, certi di suo consiglio Toscani dissono : che pensate voi? Avuta Bologna, avrete Pistoia, etc. » (*Ibid.*, p. 382). Le 27 novembre, le pape répondait en remerciant les Florentins et acceptant leurs offres. (*Ibid.*)

[4] Une lettre de la seigneurie à la date du 17 février 1351 montre que l'affaire de cette confédération était encore poursuivie. Elle était conclue avant le 3 septembre, car il en est parlé à cette date et l'on en indique les conditions, notamment une *taglia* de 3000 cavaliers et 1000 arbalétriers. Des ambassadeurs sont chargés d'y amener divers seigneurs d'Italie. (Doc. publiés dans *Arch. stor.*, Append., VII, 380-383.)

fils, contractait une étroite alliance avec l'archevêque, dont il avait épousé la nièce[1]. Les seigneurs de Marche et de Romagne suivaient son exemple, même la maison d'Este, jusqu'alors amie des Florentins[2]. Giovanni des Gabbrielli s'emparait d'Agobbio, sa patrie, et la soumettait au tyran milanais[3]. Les Guazzalotti poussaient Prato, la leur, à se tourner de même vers le soleil levant. Bravant la république voisine, jusqu'alors si redoutée, ils mettaient à mort deux de ses citoyens, sur un simple soupçon, paraît-il, et malgré les protestations de la seigneurie[4].

C'était plus qu'en aucun temps n'eût enduré Florence, et, cette fois, elle devait être moins endurante que jamais. Comment eût-elle permis qu'à ses portes Pistoia et Prato devinssent des places d'armes pour son ennemi? Une simple démonstration suffit pour ouvrir Prato à ses *masnade*. Comme le roi de Naples y exerçait l'autorité suprême, depuis que cette ville, pour échapper au joug de Florence, s'était donnée au duc de Calabre, il fallait désintéresser sa couronne. Le florentin Niccola Acciajuoli, tout-puissant à sa cour, lui fit agréer dix-sept mille florins d'or. A ce prix, Florence put traiter en ville sujette Prato, « sa principale porte[5] ». Elle y

---

[1] M. Villani, I, 77; Ammirato, X, 523.
[2] Ammirato, X, 523.
[3] M. Villani, I, 80, 81, 82; *Cron. di Orvieto*, R. I. S. XV, 657.
[4] Voy. sur les faits de Prato le fragment de chronique de Luca de Panzano publié dans le *Giorn. stor. degli arch. tosc.*, V, 61. G. Capponi (I, 229) n'y ajoute que médiocrement foi.
[5] Le 28 février 1351, la seigneurie remerciait le roi de Naples pour ce « donum ingens spes nostras exsuperans, terram Prati, quam vicinitate loci precipuam civitatis nostre januam reputamus, donari voluit ». (*Sign. cart. miss.*, X, 68 v°.)

envoya ses officiers, elle fit ressortir à son podestat toutes les « causes de sang[1] ».

Mais rien n'était fait si, sur les murs de Pistoia, pouvait flotter l'enseigne de la vipère. Les diverses seigneuries le sentaient bien; « elles ne pensaient à autre chose[2] », incessamment stimulées, d'ailleurs, par les Cancellieri, qui vivaient en exil auprès d'elles[3]. Les Panciatichi, maîtres dans leur patrie, négociaient avec l'archevêque[4], non sans recevoir, pour mieux masquer leur dessein, deux cent cinquante hommes de garnison florentine. Comme ils refusaient à la République toute immixtion dans leur gouvernement et l'occupation même d'une forteresse, les prieurs sentirent bien qu'on les payait de grimaces; ils prêtèrent l'oreille à un notaire grand hâbleur, Piero Gucci, qui se vantait, par ses intelligences dans la place, de « mettre le feu au dedans et au dehors à la fois[5] ». Donato Velluti, un d'eux, et pour quatre jours leur chef ou *proposto*[6], nous apprend que, pleins d'ardeur pour cette affaire, qu'il fallait mener dans un grand secret, ses collègues et lui mangeaient seulement le soir, veillaient jusqu'à la cloche de minuit[7],

---

[1] Manetti, *Hist. Pist.*, l. III, R. I. S. XIX, 1061 ; M. Villani, I, 71, 73, 74 ; Ammirato, X, 517.

[2] « Non attendendo ad altro ogni priorato ». (Boninsegni, p. 393.)

[3] March. de Coppo, VIII, 644. Sur les rivalités des Cancellieri et des Panciatichi, voy. Fioravanti, c. 22, p. 315, 316 ; Inghirami, VII, 355, 359, 363 ; Ammirato, X, 518.

[4] « Il com. di Pistoia trattava coll' arcivescovo, e cosi era il vero. » (Donato Velluti, p. 88.)

[5] Donato Velluti, p. 88.

[6] Il nous dit lui-même qu'il était gonfalonier de justice depuis le 1er mars (p. 88). On voit donc que, encore alors, le gonfalonier n'était qu'un prieur, au même titre que les autres, et devenant à son tour *proposto*.

[7] Jusqu'aux *squille*, son de la cloche qui, à minuit, appelait les religieux à matines.

se levaient à la cloche du matin[1]. Piero Gucci avait pris les devants. Mais le corps d'armée qu'on lui envoyait (26 mars 1351) le trouva à Prato, n'ayant rien fait encore, et savourant à loisir un pâté d'anguilles. Les hommes d'armes voulaient le tuer. Lui, promettant monts et merveilles, il se met à leur tête, marche en avant, et s'abouche, malgré d'expresses défenses, avec Andrea Salamoncelli, chef lucquois de la garnison florentine à Pistoia, et fort suspect de ne vouloir point tremper dans ce traîtreux coup de main[2]. En effet, il avertit les *anziani*, et les murailles se couronnèrent de défenseurs avant que les Florentins y pussent appliquer leurs échelles. Un siége devenait nécessaire[3], mais l'indignation était grande à Florence. Le vantard Gucci pensa en porter la peine[4]. Pendant quatre années, Donato Velluti ne put obtenir l'absolution; il fit humblement pénitence. Malade de l'estomac et de la goutte, il n'en jeûnait pas moins tout le carême; mais il ne dormit tranquille qu'après avoir obtenu de l'Église son pardon[5].

En vain la seigneurie promit-elle paye double et mois

---

[1] Donato Velluti, p. 89, 92.

[2] « Ch'era troppo diritto e leale cavaliere di sua promessa. » (M. Villani, I, 97.) D. Velluti (p. 89) dit seulement : « Non fidandosi di M. Andreuccio Salamoncelli »; mais il était trop engagé dans l'affaire pour en parler impartialement.

[3] Donato Velluti, p. 90 ; M. Villani, I, 98 ; Ammirato, X, 520 ; Fioravanti, c. 22, p. 316.

[4] M. Villani, I, 97.

[5] D. Velluti, p. 92. La goutte joue un grand rôle dans son existence. Il en parle à chaque instant comme d'un obstacle à l'accomplissement de ses devoirs publics. « La guerra, dit-il, mi dispiacea e amava la pace, avendo io le gotti (p. 101.) » Il paraît n'avoir pas fait tout ce qu'il fallait pour ne pas aggraver le mal : quand il jeûnait et faisait maigre, par esprit de pénitence, il mangeait force mets succulents, poissons et lamproies (p. 92).

entier à ses mercenaires, s'ils prenaient Pistoia d'assaut (2 avril)[1]. En vain Salamoncelli rappelé venait-il les rejoindre et grossir leurs rangs. Tout était prêt pour leur tenir tête, pierres et pieux, chaux et eau bouillante. Plutôt que de s'exposer à un échec, mieux valait un accommodement médiocre. Les ambassadeurs de Sienne le procurèrent avantageux. Florence obtint ce qu'elle demandait tout d'abord, une forteresse de Pistoia, puis Seravalle, clef du val de Nievole, et la Sambuca, principal passage de l'Apennin, moyennant quoi elle restituerait vingt places pour elle de moindre intérêt[2]. Qu'elle occupât sans retard la Sambuca, et l'invasion des troupes milanaises n'était plus à craindre sur ce point. Elle perdit le temps à disputer avec Pistoia, dont c'était, à son avis, le devoir de faire cette occupation[3]. Giovanni d'Oleggio, profitant de l'énorme sottise, prenait possession de ce poste par un de ses mercenaires, avec des paysans bolonais, qu'il pourrait désavouer au besoin. Il était libre dès lors de déboucher dans la plaine et d'envahir la Toscane[4].

Evidemment Florence manquait d'hommes capables. La faute en était au hasard, à la peste ; l'esprit de parti en accusa les petites gens que le sort portait au pou-

---

[1] *Sign. cart. miss.*, X, 73.
[2] *Sign. cart. miss.* X, 74, 75. Lettres des 19, 21, 22 avril. D. Velluti, p. 90, 91. M. Villani (I, 98) prétend que les Siennois brouillèrent tout ; mais Ammirato le jeune (X, 522) confirme D. Velluti. Il déclare avoir vu une lettre des prieurs aux Siennois, où il est dit : « che mediante i loro ambasciadori, le cose di Pistoia s' erano ridotte ad assai lodevol fine, e che per ridurle a perfezione si desiderava che si trattenessero ancora qualche dì, chiamandoli prudenti ; mi pare che si possa credere a questa. »
[3] 30 avril 1351. *Sign. cart. miss.*, X, 76.
[4] 9 mai 1351. *Sign. cart. miss.*, X, 78; M. Villani, I, 98; *Cron. Bol.* R. I. S., XVIII, 426; *Chron. Est.* R. I. S. XV, 464; Ammirato, X, 521.

voir¹. Petits ou grands, aucun n'était à la taille de l'archevêque. Toujours l'œil en éveil, Visconti ne laissait pas à ses ennemis le temps de se concerter. Au premier soupçon que Jacopo Pepoli pourrait négocier avec les Florentins, il le faisait battre de verges et jeter à perpétuité dans une prison avec ses fils; il le dépouillait de ses biens et de l'argent qu'il lui avait compté pour l'achat de Bologne; il condamnait à mort quelques complices obscurs², puis délibérait avec ses alliés de conquérir Florence, « ce qui, selon Matteo Villani, eût été la fin du parti guelfe, car la seigneurie florentine l'eût fait seigneur d'Italie³ ». Conquérir Florence, tel est l'unique but d'une diète gibeline, tenue en juillet à Milan, et où siégent Ubaldini et Ubertini, Tarlati et Pazzi, Castracani, émigrés de Lucques, comtes de Santa Fiora et de Spadalonga, dont les fiefs impériaux s'étendaient dans les montagnes de Sienne, ambassadeurs des tyrans de Forlì, de Rimini, d'Urbino, et ceux même des Pisans⁴. Chacun, de son côté, s'engageait à ouvrir l'attaque dès

¹ « Peroche ogni vile artefice della comunanza vuole pervenire al grado del priorato e de' maggiori ufici. E per forza delle loro capitudini vi pervengono e così gli altri cittadini di leggiere intendimento e di novella cittadinanza... Catuno intende i due mesi che a stare al sommo uficio al commodo della sua utilità, a servire gli amici o a diservire i nimici. E non asciano usare libertà di consiglio a' cittadini. » (M. Villani, II, 2.) On verra plus loin que ces mêmes défauts seront plus sensibles encore quand le gouvernement sera devenu oligarchique. Ammirato (X, 523) accuse l'esprit de discorde qui se déchaînait « depuis qu'il n'y avait plus de noblesse », comme si la noblesse n'avait pas été le principal ferment de discorde! Au reste, il reconnaît plus bas (p. 526) que la peste fut pour quelque chose dans ce manque d'hommes distingués.
² *Chron. Est.* R. I. S. XV, 465; *Cron. Bol.*, R. I. S., XVIII, 423; M. Villani, II, 3.
³ « E ciò fatto, era spento in Italia il nome di parte guelfa. La signoria di Firenze il facea signore d'Italia. » (M. Villani, II, 4.)
⁴ M. Villani, I, 77, II, 2.

que les troupes milanaises déboucheraient de l'Apennin. Pise seule n'accepta pas le rôle qu'on lui voulait donner : les Gambacorti y dominaient, et, en qualité de marchands, étaient amis des Florentins[1].

Mais c'était assez de tant d'autres ennemis pour mettre Florence aux abois. Inutilement elle essaya de se faire comprendre, avec tous les guelfes, dans la paix probable du Saint-Siége avec l'archevêque[2]. Le 28 juillet, Giovanni d'Oleggio, parti de Bologne, arrivait sans encombre à la Sambuca, où il n'était plus qu'à quatre milles de Pistoia. Prisonnier des Florentins dans la guerre de Lucques, ce neveu ou bâtard d'évêque, probe et magnanime, au rapport d'un contemporain, éloquent comme Ulysse et prodigue comme Alcibiade, bon administrateur de Bologne et dévoué aux gibelins[3], ne pouvait faire grâce aux plus résolus des guelfes, à la ville qui en conduisait le chœur amoindri. Mais il perdit deux jours à réunir son armée qui s'attardait aux gorges de l'Apennin, et Florence en profitait pour introduire de suffisants renforts dans Pistoia (30 juillet), pour faire face aux Ubaldini qui brûlent Firenzuola et prennent Monte-Coloreto, aux Ubertini, aux Tarlati, aux Pazzi, qui, de Bibbiena, marchent avec des troupes milanaises contre les comtes Guidi, inébranlables dans leur fidélité[4].

C'était la guerre, et nulle part elle n'avait été déclarée, si ce n'est par une brève et dédaigneuse lettre écrite

[1] M. Villani, II, 4.
[2] 24 juillet 1351. *Sign. cart. miss.* X, 88 ; Ammirato le jeune, X, 525.
[3] P. *Azarii Chron.*, c. 11. R. I. S. XVI, 326. Selon March. de Coppo (VIII, 645) le capitaine de l'armée milanaise était Galeazzo Visconti, neveu de l'archevêque.
[4] M. Villani II, 6, 7 ; Ammirato, X, 524, 525.

sous les murs de Pistoia[1]. Des ambassadeurs florentins se rendirent auprès de Giovanni pour se plaindre de cette dérogation aux usages, et pour traiter de la paix sur les bases de la restitution de Sambuca et du respect des villes guelfes[2]. L'unique réponse du capitaine fut qu'il n'avait mission que de rétablir le bon ordre dans une province troublée par la discorde, accablée de charges insupportables; que si Florence acceptait la protection de l'archevêque, elle jouirait de tous les biens de la paix; qu'en cas contraire, elle serait réduite par le fer et le feu. Du coup, les pourparlers furent rompus. L'ambassade n'obtint pas même un sauf-conduit pour les renouveler à Milan. Elle dut rentrer à Florence, où l'audace de l'ennemi provoqua tout ensemble la stupeur et l'indignation[3].

Laissant la seigneurie semer aux quatre vents ses doléances, et demander des secours au pape, à Can grande, au marquis d'Este, à Bernardino de Polenta[4], aux alliés de Toscane[5], Giovanni d'Oleggio néglige Pistoia et Prato qu'il ne peut prendre d'un coup de main, et pousse en avant avec sept mille cavaliers et six mille fantassins jusqu'à Campi, Brozzi, Peretola. Les vivres manquaient; mais il était si facile de se ravitailler dans la riche campagne de Florence! Il l'était même, tout d'abord, d'entrer dans la ville, à la suite de ces *contadini* éperdus qui s'y réfugiaient avec leurs familles et leurs biens.

---

[1] « La quale sanza precedente cagione di nostro fallo disse : non havete voi voluto osservare la pace, e però vi facciamo la guerra. » (M. Villani, II, 8.)

[2] Juillet 1354. *Sign. cart. miss.* X, 89.

[3] M. Villani, II, 8 ; Ammirato, X, 524, 525.

[4] Ammirato le jeune, X, 525.

[5] March. de Coppo, VIII, 646.

L'agresseur en laissa passer le moment[1]. Voyait-on, des murailles, s'avancer ses coureurs : Fuyez, criait-on, les voici! Il en résultait des paniques dont on se remettait bientôt. « Les femmes, avec les mortiers[2], auraient suffi à les tuer[3]. » La seigneurie prenait les mesures d'usage : balie de dix-huit membres pour trouver de l'argent, officiers pour assembler les hommes, quand on sonnerait aux armes, pour fortifier la ville au dedans et au dehors. Sur le point le plus menacé, de la porte San-Gallo à la côte de Montughi, on creusa une tranchée que défendirent bon nombre d'arbalétriers. La *rocca* de Fiesole fut mise en état de défense. La garnison de Pistoia coupait les chemins de barricades et de fossés[4]. Ce qui manquait, c'étaient les chefs militaires. Aucun étranger de marque et d'expérience n'aurait osé, en se mettant au service des Florentins, encourir la colère du redouté seigneur de Milan. On voyait à la tête de leurs troupes le corroyeur siennois Erbanera[5], le prêtre Galiarsi et d'autres que Marchionne de Coppo, avec une autorité douteuse, déclare suffisants[6]. Lui-même, il rapporte avoir vu un d'eux, le vieux Uberto des Albizzi, capitaine du quartier San-Giovanni, chef des travaux à la porte San-Gallo, faire en personne la police[7], et, au lieu de condamner à mort ou à l'amende tel travailleur

---

[1] M. Villani II, 9 ; *Chron. Est.* R. I. S. XV, 468 ; Joh. de Bazano, *Chron. Mutin.*, R. I, S. XV, 617 ; Ammirato, X, 525.

[2] Avant l'invention de la poudre on appelait mortiers des machines à lancer des pierres.

[3] March. de Coppo, VIII, 649.

[4] M. Villani, II, 10, 11 ; Ammirato, X, 525.

[5] Agnolo de Tura, R. I. S. XV, 126.

[6] March. de Coppo, VIII, 654. Il donne plusieurs autres noms. On en trouve quelques-uns au *Lib. Consil.* D, ann. 1351, p. 45 sq.

[7] « Minacciava in persona. » (March. de Coppo, VIII, 647.)

qui avait levé sa hache sur un camarade, lui donner son pied à baiser, pour toute punition, « non par orgueil, mais par simplicité[1] ».

Cette fois encore, pourtant, Florence lassa ses ennemis. La haine de la tyrannie avait rétabli la concorde entre ses citoyens[2]. Dans la campagne, les moulins détruits, un temps chaud et sec[3], un gaspillage insensé de tout ce que donnait la rapine, réduisirent bientôt les envahisseurs à se passer de pain et de sel, à vivre de fruits verts qui propageaient la dyssentérie. Le 11 août, Giovanni d'Oleggio dut battre en retraite sur Calenzano, et repousser les poursuites des Florentins enhardis[4]. Pour ne point revenir sur ses pas, il devait s'acheminer par le val de Marina, étroit défilé qui conduit dans le Mugello et qu'on ne pouvait franchir qu'homme à homme, en quelque sorte, et à pied[5]. On ne défendit point ce passage. Seuls, de leurs hauteurs, quelques paysans résolus infligèrent des pertes sensibles aux Lombards, pleins de mépris pour la pusillanimité des Florentins[6].

Pendant cette pointe de six jours dans le Mugello, où

---

[1] March. de Coppo, VIII, 647.

[2] *Ibid.* Rub. 649, 650.

[3] C'est M. Villani (II, 10) qui émet cette assertion très-vraisemblable, puisqu'on était au mois d'août, que le temps était sec ; mais on voit dans Joh. de Bazano (R. I. S. XV, 617) que si G. d'Oleggio échoua, « hoc fuit propter tempus pessimum pluviarum quæ dictum exercitum expulerunt violenter ».

[4] M. Villani, II, 10.

[5] Cette petite vallée a pris son nom de deux cours d'eau qui prennent leur source au mont Alle Croci, et coulent parallèlement pendant huit milles sur le territoire de Calenzano, jusqu'à ce qu'ils se jettent dans le Bisenzio, la Marinella à Capalle et la Marina à Campi. La vallée a pour limites à l'est le mont Morello, à l'ouest le mont de la Calvana. (Repetti, III, 80.)

[6] M. Villani, II, 11 ; March. de Coppo, VIII, 648.

leur ennemi prenait des places et trouvait des alliés[1], ces médiocres guerriers ravitaillaient leurs forteresses, Scarperia surtout, si importante à cause de la proximité de Bologne, de la fertilité du pays, d'une forte situation dans la vallée de la Sieve, entre les montagnes du Mugello et celles du val d'Arno supérieur[2]. Le 20 août, les Milanais en vinrent tenter le siége. Derrière eux, les Ubaldini assuraient leur retraite sur Bologne, tandis que, du côté d'Arezzo, les Tarlati et l'octogénaire Pier Saccone tenaient les guelfes en échec[3]. Un écuyer allemand défendait Scarperia. Sommé de se rendre, il demanda trois ans pour réfléchir[4]. Sa spirituelle et courageuse insolence donna du cœur aux paysans d'alentour; ils se rassemblent aux défilés, fondent sur la cavalerie, dégagent Pulicciano. La hardiesse est contagieuse comme la peur. Giovanni Visdomini accourt de Florence, et, avec trente hommes, se jette dans Scarperia, jaloux de laver la tache imprimée à son nom par Cerretieri, son parent, l'indigne suppôt du duc d'Athènes. Giovanni des Medici, fils de Cante, accouru de son côté avec cent

---

[1] M. Villani, II, 12; Ammirato, X, 526. — « Tanus comes de Montecarelli occupavit arcem Montis Vivagni, ideo sit rebellis. » (Lib. Consil. D, ann. 1351. Note d'Ildefonse de San Luigi, *Delizie*, etc. XIII, 155.)

[2] Scarperia avait été fondée 45 ans auparavant par les Florentins, à 12 milles de Florence et à 2 milles à peine de la montagne, sur la route. Arch. delle Rif. dans *Arch. stor.* Append. VII, 385. March. de Coppo, VIII, 650; Ammirato, X, 529. — « Scarperia, oppidum sic dictum eo quod in montis pede, vulgo scarpa, sit positum. » (Note à Poggio Bracciolini, R. I. S. XX, 205.)

[3] M. Villani, II, 22; Ammirato, X, 529; Ser Gorello, R. I. S. XV, 858.

[4] M. Villani, II, 15; Ammirato, X, 527. — Sismondi (IV, 128) paraît prendre au sérieux cette réponse qui n'est qu'une bravade; nous voyons dans Matteo Villani que Scarperia était une place faible, murée seulement sur un côté, et défendue sur l'autre par quelques travaux faits à la hâte. Au reste, plus bas, Sismondi ne tarde pas à se contredire. Voy. p. 129.

masnadieri[1], reçoit la direction de la défense[2]. Tous ces gens étaient des fantassins. L'infanterie recommençait alors d'être à la mode[3]. Siennois et Pérugins y envoyaient leurs contingents[4]. Mais avec ce genre de soldats, introduire par la ruse hommes et vivres dans la place assiégée, enlever des convois dans la montagne, attaquer des corps détachés, telle était la seule guerre qu'on crût pouvoir faire au Lombard.

C'était du temps perdu pour ses armes, et gagné pour un peuple de marchands diplomates. On vit ce peuple, alors, entraver les négociations de l'archevêque pour rentrer en grâce avec l'Église. Il avait invoqué la médiation de Jean, roi de France[5]; la seigneurie le représente à ce prince comme « l'ennemi notoire de sa race[6] »; elle l'accuse de désoler par la rapine et l'incendie le territoire de la République, d'en violer la liberté, « propagée par les victorieux secours » des rois très-chrétiens[7]. Au pape et au collège des cardinaux elle adresse

---

[1] M. Villani, II, 20, 25; March. de Coppo, VIII, 651; *Cron. Pis.* R. I. S. XV, 1025; Ammirato, X. 529, 530; Marangone, R. I. S. Suppl. I, 709.

[2] *Lib. Consil.* D, ann. 1351, p. 52, dans *Del.* XIII, 160, note. Avec ce Giovanni se trouvait Silvestro d'Alamanno des Medici dont il sera longuement question plus tard. (*Ibid.*)

[3] « Per certo a quel tempo li buoni fanti erano pregiati ed onorati siccome oggi s'onorano infra gli uomini comuni li cavalieri a sprone d'oro. » (March. de Coppo, VIII, 651.)

[4] Agnolo de Tura, R. I. S. XV, 126. — Pour les Pérugins, cela résulte d'un texte de Graziani qu'on trouve dans Bonazzi, p. 435, note 3.

[5] « Vestro culmini supplicavit ut penes summum Pontificem dignaremini interponere partes vestras, ut opere vestro admicteretur ad gratiam reconciliationis cum Ecclesia Dei sancta. » (Lettre de la seigneurie à Jean le Bon, 26 août 1351. Publiée par M. Desjardins, I, 23, 24.)

[6] « Hostis notorius vestre stirpis. » (*Ibid.*)

[7] « Per hostiles incursus in nostrum territorium quod rapinis et incendiis lacessitur.... Nostram libertatem vestris victricibus presidiis propagatam, nobis subripere demolitur, ut viribus nostris suis adjunctis, ad

(4 septembre) des lettres pressantes, invoquant les armes spirituelles et temporelles du Saint-Siége[1], « seul refuge, seul espoir des Florentins[2] ». Comme elle prévoit un refus, elle avertit ses alliés qu'il faudra se résigner à la venue de l'empereur ou de tout autre prince adversaire de cet enragé tyran, et même l'appeler[3].

On parvint ainsi au mois d'octobre. La saison devenait mauvaise, la vie sous la tente désagréable. Vivres et fourrages étaient rares. Forcé d'en finir, Giovanni d'Oleggio veut tenter un suprême effort, et ses Allemands n'y consentent que moyennant dix mille florins[4]. Mais à la guerre d'argent Florence ne craignait personne : elle ébranle une fidélité vénale en promettant, comme le Visconti, double paye, mois entier, et, de plus, un engagement d'un an à la solde de la République, c'est-à-dire une plantureuse existence au service d'une ville qui, autant que possible, évitait les combats.

Trois assauts furent en vain donnés, quoique le chef milanais eût habilement porté son attaque sur un point que les hautes murailles maintenaient dans l'ombre,

---

recalcitrandum contra Ecclesiam ejusque devotos et regios magis se potentem inveniat offensorem. » (*Ibid.*)

[1] Publiée dans l'*Arch. stor.* Append. VII, 383, 384.

[2] « Considerato che la chiesa è solo nostro refuggio e speranza... » (Lettre de la seign. à ses ambassadeurs à Sienne. 16 septembre 1351, dans l'*Arch. stor.* Append. VII, 387.)

[3] « Ma se non si disponesse a fare insieme co' detti comuni resistentia opportuna..., dicano i detti ambasciadori che poiche la chiesa, la quale princ'pale offesa dal tiranno predetto si ritrae da fare le predette cose... seguirà di necessità ch'e predecti comuni invochino per conservatione di loro libertà l'aiuto et favore dello imperatore o di qualunque altro principe o signore... Et se poi lo papa toccasse di fare passare lo imperadore, et domandasse della intentione di questi comuni, parci che possano rispondere che se vuole fare la impresa... che sieno contenti di questo. » (*Ibid.*)

[4] Matteo Villani, II, 33.

tandis que la lune éclairait tout le reste[1]. Après quatre vingt-deux jours passés sur le territoire florentin, et soixante-un devant une bicoque, après avoir noué à Florence et à Pistoia des intrigues qui n'aboutirent qu'à la mort des intrigants subalternes[2], Giovanni, le 16 octobre, retournait piteusement vers Bologne, heureux encore que les chemins et les passages fussent occupés par des nobles gibelins[3]. Ainsi toutes les forces du terrible archevêque avaient échoué contre une ville sans capitaines et presque sans armes, privée de l'appui du Saint-Siége et de la reine de Naples, mais qui retrouvait, quels que fussent ses chefs, son indomptable énergie, quand elle voyait son indépendance menacée et son sol envahi.

Elle le sentait, toutefois, la lutte n'était point terminée : un Visconti subissait sa défaite, il ne s'y résignait pas. Partout il cherchait des partisans et des traîtres. Dans l'hiver, Arezzo pensa lui être vendu[4]. Pour repousser les invasions de l'avenir, Florence fortifia tous les passages de l'Apennin où elle avait accès, et prit à sa solde au moins trois mille mercenaires : c'était plus que la ligue tout entière n'était obligée d'en entretenir[5]. Les finances communales étant épuisées, il fallut pour les renouveler, faire flèche de tout bois. Une répartition nouvelle de l'impôt sur les feux (*fumanti*) donna cent cin-

---

[1] On peut voir les détails de cet assaut dans M. Villani (II, 29-33), Ammirato (X, 532-535) et Sismondi (IV, 130) qui se laisse entraîner, par une lecture trop rapide des textes, à diverses erreurs, par exemple quand il dit que les assiégeants abandonnèrent leurs 64 échelles, tandis que, d'après M. Villani, ils n'en abandonnèrent que 3.

[2] Notamment Lippo Ammanati. « Suspensi fuerunt ad furcas. » (*Chron. Est.* R. I. S. XV, 468.)

[3] M. Villani, II, 33.

[4] *Id.*, II, 36, 37.

[5] *Id.*, II, 46.

quante écus par jour. Une autre taxe fut levée, dont le nom populaire, la scie (*sega*) indique peut-être le caractère vexatoire. Les clercs furent imposés pour une forte somme. Il fut permis de se racheter du service militaire, et l'on obtint par an, de ce chef, cinquante deux mille florins, innovation bien accueillie, mais funeste, qui livrait la République, et après elle toute l'Italie, à des mercenaires sans foi [1]. On put ainsi, en favorisant une lâche tendance et au prix d'une gêne générale, dépenser annuellement trois cent soixante mille florins d'or [2].

On essaya encore de les épargner. Le 26 octobre, partaient en ambassade pour Avignon l'évêque de Florence et Andrea des Bardi. Ils avaient mission d'inviter Clément VI à entrer dans la ligue toscane, à pardonner aux seigneurs de Romagne, s'ils séparaient leur cause de celle des Visconti, à couronner Louis de Tarente, bon ami des guelfes, roi de Naples, de Sicile et de Jérusalem [3], à pro-

---

[1] Ammirato, X, 537.

[2] March. de Coppo, VIII, 652; Matteo Villani, II, 46; Ammirato, X, 537.

[3] Les affaires de Naples occupent une grande place dans l'histoire de ce temps. Robert avait laissé son trône à sa petite-fille Jeanne, mariée à André, son cousin, second fils de Caribert, roi de Hongrie; dans cette cour livrée au plaisir, André soupçonnait la reine d'intrigues coupables avec Louis de Tarente, un autre cousin; gênant pour ces amours coupables, obstacle à la fortune de ce jeune galant, on le tua (18 septembre 1345). De là partout des préparatifs de guerre civile et même de guerre étrangère, car Louis de Hongrie, roi de ce pays et gendre de Charles IV, roi des Romains, vient en Italie (3 novembre 1347) pour venger son frère. Florence, tenant à ne se brouiller avec aucun des deux partis, avait refusé de recevoir dans ses murs Louis de Tarente en fuite à travers le territoire florentin (G. Villani, XII, 115; Ammirato, X, 504). Déjà, le 15 janvier 1348, Jeanne s'était embarquée à Naples pour la Provence. Louis de Hongrie, bientôt maître de tout le royaume, en laissait le gouvernement à deux barons allemands, et retournait dans ses États. De là les efforts des princes exilés, unis par le mariage, pour rentrer à Naples. En 1351 Clément VI les reconnaissait roi et reine de Naples, et Louis de Hongrie s'estimant vengé n'y faisait pas opposition. Voy. Sismondi, IV, 46-51, 54-57, 101-103, 136,

mettre indulgence plénière, *in articulo mortis*, pour quiconque mourrait en combattant l'archevêque[1]. Mais les présents, l'or milanais avaient corrompu bien des cardinaux, et la vicomtesse de Turenne, maîtresse du pape[2]. Obsédé de leurs instances, fatigué de la lutte, Clément VI était prêt à un accommodement. Il donna aux Florentins le choix entre une paix immédiate et une guerre conduite par le roi des Romains[3].

Cette alternative déplaisait à Florence. Elle ne croyait point la paix possible, et elle répugnait à la venue des seigneurs d'outre monts. Giovanni d'Oleggio parti, elle avait renouvelé, pour s'y opposer, la ligue d'avril 1347[4]. Si elle devait s'y résigner, dans l'abandon où la laissait le Saint-Siége[5], elle préférait à Charles de Bohême Louis de Bavière, marquis de Brandebourg, fils de cet exécré Bavarois dont une chute de cheval, quatre ans auparavant, avait causé la mort[6]. Giovanni de Boccaccio, le cé-

qui indique les sources. Ainsi triomphait la politique des Florentins, qui avaient fini par prendre parti.

[1] 25 octobre 1351. *Sign. cart. miss.* X, 99. Publiée dans l'*Arch. stor.* Append. VII, 387. Ammirato le jeune (X, 536) l'a analysée.

[2] M. Villani, II, 52. *Ann. Eccl.* 1352, § 7. t. XXV, p. 556. Voici, sur les mœurs de Clément VI, le témoignage de Matteo Villani : « Delle femine essendo arcivescovo non si guardò, ma trapassò il modo de'secolari giovani baroni. Nel papato non sene seppe contenere nè occultare, ma alle sue camere andavano le grandi dame come i prelati, e fra l'altre una contessa di Torenna fu tanto in suo piacere che per lei faceva gran parte delle grazie sue. Quando era infermo, le dame il servivano e governavano come congiunte parenti gli altri secolari. » (III, 43.)

[3] Matteo Villani, II, 52, III, 3; Ammirato, X, 540. A ces deux expédients proposés par le pape, M. Villani en ajoute un troisième, celui d'une ligue avec l'Église; mais on ne voit pas bien en quoi il différait du second, car cette ligue n'aurait eu pour objet que la guerre, et la guerre d'accord avec l'Église, c'est ce que Florence désirait le plus.

[4] Matteo Villani, II, 46. Ammirato, X, 557.

[5] Matteo Villani, III, 6.

[6] 11 octobre 1347. Voy. Sismondi, IV, 56, 57.

lèbre conteur, lui fut expédié (12 décembre)[1], et en obtint qu'il enverrait, pour traiter, un de ses fidèles, Diepold de Cazanstamer. Mais les prétentions exagérées de cet Allemand ramenèrent les Florentins à leurs instinctives répugnances. D'accord avec les Pérugins, ils rompirent la négociation[2].

Cependant, comme la guerre continuait avec les gibelins alliés de l'archevêque[3], comme on s'attendait à le voir lui-même rentrer en scène, il fallait bien, au risque de raviver la faction impériale, chercher la force où l'on pensait la trouver, chez le roi des Romains[4]. Un de ses amis, Ramondino Lupo, marquis de Soraga, secrétaire royal, exilé guelfe de Parme, servit d'intermédiaire[5]. Un grand prélat, vice-chancelier de ce prince, vint à Florence, et entra avec divers citoyens délégués, dont était Donato Velluti, en pourparlers secrets[6], qui, cette fois, aboutirent. Les trois communes guelfes de Toscane s'obligeaient, envers Charles de Bohême, à deux cent mille florins d'or

---

[1] « Ecce intentionem nostram referendam vestræ excellentiæ commisimus viro prudenti Domino Joanni Boccacio civi et ambasciatori nostro solemni. » (Lettre de créance, dans Mehus, p. 268, et Baldelli, *Vita del Boccaccio*.)

[2] 24 et 27 mars 1352. *Sign. cart. miss.*, X, 121. Doc. publié dans *Arch. stor.* Append. VII, 389. Cf. Ammirato, X, 537.

[3] Matteo Villani, II, 42, III, 17-42. Ammirato, X, 539-544. Voy. les détails dans Sismondi (IV, 205); mais cet auteur ne s'astreint pas assez à l'ordre chronologique. Quelques traits se trouvent dans une lettre de la seigneurie. On y voit, entre autres choses, qu'elle n'avait pas envoyé moins de 22 bannières à la défense de Pérouse (17 décembre 1351. *Sign. cart. miss.* X, 107).

[4] « Veggendo noi ambasciadori non essere sufficienti i comuni di Toscana a tanto uccello senza l'appoggio d'altrui, si ragionò si mandasse al papa, trattasse perchè l'imperatore venisse in Italia. » (D. Velluti, p. 93).

[5] Lettre de la seigneurie à Charles IV, 1er mai 1352. *Arch. stor.* Append. VII, 389.

[6] Donato Velluti, p. 94. Matteo Villani, II, 76. Cet au[...]vice-chancelier « messer Arrigo, proposto di Esbrita, dell'o[...] certi frieri ».

pour la paie de trois mille cavaliers pendant une année, à un présent de dix mille autres florins, à un tribut qui se montait, pour Florence, à trente-six deniers par feu[1]. En retour, Charles s'engageait à commencer au mois de juillet la guerre en Lombardie avec deux mille de ses cavaliers et mille du pape, en attendant que les trois mille de la ligue guelfe le pussent rejoindre. Il promettait de respecter les libertés et statuts des communes, de reconnaître leurs droits sur leurs possessions, même sur les possessions perdues depuis six ans, d'accorder aux prieurs de Florence et aux Neuf de Sienne, quand il aurait ceint la couronne impériale, le titre de vicaires impériaux, de lever toutes les condamnations portées par Henri de Luxembourg, son aïeul, de ratifier ces conventions avant le 15 juin[2]. Elles avaient été arrêtées le 14 avril, approuvées le 30, et, le 1ᵉʳ mai, la seigneurie en donnait avis à Charles[3], mais elle continuait de les tenir secrètes. Elle attendait de savoir quel parti prendrait enfin le Saint-Siége.

La nouvelle ne s'en fit guère attendre. Le 5 mai, en plein consistoire, considérant la soumission et la sainte obéissance de l'archevêque, Clément VI annulait tous les procès à lui intentés, recevait de lui les clefs de Bologne,

---

[1] Matteo Villani (III, 7) dit 26 deniers, et G. Capponi (I, 234) le suit; mais ce nombre est écrit en chiffres, et dans Ammirato (X, 542) 36 est écrit en lettres. Cela ressemble fort à la correction d'un auteur qui a vu les documents.

[2] Matteo Villani, II, 66, 68, 76; III, 3-7. Ammirato, X, 542.

[3] « Maturo secum tractatu habito super felici Regie majestatis adventu ad partes Ytalie... Heri civium nostrorum unanimi interveniente consensu... tractatum firmavimus... confidentes... nosque et ceteros devotos regie majestatis, sub alarum umbra vestrarum contra tyrampni viperei venenosam ingluviem protegi. » (Lettre de la seigneurie à Charles IV. 1ᵉʳ mai 1352. *Arch. stor.* Append. VII, 389).

et les lui rendait aussitôt pour douze ans, à titre de feudataire de l'Église, moyennant une redevance annuelle de douze mille florins. Cent mille furent payés par Visconti à la chambre apostolique pour les frais de la précédente guerre en Romagne, sans préjudice des deux cent mille déjà dépensés pour gagner cardinaux et maîtresse en Cour d'Avignon[1]. C'était payer cher la possession de Bologne ; mais Bologne ouvrait une porte sur l'Apennin.

Florence aurait donc dû s'applaudir de son accord avec Charles de Bohême. Loin de là, peu s'en fallut que, malgré des hostilités persistantes en Toscane, elle n'accédât à la trève, avant-coureur de la paix[2]. C'était chose grave que d'appeler en Italie non un Bavarois sans pouvoir, mais l'héritier des Césars germains, dont le droit de juridiction, soutenu par les légistes, n'était contesté par personne, même dans les Républiques, où tout notaire, tout chancelier se disait, dans les actes publics, *imperiali auctoritate notarius, judex*[3]. Charles ne pouvait-il concevoir son droit comme l'avait conçu son aïeul, d'une manière infiniment moins platonique que les guelfes ne l'entendaient ? Quand les conditions de l'accord furent connues, dans toute l'Italie elles semblèrent étranges[4], et, à Florence, elles déplurent fort. On les maintint

---

[1] *Cron. Bol.* R. I. S. XVIII, 427 ; Matteo Villani, III, 4 ; Ghirardacci, l. XXIII, t. II, p. 243.

[2] 22 et 25 mai 1352. Doc. dans *Arch. stor.* Append. VII, 590. Ce document donne le détail des hostilités : occupation d'Orvieto par Tanuccio des Ubaldini ; Sorano enlevé par Fr. Castracani ; aide donnée au comte de Montecarelli pour « courir » le contado florentin, etc. Cf. Ammirato, X, 544.

[3] G. Capponi, I, 233.

[4] « Grande ammirazione ne fu per tutta Italia... Patti e convenzioni erano assai strani. » (Matteo Villani, III, 6.)

pourtant en repoussant la trêve (2 juillet)[1]. Des commissaires furent envoyés à Padoue pour s'entendre avec ceux de l'empereur désigné[2]. Ce n'était pas chose facile. Comme il arrive dans les alliances contre nature, les obstacles aplanis se relevaient aussitôt. Tandis que Lotto Gambacorta, qui dirigeait avec son frère Francesco la politique pisane, venait à Florence, marquer, en guelfe zélé, leur surprise d'un tel appel à l'ennemi du nom italien, plus dangereux cent fois que l'archevêque[3], Charles, mis en garde par les gibelins contre les avances des guelfes, s'indignait à l'impertinente familiarité de leurs ambassadeurs[4], refusait tout engagement d'être en Italie à jour fixe, exigeait des garanties pour l'argent, déclarait le traité nul, si, avant le 8 septembre, n'arrivaient les ratifications des Pérugins et des Siennois. Le 8 septembre passé, les ambassadeurs florentins durent revenir dans leur patrie, laissant tout en suspens. Deux d'entre eux restaient néanmoins à Udine, prêts à renouer, s'il était possible, avec le délégué de Charles, probablement le patriarche d'Aquilée, son frère naturel[5].

Mais l'incertitude du résultat obligeait à jouer jeu double, et à négocier simultanément avec l'archevêque. Le 19 novembre, quatre religieux se trouvaient à Sarzane, deux représentant Florence et deux l'ambitieux Vis-

---

[1] 2 juillet 1352. Instruction aux ambassadeurs envoyés à Pérouse et à Sienne. *Sign. cart. miss.* XI, 1.

[2] 18 juillet 1352. Instructions à l'ambassadeur envoyé à Sienne. *Sign. cart. miss.* XI, 5.

[3] 6 août 1352. *Sign. cart. miss.* XI, 4. Ammirato, X, 546.

[4] Matteo Villani (III, 30) et Ammirato (X, 547) rapportent que les ambassadeurs florentins lui dirent : « Voi filate troppo sottile, » vous êtes trop minutieux, parole qu'Ammirato appelle « une sotte et basse métaphore ».

[5] Minute de la ratification écrite à Prague, le 30 juin, et *Libro delle consulte*, cités par G. Capponi, I, 235.

conti[1]. Ce dernier n'avait pu se refuser au vœu du Saint-Siége. Il craignait, d'ailleurs, les effets d'une alliance des guelfes avec Charles IV, et bientôt il eut à craindre l'hostilité de la cour d'Avignon. Clément VI était mort le 5 décembre, et, le 28 du même mois, pour éviter une pression trop directe du roi de France, le conclave se hâtait d'exalter Étienne d'Albret de Brissac, jadis évêque de Noyon et de Clermont, alors cardinal-évêque d'Ostie, qui prit le nom d'Innocent VI. Dans l'inévitable réaction de tout règne nouveau, ce pontife pouvait rompre un traité arraché à Clément VI par les obsessions salariées de ses courtisans et de ses courtisanes. Après bien des difficultés et des lenteurs[2], la négociation réussit, grâce à la médiation de Pise (31 mars 1353). La paix était perpétuelle. L'archevêque remettait Sambuca aux Pisans, Piteccio et quatre autres châteaux à Pistoia. Florence démantelait Montegemmoli et Tigli, restituait Lozzole aux Ubaldini, relevés de leurs condamnations, rétablis dans leurs biens, ainsi que leurs adhérents, parmi lesquels de vieux et grands noms d'exilés florentins, Ricovero des Cerchi, Gentile et Ugolino des Soldanieri, ennemis de leur patrie depuis l'expulsion des

---

[1] *Sign. cart. miss.* XI, 7. Cf. un autre doc. du 1ᵉʳ décembre, *Ibid.* f° 8. C'est donc à tort que Sismondi (IV, 204) prétend qu'après l'élection du nouveau pape, l'archevêque de Milan *proposa* un congrès à Sarzane, et que les conférences commencèrent le 1ᵉʳ janvier 1353.

[2] On peut voir le détail de ces difficultés dans diverses lettres de la seigneurie, de la fin de janvier 1353 à la fin de mars. L'archevêque exigeait que Borgo San Sepolcro ne fût plus soumis à Pérouse; il demandait la restitution de Montegemmoli et de Lozzole aux Ubaldini, etc. (*Sign. cart. miss.* XI, 14-20). Contre les négociations trop prolongées, Florence protestait dans ses instructions à un seul ambassadeur qui avait remplacé les *frati :* « Se non avesse animo a pace, il comune prenderebbe partito a fatti suoi e sua difesa, avendo per le mani assai cose utili e honorevoli, le quali non patiscono tanta lunghezza. » (Déc. 1352. *Ibid.* 8 v°.)

Blancs. Les portes leur furent rouvertes, sauf à quelques-uns qu'on en tint éloignés à la distance de plusieurs milles[1]. Chez les Florentins, la rancune, la défiance étaient dans le sang.

Promulguée le 1ᵉʳ avril dans un parlement de tout le peuple[2], cette paix donnait satisfaction à un impérieux besoin de repos et d'économie; mais on n'en fit aucune fête, on n'en témoigna aucune joie, sauf d'obligatoires actions de grâces aux médiateurs Gambacorti[3], car Florence se sentait exposée aux caprices, aux tromperies, aux convoitises d'un seigneur cauteleux et puissant, maître, quand il le voudrait, de recommencer la guerre[4].

Ce n'est pas de lui, pourtant, que devaient venir les premiers embarras. A Rome avait échoué l'entreprise archaïque de Cola ou Niccola, ce fils du cabaretier Renzo ou Lorenzo, qui savait *lejere li pataffi*, déchiffrer les inscriptions[5]. C'est en vain qu'il avait voulu introduire dans la vie ses lectures et ses rêves, rétablir « l'ancien et bon état », c'est-à-dire la République romaine, réunir tous les Italiens sous la loi de Rome capitale. L'impossibilité de son plan d'antiquaire, la

---

[1] 31 mars 1353. *Capitoli*, XIII, 94, et XXXIX, 66. Ratification, 8, 16 avril, 10 mai. *Riform. Atti pubblici*, I, 2, t. XI, *Capitoli*, XIII, 129. *Provvisioni*, XLI, 91. Les stipulations, les adhésions d'une foule de seigneurs, les noms des rebelles et bannis qui sont absous, occupent tout un volume. (*Catapecore*, t. III.) Cf. *Sign. cart. miss.* XI, 29, 30; Matteo Villani, III, 59; Ammirato le jeune, X, 552.

[2] *Sign. cart. miss.* XI, 21. Matteo Villani, III, 59. Sienne refusant d'accéder à la paix, on l'y inscrivit néanmoins, en lui laissant trois mois pour la ratification. (28 avril 1353. *Sign. cart. miss.* XI, 30 v°.)

[3] 4 avril 1353. *Sign cart. miss.* XI, 25 v°.

[4] Matteo Villani, III, 59.

[5] Tomao Fortifioca, *Vita di Cola Renzo*, Bracciano, 1624.

vanité de son caractère personnel l'avaient poussé à Prague, puis en cour d'Avignon, où Charles IV et Clément VI lui donnaient une prison au lieu d'un asile (décembre 1347)[1]. Florence avait reconnu, salué tour à tour ses successeurs, le « recteur » Giovanni Cerroni, le « tribun » Francesco Baroncelli[2]. Mais le Saint-Siége ne renonçait point à rétablir son pouvoir dans la ville éternelle. Après Bertoldo Orsini, qui mourut lapidé, et Stefano Colonna, qui ne se dérobait à la mort qu'en s'échappant déguisé par une fenêtre[3], Innocent VI en chargeait le cardinal de Cuenca, Egidio Albornoz, archevêque de Tolède, vaillant chevalier, qui avait, non sans distinction, porté les armes contre les Maures, et se disait issu des maisons royales de Léon, d'Aragon[4]. Il ne pouvait atteindre Rome sans recouvrer d'abord le patrimoine de l'Église, perdu depuis que le successeur des apôtres vivait sous d'autres cieux, occupé par le préfet Giovanni de Vico[5], par Francesco des Ordelaffi,

---

[1] Voy. sur Cola Rienzi, outre Fortifioca, *Framm. di Stor. Rom.* dans Muratori, *Ant. med. œvi*, III ; vies de Rienzi par le P. Ducerceau (Paris, 1733), par Dujardin, dit Boispréaux (Paris, 1743) ; Zeller, *Études sur l'Italie* (Paris, 1856) ; Papencordt, *Cola di Rienzo und seine Zeit*, Hambourg, 1841 ; Paludan Muller, *Cola di Rienzi*, Odense, 1838 ; Zeffirino Re, *Storia di Rienzi*, Flor., 1854 ; Ferd. Gregorovius, *Geschichte Stadt Rom.*; Reumont, *Geschichte der Stadt Rom.* Berlin, 1867.

[2] « Quum velle unum et idem nolle concurrere inter bonos et graves amicitia reputatur... vestras litteras gaudiose recepimus ». (Lettre de la seigneurie à Baroncelli. 12 octobre 1353. *Sign. cart. miss.* XI, 52.)

[3] 13 février 1353. Matteo Villani, III, 57 ; Sismondi, IV, 212.

[4] Voy. pour plus de détails Sade, l. V, t. III, p. 313.

[5] Le « Prefetto da Vico » (M. Villani), ou « di Vico » (Ammirato) était seigneur d'un château sur les rives pittoresques du lac de Vico, à la descente de la montagne de Viterbe. Aujourd'hui le château est détruit, les collines sont couvertes de forêts ; il n'y a plus un habitant dans ce pays où il levait des armées. Il portait le titre de Préfet de Rome. (Sismondi, IV, 213.)

tyran de Forlì, par Guglielmo des Manfredi, tyran de Faenza, tous frappés d'excommunication [1].

Contre le préfet Florence, de concert avec Pérouse, avait défendu Todi victorieusement, Orvieto sans succès [2]. C'était son excuse pour avoir reconnu les usurpateurs de Rome. Elle reçut donc sans embarras (2 octobre) le légat Albornoz, qui arrivait par Pise, l'archevêque lui ayant refusé le passage par Bologne [3]. Elle lui donna cent cinquante cavaliers, noyau de sa future armée, car il était venu sans hommes et sans argent, confiant en son étoile, comptant gagner les habitants du Patrimoine par la promesse de rétablir le gouvernement républicain, dont ils avaient longtemps joui sous la protection de l'Église. L'appui des Florentins était, au fond, la pierre angulaire de l'édifice à reconstruire; mais il eût fallu que cette pierre ne fût pas ébranlée, et elle l'était alors par un fléau de date récente qui s'implantait par toute la péninsule, pour en faire longtemps le malheur. Il s'agit des grandes compagnies.

Depuis neuf ans déjà elles s'y étaient déchaînées; mais Florence n'en avait pas souffert encore. Après avoir conclu la paix avec le duc d'Athènes [4], les Pisans, par économie, avaient en hâte licencié leurs cavaliers mercenaires. Un aventurier allemand, Werner ou Warner, duc d'Urslingen [5], en prit deux mille à sa solde, et en

---

[1] 9 juillet 1352. *Ann. eccl.* 1352, § 11, t. XXV, p. 558. Cette bulle dit naturellement « de fide suspectus..., de fide merito suspectum habentes. »

[2] Matteo Villani, III, 81, 84.

[3] Polistore, c. 40. R. I. S. XXIV, 833.

[4] Voy. plus haut, même vol. ch. IV, p. 273, 274.

[5] On prétend que ce Warner n'était pas étranger à l'Italie, par ses ancêtres, auxquels Ancone et Spolète auraient obéi dans le temps de la race souabe. (Bronner, *Abenteuerliche*, etc., ou *Storia di Guarnieri duca di Urslingen*. Part. II, § 14-31, citée par Ricotti, II, 51.)

grossit bientôt le nombre par l'appât de ses promesses. Dévaster les terres sans les conquérir, en frapper les habitants de lourdes contributions, guerroyer contre les faibles et les riches, mettre en commun le fruit des rapines, puis partager selon les mérites et le rang, ou recevoir une paie fixe en renonçant à sa part du butin[1], telles étaient les bases de cette association funeste, acclimatée en Italie sans doute avant de l'être en France. Digne chef de ces brigands, Warner portait sur sa soubreveste une plaque où se lisaient ces mots en lettres d'argent : *Duc Warner, seigneur de la Grande Compagnie, ennemi de Dieu, de la piété et de la miséricorde*[2]. En 1342, il avait parcouru ainsi les territoires de Volterre, de Sienne, d'Arezzo, de Castiglione Aretino, de Cortone, de Pérouse[3], évitant avec soin le territoire de Florence, pour ne pas se faire de querelle avec le redoutable Gaultier[4]. Les loups, d'ailleurs, dit le proverbe, ne se mangent pas entre eux. Il y avait en Toscane tant de brebis à manger ou à tondre, tant de villes sans armées, sans habitude ni goût de l'état militaire, sans autres défenseurs que des mercenaires faciles à séduire par l'espoir d'une solde plus forte ou de gains plus abondants[5], sans moyens de les retenir, puisque la seule pénalité pour un contrat violé c'était de le rompre ! Les communes attaquées se rachetaient à prix d'or[6].

---

[1] Ricotti, II, 51. Giov. Villani, XII, 9. *Cron. Pis.* R. I. S. XV, 1012.

[2] *Ist. Pist.* R. I. S. XI, 489.

[3] Bonazzi, I, 422.

[4] Giov. Villani, XII, 9.

[5] Voy. Sismondi, IV, 42.

[6] Sienne payait, suivant Andrea Dei (R. I. S. XV, 105), 2500 fl.; suivant Giov. Villani (XII, 8) 4000; suivant l'anonyme de Pistoia, 12000 (R. I. S. XI, 487).

De la Toscane, ainsi mise à rançon, Warner avait passé sur le territoire de Bologne, puis sur celui de Modène[1], mais rapidement : il n'avait pas encore le sentiment de sa supériorité sur ses adversaires d'un jour; il craignait leur désespoir. Une grosse somme, versée dans ses mains par les seigneurs lombards, le décidait à retourner en Allemagne. Il n'en devait revenir que plus tard, quand ses hommes eurent dépensé dans la débauche l'argent gagné dans le brigandage[2], cette fois avec le dessein de conquérir quelques villes, pour rendre les autres tributaires. On eût dit que l'ère des Goths et des Hérules recommençait[3].

Warner parti, un autre prit sa place. Montréal d'Albarno, gentilhomme de Narbonne, qui avait servi sous ses ordres, était jaloux de piller pour son compte[4]. Ces lauriers de voleur l'empêchaient de dormir. Sa vie passée n'était qu'aventures. Il faisait voile vers le Levant, sur un navire provençal chargé de draps, quand, une tempête le jetant sur la côte d'Italie, il se sauva presque nu à Naples, où il avait des amis[5]. Après avoir servi le roi de Hongrie dans les guerres du Royaume, il y restait, ce prince parti, ramassant les restes de son armée, pour les réunir à ceux de Warner. On le voyait bientôt prieur

---

[1] *Cron. Rimin.* R. I. S. XV, 900. *Cron. Bol.* R. I. S. XVIII, 387.

[2] Sismondi, IV, 45.

[3] G. Capponi, I, 258.

[4] Les Italiens l'appellent Fra Moriale, par corruption, selon l'habitude de leur oreille et de leur bouche, qui repoussaient les sons durs; mais ils connaissent son nom : les *Ann. Eccl.* (1353, § 5, 1354, § 7, t. XXV, p. 574, 594) l'appellent « Monsregalis de Albarno; » dans un doc. florentin du 4 septembre 1354, on lit : « Fratrem Moregalem de Albanio » (*Arch. stor.* Append. VII, 397). Ghirardacci (II, 220) dit : « Fra Moriale o piutosto Monreale. » Cf. Sade, l. V, t. III, p. 354.

[5] *Hist. Rom. Fragm.* l. 1, c. 16. *Ant. med. œvi*, III, 397.

de Saint-Jean de Jérusalem, chef des soldats de Charles de Durazzo, ce beau-frère de la reine Jeanne qui marchait au trône sous couleur de venger le roi André[1], et qu'on tuait comme complice du meurtre[2]. Défenseur d'Aversa, et, faute de vivres, contraint à se rendre, Montréal partait furieux vers Rome, avec cinq cent barbues, pour venger son affront sur des innocents[3]. Déserté par ses brigands, il se mettait à la solde du préfet de Vico ; mais, dans cet abaissement même, il nourrissait de vastes desseins qu'autorisait sa renommée : un contemporain ose dire que, depuis César, on n'avait vu si grand capitaine[4], et Innocent VI le compare à Holopherne, le déclare plus barbare, plus impie que Totila, « fléau de Dieu[5] ».

Pour se créer une armée, il promettait aux connétables des gens de guerre la paye des troupes bien ordonnées et la licence des compagnies d'aventure. Il s'entoura ainsi de quinze cents cavaliers et de deux mille fantassins, que suivaient plus de vingt mille ribauds et femmes de mauvaise vie, pour vivre honteusement de leurs restes. Il savait discipliner ces hordes effrénées, n'autoriser le brigandage que contre les indigènes, obliger les hommes à ne rien détourner du butin jusqu'au partage, et les femmes à laver le linge, à cuire le pain. Il avait des officiers, des camerlingues, des juges qui

[1] Voy. Sismondi, IV, 46-51, et Sade, l. V, t. III, p. 354.
[2] 24 janvier 1348. Giov. Villani, XII, 111 ; Gravina, XII, 583.
[3] En 1352. Matteo Villani, III, 40 ; Ammirato, XI, 562 ; Ricotti, II, 80 ; Sismondi, IV, 204.
[4] Homo operativo, triunfatore, sottile guerrieri. Da Cesare fi' a quesso die, mai non fò aicuno migliore. (*Hist. Rom. Fragm.*, l. III, § 22. *Ant. med. œvi*, III, p. 533.)
[5] *Ann. eccl.* 1354, § 4, t. XXV, p. 594.

faisaient régner la paix dans son camp, qui répartissaient les fruits du pillage, et en vendaient le surplus ou le rebut à de vils marchands toujours aux aguets, comme ces bêtes de proie immondes et sans courage, qui, ne sachant se faire leur part, attendent qu'on la leur jette. Ce gouvernement en quelque sorte régulier, assurant les bienfaits de l'ordre à ces hommes de désordre, attirait Italiens comme étrangers sous la bannière de Montréal [1]. Leur renommée grandissant, on les appelait déjà la Grande Compagnie [2].

En novembre 1353, leur *condottiere* les conduisit contre le seigneur de Rimini, dont il voulait se venger. Avant la fin de l'hiver, il avait conquis quarante-quatre châteaux [3]. Malatesta appelait au secours les communes toscanes; elles se dérobèrent : chacune ne pensant qu'à soi, n'avait garde, par une provocation, de s'exposer aux coups. Florence même, moins étroite et plus intelligente d'ordinaire, se contentait d'envoyer deux cents chevaux. Que pouvait son vieil allié, avec cette aide dérisoire? Il s'empressa de la congédier et de traiter avec la Compagnie. Pour lui payer quarante mille florins d'or, il dut licencier ses propres troupes, qui l'allèrent aussitôt grossir, avec d'autres aventuriers, avec des barons, venus d'Allemagne à l'odeur de la proie [4].

Les succès d'Albornoz permettaient aux Toscans plus de hardiesse, en les assurant d'un point d'appui : ce

---

[1] « Nec externi modo, verum etiam italici generis. » (Leon. Bruni, VIII, 163.) Matteo Villani, III, 107, 109; IV, 15.

[2] Ammirato, XI, 563.

[3] Matteo Villani, III, 89. Ammirato, XI, 563. Ricotti, II, 50-74. Sismondi, IV, 205.

[4] Matteo Villani, III, 109. Ammirato, XI, 563. *Cron. Rimin.* R. I. S. XV, 902. Polistore, c. 40. R. I. S. XXIV, 832.

légat avait soumis le préfet de Vico et recouvré Agobbio (juin 1354)[1]. Mais la peur ne raisonne point. Les communes avaient formé une ligue défensive, qui devait mettre sur pied trois mille chevaux, et déjà le contingent de Florence était à Pérouse. « Frère » Montréal n'eut, pour rompre l'accord, qu'à s'approcher de cette ville, qu'à lui promettre de traverser son territoire sans lui faire de dommage et en payant tout ce qu'il prendrait[2]. Les Pérugins ravis l'invitent à la table de leurs prieurs, paient à l'*auberge des clefs* toutes ses dépenses, lui font présent de cierges et de friandises[3], sans donner seulement avis à Florence et à Sienne de cette lâche défection. Envahie à son tour, Sienne en suit l'exemple, et se libère au prix de treize mille florins d'or[4]. Des Siennois guident les ravageurs sur le territoire d'Arezzo, et les Arétins, courts d'argent, donnent du vin, du drap, des habits, des souliers[5], heureux d'en être quittes à ce prix.

A moins de se jeter dans l'aride et pauvre montagne, Montréal ne pouvait passer de là que sur le territoire florentin. On l'y attendait dans une anxiété que trahissent mille malédictions contre les gouvernants. Matteo Villani accuse six des prieurs sur neuf de n'avoir

---

[1] Matteo Villani, IV, 9, 10, 13.

[2] Les auteurs disent que la ligue toscane fut dissoute ; ce n'est pas exact. Le 11 juin 1354, elle tenait un parlement à Castiglione Aretino, sur la question de savoir si elle devait admettre Venise dans son sein. (Doc. dans *Arch. stor.* Append. VII, 396.) A vrai dire, son existence ne se manifeste par aucun acte efficace.

[3] Matteo Villani, IV, 14. Bonazzi, p. 443. Sismondi, IV, 207.

[4] Exactement 13 524 fl. Neri de Donato, *Cronica sanese* (1352-1381), R. I. S. XV, 141.

[5] Matteo Villani, IV, 14.

aucune vertu, d'être gourmands et ivrognes[1]. Mais il en parle en homme de parti, en contemporain, après et d'après l'événement. Ammirato, qui porte déjà le jugement rassis de la postérité, voit mieux les difficultés de la situation et les efforts faits pour les conjurer. Les seigneuries multipliant les représentations aux Pérugins et aux Siennois, ceux-ci répondaient que Florence devait veiller pour eux comme pour elle-même[2]. Les lettres adressées à Montréal ne manquent pas de fermeté[3]. Comme un ambassadeur de Charles IV annonçait sa prochaine descente en Italie, pour répondre à l'appel des Vénitiens contre l'archevêque, les prieurs, peu convaincus qu'il vînt en ami de la Toscane, se prononçaient pour ne pas traiter avec lui[4]. Ils envoyaient au pape Giovanni de Boccaccio pour s'informer, en observant une grande réserve sur les desseins de la République, si cette expédition avait lieu du consentement de Sa Béatitude[5]. Ils concluaient une ligue avec Pise pour mettre sur pied deux mille chevaux, dont douze cents fournis par Florence, qui se chargeait, en outre, de la

---

[1] « In questo tempo si trovò fornito il comune di Firenze al priorato d'huomini sanza sentimento di virtù e golosi sopra ogni sconvenevolezza, e corrotti nel bere, e massimamente de' nove i sei. » (Matteo Villani, IV, 15.) Il s'agit de la seigneurie de juin 1354. On peut voir les noms dans March. de Coppo, VIII, 664. *Del.* XIII, 185. On y remarque les noms connus d'Alamanni, de Mangioni, de Martelli, de Medici. Parmi les autres, il y a un marchand de soie et un fabricant d'épées. Ce dernier, Lapo del Bugliaffe, avait déjà été prieur en septembre 1349.

[2] « Che il com. di Fir. non dee guardare a loro difetti, ma havere senno e per se e per loro. » (Matteo Villani, IV, 14.)

[3] Voy. à l'appendice, n° 3, la réponse des prieurs à un sauf-conduit de Montréal.

[4] « Quod in nullo tractatu intretur cum imperatore, quia esset pernitiosum. » (8 novembre 1353. *Consulte e pratiche*, II, 86). Cf. dans ce même recueil les doc. des 10, 18, 20 octobre 1353 et 14 février 1354.

[5] « Que annunciatio miranda venit auditui predictorum pro eo quod num-

solde en grande partie[1]. Avec un peu d'argent, on eût décidé la Compagnie à retourner d'Arezzo aux plaines lombardes, sans passer par le territoire florentin. Toute ouverture à cet égard fut repoussée avec mépris. Les mesures furent prises dans le val d'Arno, avec tant d'efficacité pour disputer le passage, que Montréal dut revenir à Sienne, et, de là, sur la frontière des deux communes, qu'il espérait trouver dégarnie. Sept mille cavaliers, quinze cents fantassins en défendaient l'approche. Pouvait-on pousser plus loin la prévoyance?

Mais comment une ville seule eût-elle tenu tête longtemps à ces redoutables bandes qui attiraient, comme l'aimant, le fer de ses mercenaires? Sienne et Pérouse déclinaient ses sollicitations en alléguant leur paix avec la Compagnie[2]. Les imiter, proposer un accord à Montréal s'imposait donc aux Florentins. Lui, pour les punir de leur résistance, il fait la sourde oreille, il continue d'avancer. Le 4 juillet, il est à Sant'Andrea, à six milles de leurs murailles, pillant tout sur son passage. Enfin,

quid descendat de summi pontificis conscientia vel non, in comuni Flor. non est clarum... Cujus summi pontificis si responsum fuerit se et Eccl. Rom. de ejusdem imperatoris descensu esse contentos, tunc subjungat supplicando quod populum et com. Flor. dignetur recommendatos habere... Si vero idem D. Summus Pontifex ejusdem discensus diceret se conscium non esse, et vellet de intentione com. Flor. ab eodem oratore perquirere, dicat se non habere mandatum, nisi sciscitandi summi Pontificis voluntatem. » (30 avril 1354. Instructions à Boccace. Doc. publié dans Arch. stor. Append. VII, 393, sous la date évidemment erronée de 1353, que porte le ms. L'erreur a été relevée par Baldelli, dans sa vie de Boccace.) — Cf. Ammirato le jeune, XI, 563.

[1] Matteo Villani, IV, 15. Ammirato, XI, 564. Villani prétend que les colléges suppléèrent à l'incapacité des prieurs. Ammirato parle de l'incroyable sollicitude de ceux-ci, résolus à ne point céder à la Compagnie.

[2] Matteo Villani, IV, 15. Ammirato, XI, 565. On peut voir, en confrontant les mêmes faits dans ces deux auteurs, comment ils prennent une physionomie différente, selon les dispositions d'esprit du narrateur.

le 7, il daigne faire ses conditions¹ : il consent à s'éloigner moyennant cinquante sept mille florins, vingt cinq mille comptés par Florence², seize mille par Pise, et autant par Lucques, sans parler des présents qu'exigeaient ses officiers : ils étaient deux cent trente-quatre, il ne leur fallut pas moins de trois mille florins³. C'était dur, mais Florence du moins, Ammirato le remarque, ne traitait pas, comme Pérouse et Sienne, à l'insu, au détriment de ses alliés⁴. Sa colère profonde avait peine à se contenir. L'accord conclu, quelques chefs de la Compagnie s'étaient hasardés à venir dans la ville : reconnus par un citoyen qu'ils avaient volé, ils faillirent être mis en pièces, injure et dommage qu'ils estimèrent à deux mille cinq cents florins, plus leur provision de pain, au prix qu'ils voudraient payer⁵.

De deux ans, Montréal avait promis de ne plus reparaître en Toscane⁶ ; mais il ne pensait qu'à y revenir au printemps. Même il y restait de sa personne pour mettre ordre à ses affaires et mieux étudier le terrain, tandis que son lieutenant, Conrad des comtes de Landau⁷,

¹ Villani dit le 10 ; Ammirato corrige et dit le 7. Un document parle du 2, mais il ne s'agit alors sans doute que des premières ouvertures, car le 3, Florence adresse encore ses plaintes à Sienne pour sa connivence : « Miramur merito et turbamur per Senam Compagniam nunc in comitatu nostro exercitualiter et dapnificabiliter constitutam guarnitis victualibus opportunis. » (Sign. cart. miss. XI, 94.)

² Il est fait mention de cette somme dans un doc. du 6 août 1354. *Provvisioni*, XLII, 47.

³ *Sign. cart. miss.* XI, 89-94 ; March. de Coppo, VIII, 661 ; Matteo Villani IV, 16 ; Ammirato, XI, 565 ; Ranieri Sardo, c. 84, p. 115.

⁴ Ammirato, XI, 565.

⁵ March. de Coppo, VIII, 661.

⁶ Ammirato, XI, 565. Selon March. de Coppo (VIII, 661), ce serait pour trois ans ; selon Ranieri Sardo (c. 84, p. 115), qui ne parle que de Pise, pour six.

⁷ Les Italiens l'appellent Currado di Lando. March. de Coppo (VIII, 661)

conduisait ses soudards aux Vénitiens, qui leur promettaient cent cinquante mille florins pour quatre mois de service contre l'archevêque[1]. Reçu à Pérouse avec un respect commandé par l'effroi, et fait citoyen de la ville, il passait bientôt à Rome, où il se flattait d'un semblable accueil. Ses deux frères venaient d'avancer à Cola de Renzo les sommes nécessaires pour lever quelques soldats et rentrer dans la ville éternelle, le pape Innocent VI l'ayant relâché et mis à la disposition du légat Albornoz[2]. Mais le tribun, c'était une de ses chimères, aimait à se poser en redresseur des torts, en vengeur des crimes : il cita l'aventurier à son tribunal et lui fit trancher la tête (29 août 1354)[3]. Grande fut la joie de ses ennemis. Ne perdant point de vue les intérêts positifs, Innocent VI réclamait aux banquiers de Padoue les biens du supplicié pour indemniser ses victimes[4], et Florence priait les Pérugins de garder l'argent qu'ils avaient à lui en dépôt, pour la couvrir des sommes qu'elle venait de lui compter[5].

Tandis que Cola terminait tragiquement à Rome son

---

dit qu'il était de la famille de Wittemberg. Ricotti (II, 143) l'appelle Corrado Virtinguer de Landau, et Corrado Lando de Souabe.

[1] Matteo Villani, IV, 16, 23. *Cron. Pis.*, R. I. S. XV, 1022. Ammirato, XI, 565.

[2] Les lettres de Pétrarque à Charles IV avaient sauvé la tête de Cola. Voy. *Petr. Epist. sine titulo* 4, Bâle, 1554, p. 712. L'empereur s'était borné à envoyer son prisonnier en cour d'Avignon. — Sade, l. IV, t. III, p. 68, 227, 228, 340. *Ann. Eccl.*, 1353, § 5, t. XXV, p. 574. *Vita Inn. VI*, R. I. S. III, part. 2, p. 608.

[3] *Hist. Rom. fragm.*, l. III, c. 21-23. (*Ant. med. œvi*, III, 529-535). Matteo Villani, IV, 23. Lettre d'Innocent VI dans les *Ann. Eccl.*, 1354, § 4, t. XXV, p. 593.

[4] Ammirato, XI, 565; Sismondi, IV, 209.

[5] « Cum sciamus ipsum magnas in civitate vestra deposuisse florenorum aureorum quantitates civibus vestris quas a nobis et aliis extorsit..... inique

orageuse carrière, et qu'Albornóz poursuivait contre les rebelles de l'Église une lutte dont l'issue, quelle qu'elle fût, n'inquiétait pas les Florentins, ceux-ci reportaient leur attention vers la Lombardie. La lutte y avait pris une singulière gravité. En devenant seigneur de Gênes, que lui avaient livrée les Génois, battus à la Loiera par les Vénitiens[1], et de longtemps hors d'état de leur tenir tête, l'archevêque de Milan s'était mis sur les bras une guerre contre Venise, alliée, pour lui résister, aux maisons d'Este, de Carrare, de Gonzague, de la Scala[2]. A défaut des Florentins, qu'elle n'avait pu, pour augmenter ses forces, décider à la rupture d'une paix si récemment conclue, Venise s'était retournée vers Charles IV, et reprenait pour son compte la négociation précédemment entamée par Florence[3]. La veille encore, c'est contre ce prince et son éventuelle venue que négociait la République des lagunes[4]; mais quand la tempête

---

compagnie capitaneum et nefarium conductorem, homicidiorum, robariarum, incendiorum ac malorum omnium nefarium patratorem ». (4 septembre 1354. *Sign. cart. miss.*, XI, 99. *Arch. stor.*, Append. VII, 397.)

[1] La bataille de la Loiera, 29 août 1353. La soumission de Gênes à l'archevêque, 10 octobre de la même année.

[2] Ligue conclue en décembre 1353.

[3] Matteo Villani, III, 94; Sismondi, IV, 249. Florence n'avait jamais eu beaucoup de confiance dans le César germain : ses ambassadeurs auprès de ce prince devaient se réjouir de sa venue, mais « offerte generali farete e non obligatorie, usando quelle ornate e decenti parole che vederete si convengano ». (24 janvier 1354. *Sign. cart. miss.* XI, 114.)

[4] La ligue devait mettre sur pied 3000 soldats ultramontains, élire deux conseillers pour suivre partout le capitaine général, former tous les six mois une diète de délégués des adhérents. (15 février 1354. Arch. delle Riform. de Sienne, cartapecore, n° 1702. Doc. publié dans *Arch. stor.*, Append., VII, 391.) — Le 15 avril, Florence donnait avis aux Pérugins de la demande formée par Venise, à l'effet d'entrer dans la ligue; elle n'émet pas d'avis, elle veut seulement « ut vota communia videantur in nichilo discordare ». (*Ibid.*, p. 392.)

grondait au midi des Alpes, c'est vers le nord qu'on tournait les yeux pour la dissiper. Nul n'avait adressé aux Césars tudesques de plus fréquents appels que ce Pétrarque dont la poétique et retentissante voix semblait être celle de l'Italie même [1].

L'éloignement servait Charles IV. On le savait aimé de ses sujets de Bohême, parce qu'il était libéral et doux [2]. Giovanni Villani, qui parle de lui avant qu'il eût quitté ses États, l'appelle « un vaillant et sage seigneur [3] ». Plus tard on le reconnut intrigant et cupide, moins brave qu'astucieux, sans prestige et sans dignité. De taille moyenne, le cou dans les épaules et la tête en avant, il était chauve sur le front, avec une barbe noire, des joues bouffies et de gros yeux. Ces gros yeux, il les promenait de droite et de gauche dans ses audiences, taillant en menus morceaux une baguette de saule, avec un petit couteau qu'il tenait à la main. Il semblait ne point écouter, mais en réalité il entendait fort bien et répondait en peu de mots. C'est pour la forme qu'il consultait son conseil de barons. Seule la voix de son frère bâtard, le patriarche d'Aquilée, y était de quelque poids [4].

Depuis le mois de février, Charles avait reçu du pape l'autorisation d'aller à Rome ceindre la couronne impériale [5], et cependant il traînait en longueur. Il s'en excu-

---

[1] 24 février 1350: *Famil.* X, 1. — 1352: *Famil.* XII, 1.

[2] Voy. ses panégyristes Franz Martin Pelzel, *Vorrede zur Kaiser Karl der Vierte*, t. I, et Boluslaus Balbinus, *Epitome Rerum Bohemicarum*, l. III, cités par Sismondi. (IV, 221, 223.)

[3] Giov. Villani, XII, 59. — « E veramente di naturale e di scienza e di pratica e d'ogni cosa fu lo più compiuto principe ch' havesse la cristianità, ma ogni cosa perdè sua parte per l'avarizia. » (March. de Coppo, IX, 669,)

[4] Matteo Villani, IV, 74.

[5] Matteo Villani, III, 103.

sait auprès de Pétrarque, alléguant qu'il était pauvre, qu'il ne pouvait emmener qu'un petit nombre d'hommes, qu'en conséquence, avant de tirer l'épée, il fallait tenter toutes les autres voies. « Vous ne savez pas, ajoutait-il, en empruntant à Suétone le mot de Tibère, vous ne savez pas quelle bête féroce est l'empire[1]. » Pétrarque ne restait pas sans réponse : « S'il ne se hâte, l'empire est à terre, la liberté morte pour toujours. Oui, l'empire est une bête puissante ; il faut donc une main expérimentée pour tenir les rênes. Charles n'a-t-il pas déjà tout tenté ? Il ne lui reste plus qu'à se mettre à genoux devant les ennemis de sa couronne. Or, s'ils sont de loin quelque chose, de près ils ne sont rien[2]. »

Au fond, ce prince n'hésitait que parce que, d'avance, il s'était lié les mains. Il avait fait le serment, nécessaire pour obtenir la faveur pontificale, de révoquer les actes du Bavarois, de n'occuper aucune terre d'Église, de ne pas entrer à Rome avant le jour du couronnement, d'en partir le même jour avec tout son monde, de n'y revenir qu'avec la permission du Saint-Siége[3]. Quel déplaisir de ne pouvoir rien tenter sans se mettre à dos le pape et tous les guelfes qui se couvraient de son nom ! Mais

[1] « Adhortantes amicos increpans ut ignaros quanta bellua esser imperium. » (Suet., *Tib.* XXIV.)

[2] La lettre de Charles avait mis trois ans à arriver. Mehus l'a publiée, mais en la croyant adressée à Zanobi de Strada, puis Sade (Pièces justif. t. II, n° 34). Fracassetti en publie la traduction à la suite de la réponse de Pétrarque, datée du 23 nov. 1354. *Famil.* XVIII, 1. Cette date est erronée, puisque Charles était déjà à Udine le 14 octobre.

[3] Voy. *Ann. Eccl.*, 1346 ; Barre, *Histoire d'Allemagne*, VI, 642. Paris, 1748, in-4°. Fracassetti, notes aux *Famil.* de Pétrarque, XX, 2, t. IV, p. 255. Cet engagement de ne rester qu'un jour à Rome n'était rien moins qu'une nouveauté : Henri VII l'avait déjà contracté. Voy. notre t. III. p. 179 et note 5. M. Hillebrand a donc tort d'y voir une humiliation particulière infligée à Charles IV.

une entreprise dont on parlait depuis des années pouvait-elle être différée toujours[1]? Justement, la mort de l'archevêque donnait une occasion favorable. L'extraction d'un charbon à l'œil venait de lui coûter la vie (4 octobre 1354). Comme il mourait intestat, ses trois neveux, Maffiolo, Bernabò, Galeazzo, fils de Stefano Visconti, qui héritaient de lui, ne pouvaient, même en laissant indivise une partie de leurs domaines, avoir la force que donne l'unité[2]. Dix jours plus tard, l'empereur Charles et l'impératrice Anna recevaient à Udine les joyeuses félicitations de Pétrarque, au nom d'un peuple tout entier[3]. Félicitations peu méritées! L'escorte impériale n'était que de trois cents cavaliers[4]. Si elle se grossit ensuite jusqu'à huit cents[5], c'était insuffisant encore, sinon pour les médiocres projets de ce César manqué, au moins pour les services que ses partisans attendaient de lui.

Quant à ceux qu'inquiétait sa venue, ils ne restaient pas inactifs. Quoique aux yeux de beaucoup il passât pour être appelé par les Florentins contre le seigneur de Milan et les autres tyrans lombards[6], la seigneurie,

[1] Dès le 25 mars 1350, Clément VI écrivait à la seigneurie florentine sur la prochaine arrivée de Charles, les dangers de son entreprise et la promesse qu'il avait faite de s'entendre avec les villes guelfes. (Lettre publiée dans *Arch. stor.*, Append. VII, 375.)

[2] Matteo Villani, IV, 25, 28. *Petri Azarii Chron.*, R. I. S. XVI, 334, 357, et une longue note de Luigi Osio, *Documenti diplomatici tratti dagli archivi milanesi*, t. I, p. 119, Milan, 1864.

[3] *Famil.* XIX, 1. Doc. dans *Arch. stor.*, Append. VII, 395.

[4] *Arch. stor.*, ibid. Matteo Villani, IV, 27.

[5] Une lettre du 19 octobre 1354 lui donne déjà 600 cavaliers. (*Sign. cart. miss.* XI, 100.) Pelzel (Part. I, p. 429) dit qu'il était venu avec 800 cav., et Matteo Villani, qui lui en a prêté 500 à son arrivée (IV, 27), dit un peu plus loin (IV, 59) qu'il en avait moins de 800.

[6] « A petitione delli Fiorentini, per disfare lo signore di Milano e gli altri tiranni lombardi. » (March. de Coppo, IX, 666.)

avant même qu'il fût à Udine, envoyait ser Guelfo Covoni en Romagne, à Padoue, à Forlì, où l'on disait qu'il pouvait être, pour le suivre dans toutes ses marches et démarches, et en donner exactement avis [1]. Le notaire Dietifeci Gangalandi succédait, comme ambassadeur, à Boccace, en cour d'Avignon, pour demander de nouveau si Charles de Bohême venait en Italie avec l'autorisation de l'Église [2]. En attendant la réponse, Florence se souvenant du siége qu'elle avait subi d'Henri VII, et même, selon la tradition, d'Henri IV, resserrait les liens de la ligue guelfe, appelait aux armes ses alliés [3]. Le bruit se répandit que de ses Allemands l'empereur voulait former une nouvelle compagnie, et la calomnie, si c'en était une, ne manquait pas de vraisemblance, puisqu'il prenait à sa solde les brigands de Montréal, conduits alors par Conrad de Landau [4].

Mais quand on sut, le 18 décembre, que le pape, loin de s'opposer au voyage impérial, avait déjà désigné trois cardinaux pour le couronnement, il fallut changer de ton, invoquer la médiation du légat Albornoz [5], se procurer à prix d'argent des amitiés autour de l'empereur [6],

[1] 10 octobre 1354. *Sign. cart. miss.* XI, 99.

[2] 19 octobre 1354. *Sign. cart. miss.* XI, 100. *Arch. stor.*, Append. VII, 395.

[3] 22 oct. 1354. *Sign. cart. miss.* XI, 100. — 14 nov.: Instructions aux amb. de Flor. à Sienne et à Pérouse pour former une confédération offensive et défensive. — 17 novembre : Instructions aux ambassadeurs à Pistoia, Volterre, San-Miniato, Arezzo, etc., pour déterminer ces communes à entrer dans la ligue. (*Sign. cart. miss.* XI, 102, 103. *Arch. stor.*, Append. VII, 397-400.)

[4] 19-27 novembre, 2 décembre 1354. *Sign. cart. miss.* XI, 104.

[5] *Ibid.* et 18 déc. 1354, p. 108 ; Ammirato le jeune, XI, 568.

[6] « A noi pareva che al patriarca bastassero 2000 fior. d'oro, al cancelliere 300 o poco più... E questo rimettiamo in voi che ne siate larghi. » (Instructions aux ambassadeurs, 3 février 1355. *Arch. stor.*, Append. VII, 404-406.)

pénétrer, s'il se pouvait, ses desseins sur Florence. Comme il promettait de ne la point dépouiller et de maintenir son gouvernement, on voulut savoir du seigneur de Padoue si ces paroles étaient véritables. Rassurée à cet égard, la seigneurie se déclarait prête à faire accord avec Charles, mais à condition qu'il annulerait les procès intentés par Henri VII à la ville, et qu'il n'en approcherait point; lui-même il l'avait offert, alors qu'il entrait en Italie[1].

Ainsi la défiance s'acharnait partout après lui, même sous les dehors du respect. Can grande II de la Scala le faisait conduire par la campagne, en évitant Vicence et Vérone, et ne se relâchait de sa surveillance qu'à Mantoue, où son hôte devenait l'hôte des Gonzague[2]. Les trois Visconti n'osaient point lui refuser la couronne de fer (6 janvier 1355); mais ils l'entouraient d'un tel appareil militaire, ils faisaient passer sous ses fenêtres tant de fois les mêmes soldats, pour le tromper sur leur nombre, qu'il crut reconquérir sa liberté en s'acheminant vers la Toscane[3]. L'escorte d'honneur qu'on lui avait donnée ne le quittait pas des yeux. Sur les villes de la route il trouvait tout le monde debout, faisant bonne garde nuit et jour. Avec ses chevaliers mal montés et sans armes, il ressemblait à un marchand allant à quelque foire[4].

[1] Ammirato le jeune, XI, 568, qui ajoute: « Tutte queste e altre diligenze fatte da Fior. e non menzionate punto da gli scrittori da' quali sono piuttosto tassati in questo fatto di trascuraggine. » — N'oublions pas qu'Ammirato le jeune a vu les documents, même plusieurs qui nous échappent. On surprend donc sur le fait les injustices de l'esprit de parti.

[2] Matteo Villani, IV, 27.

[3] Matteo Villani, IV, 39; Ammirato, XI, 368; Sismondi, IV, 224.

[4] « Non come imperadore, ma come mercatante che andasse in fretta alla fiera... » (Matteo Villani, IV, 39.)

Même en Toscane, cependant, il conservait son parti. Lucques n'oubliait point qu'elle l'avait eu pour gouverneur, quand il était prince royal de Bohême; elle regrettait son administration, plus douce que celle de Spinola, qui l'avait précédé, et de Mastino, qui l'avait suivi. Un chroniqueur siennois l'appelle l'Ange de Dieu, espoir du monde, et venu pour y faire régner la paix. Il le représente riche, puissant, loyal et de sainte vie, jeûnant trois jours par semaine, disant les heures divines, évitant, par dévotion, de dormir dans un lit[2].

Pise partageait ses illusions[3]. Il y fut reçu (18 janvier 1355) sous un dais d'or avec tout l'enthousiasme d'un peuple resté, au fond, gibelin[4]. Tout guelfes qu'ils étaient, les Gambacorti, maîtres du pouvoir, avaient dû suivre, et même devancer cet enthousiasme. Ils avaient fait offrir à l'empereur, en Lombardie, soixante mille florins et l'obéissance de Pise, s'il les maintenait au timon, s'il s'abstenait de toucher aux offices et de rappeler les exilés, s'il laissait Lucques sous la domination des Pisans[5]. Ils lui déféraient, dès le lendemain de son arrivée, la seigneurie, la garde des portes et du trésor. — La peur les avait pris en voyant les Raspanti, leurs ennemis, se soulever en criant : Mort au conservateur ! Vive la liberté ! Vive l'empereur ! et l'empereur ne leur faire

---

[1] Matteo Villani, IV, 35; Cron. Pis., R. I. S. XV, 1037; Neri de Donato, R. I. S. XV, 143; Beverini, VII, 938; dans Sismondi, IV, 226-228.

[2] Neri de Donato, R. I. S. XV, 145. Cf. Marangone, R. I. S. Suppl. I, 714.

[3] « Tutte queste cose credettero i Pisani. » (Neri de Donato, ibid.)

[4] Ranieri Sardo, c. 86, p. 117; Roncioni, l. XIV, p. 823, 824. Marangone, loc. cit.

[5] Matteo Villani, IV, 35, 48. Cron. Pis., R. I. S. XV, 1025, 1027; Roncioni, loc. cit. Rien de plus doux que la domination des Gambacorti. Ils avaient admis leurs adversaires au partage des honneurs. Voy. Ammirato, XI, 574; Marangone, loc. cit.; Pignotti, l, IV, c. 2, t. V.

poser les armes qu'en disant que l'agneau devait pouvoir paître à côté du loup[1]. Le loup, c'était lui, ou du moins il en portait la peau, et cela suffit pour rapprocher les deux factions pisanes, également inquiètes de leur indépendance[2].

Plus défiants encore, les guelfes ne pouvaient cependant lui refuser leurs hommages. Une ambassade les lui apportait au nom de Florence, d'Arezzo et de Sienne, mais avec une lenteur significative[3]. Partie le 22 janvier, elle n'arrivait à Pise que le 29 : elle avait fait en huit jours un trajet d'une journée. Pérouse faisait pis encore : malgré les sollicitations des Florentins, elle se tenait à l'écart, comme ville ecclésiastique[4]. Présentés à Charles au débotté, les ambassadeurs furent reçus le lendemain en audience solennelle pour les affaires. Ils y parurent vêtus de drap d'écarlate doublé de vair. Ils avaient l'ordre de faire des protestations générales, mais non obligatoires, de dévouement. Comme ils faisaient mine de baiser les pieds au prince, il ne voulut point le souffrir, et les baisa eux-mêmes sur la bouche, les faisant asseoir à ses côtés. Leurs dispositions cependant lui étaient connues, et, dès leurs premiers mots, il en eut la preuve. Les mots de « sainte couronne », de « prince sérénissime » lui furent prodigués, mais on évita celui d'empereur et tout autre qui eût marqué

---

[1] Matteo Villani, IV, 48.

[2] Matteo Villani, IV, 45-51 ; Ranieri Sardo, c. 87, p.118. *Cron. Pis.*, R. I. S. XV, 1028; Roncioni, l. XIV, p. 825; Marangone, *loc. cit.* ; Tronci, p. 377.

[3] Matteo Villani, IV, 41, 49. Un des motifs donnés par Ammirato pour expliquer le retard de l'ambassade, c'est: « perchè reggendosi il com. di Fir. a Repubblica, non era così facile il risolvere. » (XI, 569.) Ainsi devait parler un sujet des Medici, déshabitué de la liberté.

[4] Ammirato le jeune, XI, 568.

la soumission. L'orateur alla jusqu'à manquer de révérence, jusqu'à dire que si Charles souhaitait les Florentins obéissants, il devait leur accorder des franchises et les maintenir dans leur liberté. Les barons indignés voulaient porter la main sur l'insolent et sur ses collègues. Soit modération, soit prudence, Charles les retint et renvoya à un autre jour de plus amples explications [1].

Ce jour venu, une scission éclata parmi les guelfes. Sienne, Volterre, San Miniato se prononçaient pour reconnaître le roi des Romains souverain seigneur et maître de leur patrie [2]. Par crainte de Florence, Arezzo et Pistoia se tenaient sur la réserve ; mais leur fermeté semblait si peu sûre que l'orateur florentin voulait parler pour elles. Charles dut l'en empêcher par ces mots de l'Évangile : *Ætatem habent; ipsi de se loquantur* [3]. Il parla alors contre divers seigneurs, les Pazzi du val d'Arno, l'évêque d'Arezzo, Pier Saccone, Neri de la Faggiuola, qui demandaient, comme bons gibelins, à être rétablis dans leur ancienne grandeur. L'Allemand n'avait qu'un médiocre souci des intérêts gibelins; il s'en détacha plus encore quand il apprit que Pier Saccone avait vendu Arezzo, pour quarante mille florins d'or, à Florence, au détriment de l'empire [4].

Mais l'irritation qu'il laissait paraître ne permettait

---

[1] Matteo Villani, IV, 53, 54; Ammirato, XI, 569.

[2] Sur la situation de Sienne, sur le gouvernement oligarchique des Neuf, impatient de la suprématie florentine, ramené par la présence de l'empereur aux vieilles traditions gibelines, voy. M. Villani, IV, 61 ; Neri de Donato, R. I. S. XV, 146 ; Malavolti, part. II, l. 6, p. 111 v°; Sismondi, IV, 233. — Villani prête aux Siennois de noirs desseins contre Florence. Voy. IV, 54.

[3] Le texte latin est dans M. Villani, IV, 55.

[4] Matteo Villani, IV, 62.

plus de différer la soumission. Après les autres villes[1], Florence s'exécuta. Secrètement, elle avait autorisé ses ambassadeurs à promettre cent mille florins ; elle n'en voulait pas moins, en marchandant, traiter à cinquante mille. Une indiscrétion la força d'aller au bout de son sacrifice, de verser la somme en quatre mois[2], et d'y ajouter encore plus de quatre mille florins d'or par an, comme compensation de tout ce qu'elle devait à l'empire, redevance fixe qu'elle préférait à la taxe proposée de vingt-six deniers par feu[3].

Le plus cruel, c'était encore de reconnaître Charles de Bohême « véritable maître, selon les lois impériales ». En lisant le projet d'accord dans le conseil du peuple, ser Piero de ser Grifo, le notaire, fondait en larmes, ne pouvait continuer, si bien que force était de renvoyer au lendemain. Que ces larmes fussent de commande, pour se concilier la bienveillance populaire, les malins le crurent ; il n'en est pas moins vrai que, le lendemain, les mêmes propositions furent rejetées sept fois par le même conseil. Pour les faire adopter, les plus autorisés citoyens durent se lever et rendre sensibles les dangers du rejet[4].

Ce qu'on débattit le plus longtemps à Pise, ce furent

---

[1] Matteo Villani, IV, 61, 63, 64.

[2] Le délai était court. On ne put mieux faire sans doute, car les ambassadeurs avaient reçu l'ordre d'arracher à l'empereur les termes les plus longs qu'il serait possible. (3 févr. 1355. *Arch. stor.*, Append. VII, 405.)

[3] « La moneta che dare gli si dee per via di censo per anno, vorremmo che fosse la minore quantità che si potesse, e piutosto una quantità determinata che discendere a censo di 26 denari per focolare » (3 février 1355. Instructions aux ambassadeurs. Doc., dans *Arch. stor.* Append. VII, 405). Cf. M. Villani, IV, 66.

[4] Matteo Villani, IV, 70.

les termes du serment de fidélité. Les Florentins y voulaient des restrictions que Charles repoussait. De guerre lasse, fort avant dans la nuit, ils le promirent, mais sous condition qu'il ne les lierait ni plus que les autres villes, ni, en aucun cas, envers les successeurs de l'empereur régnant, et Charles accepta cette réserve qui sacrifiait l'intérêt de l'empire à son propre intérêt. Un nouveau débat s'engage alors, un débat de trois heures, sur l'obligation qu'on lui veut faire contracter de ratifier par privilége toutes les lois qui ont été ou qui seront portées à Florence, notamment celles qui frappaient les nobles et les magnats. De toutes les pilules, c'était pour lui la plus amère : il lui fallait abandonner des gens qui avaient mis en lui leur espoir. Dans son courroux, il jette au loin la baguette qu'il tailladait avec son petit couteau, et déclare que, si l'on ne cède avant qu'il sorte de cette chambre, il détruira Florence avec l'aide des seigneurs de Milan et autres gibelins. Les ambassadeurs, alors, promettent qu'ils trouveront moyen de faire sa volonté ; mais l'heure est fort avancée, ils demandent à prendre quelque repos. Ce qu'ils voulaient, au fond, c'était d'utiliser la nuit pour consulter les prieurs et avoir leurs ordres le lendemain. Charles flaire le danger d'une rupture, et devançant la prochaine audience, il envoie aux ambassadeurs « beaucoup de sages paroles sur l'ennuyeux mouvement de la nuit, avec de grandes démonstrations d'amour envers Florence. Il consentit largement à ce qui lui était demandé, refusa les otages qu'on lui offrait, et déclara s'en tenir à la parole de la commune ». Il fit bien, puisqu'il désirait la conclusion du traité, car la seigneurie, n'espérant pas obtenir des conseils plus de soumissions, envoyait l'ordre, qui n'arriva que plus tard, de rompre, si l'empereur insistait[1].

Conclu le 10 mars, ce traité[2] fut promulgué le lendemain dans la cathédrale de Pise[3]. Le même jour, dans la maison des Gambacorti, Charles promit verbalement aux Florentins — ce que, par dignité, il n'avait pas voulu insérer dans l'instrument, — qu'il n'enverrait aucun de ses hommes d'armes dans Florence ni dans ses châteaux, et que, de sa personne, il n'approcherait pas à plus de dix milles de l'ombrageuse cité. Le 23, la promulgation eut lieu à Florence même, au milieu des banales démonstrations de la joie officielle, cloches sonnant leurs plus gaies volées, *te deum* chantés dans les églises, illuminations sur les places et les tours. Mais la population était morne; peu de citoyens s'étaient rendus au parlement convoqué à cette occasion. Tous les chroniqueurs, sauf Matteo Villani, glissent rapidement sur ce traité, comme si le patriotisme leur commandait d'en dissimuler l'humiliation[4].

Le mécontentement, toutefois, s'adressait plus aux personnes qu'aux choses. Trois mois durant, les « recteurs » avaient gardé à la chancellerie des lettres pontificales qui recommandaient la République à l'empereur, pour économiser les trente florins qu'en aurait coûtés l'expédition. Trente florins dépensés à propos en

---

[1] Matteo Villani, IV, 72. Cf. Capponi, I, 259.

[2] On en peut lire le texte publié par G. Capponi, t. I, Append. 4, p. 570, et un résumé dans M. Villani, IV, 76. Il fut confirmé, en 1401, par l'empereur Robert, appelé par les Florentins, et le dernier qui se soit mêlé de leurs affaires. Voy. G. Capponi, I, 240. Cf. Lettres patentes de Charles (20 mars 1355) acceptant le serment de fidélité des Florentins sans préjudicier à leurs priviléges et droits. (*Arch. stor.*, Append. VII, 406.)

[3] Matteo Villani, IV, 75.

[4] Voy. G. Capponi, I, 241-242.

auraient fait épargner cent mille : roi des Romains par la grâce de Clément VI, Charles de Bohême ne lui avait-il pas promis de révoquer gratuitement les condamnations portées par Henri VII contre les Florentins[1]?

Ainsi se déchaînait l'esprit de parti dans sa proverbiale injustice. En ce temps de traditions multiples et de règles incertaines, il ne voyait que celles qui flattaient sa passion, le droit de Rome, dépositaire des constitutions d'Auguste, de Tibère, de Trajan, à couronner les empereurs et même à leur commander ; celui des communes italiennes, qui tenaient de Rome ce privilége de n'être point soumises à l'empire, et l'impossibilité de tolérer la domination d'Allemands barbares, étrangers aux mœurs, aux lois, à la langue de l'Italie[2]. Il ne voulait pas voir que la mort de Clément VI avait rendu sa parole à Charles IV; qu'empereurs et vicaires impériaux trouvaient toujours des ambitions et des vengeances qui les attendaient comme le Messie ; que ces flatteurs couvraient leurs actes de leurs doctrines, disaient le gouvernement municipal institué uniquement pour remplacer le maître en son absence, soutenaient qu'à son arrivée tout privilége disparaissait devant son droit, toutes les conditions étaient nulles qu'on prétendait lui imposer. Sans doute le triomphe des guelfes aurait dû faire prévaloir l'idée, qu'ils avaient jadis soutenue, que le pape, et non l'empereur, était l'héritier, le délégué de Rome antique ; mais le séjour des papes en Provence nuisait à leur prestige en Italie, et les communes, devenues fortes, ne sentaient plus ou sentaient moins le

---

[1] Matteo Villani, IV, 73, 75 ; Ammirato, XI, 571, 572.
[2] Matteo Villani, IV, 77, 78. G. Capponi a publié (t. I, Append. V, p. 576) tous les textes de cet auteur relatifs à ces questions théoriques.

besoin de leur appui, tandis que les gibelins, humiliés et vaincus, devaient entretenir la foi à ce droit impérial qui était pour eux une force ou une espérance. Érudits et lettrés le soutenaient avec eux, car ils croyaient en voir la continuité dans leurs lectures. Après Dante, Pétrarque dans ses lettres, Cola de Renzo dans ses discours, invitaient le César à réclamer ce qui lui était dû, ce droit supérieur et hors de contestation que rappellent incidemment tous les actes importants des communes[1].

Pour l'avoir reconnu après toutes les autres, la seigneurie florentine ne mérite donc aucun blâme. La dernière de toutes, elle courbait la tête; elle revendiquait pour ses membres le titre de vicaires impériaux, ce qui la dispensait d'en recevoir d'étrangers[2]; elle stipulait la perpétuité de ses priviléges, celui de se gouverner par ses lois propres, la levée de toutes les condamnations précédentes, la promesse que Florence ne serait molestée sur aucun des territoires en sa possession, et que l'indépendance d'Arezzo serait respectée[3]. Elle était si convaincue du danger de mécontenter l'empereur, qu'elle remplit avec ponctualité tous ses engage-

---

[1] Voy. sur les considérations théoriques les pages de G. Capponi, t. I, Append. V, 578-583; et Sismondi, IV, 225-232.

[2] Que ce fût un avantage et non une servitude, c'est ce qui résulte des instructions aux ambassadeurs, où on leur recommandait de tâcher à l'obtenir. Voy. le texte cité par Capponi, I, 239, note 1. Cet auteur fait remarquer (*ibid.*, note 4) que le chroniqueur pérugin Graziani prétend à tort que Florence devait recevoir un officier impérial pour les appels qui percevrait la moitié des condamnations, puisqu'il n'en est pas fait mention dans le traité; mais s'il ajoute non sans raison qu'il faut voir là le plaisir qu'éprouvait un Pérugin à rabaisser Florence, il a tort de dire que Pérouse était une ville amie, du moins en ce moment, où sa lâche défection devant la grande compagnie avait brouillé ou tout au moins fort refroidi les deux communes guelfes.

[3] Voy. le texte du traité dans Capponi, I, Append. IV, p. 571-577.

ments. Les termes des payements furent même devancés[1]. Plus tard, au mois de juin, alors qu'abandonné de tous, Charles retournait en Allemagne, on lui comptait, à Pietrasanta, les dernières sommes dues, en exigeant, à vrai dire, qu'il confirmât la République dans la possession de tous les territoires qu'elle détenait[2]. N'était-il pas habile, quand l'empereur cessait d'être à craindre, de désarmer ceux qui auraient pu, en son nom, exercer leurs revendications personnelles, et employer, pour affermir la liberté, cette sanction impériale que les gibelins invoquaient pour la supprimer[3]?

Florence, au surplus, marquait bien, par son attitude, qu'elle entendait rester maîtresse d'elle-même. Des barons de la suite impériale n'y passaient une nuit qu'après en avoir demandé la permission. L'impératrice s'abstenait de les y suivre, « craignant les vilaines paroles d'une populace ignorante et indiscrète[4] ». Charles IV y sollicitait, humblement et sans succès, une alliance défensive contre les Visconti et la Grande Compagnie. Il promettait, pourtant, une fois couronné, de

---

[1] Le 27 mars, 30 mille florins furent envoyés à Sienne, où Charles se trouvait alors. A la fin d'avril, même somme est encore comptée « dans une chambre bien close ». Cet argent fut obtenu au moyen de l'impôt spécial dit des *fumanti*. Il rentra sans violences ; on n'eut qu'à déclarer exclu des offices quiconque ne le payerait pas. (Matteo Villani, IV, 84, V, 16). Voy. sur cet impôt même vol., p. 281, note 3, et p. 510.

[2] 4 et 14 juin 1355. *Sign. cart. miss.*, XI, 131, et *Lettere interne alla signoria*, IV, 23.

[3] Edgar Quinet (*Rév. d'Ital.*, I, 210) croit que la souveraineté de droit « livrée en 1355 à Charles IV », fut ce qui produisit bientôt la servitude réelle. Il lui a échappé que ce n'était point là une nouveauté, et que l'Italie n'avait jamais conçu la liberté autrement que sous la condition de cette vassalité si peu gênante. Si Charles-Quint put s'appuyer plus tard sur la reconnaissance du droit impérial, il put remonter le cours des siècles, où il trouvait des titres plus sérieux que celui du traité de 1355.

[4] Matteo Villani, IV, 56.

retourner en Lombardie, en Allemagne même, « où la commune de Florence lui conseillerait¹ ». Ce qu'on ne crut lui pouvoir refuser, c'est une escorte de deux cents cavaliers pour aller à Rome ; encore parut-il scandaleux que la plus guelfe des villes mît ses bannières et ses armes aux ordres d'un empereur, chef des gibelins malgré lui².

Le 23 mars, Charles quittait Pise, y laissant Markward, évêque d'Augsbourg, en qualité de capitaine et lieutenant-général pour toute la Toscane³. Si les discordes de Sienne lui en ouvrirent les portes⁴, il trouva fermées celles d'Orvieto⁵. Il arriva devant Rome le 2 avril ; mais son couronnement était fixé au 5, dimanche de Pâques, et il se croyait lié par son engagement de n'y rester qu'un jour⁶. Il n'y entra donc avec ses barons, pour ses dévotions de la semaine sainte, que vêtu de brun, en pèlerin, et il ressortit pour reparaître bientôt en grande pompe⁷. Le cardinal-évêque d'Ostie, légat pontifical, le sacra et lui posa sur la tête la couronne d'or. Quelques heures après, fidèle à sa parole, il quittait la ville éternelle, après avoir pris le temps d'écrire à la seigneurie

---

¹ « Dicendo che presa la corona, intendea d'andare in Lombardia o nella Magna, ove il com. di Fir. consigliasse. » (Matteo Villani, IV, 80.)

² 28 mars 1355. *Sign. cart. miss.*, XI, 122; Matteo Villani, IV, 89; Ammirato, XI, 572.

³ « Per capitaneum et sui locum tenentem constituit ad conservatorem quietis et status civ. Pis. et aliorum ejusdem domini nostri in Tuscia devotorum. » (24 mars 1355, lettre de Markward à la seigneurie de Florence, *Sign. cart. miss.*, XI, 121 v°.)

⁴ Neri de Donato, R. I. S. XV, 147-149; Malavolti, part. II, l. 6, p. 112; Ranieri Sardo, c. 100, p. 125; Sismondi, IV, 235.

⁵ *Cron. d'Orvieto*, R. I. S. XV, 684.

⁶ Voy. plus haut, p. 436 et note 3.

⁷ Matteo Villani, IV, 93; *Ann. eccl.*, 1355, § 6, 7, t. XXV, p. 614 sq.; *Cron. d'Orvieto*, R. I. S. XV, 684.

florentine pour lui notifier cette cérémonie[1]. En passant à Sienne, il y laissa son frère le patriarche d'Aquilée, comme arbitre des querelles et modérateur des factions (19 avril), mais si peu en état de les modérer et si loin d'être sur un lit de roses, qu'il fallut supplier les Siennois de le laisser partir sans lui faire aucun mal, et reconnaître leur droit de gouverner leurs affaires comme ils l'entendraient[2].

A Pise, Charles trouva des embarras plus grands encore. Lucques voyait en lui un libérateur; elle lui offrait cent vingt mille florins, s'il voulait contraindre les Pisans à respecter la foi jurée, et, les quinze ans expirés — ils expiraient au mois de juin, — à retirer leurs troupes d'occupation de cette ville qu'ils se flattaient de garder. Pour ne pas déplaire à ses hôtes, l'empereur niait tout dessein de donner satisfaction aux Lucquois; mais on le voyait, dans l'Agosta, remplacer les hommes de Pise par des hommes à lui. C'en fut assez pour rapprocher Bergolini et Raspanti. Ils se baisaient sur la bouche, disant : « Nous sommes frères, chassons ce loup qui nous veut enlever Lucques. Les Allemands, les barons qu'ils saisissent, ils les tuent, ils les jettent dans l'Arno. Éperdu, après un vain essai de résistance, le pusillanime César ne voyait plus de salut que dans la fuite, quand ces mots retentissent à son oreille : « Sainte Couronne, n'ayez peur; n'entendez-vous pas que tous

---

[1] Matteo Villani, V, 2; *Chron. Mutin. Bazano*, R. I. S. XV, 622; *Ann. eccl.*, 1355, § 17, t. XXV, p. 624; Ranieri Sardo, c. 102, p. 127. La lettre aux Florentins fut apportée par son « familiarem et dilectum » Leonardo de Castiglione Aretino. (*Sign. cart. miss.*, XI, 124 v°.)

[2] Matteo Villani, V. 20, 29, 55, 56; Neri de Donato, R. I. S. XV, 149; Malavolti, part. II, l. 6, p. 112; Ranieri Sardo, c. 103, 104, p. 128.

crient : Vive l'empereur ! meurent les traîtres Gambacorti[1]? » L'union avait duré un jour. Les Raspanti saisissaient l'occasion pour renverser et décapiter leurs trop timides rivaux (26 mai)[2], sans se souvenir que, grâce à eux, grâce à leur amitié avec Florence, les marchandises avaient repris le chemin de leur port, et qu'avec elles étaient revenues l'opulence, la justice, la paix.

Si Lucques ne profita pas de ces divisions pour reconquérir sa liberté, c'est qu'elle aussi était divisée. Ses gibelins redoutaient moins la servitude que le retour des exilés guelfes, amis des Florentins. Leurs signaux avertirent Pise (22 mai), et l'Agosta perdue fut recouvrée. Les hommes d'armes de l'empereur y avaient contribué ; on ne leur en sut aucun gré : par méfiance on les renvoya vers Pise[3], où déjà perçait le regret des Gambacorti[4]. Charles IV, en imagination, revoyait ces guelfes au pouvoir. Il ne dormait plus en repos. A peine eut-il appris que son frère le patriarche, sorti de Sienne, était hors de danger, qu'il sortit lui-même de Pise (27 mai), emportant les malédictions de la ville gibeline où

---

[1] *Cron. Pis.*, R. I. S. XV, 1030 ; Matteo Villani, V, 31. Récit de ces événements par les ambassadeurs florentins, 21 mai 1355, *Arch. stor.*, Append. VII, 406. Mais comme ils sont à Montopoli, non à Pise, leur récit n'est pas d'une parfaite exactitude.

[2] Le meilleur récit de ces faits est celui de Matteo Villani, V, 32, 37; voy. encore *Cron. Pis.*, R. I. S. XV, 1030, 1032 ; Ranieri Sardo, c. 108, 109, 111, p. 132-134 ; Neri de Donato, R. I. S. XV, 151, 152 ; Ammirato, XI, 574 ; Roncioni, l. XIV, p. 828-835. L'éditeur de Roncioni, M. Bonaïni, publie le décret de condamnation des Gambacorti, Doc. 76.

[3] Beverini, l. VII, p. 946, 948 ; ser Cambi, *Cronica di Lucca*; ms. des Archives de Lucques, citations de Sismondi, IV, 241 ; Matteo Villani, V, 34 ; *Cron. Pis.*, R. I. S., XV, 1034 ; Neri de Donato, R. I. S., XV, 151 ; Ranieri Sardo, c. 110, p. 133 ; Roncioni, l. XIV, p. 832.

[4] Les Florentins envoyaient d'eux aux Pisans une justification posthume. 30 mai 1355. *Sign. cart. miss.*, XI, 129 v°.

reposaient les os de son aïeul[1]. Il ne se crut en sûreté que derrière les hautes murailles de Pietrasanta, qu'il s'était fait remettre en garantie par ses hôtes, avec le château de Sarzane. Lui-même il y veillait à la fermeture des portes, à l'installation des gardes ; il emportait les clefs dans la citadelle où il passait prudemment la nuit[2]. Ce lâche cœur demandait réparation non de l'injure, mais du dommage matériel que lui avaient causé les commotions pisanes. Quand il eut obtenu de Pise treize mille florins d'or[3], de Florence ce qu'elle lui devait encore[4], il repartit, le 11 juin, pour l'Allemagne[5], envoyant à Florence le conseil de s'allier à Pise[6].

Plus que jamais, dans ce retour sans dignité, il vit les portes des villes se fermer devant lui. Il dut négocier deux heures devant celles de Crémone, pour obtenir asile une seule nuit; encore ne put-il introduire avec lui que le tiers de ses gens, après leur avoir fait poser les armes. Le lendemain, même affront à Sonzino. Nuit et jour il chevauchait comme un fugitif[7]. Le soupçon galopait en croupe avec lui. Comme il avait su remplir son trésor vide, les guelfes craignaient toujours qu'il

---

[1] « Iddio gli dia delle derrate ha date a noi », s'écrie à cette occasion Raniero Sardo (c. 117, p. 157).

[2] Matteo Villani, V, 40.

[3] Matteo Villani, V, 43 ; Tronci, p. 384.

[4] Voy. plus haut, p. 448.

[5] Ranieri Sardo, c. 157, p. 157. Le 15 juin il n'est encore qu'à Sarzane. Voy. les *Reg. imp.* de Böhmer, continués par Huber.

[6] Florence demandait à Pérouse son avis sur cette question le 18 juin. (*Sign. cart. miss.*, XI, 134.)

[7] « Die et nocte equitans ut in fuga. » (Lettre de Dondaccio Malvicini de Fontana à la seigneurie, Ferrare, 27 juin 1355; *Arch. stor.*, Append. 408). Ce mot de fuite vient aussi sous la plume de Pétrarque à cette date. (*Famil.* XIX, 12.)

n'achetât quelque ville¹. Ceux qui avaient mis en lui leur espoir ne lui pardonnèrent point leur déception². « Beau voyage que le tien! écrivait Pétrarque. Tu seras de nom empereur, mais de fait roi de Bohême. Pense à ce que tu laisses et où tu vas³ ! »

L'empereur disparu et Pier Saccone mort⁴, Florence restait en face de Pise, avec le conseil d'en rechercher l'alliance. Elle n'y était point décidée, moins par rancune du meurtre des Gambacorti, que par ressentiment du droit de deux deniers et demi par livre, dont les Pisans, redevenus gibelins, frappaient les marchandises à l'entrée de leur port gardé par deux galères⁵. Mais elle négligeait les petites offenses⁶; elle s'abstenait de la guerre, car elle sentait bien que les Raspanti y verraient un dérivatif à leurs difficultés intérieures. Elle se bornait à leur faire entendre ses plaintes. Comme ils y répondaient par la nécessité de garder le port contre les pirates, par la convenance de faire payer aux marchands, à qui profiterait la sécurité, les frais d'équipement des galères gardiennes, enfin par la volonté de l'empereur, elle envoyait à celui-ci une ambassade en Bohême. Spontanément ou sous la pression des ambassadeurs, Charles répondit qu'il n'était pour rien dans

---

[1] 21 juin 1355. *Lettere interne alla signoria*, IV, 31.

[2] Voy. Matteo Villani, V, 43.

[3] Juin 1355. *Famil.* XIX, 12.

[4] Il mourait âgé de quatre-vingt-seize ans. (Matteo Villani, VI, 11.)

[5] *Cron. Pis.*, R. I. S., XV, 1054; Ranieri Sardo, c. 124, p. 142; Matteo Villani, VI, 47; Marangone, R. I. S., suppl. I, 721; Tronci, p. 385. Ces auteurs disent un denier et demi ou deux; mais le document, publié par Roncioni (l. XV, p. 843), dit deux et demi.

[6] Par exemple, le château de Sorana, dans le val de Nievole, à 4 milles au-dessus de Pescia, enlevé aux guelfes par les gibelins du lieu, avec l'appui de Pise. Février 1356. Matteo Villani, VI, 19 ; Ammirato, XI, 477.

cette mesure, qu'il entendait même que la franchise accordée aux Florentins par le traité de 1342 fût maintenue, et il écrivait en ce sens. Les Pisans, qui invoquaient son autorité, la méconnurent, quand ils la virent contraire à leur dessein[1].

Leur fourbe ainsi démasquée, Florence allait-elle rompre? Non : elle institua simplement une balie de deux grands et de huit *popolani*, qu'on appela les Dix de mer (8 juillet 1356), chargés pour un an de trouver au trafic d'autres routes[2]. C'était une idée heureuse; les Dix surent habilement s'en inspirer. Ils invitent aussitôt les marchands florentins à se défaire de tout ce qu'ils ont à Pise, et ils traitent avec Sienne pour substituer au port pisan, comme lieu d'arrivée et d'entrepôt pour les marchandises, le port de Telamone, dans la Maremme, que l'instinct public leur avait désigné (30 juillet)[3]. Sienne s'engageait à redresser la route qui y conduisait, à le fortifier d'une redoute en terre, à y faire bonne garde, à y recevoir en franchise, moyennant une redevance annuelle et fixe de sept mille florins, les marchandises de Florence, à exclure celles de Pise et à rompre avec Pise toutes relations commerciales. En retour,

---

[1] Roncioni (l. XV, p. 842, 844) s'inscrit en faux contre la version des auteurs florentins; mais le décret qu'il cite, quoique rendu au nom de l'empereur par son lieutenant Markward, évêque d'Augsbourg, peut fort bien avoir été inspiré par les Pisans à l'insu de Charles. Les pirates ne sont qu'un prétexte : ce n'est pas à l'entrée du port, c'est à quelque distance, en mer, qu'ils étaient redoutables.

[2] « Electorum ad providendum de stratis et viis et itineribus tam per terram quam per mare et alias aquas... De quibus.... in provisione circa id edita firmata in consilio D. Potestatis de 8 julii preteriti. » (6 juillet 1357. *Provvisioni*, XLVI, 7); Matteo Villani, VI, 48; Ammirato, XI, 579.

[3] *Riformagioni. Atti pubblici*, XV-XIX, t. XVIII. — Le 6 octobre 1365 ce traité encore en vigueur était renouvelé pour cinq ans. (*Ibid.*, XXIV, t. XVIII.)

tous les comptoirs florentins de cette ville devaient émigrer à Telamone, et la République s'engageait pour dix années à ne point déserter ce nouvel établissement[1].

Le 1ᵉʳ novembre, les marchands de Florence n'en avaient plus aucun chez leurs imprudents voisins. En s'installant à Telamone, ils y attiraient tous les étrangers en relations d'affaires avec eux, si bien que Pise ne fut plus qu'une sorte de « château désert ». Elle ne s'attendait point à ce coup. Elle s'était flattée que la proximité, la commodité de son port ferait accepter la taxe, ou que la taxe provoquerait une guerre qui ruinerait le trafic florentin. Déçue dans ses calculs, elle eut beau rapporter sa décision, recevoir en franchise les marchandises de transit, à quelque peuple qu'elles appartinssent, offrir aux Florentins « tous les avantages qu'ils voudraient », ceux-ci restèrent inébranlables. L'éloignement de Telamone et son malsain climat étaient pour eux une gêne; mais leur parole les liait à Sienne, et ne devaient-ils pas montrer politiquement à Pise qu'on pouvait se passer d'elle[2]? Les Dix de mer, leur charge expirée, y furent maintenus, approbation et confirmation éclatante de tout ce qu'ils avaient fait[3].

Cette fermeté froide ne se démentit point. Les Pisans tentent en vain de l'irriter. Ils essaient, par corruption, de s'emparer d'Uzzano, dans le val de Nievole; Florence en double la garnison, mais ne fait entendre aucune

---

[1] Matteo Villani, VI, 61 ; *Cron. Pis.*, R. I. S. XV, 1034; Ranieri Sardo, c. 124, p. 142; Ammirato, XI, 579 ; Tronci, p. 385.

[2] Matteo Villani, VI, 61, 62.

[3] « Expirat die octavo presentis mensis julii, et quod utile est idem officium officialibus reformare pro tempore secuturo. » (6 juillet 1357. *Provvisioni*. XLVI, 7.)

plainte. Ils arment des galères pour forcer les navires marchands à relâcher dans leur port, et ils accordent à ces navires toutes les franchises des peuples les plus favorisés; Florence ne sourcille point[1]. A grands frais elle fait venir par terre, de Venise, d'Avignon et même de Flandre les matières premières ou les objets d'échange. Elle fait armer des vaisseaux en Provence pour protéger son trafic maritime. Elle vote une loi frappant de mille florins d'or quiconque, fût-il de la seigneurie, conseillerait, de vive voix ou par écrit, qu'on retournât à Pise[2]. En mars 1358, dix galères armées en Provence et quatre dans le Royaume étaient prêtes pour protéger l'embarquement, le transport, le débarquement. Cinq d'entre elles croisaient constamment devant Porto Pisano, tandis qu'un corps de cavalerie protégeait les abords de Telamone contre les attaques de terre, dont ce port avait déjà été l'objet (novembre 1357)[3]. En vain les Pisans proclamèrent qu'on y pourrait librement pénétrer (juin 1358), ils n'éloignèrent point de si incommodes surveillants[4].

Cette lutte étrange minait, à Florence, l'art de la laine. En 1361, il chômait presque complétement; mais tous y étaient résignés[5]. Ils se sentaient fiers d'avoir pour la première fois une flotte, et consolés de nuire à une séculaire rivale. Les Pisans, en effet, souffraient plus qu'eux. Piero Gambacorta, confiné à Venise, y di-

[1] Matteo Villani, VII, 62; Ammirato, XI, 581; Marangone, R. I. S., suppl. 1, 721.
[2] Matteo Villani, VIII, 63; Ammirato le jeune, XI, 581.
[3] Matteo Villani, VIII, 11; Ammirato, XI, 584.
[4] Matteo Villani, VIII, 37, 63; Ammirato le jeune, XI, 586.
[5] Neri de Donato, R. I. S. XV, 170; *Cron. Pis.*, R. I. S. XV. 1035; Matteo Villani, VIII, 37.

sait aux marchands florentins : « Si vous persistez dans votre résolution, Pise, avant peu, deviendra un bois solitaire[1]. » On verra plus tard dans quelles circonstances les deux Républiques, après une grande guerre, scellèrent leur réconciliation.

Le plus singulier, c'est qu'elles ne vivaient point en état de guerre déclarée. Non-seulement aucune des deux ne s'attaquait directement à sa rivale, mais encore elles se trouvaient en communauté d'efforts contre la Grande Compagnie. Depuis les premiers mois de 1355, le comte de Landau, après avoir ravagé le pays de Ravenne, l'avait conduite dans les Abruzzes, dans la Pouille, dans la Terre de Labour. Le roi de Naples, Louis de Tarente, tout entier à ses plaisirs, sollicitait par son fastueux sénéchal, Niccola Acciajuoli, Florentin, le secours d'alliés qu'il n'avait pas secourus[2], et Florence, qui se défendait du dessein de seconder Lucques dans ses désirs d'affranchissement[3], ne refusait point mille barbues pour une campagne d'intérêt commun (juillet 1355). Mais ces

[1] Matteo Villani, X, 83.
[2] Matteo Villani, IV, 91. La vie de ce Florentin a été écrite par Matteo Palmieri et Filippo Villani. Récemment, l'avocat Leop. Tanfani a réuni avec beaucoup de critique tout ce qu'on sait de lui. Voy. encore quelques lignes de Peruzzi, p. 144, 145, et une longue note de Fracassetti aux *Famil.* de Pétrarque, XII, 2, t. III, p. 117-120. Niccola, né en 1301, avait été envoyé par son père à Naples pour le trafic. Il y plut à Catherine, impératrice de Constantinople, veuve de Philippe de Tarente, qui lui confia la direction de son fils Louis de Tarente. De là sa fortune. Il mourut à Naples le 25 octobre 1366.
[3] Les Lucquois, écrit Bernabò Visconti, disent : « Quod ipsi ad vos noviter recurrerunt precantes vos, etc., et quod vos eis super hoc subveniendi et auxiliandi secrete spem dedistis. » (25 juin 1355). Florence répondit : « Notavimus non sine admiratione vehementi et intelleximus diligenter, eo præsertim quod non meminerimus pro parte eorum nobis unquam fuisse petitum quod scribitis, nec peti honesta debuit nobis existentibus cum Pisanis in pace. » (5 juillet 1355. *Sign. cart. miss.* XI, 136.)

Allemands, mal payés par le roi, allaient bientôt grossir la compagnie de Landau[1]. L'argent que Louis n'avait pas su trouver pour la combattre, il fallut le trouver pour la congédier. Hors du Royaume, elle menaçait la Marche et la Toscane : une ligue de deux ans fut conclue à Montevarchi (18 février 1356) entre Florence, Pise, Volterre, Pérouse, le duché de Spolète. On attendait l'adhésion d'Arezzo et de Sienne[2]. L'empereur promettait son concours[3]. Le pape était prié d'excommunier toute compagnie, leurs fauteurs et quiconque les recevrait. Au mois d'avril, les dix-huit cents cavaliers de la *taglia* devaient être prêts à entrer en ligne. Florence en fournissait huit cents pour sa part[4].

A l'approche du redouté Landau, les Siennois se hâtent de demander place dans la ligue « au peuple de Florence, père de leur commune[5] ». Le peuple de Florence amuse de feintes négociations le *condottiere*, pour se laisser le temps d'occuper les passages des montagnes, d'enlever des champs les récoltes, d'armer, d'exercer au tir, en proposant des prix, deux mille cinq cents arbalétriers, divisés en groupes de vingt-cinq hommes, dont chacun était commandé par un conné-

---

[1] Matteo Villani, V, 63.

[2] Sienne boudait alors, parce qu'elle avait perdu Montepulciano, à la suite d'une révolte soutenue par les Pérugins. Voy. sur cette affaire Matteo Villani, V, 83.

[3] Le 12 avril 1356, Charles IV écrivait aux prieurs qu'il avait appris avec plaisir la conclusion de la ligue, promettait de lui venir en aide et annonçait qu'il avait commandé au marquis de Montferrat, son parent, et aux adversaires lombards de ce seigneur de lui envoyer des ambassadeurs à Metz, où il serait cinq semaines après Pâques, et où il espérait procurer la paix universelle. (*Capitoli*, XVI, 82.)

[4] Ammirato le jeune, IX, 577 ; Matteo Villani, VI, 4.

[5] Matteo Villani, VI, 40.

table[1]. Ce fut, pour le moment, le salut de la Toscane. La voyant sur ses gardes, Landau passait avec ses aventuriers et toute une armée de filles de joie[2] en Romagne (10 août), puis en Lombardie (septembre), à la solde de la ligue que les seigneurs de Vérone et de Mantoue, de Ferrare et de Bologne avaient nouée contre les Visconti[3]. Bientôt il s'attaquait aux terres d'Église avec six mille hommes[4]. Pour défendre Forlì (6 juillet 1357), pour se défendre lui-même, Albornoz proclame la croisade. Un Florentin, l'évêque de Narni, la vient, par son ordre, prêcher à Florence. Il y organise des processions, fait sonner les cloches à parlement, harangue du haut de la *ringhiera*. Malgré les dangers de l'avenir, l'enthousiasme était médiocre; il n'éclatait que parmi les femmes et le menu peuple, que remuait encore le mot jadis magique de croisade. Le prélat obtint peu de chose. Il dut approuver que douze citoyens se cotisassent pour solder un cavalier, réduire à six mois le temps du service, d'abord fixé à douze, étendre l'indulgence annoncée à tous ceux qui se confesseraient dans les trois mois. L'expédition ainsi préparée coûtait plus de cent mille florins, tant à la commune qu'aux particuliers (juillet)[5]. Albornoz la rendit inutile. Averti de son remplacement prochain, il aima mieux traiter que com-

[1] Matteo Villani, VI, 72 ; Ammirato, XI, 579.
[2] « Femine di mondo e bordaglia da carogna più di sei mila. » (Matteo Villani, VI, 56.)
[3] Matteo Villani, VI, 75.
[4] *Id.*, VII, 76, 80 ; Ammirato, XI, 582.
[5] Matteo Villani, VII, 84, 85 ; Ammirato, XI, 582. Il y a aux archives de Florence plusieurs lettres de Clément VI demandant aux Florentins de s'unir au légat Albornoz ou les remerciant de ce qu'ils avaient fait. (25 mai 1356, 18 avril, 10, 29 août 1357. *Capitoli*, XVI, 43.)

battre. Il mettait son orgueil à laisser dans une situation définie et paisible ces États de l'Église qu'il avait reconquis en quatre ans. Son successeur, l'abbé de Cluny, fidèle à sa politique, obtenait de Landau, moyennant cinquante mille florins, qu'il retournerait en Lombardie et accorderait aux terres de l'Église, à Florence, à Pise, à Pérouse, la garantie déjà accordée à Sienne de n'entrer sur leurs juridictions qu'en ami, en payant toutes choses, et pour cinq jours seulement (1er novembre)[1]. Florence compta pour sa part seize mille florins. Pise ne marchanda pas non plus la sienne; mais les Pérugins et les Siennois regimbèrent, sous prétexte que nul n'avait le droit de traiter pour eux sans mandat[2]. Peut-être était-ce une faute de n'attendre point patiemment, au lieu de traiter, que le manque de vivres contraignît Conrad à passer dans d'autres contrées; mais cette faute, on l'aggravait assurément par le refus de souscrire aux engagements pris, car c'était fournir un prétexte pour traiter la Toscane en pays ennemi.

Les discordes de voisinage le fournirent plus spécieux encore. Pérouse et Cortone étaient en guerre. Cortone, précédemment, vivait sous le joug de Pérouse; mais Sienne l'avait soulevée, pour se venger des Pérugins, fauteurs de la révolte qui lui avait enlevé Montepulciano[3]. Sollicitée de son appui par les deux adversaires,

---

[1] Voy. sur les arrangements particuliers à Sienne, Arch. delle Rif. de Sienne, Cartapecore, 1733, dans *Arch. stor.*, Append. VII, 409.

[2] Matteo Villani, VII, 89, 100; Ammirato, XI, 583.

[3] Neri di Donato, R. I. S. XV, 158; Bonazzi, p. 446. Le 8 janvier 1358, Bartolommeo Casali, seigneur de Cortone et vicaire général de Charles IV, chargeait son procureur, Gualfredi des Uberti, de faire ligue avec Sienne pour la totale destruction de Pérouse. (Doc. dans *Arch. stor.*, Append. VII, 409). Voy. sur les antécédents de cette querelle Matteo Villani, III, 24-26, 52, et Bonazzi, p. 439 sq.

Florence se prononçait pour Cortone, sans toutefois intervenir de ses armes[1]. Elle en laissait l'honneur et les risques à Sienne, qui, avec les douze cents barbues que levait alors l'Allemand Hennequin de Bongart, forçait les Pérugins à lever le siège de Cortone (18-30 mars 1358)[2]. Aux yeux de Pérouse, les Florentins étaient des traîtres[3]. Ses citoyens n'en laissaient point parler les ambassadeurs chargés de rétablir l'harmonie : ils criaient, sifflaient, frappaient sur les bancs, se répandaient en injures[4], sauf à compter, dans les revers, sur la médiation de la commune injuriée[5].

On voulait des deux parts éviter les batailles; mais le hasard ne le permit pas. Une rencontre fortuite à Torrita (10 avril), où les Siennois furent battus et leur chef Bongart fait prisonnier[6], fit oublier à Sienne les intérêts du parti guelfe et la liberté des communes toscanes. Altérée de vengeance et de sang, elle invoque les Visconti, prend le préfet de Vico pour capitaine, offre une solde enfin à la Grande Compagnie, sous condition

---

[1] Matteo Villani, VIII, 17; Ammirato, XI, 584.
[2] Matteo Villani, VIII, 28, 33, 34.
[3] « A dì 22 di febbrajo (1358) el comune di Peroscia mandò alli Fiorentini per gente, secondo li capituli della lega fatta fra de loro; li quali Fiorentini non risposero nè de si nè de no; e puoi segretamente aiutarono li Senese con denari, per la qual cosa li Fiorentini furono reputati traditori.» (Graziani, *Arch. stor.*, 1ª serie, t. XVI, part. I, p. 184.)
[4] Matteo Villani, VIII, 29.
[5] Matteo Villani, VIII, 40.
[6] Matteo Villani, VIII, 41, 42; Neri de Donato, R. I. S. XV, 159. Leo dit (l. VIII, c. 3, t. II, p. 512) que ce Bongart ou Bongarden était d'une famille puissante des bords de la Moselle aux Pays-Bas, et que c'est à tort que du Bongardo des Italiens il avait fait Baumgarten. Quant au nom d'Anichino ou Hennequin, il n'est pas exclusivement italien. Dans un document cité par Ricotti (II, 15, note), on le trouve accolé à un nom allemand : Annechinus de Lambach.

qu'elle séjournera un mois sur le territoire de Pérouse, pour le ravager[1].

Justement, elle venait de recouvrer sa liberté par la paix conclue entre la ligue lombarde et les Visconti (mai). Tandis que Landau, son chef, allait en Allemagne cacher l'or volé et acheter des terres, elle promenait son oisiveté sous les ordres de deux lieutenants, en Romagne, aux confins de la Toscane. De trois ans elle ne les devait franchir, pour rester fidèle aux accords souscrits par le *condottiere;* mais elle se composait de trois mille cinq cents cavaliers, sans compter les fantassins, et, alors comme en d'autres temps, la force primait le droit. Audacieusement la Compagnie demande aux Florentins passage sur leur territoire, pour gagner celui de Pérouse sans faire de longs détours. Que pouvait la seigneurie? Offrir cinq mille florins pour préserver les moissons sur pied[2], appeler les Ubaldini[3], les comtes Guidi et autres voisins à la défense des passages, dans les montagnes[4], mesures incohérentes, mais peut-être également nécessaires.

Sur ces entrefaites, le comte de Landau revenait d'Al-

---

[1] Matteo Villani, VIII, 62 ; Neri de Donato, R. I. S. XV, 164.

[2] « Tu sai chai in commissione che non venendo la compagna per nostro distretto possi ispendere fior. tre mila. Ora t'impognamo avendo speranza cogni nostro miglioramento sempre permecteresti che non passando per nostra forza, punto ne possi spendere fino in due mila più. » (Instructions à Filippo Machiavelli, 21 juillet 1358. *Sign. cart. miss.*, XII, 36). Machiavelli avait été précédé de quatre autres ambassadeurs, hommes de grande autorité et non ignorants des choses militaires. Ammirato, XI, 587 ; Matteo Villani, VIII, 73.

[3] Les Ubaldini, séculaires ennemis de Florence, en étaient tout récemment devenus les amis. Le 9 août 1357, une provision les réhabilitait en supprimant tous les *bandi* prononcés contre eux. (*Capitoli*, II, 239.)

[4] Matteo Villani, VIII, 57, 60, 72 ; Neri de Donato, R. I. S. XV, 164.

lemagne avec le titre de vicaire impérial à Pise et la mission secrète d'occuper quelque point en Toscane[1]. Plus conciliant en apparence que n'étaient ses lieutenants, il invite les ambassadeurs florentins à lui tracer un itinéraire sur les frontières de leur République, aussi loin que possible de Florence. On lui indique le val de Lamone, Marradi, Dicomano, San-Leolino, Bibbiena[2]. C'était préserver la plaine et n'exposer aux inconvénients du passage que des hobereaux, alliés douteux. On s'engage à fournir pour cinq jours de vivres, que la Compagnie payera comptant (21 juillet). En même temps, Giovanni d'Oleggio, seigneur de Bologne, est sollicité d'obtenir d'elle l'exécution de ses promesses, le légat de resserrer les liens de la ligue[3], le comte de Battifolle de ne livrer passage que sur l'avis des ambassadeurs qui suivent Landau en marche[4], les Pérugins d'envoyer sans retard tous les Italiens, tous les Hongrois dont ils disposent. Pour capitaine des forces alliées Florence désigne son podestat, Catalano de Sala (26 juillet). Elle lui enjoint de garder les passages, de couper les routes, d'interdire à Landau la direction précédemment

[1] Ammirato, XI, 588.
[2] « A la qual cosa t'ingegna recargli con ogni studio e favore di chi credi che ne la brigata abbia podere, allegando la difficultà del paese, e che se questo non puoi fare, aopera con ogni tua prudentia che passi per nostra forza nella più strema parte e più stretta e più di lungie dalla nostra città che potrai, continuando le loro giornate sanza soggiornare o intermissione di tempo, sanza far dampno, togliendo derrate per danaro, e a questo richiedi il favore del conte Lando.... In caso che collui t'abocchi, rallegreratti in nostro nome della sua venuta, e quanto ci è cara e quanta fede il comune nostro à di sua persona e di sua lealtà.... Molto ci piacerebbe che la via di san Leolino facesse. » (Instructions à Fil. Machiavelli, *loc. cit.*). Cf. Matteo Villani, VIII, 73.
[3] *Sign. cart. miss.*, XII, 36, 37.
[4] 24 juillet 1358. *Sign. cart. miss.*, XII, 38.

indiquée[1]. Elle se flattait alors de l'assiéger dans le Mugello et de l'y affamer « jusqu'à sa finale confusion et mort[2] ». L'illusion ne fut pas de durée. Landau passe, laisse dévaster les environs de Vicchio[3], s'avance vers une profonde vallée au fond de laquelle un torrent se précipitait entre deux murs de rochers. La route serpentait en corniche et remontait le cours de l'eau pendant deux milles, jusqu'à une gorge étroite qui fermait la vallée. A cet endroit, le chemin de plus en plus rapide n'était qu'un sentier semblable à une échelle, comme l'indiquait son nom, *le Scalelle*[4].

Pour franchir ce dangereux défilé, Landau partagea sa compagnie en trois corps. L'avant-garde, commandée par Amerigo de Cavalletto, un de ses deux lieutenants, emmenait avec elle, presque en qualité d'otages, quatre des cinq ambassadeurs, Manno Donati et Giovanni des Medici, chevaliers, Amerigo Cavalcanti et Rinieri Peruzzi[5]. Elle passa sans rencontrer d'obstacles et poursuivit sa route. Venait ensuite le corps principal, avec les bagages, sous les ordres de Landau lui-même, flanqué du cinquième ambassadeur, Filippo Machiavelli. L'arrière-garde, enfin, conduisait les objets de prix dans

---

[1] Lettre au podestat. *Sign. cart. miss.*, XII, 38 v°.

[2] « Convocatis nostris et amicorum viribus undique eam fere tenemus obsessam in partibus de Mucello, et deo favente, speramus obtinere victoriam de eadem. » (Aux Pérugins, 26 juillet. *Ibid.*, 39). — « Affamarli.... fino a sua finale confuxione e morte. » (Au podestat, 27 juillet. *Ibid.*)

[3] A Conrad de Landau, 28 juillet. *Sign. cart. miss.* XI, 40. « Sotietas suorum caporalium acquiescens monitis, cum pace deinde se habuit, rerum nostrorum districtualium uti propriis uterentur pro rebus pretia non solventes ». (*Ibid.*)

[4] « Che bene concorda il nome col fatto. » (Matteo Villani, VIII, 74.) Cf. Ricotti, II, 122; Sismondi, IV, 293.

[5] Ammirato, XI, 587.

le chemin déjà parcouru et déblayé. Elle avait pour chef le comte Burkhardt, frère et second lieutenant du *condottiere*.

Quand les paysans voient le corps principal engagé dans les méandres de la route, quatre-vingts d'entre eux tout au plus en ferment l'issue avec de grosses pierres, et, du haut des rochers surplombants, accablent de leurs flèches la colonne également impuissante à fuir et à se défendre. Landau, sur son cheval, mangeait en marchant. A l'arçon pendait son casque. Promptement il le remet sur sa tête et ordonne à une centaine de ses Hongrois de mettre pied à terre, de déloger ces villains. Les Hongrois obéissent; mais alourdis par leurs armes et leurs longs vêtements, ayant à gravir une pente escarpée, ils voient en un instant les crêtes se garnir d'assaillants nouveaux qui font rouler sur eux d'énormes rochers. Un de ces rochers renverse dans le ravin et écrase le comte Burkhardt, qui débouchait dans la vallée avec son arrière-garde. Ceux qui étaient en avant se replient effrayés et portent le désordre parmi les autres. Leur désarroi enhardit les *contadini;* remplacés par leurs femmes sur les hauteurs inaccessibles, ils descendent pour frapper de plus près, et avec leurs pieux, avec leurs lances, sans perdre l'avantage du terrain, ils jettent l'ennemi dans le précipice.

Entouré par treize fidèles du comte Guido, Landau est réduit à se rendre. Il leur présente son épée par la pointe, en signe de mépris. Son mépris était de mise : comme il ôtait son casque, étant déjà prisonnier, un de ses discourtois vainqueurs lui fit à la tête une blessure qui pensa lui coûter la vie. Il dut à leur cupidité sa délivrance. Sentant bien que s'ils le menaient à leur scigneur, la rançon serait pour lui, non pour eux, ils préférèrent vendre leur proie deux mille florins aux Ubaldini, qui, après l'avoir guéri, le mirent en sûreté sur le territoire de Bologne. Cet homme, dit Matteo Villani, « étant bien pourvu et soigné à l'allemande, réglant mal sa vie, et surtout ne prenant pas garde au vin, tomba bientôt dans une grave maladie qui le mit plusieurs fois en péril de mort, et le laissa dans un assez pauvre état[1]. »

Sa capture avait été pour les siens le signal d'une complète débandade. Afin d'être plus légers à la fuite, ils jetaient leurs armes, poursuivis à travers les ravins et les bois, dépouillés de leur or et de leurs ceintures d'argent par les enfants, par les femmes, ardentes à venger leur honneur outragé et celui de leurs filles. Plus de trois cents cavaliers y périrent, avec mille chevaux de guerre et beaucoup de bêtes de somme, sans parler de nombreux prisonniers, dont la captivité se prolongea, car, à leur tour, ils servaient d'otages[2].

Cependant l'avant-garde, ignorante du désastre, était arrivée sans encombre dans les prés, aux environs de Belforti. Elle pouvait être détruite : les déprédations commises annulaient tous les traités ; Florence avait, dans ces contrées, plus de douze mille hommes, dont quatre mille arbalétriers et quatre cents cavaliers[3]; enfin les

---

[1] Matteo Villani, VIII, 75. Cf. March. de Coppo, IX, 677.

[2] « Fino a tanto che si vegha a che la cosa debbia riuscire. » (Lettre à Francesco Bruni, amb. à Bologne, 8 août 1358. *Sign. cart. miss.*, XII, 41 v°). Voy. sur ce combat Matteo Villani, VIII, 74; Neri de Donato, R. I. S. XV, 161 ; *Cron. Bol.*, R. I. S. XVIII, 448 ; Ghirardacci, l. 23, t. II, p. 237; Ammirato, XI, 588 ; Ricotti, II, 122; Sismondi, IV, 293.

[3] Matteo Villani, VIII, 76. — « Si voluissemus eam offendere, non est dubium quin firmiter valeremus. » (Lettre à Albiccio, 30 juillet 1358. *Sign. cart. miss.*, XII, 40.)

comtes Guidi et leurs vassaux brûlaient de courir à l'attaque. Pour se sauver eux-mêmes, les ambassadeurs détenus sauvèrent ces ennemis. Le podestat, capitaine de guerre, n'avait ni talent ni autorité, il n'osa protester contre des volontés intéressées qu'on crut être la voix de la patrie même[1]. La vérité est que les avis étaient partagés. Les uns accusaient Cavalcanti d'épargner des hommes qu'il avait connus en Pouille; les autres pensaient que la loyauté obligeait les ambassadeurs à veiller sur des gens dont ils étaient les guides[2]. Par Dicomano et Vicchio ces misérables débris revinrent dans la plaine du Mugello florentin, où ils trouvèrent des vivres en abondance[3]. A peine prirent-ils le temps de s'y ravitailler. Protégeant leurs derrières par une embuscade de Hongrois, qui battit les arbalétriers, trop acharnés à la poursuite, et gardant pour guide, pour otage Manno Donati, un des ambassadeurs, ils firent quarante-deux milles en un jour pour arriver, par le passage du Stale[4], sur le territoire d'Imola, où ils respirèrent enfin librement[5].

A dater de ce jour, tout ce qu'il y avait de compagnies dans la péninsule était ennemi des Florentins. Bientôt renforcés en Romagne des deux mille Allemands que

[1] Matteo Villani, VIII, 78.
[2] March. de Coppo, IX, 677.
[3] « Scimus quod gens que Decomanum appulit, cum ibi propter parvitatem loci commode stare nequiret, amb. nostri in planitiem Mucelli preparatis victualibus conduxerunt, eosdem omni nostro isfortio comunitas que fixis castris in Vicchio depopulari ceperunt. » (Lettre à Conrad de Landau, 28 juillet. *Sign. cart. miss.*, XI, 40.) Vicchio n'est qu'à quatre milles de Dicomano. Cf. Matteo Villani, VIII, 77, 78.
[4] M. Trollope (II, 117) dit que *stale* est une corruption d'*ospitale*, et qu'il y avait des hôpitaux pour les voyageurs aux défilés les plus solitaires de l'Apennin.
[5] Matteo Villani, VIII, 79; March. de Coppo, IX, 677; Ammirato, XI, 590.

Hennequin de Bongart ramenait du territoire de Pérouse[1], les brigands de Landau, quand ils eurent tout dévoré aux alentours de Forlì, revinrent vers la Toscane, criant : A Florence! à Florence! Venger les *Scalelle* était leur but; mais ils furent empêchés de l'atteindre par les énergiques mesures des Florentins. Ces marchands avaient porté la peine de mort contre tous ceux de leurs sujets qui s'engageraient dans une compagnie, conclu avec le légat une ligue de deux ans (5 septembre), pour diviser ces odieux adversaires ou les forcer à rebrousser chemin[2], sollicité ce prélat d'unir sans retard ses troupes à celles de la République, pour résister à une invasion prévue[3], ordonné à leur capitaine de défendre les passages[4] et d'engager, s'il était possible, la compagnie de Bongart[5]. Cet appel à des brigands était peu propre à les discréditer; mais telle était alors la malheureuse condition de l'Italie : il fallait courir au plus pressé, combattre l'ennemi du jour avec l'ennemi de la veille ou du lendemain, subir en un mot l'inexorable et dissolvante loi de la nécessité.

Trouvant ainsi devant eux une barrière d'airain, les envahisseurs durent revenir sur le territoire de Rimini, d'où le froid et la misère d'un hiver rigoureux les réduisirent à se disperser en plusieurs bandes, pour aller

---

[1] En vain pour amadouer Bongart, la seigneurie auprès de laquelle il intercédait en faveur d'un Allemand, lui écrivait : « Amice karissime. » (4 août 1358. *Sign. cart. miss.*, XII, 41.)

[2] Instructions aux amb. envoyés au légat. 5 août 1358. *Sign. cart. miss.*, XII, 41 ; Ammirato le jeune, XI, 594 ; Matteo Villani, VIII, 93-99.

[3] « Societatem de proximo in nostrum districtum hostiliter descensuram, si veris fas est dare fidem rel. tibus. » (Au légat, 18 octobre. *Sign. cart. miss.*, XII, 49.)

[4] A Pandolfo le capitaine. *Ibid.*, 49 v°.

[5] Instructions à Simone de l'Antella, 21 octobre. *Ibid*

au loin chercher une solde, la rapine, en un mot des moyens d'existence, heureux, avant de se séparer, d'avoir vendu au légat peu perspicace la promesse incertaine de quatre ans de paix[1]. Dans le même temps (20 octobre), Florence s'assurait le repos, au sud, en imposant à Pérouse et à Sienne une réconciliation dont les bases furent contestées, mais que sa puissance supérieure sut leur imposer[2].

Ainsi la paix fut rétablie en Toscane, et tous s'en applaudirent. On ne remarquait pas que, dans son triomphe même, Florence compromettait sa dignité. On ne sut ni dédaigner l'assistance des compagnies de bonne volonté, ni infliger aux lâches ambassadeurs qui avaient sauvé l'ennemi pour sauver leur vie, le châtiment sévère qu'en d'autres temps ils eussent encouru. On se contenta de les blâmer, de rire aux dépens de la seigneurie qu'ils avaient jouée. Eux, ils rentraient la tête haute, faisant aux reproches cette dédaigneuse réponse : « Ne pensez plus au passé et souhaitez-nous la bienvenue[3]. » Cette audace de citoyens coupables, ce mépris de la « majesté

---

[1] Matteo Villani, VIII, 99-105, IX, 2-4; *Cron. Rimin.*, R I. S. XV, 907; Ricotti, II, 125, 126. On peut lire dans Ricotti (*ibid.* p. 128 sq.) les destinées de la compagnie de Bongart et d'autres.

[2] Le *lodo* des arbitres pour cette paix a été publié dans l'*Arch. stor.*, Append. VII 410. Cf. Matteo Villani. VIII, 102 ; Neri de Donato. R. I. S. XV, 162 ; Ammirato, XI, 592. — En trois jours, Pérouse aura retiré ses troupes du territoire de Cortone ; en quatre, du territoire de Montepulciano, qui reste libre. Dans le cas où Sienne voudrait frapper cette place de quelque imposition, Pérouse pourra en reprendre possession, clause ingénieuse, propre à en assurer la liberté. En revanche, si Pérouse fait la guerre à Cortone, Sienne aura le droit de s'en emparer. L'approbation des Pérugins, sauf quelques réserves de détail, est du 21 avril 1359. (*Arch. stor.*, Append. VII, 410.)

[3] « Non cercate più di questi fatti, ma dite che noi siamo i ben tornati. » (Matteo Villani, VIII, 79). Cf. Ammirato, XI, 590.

communale[1] », cette impunité de la désobéissance et du crime, cette indifférence aux humiliations ou aux blessures de la patrie, étaient les tristes résultats d'une situation intérieure profondément troublée. Nous n'aurions pu en parler, dans les pages qui précèdent, sans interrompre à tout propos le récit de faits d'un autre ordre; mais il faut maintenant revenir sur la lamentable histoire des discordes civiles, qui peut seule expliquer les plus graves événements de la seconde moitié du quatorzième siècle.

[1] Matteo Villani, VIII, 78.

CHAPITRE VII

L'AMMONIZIONE. — LES CONDITIONS ÉCONOMIQUES

(1353-1358)

Puissance et déviations de la démocratie florentine. — Brigandages des *popolani*. — Supplice de Bordone Bordoni (13 mars 1353). — Nouvelles querelles de familles. — Albizzi et Ricci. — Mesures défensives du gouvernement populaire. — Mécontentement croissant des *popolani grassi*. — Puissance de la *parte guelfa*. — Son statut. — Provision contre les gibelins (27 août 1354). — Autre plus rigoureuse (15 janvier 1358). — Premières condamnations et terreur générale (mars — avril). — Modifications dans l'organisation de la *parte* (24 avril). — L'*ammonizione*.
Statistique. — Population. — Écoles. — Religieux. — Boutiques. — Entrées aux portes. — Aumônes. — Établissements de bienfaisance. — Associations d'artisans. — Dépenses. — Expédients financiers. — Les emprunts forcés ou *prestanze*. — L'*estimo*. — La taxe des *fumanti*. — La table des possessions. — Recettes.

La démocratie n'avait pas eu pour les Florentins l'inconvénient, qu'on lui prête d'ordinaire, de rendre impossibles les grandes entreprises[1]. Étant leur génie même, et non un expédient de l'empirisme ou une déduction de la théorie, elle n'avait point entravé les progrès de leur puissance extérieure, qui absorbait ses anciennes rivales, comme Arezzo et Pistoia, ou les réduisait, comme Sienne, à l'état de satellites. Mais dans l'intérieur même de leur ville, ils s'étaient toujours mal défendus de ces discordes

[1] C'est un des reproches que G. Capponi fait à la démocratie (I, 192).

funestes qui les faisaient si souvent tomber dans l'anarchie. Grands dépouillés de leurs droits, et trouvant dans la persécution cet aliment de vie qui leur eût bien vite manqué, si on les eût laissés s'abâtardir librement dans leur caste fermée[1] ; *popolani* en possession des priviléges dont ils avaient dépouillé les grands, et dont ils se faisaient les féroces gardiens, comme en un nouveau jardin des Hespérides; petites gens enfin qui montaient à l'assaut, comme les *popolani* y étaient montés avant eux, entretenaient une agitation en sens divers, mais incessante, où s'épuisaient les forces de l'État. A l'État, on ne laissait aucune stabilité : jamais n'avait été plus véritable le mot de Dante sur ce qu'on filait en octobre et qui n'existait plus à la mi-novembre. Un jour, à contrecœur, les *popolani* se laissaient-ils arracher cette institution du tirage au sort, qui ruinait leurs prétentions à l'oligarchie? Bientôt ils retiraient d'une main ce qu'ils avaient donné de l'autre, ils remettaient dans les bourses des colléges les noms qui étaient sortis de celle des prieurs, et réciproquement, de sorte que les mêmes en pussent être fréquemment tirés. Triomphe éphémère de la ruse! L'instinct démocratique dicte une loi qui rend cet abus impossible (décembre 1339) : désormais les bulletins sortis des bourses seront déchirés, et nul, pourvu d'un emploi, n'en pourra obtenir un second, avant qu'elles soient vidées entièrement.

Ces changements continuels dans les institutions ne s'accomplissaient point sans des troubles qui faisaient

[1] Voir sur cette question de l'abâtardissement des espèces qui ne se croisent point, et en particulier des nobles, le livre de M. Ribot, l'*Hérédité*, et un article de M. Fouillée dans la *Revue des Deux-Mondes*, 1ᵉʳ août 1878, p. 656.

vivre dans les alarmes, alors même qu'ils ne mettaient pas les armes aux mains. Machiavel prétend que l'abaissement des magnats fut une cause de prospérité pour Florence, parce que les magistrats y étaient plus respectés [1]. Comment le croire, quand on voit les *popolani grassi* reproduire les excès, les abus de ceux qu'ils remplaçaient au pouvoir? Une pétition du 27 août 1352 accusait leur superbe, leur arrogance, leur injustice, et obtenait que ceux qui seraient accusés de quelque méfait fussent traités comme magnats [2].

Quelle menace plus propre à les retenir sur la pente? Pourtant ils y glissaient jusqu'au fond. L'année suivante, il n'est bruit que de leurs brigandages. Chaque nuit on signale quelque vol insolent. Chez les changeurs, ils forcent les caisses; chez les tailleurs, ils enlèvent les habits et les draps : quarante-cinq pièces d'un coup; chez un charcutier, deux cents moitiés de porcs salés; chez d'autres, les lits, avec leurs matelas, paillasses et couvertures. Malgré la circulation qui était grande, même après le couvre-feu, on ne surprenait point les voleurs [3]. C'est en vain que le podestat Paolo Vaiani, un dur Romain cependant, et passionné pour la justice [4], mettait sur pied tous les hommes dont il disposait, et se postait lui-même aux aguets. Après bien des nuits à la belle étoile, il découvre enfin certaines gens qui portaient des ballots aux murailles d'où ils les jetaient au dehors. Là

---

[1] « E perchè già i cittadini per la rovina de' grandi erano in tanta ugualità venuti, che i magistrati erano più che per lo addietro non solevano riveriti. » (*Ist. Fior.* III, 37. A.)

[2] *Provvisioni*, XL, 103 r°. Voy. le texte à l'appendice n° 4. Cf. Ammirato, X, 547.

[3] March. de Coppo, VIII, 659. Ammirato, X, 551.

[4] Matteo Villani, III, 58.

des complices en chargeaient une barque et les conduisaient à Pise. Mais c'étaient des hommes obscurs, dont plusieurs ne croyaient qu'aider un failli et soustraire ses biens à la confiscation, le moindre des délits, si c'en était un, dans les idées du temps. Ces «innocents» eurent la bastonnade; les autres furent pendus [1].

Restait à trouver les principaux coupables, ceux qui se tenaient prudemment dans l'ombre, sans que ces exemples *in anima vili* ralentissent leurs indignes exploits. A force d'investigations et d'interrogatoires, on découvre que les voleurs, « honorables citoyens », se réunissaient avec des trompettes, des luths et autres instruments de musique, comme pour donner des sérénades. Certains jeunes gens de bonne naissance se tenaient aux deux extrémités de la rue et priaient les passants de prendre un autre chemin, parce que les musiciens désiraient rester inconnus. Le bruit assourdissant rendait la prière vraisemblable, et ainsi la place demeurait libre pour crocheter, dans la nuit noire, maisons et boutiques, sans attirer les soupçons, sans être dérangé.

Un des chefs de cette bande était Bordone Bordoni, d'une ancienne et riche famille de *popolani* dont les membres presque constamment se succédaient aux emplois publics. Mis à la question, il avoue. Son frère Gherardo, un des ambassadeurs envoyés, l'année précédente, à Charles IV, plaide sa cause auprès des prieurs, et ceux-ci, pleins d'indulgence pour un coupable de leur caste, s'opposent à une condamnation capitale, que réclame le menu peuple, que veut prononcer le podestat.

---

[1] March. de Coppo, VIII, 659.

Ne pouvant plier à leur désir ce sévère Romain, ils révoquent ses *famigli*. Sans eux ne sera-t-il pas réduit à l'impuissance? Lui, il n'accepte pas cette situation ridicule. Indigné, il rend la baguette du commandement et se retire chez les Siennois (11 mars 1353).

Grande rumeur aussitôt par toute la ville. Il n'y a plus, disait-on, de justice pour les petits. La moindre faute les mène à la boucherie. Quelqu'un des puissants, au contraire, est-il banni pour un crime? Il se fait passer pour victime des proscriptions politiques[1]. Si l'on casse les podestats quand ils ont à cœur de rendre la justice, qui donc voudra venir à Florence[2]? Les murs se couvrent d'inscriptions irritées, injurieuses pour les prieurs. Ceux qui les remplacent s'empressent de décliner une solidarité compromettante : cédant au sentiment général, ils envoient à Sienne un ambassadeur; ils supplient le podestat de revenir, ils lui promettent fidèle obéissance[3]. Paolo Vaiani, alors, se fait prier, il énumère ses griefs : le blé a renchéri et son salaire ne suffit plus à ses dépenses. S'il revient, c'est avec deux mille florins de supplément, plus qu'il ne convenait, dit un chroniqueur[4]. Il fait décapiter Bordone et envoie en exil beaucoup de ses complices. Par là il calma le peuple

---

[1] « Manifestum est multos et multos querere exbannitos et homines latrones, falsarios, incendiarios, homicidas et ceteros perniciosos homines et ab eis pecunia recepta promictunt se facere declarari a vobis pro adherentibus ut de tam detestabilibus criminibus et condempnatione eximantur vestra declaratione et sententia. » (La seigneurie à Francesco Gambacorta, 30 juillet 1353. *Sign. cart. miss.* XI, 45.)

[2] March. de Coppo, VIII, 660.

[3] Instructions à l'ambassadeur. 13 mars 1353. *Sign. cart. miss.* XI, 21. Depuis 1348, la seigneurie avait commencé d'entrer en charge le 1ᵉʳ janvier. Il y en avait donc une nouvelle le 1ᵉʳ mars.

[4] March. de Coppo, VIII, 660.

et purgea enfin Florence de ces malandrins de haute volée[1].

Mais leurs parents étaient là, pour rallumer le feu prêt à s'éteindre. Gherardo Bordoni accusait les Mangioni et les Beccanugi de la mort de son frère. Pour le venger, il profite du désordre que met dans la ville l'approche de la Grande Compagnie (1354) Avec ses *consorti* et ses serviteurs, il poursuit ses ennemis jusque chez eux et tue deux femmes, qui, sur le seuil de leur porte, selon l'usage, respiraient la fraîcheur du soir Les *famigli* de la seigneurie tentent de rétablir l'ordre : ils y sont impuissants. Il y faut les milices des quartiers, avec leurs gonfalons. Cette fois, cinq des Bordoni et douze de leurs acolytes sont condamnés à perdre leurs biens et à avoir la tête tranchée, s'ils n'aiment mieux partir pour l'exil (juillet 1354)[2].

Bien plus grave et de bien autres conséquences était, dans cette cité éternellement en proie aux querelles de ses familles, la rivalité des Ricci et des Albizzi. Machiavel la compare à celle des Buondelmonti et des Uberti, où l'histoire peu clairvoyante et mal informée a vu si longtemps le fait générateur des annales florentines[3]. On disputait sur l'origine des Albizzi. Ils étaient, suivant les uns, venus d'Arezzo, et par conséquent gibelins. Suivant les autres, au contraire, suivant leurs amis, on les en avait chassés, parce qu'ils étaient guelfes. Vraie ou fausse, l'accusation d'être gibelins n'était pas sans péril dans un temps où la venue annoncée de Charles IV

---

[1] Ammirato. X, 551, 552 Matteo Villani, III, 58. March. de Coppo dit que divers coupables de bonne famille échappèrent encore aux poursuites.

[2] March. de Coppo, IX, 663. Ammirato, XI, 566.

[3] *Ist fior.* III, 57 B.

réveillait les anciennes terreurs. Quand les esprits sont montés, le moindre incident devient énorme et fournit un aliment à la haine. Les Albizzi ont au Casentino des serviteurs pour défendre leurs biens? Mensonge! Ils sont là pour attaquer les Ricci. Un âne a heurté un des Ricci au *Mercato vecchio*, et l'ânier a reçu des coups pour sa négligence? Évidemment les Ricci attaquent les Albizzi[1]. Et voilà deux nombreuses familles les armes aux mains, et avec eux toute la ville. Ce n'est pas sans peine qu'on les leur arrache, et elles restent prêtes à les reprendre. Si l'occasion tarde trop, à la violence elles substitueront la ruse[2].

Le détail des faits nous échappe; mais aux mesures prises pour ou contre les puissants, on voit les fluctuations du sentiment public, ou, pour mieux dire, l'éphémère prépondérance de l'une ou l'autre des deux factions. Tantôt, le gouvernement populaire restitue aux magnats, pourvu qu'ils soient guelfes, le droit d'exercer des offices du second ordre, et supprime le grand tambour qui servait à déposer contre eux les dénonciations (10 avril 1355). Douze jours au lieu de cinq, quinze jours au lieu de dix, suivant les cas, sont accordés à leurs ennemis pour leur intenter procès, et, par suite, à eux pour s'échapper. Il leur est permis d'entrer dans le palais public et de relever leurs maisons abattues. Plus de cautions, plus de parents solidaires au delà du troisième degré[3]. Tantôt (21 août 1355), « pour con-

---

[1] Les troubles causés par des incidents ridicules n'étaient pas rares à Florence, s'il faut en croire Sacchetti. Voy. nov. 159, 160, t. II, p. 362, 372.
[2] March. de Coppo. IX, 662. Ammirato, XI, 566.
[3] « Quod in futurum magnates nequeant quoquo modo capi vel urgeri ad aliquid dandum vel solvendum alicui notario, pretextu, causa, seu occasione alicujus permissionis seu satisdationis. » (*Provvisioni*, XLIII, 32.)

server et défendre la liberté, l'innocence populaires, et surtout des personnes impuissantes et misérables », on décide que les magnats condamnés pour homicide, blessures, roberies, incendie, adultère, etc., ne pourront, non plus que leurs descendants, habiter dans le quartier de leur famille[1]. Comprenant que l'esprit des magnats envahit les *popolani*, on accroît les difficultés pour le passage d'une classe à l'autre; on exige au scrutin les trois quarts des voix, pluralité difficile à obtenir, et qui devient aussi un obstacle à la radiation des sentences, comme au rappel des exilés[2]. Quand la seigneurie est douce aux grands, c'est que les Albizzi y dominent; quand elle leur tient rigueur, c'est qu'elle est sous l'influence des Ricci.

Le plus souvent, alors, ce sont les Ricci qui l'emportent : ils se sont mis en communion d'idées avec les arts moyens. Ils défendent avec eux l'accession des quatorze arts mineurs aux offices, fait accompli et pourtant toujours contesté; ils maintiennent l'inexorable loi du *divieto* qui en écartait les nombreux parents d'un *popolano* en place, sans nuire aux petites gens, qui avaient peu de parents ou ne les connaissaient point[3]. Les grands

---

[1] « Pro conservanda et defendenda libertate et innocentia popularium et impotentium et miserabilium personarum. — Délits énumérés : Homicidium, vulnus cum aliquo genere armorum, cum sanguinis effusione, roberia alicujus rei extimationis lib. 50 vel et inde supra; rapturas, adulterium uxoris, vel filie, sororis vel neptis alterius, devetomen vel occupatio possessionis alterius; incendium alicujus domus, capanne, vel bladi ; incisionis vinee vel arboris alicujus. » (*Provvisioni*, XLIII, 113).

[2] « De non faciendo magnates populares et exbanitis non rebaniendis vel male abbietis cancellandis nisi obtineant per tres partes collegiorum. » (*Provvisioni*. XLIV, 1.)

[3] « A loro non toccava il divieto, perchè non erano di consorteria. » (Matteo Villani, VIII, 24.)

et les *popolani grassi* oubliaient avec les Albizzi que ce gouvernement avait su conduire à bonne fin la difficile affaire de Telamone sans engager la guerre, créer une marine sans avoir de littoral, repousser les compagnies sans leur payer de honteuses rançons, respecter ses engagements avec les Visconti sans se brouiller avec le légat, faire régner un ordre qui peut nous paraître bien précaire, mais qui paraissait alors satisfaisant[1]. Ils ne voyaient que le crime de ces petites gens d'être en nombre dans les offices, aussi arrogants de les avoir obtenus qu'ardents à les obtenir[2], despotes comme sont leurs pareils[3], ne pensant qu'à leurs intérêts[4], et chacun d'eux se croyant un roi[5]. Ces reproches, on les rencontre, dans tous les temps, sous la plume des chroniqueurs, toujours enclins à dénigrer ce qu'ils ont sous les yeux; et combien, d'ailleurs, trouverait-on d'hommes qui ne les méritent pas? Il faut l'illusion d'optique que donne l'éloignement, pour voir dans les seuls *popolani grassi*, tels qu'on se les représente dans le passé, les « anciens amis de la patrie, contempteurs de leur propre bien

---

[1] « La cittadinanza era più unita al comune bene e le sette havevano meno luogo, e i nuovi e piccoli cittadini nelli uffici non haveano a far male nella infanzia de' loro magistrati. » (Matteo Villani, VIII, 24.) Ce serait une question de savoir si des ignorants qui arrivent au pouvoir avec leurs rancunes ne font pas justement plus mal au début que plus tard.

[2] Matteo Villani, II, 2.

[3] « E non lasciano usare libertà di consiglio a cittadini. » (Matteo Villani, II, 2.)

[4] « Usurpatori de' reggimenti con indebiti e dishonesti procacci e argomenti, huomini avveniticci sanza senno e sanza virtù, di niuna autorità nella maggiore parte, i quali, abbracciato il reggimento del comune intendono a loro propi vantaggi e de' loro amici. » (Matteo Villani, IV, 69.)

[5] « Per la superbia delli minuti, che quasi il reggimento era tutto loro, perocchè le 21 capitudini, le due parti sono gente minuta e nuova, e sono arroganti senza discrezione, e perchè erano negli ufici parea loro essere ciascuno un rè. » (March. de Coppo, VIII, 616.)

pour accroître celui de la commune[1] », et il faut l'erreur contraire qui provient du voisinage, pour ne remarquer que les défauts du menu peuple dans un gouvernement où dominent les arts moyens. C'est merveille, dit Matteo Villani, si Florence ne périt pas alors[2]. Le simple exposé des faits montre ce qu'il faut en croire. Combien de fois, sous d'autres régimes, ne l'avons-nous pas vue sur le penchant de sa ruine et se relevant toujours avec un puissant ressort que rien ne pouvait briser?

Le dernier historien de Florence, M. Gino Capponi, donne tort à Dante quand il déplore la confusion des rangs, l'introduction dans la cité d'hommes de Certaldo, de Campi, de Signa, qui, y devenant marchands et changeurs, y furent le nerf du nouveau peuple, et il donne raison aux *popolani grassi*, abaissés depuis le duc d'Athènes, objet des mêmes plaintes qu'ils portaient jadis contre les grands[3]. On ne saurait donc trop le répéter, dans chaque seigneurie de ce temps-là figurent au plus trois membres des arts mineurs sur neuf, et les anciennes familles y conservent leur part[4]. Si les gens de condition moyenne qui font la loi s'entendent de

---

[1] Matteo Villani, IV, 69.

[2] « Non è sanza pensiero di grande ammirazione come il nostro comune non cade in gravi pericoli di suo disfacimento. » (Matteo Villani, IV, 69.) La forme même de cet aveu, où perce l'esprit de parti, n'en relève-t-elle pas le prix? A vrai dire, Villani ajoute que la courte durée des magistratures ne permettait pas aux méchants artisans de faire tout le mal qu'ils auraient voulu. Mais puisqu'ils étaient remplacés par leurs compagnons!

[3] *Stor. di Fir.* I, 243.

[4] Ce calcul fait sur cinq années, de 1355 à 1359, donne les résultats suivants : il y a par an 6 seigneuries de 9 membres, soit 54, soit pour cinq ans 270. Sur ce nombre, 74 appartiennent aux familles antérieures à 1300, ou qui avaient grandi depuis ce temps-là ; 62 seulement sont désignés comme étant des arts mineurs ; les autres, au nombre de 134, sont portés sans indication de leur art, ou avec une indication qui permet de les ranger parmi les arts moyens, teinturiers, épiciers, orfèvres, merciers, etc.

préférence avec les petites gens, cela ne prouve certainement pas que les petites gens eussent des exigences déraisonnables, et cela donne à penser que les *popolani grassi* en avaient d'excessives, celle notamment de n'admettre aucun nouveau venu au partage du pouvoir [1].

Or, en refusant tout, ils provoquaient la révolte. On en avait déjà vu plus d'un symptôme. « Le 24 mars 1345, écrit un contemporain, le capitaine du peuple prenait, de nuit, Ciuto Brandini, cardeur de laine, et ses deux fils qui voulaient faire, à Santa-Croce, une réunion, une secte avec les autres artisans de Florence. Le même jour, les peigneurs et les cardeurs de laine cessèrent de travailler, jusqu'à ce qu'on leur eut rendu ledit Ciuto. Ils allèrent prier la seigneurie de le leur rendre sain, sauf et content. Ils mirent toute la ville en ébullition. Ils voulaient aussi être mieux payés. Ledit Ciuto fut pendu par la gorge [2] ».

Ces avant-coureurs de l'orage, les privilégiés ne les avaient point méconnus; mais pour se mettre à l'abri, ils avaient, selon l'invariable coutume, reculé devant les concessions, sous prétexte qu'elles entraînent plus loin qu'on ne veut. Ils ne voulurent que multiplier les obstacles sur le passage du torrent, au risque de voir emporter leurs impuissantes digues. Celle qu'ils élevèrent, tout d'abord, ce fut de réclamer contre les étrangers et les gibelins l'exécution des lois anciennes. Les étrangers, c'étaient ces gens de la campagne qui venaient

---

[1] « Ai mercanti grossi era nulla il tenere la Repubblica, se insorgesse la bottega. » (G. Capponi, I, 244.)

[2] « E anche volevano essere meglio pagati. » (Chronique à la suite de Donato Velluti, sous ce titre : *Frammenti di altra Cronica*, p. 148.)

incessamment grossir les rangs des moindres arts, et qu'une rubrique des ordonnances excluait des offices[1]. Les gibelins, c'étaient tous ceux qu'on voulait. Tout citoyen dont un ancêtre avait appartenu à cette fraction, pouvait, de par la loi, être écarté des emplois publics. Cette loi était tombée en désuétude[2] : on n'eut qu'à la remettre en vigueur pour arrêter au passage quiconque déplairait.

L'opération sans doute était difficile : mais les *popolani grassi* avaient, pour l'accomplir, un instrument tout trouvé, les capitaines de la *parte guelfa*. On a vu plus haut la naissance et les premiers progrès de cette magistrature parasite[3]. Elle était devenue un État dans l'État, ou, mieux encore, elle s'était, selon sa prétention, confondue avec l'État[4]. Ses statuts, plusieurs fois modifiés[5], reproduisaient, en les perfectionnant, ceux de la ville même. L'intention y paraît, dès le préambule, de se donner pour le bras droit de l'Église[6]. Rien de plus opportun, puisque ces gibelins qu'il s'agissait de com-

---

[1] « Quarum artium tales alienigenæ se esse fatentur, provisum est quod nullus alienigena vel qui non sit oriundus de civitate vel comitatu Flor. possit officium, advocationes exercere in civ. Flor. » (Rub. X, *Arch. stor.* Nuova serie, I, 58.)

[2] « Partium studia, post illorum qui cum Carolo militaverant reditum, aliquandiu acriter servata, tandem, procedente tempore, ut fit, minus custodita, quodammodo exoleverant, ut jam permulti, quorum majores gibellinarum partium fuisse dicerentur, ad Remp. gubernandam irreperent, lege nil tale dicere illis permittente. » (Leon. Bruni, VIII, 166.)

[3] Voy. t. II. p. 101-104, et le présent vol. p. 368.

[4] « Singulari persone de la detta parte che sono una medesima cosa col comune e popolo di Firenze... Pero che 'l comune e 'l popolo di Firenze e la detta parte sempre furo a ogni cosa una medesima cosa. » (*Statuto della parte guelfa*, cap. 21 et 26. *Giorn. arch. tosc.* I, 32, 35.)

[5] Notamment en 1335.

[6] *Ibid.* p. 4.

battre, l'usage s'était répandu de les confondre avec les patarins[1]. Rien de plus profitable, car le titre de « dévôts de la Sainte Église », constitués « à l'honneur et révérence du très-saint père et seigneur messire Benoît, pape XIIe, souverain pontife », donnait à qui s'en pouvait parer, à qui le pouvait soutenir par la force, un surcroît de force extraordinaire.

A la tête de la *parte* étaient six capitaines, un par *sesto*, trois grands et trois *popolari*, tirés au sort pour deux mois dans douze bourses, dont chaque *sesto* fournissait deux, une pour les *popolari*, une pour les grands[2]. Les noms tirés étaient mis dans douze autres bourses, qui se remplissaient ainsi peu à peu. On y puisait quand les premières étaient complétement vides. Par là s'établissait donc un roulement qui excluait les noms nouveaux, sauf ceux des bons guelfes d'au moins trente six ans, que les capitaines jugeraient à propos d'ajouter. Pour cet objet, tous les deux ans, dans le mois de janvier, ils réunissaient au couvent d'Ognissanti leurs conseils et des *richiesti*[3]. Pour tout le reste, ils assemblaient tous les mois le conseil général de la *parte*, et s'assemblaient eux-mêmes tous les jours, sauf les jours de fête. L'absence d'un d'entre eux ne rendait pas impossibles leurs décisions, quoiqu'il y fallût la pluralité légale de quatre voix, car l'absent était tenu de donner à un collègue commission de voter pour lui[4]. Ces officiers pouvaient, d'ailleurs, aspirer à toutes les charges, sauf à la dignité suprême de la seigneurie ; ils prenaient

[1] G. Capponi, I, 246.
[2] Voy. même vol. p. 368 et n. 4.
[3] *Statuto della parte*, cap. 2, p. 5, 6.
[4] *Ibid.* p. 8, 9.

part aux scrutins qui constituaient les colléges et qui nommaient aux emplois[1].

La *parte* avait en outre six prieurs, un par *sesto*, trois grands et trois *popolari*, chargés d'en conserver, d'en accroître les biens et les revenus. Dans la richesse on avait vu la puissance[2] ; aussi plusieurs chapitres du statut roulent-ils sur ce sujet. On y voit en particulier l'obligation de consacrer, chaque année, la plus forte somme qu'il sera possible, à acheter dans un rayon de six milles des maisons et des terres[3]. Ne sont-ce pas, de tous leurs biens, ceux qui assurent le mieux la stabilité ? Les prieurs surveillent la gestion financière et les livres du camerlingue. Ils envoient des syndics s'assurer que les propriétés de la *parte* sont bien louées ou affermées. Ils doivent faire en sorte que les maisons rapportent six et les terres cinq pour cent[4]. Leur mode d'élection est digne de remarque. Tous les deux mois, au moment où l'on tire au sort les six capitaines, on tire deux prieurs seulement, toujours des deux *sesti* auxquels appartiennent ceux qu'on remplace, mais en ayant soin que celui qui

---

[1] « Aliquod scrutineum offitiorum quæ sint solita imbursari et pro quibus imbursatio fieret, non possit fieri per D. Priores et collegia sine capitaneis partis guelfæ et sex consiliariis mercantiæ. » (*Stat. Flor.* Tract. I, l. 5. Rub. 5, t. II, p. 491.) On a vu plus haut (t. II, p. 101) que le nombre des capitaines de la *parte* varia de trois à neuf.

[2] « Con ciò sia cosa che là pecunia de la parte sia veramente intra l'altre cose tutta la salute, la difensione e l'unità de la detta parte... » (*Statuto della parte*, c. 10, p. 19.)

[3] « Di non donare la pecunia de la parte. (c. 10, p. 19.) — Come si debbano stanziare le spese, quando bisognassero di fare per la parte, non terminate ne lo statuto. (c. 2, p. 20.) — Di non hedificare nè spendere sopra i beni de la parte, nè di quelli beni vendere od alienare. (c. 14, p. 21.) — Come ogn'anno si spenda in possessioni et in case la maggiore quantità di pecunia c'avere si potrà. » (c. 16, p 23.

[4] *Ibid.* p. 12, 13, et c. 16, p. 23.

était grand soit remplacé par un *popolare*, et celui qui était *popolare* par un grand. On voulait, tout en maintenant la mobilité et l'égalité démocratiques, non-seulement supprimer la rivalité des *sesti* comme celle des classes, mais encore assurer l'esprit de suite et de tradition qui permet seul les affaires fructueuses[1].

Trois conseils assistaient les capitaines : 1° un conseil de *credenza*, composé de quatorze membres, qui doit toujours être au complet, dût-on, pour le compléter, faire appel à quelques-uns de ceux qui composaient ce collége dans les deux mois précédents[2] ; 2° un conseil des soixante, tiré au sort pour six mois, chargé de pourvoir aux cas non prévus par le statut, mais tenu à l'écart de toute question d'argent et de dépense[3] ; 3° un conseil annuel de cent membres, ayant au contraire mission de surveiller la surveillance financière des prieurs, comme la gestion du camerlingue. La pluralité légale y était de quatre vingts voix, ou au moins de soixante, s'il n'y avait que quatre vingts votants[4], proportion énorme, inusitée, qui montre quel prix mettait la *parte* à la bonne gestion de ses biens.

Elle avait six arbitres, un par *sesto*, pour corriger ses statuts, si les capitaines, les prieurs et le conseil de *credenza* y jugeaient une modification nécessaire. Ces arbitres, enfermés pour leur travail, le devaient accom-

---

[1] « Si che quattro de' vecchi priori, i quali sieno informati de l'utile de la parte, concorrano ne l'ufficio co' detti due nuovi, acciò che meglio informati, possano provedere al bene de la parte. » (*Ibid.* c. 3, p. 12.)

[2] *Ibid.* c. 4, p. 14.

[3] *Ibid.* c. 5, p. 14, 15.

[4] « Acciò che la pecunia de la parte bene si difenda et guardisi per quella parte e non si dispenda in alcuno modo inlicito. » (*Ibid.* c. 6, p. 15, 16.)

plir en trois jours au plus, et en soumettre le résultat à l'assemblée générale. Aucun d'eux ne pouvait être débiteur de la *parte*, non plus qu'avoir le maniement de ses deniers. Le signe de reconnaissance et de ralliement, les armes de cette puissante coterie, c'étaient une aigle rouge, tenant dans ses serres un dragon vert, une bannière à lis d'or sur champ azur. A tous les guelfes il était enjoint de suivre cette bannière, quand elle sortait, avec la permission de la seigneurie, « pour le maintien et l'honneur du gouvernement de Florence[1] ».

Aristocratique au début, quand ses chefs élus s'appelaient consuls des chevaliers, la *parte guelfa*, en leur donnant le nom populaire de capitaines[2], avait essayé de s'accommoder à la démocratie; mais le naturel revient au galop. La chevalerie que Giano della Bella avait voulu jadis reléguer parmi les grands, s'était réfugiée dans la *parte*, et celle-ci, pour en relever la dignité, avait introduit dans son statut cette rubrique, qu'elle accorderait par an à six chevaliers de son choix (jamais plus de deux par famille), la somme, considérable pour le temps, de cinquante florins d'or. Les autres chevaliers qu'on créerait n'obtenant pas cette faveur, se trouvaient par là même dans une certaine infériorité[3]. L'aristocratie militaire de la *parte* s'augmentait, chaque année, de six membres nouveaux.

[1] *Statuto della parte*, c. 7, p. 16, 17.
[2] Voy. plus haut, t. II, p. 101.
[3] « Pro exaltatione, accrescimento et onore de la Republica de la città di Firenze, conciò sia cosa che a così magnifica città si confaccia risplendere per quantità di cavalieri, la quale quantità cessante molti honori de la detta città cessano... E acciò voglia Dio che non sia che numero excessivo non si facesse di cotali volenti la detta gratia, accecata da l'avarizia, non possano la detta provisione... avere oltra il novero di sei... due di catuna schiatta e progenie per anno. » (*Statuto della parte*, c. 39, p. 41.)

Ainsi avait constitué sa formidable puissance cette quintessence de la faction guelfe, dans une ville où les guelfes avaient toujours dominé. Nous avons dit plus haut[1] que ce qu'elle décidait dans ses réunions, les prieurs, les conseils de l'État le sanctionnaient, en sorte que qui était maître des capitaines de la *parte*, le devenait de Florence[2]. Or ces capitaines ne faisaient alliance qu'avec les principaux *popolari*, si longtemps en possession des offices, et une circonstance imprévue avait renforcé leur commune oligarchie : en 1348, les bourses se trouvant vidées par la peste, on profitait de la nécessité de les remplir et de la pénurie d'hommes, pour y introduire en grand nombre des magnats. La tentation était grande d'agir contre les artisans exécrés ; mais la loi ne fournissait point d'armes. On la tourna fort habilement. L'histoire ne sait point qui eut la machiavélique idée de tenir pour gibelin et de poursuivre comme tel quiconque déplaisait ; elle montre du moins la loi de 1346 contre les gibelins et les étrangers rendue à la suggestion des capitaines de la *parte*[3].

Les événements extérieurs avaient un temps suspendu cette atroce recherche des dernières gouttes du sang gibelin dans les veines des plus petites gens ; mais quand régna de nouveau la paix, quand l'accès plus libre aux offices eut ramené le calme dans les esprits comme dans les rues[4], les meneurs de la *parte* trouvèrent l'occasion

---

[1] Voy. t. II, p. 104.

[2] G. Capponi (I, 248) croit que la *parte* prenait modèle sur les Dix de Venise. Il s'agissait donc de substituer l'aristocratie à la démocratie, et dès lors c'est le peuple qui voulait conserver, défendre les institutions établies.

[3] Voy. plus haut, même vol., p. 368.

[4] « Era la città di Fir. in grande tranquillità e pace dentro, e di fuori non havea nimici. » (Matteo Villani, VIII, 24.)

belle pour tout troubler. C'est eux qui réveillaient en 1352, qui entretenaient en 1354 les défiances des guelfes contre Charles IV et contre les gibelins dont ils montraient en lui le champion. C'est eux qui exploitaient aussitôt les passions par eux soulevées. « Pour asseoir leur tyrannie, écrit Matteo Villani, si hostile pourtant aux arts mineurs, pour mettre à tous, guelfes comme gibelins, le bâton sur la tête[1], ils disent bien haut que les gibelins occupaient déjà les offices ; que si les guelfes n'avisaient, ils seraient entièrement supplantés, et qu'avec eux périrait la liberté de l'Italie[2]. » Ainsi tout guelfe qui avait l'amour vrai de la liberté et la haine honnête de la tyrannie, devait, pour résister à ces tyrans, s'appuyer aux gibelins, s'il en restait, et passer soi-même pour l'être, situation fausse, cause certaine d'affaiblissement pour les bons citoyens qui n'avaient en vue que le bien public.

Dans le concert d'imprécations dont on poursuivait ces prétendus gibelins, les Ricci faisaient avec vigueur leur partie. Par animosité ils attiraient la persécution sur les Albizzi, en les flétrissant du nom maudit, quoique leur chef Uguccione eût été membre de cette première ambassade, insolente et revêche, qui n'avait pu s'entendre avec l'empereur[3]. Le 27 août 1354, d'accord avec les capitaines de la *parte*, ils faisaient adopter

---

[1] « Per potere con loro seguito havere a tutti i cittadini guelfi e ghibellini il bastone sopra capo. » (Matteo Villani, VIII, 24.)

[2] *Ibid.*

[3] Donato Velluti, p. 109. Capponi, I, 256. On voit dans Matteo Villani (III, 13), que les ambassadeurs envoyés à Charles n'étaient pas tous favorables au traité, et que la crainte de les voir gagnés par lui, fit restreindre à quatre mois la durée de leur ambassade. Celui qui blessait l'empereur en lui disant : « Voi filate molto sottile (III, 30), » n'était certes pas un ami.

par une seigneurie dont la complaisance étonne, car les gens obscurs y dominaient[1], une provision qui condamnait à cinq cents livres d'amende tout gibelin ou réputé gibelin, tout citoyen non dévôt de la Sainte-Église, dont les parents, même collatéraux, auraient été ou deviendraient rebelles, auraient porté ou porteraient les armes contre leur patrie[2]. Ils se flattaient que leurs ennemis, ne fût-ce que pour les contredire, marqueraient leur opposition à cette mesure, et donneraient lieu ainsi à les traiter comme gibelins. Mais Piero des Albizzi, alors chef de la famille, vit le piége et sut l'éviter. De la campagne où il se trouvait, il accourut à Florence et soutint la provision. Pour cette fois, le coup passait par-dessus leur tête; mais un jalon était planté, qui marquait la route à suivre dans l'avenir[3].

[1] Voy. March. de Coppo, IX, 668. *Delizie*, XIV, 7.

[2] « Quod nullus ghibellinus de civitate, comitatu seu districtu Florentie seu pro ghibellino habitus et reputatus, seu qui non fuerit et sit devotus sacrosancte Romane ecclesie et sue captholice partis guelfe qui seu ejus pater, vel avus paternus seu filius vel nepos ex filio, seu frater carnalis ex eodem patre seu ejus patris filius seu cujus patruus hactenus vel in futurum fuissent seu essent rebelles com. Flor. seu pro rebellibus habiti, seu equitassent vel equitarent in comitatu seu districtu Flor. seu cum hostiliter equitantibus contra com. Flor. fuissent seu essent in ipsa tali cavalcata, possint esse, eligi, extrahi vel assummi ad aliquod officium com. Flor. sub pena libr. 500 spiccioli... si tale officium non renumptiaverit incontinenti quod ad ejus notitiam devenerit vel devenire debuerit vel potuerit. » (Doc. dans *Delizie*, XIV, 231.) Leo (l. vii, c. 3, t. ii, p, 119) croit bien à tort que, l'amende payée, on pouvait garder la place. Ce serait contraire au but poursuivi et à toute la législation florentine. Quand on édicte une peine, à Florence, on entend toujours que c'est pour chaque manquement. Or, il y a nouveau manquement si, l'amende payée, on reste en place. Un passage du texte ne laisse pas de doute sur l'intention du législateur à cet égard : « Nihilominus tale officium ullo modo exercere non possit vel debeat, sed ipso jure sit et esse intelligatur a dicto tali officio ipso facto remotus et rejectus. » (*Ibid.* p. 232.) Leo n'a lu que Matteo Villani, et il le comprend mal; de plus, il met cet acte à l'an 1357.

[3] March. de Coppo, IX, 665. Ammirato, XI, 567. Machiavel (III, 57 B) a

Or l'avenir était proche; c'est la *parte* qui le faisait. En janvier 1358, lors du tirage au sort, ce qui restait de hasard au fond de bourses soigneusement composées, avait mis à sa tête deux grands et deux *popolari* « mauvais citoyens[1] ». Les grands étaient rusés, ambitieux et pauvres; les *popolari* dociles, intéressés à en servir les desseins et les passions[2]. Non contents des lois en vigueur contre les gibelins, ils en proposèrent une nouvelle, si exorbitante que les prieurs et leurs colléges voulaient la rejeter. — Ils ne sont pas de bons guelfes! s'écrient les capitaines, qui marchent aussitôt vers le palais, « sous prétexte de défendre le parti guelfe, auquel nul ne s'opposait[3] ». — Arrivés sur la place, ces audacieux signifient qu'ils n'en partiront point qu'on n'ait voté la « pétition[4] ». L'équité, la raison commandaient de n'en rien faire; mais le sentiment public était

le tort de faire trop dériver les faits publics des querelles privées; mais qu'elles y aient eu leur part, c'est ce qu'on ne saurait nier, malgré le silence de Matteo Villani, qui avait peut-être intérêt à ne pas irriter les Albizzi, dont il était l'adversaire.

[1] « Di pessima e iniqua condizione. » (Matteo Villani, VIII, 24.) Ces mots ne peuvent s'entendre de la naissance, puisque deux de ces capitaines, M. Guelfo Gherardini el M. Geri des Pázzi sont chevaliers; les deux autres, Tommaso Brancacci, Simone Siminetti, fils de notaires, qui avaient été plus d'une fois dans les offices, eux ou leurs parents. Voy. notamment pour Siminetti les listes de prieurs dans March. de Coppo, en 1310, 1324, 1327, 1329, 1331, 1335, 1339.

[2] « I grandi astuti e cupidi d'uficio e d'havere poveri..., gli altri popolari erano conferenti a'grandi... più per procaccio che per virtù. » (Matteo Villani, VIII, 24.)

[3] « Sotto il titolo della difensione di parte guelfa, a cui niuno s'opponea. » (Matteo Villani, VIII, 24.) Il n'y avait plus que quatre capitaines depuis que la ville était divisée en quartiers, et non en *sesti*.

[4] *Ibid.* et Ammirato, XI, 585. — Sismondi (IV, 297) comprend mal ces faits, parce que, ayant négligé les antécédents, il rapporte tout à 1358. Il ne voit pas ce qu'il y a de factice dans le mouvement d'opinion qui se déclarait.

faussé, la peur d'un danger chimérique donnait de trop nombreux complices aux persécuteurs des gibelins. Il fallut céder. La pétition devint loi le 15 janvier.

« Pour protéger le bercail sacré des guelfes contre les loups qui voulaient y pénétrer sous la peau des brebis[1] », était-il dit dans le préambule, on confirmait contre tout gibelin d'origine, admis parmi les guelfes, l'interdiction des principaux offices, pendant les quinze années qui suivaient le serment par eux prêté de tout faire *curvatis capitibus*, pour la conservation de l'État et de la *parte*, pour l'extermination de leurs ennemis[2]. Ceux qui, depuis juillet 1349, avaient été reçus guelfes, devaient jurer de nouveau, dans l'année, d'observer les règlements de la *parte*. Ceux qui n'auraient pas juré, par leur fait ou parce que les capitaines ne les en jugeaient pas dignes, seraient tenus pour gibelins. Quiconque introduirait leur nom dans les bourses était assimilé à eux, pouvait être comme eux puni de l'amende, de l'emprisonnement, même de la mort[3]. Une femme, un enfant, un magnat étaient recevables dans leurs accusations, et pour condamner, il suffisait, selon la provision du 27 août 1354, de six témoins attestant le bruit public[4]. Les capitaines de la *parte* devaient, sous peine de cinq cents livres, prêter aide et conseil aux accusateurs et dénonciateurs, procurer la punition,

---

[1] « Suis artibus et fallaciis confidentes sub pelle ovium luporum gestantes animos sacrum ovile guelforum intrare satagunt et presumunt. » (Provision du 15 janvier 1358 dans *Del.* XIV, 249.)

[2] *Ibid.* p. 250.

[3] La provision ne parle pas de la mort, mais Matteo Villani (VIII, 24) et Ammirato (XI, 585) en parlent et avec raison, puisqu'elle était la suprême raison contre tout gibelin insoumis.

[4] Doc. dans *Del.* XIV, 252.

fût-ce aux frais de la *parte* même[1]. Désormais, nul ne pouvait être déclaré guelfe par les conseils qu'avec les formalités nombreuses dont était entouré le passage d'un magnat dans la classe des *popolari*. Toutes provisions contraires à celle-ci cédaient le pas devant elle, et entre plusieurs devait toujours prévaloir la plus favorable aux guelfes, la plus nuisible aux gibelins[2]. Tout officier public n'ayant pas observé ces prescriptions et fait observer cette loi, perdait sa charge et payait mille florins d'or. Toute personne ayant parlé contre les choses précédentes, devait verser dans les dix jours trois mille florins, sous peine, s'il était aux mains de la commune, d'avoir la tête tranchée[3].

Cette loi de terreur, les contemporains et la postérité s'accordent à la déclarer inique, injuste, scélérate[4]. Seul, le chroniqueur Marchionne ose dire qu'en elle même elle était bonne, mais qu'on en usa mal. Eût-il raison, les législateurs ont tort qui ne prévoient pas la passion ou la perversité chez les exécuteurs de la loi, et qui leur fournissent des armes contre leurs ennemis innocents. A Florence, en tout cas, les capitaines et leurs complices savaient bien ce qu'ils faisaient : c'est eux mêmes qui comptaient diriger la pointe de l'arme, sous prétexte de gibelinisme, contre les adversaires de leurs

[1] « Etiam expensis dicte partis. » (*Ibid.*)
[2] « Et si qua videretur contrarietas vel repugnantia inter tales provisiones, illa prevaleat que plus continet favoris partis guelfe vel prejudicii contra ghibellinos. » (*Ibid.* p. 253.)
[3] « Et si quis contra predicta in judicio, vel extra, vel contra personas, etiam in sindacatu, ea exequentes aliquid dixerit, de facto et sine strepitu et figura judicii.., in florenis 3000 auri condemnetur. Quam condemnationem si non solverit infra tres dies a die late sententie, si fuerit in fortia communis Flor... eidem caput a spatulis amputetur. » (*Ibid.*)
[4] Matteo Villani, VIII, 24; G. Capponi, I, 251.

tendances oligarchiques. Qui ne se livrait pas à leur merci perdait son état, sa considération[1].

Un seul danger menaçait encore leur politique forcenée : c'est que leurs successeurs fussent plus modérés. Ils y pourvurent en composant à leur gré, pour un grand nombre d'années, les bourses où l'on devait puiser les officiers et les conseils de la *parte*. Au 1er mars, on vit déjà l'effet de ces manipulations sans pudeur : les quatre capitaines dont les noms furent tirés au sort appartenaient à des familles de magnats et de gens « ardents au scandale et sans état dans la commune[2] », Simone des Bardi, Uguccione des Buondelmonti, Migliore Guadagni, Mazzaiozzo Raffacani.

Le premier soin de ces tyrans fut de dresser une liste de suspects. Cette liste contenait soixante-dix des meilleurs citoyens. Beaucoup étaient d'excellents guelfes ; ceux qu'on réputait gibelins n'avaient obtenu, brigué même aucun emploi. Dans des sacs on avait mis d'autres noms, qu'on en pouvait extraire à volonté, pour accuser et poursuivre. Chacun redoutait d'être de ces victimes désignées, et nul pourtant n'osait s'en enquérir : on eût montré par là qu'on n'avait pas la conscience nette. A quoi bon, d'ailleurs, puisque les sacs de proscription pouvaient être rouverts et remplis incessamment ! Quelques-uns allaient supplier, comme on suppliait les princes, les mains pleines d'or et de présents. Mais ces moyens de persuasion ne sont pas à la portée de tous. Pour un dont l'or trouvait grâce, combien ne pouvaient

---

[1] « Non disposti a volere fare i fatti loro e non contenti alla sconcia setta, stavano sospesi di loro stato e di loro honore. » (Matteo Villani, VIII, 24.)

[2] Matteo Villani, VIII, 31. En citant les noms, Ammirato (XI, 585) supprime cette appréciation d'un contemporain.

atténuer, excuser des méfaits qu'ils n'avaient pas commis !

Avec une mutuelle complaisance, les capitaines se passaient l'un à l'autre leurs ennemis personnels[1]. Craignaient-ils qu'on ne se défendît ? pour porter au podestat leurs dénonciations, ils s'entouraient d'hommes d'armes. Le 8 mars, ils en avaient deux cents à leur suite, quand ils vinrent accuser quatre compatriotes qui, suspects d'être gibelins, avaient exercé quelques charges de peu d'importance, Mannetto Mazzetti, Giovanni des Girolami, Neri des Alamanni, et le changeur Giovanni Bianciardi. En moins de quinze jours tous les quatre étaient condamnés. Du 28 mars au 22 septembre, vingt-trois autres citoyens eurent le même sort[2].

Le mécontentement était général, mais la terreur en contenait l'explosion. Pour « détourner la pierre de dessus sa tête, » qui se sentait menacé réclamait plus haut que personne le maintien de la loi et sa rigoureuse application[3]. Pourtant nul ne savait encore, nul ne prévoyait même de quelle puissance était le terrible instrument que la *parte* maniait avec tant de résolution et de précision. Des quatre condamnés du 8 mars deux entraînèrent pour cent ans dans leur ruine, dans la privation des droits civiques leurs familles, jadis puissantes, les Girolami et les Alamanni ; des deux autres, plus obscurs, et de leur lignée, on n'entendit plus parler : un silence éternel enveloppe leurs noms.

Seule la seigneurie avait assez de force pour tenter la

---

[1] Les mêmes, et March. de Coppo, IX, 674.
[2] Matteo Villani, VIII, 51. March. de Coppo, IX, 675, 678. Ammirato, XI, 585.
[3] Matteo Villani, XIII, 32.

résistance. Elle y était intéressée, puisque le pouvoir des capitaines menaçait le sien. N'espérant point faire abroger une loi si récente, elle essaya d'en entraver l'application. Elle prépara secrètement, et fit rapidement voter par les conseils, le 24 avril, une provision qui ajoutait deux *popolari* aux quatre capitaines, en sorte qu'étant de nouveau au nombre de six, l'accord des quatre *popolari* suffit pour former la pluralité légale, nécessaire aux délibérations. L'obligation, pour les deux capitaines grands, d'être chevaliers fut supprimée; toutes les bourses faites furent annulées, et il dut en être constitué de nouvelles [1].

Un moment les Florentins crurent qu'ils respireraient; mais la *parte* reprit bientôt sa revanche. Ses meneurs remplirent les nouvelles bourses de suspects dans le même esprit que les précédentes. Ils imaginèrent un expédient qui rendit la loi plus efficace en la rendant moins féroce: ils décidèrent que lorsque quatre des six capitaines seraient tombés d'accord qu'un citoyen était gibelin, ce citoyen recevrait avis de n'accepter aucun office, sous peine d'être accusé et puni [2]. Ainsi, l'avertissement préventif, *l'ammonizione*, dut précéder la condamnation et ne tarda pas à s'y substituer, parce que personne n'osa s'y exposer. Un euphémisme couvrit la violence et lui permit de s'étendre impunément, car *l'ammonizione* parut aux contemporains une atténuation, une moindre rigueur : mieux vaut, disaient-ils, être avertis que punis [1]. Ils ne virent que plus tard l'inévitable conséquence, qui était l'exclusion facile et

---

[1] Matteo Villani, VIII, 32.
[2] March. de Coppo, IX, 674.

sans formalités, comme sans responsabilité, de tous ceux qu'on voulait proscrire, la formation d'une classe de proscrits, celle des avertis, des *ammoniti*, prise indistinctement, selon le caprice de quelques hommes, dans toutes les conditions.

C'était la revanche des anciennes familles, que les nouvelles avaient jadis exclues par le *divieto*; mais à leur tour les anciennes familles ne virent pas que des mécontents qu'elles faisaient se grossirait la foule des gens prêts à se soulever contre leur oligarchie grandissante, et que la démagogie allait recruter bon nombre de citoyens dont les ancêtres avaient été ses plus irréconciliables adversaires. Sans doute *l'ammonizione* frappait directement peu de personnes : en 1358 vingt trois; en 1359 quinze, en 1360 six, en 1365 six, en 1366 une[1]. Mais ceux qu'elle atteignait, c'était surtout les chefs de famille, derrière lesquels marchaient, privés comme eux des offices, toute une armée de parents et de *consorti*. Instrument de terreur, épée de Damoclès suspendue sur toutes les têtes, la perfide invention de l'oligarchie à ses débuts préparait donc à Florence, dans un avenir peu éloigné, les plus douloureuses, les plus tragiques épreuves. Avant de les raconter, nous aurons à suivre d'autres événements dans cette histoire compliquée, où les vicissitudes du dehors alternent avec celles du dedans et souvent s'y mêlent, sans en pouvoir être séparées.

---

[1] Voy. les listes de March. de Coppo, IX, 675, 678, 681, 686, celles qu'y a intercalées Ildefonso de San Luigi et celles qui se trouvent au *Diario anonimo fiorentino, Documenti di storia italiana*, t. VI, p. 293. Chiffres et noms ne sont pas toujours concordants. Ceux que nous donnons ici ne peuvent être considérés que comme approximatifs.

Mais avant d'aborder le récit de cette orageuse période, il paraît opportun de jeter un coup d'œil sur divers détails des conditions économiques de Florence, d'après Giovanni Villani. C'est le dernier service que nous puisse rendre cet esprit curieux, plus proche, à bien des égards, de l'âge moderne que du moyen âge[1]. Rectifier ces assertions sera plus d'une fois nécessaire : nous n'y manquerons point, quand les documents ou d'autres autorités le permettront.

A la date de 1336, Villani évalue à 90 000 bouches la population de Florence, en y comprenant les femmes et les enfants, mais sans y comprendre la population flottante, plus de 1,500 étrangers, voyageurs, soldats, et les religieux[2]. Ceux-ci se divisaient en dix règles de *frati*. Il y avait de 250 à 300 chapelains prêtres, 5 abbayes, avec 2 prieurs et 80 moines, 110 églises, 57 paroisses, 500 nonnes environ, occupant 24 couvents. La population virile se montait à 25 000 hommes de quinze à soixante-dix ans, réputés propres à porter les armes. Dans le nombre, 1500 nobles et 65 chevaliers de *corredo*. On comptait 250 de ces chevaliers avant les ordonnances de justice et la proscription des magnats. En ajoutant le *contado* ou banlieue, et le district ou territoire, Florence pouvait appeler 80 000 hommes sous ses bannières. 8000 ou 10 000 enfants apprenaient à lire ; 1000 ou 1200 étudiaient le calcul dans six écoles ; 550 ou 600, dans quatre grandes, la grammaire et la logique.

---

[1] Ces détails sont au liv. XI, c. 91, 92, 93. Un document publié dans les *Delizie degli eruditi toscani* (XII, 352) s'en inspire évidemment, et commet des erreurs évidentes quand il s'en sépare. Sismondi (IV, 32) et G. Capponi (I, 220) ont mis aussi Villani à contribution.

[2] Voy. plus haut même vol., p. 376 et n. 1.

Malheureusement, plusieurs de ces chiffres, et notamment les principaux, sont loin d'être sûrs. Les bases de Villani sont le pain qu'il fallait à la ville et le compte des naissances fait à San-Giovanni par fèves noires pour les garçons et blanches pour les filles. Or, d'une part, beaucoup de gens cuisaient leur pain eux-mêmes ou vivaient une partie de l'année à la campagne, et les 6 000 naissances qu'accuse Villani [1], donneraient une population de 150 000 âmes ; de l'autre, Pagnini, se fondant sur des autorités de quelque poids, n'admet pas, au quatorzième siècle, plus de 70 000 habitants [2].

L'art de la laine employait, à lui seul, plus de 30 000 personnes, ouvrait plus de 200 boutiques, et fabriquait de 70 000 à 80 000 draps valant 1 200 000 florins d'or. En comptant les draps grossiers, il en faudrait élever le nombre à 100 000. Calimala avait 20 boutiques et faisait venir par an plus de 10 000 draps, qui valaient 300 000 florins d'or et se vendaient à Florence, auxquels il faudrait ajouter ceux qu'on renvoyait au dehors. Les changeurs tenaient 80 banques ou comptoirs. Ce n'était pas trop pour la manipulation des espèces, dans une ville où il en venait tant de l'étranger, où l'on battait par an, de 350 000 à 400 000 florins d'or, et plus de 20 000 livres de menue monnaie. Ajoutons de 80 à 100 juges, 600 notaires, 60 médecins et chirurgiens, 100 *speziali* (apothi-

---

[1] Il y avait, paraît-il, de 300 à 500 garçons de plus que les filles.

[2] Une soigneuse description des feux, dit Pagnini (I, 35) faite en 1351, pour établir une nouvelle taxe, donnait 10 878 chefs de famille, ce qui, à raison de 5 personnes par famille, ne ferait que 54 435 personnes. Goro Dati (l. VIII, p. 108) dit qu'il fallait à Florence 100 muids de farine par jour, ce qui ne suppose pas plus de 72 000 bouches. — Boninsegni répète Villani. Lastri (*Osservatore fior.* I, 54, 3ᵉ éd.) n'en conteste pas les chiffres. Il explique la diminution par l'énorme mortalité de la peste en 1348.

caires-épiciers) avec autant de boutiques. Les maçons et charpentiers (*maestri di pietra e legname*) en avaient 146; les boulangers le même nombre ou à peu près. On ne peut évaluer celui des merciers et autres marchands, parce qu'ils allaient fort souvent trafiquer hors de Florence. Beaucoup de citoyens voyageaient en outre comme ambassadeurs, religieux, étudiants, mercenaires même, car si les Florentins en avaient à leur solde, plus d'un d'entre eux s'allaient mettre à la solde des princes étrangers[1]. Les entrées aux portes de la ville donnent les chiffres suivants : 55 000 *cogna* ou mesures de vin[2], et 10 000 de plus dans les années d'abondance ; 4000 bœufs et veaux, 60 000 moutons et brebis, 20 000 chèvres et boucs, 30 000 porcs. Dans le mois de juillet entraient par la porte San-Friano 4000 charges de melons et autres fruits, la plupart de la campagne florentine, car il y avait, à dix milles à la ronde, assez de riches habitations avec jardins pour former, disait-on, deux Florences.

Dans les supputations de la statistique on n'avait pas accoutumé de faire entrer les pauvres ; mais la charité publique ou privée ne les oubliait pas. On en accroissait même le nombre, en ouvrant les portes de la ville aux mendiants des villes voisines. On leur fournissait à tous des grains à bas prix. Florence y dépensait, en 1329 et 1330, années de disette, 60 000 florins[3]. Les artisans

---

[1] Voy. même vol., p. 11, il est question d'Italiens, de Placentins, de Lucquois au service de la France, et p. 323 d'un archer florentin au service de l'Angleterre, auquel on attribue la mort du duc d'Athènes.

[2] Le mot *cogno* (au pluriel *cogna*) ne peut se traduire. C'est une mesure imaginaire qui représentait 10 barils florentins, comme l'attestent Varchi et d'autres écrivains du XVIᵉ siècle. Nous tenons ce renseignement du regretté Passerini.

[3] G. Villani, X, 118.

s'associaient, pour se donner des secours mutuels. Ils fondaient des hospices pour eux et leurs compagnons : en 1317, les portefaix un; en 1339 les teinturiers deux. Les batteurs de laine garantissaient assistance à ceux d'entre eux que l'âge rendait incapables de travail. Dans leur société plus démocratiquement constituée qu'aucune autre, ils n'admettaient que les salariés. Quand les hasards de la fortune, quand des mœurs laborieuses en portaient un au rang de chef de boutique, il était exclu[1]. Ces associations s'appelaient des universités[2].

En 1326, s'en fondait une célèbre sous le nom de *Misericordia vecchia*[3], simple transformation des *crucesignati militiæ Jesu*, de Pierre Martyr, lesquels, après s'être appelés chevaliers de Sainte-Marie, s'appelèrent les capitaines de la Miséricorde[4]. Les progrès du trafic avaient fait établir deux foires aux fêtes de Saint-Simon et de Saint-Martin. Les plus riches marchands d'Italie s'y rendaient à l'envi, et l'on y faisait des affaires pour quinze ou seize millions de florins. Le transport des ballots, surtout pour la laine, réclamait les bras et les épaules d'un grand nombre de portefaix. Ils se réunissaient sur la place de San-Giovanni, en attendant qu'on les vînt commander. Pour se mettre à l'abri du soleil, de la pluie, du froid, ils avaient obtenu qu'on leur cédât une sorte de cave qui donnait sur la place et qui avait, dit-on, appartenu aux Adimari. Ils y faisaient du feu, et,

---

[1] Voy. Passerini, *Stabilimenti di beneficenza*, etc., p. 108 sq.

[2] Sur l'université de l'art de la laine, voy. L. Del Migliore, p. 543.

[3] Une tradition la rapportait à l'année 1240, et M. Trollope (I, 119) s'en est fait l'écho, d'après un ouvrage à peu près introuvable aujourd'hui, dont nous avons fait mention, en parlant de cette tradition, au t. I, p. 292, note 2.

[4] Voy. L. Del Migliore, p. 76, et notre t. I, p. 585, 586.

quand manquait l'ouvrage, ils y jouaient aux dés. Comme en jouant ils juraient beaucoup, on rapporte qu'un des plus anciens leur fit accepter de payer une légère amende pour chaque blasphème ou juron, et d'employer les sommes ainsi perçues à entretenir des lits dans les hôpitaux. En 1329, leur association était si bien organisée, si florissante, que plusieurs hôpitaux lui furent recommandés, entre autres celui de Santa-Maria del Bigallo, à cinq milles de Florence, du côté de Ripoli. L'usage s'établit bientôt d'y apporter, conformément au statut, les enfants trouvés ou errants : qui ne le faisait pas était puni comme voleur[1]. Au quatorzième siècle, vingt hôpitaux furent fondés[2].

Villani entreprend d'exposer le budget florentin, tentative neuve, car on ne trouve rien d'approchant dans les monarchies de ces temps là, où le mot de budget, de *bilancio*, était même inconnu. En 1330, les recettes s'élevaient à 300 000 florins, chiffre rond, les dépenses à 121 270[3]. Le détail des unes et des autres peut être donné, mais sous toutes réserves, en tenant compte d'omissions, d'erreurs, de contradictions qui ne permettent pas de le trouver d'accord avec le total. Nous commençons par les dépenses ordinaires, c'est-à-dire fixes, se renouvelant chaque année.

---

[1] L. Del Migliore, p. 76 ; Passerini, *Storia degli stabilim.*, etc. — « Quicumque invenerit aliquos pueros vel puellas vagantes sine custodia, teneatur representare et assignare in platea Orti S. Michaelis, vel apud domum Misericordie ufficiali deputato per dictum comune. » (Statut, L. III, Rub. 157.) Sur l'hôpital des lépreux, voy. plus haut, p. 288, n. 5.

[2] On en peut voir l'énumération dans Passerini, et d'après cet auteur dans A. Vannucci, I, 355, note 3.

[3] Voy. Villani, Ammirato, Pagnini, Cibrario (p. 452), Vannucci (p. 357).

	Fior. pic.
Le podestat et sa *famiglia*	15 240 [1]
Capitaine du peuple et sa *famiglia*	5 880
Exécuteur de justice et sa *famiglia*	4 900
Conservateur du peuple et pour les bannis avec 50 chevaux et 100 fantassins, office promptement aboli	8 400 [2]
Juge des appels	1 100 [3]
Officiers sur les parures des femmes, etc.	1 000
Officiers des blés	1 300
Officiers pour les mercenaires	1 250
Camerlingues, leurs notaires, *frati*, etc.	1 400
Officiers des revenus propres de la commune	200
Directeurs et gardes des prisons	800
Table des prieurs et de leurs gens	3 600
Serviteurs de la commune, sonneurs aux palais du prieur et du podestat	550
Capitaine de la garde des prieurs et ses 60 *berrovieri*	5 700 [4]
Notaire des *Riformagioni* et son aide	450
Chancelier de la commune et son compagnon	450
Lions, torches, chandelles, *pannelli* pour les prieurs [5]	2 400
Notaire qui enregistre les actes de la commune	100
Messagers des divers offices	1 500
10 sonneurs de trombe, musiciens, hérauts de la commune	1 000
Aumônes aux religieux et hôpitaux	2 000 [6]
600 gardes de nuit	10 800

[1] Le doc. des *Delizie* (XII, 351) dit 15 250; Villani (XI, 92) évalue ce florin à 3 livres 2 sous.

[2] Sismondi (IV, 35) donne le chiffre énorme de 26 040. C'est probablement pour arriver à un total égal.

[3] Le doc. des *Del.* 1500.

[4] Le doc. des *Del.* dit 9000 ; G. Capponi (I, 226) 5200.

[5] Les *pannelli* sont des pièces de toile de lin enduite d'huile, qu'on allumait, dans les fêtes publiques, aux palais, aux portes et autres lieux publics.

[6] Capponi dit 2600.

Palii ou draps pour les fêtes.	100 [1]
Espions et messagers pour le dehors.	1 200
Ambassadeurs, en moyenne.	5 000 [2]
Châtelains et gardes des forteresses.	4 000 [3]
Approvisionnements de la chambre des armes.	1 500 [4]

A ces dépenses fixes qui forment un total de 40 000 florins « ou plus », il faudrait ajouter les dépenses variables de la solde des mercenaires, allant en moyenne, sauf les cas et les temps exceptionnels, de 700 à 1000 cavaliers et autant de fantassins ; puis, ce que coûtait la réparation, la construction des murs, des ponts, des églises, notamment de Santa-Reparata. Tous ces points ne peuvent être l'objet que d'évaluations partielles à un moment donné. L'excédant des recettes, dans les temps de paix, servait à ces travaux. Nous verrons plus loin comment Florence se procurait de nouvelles ressources, quand son budget se soldait en déficit.

Le déficit n'était pas rare : la fraude y contribuait autant que l'imprévu des dépenses. On essayait d'y remédier[5] ; mais plutôt que de recourir à des moyens extra-

---

[1] Le doc. des *Del.* 400 ; Sismondi 310.

[2] Le doc. des *Del.*, 16 500 ; Sismondi, 15 500. Il ne faut pas oublier que les ambassadeurs étaient peu payés.

[3] *Del.*, 14 000 ; Sismondi, 12 400.

[4] *Del.*, 5000 ; Sismondi, 4650.

[5] On fraudait de mille manières, notamment en faisant passer ses biens sur la tête d'autrui (M. Villani, V, 74). Les tromperies des héritiers envers les créanciers du défunt font décider que tout héritier qui renonce, devra en donner avis dans le conseil du peuple ou dans celui de la commune. Pour éviter les tromperies dans les transactions, on exige la rédaction des actes en langue vulgaire, la présence de plusieurs officiers de la marchandise, sous peine de nullité (Ammirato, XI, 576). Contre qui a prévariqué, usurpé les biens d'autrui ou de la commune, le capitaine et le podestat reçoivent des pouvoirs extraordinaires ; les officiers du *contado* sont tenus à des dénonciations publiques ou privées, sous des peines sévères (24 juillet

ordinaires, la commune aimait souvent mieux mal payer ceux qu'elle employait, même ses soldats[1]. Les gardiens des prisons devaient toucher un salaire mensuel; malgré leurs pressantes réclamations, ils restaient trois, quatre mois et plus sans rien recevoir. Il fallait, pour qu'on leur rendît justice, une formelle délibération des conseils[2]. Les otages retenus à Ferrare en 1341 devaient être payés à raison de 40 sous par jour. Ils se voyaient réduits à de forts emprunts, dont on leur faisait attendre quatorze années le légitime remboursement[3]. Quand l'État voulait payer, il le faisait proclamer dans les rues par ses hérauts[4].

Mais, ceci est digne de remarque, manquât-il d'argent pour cet objet si nécessaire, il en savait trouver pour des nécessités politiques, quelquefois pour des générosités qui paraissent bien superflues. Qu'un ami, qu'un allié demandât des subsides, quoique les lois défendissent de faire aucun don avec les revenus publics, rarement on lui refusait. Les exemples sont nombreux de sommes ainsi avancées, toujours, il est vrai, en réclamant quittance, mais souvent sans espoir de jamais rien recouvrer. Ainsi Charles II d'Anjou[5], Pérouse, Città

1303. *Provvisioni*, XII, 25). Deux faux-monnayeurs sont condamnés, l'un à avoir la main coupée, l'autre à être brûlé. Ceux qui les ont livrés reçoivent 100 florins, selon les statuts (12 mars 1322. *Provvisioni*, XVIII, 76 v°). Diverses mesures sont prises pour assurer la bonne monnaie (6 décembre 1324. *Provvisioni*, XXI, 66 v°).

[1] 11 mars 1339. *Provvisioni*, XXIX, 108.
[2] 20 septembre 1286. *Consulte*, PPI, 30 v°.
[3] « Accipere mutuo infinitas quantitates pecunie. » — A la suite du document on lit: « Quod camerarii dent et solvant dictis stadicis pro parte eorum salar. lib. 100 pro quolibet eorum integre. (*Lettere interne alla signoria*, 1355, sans autre date.)
[4] 28 octobre 1295. *Provvisioni*, V, 162.
[5] 14 mars 1297; 31 mars 1298. *Provvisioni*, VII, 185 v°, VIII, 26.

di Castello[1] et bien d'autres recevaient les bienfaits de la République. Ce qui est plus surprenant, ce sont les sommes votées non-seulement pour la construction d'églises peut-être trop nombreuses[2], mais encore pour y faire un dallage ou murer un cloître[3]. N'est-il pas alloué 20 livres aux religieuses de Montesone, pour creuser un puits près de leur couvent[4]?

Parfois, il est vrai, vu la nécessité de l'épargne et l'urgence des préparatifs militaires, les camerlingues recevaient défense, pour quelques mois, de rien payer sans un ordre exprès, approuvé des conseils, en dehors des dépenses régulières et obligatoires. En outre, ils devaient, chaque mois, lire distinctement dans le conseil de la commune ou le conseil du peuple, les recettes et les dépenses, afin qu'on en vît l'écart et qu'on avisât à y remédier[5]. Mais la précaution était insuffisante à faire trouver le remède, alors même qu'on supprimait certains officiers inutiles[6].

La principale source des recettes c'étaient les gabelles, mot qui, dans le principe, ne s'entendait que des droits perçus aux portes sur les objets de nécessité, et plus tard, dans la ville même, sur les objets de luxe, d'exportation comme d'importation. C'était ce qu'on appe-

---

[1] 22 février 1298. *Provvisioni*, VII, 185 v°.
[2] 7 octobre 1297; 6 juin, 26 juillet 1298. *Provvisioni*, VIII, 159 v°, 69 v°, 86 v°.
[3] 100 l. pour cet objet sont accordées aux *frati* de S. M. di Cafaggio (SS. Annunziata). 31 juillet 1298. *Provvisioni*, IX, 75.
[4] 7 juin 1297. *Provvisioni*, VIII, 71 v°.
[5] 20 août 1304, 18 décembre 1305. *Provvisioni*, XII, 85, 161 v°.
[6] Le 27 juin 1324, il est décidé qu'on ne remplacera pas le capitaine député à la capture des bannis, et les notaires étrangers chargés de la garde de nuit (*Ibid.*, XXI, 18).

lait la gabelle des 4 deniers par livre[1], l'équivalent de nos impôts indirects. Plus tard on étendit ce nom à tous les impôts, à ceux dont on grevait les terrains, les contrats et autres objets ou transactions[2]. Les gabelles des portes, affermées aux enchères[3], rapportaient, en 1337, à raison de 5 sous par livre, 29 500 florins d'or; mais la commune, en ayant besoin de 6 000, réduisait à 28 000, pour cette première année de leur ferme, la somme à verser par les fermiers[4]. Il n'était pas rare qu'on exigeât d'eux des avances[5]. On demandait aussi de l'argent aux propriétaires, en imposant les façades de leurs maisons[6], aux clercs, d'ordinaire avec la permission du pape[7], aux hérétiques ou réputés tels, en prenant possession, au nom de l'inquisiteur, de leurs biens meubles et immeubles, et en les vendant[8]. On frappait de 4 deniers par livre tous les payements qu'avait à faire le camerlingue[9]. On rappelait les condamnés, on les déclarait absous, à condition qu'ils payeraient cer-

---

[1] 14 septembre 1325. *Provvisioni*, XXII, 10 v°.

[2] On trouve gabella boccarum, familiarium, fumantium, posessionum et redditum. Voy. Canestrini, p. 55.

[3] « Tanquam plus offerentibus (26 juin 1337. *Provvisioni*, XXVIII, 63 v°.) — Publice ad incantum sub astatione promissa vel aliter (15 novembre 1302. *Provvisioni*, XI, 160).

[4] 7 septembre 1337. *Provvisioni*, XXVIII, 90-91.

[5] 11 mars 1339. *Ibid.* XXIX, 108.

[6] Voy. même vol., p. 97, n. 6.

[7] Le 8 février 1328 on écrit au pape que l'évêque et le clergé florentin ont payé un modique subside (cum prestiterit moderatum subsidium). On demande que l'évêque et le clergé de Fiesole en fassent autant (quod pro majori parte suos proventus et reditus obtinet in florentino comitatu atque districtu nichil contribuerit, quod dignatur Florentinorum necessitatibus compatiendo concedere licentiam quod possint de moderato subsidio subvenire). (*Sign. cart. miss.* IV, 34 v°.)

[8] 24 novembre 1338. *Provvisioni*, XXIX, 74.

[9] 7 octobre 1297. *Ibid.* VIII, 139 v°. 6 février 1321. *Ibid.* XVII, 61 v°.

taines sommes, tantôt fixes, tantôt proportionnelles, équivalant au quart de leur dette[1].

Mais, en matière d'expédients financiers et de droits, il y a des limites qu'il ne faut point franchir, sous peine de nuire à l'industrie, d'éventrer la poule aux œufs d'or. D'ailleurs, on ne se procurait ainsi que des sommes qui étaient loin de suffire aux grandes nécessités, aux dépenses de la guerre, par exemple. C'est dans la guerre contre Mastino qu'on imagina le système des emprunts forcés ou *prestanze* (*præstagium*), avec intérêt annuel. Aux prêteurs, compagnies de marchands ou particuliers habitant la ville, on donnait en garantie diverses recettes ou gabelles; chacun était taxé par tête, et non d'après ses biens[2]. Il y avait des récompenses pour qui payait exactement sa quote-part : être inscrit des premiers sur les livres du *monte*[3] pour recevoir intérêt ou capital dans un temps proportionné à l'empressement qu'on avait mis, gagner un denier par livre et par mois sur les sommes prêtées, être déclaré apte à tous les offices et honneurs. Il y avait des peines pour les récalcitrants et les retardataires : prendre la queue sur les livres du *monte*, être contraint à payer et perdre tout droit au remboursement, être déclaré incapable des offices et des honneurs, ne pouvoir paraître devant les tribunaux, et, si l'on y paraissait, n'obtenir que des sentences frappées de nullité[4]. Ce système des *prestanze* fit fortune, et, depuis, Florence n'y renonça jamais. C'est que l'espoir d'un remboursement, d'un intérêt, d'un bénéfice contribuaient à le faire

---

[1] 2 juin 1298, 29 janvier, 6 avril 1299. *Ibid.* IX, 42, 139; X, 3 v°.
[2] Michele Bruto, l. 13. Pagnini, I, 10-13.
[3] Voy. sur le *Monte*, même vol., p. 360 et n. 1.
[4] Statut, Liv. IV, Tract. *De Extimis*, Rub. 53.

paraître léger. Une seule chose était injuste, la taxation par tête. On essaya d'y remédier par une institution bien plus ancienne, mais qu'on remit en vigueur, celle de l'*estimo*. Plus d'une fois déjà nous l'avons mentionnée; il convient d'en parler ici plus au long.

L'*estimo* était l'estimation des biens mobiliers et immobiliers, même des gains de toute sorte, pour fixer ensuite des taxes proportionnelles, à raison d'un, de cinq, de six pour cent, selon les cas. Par extension et abus de langage, le mot *estimo* finit par s'entendre souvent de l'impôt même dont cette évaluation était la base. On appelait *posta* la quote-part de chacun. La première mention de l'*estimo* qu'on rencontre dans les auteurs est plus ancienne qu'on ne le croit généralement : Villani en parle à l'année 1266, au temps de Guido Novello[1]. L'établir parut beaucoup plus facile dans le *contado* que dans la ville, d'abord parce qu'il y était plus nécessaire, les habitants du *contado* échappant à une foule de taxes, ensuite parce que les habitants de la ville, plus versés dans les calculs du trafic, sentaient mieux les vices de l'opération. Le principal de ces vices était, au début, de répartir l'impôt sur les citoyens arbitrairement, d'après leur nombre, non d'après la qualité et la quantité de leurs richesses, moyen sûr d'accabler les pauvres et les médiocres au profit des riches. L'arbitraire, l'*arbitrio*, était même devenu un terme légal qui signifiait le jugement, le calcul vrai, ou présumé vrai, des officiers élus pour établir l'*estimo*.

De là des fraudes, des plaintes sans nombre, et le be-

---

[1] Les preuves de l'ancienneté de l'*estimo* sont données par Canestrini, *la Scienza di stato*, p. 18 sq.

soin d'une réforme à peu près tous les dix ans. De là des officiers institués pour corriger les erreurs, pour répondre aux demandes de rectification et de réduction. Ces demandes devaient être nombreuses, car il y avait beaucoup de privilégiés; c'est ainsi parfois qu'on récompensait les services rendus, et il fallait, en outre, tenir compte de recommandations fréquentes, respecter les clauses insérées sur ce sujet dans les actes de soumission des communes, des châteaux, des seigneurs. C'est seulement quand les biens des privilégiés passaient en d'autres mains qu'ils commençaient à payer[1]. Malgré ses défauts, l'*estimo* n'en resta pas moins la base de l'imposition foncière jusqu'à la fin du quatorzième siècle, et même pendant une partie du quinzième[2].

L'opération se faisait comme suit : on évaluait tous les biens meubles et immeubles à leur plus bas prix, et en outre on défalquait, avec les charges de la famille, les dépenses pour la manutention de ces biens. On calculait le revenu d'après le taux du jour, et on en déduisait le capital à raison de 5 ou 6 pour 100. Le chiffre qu'on inscrivait dans les livres, ce n'était pas la somme à payer, mais celle qui servait de règle, *regula, lumen*, disent les documents. On fixait d'abord en bloc ce que devaient les communes, lesquelles faisaient ensuite sa part à chacun de leurs habitants. Dans la ville cette répartition avait lieu par *sestieri*, et, plus tard, par quartiers. Tous les hommes en état de porter les armes, c'est-à-dire de quinze à soixante-dix ans, étaient taxés. Qui n'avait pas de biens payait à raison de 1 à 5 sous

---

[1] Canestrini, p. 25, 26, 34.
[2] *Id.*, p. 26, 37.

par tête. Les arts et métiers qui ne faisaient pas marchandise, c'est-à-dire qui n'étaient pas commerçants, payaient 6 deniers par livre de gain, en d'autres termes 2 1/2 pour 100. Les changeurs devaient chaque mois 6 deniers par livre de toutes leurs opérations. Le minimum de leur contribution était de 2 florins d'or par an. Les autres métiers, taxés diversement, selon leur importance, ne versaient pas moins de 2 à 6 florins, en proportion de leurs gains[1].

C'est en 1326, sur l'ordre du duc de Calabre, que l'on comprit dans l'*estimo* la richesse mobilière, le commerce, l'industrie. L'évaluation était faite par sept témoins secrets et voisins, sous la présidence d'un juge étranger. Le principe était bon, dit Villani, mais l'application mauvaise : on en retira tout au plus 80 000 florins[2]. En même temps on accroissait les taxes indirectes sur les achats, les ventes, les échanges; et comme ces transactions avaient lieu par entremise de notaires, cette imposition fut nommée gabelle des contrats[3].

En 1351, une nouvelle tentative réussit mieux et dura quelques années. On établit alors la taxe des *fumanti* ou feux, qu'on appelle aussi *secla* ou *sega*[4]. Cette taxe avait un caractère mixte, et c'est peut-être ce qui

---

[1] Canestrini, p. 27, 28, 51, 54. Cet auteur donne (p. 38-43) une analyse des statuts de l'*estimo*, notamment de celui de 1321, infligeant des peines à qui ne paye pas, privation de tous droits, vente de ses biens, destruction d'iceux, s'ils ne trouvent pas d'acquéreurs, solidarité des *consorti*, des communes, des peuples.

[2] G. Villani, X, 16; Pagnini, I, 21.

[3] Canestrini, p. 53.

[4] Voy. plus haut sur la date de son établissement, même vol., p. 281, n. 5, et sur son application, p. 448, n. 1. On ne trouve nulle part d'explication claire sur le sens du mot *sega*. C'est probablement un synonyme

en fit la fortune : elle prenait la forme d'un emprunt, car on l'inscrivait au *monte*, et, par conséquent, elle portait intérêt. Elle était de peu d'importance : chaque chef de famille payait chaque jour quelques deniers, c'est-à-dire quelques douzièmes d'un sou. Pour tout denier qu'on avait de *sega*, on payait un total annuel de 30 sous. Cette taxe donnait 140 florins d'or par jour, un peu plus de 50 000 par an[1].

Le temps n'était pas venu encore où Florence, pour mieux répartir les charges publiques, aurait un véritable cadastre : mais, dès l'année 1346, elle avait une institution qui en est comme le principe et le rudiment, la *tavola delle possessioni*, ou description, sur des registres, de toutes les propriétés immobilières, pour en connaître les propriétaires, les limites, l'état, les conditions[2]. Il y avait autant de registres que de quartiers pour la ville, que de communes, de paroisses ou de peuples pour le *contado*. L'idée de ce travail avait été suggérée par la confusion des domaines et biens, par les longs procès auxquels donnait lieu l'impossibilité d'en avoir des renseignements exacts, et aussi par le désir de venir en aide aux créanciers, empêchés de connaître la situation de leurs débiteurs[3]. Une vive opposition s'éleva devant les inextricables difficultés qu'on prévoyait, et elles furent si grandes, en effet, qu'au bout de quelques années, après bien des écritures et des dépenses, il fallut abandonner l'opération : les continuels changements de

de *taglia*, puisque P. Fanfani, dans son dictionnaire, voit dans le verbe *segare* l'équivalent de *tagliare*.

[1] M. Villani, II, 46; Pagnini, I, 21, 22, Canestrini, p. 63, 65.

[2] Selon M. Villani, Boninsegni, Pagnini, cette table date de 1355. Les documents prouvent qu'elle est de 1346. Voy. Canestrini, p. 73.

[3] Canestrini, p. 74.

possesseurs en faisaient comme une toile de Pénélope[1]. On y revint cependant, avec moins d'inexpérience, de 1375 à 1378, et ce fut l'origine du cadastre[2].

Avec tous ces tâtonnements et ces incessants efforts vers le mieux, les Florentins étaient parvenus à établir un budget des recettes, dont nous devons donner, d'après Villani, le tableau approximatif, comme nous avons fait pour les dépenses. Rien, nécessairement, n'est plus incomplet que ce tableau, puisqu'on n'y peut faire entrer les *prestanze*, les recettes extraordinaires; mais connaître les recettes ordinaires, le budget de la paix, ne saurait être sans intérêt et sans utilité.

	Flor. pic.
Gabelle des portes ou entrées	90 200
Gabelle du vin au détail, au tiers	58 000
Estimo du *contado* à 10 sous par livre	50 100
Gabelle du sel à 40 sous le *staio* aux habitants de la ville, et à 20 sous aux habitants du *contado*	14 450
Gabelle des biens des rebelles et condamnés	7 000
Gabelle des prêteurs et des usuriers	3 000[3]
Redevance des nobles du *contado*	2 000
Gabelle des contrats	20 000[4]
Gabelle des bestiaux et boucheries pour la ville	15 000
Gabelle pour le *contado*	4 400
Gabelle des loyers	4 150

---

[1] D. Boninsegni, p. 449; Ammirato, XI, 576; Canestrini, p. 74, 75.

[2] Canestrini, p. 76, 77.

[3] Les usuriers payent un denier par livre et par mois de ce qu'ils ont prêté (4 avril 1342. *Provvisioni*, XXXI, 83 v°). Voici le considérant: « Intendentes quod mutuare ad fenus seu fenerare ad pignus cum vela vel tapeto vel sine est Deo et hominibus hodiosum et contra jus canonicum et civile, et quod tales mutuantes insimul tres offendunt, Deum videlicet, proximum et seipsos, et volentes tam detestabile crimen radicitus extirpare.... »

[4] Autre leçon, suivie par Sismondi, 11 000.

Gabelle de la farine et de la mouture.	4 250
Impôt sur les citoyens qui vont au dehors exercer une magistrature, une seigneurie	5 500
Gabelle des accusations et excuses.	1 400
Profit sur la monnaie des espèces d'or.	2 300
Profit sur la petite monnaie	1 500
Biens propres de la commune	1 600
Gabelle des bêtes vivantes au marché en ville. . .	2 000
Gabelle de la marque des poids et mesures. . . .	600
Ferme des balayures des grains et des vases-mesures à Or san Michele	750
Gabelle des loyers dans le *contado*.	550
Gabelle des marchands du *contado*.	2 000
Amendes et condamnations recouvrées.	20 000
Condamnations aux soldats pour *difetti*[1].	7 000
Gabelle des murs et portes en saillie.	5 500
Gabelle des revendeuses d'herbes et fruits	4 500
Port d'armes défensives à 2 sous par tête	1 500
Gabelle des prisons[2]	1 000
Gabelle des messagers[3]	100
Gabelle des bois flottés sur l'Arno.	50
Gabelle des réviseurs des *sodamenti* ou garanties données à la commune.	200
Part de la commune aux droits perçus par les consuls des arts	500

---

[1] Le mot *difetto* est difficile à traduire. Le sens que lui donne P. Fanfani, dans son dictionnaire, induirait à faire un contresens. Il s'agit des amendes auxquelles on condamnait le connétable qui n'avait pas le nombre de mercenaires qu'il s'était engagé à fournir, le mercenaire ou l'homme d'armes des milices qui n'avait pas en temps voulu tout son équipement. G. Capponi (I, 225, note 3) donne, d'après M. Cesare Guasti, la première moitié de cette explication.

[2] G. Capponi (I, 225, n. 4) dit qu'on trouve dans les livres au temps de Villani des versements faits aux camerlingues de la chambre par le camerlingue des *Stinche*, « de denariis ad ejus manus perventis ». (*Arch. di stato.*)

[3] Sismondi dit sergents. Leo (II, 92) confond *messo*, messager, avec *messe*, moisson. Les messagers sont des huissiers. Ils étaient privilégiés et payaient une petite taxe à la commune.

Gabelle des propriétés dans le *contado*.	1 050[1]
Gabelle des rixes à main non armée	5 950
Gabelle sur ceux du *contado* qui n'ont pas de maison à Florence	1 000
Gabelle des moulins et *pescaie*.	30 000[2]

Le total de ces recettes dépassait 300 000 florins d'or. Un document le porte à 343 300[3]. Les revenus du roi Robert atteignaient à peine ce chiffre; ceux des rois de Sicile et d'Aragon n'y atteignaient certainement pas. Sur un tel sujet, quelques incertitudes sont inévitables, non-seulement à cause des divergences entre les auteurs, et même des variantes dans les manuscrits ou éditions de chacun d'eux, mais encore et surtout parce que la législation, chez les Florentins, était extrêmement variable. Cette mobilité est l'essence même de la démocratie, ou tout au moins son danger, et jamais peuple, peut-être, ne s'y exposa plus résolument. Le nombre de ses lois et de ses provisions étant infini, on ne les observait pas; d'où la nécessité de les renouveler. C'était un cercle vicieux. Quelques exemples, ici, ne seront pas hors de propos.

Nous avons vu qu'en 1318, il avait fallu défendre aux filles de mauvaise vie d'habiter à moins de mille brasses d'un couvent[4]; le 9 octobre 1357, on en était réduit à

---

[1] Chiffre douteux. Sismondi le réduit à 1000. G. Capponi le laisse en blanc. Il est permis de croire à l'addition parasite d'un zéro dans le texte de Villani, où cette gabelle et la suivante sont indûment réunies.

[2] Chiffre encore plus douteux. Cette dernière gabelle est portée, par erreur évidente, dans le doc. des *Delizie* à 300,000 flor. Faut-il croire encore à l'addition d'un zéro? Il semble que cette gabelle ait pu être assez forte. Le chiffre de 30,000 flor., purement hypothétique, n'est peut-être pas invraisemblable.

[3] C'est le document des *Delizie*.

[4] Voy. notre t. III, p. 344, et t. IV, p. 42, note 4.

prohiber toute maison de débauche (*postribulum*) à moins de deux cents brasses[1]. En revenant à la charge, la loi reculait, faisait la part du feu. Dans la même année, le 12 septembre, on enjoignait aux médecins, physiciens, chirurgiens, et aussi aux barbiers, aux femmes et autres nombreux ignorants, qui, depuis la grande peste, cumulaient l'exercice de la médecine avec les arts mécaniques, de ne pas donner leurs soins à un malade âgé de plus de quinze ans, sans lui avoir ouvertement recommandé de confesser ses péchés, sans s'être assuré par des témoignages dignes de foi qu'il l'avait fait. Ils devaient tous jurer sur l'évangile d'observer cette prescription[2], et, s'ils l'enfreignaient, ils encouraient, chaque fois, une amende de 500 livres. Or Boninsegni nous apprend que, « grâce à la cupidité des médecins et à la négligence des malades », cette provision ne fut pas observée[3].

Une telle instabilité, si l'avenir devait la montrer funeste, n'était alors blâmée que de quelques-uns. Elle paraissait au plus grand nombre la condition même de l'existence. Au demeurant, la vie économique des Florentins, si défectueuse qu'elle puisse paraître aux modernes, n'en était pas moins fort supérieure à celle des autres peuples dans le même temps. Bien des institutions dont nous sommes fiers ont leur origine à Florence ou s'y trouvent en germe. Il est toujours facile de critiquer le passé; il l'est moins d'être juste à son égard. La justice veut qu'au lieu de nous reporter toujours à nos idées et à nos coutumes, de nous étonner qu'on puisse être

[1] *Provvisioni*, XLVI, 47.
[2] *Ibid.*, f° 51.
[3] D. Boninsegni, p. 456.

Persan, j'entends Italien du moyen âge, nous considérions ce qui était possible, nécessaire, utile alors, ce qui fut fait par une poignée de marchands dont les instructifs exemples restèrent si longtemps incompris des autres peuples, et même des princes les plus éclairés.

APPENDICE

DU QUATRIÈME VOLUME

I

**LES AMBASSADEURS FLORENTINS A FERRARE AUX PRIEURS
(7 AOUT 1347)**

P. 229 et 230

Ricevemo vostra lectera data di V d'agosto ; per la quale voi ci scrivete le conditioni e lo stato di Luccha, e studiate noi che siamo solliciti a spacciare le cose ch'avemo a fare, e che a nostra possa meglioriamo le conditioni. Come noi v'avemo scritto, noi fumo in concordia con gli ambasciadori e sindachi di messer Mastino, e facemo le carte de la vendita di Luccha sabato sera, di quattro di questo mese; e in due punti spetialmente meglioramo a nostro parere molto: cioè, che, dandogli stadichi per fiorini C^m d'oro, i quali steano appo il Marchese, ci dee dare Luccha, e noi non siamo tenuti di dare alchuno danaio se prima non avemo la possessione di Lucha. Anchora v'ae d'altre chose che s'è migliorato de pacti. De la quantitade non potemo scemare nè il termine non potemo fare più lungo. Se non che Arriguccio ci disse : Io il vi farò fare per lectera di messer Mastino. E come potrete vedere, per una lectera che vi mandiamo interchiusa in questa, la quale messer Mastino mandoe ad Ariguccio, egli è contento di CL^m fiorini d'oro; dove dice il patto trenta mesi, che siano tre anni. E diceci Arriguccio, siate certi quando messer Mastino sarà dimesticato con voi, che voi averete ogni piacere che voi vorrete da lui. I fiorini C^m d'oro che dovemo dare, in termine di L dì, diceva la nota nostra, cominciando che saranno compiuti i contracti; e ne' pacti avemo messo, chominci il dì ch'e nostri e suoi stadichi saranno in Ferrara. Altro per noi non si potè fare, e non aveano di potere fare più. E per certo ogni indugio era con grande pericolo in questi fatti, e tanto che, non che menovare della quantità, ma siamo stati a rischio di potere compiere el fatto : e per certo avemo megliorato il fatto ne' più forti puncti come vedete. Resta ora a mandare ad esecutione. Vedete che conviene che gli stadichi nostri sieno incontanente qua. Quelli di messer Mastino ci saranno di qui a due dì, se 'l Marchese dae la licentia che venghano. E noi vi mandiamo interchiuso in questa una scritta di nomi degli stadichi che manda messer Mastino, la quale avemo veduta col Marchese; ed egli ci dice che v'à sette che sarebbono e soli sofficienti a magiore quantitade. Maravigliànci che voi non ci avete scritto de la venuta d'Albertino da Chanossa ambasciadore del Marchese nè di suo spaccio; il quale, come v'avemo scritto per altre lectere, il Marchese non si vorrà scoprire in questi fatti se non ae risposta d'Albertino, che voi per certo abiate spacciatolo secondo che vi richiede. E voi vedete quanto è di necessitade a spacciarlo per gli fatti nostri, sì per lasciare venire gli stadichi di messer Mastino (a' nostri non negherebbe il venire; qualunque ora verranno sarà contento); anchora per avere tutta la sua forza (e fate ragione quello che farae il Marchese farà messer Taddeo); anchora per dare il passo a la gente di messer Mastino, se bisognasse. Or vedete per quante cagioni è di necessità lo spaccio d'Albertino. Ieri, nel mezo dì fue quae presso di Ferrara a uno miglio messer Ghiberto da Fogliano e Antonio nipote del Marchese Spinetta; e venghonne in costà per intrare in Luccha; e crediamo vi richiederanno di menare de la vostra gente. Parcci, s'egl' intrassono in Luccha con CC o CCC cavalieri, non sarebe poi da dubitarne. Siamo certi colloro insieme ne prenderete il migliore. Parcci che voi gli oñoriate, e sarae ben fatto. Cholloro mandamo Be....[1] di Figho, e crediamo che gli

---

[1] L'humidité a fait disparaître la fin de ce nom propre.

averà rechato procuragione di messer Mastino a potere ricevere fiorini cinque mila per portargli in Luccha a' soldati. Noi avemo promesso che questo si farae. Con gli ambasciadori da Bologna continuamente contendiamo, e voi da loro pienamente sarete informati delle chose ch' averanno a fare. Data in Ferrara, di VII d'agosto nel mezzo dì.

T.
J. et { ambasciadori
L.   vostri.

Au dos: Nobilibus et potentibus viris dominis Prioribus artium et Vexillifero justitie civitatis Florentie.

(R. Archivio di Stato di Firenze. Riformagioni, cl. X, dist. 2, n. 3. Nouvelle classification: Signori, Carteggio, Responsive originali, filza 4ª, n. interno 99).

II

RECETTE DE GIOVANNI MORELLI CONTRE LA PESTE

P. 386, n. 2.

Sappi che di febbrajo ella comincia a farsi sentire dentro e così va crescendo tutto luglio, e da mezzo luglio in là, ed ella s'appicca alle persone da bene e a quelle che sono vivuti regolati... E però piglia questo riparo. Comincia il verno dinanzi a governare te e la tua famiglia tutta per questa via : Prima fa di guardarti dall'umido quantunque tu puoi, e non patire punto il freddo; appresso usa il fuoco ogni mattina prima eschi fuori e piglia qualche cosa secondo lo stomacho che hai, o un poco di pane o un mezzo bicchiere di buono vino o di malvagia, o una pillola appropiata a ciò, o un poco d'utriaca. Quando fosse piove o umidore, de' 15 dì due o tre mattine allato, sul dì prima ti levi e dormi un poco poi e non mangiare nulla da ivi a ore 5. Se ti venisse bevuto o volessi bere un mezzo bicchiere di malvagia, sarebbe buono, ma non altri vini grossi, e se avessi lo stomaco debole o frigido, piglia degli otto dì una volta, a tai tempacci, una barba di gengiovo in conserva, e bevi mezzo bicchiere di malvagia, e istà di poi 5 ore che tu non mangi altro, o tu piglia un garofano o un poco di cinnamomo, o un cucchiajo di treggea, o quattro derrate di zafferano, 1, 2 o 3 noci cotte, o 2 o 3 fichi senza pane, o qualche cosetta, secundo che se' consigliato, e quello vedessi ti facesse noja, lascialo istare. E se lo stomaco sta meglio digiuno, non gli dare impaccio. Non uscire fuori troppo avaccio, e quando è nebbia o piove, istati al fuoco e non uscire fuori, desina all'ore competenti, mangia buone cose e non troppo, levati con buono appetito, guardati delle frutte e da' funghi, non ne mangiare o poco o di rado; esercita la persona, ma con fatica che tu non sudi e non abbi a ansare o isciorinarti de' panni. Guardati dalle femmine, non t'impacciare con niuna, non mangiare e non bere se non hai voglia, e quando il ti sentissi sullo stomaco, lascialo prima digerire, e di poi istai un' ora prima tu mangi o bea. Guardati dalla cena, poco mangia e buone cose. Non mangiare porco in niun modo, e usa, se hai buono stomaco, l'aceto e l'agresto, ma non tanto ti desse noja a smaltire, fa' di stare sobrio del corpo, che tu esca il dì due volte il meno. Se fossi istitico e duro del corpo, fatti un argomento degli 8 dì o 15 dì; non ti avviluppare troppo nel dormire, levati al levare del sole, e in questa forma passa il verno, e tenendo questo o migliore stile, tu verrai a purgare lo stomaco ovvero il corpo tutto, per modo che la corruzione dell'aria non troverà materia da appiccarsi.

Au printemps, s'en aller hors ville, mais là où il y a des médecins et des médecines.

Togli casa agiata per la tua famiglia e non punto istretta, ma camere d'avanzo, e nell' istato usa cose fresche, vini piccoli ma buoni, de' polli e de' cavretti, e dei ventri o peducci di castrone, coll' aceto, o lattuga, o de' gamberi. Istatti il dì di meriggio al fresco, non dormire se puoi farlo, o tu dormi così a sedere; usa d'un lattuare, che fanno fare i medici di reobarbaro, danne a' fanciulli, che uccide i vermini, mangia alcuna volta la mattina un'oncia di cassia, così ne' bocciuoli, e danne a' fanciulli, e fa d'averne in casa, e che sia fresca, e del zucchero e dell' acqua rosa e del giulebbo; se hai sete il dì, bei di quello, rinfrescati i polsi, le tempie e il naso coll' aceto ben forte. Non istare dove sia molta gente, e spezialmente in luogo rinchiuso, come in loggie o in chiese, o in simili luoghi, con chi venisse dall' aria corrotta, o che avesse infermi in casa, o fosse morto di sua gente, non istare con lui, se non il meno che tu puoi, non dimostrando ischifarlo, per modo s'aveggia, acciò non isdegnasse, e non ne pigliasse isconforto; fuggi quanto puoi maninconia e pensiero,... etc.

(*Cronica di Giovanni Morelli*, p. 282, 283, à la suite de Ricordano Malespini, Flor. 1718.)

III

SAUF-CONDUIT DES AMBASSADEURS FLORENTINS

P. 450

Nos Frater Morrealis de Albarno, Corradus comes de Lando Domini et capitanei magne sotietatis nec non et marescalchi damus et concedimus per presentes plenam licenciam et securitatem nobilibus viris ambasciatoribus comunis Florentie ad nos et sotietatem nostram veniendi, standi et redeundi cum ipsorum familiaribus et sociis, equis, rebus et arnensibus libere et secure. Et ad majorem firmitatem jussimus nostra sigilla propria infraponi. Datum in nostro exercitu apud Torritam, die 17 junii (1354).

Réponse des Florentins.

Quandam sub forma potius cedule quam lictere vestram accepimus scriptionem datam Torrite, 17 mensis hujus, et si nullum epigramma foret, in illa licentiam et securitatem ambaxiatorum comunis Florentie ad vestram presentiam veniendi seriosius continentem. Ad que presentibus respondentes non videmus quod aliqua causa insit propter quam sit expediens ad vos nostros mictere oratores; quod si adesset, de nobilitate vestra confixi, illos fiducialiter micteremus, cum e converso ad nos et civitatem nostram securitate plenaria oratores quilibet valeant libere se conferre. Data Florentie, die 20 junii.

(*Signorie, Carteggio, Missive.* Reg. I, canc. t. XI, f° 91 r°.)

IV

PROVISION « CONTRA POPOLARES, ABOMINABILIA CONMICTENTES. »

P. 473

In Christi nomine amen. Anno incarnationis eiusdem millesimo trecentesimo quinquagesimo secundo, indictione quinta, die vigesimo septimo mensis augusti. Consilio domini Capitanei et Populi Florentini, precona convocatione campaneque sonitu, mandato nobilium et potentum virorum dominorum Priorum Artium et Vexilliferi iustitie Populi et Comunis Florentie in Palatio Populi Florentini more solito congregato, officio Capitanei Populi civitatis eiusdem tunc rectore vacante, ego Petrus notarius infrascriptus legi et recitavi vulgariter distincte et ad intelligentiam in ipso Consilio et coram consiliariis in eo presentibus, infrascriptas provisiones, delliberatas editas et firmatas per dominos Priores artium et Vexilliferum iustitie Populi et Comunis Florentie, una cum officio duodecim bonorum virorum Comunis predicti, modo et forma et ordine infrascripto videlicet.

Primo provisionem infrascriptam super infrascripta petitione, que tallis est videlicet. Vobis dominis Prioribus artium et Vexillifero iustitie Populi et Comunis Florentie reverenter exponitur pro parte quamplurium popularium civium florentinorum affectantium vivere in quiete, quod nonnulli ex civibus popularibus florentinis in tantam plerumque superbiam et arogantiam attolluntur propter potentiam et audaciam ipsorum, quod interdum aliis popularibus florentinis minus potentibus dampna et vericundiam inferunt iustitiam non timentes; et quod licet non fit conveniens neque iustum, quod propter eorum malam operationem aliis eorum consortibus noceatur: conveniens tamen est quod arceatur malum propositum ipsorum. Quare dominationi vestre supplicatur reverenter, quatenus placeat vobis una cum officio Duodecim bonorum virorum dicti Comunis providere et facere per solempnia et oportuna Consilia Comunis eiusdem solempniter reformari quod, quandocumque contingeret in futurum aliquam querimoniam exponi coram officio dominorum Priorum Artium et Vexilliferi iustitie dicti Populi et Comunis per aliquem popularem seu de Populo civitatis seu comitatus Florentie, de aliqua iniuria vel offensa quam diceret sibi fieri vel factam esse, a die quo presens provisio fuerit approbata in Consilio domini Potestatis et Comunis Florentie in antea, ab aliquo populari seu de Populo civitatis seu comitatus Florentie, seu aliter quoquo modo ad aures seu notitiam dominorum Priorum pervenerit de ipsa tali iniuria vel offensa; domini Priores Artium et Vexillifer iustitie dicti Populi et Comunis tunc in officio presidentes et due partes eorum, aliis etiam absentibus et inrequisitis seu tacentibus vel contradicentibus, si viderint seu cognoverint talem iniuriam vel offensam, propter sui atrocitatem seu abominationem hoc mereri, possint eisque liceat convocare Gonfalonerios Societatum Populi et Duodecim bonos viros Comunis predicti et unum ex consulibus cuiuslibet ex viginti unius artium civitatis Florentie, quibus vel saltem duabus partibus cuiuslibet ipsorum Collegiorum congregatis in Pallacio dicti Populi, inter eos exponere seu exponi facere tenorem querimonie antedicte et contentorum in ea. Quibus expositis liceat ipsis dominis Prioribus et Vexillifero una cum ipsis Gonfaloneriis societatum Populi et Duodecim bonis viris et duabus partibus eorum omnium, aliis etiam absentibus et inrequisitis seu contradicentibus vel tacentibus, providere ordinare et delliberare, quod ille seu illi qui de talli iniuria fuerint ut predicitur criminati seu contra quos fuerit exposita tallis querimonia, et quilibet seu aliquis ipsorum tantum (ita quod ad alios seu eciam ad eorum defendentes minime extendatur) exinde in antea habeantur teneantur tractentur reputentur ac censeantur pro magnatibus et tanquam magnates civitatis seu comitatus Florentie; et quod illi omnes et singuli predicti de quibus provissum ordinatum seu deliberatum fuerit per dominos Priores Artium et Vexilliferum iusticie Populi et Comunis Florentie et Gonfalonerios Societatum Populi et Duodecim bonos viros, etc., quod habeantur tractentur reputentur seu censeantur pro magnatibus seu tanquam magnates civitatis seu Comunis Florentie, exinde in antea habeantur teneantur tractentur et reputentur ac censeantur, etiam absque aliqua probatione vel fide fienda de expositione tallis querimonie seu illatione iniurie vel offense seu de aliquibus supradictorum, pro magnatibus et tanquam magnates civitatis seu Populi et Comunis Florentie, et ac si descripti essent in Statuto Comunis Florentie posito sub rubrica *de securitatibus prestandis a magnatibus*, etc. Et quod omnia et singula statuta ordinamenta et provisiones iustitie Populi et Comunis Florentie, et omnes pene et gravamina in dictis ordinamentis seu provissionibus contenta et contra magnates Populi et Comunis Florentie inducta locum habeant in personis et contra personas et res et bona eorum et cuiuslibet seu alicuius eorum tantum ; ita quod contra personas seu res suorum filiorum seu descendentium vel aliorum quorumlibet non extendatur. Non obstantibus in predictis, etc. Super qua quidem petitione et omnibus et singulis in ea contentis prefati domini Priores et Vexillifer iustitie, habita primo super predictis omnibus et singulis invicem et cum officio Duodecim bonorum virorum Comunis Florentie deliberatione decenti, et demum inter ipsos omnes in suficienti numero congregatos in Palatio Populi Florentini, premisso facto et obtento diligenti et secreto scruptineo et partito ad fabas nigras et albas secundum formam statutorum et ordinamentorum seu provissionum Populi et Comunis Florentie, omni iure et modo quibus melius potuerunt, providerunt ordinaverunt et delliberaverunt, quod dicta petitio et omnia et singula in ea contenta procedant admictantur firmentur et fiant et firma et stabilita esse intelligantur et sint, et observentur et executione mandentur et mandari possint et debeant in omnibus et per omnia secundum petitionem, ipsius continentiam et tenorem, non obstantibus in predictis vel aliquo predictorum aliquibus legibus statutis ordinamentis provissionibus vel reformationibus Consiliorum Populi et Comunis Florentie, etc., etc.

(Archivio di stato di Firenze, *Provvisioni* dei Consigli maggiori. Vol. XL. c. 103.)

Cette provision est approuvée dans le conseil du peuple par 154 voix contre 13 (p. 108 v°), et dans le conseil de la commune par 82 contre 20.

TABLE DES MATIÈRES

LIVRE VIII

CHAPITRE PREMIER
GUERRE CONTRE UGUCCIONE ET CASTRUCCIO L'IMBORSAZIONE

Situation de l'Italie et de la Toscane à la mort d'Henri VII et de Clément V. — Les partis en Toscane. — Uguccione de la Faggiuola, chef des Pisans (23 septembre 1313). — Soumission de Lucques aux Pisans (février 1314). — Paix entre Pise et Robert (27 février 1314). — Troubles causés à Pise par la paix (22-24 mars 1314). — Castruccio Castracani. — Il livre Lucques à Uguccione (14 juin 1314). — Préparatifs de défense des Florentins. — Le comte de Gravina à Florence (18 août 1314). — Uguccione devant Montecatini. — Le prince de Tarente à Florence. — L'armée guelfe à Monsummano (19 août 1315). — Bataille de Montecatini (29 août 1315). — Défaite des Florentins. — Le comte Novello, vicaire royal à Florence. — Opposition au roi Robert. — Rupture entre Uguccione et Castruccio. — Uguccione chassé de Pise et de Lucques (10 avril 1316). — Tyrannie de Lando d'Agobbio et des ennemis de Robert à Florence (1er mai). — Guido de Battifolle vicaire royal (13 juillet). — Le nombre des prieurs doublé (15 octobre). — Paix entre Pise et Florence sous les auspices de Robert (12 mai 1317). — Prospérité à Florence et réformes intérieures : les fèves (1318). — Les Florentins alliés de Robert devant Gênes. — Matteo Visconti suscite Castruccio contre les guelfes toscans. — Castruccio seigneur à vie (27 avril 1320). — Campagnes contre les Florentins (1320-1321). — Création des douze *buonuomini* (juin 1321). — Campagne en Lombardie (août-novembre). — Mort de Dante (14 septembre). — Fin de la seigneurie de

Robert (31 décembre). — Abaissement des gibelins. — Campagne de Castruccio sur le territoire de Pistoia (1322). — Trêve avec l'abbé de Pacciana, seigneur de Pistoia. — Les hostilités reprises par les Florentins. — Défection de Jacopo de Fontanabuona (7 juin 1323). — Castruccio devant Prato contraint à la retraite (3 juillet). — Dissentiments au camp florentin et à Florence sur la poursuite de l'ennemi (7 juillet). — Tentative avortée des bannis contre Florence (14 juillet). — Leur complot pour y rentrer. — Leur défaite et leur châtiment. — Mesures prises pour fortifier l'état populaire : subdivisions des compagnies (27 août). — Rigueurs nouvelles contre les magnats (30 septembre). — Révision des bourses (septembre 1324). — Condamnation des Bordoni (janvier 1325). — Réforme des officiers étrangers (mai 1325). — Jugement sur l'*imborsazione*. 1

CHAPITRE II

SUITE DE LA GUERRE CONTRE CASTRUCCIO

Infériorité militaire des Florentins (1323-1324). — Guerre commerciale contre Lucques (21 mai 1324). — Acquisition de Pistoia par Castruccio (5 mai 1325). — Ramon de Cardona, capitaine de guerre des Florentins. — Campagne contre Castruccio (12 juin). — Prise de Cappiano par Ramon (13-18 juillet). — Prise d'Altopascio (25 août). — Ramon à Pozzevero (11 septembre). — Escarmouche entre les deux armées. — Arrivée d'Azzo Visconti (22 septembre). — Défaite des Florentins à Altopascio (23 septembre). — Campagne de Castruccio sur le territoire florentin (26 septembre — 10 novembre). — Rachat des captifs. — Le duc de Calabre seigneur de Florence (24 décembre 1325). — Pierre de Nancy, capitaine provisoire des Florentins (1er janvier 1326). — Sa lutte contre Castruccio et sa mort (14 mai). — Le duc d'Athènes, vicaire du duc de Calabre (17 mai). — Le duc de Calabre à Sienne (10 juillet), et à Florence (30 juillet). — Faillite des Scali (4 août). — Exigences du duc de Calabre. — Nouveaux pouvoirs qui lui sont donnés (29 août). — Rupture des négociations avec Castruccio (30 août). — Campagne désastreuse au pays de Pistoia (octobre). — Tyrannie du duc de Calabre (décembre). — Les gibelins prennent pour chef Louis de Bavière (janvier 1327). — Assemblée de Trente (février). — Le Bavarois couronné à Milan (30 mai). — Campagne des Florentins (25 juillet). — Siége et prise de Santa Maria a Monte (11 août). — Siége et prise d'Artimino (27 août). — Le Bavarois en Toscane (1er septembre). — Siége et soumission de Pise (6 septembre — 8 octobre). — Violation du traité. — Castruccio, duc en Toscane (11 novembre). — Le Bavarois part pour Rome (15 décembre). — Départ du duc de Calabre (28 décembre). — Couronnement du Bavarois (16 janvier 1328). — Prise de Pistoia par les Florentins (28 janvier). — Castruccio à Pise (9 février). — Il s'en fait proclamer seigneur (29 avril). — Siége et prise de Pistoia par Castruccio (15 mai — 3 août). — Nouveaux préparatifs de guerre. — Mort de Castruccio (3 septembre). . 75

CHAPITRE III

GUERRES POUR L'ACQUISITION DE LUCQUES
NOUVELLES RÉFORMES DANS LES INSTITUTIONS

Situation des Florentins à la mort de Castruccio. — Louis de Bavière seigneur de Lucques (7 octobre 1328). — Réforme introduite dans le système de l'*imborsazione* (1er décembre). — Simplification des Conseils. — Complot en faveur du Bavarois. — Son retour en Lombardie (11 avril). — Vaines négociations pour l'achat de Lucques, et acquisition de cette ville par Gherardino Spinola. — Soumission de Pistoia à Florence (11-24 mai) et du val de Nievole (21 juin). — Secours au légat de Bologne. — Siége et prise de Montecatini (19 juillet 1330). — Jean de Bohême, seigneur de Lucques (1er mars 1331). — Période de prospérité à Florence. — Acquisitions territoriales. — Fondation de Firenzuola (8 avril 1332). — Ligue entre Florence et les seigneurs gibelins de Lombardie (16 septembre). — Hostilités en Lombardie (novembre 1332 — mars 1333). — Victoire de la ligue à Ferrare (14 avril). — Réjouissances à Florence (mai). — Inondation (1er novembre). — Mesures réparatrices prises par la Seigneurie. — Le légat chassé de Bologne et sauvé par les Florentins (17-31 mars 1334). — Hostilités dans le val de Nievole (mai-septembre). — Jean de Bohême donne Lucques à Philippe de Valois (13 octobre). — Réformes intérieures : le capitaine de garde (1er novembre). — Lucques vendue à Mastino de la Scala (1er novembre 1335). — Négociations des Florentins avec Mastino à ce sujet (1er décembre — 26 février 1336). — Guerre sur le territoire d'Arezzo (3 juillet — 8 août). — Ligue avec Venise (24 juin). — Piero des Rossi, capitaine des Florentins (23 août). — Sa victoire au Ceruglio (5 septembre). — Orlando des Rossi lui succède. — Ses échecs. — Acquisition d'Arezzo (7 mars 1337). — Mécontentement des Pérugins et accord avec eux. — Paix de Venise avec Mastino (2 décembre 1338). — Mécontentement des Florentins. — Ils acquiescent à la paix (24 janvier 1339). 144

CHAPITRE IV

LA GUERRE DE LUCQUES
ET LA TYRANNIE DU DUC D'ATHÈNES

Embarras financiers : les Bardi et les Peruzzi ruinés par l'Angleterre (1339.) — Embarras politiques qui en résultent. — La démocratie florentine dominée par une oligarchie marchande. — Jacopo des Gabbrielli de nouveau capitaine de garde. — Conjuration de magnats (1er novembre 1340). — Victoire de la Seigneurie. — Mesures de sécurité publique. — Négociations pour l'achat de Lucques (mai — juillet 1341). —Traité conclu (4 août.) — Préparatifs belliqueux des Pisans. — L'armée pisane devant Lucques. — L'armée florentine,

— Fautes commises. — Les Florentins devant Lucques (15 septembre). — Leur défaite (2 octobre). — Ils cherchent des alliés (novembre). — Nouvelle campagne contre Lucques (24 mars 1342). — Atermoiements du capitaine Malatesta. — Combats du Serchio (19-21 mai). — Retraite des Florentins. — Soumission de Lucques aux Pisans (4 juin — 6 juillet). — Accusations contre les vingt de *balia*. — Le duc d'Athènes. — Faveur qu'il rencontre — Il est élu capitaine (31 mai). — Sa politique. — Ses premières rigueurs. — Ses empiétements favorisés par la population. — La seigneurie lui est conférée (8 septembre). — Satisfaction générale. — Premiers actes du duc. — Soumission des villes toscanes. — Paix avec Pise (9 octobre). — Défiance générale. — Seigneurie d'octobre. — Les conseillers et instruments du duc. — Leurs exactions. — Leur conduite avec les femmes et avec les clercs. — Avec les petites gens, les grands et les *popolani*. — Indignation croissante. — Le duc se prépare à la défense. — Trois conjurations contre lui. — L'insurrection éclate (26 juillet). — Siége du palais. — Atrocités de la vengeance. — Constitution d'un gouvernement provisoire (28 juillet). — Capitulation du duc (1er août). — Assemblée à parlement (2 août) et confirmation du gouvernement nouveau. — Départ et seconde renonciation du duc d'Athènes (6 août). — Ses efforts pour reconquérir la seigneurie. — Résistance des Florentins. — Intervention du roi de France. — Mort du duc d'Athènes (1356). . . . 215

CHAPITRE V

LE GOUVERNEMENT DES ARTS MOYENS
LA PESTE NOIRE

Gouvernement provisoire des Quatorze. — Mesures réparatrices. — Transformation des *sesti* en quartiers. — Changement dans le nombre des prieurs et des autres offices. — Soulèvement populaire et suppression des récentes réformes (22 septembre 1343). — Tentative isolée d'Andrea Strozzi (23 septembre). — Lutte entre les grands et les *popolani* (24 septembre). — Prise et pillage d'Oltrarno. — Répression du pillage sur la rive droite. — Réforme des bourses et des offices. — Restauration des ordonnances de justice (25 octobre). — Adoucissements qui y sont apportés. — Gouvernement prétendu du menu peuple. — Modifications à la paix avec Pise (16 novembre). — Pacification de la Toscane. — Nouvelles persécutions contre les grands (juin, juillet 1344). — Mesures contre les clercs (4 avril 1345). — Gestion financière. — Création du *Monte*. — Les faillites (janvier 1346). — Affaire de l'inquisiteur (mars). — Mesures protectrices de la liberté individuelle et du parti guelfe (mai-octobre). — Vains efforts des petites gens pour contenir les excès de cette protection. — Paix publique à Florence. — Mauvaises récoltes et disette. — Mesures prises par la seigneurie. — Mortalité croissante. — La peste noire (1348). — Le soin des malades. — L'ensevelissement. — Les provisions de la seigneurie. — Efforts pour échapper au fléau. — Perturbation sociale produite par la mortalité. 326

CHAPITRE VI

L'ARCHEVÊQUE DE MILAN, L'EMPEREUR CHARLES IV
LA GRANDE COMPAGNIE

Politique patiente de reconstruction. — Guerre contre les Ubaldini du Mugello (1349-1350). — Affaires de Romagne. — Vente de Bologne à Giovanni Visconti, archevêque de Milan (16 octobre 1350). — Craintes qu'inspire ce seigneur. — Congrès d'Arezzo (novembre). — Prato soumise aux Florentins (février 1351). — Tentative sur Pistoia (26 mars). — Accord avec cette ville (24 avril). — Giovanni d'Oleggio devant Pistoia (28 juillet). — Devant Florence (4 août). — Devant Scarperia (20 août). — Siége de cette place. — Retraite des Milanais (16 octobre). — Nouveaux préparatifs de guerre et négociations. — Trêve entre le Saint-Siége et l'archevêque de Milan (mai 1352). — Hésitations des Florentins, traité avec Charles IV et négociations pour la paix avec l'archevêque (mai — novembre). — Conclusion du traité (31 mars 1353). — Le cardinal Albornoz à Florence (2-11 octobre). — Montréal et la grande Compagnie — Ses déprédations en Toscane. — Sa paix avec Florence (7 juillet 1354). — Sa mort. — Affaires de Lombardie. — Charles IV appelé par la ligue vénitienne. — Mort de l'archevêque de Milan (4 octobre). — Charles IV à Udine (18 octobre). — Préparatifs de défense des Florentins. — Charles en Lombardie et en Toscane (janvier 1355). — Soumission des villes toscanes. — Traité avec Florence (20 mars). — Couronnement de l'empereur (5 avril). — Difficultés qu'il rencontre à Sienne, à Lucques (mai). — Émeute à Pise (21 mai). — Supplice des Gambacorti (26 mai). — L'empereur à Pietrasanta (27 mai). — Son départ pour l'Allemagne (11 juin). — La Compagnie au pays de Naples. — Ligue toscane contre elle (18 février 1356). — Querelle commerciale avec Pise. — Création des Dix de mer (juillet). — Porto Pisano remplacé par Telamone (août). — Traité du légat avec la compagnie (septembre). — Elle est rappelée en Toscane par la querelle de Pérouse et Cortone (juillet 1358). — Florence lui refuse le passage. — La Compagnie écrasée aux *Scalelle* (27 juillet). — L'avant-garde sauvée par les ambassadeurs florentins. — Dispersion de la Compagnie. 393

CHAPITRE VII

L'AMMONIZIONE. — LES CONDITIONS ÉCONOMIQUES

Puissance et déviations de la démocratie florentine. — Brigandages des *popolani*. — Supplice de Bordone Bordoni (13 mars 1353). — Nouvelles querelles de familles. — Albizzi et Ricci. — Mesures défensives du gouvernement populaire. — Mécontentement croissant des *popolani grassi*. — Puissance de la *parte guelfa*. — Son statut. — Provision contre les gibelins (27 août 1354).

— Autre plus rigoureuse (15 janvier 1358). — Premières condamnations et terreur générale (mars — avril). — Modifications dans l'organisation de la *parte* (24 avril). — L'*ammonizione*.

Statistique. — Population. — Écoles. — Religieux. — Boutiques. — Entrées aux portes. — Aumônes. — Établissements de bienfaisance. — Associations d'artisans. — Dépenses. — Expédients financiers. — Les emprunts forcés ou *prestanze*. — L'*estimo*. — La taxe des *fumanti*. — La table des possessions. — Recettes. 471

INDEX ALPHABÉTIQUE

DES NOMS ET DES CHOSES PRINCIPALES

Les noms d'auteurs ou d'ouvrages mentionnés pour la première fois sont en *italiques*. Deux chiffres au même nom d'auteur indiquent deux ouvrages différents de cet auteur.

A

Abati (Lamberto), 294.
Abruzzes, 373, 457.
Accapareurs, 374.
Acciajuoli, 150, 228, 241, 262, 304, 362-364.
Acciajuoli (Angelo), 271, 288, 298, 299, 309, 310, 312, 314, 316, 333, 345, 365.
Acciajuoli (Niccola), 402, 457.
Accorimbono, 193, 194.
Achaïe, 250.
Adda, 76.
Adimari, 262, 270, 337, 500.
Adimari (Antonio), 299-302, 305, 333.
Adimari (Talano), 309, 341.
Afrique, 380.
Agathoclès, 11.
Agli, 181, 347.
Agnès de Périgord, 315.
Agnolo de Tura, 386, 387.

Agobbio, 4, 34, 63, 67, 136, 163, 192, 193, 220, 252, 402, 429.
Agosta, 79, 235, 239, 247, 450, 451.
Aiazzi, 179.
Aiuolo, 57.
Aix-la-Chapelle, 365.
Alamanni, 450, 494.
Albano, 119.
Albarno, 426.
Albert, empereur, 37.
Albert de Strasbourg, 28.
Alberti, 398.
Alberti (Bello des), 297.
Alberti (Jacopo des), 126, 212, 223, 233.
Alberto Scoto, 11.
Albizzi, 228, 299, 300, 476-479, 488.
Albizzi (Antonio des), 309.
Albizzi (Filippo des), 41.
Albizzi (Jacopo des), 229.
Albizzi (Piero des), 489.
Albizzi (Uberto des), 409.
Albornoz (Egidio), 423.

424, 428, 433, 435, 438, 459, 460.
Alcibiade, 407.
Aldighiero, 283.
Aldobrandini, 220, 299.
Aleria, 126, 172.
Alexandrie, 7, 12.
Alidosio, 400.
Aliotti, 346.
Alise, 161.
Allemagne, 426, 449, 452, 462, 463.
Allemands, 4, 5, 9, 22, 82, 101, 117, 134, 137, 147, 159, 163, 228, 240, 241, 243, 244, 413, 438, 450, 458, 467, 468.
Altafronte, 180.
Altopascio, 48, 85, 86, 89, 93, 96, 106, 162, 209, 212, 235, 246.
Altoviti, 259, 291, 298, 303, 309.
Amé VI, 396.
Amelia (Giov. d'), 364.
Amieri, 166, 346.

Ammonizione, 495, 496.
Ancône, 11, 198.
André de Hongrie, 178, 308, 314, 364, 415, 427.
Andrea Pisano, 295.
Andria, 28.
Anghiaria, 208.
Anglais, 101, 218.
Angleterre, 11, 373.
Anna, 437.
Antellesi, 241, 262, 304, 362.
Anziani, 7, 8, 10, 41, 46, 121, 130, 169, 195, 235, 247.
Apennin, 55, 93, 112, 120, 197-199, 258, 400, 407, 414, 467.
Apothicaires, 498, 499.
Aquila (Fra Pietro dell'), 363.
Aquilée, 271, 420, 435, 450.
Aragon (Roi d'), 76, 114, 116, 423.
Arbalétriers, 190, 236.
Arbia, 24.
Archevêques de Milan, voy. Visconti Giovanni.
Archipel, 380.
Arezzo, 3, 4, 14, 16, 30, 44, 93, 98, 99, 109, 112, 114, 115, 122, 139, 140, 171, 180, 198, 199, 204, 206-209, 211, 232, 234, 235, 259, 272, 273, 279, 291, 297, 320, 351, 370, 373, 393, 401, 411, 414, 425, 429, 431, 438, 441, 442, 447, 458, 471, 476.
Argolide, 250.
Aristote, 284.
Arménie, 250.
Armes, 322.
Arnaccio, 181.
Arruoti, 150, 342, 343.
Artimino, 81, 82, 120, 281, 140.

Artisans (menus), 289, 290, 312, 313, 342, 344, 345, 356, 362.
Artois, 323.
Arts, 10, 77, 150, 342, 344, 345, 394, 480, 498.
Asciano, 212.
Ascoli, 269, 285.
Assesseurs, 153.
Assise, 266, 269, 279, 507.
Associations, 500.
Astrologie, 142, 186.
Athènes (duc d'), 103, 104, 107, 240, 242, 244, 246-248, 250, 252-311, 313-315, 317-325, 327, 350, 352, 357, 394, 424, 425, 480, 499.
Athènes (principauté d'), 250, 251.
Atti di Castruccio, 12.
Attique, 250.
Aubergistes, 391.
Augsbourg, 449, 454.
Auguste, 446.
Autriche (duc d'), 37, 43, 47, 112, 161, 164.
Avellano, 210, 226.
Aversa, 427.
Avignon, 12, 115, 116, 242, 251, 275, 315, 303, 365, 397, 399, 415, 419, 423, 456.
Avogadri, 162.
Aymont, 319.
Azzo de Ferrare, 28.

B

Badia, 105.
Badia a Settimo, 358.
Baglioni, 279.
Balbinus, 164.
Baldelli, 381.
Baldinucci, 184.
Bannis, 59, 60, 63, 77.
Baratteria, 69.
Barbarie, 375.

Barbiers, 515.
Bardi, 216-218, 222-225, 262, 270, 272, 291, 292, 297, 298, 302, 308, 309, 333, 339, 340, 361, 362.
Bardi (Andrea), 415.
Bardi (Filippo), 511.
Bardi (Piero), 337.
Bardi (Ridolfo), 309.
Bardi (Simone), 493.
Barga, 167, 174, 239, 279.
Bargellini, 36.
Bargello, 34-36, 38, 70, 71, 191, 194, 222, 224, 259.
Barletta, 218.
Baroncelli, 262, 263, 423.
Barrè, 436,
Bartolini-Salimbeni, 106.
Batteurs de laine, 339.
Battifolle, 36, 37, 40, 42, 65, 85, 93, 134, 304, 307, 310-313, 342, 463.
Baux, 28, 31, 42, 76, 148, 149, 157, 160, 166, 188.
Béatrix, 28, 103.
Béatrix de Bourbon, 164.
Beccamorti, 389.
Beccanugi, 476.
Beccaria, 396.
Becchi, 252, 318.
Beleulacci, 297.
Belforti (famille), 223, 272, 273, 279.
Belforti (localité), 466.
Belfradelli, 367.
Bellaspera, 129.
Bellosguardo, 78.
Bellune, 195, 202, 228.
Benci, 38.
Benoît XII, 189, 198, 242, 271, 482.
Bentacordi, 41.
Benvoglienti, 398.
Béotie, 250.
Bérengère de Castille, 250.

INDEX ALPHABÉTIQUE

Bergame, 7, 115, 165, 175.
Bergolini, 373, 450.
Bernarducci, 7.
Bertrand de Baux, *voy*. Baux.
Bestiaux, 499
Bettona (Guglielmo di), 278.
Bettone Cini, 294-296.
Bettonio, 328.
Beverini, 46.
Bianciardi, 494.
Bibbiena, 407, 463.
Bienfaisance, 500.
Bientina, 84, 85, 88.
Biliotti (Sandri), 309.
Bischeri, 15.
Biscia, 396.
Biscione, 396.
Blanche de Valois, 164,
Boccace, 416, 417, 430, 438.
Bohême, 453.
Boileau (Abbé), 190.
Boispréaux, 423.
Bologne, 67, 99, 110, 112, 116, 131, 161, 166, 175, 177, 187, 188, 197, 199, 202, 232, 234, 275, 313, 378, 395-400, 406, 407, 411, 414, 418, 419, 424, 426, 459, 463, 466.
Bonaccolti, 311.
Bonaccorsi, 241, 362, 370.
Bonacossi, 87, 114
Bongart, 461, 468.
Bongi, 235.
Boninsegni, 270.
Bonn, 365.
Bordeaux, 217.
Bordoni, 67-70, 220, 228, 270, 299, 300, 476.
Bordoni (Bordone), 474, 475.
Bordoni (Gherardo), 474, 476.
Bordoni (Paolo), 309.

Borghi, 41.
Borghi (Zanobi), 69, 70.
Borghini, 220.
Borgo, 329, 339, 360.
Borgo S. Apostolo, 377
Borgo S. Donnino, 175.
Borgo S. Lorenzo, 338.
Borgo S. Sepolcro, 4, 421.
Bornio, 90.
Borra, 17, 22, 24.
Boscoli, 30.
Bossolo, 43.
Bostichi, 270.
Bostichi (Carpo), 297.
Bostoli, 370.
Bouchers, 277, 288, 303, 312, 313.
Boulangers, 10, 375, 376, 392.
Bourguignons, 82, 101, 103, 163, 236, 269, 307.
Bourses, 68, 103, 152-154, 191.
Boutiques, 180, 182, 498, 499.
Brabançons, 3.
Brabant, 380.
Brancacci, 490.
Brandebourg, 416.
Brandini, 481.
Brescia, 115, 120, 164, 165, 175, 195, 209, 213, 228.
Brienne, 103, 248.
Brigate, 290.
Brozzi, 408.
Bruna, 29.
Brunelleschi, 92, 300, 346.
Brunelleschi (Francesco), 309.
Bruta (Currado de la), 225.
Budget, 501-505, 512-514.
Buggiano, 17, 20, 22, 27, 56, 57, 160, 162, 187, 188, 212.
Bugliaffe, 430.
Buonaccorsi, 216.

Buonconte, 9, 10.
Buondelmonti, 262, 270, 476.
Buondelmonti (Guelfo), 297.
Buondelmonti (Rosso), 192, 193, 260.
Buondelmonti (Teghia), 162.
Buondelmonti (Uguccione), 304, 493.
Buonuomini, 49, 52, 58, 59, 61, 66, 68, 69, 150, 153, 154, 169, 190, 331, 334, 342, 346, 394.
Burano, 210.
Burkhardt, 465.
Busone, 132.

C

Cadore, 202.
Cagliari, 19, 26.
Cahors, 127.
Calabre, 375.
Calabre (duc de), 37, 99, 100-102, 104-112, 116-118, 120, 123-125, 127, 132, 156, 137, 140, 145, 148, 161, 242, 251, 264, 276, 281, 324, 402.
Calenzano, 410.
Calimala, 167, 288; 498.
Calvana, 410.
Cambi, 38, 46.
Camera, 108.
Camerata, 62.
Campaldino, 380.
Campi, 408, 480.
Camporena, 160.
Canacci, 195, 213.
Cancellieri, 169, 403.
Canestrini, 281.
Cangrande I, 5, 27, 33, 44, 87, 114, 165.
Cangrande II, 401, 408, 439.
Cantelme, 6, 30.
Canterbury, 218.

INDEX ALPHABÉTIQUE.

Capalle, 410.
Capanelle, 137, 410.
Capitaine de la Seigneurie, 153.
Capitaine du peuple, 70, 153.
Capitaines de garde, 191-194, 208, 209, 254, 255.
Capitaines de la Miséricorde, 500.
Capitaines de la parte, 14, 150, 368, 371, 372, 394, 483, 494.
Capitudini, 61, 69, 334, 342, 344, 355, 368.
Capponi, 339.
Capoue (archev. de), 37.
Cappiano, 48, 55, 83, 84, 91, 93.
Capraja, 305.
Cardeurs, 288, 303, 309, 341, 481.
Careggi, 93.
Caribert, 415.
Carinthie (duc de), 164, 202, 210.
Carmel, 303.
Carmignano, 16, 27, 59, 69, 76, 78, 93, 102, 146.
Carpentras, 2, 3.
Carrare, 205, 211, 434.
Carroccio, 91, 135, 294.
Casali, 460.
Casentino, 36, 55.
Castelfranco, 13, 53, 168, 210.
Castellani, 241.
Castellina, 128.
Castelvecchio, 210.
Castiglione Aretino, 297, 425, 429, 450.
Castracane (Francesco), 147, 419.
Castracani, 406.
Castruccio, 3, 10-12, 16, 31, 33, 34, 40, 44-50, 53, 54, 56-59, 75-79, 82, 83, 85-99, 101-103, 107, 109-112, 114, 116-123, 126, 127, 129-140, 142-144, 147, 149, 162, 187.
Castruccio (fils de), 142, 146, 147, 158, 160, 257.
Catalans, 82, 251.
Catanzaro, 124.
Cathay, 380.
Catherine, impér., 315, 457.
Cavalcabò, 50.
Cavalcanti, 262, 337, 339, 356.
Cavalcanti (Amerigo), 464, 467.
Cavalcanti (Giannozzo), 304, 309.
Cavalcanti (Schicchi), 297.
Cavallate, 26, 82, 92, 230.
Cavalletto, 464.
Cavicciuli, 262, 299, 337, 338.
Cazanstamer, 417.
Cennino Cennini, 318.
Céphise, 251.
Cerbaia, 26, 257, 291.
Cerchi, 421.
Cerretieri, 270, 279, 287, 306, 308, 341, 411.
Cerroni, 423.
Certaldo, 347, 480.
Ceruglio, 84, 85, 147, 158, 162, 197, 204, 228, 231, 254, 246.
César, 161, 427.
Cesena, 4.
Cessanti, 370.
Chaldée, 380.
Chancellerie, 279, 280.
Changeurs, 498.
Charles I d'Anjou, 6, 30, 324.
Charles II d'Anjou, 148, 515, 504.
Charles II, d'Angleterre, 6.
Charles IV, 166, 167, 175, 202, 365, 370, 397, 415-422, 430, 434-453, 458, 474, 476, 488.
Charles de Tarente, 18, 26.
Charles de Valois, 31, 105, 321.
Charles-Hubert, 148.
Charles Martel, 148.
Charles le Bel, 105, 113.
Charpentiers, 499.
Chevaliers, 486, 497.
Chiaro de S. Casciano, 297.
Chirurgiens, 498, 515.
Christ, 113, 114, 268.
Chuffstein, 167.
Chypre, 380.
Cigoli, 16.
Cinquantaines, 19.
Citeaux, 189.
Città di Castello, 66, 67, 77, 504, 505.
Clefs, 152, 153.
Clément V, 2, 3, 81, 113.
Clément VI, 271, 275, 315, 316, 321, 322, 384, 387, 391, 397, 401, 415, 416, 418, 421, 422, 437, 446, 459.
Clémentines, 3.
Clercs, 114, 288, 356, 357, 364, 384, 385.
Clermont, 421.
Clermont (Comte de), 131.
Cluny (Abbé de), 460.
Cocchi, 241, 362.
Cogna, 499.
Cola, *voy.* Niccola.
Colle, 55, 112, 183, 232, 297, 320, 394.
Colle (Il), 160.
Colle a Buggiano, 212.
Colle delle donne, 255, 243.
Colléges, 61, 153.
Collodi, 160.
Côme, 115, 175.
Comines, 285.
Como, 279.

Compagni, 38.
Compagnies, 65, 424-429, 431, 432, 448, 457, 458, 461-467, 476.
Compiobbesi, 346.
Condottieri, 69, 142.
Confession, 384.
Conradin, 26.
Conrad, voy. Landau.
Conseils, 155, 156, 254, 255, 267, 273, 278, 279, 335, 353, 354, 369, 483, 485.
Conservateurs de la paix, voy. Capitaines de garde.
Consorti, 354, 355.
Constantinople, 457.
Consuls de la mer, 7.
Consuls des arts, 150, 289, 290, 342.
Contadini, 375, 376, 408, 465, 466.
Corneille, 267.
Correggio, 231.
Corse, 126, 172, 380.
Corsini, 220, 228, 241, 362.
Corsini (Tommaso), 150, 229.
Corso de' tintori, 178, 180.
Cortone, 423, 460, 461, 469.
Cortusio, 196.
Corvaria, 115, 142.
Coscetto dal colle, 52.
Courmissyac, 319.
Couronnement, 115, 126.
Courtiers, 77.
Courtisanes, 42, 94, 162, 287, 358.
Couteaux, 161.
Couture, 319.
Covoni, 438.
Cozzile, 160, 210, 226.
Crécy, 216.
Credenza, voy. Conseil des Cent.
Credenza de la parte, 845.

Crema, 50.
Crémone, 44, 165, 175, 179, 452.
Crète, 380.
Croce al Trebbio, 500.
Croisade, 178.
Cruautés, 135.
Crucesignati, 500.
Cuenca, 423.

D

Dante, 5, 12, 24, 33, 50, 51, 113, 314, 447, 480.
Daru, 211.
Davanzati, 220.
Débauche (lieux de), 515.
Décime, 81.
Denys, 293.
Dicomano, 463, 467.
Diepold de Cazanstamer, 417.
Dietmar, 79, 80, 88, 97, 132.
Digues, 179, 184.
Disette, 361, 574, 575.
Divieto, 49, 152, 154, 155, 220, 478, 496.
Dix de mer, 454, 455.
Doadola, 132, 134.
Doge de Gênes, 231.
Dominicains, 361.
Donati, 262, 302, 337, 338.
Donati (Amerigo), 61, 63, 77.
Donati (Corso I), 31.
Donati (Corso II), 299, 303, 335.
Donati (Manetto), 297.
Donati (Manno), 299, 302, 331, 464, 467.
Donoratico, 231.
Doria, 43.
Ducerceau, 423.
Duchini, 158, 160.
Dujardin, 423.
Durazzo (Charles de), 315, 427.
Durfort, 396, 598.

E

Édouard III, 11, 216, 217, 218.
Égypte, 380.
Élections, 67, 68, 73.
Émilie, 3.
Empoli, 305.
Emprunts forcés, 507.
Enfants, 58, 497, 498.
Enseignes, 330.
Épiciers, 498, 499.
Épidémie, 190.
Épire, 251.
Erbanera, 409.
Esbrita, 417.
Espagne, 373.
Espagnols (Chapelle des), 252.
Esplanade, 23, 88.
Este, 175, 177, 275, 328, 356, 139, 402, 408, 434.
Estimo, 182, 281, 303, 508-510.
Évêques de Florence, 271.
Évêques de Toscane, 279.
Evola, 160.
Exactions, 284, 285.
Exécuteur, 69, 70, 71, 77, 153.

F

Faenza, 4, 44, 202, 424.
Faggiuola, 4.
Faggiuola (Neri de la), 442.
Faillites, 106, 241, 361, 370.
Fanfani, 117.
Fano, 352.
Faux monnayeurs, 504.
Fazio, 231.
Fei, 284, 306.
Feltre, 195, 202, 228.
Femmes, 269, 287.
Fermiers, 284, 285.
Ferrare, 3, 7, 14, 175, 177, 226, 229, 230,

232, 243, 247, 271, 314, 350, 396, 459, 504.
Ferrucci, 220.
Festin, 97, 125, 178, 207, 208.
Fêtes, 178, 290, 327, 500.
Feu saint Antoine, 379.
Fèves, 42, 151, 267, 343, 498.
Ficker, 113.
Fieschi, 43.
Fiesole, 60-62, 221, 366, 408, 506.
Filippo de l'Antella, 271.
Filipetri, 271, 297.
Finances, 127.
Fineschi, 182.
Firenzuola, 172, 244, 407.
Flagellants, 190.
Flamands, 5, 99.
Flandre, 11, 186, 218.
Foiano, 208.
Foires, 500.
Folgore de San Gemignano, 29.
Fondi, 373.
Fontanabuona, 50, 56.
Fontenelle, 267.
Forlì, 4, 44, 199, 231, 406, 424, 437, 459, 468.
Fortifioca, 422.
Foscolo, 51.
Fossombroni, 102.
Fouillée, 472.
Foulques, 321.
Français, 79, 82, 90, 100, 101, 269.
France, 373, 378.
Francesco de Giovanni, 312.
Francesco d'Empoli, 360.
Francesco d'Uguccione, 16, 22, 23.
Franchises commerciales, 168.
Franzese, 11.
Fraticelli, 5.
Fraudes, 503.

Frédéric II, 250.
Frédéric de Sicile, 4, 7, 140, 141, 145.
Frescobaldi, 98, 216, 217, 222-225, 262, 270, 272, 291, 298, 333, 339.
Frescobaldi (Bardo), 237.
Frescobaldi (Berto), 309.
Frescobaldi (Teghia), 63.
Friedjung, 305.
Frioul, 50.
Fruits, 499.
Fucecchio, 12, 13, 17, 18, 20, 26, 53, 59, 76, 83, 89, 117, 170, 187, 210, 233.
Fuligno, 281.
Fumanti, 281, 414, 448, 510, 511. *Voy.* Sega.
Funérailles, 358, 383, 584.

G

Gabbrielli (Cantuccio des), 165.
Gabbrielli (Giovanni), 402.
Gabbrielli (Jacopo), 192, 193, 220, 221, 225, 232.
Gabelles, 392, 505, 506.
Gabeleurs, 372.
Gabriello d'Assise, 295, 307.
Gaddo, *voy.* Gherardesca.
Galiarsi, 409.
Galleno, 89, 90.
Gambacorti, 373, 407, 420, 422, 440, 445, 451, 453, 456.
Gambassi, 285.
Gangalandi, 109.
Gangalandi (Dietifeci), 438.
Gardiens des prisons, 504.
Garfagnana, 167.
Gatti (Salv. des), 134.
Gaultier, *voy.* Athènes et Brienne.

Gaultier III, 250.
Gaultier IV, 250.
Gaultier V, 251.
Gaultier VI, *voy.* Athènes.
Gaville, 273.
Gênes, 4, 43, 47, 48, 56, 110, 112, 114, 127, 142, 172, 177, 190, 199, 251, 373, 434.
Gentile de Montefiore, 12.
Gherardesca (Gaddo de la), 32, 34, 40, 41.
Gherardi (Alessandro), 181.
Gherardini (Cacciatino), 279.
Gherardini (Guelfo), 490.
Gherardini (Lotteringo), 63.
Gherardo de S. Lepidio, 7, 12.
Gialdonieri, 23.
Giandonati, 347.
Gianfigliazzi, 262, 309.
Giano della Bella, 486.
Gibelins, 2, 5, 9, 12, 19, 28, 30, 33, 44, 47, 50, 52, 54, 80, 94, 99, 105, 114, 119, 121, 139, 169, 172, 174, 175, 231, 255, 277, 321, 353, 367-369, 372, 407, 417, 420, 440, 444, 449, 453, 481, 482, 488, 491-493.
Giottino, 317, 318.
Giotto, 183.
Giovanni d'Andrea, 389.
Giovanni de Monte S. Maria, 203.
Giovanni (Fra), 303.
Giovanni (Ser), 398.
Girault de Saint-Fargeau, 124.
Girolami, 494.
Giugni, 277.
Golfolina, 102.
Gonfalon, 277, 292.
Gonfalonier de justice,

INDEX ALPHABÉTIQUE.

104, 150, 152, 190, 317, 330, 331, 342.
Gonfaloniers des compagnies, 58, 61, 66, 69, 150, 153, 190, 342, 346, 394.
Gonzague, 175, 251, 396, 434, 439.
Goths, 426.
Gragnano, 235, 243.
Grains, 499.
Granchi, 25.
Grands, *voy.* Magnats.
Gravina, *voy.* Tempête.
Grèce, 173, 263.
Grégoire X, 321.
Grégoire XI, 38.
Greti, 166.
Grimaldi, 43.
Grosseto, 141, 145.
Guadagni, 493.
Gualfreducci, 169.
Guasti, 160.
Guasto, 247.
Guatani, 104.
Guazzagliotti, 223, 257, 402.
Gucci, 403, 404.
Guccio Ghiberti, 319.
Guelfes, 2, 5-8, 12, 27, 30, 43, 44, 52-54, 94, 136, 169, 174, 207, 243, 255, 321, 367, 369, 373, 407, 419, 420, 440-442, 446, 452, 453, 488, 490, 492, 493.
Guelfucci (Branca), 66.
Guglielmo d'Assise, 266, 269, 278, 293, 294, 306.
Guibert, 124.
Guichenon, 396.
Guidalotto, 303.
Guidi, 36, 67, 207, 220, 223, 225, 231, 299, 347, 417, 462, 465, 467.
Guidi (Galeotto), 394.
Gusciana, 24, 26, 48, 50, 55, 59, 83, 84, 89, 133, 149.

H

Hauteville, 250.
Hecker, 381.
Hennequin, 461.
Henri IV, 438.
Henri VII, 2-5, 33, 93, 116, 164, 179, 418, 436, 438, 439, 446.
Henri de Flandre, 4.
Hercule égyptien, 102.
Hérules, 426.
Hesdin, 325.
Hollande, 186.
Holopherne, 427.
Hongrie, 148, 373, 415, 426.
Hongrois, 463, 465, 467.
Hopf, 250.
Hôpitaux, 288, 377, 467.

I

Imborsazione, 68, 71-74, 149, 150, 151, 154, 156, 157, 191, 343, 371.
Imola, 4, 202, 400, 467.
Impositions volontaires, 201.
Incendies, 340, 341, 355.
Inde, 380.
Infangati, 181, 570.
Innocent VI, 421, 423, 427, 433, 438.
Inondation, 179-186, 215, 361.
Inquisiteur, 363, 364, 366.
Interdit, 141, 167.
Intérêt de l'argent, 360, 361.
Interminelli, *voy.* Castruccio.

J

Jacopo de Gherardo, 286, 316.

Jacques d'Achaïe, 396.
Jandun (Jean de), 114.
Jean XXII, 38, 43, 50, 52, 55, 80, 81, 84, 87, 110, 113, 114, 116, 117, 122, 127, 141, 158, 166, 176, 177, 189, 396.
Jean de Bohême, 164-167, 174-176, 178, 179, 187-189, 197, 210, 240, 373.
Jean de Morée, 37, 105, 315.
Jean le Bon, 164, 175, 321-323, 412.
Jeanne de Naples, 148, 178, 314, 315, 414, 415, 427.
Jérusalem, 250, 415, 427.
Joppé, 250.
Jubilé, 391.
Juges, 498.

K

Khasan, 380.

L

Lachenaye-Desbois, 6.
Laine, 290, 498.
Lamproie, 33.
Lamone, 463.
Lanciolina, 76.
Landau, 432, 433, 438, 457-460, 462-465, 468.
Landes, 124.
Lando de Becchi, 54, 55, 59, 65.
Landolfo (Pietro), 69, 79.
Laterina, 204, 273.
Latran, 126.
Laure de Noves, 389.
Lautrec, 124.
Lavenza, 352.
Lecce, 250, 280, 310.
Leccio, 84, 88.
Leclerc, 267.

L'Écluse, 218.
Lecore, 93.
Légat de Bologne, 187, 188.
Légistes, 419.
Lenoncourt, 92.
Lenzi, 182, 374.
Léon, 423.
Levant, 199.
Libri fabarum, 155.
Ligurie, 43.
Lima, 55.
Lingard, 218.
Lionceaux, 167-169.
Livourne, 181, 253.
Locride, 250.
Loiera, 434.
Lombardie, 14, 19, 33, 43, 47, 50, 56, 58, 76, 86, 95, 99, 116, 134, 137, 158, 166, 167, 175, 178, 188, 201, 206, 209, 211, 217, 225, 238, 282, 337, 396, 418, 434, 440, 449, 459, 460.
Lombards, 88-90, 221.
Londres, 218.
Longin, 252.
Lorenzo, 81, 320.
Louis de Bavière I, 43, 82, 91, 112, 114-123, 126, 127, 130-132, 136, 139-141, 144-147, 149, 157, 160, 161, 164, 167, 174, 179, 189, 210, 240, 244, 365, 373, 416, 456.
Louis de Bavière II, 416.
Louis de Hongrie, 415.
Louis de Tarente, 315, 415, 457, 458.
Louis le Hutin, 31.
Lozzole, 421.
Luca, *voy*. Panzano.
Lucardo, 347.
Lucchio, 55.
Lucignano, 206, 208.
Lucques, 7, 12-15, 21, 32-34, 40, 44, 45, 53, 55, 77, 79, 85-87, 89,
93, 98, 107, 117, 120, 123, 128, 131, 135, 138, 143, 145-147, 159-163, 165, 166, 171, 172, 175, 177, 178, 188, 189, 195-198, 201, 203, 204, 209-212, 225, 227-231, 233-239, 241, 243-245, 247, 248, 252, 254, 258, 260, 261, 273-275, 282, 294, 350, 406, 407, 432, 440, 450, 451, 457, 499.
Luni, 11, 196, 352.
Lunigiane, 31, 49, 110, 352.
Lupicini, 179.
Lungher (Conrad de), 204.
Luxembourg (Comte de), 31.
Lyon, 11.

M

Macédoine, 243.
Machiavel, 11.
Machiavelli, 221.
Machiavelli (Filippo), 464.
Maçons, 499.
Maestri, 102, 499.
Magalotti, 30, 298, 309.
Maggio Pieri, 266.
Maggio (Via), 339.
Magnats, 57-61, 63, 66, 187, 198, 220, 221, 224, 262, 266, 268, 270, 273, 291, 292, 298, 300, 301, 309, 311, 312, 328, 330-334, 344-347, 350, 353-356, 359, 472, 473, 478, 483.
Maisons (Taxe des), 97.
Malaspina, 48, 49, 109, 110, 174, 195, 196, 229, 230, 252.
Malatesti, 44, 242-248,
255, 259, 352, 395, 428.
Malespini (Giacotto), 22, 23.
Malpigli, 352.
Malvicini, 452.
Mancini, 297, 298.
Mancini (Ferragatta), 297.
Manfredi, 44.
Mangiadori, 352.
Mangioni, 430, 476.
Mangona, 222.
Manieri, 297, 346.
Mannelli, 339, 346.
Manno de la Branca, 63.
Mantoue, 87, 99, 175, 251, 396, 439, 459.
Marc, 216.
Marchandise (Cinq de la), 150, 293, 343.
Marche, 52, 141, 226, 271, 402, 458.
Marché, 183.
Marchionne de Coppo, 4.
Maremme, 122, 132, 142, 379, 454.
Marguerite de Tarente, 251.
Mariano de Capova, 32.
Marina, 410.
Marini, 242.
Marinella, 410.
Markward, 449, 454.
Marradi, 463.
Mars, 181, 186.
Marsilio de Padoue, 114.
Martelli, 430.
Martinella, 91.
Martyr (Pierre), 500.
Massa, 160, 210, 226, 352.
Mastino de la Scala, 165, 175, 187, 194-201, 203, 205, 209, 210, 212, 213, 226-230, 232-235, 239, 240, 243, 248, 275, 328, 350, 351, 400, 401, 440.
Matteo de Morozzo, 294.
Maures, 423.
Mazzetti, 494.

INDEX ALPHABÉTIQUE.

Mazzolini, 237.
Mead, 380.
Médecins, 382, 386, 389, 498, 515.
Medici, 15, 220, 228, 244, 299, 303, 338, 430, 441.
Medici (Cante), 411.
Medici (Francesco), 309.
Medici (Giovanni), 235, 258, 259, 284, 411, 464.
Meliaduso, 269, 279, 285, 286.
Memmi, 252.
Mendiants, 499.
Menuisiers, 316.
Mercato Nuovo, 180, 304, 337.
Mercato Vecchio, 106, 180, 302, 477.
Mercenaires, 69, 79, 82, 98, 99, 101, 128, 163, 197, 239, 244, 248, 251, 261, 262, 282, 285, 503.
Metz, 458.
Michel de Cesena, 113.
Michele (Fra), 365.
Milan, 95, 113, 115, 118, 147, 158, 164, 165, 177, 195, 408.
Milanais, 380.
Mimaut, 76.
Mineurs (frères), 113, 114.
Misericordia Vecchia, 500.
Modène, 87, 111, 165, 166, 175, 179, 195, 396.
Modes, 268, 269.
Monnaies, 498.
Monsummano, 13, 16, 17, 20, 24, 27, 160, 170, 210.
Montalcino, 192.
Mont Cassin, 271.
Monte, 360, 361, 507, 511.
Montecalvi, 16.
Montecalvoli, 13.

Montecarelli, 411, 419.
Montecarlo, 88.
Montecatini, 13, 16, 17, 19-22, 27, 29, 40, 45, 58, 106, 160-162, 168, 210, 251, 314.
Montecchio, 210.
Montechiaro, 88, 92, 147, 162, 231, 234.
Montecoloreto, 407.
Montefalcone, 84, 86, 93.
Montefeltro (Frédéric), 52, 53.
Montefeltro (Guido), 236.
Montefeltro (Noffo), 237, 243.
Montegemmoli, 421.
Montelupo, 305.
Montemassi, 132.
Montemurlo, 98, 131.
Montepulciano, 221, 226, 458, 460, 469.
Monterchi, 208.
Monte San Savino, 93, 208.
Monte S. Maria, 342.
Montescaglioso, 28.
Montesono, 505.
Montevarchi, 140, 458.
Montevettorino, 25, 160, 170, 210.
Montevivagni, 411.
Montferrat, 396, 458.
Montopoli, 13, 131, 132, 171, 210.
Montréal, 426-433, 438.
Montughi, 409.
Monza, 120.
Morbasciano, 367.
Morello, 410.
Mortara, 47.
Mosciano, 233.
Moselle, 461.
Moulins, 179, 184.
Mozzi, 181, 228, 229, 340.
Mugello, 93, 139, 172, 180, 223, 395, 397, 410, 411, 464, 467.
Muhldorf, 112, 164.
Muli, 169.
Muller (Paludan), 423.

Murs, 183.
Musciatto, 11.

N

Naples, 2, 7, 37, 43, 94, 101, 110, 112, 127, 139, 228, 240, 242, 271, 278, 282, 286, 314, 315, 319, 364, 373, 388, 402, 426.
Napolitains, 178, 240.
Narbonne, 426.
Narni, 459.
Nauri, 76.
Nelli, 17.
Neri d'Uguccione, 16, 27, 33, 142.
Nerli, 291, 339, 346.
Neuf de Sienne, 418, 442.
Niccola de Renzo, 373, 422, 423, 433, 447.
Niccolò, 320.
Nicolas V, 127.
Nicolas de Corbières, 396.
Nieri, 79.
Nievole, 17, 20, 21, 24, 26, 405.
Nobles, voy. Magnats.
Noé, 179.
Norcia, 284.
Notaires, 221, 498.
Novare, 47, 175.
Novello (Comte), 28, 31, 34, 37, 56, 59, 60, 76, 119.
Novello (Guglielmo), 221.
Noyon, 421.
Nysten et Littré, 378.

O

Obizi, 7, 27, 163.
Obizo d'Este, 114, 229, 254, 239.
Oddo des Oddi, 95, 101.
Œttingen, 133.
Officiers, 222, 327.
Ognissanti, 55, 181, 483.

Okkam, 113.
Oleggio (Giov. d'), 231, 236, 237, 352, 399, 401, 405, 407, 408, 410, 413, 414, 416, 463.
Oligarchie, 220, 224, 372.
Oltrarno, 183, 191, 222, 224, 304, 329, 333, 357, 339.
Ombrone, 57, 124, 130, 131.
Orci, 120.
Ordelaffi, 44, 231, 425.
Ordonnances, 291, 292, 345.
Ordre teutonique, 573.
Orlandi (Gherardo), 126.
Or San Michele, 183, 327.
Orsini, 123, 167, 423.
Orsini du Mont, 104.
Orsino, 142.
Ortemborgh, 328.
Orvieto, 67, 132, 134, 221, 395, 419, 449.
Osimo, 53.
Osio, 437.
Ostie, 117, 149, 421, 449.
Ostilia, 200.
Otages, 229, 230, 274, 351, 504.
Othon de la Roche, 250.

P

Pacciana, *voy*. Tedici.
Pacifications, 270.
Padoue, 195, 200, 205, 213, 228, 400, 420, 433, 437, 439.
Palio, 94, 95, 162, 300.
Palmieri, 457.
Panciatichi, 160, 169, 403.
Panzanesi, 340.
Panzano (Luca de), 217, 402.
Paoli, 248.
Papencordt, 423.

Paris, 276, 320.
Parlement, 156, 263-267, 272, 309, 311, 335, 442, 459.
Parme, 87, 110, 112, 131, 165, 175, 177-179, 188, 195, 201, 206, 228, 231, 417.
Parte, 14, 150, 368, 371, 372, 394, 482-487, 490-495.
Patarins, 485.
Patrimoine, 424.
Pauvres, 289.
Pauvreté, 114.
Pavie, 7, 165, 167, 175, 596.
Pays Bas, 461.
Pazzi, 76, 223, 244, 275, 299, 406, 407, 442.
Pazzi (Francesco), 212.
Pazzi (Geri), 297, 333, 490.
Pedro (card. de S. Sabine), 362, 363, 365, 366.
Pedro d'Aragon, 145, 146, 373.
Pedro de Castille, 373.
Pelzel, 435.
Pennone, 65.
Pennonieri, 65.
Pepi, 221.
Pepoli, 234, 239, 243, 301, 313, 314, 395, 398, 406.
Perondoli, 241, 362.
Peretola, 93, 408.
Pérouse, 28, 67, 199, 202, 206, 208, 209, 232, 243, 260, 272, 279, 293, 299, 320, 337, 342, 346, 351, 366, 380, 395, 396, 401, 412, 417, 420, 421, 424, 425, 429-434, 447, 452, 458, 460-463, 469, 504.
Persécutions, 321, 352.
Peruzzi, 216-218, 228, 241, 262, 304, 345, 361, 362.

Peruzzi (Bonifazio), 208.
Peruzzi (Giotto), 15, 150, 168.
Peruzzi (Rinieri), 464.
Peruzzi (Simone), 309.
Pesaro, 295, 352.
Pescia, 17, 85, 160, 212, 453.
Peste, 349, 378-391.
Petralla (Guido de), 48, 57.
Pétrarque, 113, 177, 314, 436, 437, 447, 452, 453.
Petterano, 6.
Philippe de Sicile, 315.
Philippe de Tarente, 18-20, 23, 24, 26, 103, 105, 251, 457.
Philippe de Valois, 31, 47, 164, 165, 189, 217, 251, 276, 308, 318-321, 397.
Philippe le Bel, 11, 217, 321.
Philippe le Hardi, 321.
Philippe le Long, 41.
Phocide, 250.
Piémont, 7, 396.
Pierre de Nancy, 92, 101, 103, 108.
Piero (Ser), 443.
Piero de Plaisance, 295.
Pietramala, 44, 226, 259, 273, 291.
Pietrasanta, 120, 125, 239, 352, 452.
Pietro de Corvaria, 115, 127.
Pieve a Nievole, 21.
Pigli, 346.
Pise, 5-9, 12, 13, 21, 32-34, 40, 41, 46, 55, 76, 79, 112, 114, 116, 120-123, 128, 130, 131, 133, 135, 138, 140, 142, 145, 146, 157, 158, 160, 161, 171, 172, 178, 181, 186, 196, 225, 226, 228, 230-240, 243, 247, 260, 265, 273,

INDEX ALPHABÉTIQUE. 543

275, 299, 305, 337, 350, 352, 373, 388, 406, 407, 421, 424, 430, 432, 440, 441, 443, 445, 449-454, 456-458, 460, 463, 474.
Pistoia, 15, 16, 26, 40, 49, 53, 55, 76, 78, 79, 81, 83, 85, 87, 93, 103, 117, 125, 129, 131, 132, 154-159, 142, 160, 162, 169-171, 183, 206, 207, 272, 279, 285, 291, 297, 378, 307, 400-409, 421, 438, 471.
Piteccio, 421.
Pithou, 3.
Piumaccio, 166.
Placentins, 11, 499.
Plaisance, 111.
Plébiscite, 46.
Pô, 200.
Podestat, 70, 71, 153, 168, 184, 336, 341.
Poggi, 142.
Poggibonzi, 183.
Pogginghi, 162.
Poïet (Bertrand du), 87, 110, 111, 113, 161, 165, 166, 174, 234.
Poitiers, 216, 325.
Polenta, 44, 408.
Polize, 62, 220.
Ponte alla Carraja, 184, 339.
Ponte alla Trinita, 225.
Ponte Rubaconte, 180, 183, 187, 224, 302, 339.
Ponte Vecchio, 180, 182, 223, 295, 339, 340, 358, 359.
Pontecarali, 224, 225, 230, 232, 236, 242.
Pontedera, 233.
Pontcietto, 232.
Pontormo, 128, 305, 347.
Pontremoli, 120, 147, 203, 205.

Popoloni, 63, 65, 66, 70, 87, 96, 155, 168, 190, 198, 207, 219, 221, 222, 228, 230, 248, 252, 253, 256, 261, 262, 270, 273, 278, 291, 293, 295, 298-300, 309, 312, 325, 328, 330-334, 336-339, 342-345, 349, 355, 356, 358, 359, 368, 372, 454, 472-474, 478-485, 487, 490, 492, 495.
Popoli, 6.
Poppi, 313, 314.
Population, 376, 497, 498.
Porcari, 88, 162, 231.
Porciano, 222.
Porta al borgo, 137.
Porta al prato, 93.
Porta del duomo, 329, 330.
Porta Pinti, 62.
Porta San Friano, 499.
Porta San Gallo, 377, 409.
Porta San Giorgio, 224, 337.
Portefaix, 500.
Porto Pisano, 235, 456.
Potenze, 290.
Pouille, 14, 314, 315, 388, 457, 467.
Poulains, 250.
Pozzevero, 88-90.
Prague, 420, 423.
Pratiglione, 160.
Prato, 40, 57, 59, 63, 79, 80, 83, 103, 112, 129, 136, 138-140, 183, 223, 232, 257, 297, 305, 320, 378, 402, 404, 408.
Préfet, *voy*. Vico.
Présages, 82, 168, 185, 186.
Prestanze, 507.
Prêt, 282.
Prieurs, 14, 37-39, 49, 52, 58, 62, 66, 68,

127, 150, 153, 154, 159, 184, 185, 190, 219, 226, 263, 265, 267, 271, 275, 277, 279, 282, 292, 317, 330, 334, 336, 342, 345, 346, 372, 387, 394, 418, 429, 458, 480, 483.
Prisonniers, 91-93, 96, 135, 163, 258, 288, 503.
Processions, 377, 384, 459.
Proconsul, 342, 343.
Prohibition, 201.
Proposto, 69, 403.
Propriété, 113.
Provence, 7, 43, 112, 127, 415, 446, 456.
Provençaux, 105, 127.
Prusse, 164, 373.
Pucci, 220, 341.
Puglicsi, 257, 259.
Pulicciano, 411.

Q

Quaratesi, 310.
Quartiers, 329, 330, 331.
Quartigiani, 117, 142, 162.
Quatorze de liberté, 307.
Quatorze Réformateurs, 309, 310, 312, 328, 331, 333, 335, 342, 345, 346.
Quona, 347.

R

Raffacani, 403.
Ramon de Cardona, 55, 76, 80, 81, 83, 85, 86, 88-92, 97, 108, 146, 204.
Ranieri de Donoratico, 26.
Ranieri Sardo, 4.

Raspanti, 373, 440, 450, 451, 453.
Ravenne, 44, 457.
Razzi, 5.
Re (Zeffirino), 423.
Recanati, 53.
Recettes, 505-514.
Réformateurs, voy. Quatorze.
Reggio, 111, 165, 175, 179.
Religieux des votes, 151.
Renonciation, 311, 313, 314.
Représailles, 320-322.
Reumont, 251, 423.
Rhodes, 218, 380.
Ribot, 472.
Ricci, 220, 228, 260, 476-478, 488.
Ricci (Bartolo), 309.
Richiesti, 46, 61, 150, 331, 485.
Rienzi, voy. Niccola.
Rieti, 115.
Riformagioni, 354.
Riformagioni (Scribe des), 153.
Rifredi, 93, 244.
Rimini, 44, 242, 352, 406, 428, 468.
Ringhiera, 264, 385, 459.
Rinieri de Donoratico, 231.
Rinieri de S. Gemignano, 265, 270.
Rinonico, 233.
Rinucci, 15, 212, 220.
Rinuccini, 267.
Rinuccini, 260.
Ripalta, 137.
Ripoli, 501.
Rivière du Levant, 47.
Robert de Naples, 5, 6-8, 14, 18, 28-30, 34, 36, 38, 40, 41-45, 47, 51, 52, 56, 58, 65, 94, 99, 100, 103, 104, 114, 116, 117, 123, 128, 132, 137, 139, 140, 145, 148, 149,
158, 164, 167, 175, 177, 185, 189, 198, 199, 202, 226, 232, 239, 240, 242, 244, 249, 251, 252, 275, 314, 415.
Robert empereur, 445.
Robert de Tarente, 315.
Roche, voy. Othon.
Roglio, 160.
Romagne, 7, 14, 38, 44, 137, 139, 198, 199, 231, 232, 243, 337, 396, 397, 402, 415, 418, 437, 459, 462, 467.
Romanie, 243.
Rome, 14, 38, 112, 115, 116, 121, 123, 126, 130, 131, 134, 140, 146, 173, 226, 348, 368, 373, 391, 397, 422-424, 427, 433, 435, 486, 446, 449.
Romena, 132, 354.
Roncioni, 5.
Rondinelli, 338.
Rosamolo, 83.
Rossi de Florence, 181, 222, 228, 262, 291, 333, 340, 346, 359.
Rossi de Parme, 178, 188, 195, 200, 203-206.
Rossi (Pino), 309.
Roujoux, 218.
Roumélie, 243.
Rucellai, 299, 308.
Rucellai (Bencivenno), 244.
Rucellai (Cenni), 294.
Rucellai (Naddo), 244, 260, 293, 294.
Rustichelli, 264.

S

Sabellico, 203.
Sacchetti, 220.
Saccone, voy. Tarlati.
Sacristains, 152, 153.
Sages, 49, 61, 279.
Sainte Justine de Padoue (moine de), 190.
Sainte Anne, 318.
Saint Georges, 377.
Saint Jean d'Acre, 321.
Saint Jean de Jérusalem, 427.
Saint Martin, 97.
Sala (Catalano de), 463.
Salamoncelli, 404, 405.
Saliceto, 399.
Salimbeni, 30, 105, 136.
Saltarelli, 116, 117, 122.
Sambuca, 405, 407, 408, 421.
San Casciano, 297.
Sancia, 114, 314.
San Cristofano, 338.
Sandro de Quarata, 534.
San Frediano de Florence, 279, 339.
San Frediano de Lucques, 12.
San Gallo, 35, 61, 64, 305.
San Gemignano, 112, 232, 265, 270, 520, 594.
San Gennaro, 255.
San Giorgio, 297, 540.
San Giovanni, 167, 181, 337, 338, 359, 360, 409.
San Giovanni du val d'Arno, 140.
San Gregorio, 339.
Sanguinède, 124, 128-130, 134, 136-138, 140, 145, 176.
Sanguinet, 124.
Sanguinette, 124.
Sanguinetto, 124.
San Jacopo, 223, 224.
San Leolino, 351, 463.
San Marco de Venise, 200.
San Martino in Colle, 162.
San Miniato, 7, 15, 40, 47, 112, 131, 136, 160, 232, 297, 304,

352, 372, 394, 438, 442.
San Niccolò, 340, 394.
San Pancrazio, 329, 330.
San Pier Maggiore, 302, 337.
San Pier Scheraggio, 79, 271, 297, 329, 330.
San Quirico, 232, 243.
San Romigno, 235.
San Romolo, 297.
San Savino, 138.
Santa Cecilia, 297.
Santa Croce, 109, 152, 153, 208, 263, 264, 271, 330, 481.
Santa Croce du val d'Arno, 13, 53, 83, 119, 170, 210.
Santa Felicita, 333, 340.
Santa Fiore, 16, 406.
Santa Lucia, 340.
Santa Maria a Monte, 13, 87, 119, 127, 128, 134, 210.
Santa Maria del Bigallo, 501.
Santa Maria di Cafaggio, 505.
Santa Maria Impruneta, 167.
Santa Maria Novella, 152, 182, 252, 294, 300, 330, 360.
Santa Maria Nuova, 377.
Sant'Andrea, 106, 431.
Sant'Angelo, 366.
Santa Reparata, 81, 167, 184, 311, 503.
Santa Trinita, 106.
Sant' Eusebio, 288.
Santissima Annunziata, 269, 505.
Santo Spirito, 183, 335, 339.
San Vincenzio, 222.
Sardaigne, 76, 120, 375, 380.
Sarrasins, 250.
Sarteano, 85.
Sarzane, 12, 420, 421, 452.

Sassenay, 251.
Saturne, 186.
Saverdun, 189.
Savoie (comte de), 4.
Savonarola, 360.
Savone, 44.
Scala, 434.
Scala (Alberto de la), 205, 213.
Scala (Mastino de la), Voy. Mastino.
Scalelle, 464, 468.
Scali, 106, 216, 298, 346.
Scaligero, 148, 175, 213.
Scannabecchi, 195, 213.
Scarperia, 411.
Schmidt, 113.
Scioperati, 30, 371.
Scolari, 238.
Scoltenna, 166.
Scrutins, 68, 150-152.
Scela, voy. Sega.
Secret du vote, 151, 152.
Sega, 281, 414, 415, 448, 510, 511.
Sels, 180.
Sensali, 77.
Seravalle, 17, 27, 53, 57, 129, 137, 160, 170, 297, 405.
Serchio, 231, 244, 245.
Serezzana, 125, 196.
Serment, 255.
Serra (Niccola de la), 193.
Serragli, 347.
Serraglini, 67.
Servi, 305.
Servitude, 220.
Sesti, 329, 483-485.
Sesto, 84.
Settimo, 81, 99.
Sicile, 2, 7, 43, 217, 375, 380, 388.
Sienne, 3, 6, 14, 42, 55, 67, 105, 132, 161, 171, 192, 194, 199, 202, 232, 243, 272, 298-300, 304, 308, 311-313, 320, 335,

336, 342, 346, 351, 388, 395, 396, 401, 405, 406, 412, 418, 420, 422, 425, 429-432, 441, 442, 448-451, 454, 458, 460, 461, 469, 471, 475.
Sieve, 180, 411.
Sigebert de Gembloux, 378.
Signa, 93, 102, 109, 128, 140, 480.
Signori, Carteggio, Missive, 5.
Silvestri, 271.
Siminetti, 490.
Simone de Norcia, 281, 306.
Simone Martini, 252.
Simonin, 218.
Sindacato, 108, 162, 193, 228, 286.
Soderini, 220.
Sodomie, 185, 286.
Soie, 13.
Soldanieri, 421.
Solidarité, 357.
Sonzino, 452.
Sopragrandi, 221.
Soraga, 417.
Sorana, 210, 419, 453.
Soumissions de villes, 169-172.
Soupe, 113.
Soury, 249.
Spadalonga, 406.
Speziali, 498, 499.
Spinello, 253.
Spinetta, *voy.* Malaspina.
Spini, 346.
Spini (Neppo), 309.
Spinola, 43.
Spinola (Gherardino), 159-163, 165, 166, 197, 440.
Spolète, 373, 458.
Spurius Melius, 535.
Squille, 403.
Squittini, 68.
Stale, 467.
Stefani, 4.
Steinhemius, 164.

INDEX ALPHABÉTIQUE.

Stignano, 226.
Stinche, 94, 181, 289, 303, 318, 362, 366.
Stratford, 218.
Streghi, 142.
Strozza (Marco), 218.
Strozzi, 220, 228, 298.
Strozzi (Andrea), 335-337.
Strozzi (Marco), 309.
Strozzi (Piero), 300.
Stufa (Ugo de la), 338.
Suard, 267.
Succhinellai (via de'), 338.
Suétone, 436.
Supplices, 257, 295, 650-508.
Syrie, 380.

T

Table des possessions, 512.
Taddeo de l'Antella, 309.
Tagliacozzo, 236.
Tancrède, 250.
Tarente, voy. Louis, Philippe, Robert.
Targioni-Tozzetti, 184.
Tarlati, 190, 223, 250, 291, 331, 370, 406, 407, 411.
Tarlati (Guido), 44, 114, 122.
Tarlati (Pier Saccone), 198, 199, 206-208, 442, 453.
Tarlato (Lucca), 258, 259, 279.
Tartares, 378.
Taxes, 97, 183, 200, 280-282.
Teck, 240, 244.
Tedici (Filippo), 54, 76, 78, 130, 142, 160, 169.
Tedici (Ormanno), 55, 78, 160.
Tegrimi, 11.
Teinturiers, 290.

Telamone, 141, 145, 454-456, 479.
Tempête (Pierre), 14, 18, 23, 24, 26.
Terre de Labour, 457.
Teutonique (ordre), 164.
Teza, 41.
Thomas de Saluces, 396.
Thrace, 243.
Thucydide, 378, 379.
Tibère, 436, 446.
Tibre, 117, 146.
Tigli, 421.
Tirage au sort, 68, 72.
Tizzana, 85.
Todi, 140, 424.
Tolède, 423.
Tolentino, 193.
Tolomei, 50, 105, 192.
Tornaquinci, 262.
Tornaquinci (Giovanni), 297, 298.
Tornaquinci (Testa), 309.
Torrita, 461.
Tortone, 111.
Tosa (Della), 92, 194, 298, 347, 359.
Tosa (Bindo de la), 309.
Tosa (Giov. de la), 333.
Tosa (Pino de la), 50, 158, 194.
Tosa (Simone de la), 50, 129, 130, 139.
Totila, 427.
Tour, 218.
Trafic, 77, 199, 200, 215-218.
Trajan, 446.
Trappola, 76.
Trente, 114, 115, 240.
Trévise, 195, 200, 201, 213.
Tribiani, 269.
Trientafillis, 11.
Trinciavelle, 20.
Troya, 5.
Turcs, 378.
Turenne (vicomtesse de), 416, 419.
Turin, 177.
Tyrol, 210.
Tyrol (duc de), 164.

U

Ubaldini, 55, 157, 172, 223, 231, 244, 257, 395, 406, 407, 411, 419, 421, 462, 466.
Uberti, 476.
Uberti (Gualfredi), 460.
Ubertini, 244, 273, 395, 406, 407.
Udine, 420, 436-438.
Ugolino, 15.
Ugolino de Celle, 46.
Uguccione, 5-10, 12, 13, 15-17, 19-21, 23, 24, 28, 30-34, 58, 59, 116, 239.
Ulysse, 407.
Urbino, 52, 53, 406.
Urslingen, 424.
Usage, 113.
Usure, 282, 324.
Uzzano, 167, 210, 226, 241, 362, 455.

V

Vagliano, 336.
Vaiani, 473-475.
Valachie, 251.
Val d'Ambra, 190, 207.
Val d'Arno, 47, 53, 76, 117, 180, 204, 223, 232, 244, 246, 273.
Val d'Era, 235.
Val de Lima, 210.
Val de Nievole, 16, 21, 48, 56, 84, 88, 147, 160, 162, 187, 197, 204, 210, 212, 225, 226, 235.
Valiana, 67.
Vallardi, 21.
Vallée (Jehan de la), 236, 238.
Valleri, 256.
Valori, 228.
Varrio, 76.
Vaschi, 224.
Velluti (Donato), 277,

278, 295, 296, 329, 330, 367, 403-405, 417.
Veltro, 5.
Venise, 126, 142, 168, 197, 199-202, 205, 208, 209, 211-213, 226, 314, 429, 430, 433, 434, 456.
Verceil, 47.
Verd (comte), 396.
Verde, 142.
Vernia, 222, 225, 337.
Vérone, 33, 48, 49, 87, 109, 164, 175, 177, 195, 201, 203, 209, 210, 351, 400, 439, 459.
Vezzano, 160.
Via ghibellina, 178.
Vicchio, 464, 467.
Vicence, 195, 210, 351, 439.
Vico (préfet de), 423, 424, 427, 461.
Vieri Scali, 298.
Vin (marchands de), 288.
Vipère, 237, 396, 403.
Visconti, 213, 414, 459, 461, 462, 479.

Visconti (Azzo), 87, 89, 90, 94, 114, 118, 120, 147, 159, 165, 209.
Visconti (Bernabò), 437, 439.
Visconti (Galeazzo I), 50, 53, 85, 87, 118, 120, 132, 147.
Visconti (Galeazzo II), 407, 437, 439.
Visconti (Giovanni), 159.
Visconti (Giovanni, l'archevêque), 349, 395-397, 399, 406, 407, 409, 412, 413, 414, 416, 417, 421, 424, 433, 434, 437.
Visconti (Luchino), 118, 120, 159, 205, 226, 228, 231, 234, 237, 258, 293, 352, 353, 395.
Visconti (Marco), 44, 55, 76, 114, 116, 118, 120, 147, 158, 159.
Visconti (Matteo), 16, 43-45, 47, 53, 596.
Visconti (Maffeo), 437, 439.

Visconti d'Oleggio, *voy*. Oleggio.
Visdomini, 270, 279, 506, 411.
Vision béatifique, 176.
Viterbe, 117, 123, 126, 140, 423.
Viviani, 359.
Vivinaja, 21, 84, 85, 90, 119, 147, 162, 166.
Voleurs, 473, 477.
Voltaire, 325.
Volterre, 6, 15, 107, 223, 232, 273, 279, 297, 320, 425, 438, 442, 458.

W

Warner, 424-426.
Wittemberg, 433.

Z

Zanobi de Strada, 436.
Zélande, 186.

ERRATA

Page 246, note 1, ligne 4, au lieu de *tentatatur*, lisez : *tentabatw*.
Page 252, note 3, ligne 4, au lieu de *dictis*, lisez : *dietis*.

www.ingramcontent.com/pod-product-compliance
Lightning Source LLC
Chambersburg PA
CBHW070840230426
43667CB00011B/1873